国家出版基金项目
NATIONAL PUBLICATION FOUNDATION

中国社会科学院近代史研究所中华民国史研究室

总编 李 新

中华民国史

第十二卷

(1947—1949)

朱宗震　陶文钊　著

中华书局

1947 年 4 月，蒋介石主持改组后的国民政府委员会会议。

1947 年 7 月，美国特使魏德迈飞抵南京机场。

美国国务卿马歇尔出席中国驻美使馆招待会。

1947 年 8 月，蒋介石巡视延安。

张群与外国记者谈话。

1947 年 5 月 20 日，南京学生举行反饥饿、反内战、反迫害游行。

1947 年 10 月，昆明学生举行反内战游行。

南京学生在中央大学举行反内战集会。

人民解放军在 1947 年东北夏季攻势中围歼国民党军。

毛泽东在陕北。

周恩来在陕北为人民解放军官兵作报告。

人民解放军骑兵部队。

民众为人民解放军指路。

向民众宣传《中国土地法大纲》。

中共根据地的纺织合作社。

被枪杀的政治犯。

行宪国大代表拜谒中山陵。

1948 年 4 月 1 日，胡适在行宪国大上发言。

李宗仁。

行宪国大选举副总统的投票竞争。

1948 年 5 月 20 日，蒋介石和李宗仁宣誓就任总统和副总统后留影。

中央研究院成立 20 周年纪念会及第一次院士会议合影。

1948 年 11 月，东北人民解放军总攻锦州。

东北人民解放军围歼国民党军廖耀湘兵团。

战争中的难民。

朱自清。

国统区的通货膨胀。

银行柜台前的挤兑人群。

银行门前挤兑黄金的人群。

国民党军在北平接受改编。

人民解放军举行北平入城式。

1949 年 2 月 26 日，上海人民代表团在北平与中共代表合影。

人民解放军占领南京。

1949 年 9 月,中国人民政治协商会议第一次全体会议在北平召开。

目　录

前　言

本卷是《中华民国史》的最后一卷。这一卷主要是叙述中华民国国民党政权最后溃败的过程。中华人民共和国的成立，是新旧政权交替的标志。1949年10月1日起，中华人民共和国中央人民政府是代表中国的唯一合法政府。本卷写作的历史时期，主要是从1947年7月到1949年9月，而以最后一章叙述中华人民共和国的成立以及蒋介石和国民党军队残部在大陆失败和最后撤离的经过，以求对这段历史有一个完整的了解。

分期问题经常是历史学工作者争论的重要问题。事实上，历史过程是纷繁复杂的，后人对历史进行理性的分析研究时，依据不同的研究对象，完全可以有不同的分期方法。所以，本卷章节的划分，只求叙述历史过程的方便，而不纠缠于分期问题。

国民党在抗日战争胜利之后，以出人意料的速度走向失败，有许多深刻的历史原因。政治家和历史学家对此作过许多探讨，但到目前为止，这种探讨都还不够系统，人们仍然十分关注这段历史，对许多历史问题的评价往往众说纷纭，难求一致。历史工作者的主要职责就是从历史实际出发，清理历史真相。因此必须在收集大量正确反映客观事实的历史资料的基础上来叙述历史。本卷着重于叙述历史真相，对历史的分析也着重于使读者理解复杂的历史事实，而不作过多的历史评价。相信读者完全能够根据历史事实，独立地作出自己的判断。

本卷所述历史，资料浩如烟海，而许多核心资料又尚未公开，这使我们的研究工作面临着双重的困难。尽管本卷作者在近十年内一直用心搜求历史资料，但我们所能掌握的资料仍然有限，由此叙述这一段复杂的历史，不免还有疏漏，敬请读者指正。

　　本卷所叙述的历史时期内，蒋介石和国民党，在政治上，一方面要动员"戡乱"，实行战时体制，强化法西斯式的统治，以支持其反对共产党的战争；一方面又要实行"宪政"，举行国大代表选举，"还政于民"。而进行战争是真，实现民主是假。这种自相矛盾的体制，使蒋介石和国民党自乱阵脚，加剧了内部矛盾，加速了国民党政权的崩溃。国民党是一个松散的缺乏凝聚力的党，始终不能解决其内部激烈的派系纷争和冲突。这种内部派系斗争，成为促使它最后走向失败的原因之一。

　　在军事上，由蒋介石和国民党掌握和指挥的政府系统的军队同样派系林立，内部矛盾尖锐，指挥难求统一。统帅部和前线将领以及前线将领之间，勾心斗角，加以赏罚不公，结党营私，人事制度腐败透顶，蒋介石的军事威信严重失落，战略意图难以贯彻。在错综复杂的战争形势面前，国民党将领的战斗意志越来越趋于消极，已经没有能力去控制战局的逆转，最终以一连串的指挥错误，导致了全面的雪崩式的崩溃。

　　在经济上，国民党政府财政崩溃，社会经济破产，通货恶性膨胀。社会各界一再要求打击豪门，即官僚资本。但国民党政府不肯触动豪门的丝毫利益，却用发行金圆券的币制改革，对全体人民进行疯狂的掠夺，甚至用对付中共地下党的特种刑事法庭来对付中小资本家，结果导致了社会经济的极度混乱，使国民党政府完全丧失了民心。

　　土地制度的改革为现代社会所必需。同中共实行彻底的土地改革形成鲜明对比，国民党自执政以来，始终未能实行土地制度的改革，直至它的崩溃，仍然流于空谈。这使国民党的统治和战争动员失去了广大农民的支持。对农村残酷的人力物力的掠夺，导致了农村的破产。落后的地主经济并不能构成国民党战争政策的强有力的社会基础。以农民为主要成分的国民党政府军士气低落。中国毕竟还是一个农业社会，城市尚未成为中国强有力的经济和人力资源的基地，控制城市并不能够制约农村。国民党未能实行土改，也就失去了战争动员的最广大的社会力量，这构成了国民党政权失败的基本社会历史原因。

蒋介石和国民党统治集团的专制、腐败、自私及内部派系斗争,也导致了自己在外交上的孤立。国民党由于自己不能振作有为,也就逐步失去了美国的积极支持。尽管美国对蒋介石和国民党曾寄予很高的期望,并曾给予支持,但美国既不愿意、也没有力量去扶植一个扶不起的政权,最终只好采取"等待尘埃落定"的政策,无奈地从中国内战中脱身。

历史学家傅斯年对国民党政权说过一段十分痛心的话:"古今中外有一个公例,凡是一个朝代,一个政权,要垮台,并不由于革命的势力,而由于他自己的崩溃!"尽管傅斯年并不希望国民党政权崩溃,但历史的进程仍然证实了他的理智的判断,"自己的崩溃"是国民党政权垮台的一个重要原因。

当然,本卷概括而扼要的叙述,难以详尽地分析和论述国民党政权崩溃的全部原因。国民党政权的内部运作方式、行政效率、官吏贪污腐败的深度和广度、社会矛盾的尖锐性和普遍性、整个社会文化冲突的复杂性、国际环境和中国社会的交互关系、中国社会发展层次和世界发展趋向的落差,等等,这些复杂的问题本卷还难以细加叙述。同政治问题相比,社会问题更为复杂,是影响中国社会发展的长期因素,也有待历史工作者继续深入研究。

我们在民国史研究过程中,遇到许多称谓问题,诸如北洋政府、北京政府,国民政府、国民党政府的用法和区别,等等。由于中华民国历史时期,政治状况和社会关系本身的复杂性,党派冲突变化的复杂性和尖锐性,造成了称谓问题的复杂性,在本卷的写作中,称谓问题是服从于叙述清楚历史事实的,我们尽量根据历史事实和我们所要叙述的问题的具体状况,来灵活地使用不同的称谓。我们参考了相关图书有关称谓使用方法,也作了一些新尝试,或许这样处理更有利于叙述历史。究竟如何,有待史学工作者和读者共同研究,以便将来能更好地处理这个复杂问题。

由于技术原因,本卷未附有关示意地图,烦请读者在必要时参阅相关的地图集。

本卷共分十章,第九章由陶文钊执笔,其余九章由朱宗震执笔,全书经总编李新审定。人名索引由程朝云编制。本卷因人手少,有些章节可能写得比较粗糙,如有错误、疏漏之处,敬请读者指教。

在本卷写作过程中,承中国第二历史档案馆、中央档案馆、上海档案馆、国家图书馆、上海图书馆、中国人民解放军军事科学院图书馆、中国人民革命军事博物馆、南京大学图书馆、辽沈战役纪念馆、淮海战役纪念馆等单位惠予帮助,提供了宝贵的资料。我们在实地考察辽沈、淮海战役的时候,承中国人民解放军驻锦州部队、安徽省地方志办公室、江苏省税务局及徐州、临沂、邳县税务局等单位,惠予提供帮助。我们在收集资料的过程中,得到了刘凤翰、万仁元、陈兴唐、阮家新、黄亦兵、胡绳武、王鹤鸣、田昭林、俞辛焞、程悠、马长林、皮明勇、华校生、莫永明、申晓云、陈谦平、戚厚杰、李玉贞、薛衔天、汪朝光等著名学者的帮助,并承郭汝瑰、杨伯涛、郑庭笈、文强等历史事件当事人的指教。周炳钦、萧甡、邵维正、杜振发对本书提出了许多宝贵的意见。特此致谢。在本卷写作过程中,王欣嘉帮助解决了许多电脑操作中的问题。还有许多学者、朋友在我们工作过程中提供了各种各样的帮助,未能一一列名致谢,谨致歉意。

在本书写作过程中,我们还得到了中国建设银行信托投资公司的赞助。谨在此表示诚挚的谢意。

第一章　国民党最后的总动员

第一节　"戡乱"总动员

一　总动员令的发布

抗日战争胜利之后,中华民国在国际上成了四大强国之一。国家面临着和平发展的良好的国际环境。但是,由国民党一党执掌的中华民国国民政府坚持一党的狭隘利益,拒绝了和平、民主和发展经济的道路,蓄意发动内战,对中国共产党在抗日战争期间发展起来的解放区发起了大规模的军事进攻。然而,在政治和经济上拒绝改革的国民党,在军事上同样腐败无能,国民党军以绝对优势的装备和兵力,却屡战屡败。1947年上半年,国民党政府衰败的形势开始明朗起来。在军事上,打了一年的仗,国民党军损兵折将,要想消灭中国共产党领导的解放军,连不懂军事的人也明白已经是做不到的事了。在经济上,通货膨胀,财政破产,民生凋敝。在政治上,国民党政府统治地区群众运动高涨,国民党和国民政府威信扫地。国民党面临着失败的局面,不能不力谋补救,企图挽回危局。

当时,在东北和华北,国民党军已经只能处于守势,除了局部性的反击之外,总体上是被动挨打。西北战场,对于国民党军来说,并无军事上的重要价值,占领延安,只有暂时的宣传上的、或者是说不清的心理上的价值。然而,中共中央和彭德怀所率领的六个野战旅,在陕北坚持旋磨打转,国民党军胡宗南部三十多个旅的主力部队被牵制,置于无用之地,一无作为,还屡屡损兵折将。在南线,国民党军拥有明显的优势，但孟良崮一战，主力第七十四师被解放军歼灭，师长张灵甫阵亡。高级将领随着整师整旅成建制地被歼灭，也屡屡被俘、阵亡，使国民党军的士气越来越低落。蒋介石也十分沮丧地说："自从去年七月开始剿匪以来，我们前方有若干师旅团部高级指挥干部为匪所袭击，指挥官且被匪所俘，这不仅影响一部分的士气，而且使整个战局都受到顿挫。"① 战略上的主动权，慢慢转移到了解放军手里。

在国民党政府统治区，通货膨胀，物价飞涨，群众性的反内战、反饥饿、反迫害的斗争日趋高涨。5 月 20 日爆发了大规模的学生运动，工人运动、农民运动也此起彼伏，国民党的后院起了火。在 5 月间的参政会会议上，民盟主席张澜等参政员的提案，历数人民的痛苦，坚持要求停止内战、恢复和平，并且要求"政府先明令停止征兵与征粮、征实，为倡导和平之表示，以减轻人民负担"，"政府先饬各地方文武官吏，切实尊重人权，保障自由，迅速释放一切政治性被逮捕、被拘禁之人民，恢复政治性被封闭、被查禁之刊物。并停止一切有名无名的特务非法恐怖行为"②。张澜等的提案在参政会内得到了广泛的共鸣。蒋介石和国民党的内战方针，在自己的统治区也遭到了严重的抵抗。这使国民党深感自己的区区虚假的民主政治形式也成了它的战争政策的绊脚石。

同时，原先国民党内的反对派，如李济深、冯玉祥等也加紧了反对蒋介石的活动。美国驻北平领事弗里曼（Fulton Freeman）获得情报说，存在着建立一个第三党的运动，其中包括了许多非黄埔系将军，"他们中的许多人，急于除掉委员长（指蒋介石——引者），

　　① 《宣读军官团第一期开学训词后讲解》(1947 年 5 月 12 日)，秦孝仪主编：《先总统蒋公思想言论总集》第 22 卷，中国国民党中央委员会党史委员会印 1984 年版，第 105 页。

　　② 张澜等提案：《政治解决党争以停止内战恢复和平案》(1947 年 5 月)，《中国现代政治史资料汇编》(油印本)第 4 辑第 5 册，中国科学院历史研究所第三所南京史料整理处选辑。

以便促使内战结束"。据估计,这股力量共计有 32 个整编师①。当然,这类活动究竟有多大的力量和成效,存在着疑问,活动的性质也各不同,但都在不同程度上动摇着蒋介石的统治,打击着国民党的士气。

1947 年 5 月 24 日,蒋介石考虑时局对策说:"时局逆转,人心动荡,军政经社均濒危殆。奸党为遂行其推翻政府夺取政权之意图,其在前方则广泛展开武力斗争,攻城掠地,着着进逼,而在后方各大都市,则鼓动风潮,扰乱社会,更无所不用其极。而此次参政会中,亦既为只求和平不顾利害之空气所笼罩。而本党同志又大都苟且自全,随声附和,革命志业,委以尸解,此诚危急存亡之秋也。若不早下决心,用斩钉截铁手段,拨乱反正,则因循延误,更难挽救。故决定先肃清后方,安定社会,再图军事之进展也。"②也就是说,他已不能容忍区区民主政治的形式存在,而要进一步强化军事独裁统治。6 月 27 日,蒋介石进一步考虑当前要务归结为:"一为实施总动员,二为党政改革,并拟于鲁中军事告一段落,即实行总动员,巩固后方,而先以整饬党务,充实军队,改革币制,切实稳定社会,树立威信,恢复革命精神为急务。"③

不过,蒋介石已经等不得前线军事的进展,即着手部署动员。国民党发动的对中共的军事进攻,当时叫作"绥靖"行动,按文字含义,只是对地方进行"安抚"的工作,用以掩盖大规模内战的本质。国民党为了进一步强化战时体制,"绥靖"这一概念就名不正言不顺了。6 月 20

---

①　The Consul at Peiping(Freeman) to the Ambassador in China(Stuart), *Foreign Relations of the United States*, 1947, Vol. 7, pp. 218‐219. United States Government Printing Office, *Washington*, 1972.

②　《总统蒋公大事长编初稿》1947 年 5 月 24 日条,台北中国国民党党史委员会编。

③　《总统蒋公大事长编初稿》1947 年 6 月 27 日条。

日,蒋介石在宴请国府委员时,张继就提出要对中共"明令讨伐"①,以便公开用军事、特务统治,强力压制舆论,强行集中人力物力,支持战争。25日,最高法院检察署训令全国高等法院首席检察官,以"窃据国土,称兵叛乱,祸国殃民,罪大恶极"的罪名,饬属严缉毛泽东②。《中央日报》借用某法学家的话说:"最高法院对于毛泽东之通缉,在人民心理上必能产生一种极严正之印象。此后倘仍有人认为中国共产党之作乱为政治性之斗争,不仅属是非之观念,且系犯罪思想。"③不过,蒋介石对于选择明令讨伐还是采取全国总动员的方式,有所犹豫。当时,青年党方面,曾琦主张:"第一,讨伐令下后,共党必在东北自行组织政府;第二,苏俄可能首先承认其所支持之傀儡组织;第三,战事若扩大及长江时,最重现实之英国,亦可能承认其为交战团体。故不如实际上总动员以征剿之,而形式上之讨伐令则从缓发。"④

　　1947年7月4日,蒋介石以国民政府主席的身份,正式向国民政府委员会第六次国务会议提交了一份议案:《为拯救匪区人民、保障民族生存、巩固国家统一,提请励行全国总动员,以戡平共匪叛乱、扫除民主障碍、如期实施宪政、贯彻和平建国方针案》。该案指控"中国共产党拥兵割据,扰害地方,武力叛国",并要求:"必须全国军民集中意志,动员全力量,一面加紧戡乱,一面积极建设,方能扫除民主宪政之障碍,达成和平建国之目的。本此意旨,拟请由国务会议决定实行全国总动员,号召全民,一致奋起,淬励进行,举凡加强经济建设,刷新地方政治,发动人力物力,改善粮政役政,保持社会安全,救恤人民疾苦,保障人民基本权利,厉行消费节约,增进农工生产,提高官兵待遇等项,均交各主

---

　　①　《中央日报》(南京),1947年6月21日。

　　②　《大公报》(上海),1947年6月29日。《中央日报》(南京)刊登这一消息的版面、标题不显著。

　　③　《中央日报》(南京),1947年6月30日。

　　④　陈正茂等编:《曾琦先生文集》下册,第十编《日记》1947年7月1日,台北中研院近代史研究所1993年版,第1471页。

管机关,妥拟方案,制颁法令,一体依法推行。"①

总动员令的实施,本是使国家从平时体制转入战时体制的强力措施。国民政府曾于太平洋战争爆发、中国对日宣战后,制定《国家总动员法》,规定:"国民政府于战时为集中运用全国之人力物力,加强国防力量,贯彻抗战目的,制定国家总动员法。"②《国家总动员法实施纲要》规定:"国家总动员之使命,在于集中全国人力物力达成军事第一、胜利第一之目标,其方法为增加生产、限制消费、集中使用,因而管制物资之生产、分配、交易、储存乃至征购、征用,实属急要之图。"③但中国不仅在抗日战争时期处于战争状态,在战前和战后,也一直处在内战状态,人民长期过着战时生活。抗日战争胜利后,人民经历了长期战争的痛苦之后,迫切需要和平和民主的生活。因此,国民党政府在内战中发布这种总动员令,根本不可能起到动员人民从事战争的作用,只能是强化法西斯式的恐怖统治,更加残酷地掠夺社会财富以供战争的需要,加剧人民的痛苦,从而激起人民更大的不满和反抗。

按例,战时体制,必须限制人民平时享有的民主生活,以便当局集中权力,实行军事管制。抗战胜利之后,对人民要求的民主权利,国民党为了敷衍各方面的舆论,做了一些表面文章,而且召开了制宪国大。这些举措,本不为中共和中间性的民主党派所承认,所以他们并没有参加制宪国大。国民党和国民政府既要实施总动员,当然就要进一步限制人民本来就不存在的民主权利,也就不可能去实行什么宪政。然而,这个总动员提案却要让总动员去扫除民主宪政的障碍,在后来也就是在总动员令之下行宪。如果按照孙中山先生的军政时期、训政时期、宪政时期循序渐进的理论,也就是让军政时期和宪政时期同时出现在中

---

① 《国民政府关于通过蒋介石交议励行总动员进行内战提案的训令》(1947年7月4日),《中国现代政治史资料汇编》第4辑第4册;《国民政府公报》第2869号,1947年7月5日,文字有异同。

② 《国家总动员》,第16页,(国民政府)行政院新闻局印行,1947年7月。

③ 《国家总动员》,第20页,(国民政府)行政院新闻局印行,1947年7月。

国的大地上。行政院长张群也感到了逻辑和体制的无理,只好勉强解释道:"现在的动员问题,一方面是要集中人力物力来使用,加强戡乱的力量;一方面又要作实施宪政的准备,从事建设。这两件事好像不能平衡,顾到戡乱便顾不到建设。就如今日谈到的军法问题,顾到治安,就顾不到宪治一样。这都是出于情不得已。"①国家体制的混乱和滑稽,也表明国民党和蒋介石已经统治乏术,回天无力了。

　　正由于有上述的矛盾,行政院在贯彻总动员令时,没有直接援用《总动员法》及其相关法规,而是另行制定了《动员戡乱完成宪政实施纲要》。这个纲要,除规定对于妨碍人力物力动员的行为以及怠工罢工停业等予以惩处外,其第七条规定:"为维持安宁秩序,政府对于煽动叛乱之集会及其言论行动,应依法惩处。"第十四条规定:"人民基本权利,均应切实尊重,妥为保障,除因动员戡乱所必需之各种法令必须切实实施行者外,任何法外侵扰行为,均应严行防制。"而第二条规定:"实施宪政及各项有关宪政之选举,均应依照规定积极进行。"②这就是说,在实行战争动员的同时,还要制造民主宪政的表象,多少缓冲一点人民对独裁政治的愤怒。张群在前述总提示中表示:"我们对于动员令的实施,除了照动员戡乱实施宪政纲要运用外,假如超出了这个范围,在行政院权责上,自然还可以再引用动员法其他条文,另定办法。不过,我总希望能够如此顺利进行,不至于扩大更好。"③

　　"戡乱"总动员令发布后,民盟成了执政的国民党攻击的主要对象。

<hr />

　　①　《行政院长张群在行政座谈会上的总提示》(1947年8月2日),《中国现代政治史资料汇编》第4辑第4册。

　　②　《动员戡乱完成宪政实施纲要》,《中国现代政治史资料汇编》第4辑第4册;又见《国民政府公报》第2881号,1947年7月19日。按:上书第4册所载《动员戡乱完成宪政实施纲要》草案,措词和内容较公布本更为严峻。——笔者。

　　③　《动员戡乱完成宪政实施纲要》,《中国现代政治史资料汇编》第4辑第4册;又见《国民政府公报》第2881号,1947年7月19日。按:上书第4册所载《动员戡乱完成宪政实施纲要》草案,措词和内容较公布本更为严峻。——笔者。

国民政府副主席孙科对记者发表谈话："总动员令之颁布实施,旨在加强剿匪军事,若仍有人提出反对战争口号,即系反对政府。此项行动绝对不能饶恕。君等可以我意转告民盟朋友。"①蒋介石在"七七"前夕发表广播讲话,一面攻击中共,一面也对民盟加以影射攻击:"共产党利用社会上苟且偷安、因循姑息的心理,指使其反动工具,提出'反对征粮'、'反对征兵'、'反对内战'等各种口号,来颠倒黑白,麻醉人心,蛊惑社会,动摇国本,使我们的人力物力乃至精神的力量,都不能集中应用到剿匪和建设的工作上去,坐视共匪暴力长大,叛乱因而蔓延。追本溯源,不能不说是我们社会人士中了共匪反宣传的毒计。"②

　　但是,民盟方面并不因为总动员令的发布,及蒋介石、孙科的威胁恫吓而屈服。7月8日,民盟主席张澜发表书面谈话,对总动员令表示遗憾:"至今日政府下总动员令矣。同人痛心之下,复有何言。"同时表示:"同人一日为中华民国国民,矢愿一日为民主和平统一而努力。"③7月11日,参政会举行驻会委员会第二次会议,白崇禧在会上作了军政情况的报告。参政员潘朝栋在会上提议,请政府励行总动员令,遭到民盟参政员黄炎培的痛驳,主张由提案人撤回。潘的提案,在参政会内遭到强烈反对后被迫撤回。黄炎培在日记中记道:"参政会条例第一句,团结全国力量,不能赞成战争。大会通过和平方案,驻委会无权违反。我本次多数第九,经十余人让出递补驻委,全为我民盟或可为和平助力,我安能主张战争。"④国民党政府方面,为此也进一步加深了对民盟的压迫。

　　此外,总动员令发布后,经7月18日国务会议第七次会上通过,国民党政府于7月22日发布训令,批准行政院于7月8日第十一次院会决议:"原保留共党之国大代表及国府委员之名额,应予取消,共党现任

　　①　《中央日报》(南京),1947年7月8日。
　　②　《中央日报》(南京),1947年7月7日。
　　③　《大公报》(上海),1947年7月9日。
　　④　《黄炎培日记》(手稿)1947年7月11日。

参政员者,应予除名,今后如办选举,亦不再为共党保留名额。"24 日,参政会秘书处函复国民政府文官处,已将毛泽东、林祖涵、陈绍禹、邓颖超、董必武、周恩来、吴玉章除名(另一共产党参政员秦邦宪已去世)①,表示了国民党与中共的最后决裂。

此后,各种加强统治和控制的法令法规即陆续出台。

二 国民党六届四中全会

蒋介石面临着全面的统治危机,深知不改革就难以生存。总动员和党政改革,是他企图挽救危局的两项措施。

1947 年 6 月 30 日,蒋介石亲自主持了国民党中央常务委员会及中央政治委员会联席会议,作出了三项决定,一是集中党与团的力量,二是加强剿共军事,三是依照宪政实施准备程序,办理选举②。与准备总动员的同时,部署改革。党团统一是为行宪作准备的改革部署。

国民党之组织三民主义青年团,原期望向党内输送新生力量,而结果却形成党团之间的纷争。白崇禧在 1947 年初即向蒋介石建议,确定青年团的性质。他指出:"青年团应使成为党之生力军,在党领导之下,为巩固革命政权而奋斗到底……惟就过去七年来之经验与教训,青年团与本党之关系,未能明确划分,而工作亦多重复,必须立即加以调整,乃能避免相抵相消之病。"他提出了三个方案,第一案确定青年团隶属于党而在工作上与党有明确之划分。如苏联的青年团。第二案青年团独立成一政党。第三案青年团为社会性之训练组织,其性质如今日之童子军③。在国民党三中全会时,萧铮也指出:"党的号召力异常薄弱,

① 《国民政府取消中共国民大会代表国府委员保留名额及现任参政员的训令》(1947 年 7 月),《中国现代政治史资料汇编》第 4 辑第 8 册。

② 《中央日报》(南京),1947 年 7 月 1 日。

③ 《白委员崇禧关于党团关系呈总裁之原呈》(1947 年),全宗号三四(2),卷号 62,中国第二历史档案馆藏。

非但一般人不相信国民党自己的决定能够施行,一般民众没有信心,就是我们自己的党员也没有信心。党到了这个阶段,的确没有法子收揽人心。抗战期间,总裁看到了党的危机,为新的号召,在抗战期间成立了青年团,希望能有真正新的号召,从【重】新提起党的精神。不幸到现在目的没有达到,党团分成了两个组织。"①这就是说,组织三青团的结果,不过是使派别林立的国民党又增加了一个派系。

蒋介石把白崇禧的意见交给吴铁城、张厉生、陈诚,会商的结果并未如白崇禧要求的那样确定团的性质,竟规定:"绥靖区高级军事长官,如察明当地党政负责人员有不称职或自相磨擦贻误事机者,先行撤换,或调整,再行补报。"②这种规定只是一种战区的军事独裁手段,不可能达到发挥党团政治功能的目的。

这时,国民党即将部署国民大会代表选举,准备行宪。6月25日,选举总事务所正式成立。党团之间,在竞选中发生冲突,已经难以避免。蒋介石认为青年团"过去在心理上精神上已经犯了两个足使革命失败的错误":"第一个错误是决定今年团的中心工作在参加立委和国民代表的竞选;第二个错误是主张与本党保持不即不离的关系,发生相互的作用。这两个错误的决定足可以使革命整个失败。青年团是青年组织,是培育青年、为青年服务的团体,为什么要参加竞选,为什么要使纯洁的青年变成政客?这样的青年组织还有什么革命性可言?要知道:凡是竞选的人就是你的敌人,那里还有功夫对付我们真正的敌人!所以你们这种行动的后果,只有促成党团对立,而减少本党革命的力量。这是我所以要把团合并于党的主要原因。"③

---

① 《三中全会各委员对党务检讨意见》,全宗号三四(2),卷号13,中国第二历史档案馆藏。

② 《蒋介石致白崇禧、陈诚卯皓侍宇电》,国民政府行政院绥靖区政务委员会档案,蒋介石秘密文件,中国第二历史档案馆藏。

③ 《对党团合并的指示》(1947年7月9日),《先总统蒋公思想言论总集》第22卷,第213页。

6月27日,蒋介石召见三青团书记长陈诚和国民党中央组织部长陈立夫,宣布实行党团统一组织的决定。至6月30日,国民党召开中常会和中政会联席会议,决定党团统一。蒋介石在讲话中感叹说:"现在我们党的精神是太颓唐,太消沉,根本提不起气来。所以我们中央同志人人都要立下决心,要趁此时机来自反自觉,贡献自己的才力。对于本党作一番彻底的改造,彻底的刷新。如果还是不从改造党的本身着手,那么革命建国的前途,绝对没有希望!"①是日,蒋介石手令成立党团统一组织委员会,设立党团统一组织研究委员会,并拟订9月9日召开党团中央全体联席会议②。

当时,国民党正在批判知识分子的动摇性和士大夫意识,压制他们对国民党政府内战政策的批评。而事实上,中国传统的学而优则仕的观念,已深深地侵入到国民党政权中去。虽然民国以来,中国的现代经济和现代观念有所发展,但仍非常薄弱,大批读书人仍然只能以做官为谋生手段,甚至是唯一的谋生手段。像黄炎培那样,辞官不做,一心从事社会事业的人;像章乃器那样,主张不靠做官吃饭,不靠做官发财而从事政治活动的人,在战争环境下,是无法发育壮大为一股强大的社会力量的。蒋介石通过青年团向国民党输入新鲜血液的结果,竟发展成了传统的朋党之争。尽管国民党人以北宋的新旧党争的历史教训为鉴,实行党团统一,又能发生什么改革效果呢?

7月16日,蒋介石对党团统一组织委员会全体委员作出指示:"此次合并统一,应以求其产生新的力量为前提。故必须提出新的革命主张及办法,以资号召与团结,使人民拥护本党。其次为对党员团员提出新的要求,并以能否符合此要求,作为肃清腐败分子之标准。党团合并

---

① 《当前时局之检讨与本党重要之决策》(1947年6月30日),《先总统蒋公思想言论总集》第22卷,第189页。

② 《党团统一组织重要文献》,(国民党)党团统一组织委员会编,1947年,(国民党)党内刊物,第48页。

统一工作,应视为政治革命性的,而非技术或事务工作。"同时,确定 9月 9 日召开党团中央全体联席会议及国民党中央执行委员会第四次全体会议,并为会议准备相应文件①。

1947 年 9 月 5 日至 14 日,三青团二届二中全会在南京举行,宣告了三青团团务的结束。9 月 9 日,国民党第六届中央执行委员会第四次全体会议暨中央党团联席会议召开。在开幕典礼上,蒋介石在开幕词中指出:"此次大会所要讨论的第一个问题,就是如何改造本党,充实内容,以期完成我们历史的使命。"他规定了大会所要解决的几个问题:"第一,这次大会要完成党团的统一,团结意志,加强党的力量,来消灭共匪,完成革命。除了这个方法以外,实在没有第二个方法可以达成这种任务。第二,这次大会要对今年十二月即将召开的国民大会要作必要的准备。对于选举国大代表的具体办法,应该赶快决定,迅速举办,使别人明了本党有真正实现民主、还政于民的决心,以打破共产党对我们的毁谤和社会上对我们的怀疑。"蒋介石痛苦地指出:"这次大会,各位同志应该切实检讨,我们为什么会弄到这种地步,为什么会弄到人人束手无策,人人失去自信心。经济问题不过是各种问题中的一种,其他如军事、政治各方面没有一样不是如此。本来处在很好的环境,具有很好的条件,一到我们的手里,就毫无办法。这真是最耻辱最可痛的问题。"他警告说:"而仍如过去一样,因循苟且,腐败堕落,甘于暴弃,那即使没有敌人,我们也将遭遇天然的淘汰,无法生存于这个世界。"②

在会上,秘书长吴铁城作了党团统一组织的报告,行政院长张群作了政治报告,国防部长白崇禧作了军事报告。吴铁城对这次会议寄予

①　《党团统一组织重要文献》,(国民党)党团统一组织委员会编,1947 年,(国民党)党内刊物,第 49 页。

②　《六届四中全会暨党团联席会议开幕词》(1947 年 9 月 9 日),《先总统蒋公思想言论总集》第 22 卷,第 234—238 页。

了极高的期望："此次会议为富有革命性、建设性、政治性之会议，为集中革命力量、巩固革命组织之会议。其由此会议而实现的党团统一组织之力量，其必可以戡定变乱、统一国家、改善民生国计，将同于民国前二年改组兴中会为同盟会以后之卒能推翻清廷，民国三年改组国民党为中华革命党以后之卒能推翻袁世凯帝制，民国十三年改组中国国民党以后之卒能荡平军阀，民国二十七年本党实行新建设以后之卒能获得抗战胜利。"①

会议的中心议题为《如何加强本党革命组织，革新政治，完成戡乱建国，贯彻后期革命之任务》②，围绕此中心议题，党团统一组织委员会拟有《党的新建设纲领草案》，三青团中央干事会拟有《中国国民党改造纲领草案》供大会讨论。但讨论的结果，仅通过了《中国国民党当前组织纲领》，而"关于当前政治纲领，经大会详加研究，认为此次全会不必另订新的纲领，应就历届全会所作决议，择要力行，藉收实效"③。同时，会议通过了《统一中央党部团部组织案》。蒋介石认为："此次会议，以本案最为重要，今由大会通过，充分表现吾人团结之精神，奠定本党新生之基础。"④

国民党的这次党团统一，其主观目的上，"系革命组织之彻底改造，其意义系政治革命性的，而非事务技术性的"⑤。改造方案反映在《当前组织纲领》上，纲领中的"原则"一项规定："1. 加强团结，集中力量，整饬纪律，淘汰腐恶分子，严肃革命阵容，以促进党的新生。2. 吸收党

---

① 《中央日报》(南京)，1947 年 9 月 10 日。

② 《中国国民党第六届中央执行委员会第四次全体会议及中央党团联席会议记录》，1947 年 10 月 10 日中央执行委员会秘书处编印，全宗号七一一(5)，卷号 128，中国第二历史档案馆藏。

③ 《中央日报》(南京)，1947 年 9 月 13 日。

④ 《中央日报》(南京)，1947 年 9 月 13 日。

⑤ 《三民主义青年团第二届中央干事会第二次全体会议呈总裁兼团长致敬电》，《中央日报》(南京)1947 年 9 月 13 日第 2 版。

员,应特别注意优秀农民、工人及青年知识分子,以为革命之主力。3.
建立宪政时期党的作风,改善组织运用。今后各级党部当以服务民众,
切实为民众生活之改善、痛苦之解除及知识水准之增高而努力。"纲领
规定党团员要重新登记为党员,党员要登记财产,禁止党内的小组织,
等等①。但国民党的腐败已经成风,这些官样文章,难收实效。美国驻
华大使司徒雷登(John Stuart)在 9 月 20 日致国务卿马歇尔(George
C. Marshall)的报告中评论说:"对这次大会的特殊成就似乎毫不足道。
它只是在常务委员会之前进行了职位的预先瓜分和政府的一些调动。
鉴于合并青年团的计划规定党员要重新登记,所以可能出现改革和清
党。但现阶段尚难预见改革和清党的形式及性质,不过可以推测,它符
合于最有势力的集团的愿望与野心。"②

为了改造国民党,蒋介石于会后继续部署统一工作,并曾要求:"自
明年一月起,办理党务人员,均为无给制,应与统一组织办法同时宣布,
并自十一月份起,凡有党籍之党员,均应由其所属党部实行征收党费,
并以收费之成绩,定党部工作之优劣。"③也就是使国民党从国库养党,
改造为党员养党。但研究的结果,"事实上似不可能"④。因为,地方党
部的人,本来就觉得待遇不公,生活困难。程中行说:"地方党部里,个
个人都是苦干,生活很苦,像叫化子一样……现在上海市党部就没有一
辆汽车。所以中央对于地方党部的待遇似太残忍。"⑤谷正鼎说:"党外
人说国民党一党专政,我们实在没有……在我们本党,今天既不能支配

---

① 《大公报》(上海),1947 年 9 月 13 日。

② 肯尼斯·雷、约翰·布鲁尔编,尤存、牛军译:《司徒雷登驻华报告》,江苏人
民出版社 1990 年版,第 127 页。

③ 《党团统一组织重要文献》,第 52 页。

④ 《预算审核委员会第十七次会议》,全宗号三四(2),卷号 64,中国第二历史
档案馆藏。

⑤ 《三中全会各委员对党务检讨意见》,全宗号三四(2),卷号 13,中国第二历
史档案馆藏。

政治,实际上政治的权力反被一些官僚所窃据支配了,成了官僚政治,挟天子以令的诸侯的政治。"①这些 CC 派分子,对自己的利益和权力并不满足。

蒋介石在 9 月 13 日闭幕会上发表了长篇讲话,强调"第一要澄清吏治,根绝贪污",指出:"现在我们中国政治最为外人所诟病的,就是我们政府的贪污和无能。这当然是部分的现象,然而我们政府里面如有一个贪污的官吏,就是我们全体的耻辱。而本党是中国的执政党,当然要负责任。"然而,就在这篇讲话中,他在要求党员们"有力出力"、"有钱出钱"时,直接出面为宋子文辩护:"今天有一件事可以附带报告的,就是宋子文同志,已决定捐献其建设银公司全部股产,作为救恤抗战剿匪死难同志家属之用。宋子文同志在前次卸任财政部长之后,经营经济事业,颇多成就,而社会上多诬为官僚资本。现在宋同志慨然将其财产捐献于党,足见其并非为私人利益经营事业,而是为党为国发挥服务精神。他这种公而忘私、国而忘家的精神,实在值得我们感佩,值得全党同志效法。"②

一位路人侧目的权贵,竟然受到如此崇高的评价,不免使正人丧气。会后不久,宋子文即被任命为广东省政府主席。一位反对共产党、宁肯与国民党同归于尽的自由主义学者傅斯年,是年 3 月间写信给胡适说:"'政府决心改革政治之诚意',我也疑之。盖不能不疑也。现在改革政治之起码诚意,是没收孔宋家产,然蒋公在全会上(指三中全会——引者)骂人时仍言孔宋不贪污也。孔宋是不能办的,CC 是不能不靠的,军人是不能上轨道的。借重先生(指胡适——引者),全为大粪堆上插一朵花。假如先生在京听到蒋公教训中委的一段话,当知此公

---

① 《三中全会各委员对党务检讨意见》,全宗号三四(2),卷号 13,中国第二历史档案馆藏。

② 《蒋介石在国民党六届四中全会及党团联席会议上的报告》,《中国现代政治史资料汇编》第 4 辑第 3 册。按:此段文字在收入《先总统蒋公思想言论总集》时被删去。——笔者。

表面之诚恳,与其内心之上海派决不相同。我八九年经历,知之深矣。"①他感慨地说:"古今中外有一个公例,凡是一个朝代,一个政权,要垮台,并不由于革命的势力,而由于他自己的崩溃!"②傅斯年不愧是一位历史学家,说出了至理名言。国民党政权的崩溃,已经是可以预期的了,任何所谓的改革,都无法挽回它失败的命运。

三　民主同盟被迫解散

蒋介石和国民党政府,一方面在"改革"和"民主"的旗号下,筹备国民大会代表的选举,准备行宪,所谓"还政于民";而一方面又在"戡乱"总动员令之下,压迫中间派的第三大党——中国民主同盟解散。这一严重的政治压迫,使蒋介石和国民党在国大尚未召开之时,就给自己筹备中的"民主政治"打上了一个大大的疑问号。

自从 5 月间学潮爆发之后,国民党方面就对民盟的疑忌更为加深。"戡乱"总动员令发布后,民盟仍坚持反对内战、反对总动员的政治立场。延至 10 月间,国民党决心排除民盟这一异己的政治派系。10 月 1 日,新闻局长董显光发表谈话,指责民盟"殊非独立政党,实为中共之附庸"③。为此,黄炎培起草了一个经民盟同人商定的书面谈话,予以反驳:"炎培所愿向各方坦白说明者,民盟一切行动,只以民盟中央纲领所大书特书的民主、和平、统一为目的。为了主张统一,所以反对分裂;为了主张和平,所以反对战争。为什么反对分裂?分裂将不成为国家。为什么反对战争?战争给予老百姓痛苦实在受不了。这都是双方的,

---

① 《傅斯年致胡适函》(1947 年 3 月 28 日),《胡适来往书信选》下册,中华书局1979 年版,第 190—191 页。

② 傅斯年:《这个样子的宋子文非走开不可》,《世纪评论》(南京)第 1 卷第 7期,1947 年 2 月 15 日。参《傅斯年全集》第 5 册,台北联经出版公司 1980 年版,第317 页。

③ 《中央日报》(上海),1947 年 10 月 2 日。

不可片面的。民盟同人，不能帮助国民党去打共产党，那能帮助共产党来打国民党？同人亦知是两方不讨好的事，但宁使不讨好两方，不愿违反自己一颗良心。"①对当局的攻击，常驻南京民盟总部的民盟主要领导人之一的罗隆基，也在报上公开进行了答辩。

国民党方面一步步地强化对民盟施加的压力，它已容不得民盟以不同的政治观点进行自由答辩。10月3日，董显光就黄、罗的答辩，进一步攻击民盟："自参加政协以来，无独立之政治主张，有之，唯追随共党，亦步亦趋，为世人所共见。"②10月7日，西安警备司令部公然枪杀了在押的民盟中常委兼西北总支部主任委员杜斌丞。10月13日，中国文化界戡乱救国总动员会声称，民盟在"戡乱"总动员令宣布后，"尚认定共匪为友党，即无异于附敌，无异参加叛乱，应与共匪同在讨伐之列"，要求当局"明令解散"③。10月23日，南京梅园新村、高楼门两处民盟总部办事处均为警察围困，出入须检查。罗隆基和民盟成员的活动遭到跟踪和监视，失去了行动的自由。民盟作为一个从事合法活动的政党，面临的形势陡然紧张起来。

上海民盟方面接到南京方面的报告后，张澜、黄炎培、沈钧儒、章伯钧、史良、叶笃义等在张澜处商谈对策。同时，上海警方对民盟事务的干预也强化起来。至10月27日，为了缓解国民党对民盟的压迫，上海民盟领导成员决定请与国民党上层人士关系较密切的黄炎培到南京同国民党当局进行谈判。黄炎培即与上述民盟领导成员商定最后主张："如政府不下令解散，即声明现状，通告盟员停止政治活动。"④当日，叶笃义和黄炎培即先后前往南京。同一天，内政部发言人指控民盟"勾结共匪，参加叛乱"，内政部"已将该'民主同盟'宣布为非法团体，今后各

---

① 《大公报》(上海)，1947年10月3日。
② 《中央日报》(上海)，1947年10月4日。
③ 《中央日报》(上海)，1947年10月14日。
④ 《黄炎培日记》(手稿)1947年10月27日。

地治安机关,对于该盟及其分子一切活动自应依据《妨害国家总动员惩罚处置暂行条例》及《后方共产党处置办法》,严加取缔,以遏乱萌,而维治安"①。10月28日,黄炎培乘车到南京后,看到了报纸上登出的内政部发言人宣布民盟为非法团体的谈话;翌日,又看到了报上登出的所谓民盟参加叛乱真相文件。鉴于国民党当局的严重压迫,民盟作为一个合法政党,在事实上已经没有继续存在下去的可能性,他必须为民盟的结束方式和民盟成员的人身安全同当局谈判。

黄炎培到达南京的当天,即先访问邵力子,旋至司徒雷登大使官邸,同傅泾波、罗隆基、叶笃义一起商谈两小时,随后到参政会借邵力子办公室再和罗隆基、叶笃义商量两小时。翌日,司徒雷登向国务卿报告说:"民盟的共产倾向仍令人怀疑,很少希望它能具有自由运动的核心作用。我目前主要担心的是,政府在对民盟的鲁莽迫害中,将进一步使自己声名狼藉。而民盟则获得主张开明宪政的人士的同情,这使民盟更加左倾,并从事地下活动。"②

黄炎培探明了民盟的处境后,第二天即前往拜访行政院长张群,就民盟的结束方式和民盟成员的人身安全问题与当局谈判。根据《黄炎培日记》的记载,谈判的要点大体为:一、民盟解散由政府宣布还是由民盟自行宣布;二、民盟要求必须公告其成员免除登记;三、罗隆基个人的自由保障。民盟方面,黄炎培向张群、吴铁城(国民党秘书长)要求政府宣布解散,而国民党方面既要迫使民盟解散,又不愿背解散民盟的反民主的政治包袱,因而逼迫民盟自行宣布。黄炎培提出的基本条件是:"一、撤退监视,恢复自由;二、各地盟员一律无庸登记;三、代管(指为中共代管——引者)或拨给房屋交还政府。"③在谈判中,和黄炎培个人友谊良好的张群,采取了比较温和的态度,而在幕后的人则立场严峻。据

---

① 《中央日报》(南京),1947年10月28日。

② 《司徒雷登驻华报告》,第134页。

③ 《黄炎培日记》(手稿)1947年10月30日。

《黄炎培日记》记载:"(11月3日)夜九时,岳军(张群——引者)又招往谈,乃大变:(一)取消换函,(二)不允努生(罗隆基——引者)明日同赴沪,皆以某方为梗。余议将来往函叙入总部解散内,准明晨八时半脱稿送到,努生事明日偕努生来面商。即夜起草完了,大能(黄炎培之子黄大能——引者)录副。……(11月4日)七时到参政会共努生等公阅昨夜稿。八时半至官邸挟努生、笃义往。岳军接稿,约定十二时顷电话复努生去沪事,恳商结果亦待十二时复。十二时得岳军电话,昨稿略修正认可,努生见允去沪,此事乃始圆满解决。"①谈判的结果,民盟以自行宣布解散的严重代价,换取了暂时免遭大规模镇压的危险,为民盟成员转入地下赢得了时间。

11月4日下午3时3刻,谈判结束之后,黄炎培即同罗隆基、叶笃义一起在特务监视下回沪。翌日,民盟中央不得不作出最后的抉择。据《黄炎培日记》记载:"九时半,到集益里,表方、衡山、努生、笃义、史良、张云川(陈新桂列席)共商大计。余报告在京商洽经过,努生继之。衡、史、云各就携归之稿仔细商榷,发表异议。终以大局被迫至此(至门外特务为努生云集),已无否认之余地,乃决照原稿付公表。"②沈钧儒、史良、张云川等虽曾义愤填膺,表示反对解散,但因缺乏具体办法未能通过。民盟本是一个松散的进行合法活动的团体,并没有武装斗争和转为地下斗争的充分准备,在国民党压迫来临之际,民盟中央并没有力

---

① 根据叶笃义回忆:"当时任国民党政府行政院长的张群最后说,同民盟办交涉的责任,蒋介石已委派给陈立夫了。陈立夫表示只愿同黄炎培一人接头,而不接见罗隆基和我。……黄炎培同陈立夫单独办交涉,每天上午我们三人在国民参政会碰头,由黄介绍交涉情况。交涉结果搞成一个书面文件,那就是11月6日民盟在蒋管区各报上发表的解散公告。据黄炎培说,陈立夫向他表示,文件上的文字一个字也不许更动,发表的时候,如有只字变动即全部作废。"(《我和民主同盟》,《文史资料选辑》增刊第2辑,第20页)查《黄炎培日记》,黄在南京谈判期间,除曾有一次拜访陈立夫未遇外,并未和陈有过接触,与叶的回忆几无共同之处,或许黄日记中的"某方"即为陈立夫,他在张群的背后拥有决定权。——笔者。

② 《黄炎培日记》(手稿)1947年11月5日。

量采取强有力的应变措施。在国共两党眼里,民盟都只是历史机遇的产物,在国共大决战的时候,民盟作为一个并无强大社会基础的政党,其被迫解散,也是无可奈何的历史命运。

1947 年 11 月 6 日,民盟主席张澜不得不签署了民盟解散的公告,这份由当局审定的公告宣布:"合将洽商经过情形公布周知,并通知盟员自即日起一律停止政治活动,本盟总部同人即日起总辞职,总部亦即日解散。"①翌日,张澜发表个人声明:"余迫不得已,忍痛于十一月六日通告全体民主同盟盟员,停止政治活动,并宣布民盟总部解散。但我个人对国家之和平民主统一团结之信念,及为此而努力之决心,绝不变更。"②

黄炎培在南京谈判期间,心力交瘁。11 月 2 日,在谈判间隙游玄武湖时,赋《玄武湖秋感三绝》③以明志:

黄花心事有谁知,傲尽风霜两鬓丝;争羡湖园秋色好,万千凉叶正辞枝。

红黄设色补寒苔,点缀秋光枉费才;毕竟冰霜谁耐得,青松圆角后雕材。

那有秋纨怨弃遗,金风尽尔鼓寒漪;谁从草际怜生意,百万虫儿绝命时。

民盟公告发表后,他又发表了《我与民盟》一文表明心迹:"经过无数沧桑,到今年——三十六年十月二十八日,政府认民盟为非法团体,

---

① 《中国民主同盟历史文献(1941—1949)》,中国民主同盟中央文史资料委员会编,文史资料出版社 1983 年版,第 356 页。

② 《中国民主同盟历史文献(1941—1949)》,第 361 页。

③ 《黄炎培日记》(手稿)1947 年 11 月 2 日。在《国讯》上发表时,文字有更动:"黄花心事有谁知,傲尽风霜两鬓丝;争羡湖园秋色好,万千寒叶正辞枝。 红黄匝地写秋容,点缀湖山枉自工;毕竟冰霜谁耐得,青春不老后凋松。 那有秋纨怨弃遗,金风尽尔鼓寒漪;天教草际留生意,百万虫儿蛰未迟。"(第 439 期)后来的不同版本,文字也略有差异。——笔者。

禁止活动，民盟同人亦已不能活动，而我于其间被推自沪赴京，与政府当局商善后办法。七日之间，会商七次，民盟主席乃于十一月六日宣布洽商善后经过，同时正式公告……一部大历史，信而见疑，忠而被谤者，不知凡几。民盟已矣，自我发之，自我收之，知我罪我，其唯春秋。我只平心静气地问一句话：请大家公正检讨民盟从创始到结束，前前后后所有文件，曾有一字一句，足以构成危害国家颠覆政府的罪行者否？"①他忧劳过度，旧病复发。

从 1940 年底黄炎培动议创立民盟起，作为一个独立、中立、进行合法活动的介于国共两党之间的中间派系（或称第三方面）的政党组织，至此宣布结束。中共方面，周恩来也指出："自民盟在蒋管区被迫并由其一部分领导人接受国民党的命令自行宣布解散后，全国性的第三大党运动已经失败，第三条道路的想法已经破产。"②从此，民盟的基层组织开始转入地下活动，民盟总部的恢复和政治路线的确定，转移到香港进行。

第二节　国大选举和实施宪政

一　行宪国大的政治意向

蒋介石、国民党和国民政府，在实行"戡乱"总动员的同时，仍继续部署国民大会代表的选举，准备结束训政、实行宪政，所谓"还政于民"。在国民党方面看来，行宪是抵制社会上与中共进行和谈要求的一种手段。南京《中央日报》曾于是年 5 月 24 日发表社论：《和平的根本是行

---

① 黄炎培：《我与民盟》，《国讯》杂志（上海）第 439 期，1947 年 11 月 15 日。

② 《关于当前民主党派工作的意见》，《周恩来选集》上卷，人民出版社 1980 年版，第 283 页。

宪》，强调说："寄语热心和谈的先生们，与其空费唇舌以倡导前车可鉴的和谈，毋宁同心协力来促成宪政，督促共产党也实施宪法，一切听命于人民代表的决议，移疆场的战争于议场之中，这才是实现和平的根本办法，这才是国家和人民的福音。"

同时，实行民主改革一直是美国向国民党政府提供援助的先决条件。8月10日，美国驻华大使司徒雷登向蒋介石陈述了他对中国进行民主改革的意见①：

1. 中国应参加反对共产党侵略的国际民主集团。

2. 美国一直准备以正当和可能的方式援助中国，条件是现政府必须足以证明其进行改革，以恢复非共产党人民的支持。

3. 程序可包括以下措施：

（1）国民党应与政府截然分开，就像民主制度下的其他党派一样（蒋委员长已让郑将军准备一份有关美国两党的材料交他审阅）。（郑将军，即郑介民——引者）

（2）军事方面，在美国军事顾问团帮助下，从目前内战的实际情况出发，按政协原则改组军队。军队短小精悍，训练有素，装备优良，物质充足，士气高涨，这将比目前的军队更有效率，开支更少。如何裁官减兵，这一问题不可忽视。

（3）行政方面，在开始阶段可扩大监察院职权，以制止文官中猖獗横行的贪污腐化现象。在宪法生效日期（12月25日）之前，先宣布宪法所规定的公民权利条款生效。但比这更重要的是要树立对民主制度的真谛和价值的崭新的革命精神，具有全新的热情与生意盎然的信念。蒋委员长必须对此有献身决心。他本应是国家的元首，但他太多的只是一党之魁。

1947年七八月间，魏德迈（Albert Wedemyer）奉美国政府派遣访华期间，也对蒋介石和国民党官员就民主改革问题，作了训导式的建

---

① 《司徒致国务卿》（1947年8月11日），《司徒雷登驻华报告》，第115－116页。

议："政府不应对于批评感到烦恼。我想建设性的批评应当加以鼓励。这样可使人民感到他们是参与政府，成为政府中的一分子……政府应该指出：政府是由人组成的，人有缺陷，能做错事，然政府应当强调错误一经指出，必将采取有效步骤来补救。政府应将有关支出及税收的消息，坦白发表，让全国人民知道，每个人，尤其是富户及大商业公司现在交付多少所得税。任何官吏或个人违法犯罪要公开宣布，并指出所定的处罚。政府个别活动的成绩或良好工作亦要依同一方式公开宣布。所有这些事情，将有助于人民方面对政府的信任。人民需要知道，也有权利知道现在进行什么。政府方面公开的正式公告也能促止反政府者的恶意揣测和反宣传。"①"为了恢复及维持人民的信任，中央政府必得立即施行彻底的深远的政治和经济的改革。空言已是不够，实行乃是绝对需要的。必须承认徒有军事力量不能消灭共产主义。"②

因此，蒋介石和国民党一方面通过党团统一来进行改革，一方面急于通过行宪来表现改革的实绩。

但是，要蒋介石和国民党主动放弃自己的既得利益，实现民主，开放政权，谈何容易。司徒雷登一再劝蒋介石让陈立夫出国，以减弱 CC 的影响。但仅这一条，蒋介石也不愿意去做。他向司徒表示："他本人也考虑过让他（指陈立夫——引者）到欧洲旅行，但眼下鉴于选举日益迫近，他不能没有他。"③仍然是 3 月间傅斯年批评的作风。那么，蒋介石又怎样来体现行宪的民主性呢？显然，他只能做一些民主的花架子。

对于召开行宪国大，在 9 月 9 日召开的国民党四中全会上，蒋介石

---

① 《魏德迈中将在国民政府委员会与各部部长联席会议上的讲话摘要》（1947年 8 月 22 日），《美国与中国的关系》（白皮书）下卷，第 718 页，美国国务院出版品第三五七三号，远东丛书第三○号，1949 年 8 月发布，公共事务处出版科，中国现代史资料编辑委员会 1957 年翻印本。

② 《魏德迈中将结束赴华使命的声明》（1947 年 8 月 24 日），《美国与中国的关系》（白皮书）下卷，第 720—721 页。

③ 《司徒致国务卿》（1947 年 8 月 19 日），《司徒雷登驻华报告》，第 119 页。

作了一些布置,其主要着眼点,在于通过大选,向青年党和民社党"开放政权"。蒋介石在闭幕会上的讲话中强调说:"我们这次选举代表,必须信守下列三个方针,即:(一)党员参加竞选,必须由党提名,绝对禁止自由竞选。任何党员如不听命令,自由竞选,党部即开除其党籍。(二)必须选贤与能。凡本党所提之候选人,必须其人格道德和能力学识,均足以为人民的代表,且为众望所归的人物。青年同志最好不要参加竞选。党部尤不可以选举为迎合青年心理的手段,使他们放弃本身基本的工作,而走上政客的道路。(三)选举必先推社会贤达与友党提名的人士,而后及于本党党员。这一点特别重要。"他希望:"这次国民代表选举的结果,如果本党同志只占半数,则可以说是我们的成功,若是超过半数甚远,甚至占百分之八十或九十,则是本党的失败,而非建国的成功。"①

但是,有着民主政治理念和一定社会基础的民主同盟,由于反对国民党的内战政策,显然不会参加大选,而不久也被迫宣布解散,更何况中共了。国民党的让贤怎能扩大政权的社会基础呢? 当时的中国政治,只有通过政协的形态,才有可能在实质上扩大政权的社会基础,向民主政治前进一步。但政协精神已被内战破坏无遗。青年党和民社党在民主的旗帜下,其实仍然充斥着传统的士大夫观念,在社会上并无群众基础。章乃器一针见血地指出,青年党左舜生所主张的"民主",是"以'给我官做'为主要内容的所谓'开放政权'"②。司徒雷登也曾指出:"为扩大政府基础而纳入政府的两个少数党人员,贪心于争权夺利,超过了许多国民党人士。"③蒋介石把行宪国大的"还政于民",变成向青年党、民社党开放政权,这样的民主政治,当然只能是画虎不成反类犬了。而

---

①　《四中全会之成就与本党今后应有之努力》(1947年9月13日),《先总统蒋公思想言论总集》第22卷,第244—245页。

②　章乃器:《我与救国会》,周天度编:《救国会》,中国社会科学出版社1981年版,第449页。

③　《司徒致国务卿》(1947年9月29日),《司徒雷登驻华报告》,第132页。

且，由于国民党内对任何微小的权力都争夺不休，他想向青年党和民社党"开放政权"，也成了一桩徒增纷扰、加深国民党分裂的举措。

二　纷扰的国民大会代表选举

国民党在四中全会后即着手部署选举事宜。参加国民大会代表选举的党派限于参加制宪的党派。由于中共和民盟不参加大选，事实上没有任何一个党派能够和国民党竞争，而为了确保青年党和民主社会党成员当选为国大代表，使得这次大选体现出党派民主的模样，国民党就只能采取让予的政策。但这种政策又怎能体现民主法治的精神？这本身就存在着深刻的矛盾。

早在7月初，国民党方面，由国民政府副主席孙科与青年党、民社党的胡海门、蒋匀田、左舜生、陈启天等商定，三党选举合作，国民党对青、民两党的竞选采取协助态度。这时候，民主社会党内部发生分裂，以伍宪子为首的革新派从民社党中分出，但仍称民社党。张君劢的民社党力量和影响更为衰弱。国民党四中全会后，三党即具体协商三党联合提名方案。但三党协商非常困难，加上中国交通不便和内战十分激烈，原定10月份举行选举，不能如期进行。9月26日的国务会议上，决定将选举日期推迟到11月21日至23日举行。

没有实力的民青两党，不能不仰仗国民党的帮助，但他们又贪心很重。10月15日，民社党发言人徐傅霖对记者发表谈话，声明"若民社党不能获得国大代表四百名、立法委员一百名额，该党将保持在野党地位，放弃本年普选"，并表示这是该党"最低限度之要求"①。选举即将临近，而三党的协调仍未结束。11月6日，民青两党对国民党方面交来的两党候选人名单都表示不满。张君劢在致吴铁城、陈立夫的信中说："兹经本党中常会议决认为，台端所提名单中，于本党前提之重要人

---

① 《中央日报》（南京），1947年10月16日。

员,漏列甚多,倘照此公布,将令全党哗骇,有碍于目前合作之局,断难同意。爰再将前开首要名单中,必须产生者,另开名单,计共七十四名,并将台端所开名单中,删去四十四名。至于绥远、山西、山东、东北、河北以及其他未能选举之区域,请查照本党原开首要名单,于提名时,分别补入,以符协定。关于由本党提名之县份,其候补人亦应由本党分别提名。再,职业及侨胞代表人数,原在定额以外,仍请维持原议,合并声明。"左舜生、余家菊、刘东岩在致陈立夫、吴铁城、张厉生的信中说:"顷奉先生等交来之本党国大代表候选人名册两件,经本党中常会研讨之结果,认为与原议大有出入。贵党调整名单之煞费苦心,本党无任钦佩,自能予以体谅。但本党对此名单难于完全接受之实情,亦望贵党特予鉴原。兹特送上最低限度必须增改之名单一份,拟请察照增改,始可公布。如贵党对此增改之名单,尚有不能同意之处,务希将本党国大代表候选人名单全部保留,并即约晤,以便商洽。否则,本党对先生等未经采纳本党所请增改之意见,而公布之名单,势必难以承认也。"为此,国民党特意召开中央临常会进行讨论,"各委员为顾全宪政大局计,均主张委屈求全,不使破裂,决定关于各县市之候选同志,能让与者,即予让与,其确有困难之县市,则说明理由,拒其要求"①。

直至 11 月中旬,三党候选人提名名单才协调成功,先后予以公布。《中央日报》(南京)于 11 月 11 日发表社论《国大代表两党提名之公布》,为国民党对外谈苦经说:"两个友党要提名候选人五百六十人,就是说全国各县之中,发生了五百六十个问题,需要国民党来考虑其解决的方法……直至最近五日,民社党将其既经提出的名单抽出四十四人,另提七十四人,更使国民党中央在技术上感觉困难。"结果,国民党提名 1758 人,青年党 288 人,民社党 238 人②。而国民党提名者中间,还有

---

①　《国民党中央临常会讨论与民青两党互争国大代表名额问题的报告纪要》,《中国现代政治史资料汇编》第 4 辑第 8 册。

②　《大公报》(上海),1947 年 11 月 11 日、15 日。

不少非党员，以贯彻蒋介石要求国民党员让与非党及友党人士的指示。但由于国民党内反对采取"比例"制，反对"保证当选"的舆论很强烈①，因此，这次协调，仅仅是三党的联合提名，以此来提高当选的概率而已。民社党于提出候选人名单后，发表声明，对蒋介石表示感谢："本党为参加制宪政党之一，今日参加竞选，以肩负共同行宪之责，实为义不容辞。此次虽以候选人之提出，与原来之协商出入过多，致费周折，然为突破行宪困难计，始终与友党委屈商洽。幸有感于蒋主席鉴空衡平、公平处理之精神，乃予接受……此不能不感佩蒋主席之诚恳与友党之相谅，仍望友党今后本此精神，共同继续努力，以利宪政基础之树立。"②

当时，国民党内外许多人士要求推迟大选。10月18日，在参政会驻会委员会上，余楠秋责问张群说："政府对人民缺乏诚意，大选何以不能顺从民意而延期？"③但蒋介石决意举行大选。11月8日，蒋介石约集五院院长及有关部会首长商讨国民大会代表选举与各政党提名事宜，决定仍照常进行。虽其时民社党所提名额与指定地区问题，尚未获解决，但蒋以为"倘再延期，则将益感困难"④。张治中在邀请司徒雷登与王世杰、吴鼎昌、吴铁城、邵力子、甘乃光等共进午餐时，也讨论了这个问题。司徒雷登于11月19日向国务卿报告中说："鉴于选举有可能危害和谈的效果，他们建议应该延期选举。邵力子说，他已在国府委员会上提倡过这一行动，但被否决了。他说委员长坚持认为，举行选举是走向宪政的必要步骤。"⑤

11月21日到23日，国民大会代表选举如期举行，在几个大城市中一般秩序尚好，而各地的舞弊和纠纷情事则层出不穷。《中央日报》（南京）

①　《各省市参议会反对大选采取比例制有关文电》，《中国现代政治史资料汇编》第4辑第8册。

②　《大公报》（上海），1947年11月15日，参校《申报》同日第1版。

③　《大公报》（上海），1947年10月19日。

④　《总统蒋公大事长编初稿》1947年11月8日条。

⑤　《司徒雷登驻华报告》，第136页。

引用司徒雷登的话以肯定大选："以美国人眼光看中国大选,难免有不能尽如人意之处。但此事之教育价值,实无法估计。中国经此一开端,即正式步入民主大道,对于国家之民主建设,□当发生至佳之影响。"①《大公报》评价说:"一般对这次选举的观感,总认为一般选民不够热心,这可说是我们的经验还少,同时也因为这选举甚安全,毫无危险性,所以不必惊慌",国、民、青三党都是在朝党,"在朝党选举,况且三党实力悬殊,青民两党根本不会有取而代之的野心,而且也绝无此可能"②。但很快舞弊和纠纷事件暴露出来,沸沸扬扬,使国民党自乱阵脚。《黄炎培日记》中说:"为了大选,连日各地怪现象记不胜记。本日国民党控制下的《正言报》称:'本报连日接读者来函,报道此次大选舞弊之真相,揭露操纵把持以及偷天换日之丑态,不一而足,前后信件五百余起。'同报同日载:'张君劢强调此次选举仅是骗人戏法,包办选举,扣留选票,涂改选票违法事,不胜枚举,此实盗窃民主。''江问渔说,有一亲戚青年女子来沪谋事,某机关招令专写选举票,得酬金一百几十万元。'"③

当时,知识分子对国民党操纵的大选十分冷淡,参加选举的人文盲比较多。如上海北四川路区第一投票所,这一带文化艺术界选民很多,但来投票的百分之七十以上都是不识字的选民④。这次投票,采用单记法,即选民要书写被选举人姓名,文盲要请人代书,既易舞弊,错写的废票又很多,笑话百出。而选票在选举前即凭选举权证领取,投票时,选举票是否和投票人相符未加验证,结果,"本届选举之最大弊端,为少数不法之徒,竟利用此种罅隙,事前大量搜集选举权证,甚至区镇公所或选举团体负责人径将选举权证扣留不发,待投票时利用中小学生,轮流投票(实则中小学生,多未达选举年龄),常有一人投票十次以上者,

---

① 《中央日报》(南京),1947年11月24日。
② 社评:《国大选举完毕》,《大公报》(上海),1947年11月25日。
③ 《黄炎培日记》(手稿)1947年11月29日。
④ 《大公报》(上海),1947年11月24日。

此种情形以第一日妇女选举时最为普遍,当日大行宫、大瓦巷、中华路等投票所几全为市立第一第二女中学生包办(前者属沈慧莲,后者属徐元璞)。二条巷投票所竟有某报记者夏某,临时雇佣贫苦妇女二十余人,轮流投票,每次给钱若干,实为非法"①。

但是,选举的结果,最令蒋介石烦恼的乃是青年党和民社党候选人大量落选,几乎是清一色的国民党员当选为国大代表,这会使大选所要达到的花架子的门面也难以支撑起来。例如,浙江省,民青两党提名十八名,当选仅七名,上海民社党候选人金侯城所获选票估计仅列第十九名。各地办理选举时,国民党员并未如蒋介石所希望的那样,听命于党的提名,许多人按选举法的规定,自由竞选。民青两党原指望国民党能保证他们当选,结果落了空,尤其是民社党。时评指出:"民社党在大选中的失败,一方面是实力问题,其次是准备问题。他们把这次普选看做'配给',而不把它当作竞选。这点是致命的错误。"②其实,与其说是错误,不如说它是一个不具备民主观念的"民主"党。为此,国民党方面,不能不试图予以补救。11月28日,在国民政府委员会第十六次国务会议上,张群、莫德惠、吴忠信、居正、余家菊、曾琦、张继、戢翼翘、邹鲁、陈布雷、徐傅霖、于右任十二人提出了《政党提名补充规定》一案,经讨论通过:"(一)凡中国国民党、青年党、民主社会党党员参加国大代表及立法委员竞选者,均须由各所属政党提名。(二)用选民签署手续登记提名者,以无党派者为限。"③

本来,出现国民党员自由竞选的情况,最多如蒋介石原来指示的那样,执行党纪,开除党籍,而不能改变选举结果。现在,国民党政府竟以国务会议提案的方式,来企图改变选举结果,完全无视选举法的规定,

---

① 《行政院新闻局揭露关于协助南京办理国大代表普选投票中种种弊端的签呈》(1947年12月17日),《中国现代政治史资料汇编》第4辑第8册。

② 佳木:《民社党当前的心情》,《新闻天地》(上海)第34期,1948年2月16日。

③ 《中国现代政治史资料汇编》第4辑第8册。

迫使当选的国民党籍的国大代表退让,强行让民青两党成员递补为国大代表。三党标榜的"民主政治"其虚假性,在这一提案引起的纷扰中也就暴露无遗。

12月25日,在宪政实施促进会纪念制宪完成一周年的会上,一些对被迫退让表示不服的代表,会晤孙科,要求予以支持。孙科当即回答说:"此次选举太迁就事实,精神上已与宪法相违背。由于采用若干权宜处置,因此发生种种问题。关于国务会议发表之国代选举罢免法补充规定,亦即国民党中央为扶植友党之补救办法。此次友党要求联合提名,保证当选,事实上是强人所难,而为一件不易交卷之事。"孙科认为:"补充规定对当选之国代当然无约束力,因此本人认为,现在既然事已如此,诸位恐怕除了依法律起诉外,并无他法。"①

12月29日,国民党中常会例会上,又通过了国民大会代表选举国民党党员让与友党实施办法规定,国民党党员当选为代表时,得与友党当选之候补人互换,作为党让与友党,与本人无关。当时,一批代表于是日晨到国民党中央党部,向中常会请愿,认为当选人资格不能由任何政党及任何行政机构非法撤销,并要求于12月31日前发给当选证书,否则,将于元旦后诉之国际公论,并依法起诉②。

国民党一方面要应付与中共日趋激烈的战争,一方面要做实行宪政的官样文章,弄得手忙脚乱,正是图虚名而得实祸。大选进行之后,制宪国大原定的1947年12月25日宪法生效的日期,越来越逼近。但各地当选代表名单一时无法齐集,而按照有关法律,国大代表需达到法定人数的三分之二,即2031人,才能召集国民大会。显然,到12月25日召集国大是来不及了。于是,一部分制宪国大代表乘机要求召开临时国大来解决这一问题。但国民政府在12月12日的国务会议上,通过了一个《训政结束程序法案》,规定国民政府职权继续行使到依宪法

①　《大公报》(上海),1947年12月26日。

②　《大公报》(上海),1947年12月30日。

选出之总统就职为止。同时,将国民参政会的任期也推迟到国大开会为止①。这一法案,当即遭到一部分制宪国大代表的反对,他们认为"如欲变更,舍制宪国大会议本身外,任何机关个人不能擅动其只字",旧约法到时已经失效,"法律绝难略有迁循,而宪法之神圣,更未可丝毫逾假"②。但国民政府仍然于 12 月 22 日由立法院会议修正公布了《训政结束程序法》③。12 月 24 日,全国各地选出之国大代表呈报到选举总事务所的,已达 2042 名,超过了总名额的三分之二。于是,国民政府即于 24 日明令于民国三十七(1948)年 3 月 29 日召开国民大会。④

宪法生效日期正是西方的圣诞节。蒋介石早在 12 月 21 日晚即发表了圣诞节广播讲话:"中华民国三十六年,就是耶稣降生一九四七年的圣诞节,将是我们中华民国和全体人民统一、独立、平等、自由新生机运肇始的一天。我们新宪法特点,就是它保证要把基督教理的基本要素,即个人的尊严与自由,普遍的给予我们全国的同胞。这个新宪法确认了全国国民的各种自由权利,它在国家统一与自由之下,于一个自由人民的精神中孕育诞生……我们认为新宪法的实施,只是完成我们建设新中国的最后目标的初步。但这对我们中国三千年来专制政体和封建社会是一个划时代的进步。我愿我们全国同胞,凭着信仰和虔诚,共同一致,努力前进。"⑤然而,空话不可能掩盖铁的事实,假民主的把戏,并不能达到蒋介石和国民党预想的目的。

三　行宪国民大会的召开

1947 年 12 月 25 日,国民党政府虽然宣布宪法已经生效,但事实

---

① 《中央日报》(南京),1947 年 12 月 13 日。
② 《大公报》(上海),1947 年 12 月 21 日。
③ 《中央日报》(南京),1947 年 12 月 23 日。
④ 《中央日报》(南京),1947 年 12 月 25 日。
⑤ 《中央日报》(南京),1947 年 12 月 22 日。

上只是一纸空文,社会的政治生活并没有任何改善的迹象。围绕着行宪的问题,政治上的纷扰,却是一波接着一波。

　　一方面国大代表退让问题,遭到通过自由竞选当选的国民党籍国大代表的强烈反对,国民党中央一再提出妥协方案,均未能说服他们让出代表名额。一方面立法委员选举的纠纷接踵而来。鉴于国大代表选举的教训,国民党中央加强了立法委员提名的审查,并且规定办法如下:"(一)各级选所委员,各政党均有人员参加,关于签署提名立委候选人有无党籍,应由各级选所抄录名单,先送各党各省级党务机关审查,取具正式公文附卷。(二)如确系政党党员,未经政党提名而自由竞选时,应受政党提名补充规定之限制,不予公告。(三)如受政党提名补充规定限制之立委签署候选人,虽经公告,亦应予以撤销。"①1948 年 1 月 21 日到 23 日,举行了立法委员的选举,尽管国民党改善了立法委员的提名让予方法及投票办法,但舞弊事件和让予纠纷,在立法委员的选举中依然未能避免。

　　3 月 18 日,国大代表开始报到。但是,国大代表纠纷仍然没有得到解决。是日,陈立夫、张厉生、谷正纲同签署提名国大代表当选人代表马文车、盛紫庄、翟宗涛等会谈,劝他们退让,但遭到拒绝。据说,当时签署提名当选的国大代表有 600 多人,必须以党让党的有 170 多人,已经取得协议的有 37 人,也就是说尚有 130 多人的代表权问题还没有解决②。19 日天还没亮,马文车等 50 多人就到内政部等候选举总所主任委员张厉生,要求发给当选证书,以便到国大报到。僵持到晚上 9 时半,他们又离开内政部到陈立夫公馆等候,待陈回家,直谈到半夜也无结果。20 日,代表们对外界表示:"我们今后的态度是不退让,不妥协,不请愿。我们的办法是:(一)全体到京,依法报到,参加大会,驱逐非法代表;(二)加紧团结,不受各个击破;(三)以脱党救党;(四)组织真

---

① 《大公报》(上海),1948 年 1 月 12 日。
② 《大公报》(上海),1948 年 3 月 19 日。

正的民主宪政集团;(五)拥护蒋主席戡乱建国。"①陈立夫、吴铁城等一度准备向代表们让步,但民青两党国大代表鉴于代表权纠纷,正在商讨对策,没有一人前往报到。25日,蒋介石只好亲自出面和部分代表见面,希望他们"体认革命环境,互让互谅,牺牲小我,顾全大局"②。

蒋介石在这个问题上,在民选原则和政党协议之间,陷入了两难选择的困境。27日,他以国民政府主席和国民党总裁的双重身份发表声明,进行裁决:"兹当国民大会开会之前夕,若干代表当选资格,因政治与法律观点之不同而尚未解决者,余乃负责予以解决。余以为本党同志相互间的问题,应依一般选举之通例,使得票比较多数者当选。至本党同志与友党候选人之间的问题,则应以政治方式为解决。本党同志应本于尊重政党协议与政党提名之精神,放弃其当选资格,俾友党候选人膺选。惟有如此,始能符合召开国民大会之宗旨。"③28日上午,蒋介石约见民社党的徐傅霖、青年党的余家菊,保证三党合作,并望民青两党国大代表能于28日开始报到。午后,国、民、青三党代表在孙科公馆继续会商,达成协议:(一)民社党名额由260人减至202人,青年党名额由300人减至230人。(二)两党在京代表应于28日晚先行报到④。青年党发言人就此发表声明:"至于本党所坚持之国务会议关于政党提名补充规定,及党与党间之协议,业经蒋主席郑重宣告执行,故本党决然参加国大,以襄盛举。"⑤

但是,被蒋介石要求退让的代表,依仗着"民主政治"的护身符,依然不肯屈服于领袖的权威。28日晨,他们分三组向各方请愿,杨翘新等二十多人宣言要"以绝食争取民权,维护宪法"。9时半,他们到达国民大会堂,进去10人之后,警卫发现情况不对,即阻止其他人进入。这

①　《大公报》(上海),1948年3月20日。
②　《大公报》(上海),1948年3月26日。
③　《大公报》(上海),1948年3月28日。
④　《大公报》(上海),1948年3月29日。
⑤　《大公报》(上海),1948年3月29日。

十人进入国大会堂之后，即开始绝食。另一当选代表赵遂初则买了棺材，扬言要在国大开会时，在会堂门口自杀①。弄得当局没有办法，最后只好交给首都卫戍总司令孙连仲处理。孙即选拔精壮干练人员数十人，并预为觅定房间数十间，备好汽车若干辆，迨至深夜时，乃强行婉劝他们离开国民大会，每车派二人，分别护送至预定处所，使之隔离休息②。第二天的国民大会才得以开幕。这场绝食斗争纷扰了二十多天，给这届国大抹了一脸的灰。

随着国民大会召开日期的临近，总统和副总统选举问题，又露出了新的纷扰的端倪。按原定日期，国民大会应于1947年12月25日召集，总统、副总统选举问题，自当在此以前作好充分准备。但事实上，到是年底，无论是人选问题，还是选举办法问题，国民党都尚未准备。新年一过，国民党内桂系集团领袖、北平行辕主任李宗仁开始表示准备参加副总统竞选。1月8日晚，李宗仁在北平宴请外国记者，发布了竞选意向。据报道："李曾对人说：蒋先生要好太切，脾气太躁，不免欲速则不达，我愿意为他帮忙。他相信蒋主席定为总统，所以决竞选副总统。某记者问，这样是否将离开华北，李氏幽默答称：作了副总统，坐镇华北，岂不更好？"③

北京大学校长胡适得悉这一消息，竟十分兴奋，于11日写信给李宗仁，抄录了自己从前做的《中国公学运动会歌》第一章："健儿们，大家上前！只一人第一，要个个争先！胜固可喜，败也欣然。健儿们，大家向前！"并表示："我佩服先生此举，故写此短信，表示敬佩，并表示赞成。"李宗仁得到胡适的鼓励，于14日即复信胡适，反劝他加入赛跑，

① 《大公报》(上海)，1948年3月29日。

② 刘凤翰编著：《孙连仲先生年谱长编》第6册，台北"国史馆"1993年版，第3177页。

③ 《大公报》(上海)1948年1月9日第2版。按：第二天，北平行辕新闻处副处长黄雪邨否认李宗仁有这一类的谈话，相关内容参《世界日报》1948年1月10日。——笔者。

"参加大总统的竞选"，并认为"以学问声望论，先生不但应当仁不让，而且是义不容辞"①。胡适的政治判断力，虽然一再遭到他的好朋友傅斯年的批评和校正，但同他的哲学思想一样，并无长进。一个责任内阁制下的总统，作为国家元首，只是一种象征，按例就不是政治竞争的重要目标，何况区区副总统。胡适对于李宗仁竞选副总统所包含的违宪的政治结果，也就是说，蒋介石将预定为一个实权总统，而不是一个象征性的国家元首，竟茫无所觉，还要对李宗仁竞选副总统表示祝贺，他对宪法、民主和法制的态度也就可想而知了。尽管胡适鼓励李宗仁个个争先，他自己却并不打算身体力行。15 日，他对记者说，"我从没有作竞选总统的打算和考虑"，并主张"总统应由政党的代表产生出来"②。其实，胡适如果主动参加自由竞选总统的活动，倒是可以给这次竞选活动增加一些活力的，也可以避免后来在他当"总统"的问题上给他人作猴子耍。

　　总统候选人问题尚未明确，副总统竞选活动倒开始热闹起来。于右任、程潜、孙科等都有各方面人士推举参加竞选副总统，不过，他们本人的表现好像还不如助选集团来得积极。谦让是中国的美德，公开的竞争，即使是微不足道的区区副总统，要兴奋起来，也不容易。正如李宗仁所说："我是个乡下姑娘，到城里来也想自由恋爱，但究竟不太习惯。"③3 月 14 日，孙科还在对记者说："直至今天，没有决定参加竞选，也没有决定放弃竞选，因为在党对这个问题还没有决定办法以前，我个人未便有什么表示。最近李宗仁先生来信问我的态度，我也这样答复他。"④直到国大代表开始报到之后，正式的竞选活动才开始。3 月 20日，李宗仁的助选班子才在上海召开了上海各界拥护蒋主席竞选总统、

①　《世界日报》(北平)，1948 年 1 月 15 日。
②　《世界日报》(北平)，1948 年 1 月 16 日。
③　《世界日报》(北平)，1948 年 3 月 12 日。
④　《世界日报》(北平)，1948 年 3 月 15 日。

李宗仁竞选副总统大会，由杨虎任主席，得到上海名流和工商界有力人士，如颜惠庆、陈光甫、杜月笙的支持。22日，李宗仁从北平乘军用飞机到达上海，进行竞选活动，当天即在国际饭店举行记者招待会，进行自我介绍，"目的在倡导民主政治的作风，他如能当选，必以三十多年来从政治军的经验，辅佐未来的大总统，一定对戡乱刷新政治有很大帮助"，并表示政见说："行宪后的政府，应由前进分子组织，也就是说，应以人才主义代替党派关系。"①23日，李宗仁又表示赞成自由竞选②。这时候，于右任、程潜、孙科的竞选活动也先后展开。25日，孙科正式招待记者，宣布参加副总统竞选。孙科原任国民政府副主席，为主席蒋介石的副手，竞选副总统又系蒋的授意，等于以原来的国民政府主席、副主席的班子参加行宪政府的竞选。所以，孙科公开宣布说："我要是放弃副总统的竞选，就对不起蒋主席了。"③续后，莫德惠（代表东北人）、徐傅霖也加入了竞选副总统行列，居正则象征性地表示要竞选总统。

　　蒋介石作为一个独裁者，事无大小总要亲自过问，精力分散，而又异常辛苦。尤其是战争屡屡失利，军务倥偬，他又年过六十，深感力不从心，为此曾埋怨部下说："现在有很多人批评，以为统帅部对各级将领限制太多，拘束过严，这是不合事实的。如果我们一般将领能够彻底奉行命令，誓死达成任务的话，那我何至象今天这样的辛苦？"④张群也说："领袖无论在清晨，或午夜，有时甚至通宵，时时均有电话，或是接前方报告，或是给前方指示，不但在政治上要日理万机，而且还要管军事。这种忧劳的情形，自己多年来在中央服务，侍随左右，当然晓得。但再

---

①　《大公报》(上海)，1948年3月23日。

②　《大公报》(上海)，1948年3月24日。

③　《大公报》(上海)，1948年3月26日。

④　《胶东军事检讨会议开幕致词》(1947年10月19日)，《先总统蒋公思想言论总集》第22卷，第286页。

没有比这次到行政院后更为清楚。"①本来,无论行什么宪,都不可能动摇蒋介石的权力和地位,显然,在事务十分繁忙的情况下,他对总统、副总统竞选问题,在事先并不十分在意。国大即将召开之际,蒋介石才不能不来考虑总统、副总统竞选问题,这时候他才发现,一堆麻烦事已经摆在面前不易清理了。这里有三个问题,一是他自己当总统还是当行政院长? 二是总统、副总统由政党提名还是自由竞选? 三是自己当总统,谁来当副总统?

1948年3月29日,第一届国民大会举行开幕式,秘书长洪兰友作开幕前报告。这届国大,法定人数3045人,依法选出2908人,至29日,报到1694人,是日出席1639人。一部分代表正在途中。蒋介石致开幕词,他强调:"我认为,今天国家和人民,戡乱与行宪应该同等重视。我们不因戡乱而延缓宪政的实施。反之,我们正因为要保障宪政的成功,不能不悉力戡乱以铲除这个建国的障碍与民主的敌人。"对于大会本身的任务,他作了限制:"这次国民大会是行宪的第一届大会,宪法甫告施行,利弊得失之所在,还没有具体的经验可供修改的参考。因之,大会的使命,只是行使选举权,以完成中华民国政府的组织。"②

蒋介石的这一主张立即遭到反对。张知本认为:"现行宪法绝对有修改之必要,如强制不准修改宪法,则事实上已违宪……个人认为代表现有之职权乃有名无实,代表仅以六年一次之集会,为代表全国人民行使政权之象征,实觉空洞,无妨仿照过去参政会驻委会之机构,成立国大驻委会,以三千代表每五百人轮值一年。"③费了九牛二虎之力,选举和召集国大代表,只是为了选举一个虚权的总统和副总统,这样的国民代表大会,自显得多此一举。但立法原意,在非国民党派系方面,原担

① 《张群在行政座谈会上的总提示》(1947年8月2日),《中国现代政治史资料汇编》第4辑第4册。

② 《大公报》(上海),1948年3月30日。

③ 《大公报》(上海),1948年4月3日。

心国民党借人数众多、无法议事的国民大会，以贯彻其一党专制之实，因此，为贯彻议会民主制度，妥协地架空了国民大会的权力。所以，张知本等人重新扩张国大权力的要求，自然遭到其他派系的反对。国民大会副秘书长雷震于4月30日散发的小册子《国民大会走到那里去》中指出："试问以数达三千以上之代表，怎能集合一堂以讨论国家大事——立法原则或复决法律？以会期一年一次或数年一次的集合，又怎能以举监督政府之事呢？……故现行宪法的设计，有他匠心独运之处，并不是不合理的。"为现行宪法辩护。

四　总统选举和政府组成

在战争环境和交通落后的中国，国民大会的召集，很费了一番周折。开幕之后，这个国民大会却慢悠悠地开始举行预备会议，选举主席团。直到这时，蒋介石才来解决国民大会所要完成的工作任务问题，即总统、副总统选举问题。

民国以来，立法意向，往往企图以法律制约现实的政治局面，而不是根据现实政治制定法律，因而法律和现实政治无法协调。人们明知法律超前，因而对违反法律的行为，为迁就现实起见，反应麻木，真正的法制社会也就无法建立。蒋介石面临的问题是，尊重宪法呢，还是迁就现实？蒋介石先表示要尊重宪法，准备请胡适出任总统，自己出任行政院长。3月30日下午3时，王世杰向胡适传达了蒋介石的意见。据《胡适日记》记载："蒋公意欲宣布他自己不竞选总统，而提我为总统候选人。他自己愿做行政院长。我承认这是一个很聪明、很伟大的见解，可以一新国内外的耳目。我也承认蒋公是很诚恳的。他说：'请适之先生拿出勇气来。'但我实无此勇气！"31日晚上8点15分，王世杰来讨回信，胡适犹豫再三之后，经不住诱惑，表示愿意接受，但仍说："第一，请他考虑更适当的人选。第二，如有困难，如有阻力，请他立即取消：'他对我完全没有诺言的责任。'"但到4月1日，胡适又动摇了，告诉王世杰,他还是决定不干①。4月3日夜,蒋介石亲自找胡适谈话,胡适终于又上了圈套。第二天,胡适告诉胡颂平说:"昨天夜里,蒋先生约我到他的官邸谈了很久。他将于国民党中央执行委员会全体会议里提名我为总统候选人。他说在这部宪法里,国家最高的行政实权在行政院,他这个人不能做没有实权的总统,所以愿将总统让给我,他自己当行政院长;或者由他当总统,要我担任行政院长。蒋先生的态度如此诚恳,我很感动,于是我说,'让蒋先生决定吧'。我这个人,可以当皇帝,但不能当宰相。现在这部宪法里,实权是在行政院——我可以当无为的总统,不能当有为的行政院长。"②象征性地进行竞选,实际上由蒋介石这位国民党总裁、未来的行政院长遴选为总统,在"大粪堆上插一朵花",这就是民主? 胡适忘记了他的朋友傅斯年的忠告,这位仍然保持着浓厚的士大夫意识的自由主义者,他的民主理念也仅此而已。

蒋介石劝了胡适之后,于4月3日就来劝李宗仁、程潜停止副总统竞选,他认为"军人不应竞选,免蹈民国初年军人把持政治之覆辙"③。蒋介石的这个理由很难成立,他本人也不是军人吗? 难道他的权力不就是在军事权力之上建立起来的吗? 大家都是过来人,他的要求,自然遭到李宗仁和程潜两人的断然拒绝。蒋介石当时是要孙科出任副总统,并根据国大代表纠纷的经验,主张总统、副总统候选人由党提名。但这时,自由竞选的锣鼓已经敲响,难以收场了。尤其是李宗仁,当时在国民党阵营内,人望甚好,美国方面对李也十分关注。据美国《时代周刊》驻华记者葛鲁恩(Frederick Gruin)报告:"有一件事情很确实:傅泾波与司徒大使坚决拥护李宗仁参加副总统竞选,当蒋总统以高压手段干涉时,二人都感惊恐不已。他们对于李宗仁并不存有幻想——他

---

　　①　参《胡适日记》1948年3月30日到4月1日,手稿影印本,台北远流出版事业股份有限公司1989年版。

　　②　胡颂平:《胡适之先生年谱长编初稿》第6册,台北联经出版事业公司1984年版,第2022－2024页。

　　③　《总统蒋公大事长编初稿》1948年4月3日条。

从前是一位军阀,具有军阀的种种缺陷。但他们觉得他能虚心接受忠告。他是改革的真实象征,且能成为蒋总统与一般自由分子间的桥梁。"①李作为桂系的领袖,竞选一个无权的副总统,在政治上别有深意。据黄绍竑回忆说,李宗仁有密信给他,李要竞选副总统的理由,其中有:"李宗仁认为蒋介石必然失败。竞选如成功,遇有机会即可同中国共产党和谈收拾残局","他判断北平一定守不住,不愿束手当俘虏,即使竞选副总统不成功也好借口离开北平。"②也就是说他要在副总统的位子上等待机会,从蒋手中接收国民党的军政权力。所以,李宗仁一定要竞选副总统,而蒋对李之竞选十分不满。但蒋在事先并无准备,临时抱佛脚,就弄得手足无措了。当时,李宗仁认为,他对自己参加竞选,早就请示过蒋介石,蒋并无异议;而且,他事先还曾征求过孙科的意见,孙科曾表示不参加竞选副总统,对李竞选副总统表示支持,因此,他坚持要参加自由竞选③。据说,孙科决定竞选副总统之后,曾要求蒋介石于 3 月 28 日召开国民党临时中央全会,决定用政党提名副总统的方式,通知发出后,于右任十分恼火说:"这孩子连我的老帐也不买? 要用政党提名来压倒我吗? 我本来争不过你,不过你不能把我竞选的机会也拿去。"于是,于右任邀同李宗仁、程潜及一般党国元老晋见蒋介石,要求自由竞选④。

　　蒋介石既要胡适任总统,又要孙科任副总统,这一班子大概孙科是

----

①　《美国时代周刊记者葛鲁恩八月八日复高德裴尔及鲁斯两氏电》,《中国现代政治史资料汇编》第 4 辑第 3 册。按:高德裴尔系《时代周刊》外交编辑,鲁斯系《时代》、《生活》两刊主人,此电系密电,由董显光秘密获得,于 1948 年 8 月 19 日译呈蒋介石。——笔者。

②　黄绍竑:《李宗仁代理总统的前前后后》,《文史资料选辑》第 60 辑,第 29 页。

③　参《李宗仁回忆录》、黄绍竑:《李宗仁代理总统的前前后后》、王捷三:《李宗仁竞选副总琐记》、周一志:《孙科、李宗仁竞选副总统的形形色色》《文史资料选辑》第 32 辑》,程思远:《李宗仁先生晚年》。各回忆录所述内容各有出入,大体如此。

④　褚光明:《副总统争夺战幕后》,《世纪评论》(南京)第 3 卷第 16 期,1948 年 4 月 17 日。

不会承认的,孙科之竞选副总统是以蒋介石任总统为前提的。那么,胡适任总统,谁来任副总统?从现有资料看,蒋介石并无以胡、孙为竞选班子的明确选择,司徒雷登向国务卿报告中的班子搭配,即孙任总统、李为副总统,或胡任总统、孙任副总统,不过是一种猜想①。因此,蒋介石劝胡适任总统,确实是权术之意味极大。胡适只知道自己要当总统了,他的副手是谁?从现有资料看来,他连想都没有想过。胡适的学者气太浓,很容易受人愚弄,确实不是一个政治长才。

4月4日,国民党举行临时中央执行委员会全体会议,讨论总统、副总统人选问题,由蒋介石亲自主持。中委们普遍拥护蒋介石作总统候选人,而对于副总统竞选问题,则见解不一。于右任、邹鲁、甘乃光等主张自由竞选,而王世杰、潘公展、张道藩等主张政党提名竞选。蒋介石在会上致词,还在作尊重法律的表示:"我于审慎考虑之后,认为第一任总统应具有下述之条件:(一)了解宪法,认识宪政,确保宪政制度。选择一能守法执法之人为实现民主之最好保证。(二)富有民主精神及民主思想,且为一爱国之民族主义者,根据宪法,实现三民主义,建立民有、民享、民治之中国。(三)忠于戡乱建国之基本政策。真正之民主主义者始能充分了解独裁与立宪政府间之差异。(四)深熟我国历史、文化及民族传统。共产党明显意欲破坏我国家的生存,且亦决心破坏我国之历史、文化及民族传统。(五)对当前之国际情势与当代文化有深切之认识,借而促进天下一家理想之实现,并使中国成为独立自尊的国家,处于国际大家庭中之适当地位。"他建议:"吾人可提一具有此种条件之党外人士出任总统候选人,并支持其当选。"②按照蒋介石的条件,

①　《驻华大使(司徒雷登)致马歇尔国务卿》(1948年4月2日),《美国与中国的关系》(白皮书)下卷,第822页。

②　《蒋委员长在国民党中央执行委员会上之演词》(1948年4月4日),《美国与中国的关系》(白皮书)下卷,第823页,《先总统蒋公思想言论总集》未收入此演讲,《总统蒋公大事长编初稿》1948年4月4日条所载与白皮书有所不同,其中并有:"近有人擅自竞选副总统,余认为违反党纪。"

这个人当然就是胡适。但是，中委们除了吴稚晖和罗家伦赞成蒋介石的意见之外，仍拥护蒋介石为总统候选人，对于副总统候选问题，则大体上同意自由竞选。

当时制宪的指导思想虽然是责任内阁制，宪法条文也有相应的规定，但实际上，总统作为国家元首，在人们心目中是一个相当于皇帝的权威。虚权总统的思想实际上并不为国民党人所接受。国民党军政界的普遍观念和宪法的政治规则是不协调的。而且，蒋介石正指挥三军，如果蒋介石不任总统而任行政院长，军事指挥体系显然也是一个大问题。中国难言法治，人们宁肯迁就事实，而不愿去尊重一纸空文。8日，丁宣孝等156人即开始联名签署推荐蒋介石出任首届大总统，他们认为："总统日理万机，责重事繁，非大才大德者不能胜任。"①无论宪法是怎样规定的，在他们心目中，总统就是一个无上的权威。蒋介石本人也没有改变总统权威的观念，所以，他在4日的会上说："中正身为本党领袖，为本党当然之总统候选人。"②而如果按宪法原则，政党领袖自当出任行政院长。但显然，在中国政界心目中，这个行政院长的名誉是不够崇高的，也就是这个名义的权威性不足以震慑群伦。这是当时的现实政治思想。所以，尽管蒋介石表示自己愿意按照宪法来"协助总统"，但显然和他的真实意愿相冲突。

5日，国民党中常会继续讨论总统、副总统选举问题。蒋介石做足了尊重宪法的表示之后，就要部署现实的政治结构，让法律迁就现实。当时，蒋介石本人还是重视法律规定的制约作用的，所以，他不能在现存的宪法体制下出任总统。但当时民青两党不赞成修宪，蒋也不便于即行修宪。因此，要在现存宪法之下，让蒋介石出任一个实权总统，必须有个折中的办法。据程思远回忆，在5日的中常会上，张群起来解释说："并不是总裁不愿意当总统，而是依据宪法规定，总统是一位虚位元

---

① 《大公报》(上海)，1948年4月9日。
② 《美国与中国的关系》(白皮书)下卷，第823页。

首,所以他不愿处于有职无权的地位。如果常会能想出一个补救办法,规定在特定期间,赋予总统以紧急处置的权力,他还是要当总统的。"①6日,临时中全会举行第二次大会。办法找到了,会上最后决定蒋介石为第一届总统候选人。对于竞选提名办法,则根据蒋介石的书面提示,决定:"(一)本届总统、副总统之选举,本党不决定候选人,本党同志在国民大会中得依法联署,提名参加竞选。(二)下届总统、副总统之选举,本党应于选举前三个月召开本党全国代表大会,决定本党候选人,并由总统候选人推荐副总统候选人,通告全党同志一致遵照。(三)下届选举时,凡本党党员非经本党决定为总统或副总统候选人者,不得自由竞选。"②蒋介石不能不作出了一个迁就党内反对派的决定。显然,他已很难按照自己的意图去控制选举的局面了。

当时,国民大会进程十分拖沓,开了好几天的会,还没有进入国民大会职权的正题。按照宪法,本届国大代表的职权仅限于选举总统、副总统,职能十分简单。但国民大会的这种简单职能同国民党统治危机异常严重的形势非常不合拍。代表们强烈地希望对当前局势发表自己的政见。因此,要求修宪、扩大国民大会职权的呼声也很高。这部宪法的可行性,真是大有疑问的。所以《大公报》社评指出:"既是第一次国民大会,实际只有选举总统、副总统一项事情。每个代表只须在选举票上画两个圈,真是一举手之劳,最多一小时可了。而要开二十几天的会,自然就要在选主席、抽席次、订议事规则等等之上,来打发时间了。"社评以醒目的标题主张:《假若修改宪法——首先应该删去〈国民大会〉一章》③。

确实,仅仅选举总统,代表们大可不必千里迢迢来聚会,中国交通落后,许多代表还在途中,不能按时到会,既然长途跋涉来到首都,当然

---

① 程思远:《李宗仁先生晚年》,文史资料出版社1980年版,第5页。
② 《大公报》(上海),1948年4月7日。
③ 《大公报》(上海),1948年4月10日。

就要找事做。而总统、副总统选举问题，国民党中央也还没有准备好。代表们闲来无事，于是，在讨论议事规则时，不愿把自己的议题局限在宪法规定的范围内。8日，国民大会在《议事规则》的第一章总则中增列了一条："国民大会开会时，得听取政府施政报告，检讨国是，并得提出质询建议。"①自行扩大了职权。10日，大会才通过了会议日程表：17日讨论修改宪法问题，19日选举总统，23日选举副总统，24日闭幕。中间的其余时间听取军事、经济、政治报告。

　　蒋介石根据国民大会的要求，于9日代表政府向大会就经济和军事问题作了报告。当时，军事形势日趋严峻，代表们忧心忡忡。蒋介石向代表们担保说："大家要知道，我必定在三个月到六个月以内，肃清其在黄河以南整个集结的匪部。我对军事从不肯轻易预测，自剿匪以来，凡我所宣示的，无不如期达到。"②续后几天，国防部长、财政部长等相继作了报告。代表们纷纷要求追究军事失利的责任，要求蒋介石明是非，信赏罚，挥泪斩马谡，事实上是指目陈诚。最后，山东代表赵庸夫慷慨直言："应请政府杀陈诚以谢国人。"③赢得了全场的响应。湖南女代表徐慧玉在发言中要求"清算豪门和接收大员的资产"，全场为之大鼓掌④。当然，国民大会只是扩大了清议的职能，代表们的激动情绪，只要蒋介石一出场，就平静下来，不能解决任何一个实质性问题。

　　4月15日夜，国大主席团发表了总统候选人名单，蒋介石获得了2489名代表的提名，居正获得了109名代表的提名。16日正式公告。为了满足蒋介石扩大总统权力的要求，在15日的会议上，由东北代表莫德惠等提出了一个《提请制定动员戡乱时期临时条款案》，王世杰作了补充说明："本提案的用意，是要求行宪戡乱并行不悖。宪法对于政

---

　　①　《大公报》(上海)，1948年4月9日。

　　②　《大公报》(上海)，1948年4月10日。

　　③　《大公报》(上海)，1948年4月13日；杜聿明：《辽沈战役概述》，《文史资料选辑》第20辑，第8页。

　　④　《大公报》(上海)，1948年4月16日。

府的限制太严，在国大闭会后，没有适当办法使政府切实负责。要叫政府实行宪法，其结果不是（一）守宪守法，不能挽救危难，便是（二）为戡乱而蔑视宪法……总之，我们要行宪政府可以戡乱，戡乱政府可以行宪。"①

同时，张知本等689人提案要求修改宪法，原文为："宪法第二十七条修改为'国民大会之职权如左：一、选举总统、副总统。二、罢免总统、副总统。三、创制立法原则。（新增）四、复决有关人民权利义务之法律。（新增）五、修改宪法。六、复决立法院所提之宪法修正案。前项第三款至第六款之政权行使办法，由国民大会制定之。'第二十九条修改为'国民大会每二年集会一次，如届总统任满，该次集会应于任满前九十日举行，均由总统召集之'。"②

4月16日，第一审查委员会全天审查修宪提案，莫德惠案没有反对意见，张知本案遭到民青两党的强烈反对。在休息时间里，国民党的王宠惠、陈布雷、王世杰、谷正纲与民青两党的陈启天、孙亚夫等商量结果为："一、制定临时条款，必须通过。二、国大两年后开会讨论修改宪法问题。"③修宪问题也就搁置了。

至18日，国民大会通过了宪法增加《动员戡乱时期临时条款》，赋予总统以紧急处分的特权，规定："总统在动员戡乱时期，为避免国家或人民遭遇紧急危难，或应付财政经济上重大变故，得经行政院会议之决议，为紧急处分，不受宪法第三十九条或第四十三条所规定程序之限制。"④也就是总统的处置，可以避开立法院，仅经行政院即可成立。虽然，宪法规定采用责任内阁制，但蒋介石的现实政治生活，他要侵犯行政院职权，只是举手之劳，但对立法院职权，则心存顾虑。因此，这一条

---

① 《大公报》（上海），1948年4月16日。

② 《第一届国民大会实录》，《国民大会实录》第一编，台北"国民大会"秘书处1961年编印，第217—218页。

③ 《国民大会》，中华年鉴社1948年印行，第41页。

④ 《国民政府公报》第3129号，1948年5月10日。

款,并无侵及行政院职权的文字。蒋介石出任总统的前提成立,19日,国民大会即以2430票的绝对多数,选举蒋介石为总统,陪选的居正仅得269票。于是,蒋介石从一个虚权总统,一下子变成了一个"合法"的独裁总统。《观察》杂志一针见血地指出:"'临时条款'的制定,是十足表现了政府一只手颁布了宪典,另一只手又把它撕毁了。"①

同总统选举平淡如水相反,一个无关紧要的副总统选举却出乎意料的激烈。23日,国民大会进行副总统选举,投票结果,票数分散在六位候选人之间,没有一位候选人得到足以当选的法定多数,即国大代表总额的过半数。李宗仁得754票,孙科得559票,程潜得522票,居于前三名。按《总统副总统选举罢免法》规定,必须进行第二轮投票。原定24日闭幕的国民大会只好延期。第一轮投票之后,竞选更为激烈。是日,南京《救国日报》登载了一篇披露孙科与蓝妮关系的文章,攻击孙科。于是,粤籍国大代表一百多人,由上将薛岳、张发奎等亲自出马,将救国日报社捣毁。同时,蒋介石也亲自召见贺衷寒、袁守谦,面嘱他们立即为程潜助选,并拨出一笔相当可观的竞选费交他们支配,利用程潜的影响力,来分散李宗仁的选票,不让李在第二轮投票中获胜②。4月24日,按规定在23日投票的前三名副总统候选人中进行圈选。结果,李宗仁得1163票,孙科得945票,程潜得616票,仍然没有人获得法定的国大代表总额的过半数当选。按规定,必须在这三人中间再次圈选。

副总统的竞选到了白热化的阶段。本来,副总统只是一个储备位置,不应该发生激烈的竞争。但一则,国民党统治的危机十分严重,蒋介石的地位已经发生动摇,因此,替补者的地位明显地增值了。二则,国民党内外对于蒋介石和国民党中央党部,即CC系的统制政策,已经十分厌恶,许多人希望利用副总统选举,对这种政策进行冲击。由党提

①　楼邦彦:《论〈动员戡乱时期临时条款〉》,《观察》(上海)第4卷第10期,1948年5月1日。

②　《李宗仁先生晚年》,第7页。

名的方案,既已不成立,党内的反对派就有了活动的空间。这是国民党在危机面前的进一步分裂。副总统选举第二轮投票之后,蒋介石又要贺衷寒、袁守谦把他们争得的票全部改投孙科,并示意程潜放弃竞选。结果,反而引起他们的不满。当时有消息说,支持孙科的方面,对李宗仁的攻击将大为强化,包括攻击李的夫人郭德洁贪污,给李扣红帽子(指李亲共),等等。24日,在国民大会上,有人散发了两份传单,一份题为"请代表先生注意!反对威胁政府贪污跋扈军人李宗仁当选副总统",一份题为"'加官以后',就要接演'逼宫',李宗仁竞选内幕,请不要吃狗肉,不要吃'糖衣毒药'"①。蒋、桂之间的角逐,形势对李宗仁不利。李宗仁竞选的"参谋长"黄绍竑主张以退为进,宣布罢选。但李宗仁一时不能接受。

　　24日晚,程潜招待其竞选团,正式声明:"本人已受命放弃继续竞选副总统。"但他的竞选团仍要支持程潜到底,如程潜放弃竞选,他们的六百多票,宁可全部作废②。于是,李宗仁方面再次研究面临的形势,到25日晨3时,也决心宣布放弃竞选。李宗仁正式致函国大主席团,指出"有人以党之名义,压迫统制,使各代表无法行使其自由投票之职权",认为"竞选已失其意义",宣布"正式声明放弃竞选"③。李的助选团在报上登载大幅声明:"最近有人散发传单,公开攻击李宗仁先生,谓李先生当选副总统就要逼宫,或三个月就要逼迫领袖出国……李先生为表明其光明磊落之态度,已向国大主席团正式声明,放弃副总统竞选。"④25日上午,国大集会时,议论纷纷,许多人进场后没有签到。这天正好是星期天,当即动议休会一天。中午以前,孙科也宣布放弃竞选。

---

① 祁又慈:《竞选副总统搬出杀手锏》,《新闻天地》(上海)第40期,1948年5月16日。参《观察》第4卷第10期、《新闻杂志》新第1卷第3期报道。

② 《大公报》(上海),1948年4月26日。按:程在书面的声明中,并未写入"受命放弃"字样。——笔者。

③ 《大公报》(上海),1948年4月26日。

④ 《大公报》(上海),1948年4月26日。

虽然,这届国大完全是国民党一党垄断的国大,但为了摆出自由、民主的样子,宣布自由竞选,然而又不愿放弃统制政策,国民党内部自身发生了矛盾、冲突和分裂。竞选的政治游戏做不下去了,国大就收不了场,国民党外的人士就来为国民党内的纠纷圆场。国大推举胡适、于斌主教等五人,分别和李宗仁、孙科、程潜接洽,希望他们三人继续参加竞选。蒋介石也不能不亲自出马,召见白崇禧,表示:"党内同志参加副总统竞选,绝对可以自由竞选,外传的约束投票之说,完全无稽。"①

国大休会三天之后,至 28 日,重打锣鼓重开张。是日,举行了副总统的第三轮投票,结果,李得 1156 票,孙得 1040 票,程得 515 票,仍无人当选,不得不进行第四轮投票,进行最后的决选,即在前两名候选人中圈选,得票比较多数,即可当选。入晚,李宗仁在宴请国大代表进行竞选活动时,公开宣布:"上月我与程潜先生同一天到达南京,当天我就去拜访程先生。我们两人对于政治改革的主张是一致的,我们都赞成改革应从人事着手,应该起用新人。我们两人曾早经约定,在这一次竞选中,谁的票数较少,就把谁的基本票让给对方。明天是最后一场的竞赛,中国的前途似乎都要在明天这最后几秒钟决定。"②李宗仁得到程潜的支持,获胜就有了把握。4 月 30 日,李宗仁以 1438 票对孙科的1295 票,击败孙科当选。然而,对于国民党而言,这场政治游戏不过是两败俱伤而已。《观察》杂志的特约记者评论说:"在现在的世界上,有这么一个政党,全党的人不作他图,专门找自己的麻烦,无缘无故制造一些不可解决的纠纷,企图毁灭自己。真是不暇自哀而后人哀之。"③美国驻华大使馆公使衔参赞克拉克（Lewis Clark）致国务院远东司长巴特沃斯(W. Walton Butter worth)函中,反映蒋、李矛盾说:"李宗仁

① 《大公报》(上海),1948 年 4 月 27 日。

② 《大公报》(上海),1948 年 4 月 29 日。

③ 观察特约记者:《副总统选举的曲折》,《观察》(上海)第 4 卷第 10 期,1948年 5 月 1 日。

在这件事上是一个失败者。在选举之后,他每周遇见蒋介石二到三次,但他们除了天气之外,没有什么可说的。蒋介石拒绝和他商量任何重要的事情,并且,李也无权力做任何事情。"①

5月1日,国民大会走完了过场,丢下了它所标榜的在中国建立"民主"的任务,终于宣布闭幕。翌日,《大公报》(上海)发表社评说:"(国大)在人民的观感上是个空虚……会里会外,原是很热闹的,怎好说是空虚呢?假使空虚之外尚有所有,那么:(一)显示国大的性质及其存在根本有问题;(二)代表们代表民意的百分比难以统计;(三)政党还不甚懂得它在民主政治中的地位,尤其政党还不甚懂得它与民主选举的关系及其运用;(四)'大'、'小'代表们所表现的民主风度,似乎都还不够;(五)宪法已经戳了一个洞,它今后的形状将演变成什么样子颇为难知;(六)最后的副总统竞选给国民党本体划了一道刻痕。"②《世纪评论》说:"有人作了一个比方说:我们的民主宪政,好像是一个十八世纪的乡下姑娘,硬要穿戴起二十世纪最新的服饰,远看很摩登,近看四不象,处处学洋化,举手抬脚就会露出破绽来。结果是既没有学到摩登,也失去了朴实的本色。"③

另据《黄炎培日记》记载:"徐子为自国大归来详谈。子为说:国大总费用9000亿,孙科竞选费2000亿,仅国防一部四月底止追加预算已达24万亿。"④正是劳民伤财,徒耗元气,而又无补实事。陈立夫在《成败之鉴》一书中,也就事论事地承认国大的失策:"我非常后悔,我不坚持改为遴选,是一生最大的错误,我违反了民主的原则,而要求同志们谦让,是一件不合人情的作法,其影响之大,我应该负责的。这个时候

———————————

① *FRUS*, 1948, Vol. 7, p. 332.

② 《国大观感》,《大公报》(上海),1948年5月2日。

③ 志徐:《副总统选潮》,《世纪评论》(南京)第3卷第18期,1948年5月1日。

④ 《黄炎培日记》(手稿)1948年5月3日。按:原预算为999.6895亿元(《国民大会实录》第1编第96页)。——笔者。

李宗仁竞选副总统，有很多代表对中央很不满意，本来他们不会去帮助李宗仁的，那时对中央不满的都去帮助他了。中央不希望李宗仁被选出来，大家偏要把他选出来。这一下意气用事就出了毛病。我们大陆的丢失，这件事具有直接、间接的影响。"①为了挽救危机所采取的措施，激化了国民党内的派系之争，反而加速了国民党政权的崩溃。

只有在华的美国人对这场议会民主的游戏，由于李宗仁的当选而感到某种程度的满足。美国学者指出："司徒雷登的调查研究，日益迫使他重新估价蒋介石的领导。尤其重要的是，在这拼死挣扎的过程中，蒋介石在1948年5月任命顾祝同为参谋总长和余汉谋为陆军总司令。司徒雷登把他们说成'在任何情况下都一事无成和避而不战方面，有着悠久的和杰出的记录'。从这个结论出发，司徒雷登和他的首席助手、公使衔参赞克拉克，主动地给蒋介石物色非共产党的选择对象。对于许多观察员来说，在这方面，看起来前景是好的：尤其是在4月底的事件之后，当时，国民大会不顾蒋介石的积极反对，选举李宗仁为国民政府副总统。"②

5月8日，行宪后的第一届立法院又告开幕，而立法委员当选问题又起纷争。民青两党在事先曾就立委名额问题，与国民党方面（由陈立夫负责）讨价还价。国民党中常会暨选举指委会于1947年11月22日举行的联席会议上曾决议："与友党商谈原则，其让给名额以不超过立法委员总名额五分之一（总名额773名，五分之一，约合155人）为限，仍由吴铁城、陈立夫两委员代表本党妥为洽商。"③国民党方面曾想尽办法，怎样避免国大选举的那种结果，保证民青两党候选人当选。但选举的实际结果，民青两党仅二十一二人当选，余皆落选。国民党中央企图以扩大立委名额的办法，来解决民青两党的名额问题，但遭到立法院

---

① 陈立夫：《成败之鉴》，台北正中书局1994年版，第359页。

② W. W. Stueck: *The Road to confrontation*, The University of North Carolina Press, 1981, p. 69.

③ 《国民党中常会暨选举指委会联席会议纪要》（1948年11月22日），《中国现代政治史资料汇编》第4辑第8册。

的否决。5月6日，民青两党发表联合声明，指责国民党方面"自食诺言"，并指出："此次立委选举，系由政府配票，选票根本未到选民之手，故所谓票多票少，只是政府配票之结果，而非选民选举之结果。"①对于国、民、青的纷争，《大公报》发表萧贤的文章，评判说："事实是，保证名额兑现了，不合法的选举也算合法，保证的名额不兑现了，于是声色俱厉地来揭发别人的黑幕。这样的政党政治的方式，我们老百姓实不敢赞同，不知民青两党有何解释？最后，我们老百姓希望，三党的纠纷不要再扩大。中国今天的国际地位，已经够低了，何必再加些丑事让人家笑话！"②这一纷争直到7月才了断。

立法院开会后，院长、副院长选举在国民党内部又起纠纷。当时，国民党中央提名孙科、陈立夫出任立法院正副院长。孙科竞选副总统失败后，竞选立法院长一职，已无问题，但陈立夫作为CC系的头目，出任立法院副院长，遭到一部分立委的强烈反对。他们准备推举傅斯年当副院长，由安徽省青年团省团部书记长汪少伦去和胡适商量。胡适不大赞成这件事，就去找夏鼐商量。夏鼐认为："立法院本届立法委员，CC派占过半数，拥护傅先生者，决不能成功；反以此致遭CC派之仇视，以为傅先生或傅先生之政界上朋友欲争立法院之天下。所谓'吃不着羊肉反沾了一身的膻'。傅先生是非梧桐不栖、竹实不食的鹓雏，然CC必以为傅先生来争他的腐鼠，最好能打消此一运动。"但要征求傅斯年的意见，时间上已来不及。恰好，傅斯年3月间有信给芮逸夫，表示不愿当立委，芮曾给夏鼐看过。胡适即按夏鼐的主意，依据这封信，写信给汪少伦，希望打消这运动。但反CC派仍干得很起劲③。15日晚，立法委员三百多人集会，由黄统主席散发了一份有296人签

　　①　《大公报》(上海)，1948年5月6日。
　　②　《三党立委名额纠纷的评判》，《大公报》(上海)，1948年5月14日。
　　③　夏鼐致傅斯年函(1948年5月17日)，王汎森、杜正胜编：《傅斯年文物资料选辑》，傅斯年先生百龄纪念筹备会印行，台北1995年版，第230页。

名的书面意见：“关于副院长的人选，为了国家的利益、民主的前途，我们不欢迎一个讲统制、弄手段、阻碍进步的人。”也就是指陈立夫，他们建议推选远在美国的傅斯年为副院长①。据程思远说：“黄埔系、三青团、朱家骅系、政学系以及其他无党派的立法委员在新街口东南角一家银行二楼上举行午餐会，相约另举傅斯年当立法院副院长，以与陈立夫抗衡。”②于是，胡适即向报界公布他给汪少伦的信，其中，傅斯年于3月11日致芮逸夫的信中说：“我那一区在共产党手，他们无法选，即选我也决不干。此事去年早对山东当局说明矣。”③17日选举的结果，孙科、陈立夫分别以558票、343票当选为立法院正、副院长，傅斯年以236票落选。

　　立法院正式开始行使职权，国民政府委员会即于5月19日举行最后一次国务会议，宣告国民政府职权到5月20日终止，也就是所谓“训政”时期的政府组织宣告结束。国民政府，作为大革命时期的国民革命产生的政府名称，至此正式取消，改称中华民国政府。《国民政府公报》于5月20日起，也改称《总统府公报》。不过，由于国民党一党专政的政治局面，并没有因为“行宪”的结果而有所改变，人们习惯上仍把这个“行宪”的中华民国政府称为国民政府和国民党政府。

　　5月20日，蒋介石和李宗仁正式宣誓就任总统、副总统。是日晚，蒋介石召集国民党军政要员，征求对行政院长人选的意见。蒋介石提名张群或何应钦出任院长，而他自己更倾向于选择张群。张、何两人则均表示辞谢。但CC系本与政学系不和，因而动议在国民党籍的立法委员中搞一次意向测验的假投票。21日晨，当举行假投票时，张群也离京飞渝。投票结果，何应钦得票较多。吴铁城即将结果向蒋介石报告，供蒋参考。于是，蒋介石于23日晚决定提名有自由主义者背景的

①　《大公报》（上海），1948年5月16日。
②　《李宗仁先生晚年》第11页，据前引薄的信，是在安乐酒店开会。
③　转引自胡适致汪少伦的信，《大公报》（上海），1948年5月17日。

翁文灏为行政院长,并于 24 日晨召集国民党中常会临时会通过这一提名,翁本人也只是当日晨才知道这一决定,表示愿意接受。然后,蒋介石将这一提名交立法院讨论。立法委员们在讨论时认为:"在目前的情势下,我们应该信任总统,我们对于这个问题不能不敷衍一下。"①所以,立法院也就没有请这位未来的行政院长发表施政意见,即进行投票,并以 489 票的绝对多数通过。蒋介石提名一个没有政治实力、没有施政准备的人出任行政院长,而这个人,也就匆匆忙忙、糊里糊涂地接受这个任命,立法院则予以敷衍通过。按照宪法,采取的是责任内阁的政治制度,行政实权应该由内阁掌握。但我们从这个内阁的产生过程,可以看到这个责任内阁的地位,同民国初年的责任内阁的地位,何其相似乃尔。翁文灏没有掌握行政实权的能力和可能性,行政实权仍然在总统蒋介石手里。这个宪法的价值也就可想而知了。

6 月 1 日,新的行政院组成。王世杰仍任外交部长,何应钦取代白崇禧出任国防部长,王云五出任财政部长,并仍邀民青两党入阁,等等。但这个内阁马上发生危机。一则,白崇禧被挤出内阁,出任战略顾问委员会主任委员,并兼"华中剿匪总司令"。明眼人一看就知道,蒋介石不放心桂系的两个实力人物同在中央供职。白崇禧一气之下,跑到上海,不肯就任新职。二则,民青两党由于立法委员问题没有解决,因而仍拒绝入阁。

直到 7 月初,青年党和民社党才与国民党就今后逐步解决立委问题达成谅解。7 月 4 日,青年党发言人王师曾发表声明:"本党基于对国家之责任感,及接受友党合作之诚意,决定继参加监察院及提名司法院大法官、考试院考试委员之后,提出参加行政院之人选,继续参加行政院,以分担一部分之政务责任,期能对国事有所裨益。"②5 日,青年党的左舜生、陈启天到南京出任农林部长和工商部长。不久,民社党也

---

①　《大公报》(上海),1948 年 5 月 25 日。

②　《大公报》(上海),1948 年 7 月 5 日。

发表声明:"本党除以最大之信心,相信政府实现其最后之允诺外,凡本党当选立委,决定自本月十三日出席,依各国在野党不论议员多寡之成例,本党立委自应本人民之委托,期对于为民立法及监督政府有所贡献,以奠行宪之始基。"①国大和组府的纷扰才告一段落。

至于用行宪的花架子来换取美援的打算,当然也就依然无法落实。美援姗姗来迟。连一向支持蒋介石的美国院外援华集团的努力,也越来越困难了。他们组织的中国事务委员会当时通过发送邮件来呼吁援华(蒋介石政府),但据统计,自 1948 年 3 月到 1949 年 4 月期间,"尽管发送了超过 145,000 封信给从前的捐助者,但只成功地筹集到 15 万美元多一点。它的影响,很显然,已经因为蒋政府的崩溃而被损坏了"②。

---

① 《再生》周刊第 224 期,1948 年 7 月 25 日,转引自中国第二历史档案馆编:《中国民主社会党》,档案出版社 1988 年版,第 368 页。

② T. C. Jespersen: *American Images of China, 1931-1949*, Stanford University Press, 1996, p. 155.

第二章　国民党军战略攻势
地位的丧失

第一节　战略形势的转换

一　国民党军的战略部署

1947年5月，国民党军整编第七十四师被歼灭后，国民党军对山东解放区的重点进攻受到了严重的挫折，不得不暂时后撤，采取守势。但国民党军在山东战场仍居于兵力优势地位。蒋介石为再次组织进攻，严词拒绝了部下放弃莱芜、新泰，向安阳一线转用兵力的建议，要求部下坚守莱芜、临沂。

蒋介石一方面整饬军纪，处分救援张灵甫不力的李天霞，一方面为总结经验教训、研讨进攻战术，于5月底6月初，将进攻沂蒙山区的半数将领调到南京，参加军官训练团第三期研究班集训。蒋介石在研究班的历次讲话中承认："高级军官已成了军阀，腐败堕落，自保实力，不敢缓急相救"，"各级官长缺乏研究精神，学术荒疏，官兵生活脱节，军心涣散。"[1]他强调这次集训的目的说："此次不顾前方军事如何紧急，而将沂蒙山区半数以上将领调集来京接受为时两周之训练，主要目的，即在使各将领接受孟良崮之惨痛教训，而将个人之精神、思想、生活、行动，作一番彻底反省，彻底改造；对整个军队之战术、精神、纪律，作一番彻底检讨，彻底改革。故此一集训，实为今后转危为安、转败为胜之枢

---

① 《总统蒋公大事长编初稿》1947年6月1日条。

机,深望各将领一致醒觉,砥砺志节,记取教训,加强准备,以期达到雪耻复仇之目的。"①但国民党军的风气已经养成,不是单靠蒋的几次训话所能改变,而蒋的训话在将领们心中不过是"委员长年纪老了,过了时代,好像家庭里面的一个老头子,唠唠叨叨,什么都管,尽可不必重视他"②。他的军事权威地位,由于历次的失败,已经严重下降。蒋介石对这一切已无可奈何,只是自己尽心尽力而已,他在日记中说:"余对前方将领之教训勖勉,心力已尽,未知果有效验否?"③明显表现出缺乏信心。不过,这次集训还是有一些效果的,进攻沂蒙山区的各将领不敢过分懈怠,在后来的战斗中也有所表现。然而蒋介石已顾此失彼,无法照顾所有战场。

当时,山东战场是国共两军争战的焦点,正如蒋介石所说:"蒙阴山区战事为国军生死成败关头。"④毛泽东也认为:"山东战事仍为全局关键。"⑤蒋介石在分析战略全局时认为,中共在关内有三个重要的根据地,即:"(一)以延安为政治根据地,(二)以沂蒙山区为军事根据地,(三)以胶东为交通供应根据地。"⑥他的战略重心在于首先摧毁中共的根据地,他强调:"剿匪必须捣破他的巢穴者,即因为匪的一切物资粮食都储备在老巢里面,一个老巢被捣之后,他在短期内必无力重建,所有重要老巢捣毁之后,他就成为流寇了。"⑦他计划攻占山东后,进一步进

────────────

① 《总统蒋公大事长编初稿》1947年6月7日条。

② 《高级将领精神心理之改变与剿匪战略之研究》(1947年2月26日),《先总统蒋公思想言论总集》第22卷,第30页。

③ 《总统蒋公大事长编初稿》1947年6月7日条。

④ 《总统蒋公大事长编初稿》1947年7月5日条。

⑤ 《不要打无把握之仗》(1947年6月22日),《毛泽东军事文集》第4卷,军事科学出版社、中央文献出版社1993年版,第111页。

⑥ 《一年来剿匪军事之经过与高级将领应注意之事项》(1947年10月6日),《先总统蒋公思想言论总集》第22卷,第269页。

⑦ 《国军战术上所犯之错误及其改进》(1947年7月10日),《先总统蒋公思想言论总集》第22卷,第218—219页。

攻冀中、冀南、冀北、鲁北，"断绝其兵源补充，占领其粮食产区"①。这就是说，蒋介石的战略方针，第一步，摧毁解放军的所有根据地，迫使解放军与土地和人民脱离，陷入无后方依托、无后勤保障的境地；第二步，当解放军在流动中削弱了战斗力之后，政府军再进行生死的决战，就会处于十分有利的战略态势。因此，他首先指挥政府军在黄河以南发动进攻，得手后即向黄河北岸进攻。

　　在解放军方面，当时华东野战军军力为全军之最，野战军兵力为27万人，承受着国民党军32个整编师、85个旅的攻击，其负担也为全军之最。毛泽东为打破蒋介石的战略图谋，指挥刘伯承、邓小平率领的晋冀鲁豫野战军和陈毅、粟裕率领的华东野战军作战略配合，他为中共中央起草的致前线将领的电报说："现在可以确定下列诸点：（一）刘邓陈粟两军任务是协力击破顾祝同系统。（二）晋南（陈谢）陕北两军任务是协力击破胡宗南系统。（三）刘邓军十万立即开始休整，巳东（6月1日——引者）以前完毕，巳东后独力经冀鲁豫出中原，以豫皖苏边区及冀鲁豫边区为根据地，以长江以北，黄河以南，潼关、南阳之线以东，津浦路以西为机动地区，或打郑汉，或打汴徐，或打伏牛山，或打大别山，均可因时制宜，往来机动，并与陈粟密切配合行动，凡有共同作战之处陈粟军受刘邓指挥。（四）陈谢主力（四个旅）在现地工作待命，随时准备从下游或从上游渡河，受彭习指挥，歼灭胡宗南及其他杂顽，收复延安，保卫陕甘宁，夺取大西北。"②陈谢，即陈赓、谢富治集团；陕北，即彭德怀所率西北野战军。毛泽东把刘邓大军作为战略机动部队使用到主战场，原计划6月1日以后行动，后来因情况发生变化推迟了一个月。

　　蒋介石在部署向山东重新发动进攻的时候，竟无力顾及刘邓这一

---

　　①　《剿匪军事之新阶段与新认识》（1947年10月20日），《先总统蒋公思想言论总集》第22卷，第295页。

　　②　《刘邓陈粟晋南陕北各部队的作战任务》（1947年5月4日），《毛泽东军事文集》第4卷，第50页。

支解放军的战略机动部队的使用方向。当时,国民党军在东北战场已被迫采取守势,四平正遭到解放军的猛烈攻击,国民党内放弃东北的呼声甚高,对东北战局没有信心,主张撤守关内。但蒋介石召见孙立人等研究战局后,"决定仍固守长春,保卫沈阳。盖长、沈二地,如不被动摇,则东北形势仍可为我所控驭也"。他认为"此着关系甚大,应督饬集中全力沉着应战也"①。他为一时的利益所吸引,终于丧失了从东北撤退的有利时机。对于华北,由陈诚拟定、经蒋批准的北平行辕作战计划为:"保定绥署,应各以一部确保北宁路及其沿线榆关、唐山、大沽、天津、北平及保定诸要点,抽调第十六军、九十四军之四十三师暨六十二师之九十五旅在天津附近集结,配合张垣绥署主力,对津浦北段聂荣臻股匪主力断行攻击。石门守军应调整部署,以地方部队担任石门守备。集结第三军主力即日攻占正定,并行有限目标攻击;如敌转向平汉北段窜扰时,该军应在正定、保定间专任阻截。(二)张垣绥署应各以一部确保平绥路及其沿线张垣、大同、集宁、归绥、包头各要点,监视晋北贺龙匪股及外蒙匪军行动,抽调新二旅、新四骑兵师暨第五、第十一骑兵旅转用北宁线天津附近集中,对聂匪主力攻击。(三)所有保定、张垣两绥署抽调担任攻击各部队均由李文兵团统一指挥,如敌转向平汉北段窜扰时,应即向沧县、保定以北地区跟踪追击歼灭之。(四)热西国军向南扫荡,牵制热、冀省界之敌。(五)太原绥署向娘子关方向出击,相机收复正太路。"②对于山西,由陈诚拟定、经蒋批准的太原绥署作战计划:"延安收复后,共匪政治机构已东移五台山,故山西高原对匪政略上之威胁颇大,太原绥署不应消极专守,致匪军得藉山西根据地,以图喘息。兹拟指示太原绥署今后对匪作战计划事项:(一)以太原为中心,行攻击持久战,争取时间,培养战力。(二)不断乘匪空虚,竭力行牵制攻击,以策应北平行辕及西安绥署作战。(三)应主动攻击匪军,随时随地以轻装快速部

---

① 《总统蒋公大事长编初稿》1947 年 6 月 20 日条。
② 《总统蒋公大事长编初稿》1947 年 6 月 24 日条。

队,毁灭其后方根据地。(四)不宜消极专取守势,坐失战机,遭受匪军各个击破。"①在西北战场,胡宗南继续集结优势兵力压迫中共中央机关;在山东战场,蒋介石亲自部署指挥;而在豫北,国民党军自汤阴失守后,李振清率整编第四十师死守安阳,孤悬豫北,整编第二十六军军长王仲廉驻守新乡,不敢北援,已经无力牵制刘邓大军的机动作战。蒋介石对刘邓大军的战略使用方向也一无所知,成为政府军战略布局中的盲点。

国民党军为防止刘邓野战军渡河作战,在菏泽设有第四绥靖区,司令刘汝明,所部两个整编师,守备菏泽及郓城附近之要点、渡口;陆军总司令徐州司令部所属整七十师在巨野、嘉祥间保持机动;并以整八十四师据守运河西岸梁山附近要点,以确保进攻山东各军侧后方的安全。5月底,徐州司令部参谋长郭汝瑰主张放弃莱芜,抽调兵力,以解安阳之围,巩固政府军在豫北的地位,牵制刘邓军的兵力转用。他在日记中写道:"安阳被围已久,如不计划速往解围,则一旦战力衰竭,可以急转直下,在刘伯承一度强袭下,即可能失守。如安阳被解决,则刘伯承海阔天空将兵力投入河北,则河北危急;投入山东,则山东不支。故余主张于山东放弃莱芜、新泰,抽出两师兵力车运豫北解安阳之围,以后即在豫北缩短防线,转用两个师至山东。"②但蒋介石兵力不足,为倾全力进攻山东,坚主固守莱芜一线,作为前进基地,不肯有所松动、转用兵力于豫北,而只好置刘邓所部于不顾,致使刘邓所部没有受到国民党军强大军力的压制而处于机动地位。

6月下旬,蒋介石重新部署对山东沂蒙山解放军根据地发动进攻,计划一举攻占南麻、鲁村,并以占领沂水为此次战役的目标。他在总结孟良崮战役失败的经验教训时认为:"依余意,与匪作战,并进不如重叠,分进不如合进。"主张以三四个师重叠交互前进,"总之,对匪之攻防,应使360度均无弱点,始可操胜算。其法可采逊清打长毛所用梅花

---

① 《总统蒋公大事长编初稿》1947年7月16日条。

② 《郭汝瑰日记》1947年5月31日,摘抄打印本。

阵办法"①。因此,作出了密集平推的兵力部署:(一)李延年兵团配置于临沂、汤头、河阳地区。(二)欧震兵团配置于桃墟、蒙阴地区。(三)范汉杰兵团,以黄百韬指挥整编第二十五师、整编第六十五师为右纵队,配置于蒙阴(不含)、新泰地区。以胡琏指挥整编第十一师、整编第六十四师为中央纵队,配置于新泰(不含)、蒙阴寨地区。以邱清泉指挥整编第五师为左纵队,配置于颜庄、莱芜地区。(四)以整编第七十五师及整编第九师一部为第二线兵团,以夏楚中兵团之第四十五师置于潍县附近。整编第八师主力置于安邱,一部控制于临朐②。蒋介石在6月26日致第八军军长李弥的电报中指示作战机宜说:"此次进剿鲁中共匪老巢,必须由潍县主力积极进取蒋峪、穆陵关,南至马站,北至临朐,勿使残匪经胶济线向北向东自由退却,方能收获全胜。故我进剿部队占领南麻时,第八军必须立即出击,而且要有夜间行动与袭击之准备,使匪不及防范,出其不意,直捣其蒋峪与临朐,则必克奏肤功。务须切实遵行,并望依照日前指示之要旨,不在占领城市,而在摧残其后方根据地之物资与阻绝其交通与通信之联系。总期前后呼应,双方夹击,达成此重大之任务为要。"③总的作战指导思想是"先分散后围剿,使之各个就歼"④,也就是采取迫使山东解放军脱离根据地的战略方针,并迫使山东解放军不能退入胶东根据地,因而一反以往外线会攻或两翼包围方式,而以主力集中于一处,实施中央突破,期望一举深入解放军根据地,迫使解放军放弃根据地,分兵作战。同时,以有力一部,占领外围战略要点,进行诱敌、牵制及策应⑤。一轮新的战斗即将开始,而战

---

① 《主席对沭河及孟良崮战役胡、黄师长琏、伯韬报告后之讲评及训示》,南京军区司令部战史编辑室:《第三次国内革命战争时期敌军资料选编》第1册,第49页。

② 参《总统蒋公大事长编初稿》1947年6月30日条。

③ 国民政府军令部战史会档案,中国第二历史档案馆藏。

④ 《总统蒋公大事长编初稿》1947年7月26日条。

⑤ 参《国民革命军战役史第五部——戡乱》第3册,台北"国防部"史政编译局1989年版,第260页。

局也进入了转折的关头。但蒋介石对于解放军的战略转折计划一无所知，因而并无思想准备，国民党军在战略上的主动权很快就要丧失。

二　七月山东战场的攻防战

6月18日，国民党陆军总司令徐州司令部分别下达命令，20日起各军开始行动，24日，主攻各师到达攻击准备位置。同时，令张淦的第三纵队（辖整七、整四十八师）向莒县、沂水行广正面搜索，并轰炸坦埠附近，进行佯攻。蒋介石并令驻新乡的王仲廉部出击，指定由滑县北进，威胁刘邓所部解放军，掩护其西侧安全。25日，各兵团按命令发起进攻，虽然各自到达应到位置，但推进十分缓慢，日行仅10到15公里，并未发生战斗。同日，第四绥靖区（菏泽）副司令曹福林报告，所属驻东平湖第八十七团遭到刘邓野战军杨勇所部围攻，突围而出。这是一个警报，郭汝瑰对这方面十分忧虑，认为刘伯承部一旦渡河，则国民党军将手忙脚乱，无法应付。于是，即命令第六绥区（商丘）调第一五三旅控制在砀山作机动兵团，27日又续调整三十二师至商丘，防备刘邓渡河。

国民党军主攻部队由陆军副总司令兼第一兵团司令范汉杰指挥，以整编第五师（即第五军）及整编第二十五师为左纵队，沿蒙阴寨、松崮庄、牛排子山方向攻击，夺取鲁村；以整编第十一师及整编第六十四师为中央纵队，沿新泰、龙庭、大张庄、狗跑泉方向攻击，夺取南麻；以整编第六十五师及整编第九师为右纵队，沿马家庄向贾庄方向攻击，一面与中央纵队右翼六十四师切取联系，确实掩护中央纵队，保障中央纵队进出容易；另指挥整编第二十师第一二三旅由蒙阴以东向坦埠方向搜索前进，并相机占领而固守之，以掩护主攻兵团东侧安全；以第三兵团（司令官欧震）、第二绥区（济南）部队、第二兵团（司令官王敬久）各部任外围佯攻和掩护部队。国民党军以六个主力师，在不足百里（50公里）之内，齐头并进，密集平推，实施正面攻击。26日起发生小规模战斗，解放军以小部队进行牵制、阻击，边战边撤。28日，整编第二十五师占领鲁村,但师长黄百韬十分谨慎,他感到自己的部队过于突出,旋即将主力撤出,与十一师靠拢,至翌日才再进鲁村。29日,十一师于傍晚17时占领解放军沂蒙山区核心据点南麻,师长胡琏吸取了七十四师失败的经验教训,立即命令筑工固守。

在国民党军以优势兵力集中攻击面前,解放军统帅部和前敌将领都在考虑调整部署的问题。毛泽东早已指示刘伯承邓小平、陈毅粟裕两军作战略配合,当刘邓渡河作战时,毛泽东原指示陈粟转入外线作战。5月8日,毛在给前线将领的电报中说:"刘、邓军仍按中央辰支(5月4日——引者)电,争取于巳东(6月1日——引者)前休整完毕,巳灰(6月10日——引者)前渡河,向冀鲁豫区与豫皖苏区之敌进击,第二步向中原进击……陈、粟军在巳灰以前应集结全力(二十七个旅)寻求与创造歼敌机会,并准备于巳灰以后配合刘邓军大举出击。"①外线出击,是毛泽东在解放战争初期就开始考虑的一种战略方案。1946年6月22日,他就曾指示刘邓考虑渡淮南进,"从国民党区域征用人力物力,使我老区不受破坏"②,但当时未能实施。这时,刘邓军于5月2日攻克汤阴后不久,又发起了包围攻击安阳的战役,但屡攻不克,直到5月25日才停止攻击,转入休整,因而推迟了渡河的时间。在此期间,陈粟军取得了歼灭敌主力七十四师的重大胜利,这使毛泽东和前线将领都对自己的战斗力作了偏高的估计。5月22日,毛泽东对陈粟的指示,一方面改变了外线出击的指示,一方面对战局的前景作了过分乐观的估计。他说:"在现地区作战,是于我最为有利,于敌最为不利……而山东方面的作战方法,是集中全部主力于济南、临沂、海州之线以北地区,准备用六七个月时间(五月起),六七万人伤亡,各个歼灭该线之敌。

---

① 《击破顾祝同系统第一线兵力的部署》(1947年5月8日),《毛泽东军事文集》第4卷,第64页。

② 《全局破裂后太行和山东两区的战略计划》(1946年6月22日),《毛泽东军事文集》第3卷,第284页。

该线击破之日,即是全局大胜之时,尔后一切作战均将较为顺利。"①但这时国民党军采取密集平推战术,陈粟军在内线找不到战机,强敌压境,军情紧迫,不能不考虑改变集中兵力在内线作战的方针,而分兵向外线出击,重新回到原来的战略方案。

据粟裕回忆:"六月二十五日,敌军开始全力东犯,十八日进至鲁村、南麻(今沂源县)、大张庄、朴里庄一线,妄图迫我在鲁中山区狭窄地带迎战。由于当面之敌十分密集,无论是寻歼侧翼之敌或直取中央之敌都缺乏条件。为避免无把握作战,我们打算以第六纵队向临(沂)蒙(阴)公路出击,以第四纵队奔袭费县,破坏敌人后方补给线,以第七纵队佯攻汤头,迫敌分兵回援,主力集结在沂水、东里店一线待机。这一计划即将实施之时,接到军委二十九日提出的三路分兵的指示,此电指出:'蒋军毫无出路,被迫采取胡宗南在陕北之战术,集中六个师于不及百里之正面向我推进。此种战术除避免歼灭及骚扰居民外,毫无作用。而其缺点则是两翼及后路异常空虚,给我以放手歼击之机会。你们应以两个至三个纵队出鲁南,先攻费县,再攻邹(县)滕(县)临(城)枣(庄),纵横进击,完全机动,每次以歼敌一个旅为目的。以歼敌为主,不以断其接济为主。临蒙段无须控制,空费兵力。此外,你们还要以适当时机,以两个纵队经吐丝口攻占泰安,扫荡泰安以西、以南各地,亦以往来机动歼敌有生力量为目的。正面留四个纵队监视该敌,使外出两路易于得手。以上方针,是因为敌正面既然绝对集中兵力,我军便不应再继续采取集中兵力方针,而应改取分路出击其远后方之方针。'"②当时,陈粟部队包括后方机关,在内线大量集中,拥挤不堪,补给困难,粮食也吃光了。由于国民党军密集平推,一时既无法歼敌一路,不能不考

---

① 《在山东战场打破敌人进攻的作战方针》(1947年5月22日),《毛泽东军事文集》第4卷,第81页。

② 《粟裕战争回忆录》,解放军出版社1988年版,第510页;文内引文见《毛泽东军事文集》第4卷,第113页。

虑分散进击。军委电报的战略意向和陈粟前敌将领的战役意图吻合。陈粟考虑到以往中央配合刘邓出击的指示，决定立即执行军委的指示，具体部署是：(一)由叶飞、陶勇率领第一、第四纵队越过临蒙公路向鲁南挺进；(二)由陈士榘、唐亮率领第三、第八、第十纵队向鲁西的泰安、大汶口方向挺进；(三)正面部队第二、第六、第七、第九纵队和特种兵纵队集结在沂水、悦庄公路两侧，各以少部兵力与东犯之敌接触，主力待机出击。各部队根据命令于 7 月 1 日起执行，分头行动。

　　解放军的外线分兵作战的计划，在战略意向上，似乎是蒋介石实现其战略目的的结果，蒋介石此次作战的目的，就是要将解放军逐出山东根据地。问题在于，解放军的分兵，从总体上说，是战略上经过周密考虑、计算了利害得失之后的主动行动，出敌机先，并不是如蒋介石所预想的纯粹被迫行动，尤其是刘邓军的战略行动方向，并不在国民党军的预料之中。只是陈粟所部在战役行动中，原未考虑分兵的问题，在强敌压境之下，临时改变战役方向，计划不够周密，准备也不充分，未能在内线再坚持一段时间，在更有利的态势下出击，对以后的战局发生了重大的影响。

　　于是，在 6 月 30 日至 7 月 1 日之际，在山东战场上，形成了攻防转换的局面，这一转换，不仅是局部战场的形势转换，而且是整个国共战场的战略形势的转换。这一战略转换的利害得失，和围棋中的转换一样，各自有得有失，而对得失的衡量，又各有权衡。虽然，军史学界对这种转换的评价尚需深入研究，但无论如何，解放军在战略行动上始终保持着主动，正是这种主动权，保证了战略的胜利。

　　刘邓根据中共中央军委挺进大别山的战略指示，于 6 月 20 日发布晋冀鲁豫野战军役字第十四号基本命令①，决心集结四个纵队的兵力，

―――――――――

　　①　《晋冀鲁豫野战军役字第十四号基本命令》(1947 年 6 月 20 日)，杨国宇编：《刘伯承用兵要旨》，云南人民出版社 1985 年版，第 416 页。按：《中国人民解放军战史》第 3 卷，此命令列为 22 日发，未注出处。——笔者。

从张秋镇到临濮集间150公里的地段上，强渡黄河，首先发起鲁西南战役。26日，刘邓作战命令强调："此次作战关键，首在迅速确实割裂包围散布之敌，各纵队在渡河后即应不顾疲劳地大胆实施这种割裂和包围，以便各个歼灭之。防止敌人向其西南逃走。纠正任何可能丧失战机的现象。"①

6月30日晚，刘邓野战军以第一、第二、第六纵队分成左右两翼，在南岸两个独立旅的接应下，从孙口、林楼、于庄等八个渡口，强渡黄河成功，于7月1日包围郓城国民党军整五十五师，并前出至郓城、皇姑庵地区，准备阻援，力争迅速在黄河之南站稳脚跟。政府军河防十分脆弱，既不能在解放军半渡时予以截击，只好临时调兵，乘解放军立足未稳组织会战。于是，一面令四绥区司令官刘汝明死守，令砀山的一五三旅进驻定陶；一面自豫北调整三十二师、整六十六师到金乡一线，与原在嘉祥一线的整七十师组成第二兵团，从泗水调王敬久前来指挥，增援郓城。但第二兵团虽系原有番号，司令部和部队却都是临时凑集，集结缓慢，战斗力也仅属二三流的队伍。蒋介石为集中兵力在鲁中作战，决定暂置鲁西于不顾，"以攻为守"②，命令十一师主力守南麻，以十一师一个旅及二十五师、六十五师向南攻击，七十五师配合九师、六十五师攻坦埠、朴里庄，继续深入解放军鲁中根据地，寻求陈粟主力会战。

7月2日，解放军陈粟军一、四纵队自沂水、坦埠间敌军空隙南下，攻击费县。3日，国民党军发现解放军主力进入自己的侧后，参谋们主张以主力部队右旋，与临沂部队配合夹击，但蒋介石不同意，坚持攻击东里店及坦埠的既定方针。是日，山洪暴发，给国共两军都带来了严重的困难。5日，费县在解放军的猛烈攻击下，岌岌可危。政府军已确认解放军主力在青驼寺、垛庄、界湖一带，前线将领则苦于大水阻滞，前进

---

① 《晋冀鲁豫野战军役字第十六号作战命令》(1947年6月26日)，杨国宇编：《刘伯承用兵要旨》，第420页。

② 《郭汝瑰日记》1947年7月1日，摘抄打印本。

困难,而蒋介石仍主张进取沂水。顾祝同于是亲自打电话给参谋次长刘斐,请他请示蒋介石,让欧震向西南方向追击,刘认为:"匪如在此区域,自可独断向南攻击,并以张淦部北上夹击。"①于是,顾祝同决心改变部队行动方向,调欧震所部南下夹击。翌日,蒋介石发现前线将领独断地改变攻击沂水的决心,十分震怒,打电话怒斥顾说:"攻击共军根据地沂水,是此次战役的既定方针,决不应有丝毫改变。为何不经请示,擅自改变,别说我是主席,就是朋友,也该商量商量嘛,你眼里哪里有我这主席!"顾被骂得面如土色,只是口中喃喃地埋怨刘斐:"刘为章怎么这样不负责啊!"即怪刘未向蒋报告。顾不得已,仍令欧震兵团攻击沂水②。

　　蒋介石的战略目的,首先在于摧毁解放军根据地,他认为国民党军如改变方向,回师攻击深入侧后的解放军,就会给解放军留有保存沂水根据地的机会,因此,不顾解放军主力的行动方向,继续向沂水推进③。11日,第九师占领沂水,解放军已先期撤出,留下一座空城,国民党军歼击解放军的计划在这种行动方式下,根本不可能实现。

　　在国民党军向沂水推进期间,陈粟军一、四纵队于7日攻克费县,9日攻克峄县,三、八、十纵队于10日攻克大汶口,威胁兖州、徐州敌后方基地。政府军整八十四师不得已后撤至滋阳(兖州),在豫北的整第三师改调徐州。刘邓军于渡河后一面围攻郓城,于8日晨攻克,歼敌五十五师师部及其两个旅;一面进逼菏泽,于6日攻克曹县,包围定陶,战至11日,敌一五三旅突围,大部被歼。至此,刘邓军于渡河后终于在鲁西南站住了脚跟。

　　这时,三十二师、六十六师已于7月8日分别到达独山集和羊山

---

　　①　《郭汝瑰日记》1947年7月5日,摘抄打印本。

　　②　《郭汝瑰回忆录》,四川人民出版社1987年版,第264页。

　　③　据《总统蒋公大事长编初稿》1947年7月11日条,原编者说明:"公鉴于×向我空隙全力窜扰,眩惑各方,乃其企图保留沂水老巢之狡计,故始终督令我军向坦埠、东里店与沂水进剿。"

集，王敬久率司令部进驻金乡，以六十六师的一九九旅驻在金乡城北万福河南岸，归其直接指挥，七十师开抵六营集。王敬久原在鲁中战场指挥第五军等一流部队，由于才力不足，部下不听指挥，蒋介石把他调来指挥二流部队，弄得他满腹牢骚，又对敌情不明，胆怯惧战，借口炮兵、工兵不足，迟迟不肯出发，将三个师自北至南，从嘉祥、六营集、独山集、羊山集、金乡摆成了一个一字长蛇阵。正好王是金乡人，老家新屋落成，率部在家庆祝乔迁之喜。解放军于攻克郓城之后，即乘敌不备，对王敬久兵团实施穿插分割。自11日起，第一纵队进至巨野东南地区，切断七十师、三十二师、六十六师的联系，第六纵队以一部切断三十二师和六十六师的联系，以主力协同一纵围歼七十师，第二、第三纵队分别由曹县、汶山集地区插向谢家集、羊山集，割歼六十六师，以独立第一、第二旅进至万福河以北地区，阻击金乡北援之敌。13日拂晓，各部到达指定位置，完成了分割包围态势。王敬久突然发觉处境危险，急令七十师、三十二师靠拢，南下攻击，救援羊山集。蒋介石致电王敬久说："我鲁西各部如能早取攻势，积极进剿，当不致如今日之被动，反受匪部攻击，坐失良机，殊为可惜。惟既取守势，则亦唯有固守阵地，必使匪之攻势失败，乃可乘机反击，以期转危为安，万不可作突围苟免之计，须知突围必无幸免之理，死守方有必胜之望。"①但王敬久部士气低落，将无斗志，三十二师师长唐永良竟违令反而自独山集向六营集撤退，并与七十师师长陈颐鼎商定，要求向嘉祥、济宁撤退。结果，三十二师两个旅在撤退途中被解放军消灭，仅师长率直属队到达六营集。六十六师原奉命向金乡撤退，因等待三十二师接防，13日没有行动。14日，解放军分别包围了六营集和羊山集，入晚，对六营集发起攻击，国民党军向济宁突围，大部被歼，陈颐鼎被俘，三十二师、七十师残部退入济宁。六十六师师长宋瑞珂率部死守羊山集。15日，王率新到的五十八师等五个团自金乡北进，企图解羊山集之围，但攻击无效。

───────────

① 《总统蒋公大事长编初稿》1947年7月13日条。

　　蒋介石面对解放军深入敌后、鲁西告急、而占领沂水的战役目标已经达到的形势，于12日起，着手部署鲁中部队回师，计划首先对付陈粟外线五个纵队，然后再攻击刘邓军。于是，山东战局出现了犬牙交叉的复杂状态。

　　一方面，在西线，刘邓军围攻羊山集，屡攻不克。在中线，陈粟南路两个纵队，于14日起，一纵攻击滕县，四纵攻击邹县；北路三个纵队于16日起，攻击济宁、汶上。但时值大雨，攻城器械不足，在国民党军顽强防守之下，攻击受阻。在东线，即陈粟内线四个纵队，乘国民党军抽兵回援之机，于17日起，向驻守南麻的十一师发起攻击。国民党军以邱清泉率第五师、七十五师，向泰安方向前进，解济宁之围。欧震率五十七师、八十五师向峄县、枣庄进击，解滕邹之围。以黄百韬率二十五师自东里店翻越九顶连环山回救南麻，以在张庄的六十四师北上，驻益都（今青州市）的第八军（未整编）经临朐南下，夹击围攻南麻的解放军。19日，蒋介石偕顾祝同飞开封，组织第四兵团，以王仲廉为司令官，从各地凑集整编第十师、青年军二〇六师、整编四十师等部，在柳河集中，救援羊山集。同时，命令张淦纵队向太平邑，围击陈粟军一、四纵队。在国民党军压力下，解放军外线各纵自20日起，被迫撤围。一、四纵原奉命加入南麻战斗，但为河水所困，竟孤悬鲁南敌后，处境十分危险。这一系列战斗，陈粟军因为缺乏雨季作战装备，弹药受潮，对作战十分不利。

　　攻入南麻的整编第十一师，系国民党军主力部队，师长胡琏战斗经验丰富，占领南麻后即筑工固守，一个村子有三四百个地堡，南麻周围筑有一两千个地堡。陈粟对敌情估计不足，对敌既设阵地，在没有充分准备和攻坚装备的情况下，贸然发起攻击，以第九、第二、第六三个纵队围攻，以第七纵队阻援。攻坚部队由于天雨，影响了火力的发挥，自18日起，血战三天三夜，给南麻守军以巨大的杀伤，但未能攻克。而且，由于战术训练不足，部队密集冲锋，伤亡很大。21日，蒋介石又调驻守沂水之第九师，即夜出发，经东里店向悦庄急进，会同第八军向南麻进攻。

政府军第二十五师、六十四师,在九顶连环山突破第七纵队两处阵地,六十四师之第一五九旅突进,炮击鲁村①。敌援军逼近,陈粟军已没有预备队在手,21日夜,主动撤退。时李弥第八军在推进中态势孤立,陈粟军乘机围击,李急忙退入临朐固守,自24日夜,陈粟军发起攻击,国民党军以第九师、六十四师由悦庄东进增援,整五十四师由青岛西进增援。26日,蒋介石又令二十五师在悦庄集结,增援李弥。7月27日,蒋亲自打电话给李弥:“第九师、第廿五师、第六十四师,因近日山洪暴发,延误时间。现已严厉督促兼程前进,务希固守临朐待援。”②经7天血战,陈粟军战力受损,不得不于30日撤出战斗,经益都到达陈家。

　　在南麻、临朐战斗的同时,国民党军调集重兵围攻孤立无援的陈粟军一、四纵队,以欧震部五十七师开驻泗水,欧震统一指挥张淦、吴绍周两纵队东进,三面夹击。一、四纵队外线作战,补给困难,加上天雨,河水暴涨,行军转移,困难重重,环境十分艰苦。26日,陆军总司令徐州司令部根据蒋介石的指令,命令欧震指挥张淦纵队、吴绍周纵队兼程穷追解放军华野一、四纵队,“务于沂河两岸梁丘山地捕捉而歼灭之”③。同日,蒋介石认为解放军困难重重,士气低落,机会难得,命令各部:“此战若予以彻底打击,则结束山东战事,指日可期。自明日起,各纵队即应逐渐与匪主动接战。”④但翌日,即27日,解放军一、四纵队自滕县、

---

　　① 参《认清战局 改进工作 争取胜利》(1947年9月3日),《粟裕军事文集》,解放军出版社1989年版,第321—327页。据粟裕报告:“我们打援的部队不大得力,甚至在敌我相等的兵力下还堵不住他。”又据粟报告,有两个阵地被突破。但《国民革命军战役史第五部——戡乱》第3册第270页记述:“迄二十一日午,增援南麻之国军,九顶连环山方面仍无进展。”——笔者。

　　② 军令部战史会档案,中国第二历史档案馆藏。

　　③ 顾祝同7月26日电,《第三次国内革命战争时期敌军资料选编》第2册,第98页。

　　④ 《刘邓南下以来蒋介石重要命令》,军事科学院图书馆藏复制件。

官桥一线①，冒着敌机轰炸的危险，不成队形，拼命跨越津浦铁路。国民党军以装甲列车开往官桥轰击，令八十八师一个旅前往截击，伞兵由枣庄经山口向西集追击，以五十七师车运两下店，南下向滕县攻击，并严令四十八师、七师、八十五师、六十五师四个整编师向滕县、官桥、韩庄之线急进。一、四纵队边战斗边行军，于8月1日通过泗河，与陈唐兵团会师，终于突破了国民党军的重重包围，但部队遭受了重大的损失，两个纵队各损失万余人，战斗力一时难以恢复。同时，北路的第三纵队也有重大损失。

这时，羊山集战斗已经结束。当羊山集激战之际，王仲廉率部东进，胆颤心惊，生怕所部被歼。7月25日，王乘坐吉普车遭到袭击，更使他提心吊胆，他在回忆录中还说："匪区行军搜索稍不注意，即为匪所乘，能不慎欤。"②是日部队到达荥堌集，他再也不敢前进。国民党军方面原以为自己在鲁西南调集了优势兵力，刘邓军就会撤退。郭汝瑰说："羊山集共军仍未退，余甚以为奇。岂刘伯承尚欲在此与优势之国军决战耶！"③但国民党军徒有优势兵力，将士不肯用命，也就无可奈何。宋瑞珂虽然顽强死守已达两个星期，无奈王仲廉、王敬久两路援兵增援不力，战力衰竭。27日夜，刘邓军鉴于敌援兵进逼，即以第二、第三纵队和第六纵队一部及军区榴弹炮营和第一纵队炮兵团对羊山集发起总攻，28日全歼守敌，宋瑞珂被俘。蒋介石在31日日记中只好悲叹道："瑞珂实为我军优秀杰出之将领，甚望上帝佑其生还也。"④

战后，第四兵团司令官王仲廉、整三十二师师长唐永良均被拘押，受到军法审判，但后来都通过各方面的疏通，保释出狱。

至此，山东战局告一段落。国民党军在鲁西南遭到惨败，而陈粟军

① 据《郭汝瑰日记》；并参《叶飞回忆录》，解放军出版社1988年版，第461页。
② 王仲廉：《征尘回忆》，台北1978年版，第572页。
③ 《郭汝瑰日记》1947年7月24日，摘抄打印本。
④ 《总统蒋公大事长编初稿》1947年7月31日条。

也受到了严重的损失。国民党军的重点进攻和解放军外线作战的得失，一时存在着某种平衡。国共双方继续贯彻自己的战略意图，部署作战计划，在中原一线，开始了更激烈的战斗。

三　解放军挺进中原

蒋介石在7月底，对全盘战局作了估计。7月26日，他在日记中认为："近日山东各地气候多雨，山洪暴发，鲁南之匪第一、第四各纵队皆阻滞于梁邱山区，其第三、第八、第十各纵队以汶河暴涨，不及向北逃窜，乃过袁口窜入鲁西，此乃天赐我灭匪之良机，战略上所预定之先分散后围剿，使之各个就歼之企图，完全形成。惜乎所部不力，亦为气候与地形所限，不能穷追密围，一网打尽，不胜遗憾焉。"31日又记道："(一)自上月杪，东北四平街解围，鲁中地区如期收复匪之南麻老巢以后，本月中，鲁西与鲁南之费县、郓城被陷，滕县、邹县、济宁、汶上、羊山集被困甚急，情势突告紧张，但皆蒙天佑，除羊山集外，其他各城皆能转危为安，而且均使匪蒙受重创。其间最足慰意者，为临朐与南麻之两次决战，使匪半年来所获得我军之炮弹枪械，皆已消耗殆尽。彼匪自诩为八月以后将开始作大规模攻城战、阵地战之鬼计，至此殆已完全打破。虽其第一、第四、第八各纵队之残部仍能漏网西窜，但最后卒为我包围于南阳微山湖滨，陷入泥淖，无法逃窜，此实天网恢恢、奸匪万恶之报应，若我各军将领果能努力奋斗，不失战机，则此理想之歼灭战，必予我以伟大之光荣也。"①显然，蒋介石对毛泽东和解放军的战略转变，毫无准备，自然也就不能明了其利害得失，采取主动的应变部署，而只能在盲目乐观之下，作临时的应付。

尽管山东战场的形势错综复杂，但经略中原是毛泽东既定的战略方针，不以具体战场形势的变化为转移。7月19日，军委致电刘邓等

---

① 《总统蒋公大事长编初稿》1947年7月26日、31日条。

指出:"为着协助陕甘宁击破胡宗南系统,同时协助刘邓经略中原,决将陈谢纵队使用方向改为渡河南进,首先攻占潼洛郑段,歼灭该区敌人,并调动胡军相机歼灭之。尔后向豫西、陕南、鄂北进击,创建鄂豫陕边区根据地,作为夺取大西北之一翼。"①同时,将赵基梅纵队、秦基伟纵队(九纵)、孔从洲、汪锋三十八军加强陈谢纵队,在陈谢指挥下一同南进。陈谢纵队原准备直接加入陕北作战,但陕北给养困难,难以承受过多的军队;同时,刘邓进入无后方作战,也需要更多的支持,于是,改变陈谢的用兵方向,就兼顾了两个战场的需要。7月23日,军委指示刘邓、陈粟等:"刘邓对羊山集、济宁两点之敌,判断确有迅速攻歼把握,则攻歼之。否则立即集中全军休整十天左右,除扫清过路小敌及民团外,不打陇海,不打新黄河以东,亦不打平汉路,下决心不要后方,以半个月行程,直出大别山,占领大别山为中心的数十县,肃清民团,发动群众,建立根据地,吸引敌人向我进攻打运动战。"同时,指示陈粟,令"叶陶两纵出闽浙赣,创立闽浙赣根据地","陈粟谭率鲁中主力并在刘邓到大别山后,指挥陈唐担负整个内线作战任务"②。7月29日,军委再次敦促前敌将领说:"现陕北情况甚为困难(已面告陈赓),如陈谢及刘邓不能在两个月内以自己有效行动调动胡军一部,协助陕北打开局面,致陕北不能支持,则两个月后胡军主力可能东调,你们困难亦将增加。"③

　　这时,蒋介石自我感觉良好,一方面命令二十五师进取蒋峪,命令第九师、六十五师进取益都,准备进一步攻取高密,打通胶济路东段,完成对胶东解放军根据地的进攻。一方面调集重兵,对鲁西南刘邓军和

---

　　①　《陈谢纵队使用方向改为渡河南进》(1947年7月19日),《毛泽东军事文集》第4卷,第143页。

　　②　《对确保和扩大战略主动权的军事部署》(1947年7月23日),《毛泽东军事文集》第4卷,第147—148页。按:据《叶飞回忆录》说,他当时不知道毛泽东有令他们出闽浙赣的指示,看来,这一指示陈粟大概没有同意。此外,后来陈粟主力也转入外线作战,改变了在内线作战的意图。——笔者。

　　③　《刘邓陈谢等部的作战任务》(1947年7月29日),《毛泽东军事文集》第4卷,第158页。

陈粟外线五个纵队进行包围攻击,企图压迫解放军北渡黄河。蒋介石的指挥作风,事无巨细,都想亲决,致使部下不敢临机独断。但他毕竟年老,精力有限,而战场十分广阔,不免顾此失彼。正在鲁西南战场决战之际,他大概对战局感到放心,即于8月7日飞抵延安,指挥西北战场。就在这一天,鲁西南战场的形势发生了巨大的变化,刘邓军于郓城南的赵家楼地区挥师南进,按照预定计划,向大别山地区挺进。

在此之前,蒋介石将作战不力的第四兵团司令王仲廉撤职查办,以整编第十师师长罗广文升任兵团司令,于8月2日向新集进攻。3日,邱清泉率吴绍周、吴化文部向郓城、巨野索敌攻击。这时,陈粟外线各纵已越过运河,进入嘉祥地区,与刘邓军靠拢。5日,国民党军将五十七师归王敬久指挥,令其率五十八师、五十七师等部由独山集向郓城攻击,令罗广文兵团、张淦纵队、刘汝明部趋水堡,完成包围攻击的部署。6日,蒋介石担心解放军越陇海路南下,指示变更作战部署,但徐州司令部认为解放军"北渡黄河之公算为大"①,仍作阻击北渡的部署。是日,吴绍周由大长沟渡运河到王家桥,邱清泉仍在袁口未渡运河,王敬久在独山集,张淦部到定陶、曹县,罗广文到郑家营,刘汝明到董口、鄄城,将刘邓军和陈粟外线各纵包围在郓城、巨野、嘉祥间狭窄地带。7日,国民党军各部分别向前推进,预期8日将发生激烈战斗,解放军主力必然渡河北上。徐州司令部参谋长记道:"山东战事似已近尾声,共军主力渡河后,陆总部似已不必存在。余令第三处拟未来部署意见,呈总司令批准后,呈国防部参考。"②但事实上,未来战局是出乎他们意料之外的更复杂的战斗。

当时,毛泽东指示陈粟率野战军直属部队和第六纵队去鲁西南,集中6个纵队的兵力,坚持内线作战,掩护刘邓南进。为此,陈粟军正组织西线兵团和东线兵团,以西兵团在鲁西南作战,以东兵团在胶东内线坚

①　《郭汝瑰日记》1947年8月6日,摘抄打印本。

②　《郭汝瑰日记》1947年8月7日,摘抄打印本。

持。8月7日,军委致电刘邓,并告陈粟:"陈粟六纵全部必须从内线,即从你们的反对方向钳制敌人,才是最有力的钳制。你们不要希望他们出陇海线直接掩护。"①但国民党军进展很快,陈粟一、四纵队战斗力削弱较之中央军委估计更为严重,无力阻止国民党军渡过运河,因而得不到休整。而且,当时连日大雨,河水猛涨,黄河有决口或被国民党军破堤的危险,不利作战和休整。在强敌压境之下,鲁西南解放军各部既不能在郓城、巨野间作战,也来不及北渡黄河,只有决心提早南下,执行既定的战略任务。同时,原定在内线作战的陈粟西线作战部队也不能不继续突围南下,准备进入豫皖苏边区进行外线作战。8月7日,刘邓向中央报告:"邱清泉、欧震主力昨日已过运河以西,罗广文兵团同日占临濮集东北之郑家营,其目的为郓城,估计明日可到达。我已以宋时轮、王秉璋两纵队与敌保持小接触,迷惑敌人。我两主力已向南移,宋王两纵亦适时转至敌侧背或外线。我们则顺此态势南下。陈唐则第一步在陇海两侧,第二步在陇海路南,第三步转到鲁西南内线。"尽管部队存在连续作战一个月没有休整、新补充2.5万多解放军战士来不及训练、对跃进大别山还没有进行具体动员和充分准备等困难,但"我决心提前于八月七日全军开始战略跃进"。电报发出约三小时,中央军委就复电批准了②。7日晚,刘邓军四个纵队分三路南下,从巨野、定陶之间跳出敌人包围圈,向陇海路疾进。以刘邓军第十一纵队佯渡黄河,以陈粟军阻击敌军,进行掩护。

8月8日,陈粟军第十纵队在运河西岸的蔡家林和国民党军第五军作战,陈粟曾致电中央军委,建议刘邓军协助上述部队打一仗再走。但刘邓已经南下,陈粟又于10日致电刘邓和中共中央军委,认为西线的陈唐部一时难以北返转入内线,建议继续随刘邓南下,在陇海路一线

---

①　《陈粟六个纵队集中处于内线钳制敌人》(1947年8月7日),《毛泽东军事文集》第4卷,第179页。

②　分别参见《毛泽东军事文集》第4卷,第184页注(2);《中国人民解放军第二野战军战史》第2卷,解放军出版社1990年版,第162页;柯岗等著:《刘伯承中原逐鹿》,解放军出版社1983年版,第62页。

活动。中共中央军委于8月10日复电给刘邓、陈粟指出："在敌主力东迫郓城、西迫鄄城情况下,我在郓巨作战已不适宜,即北撤亦来不及,只有南进才利机动,刘邓决心完全正确。"①并指示陈粟所部西线的陈唐、叶陶部掩护刘邓南进后在陇海南北活动,陈粟率第六纵队及军直到黄河北岸,相机渡河,在鲁西南活动。陈粟10日电和中央意图吻合,军委11日再次复电:"刘邓部署很好。前已通知你们所有山东全军统一归刘邓指挥,一切决策临机处理,不要请示。我们尽可能帮助你们。"②

同时,中共中央军委于8月9日指示陈谢集团:"为有力协助刘邓行动,我陈谢集团应提前于未灰(8月10日——引者)至未删(8月15日——引者)间渡河,首先控制潼洛段山区,再看形势决定下一步行动。"③陕北方面则攻击榆林,吸引胡宗南军北援,策应陈谢南进。按照毛泽东的战略部署:刘邓军居中突前,向大别山既定战略目标挺进;陈粟军居左,分两个层次,陈唐两个纵队和叶陶两个纵队跟进掩护,在陇海路南北活动,宋王两个纵队在鲁西南活动,进行牵制,陈粟军部也相机进入鲁西南指挥西线部队,转入外线作战;陈谢集团居右,进入豫西山区活动,成品字形三路挺进,转入外线作战,争夺中原战场。

当时,解放区经过一年的战争,人民战争负担已经超过了极限,难以长期坚持,解放军要想求得发展,必须到国民党统治区去开辟新的根据地,寻求人力物力资源。8月11日,毛泽东以中共中央名义电示华东局的陈毅、粟裕、饶漱石,说明中央的战略目的:"总的意图是将战争引向国民党区域,使我内线获得喘息机会,以利持久。"④9月1日,毛

---

① 《刘邓南进决心完全正确》(1947年8月10日),《毛泽东军事文集》第4卷,第183页。

② 《华东野战军西兵团统归刘邓指挥》(1947年8月11日),《毛泽东军事文集》第4卷,第187页。

③ 《陈谢集团应提前渡河》(1947年8月9日),《毛泽东军事文集》第4卷,第181页。

④ 《总意图是将战争引向国民党区域》(1947年8月11日),《毛泽东军事文集》第4卷,第189页。

泽东为中共中央起草的党内指示《解放战争第二年的战略方针》中,进一步明确指出:"我军第二年作战的基本任务是:举行全国性的反攻,即以主力打到外线去,将战争引向国民党区域,在外线大量歼敌,彻底破坏国民党将战争继续引向解放区、进一步破坏和消耗解放区人力物力、使我不能持久的反革命战略方针。"①

刘邓主力军南下后,国民党军徐州司令部方面估计:"余觉共军南下较其渡河为有利。因渡河后其兵力加强,而内线作战之地域广阔,我平津、安阳、保定等任何一方面均可各个击破也;其南窜全出于被动,经穷追必可使溃散。"②8月11日,刘邓军越过陇海铁路,鲁西南部队在内线与敌军周旋,进行牵制,陈粟率野直部队在泮庄渡过黄河,进驻惠民。12日,陈粟的第十纵队在黄河与东平湖三角地带受到敌第五军的攻击,损失很重,退至北岸的张秋镇休整。13日,蒋介石即部署对刘邓军进行追击。陆总徐州司令部概定追击部署如次:"一、第二兵团(辖整三、整五十八师)经砀山向亳县追击,第八绥区(驻蚌埠)以整四十六师至涡阳截堵。二、张淦纵队(辖整七、整四十八师)经柘城向淮阳追击,第五绥区(驻汲县)以整五十二师第八十二旅至周家口截堵。三、罗广文纵队(辖整十、整四十师、第二○六师第一旅)沿陇海路经郑州,转平汉路,铁运至郾城,严防匪军越平汉路西窜。"③但这时,刘邓军已甩开敌军两日路程。不过,国民党军有铁路运兵的优势,便于转用兵力,能够部署前堵后追。

蒋介石在部署对刘邓大军进行追击的同时,他的作战重点仍然放在山东,以继续贯彻摧毁山东解放军根据地的战略计划。8月14日,蒋介石决定胶东半岛进攻计划,并接见青岛警备司令丁治磐,令其准备行动。又接见范汉杰司令官,听取鲁中敌情报告,并指示对胶东进攻方

---

① 《总意图是将战争引向国民党区域》(1947年8月11日),《毛泽东军事文集》第4卷,第226—227页。

② 《郭汝瑰日记》1947年8月9日,摘抄打印本。按:从上下文意看,"有利"似为"不利",或系誊写之误。

③ 《国民革命军战役史第五部——戡乱》第3册,第632页。

略。当时,国民党军于8月6日攻克益都后,13日攻占临淄。14日,开始打通胶济路的攻击,以整编第二十一军军长夏楚中率整第八、九、六十四师由益都向西沿铁路攻击,以整第二十五师守益都、临朐,以陈金城率整编四十五师及四十二旅,由西向东进攻,会师张店后南下,协同胡琏所率整第十一师、七十五师,攻取淄川、博山。15日,陈粟部内线由谭震林、许世友率东兵团二、七、九纵队于寿光附近渡弥河进入胶东。于是,国民党军于17日攻克张店,19日会师周村,攻下淄川城,占领博山煤矿。21日,打通了胶济路,恢复交通。不久即转移兵力,向胶东进攻。当时,饶漱石、黎玉、许世友、谭震林都希望东兵团(二、七、九、十三纵及原一、四纵转回内线的两个师)在外线机动作战,担心转回胶东会被封锁在狭窄地带不能出来。但毛泽东主张东兵团一部在内线牵制敌人,东兵团主力在诸城一线配合,不要南下,而要陈粟率主力打开黄河以南、淮河以北、平汉以东、运河以西的广大局面。

16日,刘邓军已进抵淮阳、郸城间,将105榴弹炮觅地掩埋,准备轻装前进。17日,全军克服重重困难,开始通过20公里宽、遍地淤泥的黄泛区,19日全军渡过沙河,进抵商水、项城、沈丘、阜阳西地区进行休整①。此时,刘邓向全军正式宣布跃进大别山的战略任务。鉴于前进途中还有多道河流阻隔,国民党军追兵紧逼,部队再次轻装,把重武器和车辆就地掩埋或炸毁,争取速度,提出了"走到大别山就是胜利"的口号。刘邓军以不惜一切牺牲的代价,实现既定的战略任务。

刘邓军渡过黄泛区后,蒋介石为防止刘邓军向西南挺进,于19日命令八十二旅开驻马店,整八十五师开确山,整六十五师开长台关。命令王敬久部迅速接替太和防务,令驻合肥的第八绥靖区司令夏威主力移防固始、潢川。令第五绥区张轸(辖整十五师第六十四旅、整五十二师第八十二旅、交警第四总队)守洪河。20日,蒋介石判断刘邓军将经上蔡西进,张轸等则认为刘邓军不会到此方面来,必往南去。顾祝同原

---

① 据《刘伯承中原逐鹿》第70—71页所载刘邓过沙河后部署。

定八十五师开正阳,三列车已到确山,蒋为防阻刘邓军越铁路西进,命令八十五师速开上蔡,于是,又返回遂平①。八十五师一来一往,延误了超越阻击的有利时机。

22日,刘邓军第三纵队在淮河北岸的南照集、三河尖一线与敌四十六师激战。国民党军判断刘邓军将由三河尖至新蔡间渡河,23日即以六十五师在西平、遂平间和解放军地方部队魏凤楼部发生战斗。刘邓第三纵队边战斗边渡过淮河,第一、二纵队已渡过汝河前进,这时国民党军八十五师及八十二旅重又南开抵达汝南埠,和渡河的刘邓军第六纵队先头部队发生战斗②。中共中原局、刘邓野战军直属队和第六纵队被阻于汝河北岸,罗广文、张淦两部正分别于上蔡、项城一线尾追南下,军情十分紧急。刘邓部队在长途行军以后已十分疲劳,一路上又掩埋了重装备。面对险境,刘伯承、邓小平亲自察看渡口,进行战斗动员,刘司令员强调“狭路相逢勇者胜”,鼓励部队坚决实行强渡。23日夜③,刘邓军在已进抵南岸部队配合下,向敌八十五师发起攻击,杀开

---

①　《郭汝瑰日记》1947年8月20日。

②　据《郭汝瑰日记》1947年8月23日,又据《中国人民解放军战史》;八十二旅参战,据《国民革命军战役史第五部——戡乱》第3册,第634页。

③　据《中国人民解放军战史》第3卷第151页记述,刘邓军渡汝河为24日夜。按:该书同时记述23日刘邓已抵汝河北岸,敌追兵相距仅20公里。据前述,23日第六纵队前锋已渡河发生战斗,刘邓似无在汝河北岸滞留一日一夜之理,如滞留一日一夜,其后卫部队与敌追兵的前锋部队必然发生激烈战斗。据刘伯承回忆,8月23日下午,中路先头部队抢占了汝河南岸的大雷岗,但即被敌军围攻,当时,“留在北岸的,只有中原局机关、野战军指挥部和一个纵队的兵力。而紧跟在我背后的三个师的敌人,距离我们只有五六十里,不用一天就可以赶到。前有阻师,后有追兵,形势真是千钧一发,万分险恶。我们能否在短短几个小时内抢渡汝河,关系到整个跃进行动的成败,从而也关系到整个战局。”(《刘伯承事文选》,第769页)显然,刘邓部只能在北岸滞留数小时。现据《中国人民解放军第二野战军战史》第2卷第165页,为23日夜。又据《陆军整编第八十五师战斗详报》,解放军第六纵队十六旅于24日1时,偷渡汝河,攻击其第一一〇旅。另据《郭汝瑰日记》,刘邓军24日主力向息县、正阳方向急进,应已于23日夜渡河。——笔者。

一条血路,强渡汝河成功。26 日,刘邓部队进至淮河,当时淮河水涨,难以徒涉,再次濒临绝地。刘伯承亲自下河察看,恰巧正值两个洪峰之间,发现淮河可以徒涉。27 日,全军渡过淮河。当国民党军追兵进抵淮河一线时,河水暴涨,被隔在淮河北岸,刘邓军得以顺利进入大别山预定战略锁钥地区。

蒋介石对此十分恼怒,于 8 月 27 日严令申诫:"(刘伯承部)自鲁西南窜以来,迭有伤亡,其战力已失,又临沙河、洪河、淮河之重重障碍,正是我歼灭刘匪之良机。乃各部队行动迟慢不前,损失战机,任匪平安渡过淮河,进入大别山区,此为我革命军人之最大耻辱。各司令官、部队长,只借稳扎稳打,猬集一堆,未能区分多路纵队,不敢超越追击匪军,旬来无显著战果,何能弭除匪患,挽救危亡。兹特严予申诫,如再任匪逃遁而至平汉铁路以西,各级部队长指挥官均以纵匪祸国害民论罪。"①对于在自己亲自指挥之下,各部队仍战斗消极,错失良机,蒋介石深感痛苦,而又无可奈何。他在 9 月 2 日的命令中说:"尾追少数部队,裹足不前,逡巡迟疑,以致屡失战机,往往上午七时以前,下午五时以后,空军迭不见我军继续前进,尚属休息状态(缺十一码),形同旅次行军,何能歼灭共军,挽救危亡。每念及此,深为痛惜。"②

在刘邓军准备强渡汝河之际,陈谢集团根据中共中央军委指示,于 8 月 22 日夜,右路第三十八军和第八纵队第二十二旅,从茅津渡以东实行偷渡成功。23 日晨,左路第四纵队从邵源以南的大教至官阳间实施强渡和偷渡相结合,第九纵队随后跟进,向陇海路发展。政府军只有地方团队,无力阻击,蒋介石的意图,"鲁西、豫南均将有决定性的战斗,不愿于此关头抽兵,宁让陈赓再渡些人过河"③。至 31 日,陈谢集团攻克会兴、新安、洛宁等地,一部围攻横水,威逼洛阳。这时,刘邓已进入

① 《刘邓南下以来蒋介石重要命令》,军事科学院图书馆藏复印件。
② 《刘邓南下以来蒋介石重要命令》,军事科学院图书馆藏复印件。
③ 《郭汝瑰日记》1947 年 8 月 24 日,摘抄打印本。

大别山,国民党军不得不陆续调整第三、十五、四十一师和青年军第二
〇六师各一个旅回援,连同原驻洛阳地区的4个旅组成第五兵团,并以
胡宗南部组成陕东兵团,对付陈谢。9月2日起,陈谢集团主力自洛阳
等地向西进击,歼灭陕东兵团大部。陕北、大别山、晋南诸地国民党军
不得不抽兵调防西安、潼关。

　　鲁西南解放军在强敌进攻面前,盘旋打转,国民党军竟"已不能获
得共军所在,故无接战"①。但毛泽东认为陈粟军作战消极,提出了批
评,8月30日致电陈粟:"你们在惠民留驻时间太久,最近几天又将注
意力放在胶东,其实目前中心环节是在陇海南北积极行动,歼击及抓住
五军、五十七师,攻占一切薄弱据点直接援助刘邓。我们对于陈唐叶陶
二十多天毫无积极行动,你们亦未严令督促,十分感觉焦急。"②陈粟接
电后,即于9月2日率部渡河,并于7日将敌整编五十七师包围在沙土
集。陆总徐州司令部方面以为鲁西南解放军已甚残破,没有察觉到陈
粟率主力南下,因此未能及时调主力第五军增援。9日,整编第五十七
师被全部歼灭,师长段霖茂被俘。国民党军被迫调胶东战场和大别山
战场的整十一师、整七十五师、整第十师等前来支援鲁西南作战。然
而,陈粟军以一部在鲁西南进行牵制外,主力及准备用于大别山的刘邓
军第十二纵队向豫皖苏边地区挺进,转入外线作战。

　　在解放军刘邓、陈谢、陈粟三路大军以品字形向中原挺进的时候,
国民党军虽多次不得不追随情况,被迫分兵,但蒋介石仍坚持把用兵的
重点放在胶东。当时,国民党军打通胶济路后,即编组胶东兵团,由范
汉杰兼任兵团司令,辖整八、整九、整二十五、整五十四、整六十四及第
五十七旅,于9月3日在北胶河西岸集结完毕,海军封锁海上交通,空
军也投入支援作战。临沂的整编二十三军和第二绥区的整四十五师遥

---

　　①　《郭汝瑰日记》1947年8月29日,摘抄打印本。

　　②　《毛泽东关于立即渡河全力配合刘邓致陈毅、粟裕电》(1947年8月30日),
《从延安到北京》,中央文献出版社1993年版,第249页。

相策应。解放军由许世友率九纵和在胶东的十三纵在胶东作战,华东局也在胶东坚持,谭震林则率二、七纵及两个师在诸城,威胁敌之侧背。国民党军以四个师向平度东西之线密集平推,向胶东进击。但9日,国民党军进驻诸城的第二线部队一个旅,遭到解放军的围攻,攻击部队不得不先行解围,从而推迟了攻击时间。18日前后,在道头一线,整八师又受到解放军第九纵队的顽强阻击,伤亡严重。至20日,攻击部队才进至招远、毕郭集、莱阳亘五龙河右岸之线。

从刘邓大军渡过黄河,经过两个多月的战斗,国共双方的战略目的都已十分清楚。蒋介石于9月15日在其日记中记道:近来黄河北岸中共军队"主力皆向南窜犯,其目的不外:(一)使我进剿胶东部队回援鲁西,不能进占烟台、威海卫、龙口各要港,企图保持其控制渤海湾旅大及烟台两岸之形势;(二)牵制我军不能向黄河北岸扫荡;(三)流窜长江以北各地,以威胁华中;(四)分股流窜,出没无常,一在牵制分散我之兵力,使不能集中;二在疲劳我之兵力,使无法解决战局。因此,我应严令胶东各军照原定目标与任务,专心挺进,勿为中原匪情所眩惑动摇"①。于是,国民党军统帅部命令胶东兵团:"该兵团应迅速夺取黄县、蓬莱,断匪海上退路,并以右翼适时左旋,包围匪军于姚村(烟台以南)、烟台以西地区而歼灭之。"②胶东兵团即于22日发布命令,于24日发起攻击。而22日夜,解放军东线兵团第九、十三纵从敌整八、整九师的结合部突出重围,转入掖县东南的大泽山。国民党军以整九师追击,整六十四师北上夹击,而兵团主力仍继续推进,并于10月1日晨,整五十四师进占烟台,6日,海军陆战队进占威海卫。就在政府军方面庆祝攻克烟台的时候,10月2日,态势孤立的整六十四师主力在范家集被解放军包围,遭到沉重打击。政府军被迫调兵解围,但进展迟缓,畏缩不前,各部队战斗不

① 《总统蒋公大事长编初稿》1947年9月15日条。
② 《国民革命军战役史第五部——戡乱》第5册,第19页。

能协同。陆总徐州司令部参谋长感叹道："我相信国军战斗力低落，一个师已打不赢共军一个纵队，共军为主义而战，国军不知为何而战，精神自然不同。"[1]虽然六十四师顽强死守，得以解围，但一旅援军已被解放军歼灭。至此，胶东会战告一段落。

蒋介石对这一阶段的战略结局深表满意，对前途十分乐观。他认为："我早就预料国军捣入他的老巢以后，他就一定要像黄蜂一样，到处乱窜。""实际上他现在既无根据地，也无目的地，只是窜到那里就算那里，已经完全陷于被动的地位了。"总之，认为中共军队主力已被击破，根据地已被捣毁，"他已经临到了总崩溃的前夕"[2]。他强调："我们自从六月二十五日开始向鲁中沂蒙山区匪军老巢进攻以来，到最近烟台克复为止，为时共三个月零六天。这三个月零六天的时间，可以说是国家转危为安、革命事业转败为胜的关键。""这次胶东作战是决定我们剿匪胜利一个重要的转捩点。"[3]为此，蒋介石制定了他的下一阶段的战略目标，一是中共军队"根据地丧失，交通线切断之后，国军进一步目标，即在断绝其兵源补充，占领其粮食产区"，即继续向黄河北岸的解放军根据地冀中、冀南和鲁北地区进攻。一是中共军队"主力既已分散，我们目前的任务，就是追剿，在实行追剿的时候，因为匪军飘忽无定，所以就不好再用中央突破的办法，而必须活用兵力，乃能捕捉战机，收获战果"。他估计："因为他的老巢已被打破，由于弹药、粮食和交通工具各种条件的限制，他要集中三个以上纵队，五天以上连续作战，乃是不可能的事情。"[4]

---

① 《郭汝瑰日记》1947 年 10 月 6 日，摘抄打印本。

② 《一年来剿匪军事之经过与高级将领应注意之事项》(1947 年 10 月 6 日)，《先总统蒋公思想言论总集》第 22 卷，第 266—276 页。

③ 《胶东军事检讨会议开幕致词》(1947 年 10 月 19 日)，《先总统蒋公思想言论总集》，第 277—287 页。

④ 《剿匪军事之新阶段与新认识》(1947 年 10 月 20 日)，《先总统蒋公思想言论总集》，第 295—296 页。

这是一场战略的较量,看谁能达成自己的战略目的。蒋介石虽然看到了解放军受到削弱的事实,看到了解放军外线作战中的弱点,但他没有看到解放军战略转变的主动性,更没有看到解放军在外线作战中的生存和复苏能力,尤其是没有看到解放军建立新的根据地、开辟新战场的能力。当然,蒋介石在胜利的错觉中,对前途仍有深深的忧虑,那就是国民党将领的士气已经难以挽救,国民党军事实上并没有在主动进攻中获得真正的胜利。10月19日,蒋介石在青岛胶东军事检讨会议开幕致词中说:"我现在最感苦闷、最觉忧虑的一件事,就是我们一般高级将领具有自动的精神、能够发展天才的太少,我可以说十个将领中找不出一个来……如果以你们今天这种精神和能力,而我自己又不严格督导,那我们剿匪军事不知要演成怎样一种局势。"①虽然,毛泽东对解放军在外线作战中的作战能力也作了过高的估计,对外线作战的困难估计不足,但由于解放军在战略上始终保持主动,经过一段时间的相持之后,终于建立了战略的优势地位。

第二节　国民党军的守势作战

一　国民党军日趋恶化的北方战场

蒋介石原希望在山东战场获得胜利以后,向东北和华北战场转用兵力。国民党军将领也以为:"如纯以军事论,则关内战事本年可以得一决定局面。"②但是,解放军三路挺进中原,威胁国民党统治的根本地区,不能不使蒋介石深感忧虑。他说:"现在刘匪如果真能占据大别山,东可威胁京畿,西可威胁武汉,南可阻碍长江运输,在战略上对于政府

---

① 《胶东军事检讨会议开幕致词》(1947年10月19日),《先总统蒋公思想言论总集》,第277—287页。

② 《郭汝瑰日记》1947年8月30日,摘抄打印本。

是一个很大的顾虑。"①他不得不把主要兵力转用到中原战场,既不能增援东北,更不能向黄河北岸推进。这使本来就恶化的东北战场和华北战场形势更加逆转。

1947年7月,四平战斗撤围后,东北民主联军战力受损,北撤休整。国民党军在东北的态势一度有所缓和。这时东北保安司令长官杜聿明因病离职,而蒋介石亲自指挥军事后,陈诚的参谋总长一职形同虚设,陈即谋求赴东北一显身手。8月2日,蒋介石接见参谋总长陈诚,令其前往东北负责指挥军政。8月15日,东北行辕主任熊式辉向统帅部报告:"(一)东北保安司令长官部于未哿(八月二十日)撤销,并由马日(二十一日)起,东北各部队由行辕直接指挥。(二)编组四个兵团,以孙渡、陈明仁、周福成、廖耀湘分任司令官,限八月二十五日按照集团军司令部编制编成。"②29日,蒋介石即命令以参谋总长陈诚兼任东北行辕主任,统一东北军政,熊式辉也不得不悻悻离任。陈于31日赴沈阳,9月1日接任。就此,陈诚小集团中的郭汝瑰评论陈诚集团说:"余觉云瀚等以十一期为团结中心,局度太小,且如此朋党比周,排挤人才,此非为总长帮忙,实足败乃公事。余觉总长乃国民党之最进步者,尚且如此被包围,可知在现行制度下,国家、社会不会进步。"③云瀚,即刘云瀚,曾任国防部第五厅厅长。十一期,是指陆军大学第十一期毕业生。当时,陈诚手下有所谓四大金刚、十三太保,形成国民党军中的小集团。

陈诚到东北,很想有一番作为。他大刀阔斧地进行整顿,肃清贪污,甚至把有功的四平守将陈明仁也撤了职,换上了自己的心腹将领。但毕竟他的局度太小,又不能审时度势、宽严适中,反而弄得东北军政人员离心离德,怨声载道。在军事上,原拟调关内的五个整编师(军)及

---

① 《对大别山剿匪军事的指示》(1947年11月3日),《先总统蒋公思想言论总集》第22卷,第315页。

② 《总统蒋公大事长编初稿》1947年8月15日条。

③ 《郭汝瑰日记》1947年8月29日,摘抄打印本。

一个炮兵团增援东北,但这时中原战场深感吃紧,仅调在苏北的整编四十九师北上。陈诚不得已就地大肆扩军,将保安部队先是扩编为暂编师,后又扩编成四个军,将青年军二〇七师扩编为第六军,共达十四个军,并编成四个兵团。他将主力部署在长春、沈阳、锦州一线,以军为单位,重点守备,并雄心勃勃地准备"依托重点,向外扩张"①,改变其在东北的战略态势。

这时,毛泽东于8月29日指示林彪、罗荣桓:"希望你们能于九月下旬开始作战,配合南线。"②即要求东北战场配合中原战场作战。东北民主联军于是准备发起秋季攻势,计划先以本军南线部队对北宁路及两侧区域发起进攻,调动沈阳敌军主力南下,然后北线主力在中长路沈阳以北发动攻势。但陈诚对东北民主联军的战斗力估计不足,已先期主动发起攻击,以两个暂编师分两路由绥中、锦西向建昌方向扫荡。国民党军脱离既设阵地,兵力单薄,正好成为林彪、罗荣桓所率东北民主联军扑食的猎物。9月14至17日间,两师分别被歼大部。刚刚奉调北上、在葫芦岛登陆的四十九军(即整编四十九师,师改军),以各欠一个团的两个师,又奉命于17日自锦西西进,索敌攻击。21日在杨家杖子遭到林罗军的围攻,新登陆的该军第二十六师奉命增援,遭到阻击。战至22日,该军被迫突围,全部被歼。自29日起,林罗军主力在北线采取长途奔袭手段,分路向中长路沈阳以北各外围屏障据点的守军发起攻击。国民党军威远堡第一一六师主力、貂皮屯第一三〇师一个团被歼,林罗军占领昌图、法库军事要点,进围新开源。在沈阳之南,也攻占大石桥、海城、威胁抚顺。陈诚赶紧收缩兵力,新一军从长春南调四平,新六军从锦州撤回铁岭。同时,他于10月2日向蒋介石报告,东北解放军已发动攻势,请蒋电令北平行辕主任李宗仁督促九十二军

---

① 转引自《中国人民解放军战史》第3卷,军事科学出版社1987年版,第181页。

② 《毛泽东军事文集》第4卷,第220页。

军长侯镜如迅速率部出关,协击北宁铁路附近的解放军。蒋即急电李宗仁转令预定出关各师限三日内开拔完毕。旋得李宗仁电复:"出关各师,已饬归陈兼主任指挥,刻大部被阻于榆关、前卫间,已再饬迅速推进。"①

国民党军被南线战斗所牵制,蒋介石在10月3日作战会报会上被迫决定:"对黄河以北与东北暂取守势。"②随后,蒋即于4日飞北平,6日在北平主持军事会议,8日偕张垣绥靖公署主任傅作义巡视沈阳,商讨东北和华北协同作战问题,决定由东北行辕负责肃清辽北法库东北林罗军第七纵队,再由傅作义部肃清热南解放军。

于是,国民党军在东北以第五十三军固守新开源,以新一军、第七十一军南下增援,以新六军北上增援,并以傅部的暂编第三军及保定绥署所属的第九十二军、第九十四军各一个师出关增援,位于平承路的第十三军东援北宁路,10月中旬到达兴城、锦州一线。由于国民党军兵力集中,林罗军即放弃了攻占新开源的计划,同时,鉴于国民党军在东北进行守势作战,依靠铁路网,兵力转用迅速,缺乏野战歼敌机会,即改变部署,北上佯攻吉林,扫清外围敌军后进围永吉,围城打援。11月2日,歼敌援军一个团。但国民党军第六十军死守永吉,林罗军屡攻不克。这时,新一军已进入长春,林罗军即撤围休整。在辽西地区,林罗军一部袭占新立屯、黑山、阜新等地,歼敌一部,并破袭北宁路,一度占领锦州飞机场。正向沈阳前进的国民党军华北调来的两个师,驰援新立屯、阜新,在义县以西被林罗军包围,在突围途中大部被歼。至11月5日,林罗军停止了秋季攻势,转入休整。

陈诚趁林罗军攻击间隙时期,一面进一步扩军,一面调整部署,在铁路沿线战略要点分兵守备,在铁岭、沈阳间部署重兵机动。林罗军趁冬季河道结冰,便于机动,于12月15日起,发动冬季攻势。鉴于秋季

---

① 《总统蒋公大事长编初稿》1947年10月2日条。
② 《总统蒋公大事长编初稿》1947年10月3日条。

攻势战果不大，林罗军改变战法，更注重集中兵力，在围城或打援间，机动作战，以期必胜。南下后即突然包围法库、新立屯，威胁沈阳。国民党军发现林罗军主力南下，即向铁岭、新民、沈阳间集结重兵。林罗军为诱敌野战，即以主力隐蔽集结，以一部兵力四出袭击，28日攻克彰武，歼敌一个师，27日攻击万金台，歼敌两个营，并佯攻沈阳。国民党军出动主力解万金台之围后，即于1948年元旦，集中十五个师的兵力，以新五军为左路，新三军和新六军为右路，第七十一军和新一军主力为中路，分由新民、铁岭、沈阳等地向彰武、法库推进，向林罗军主动寻战。林罗军果断地捕捉战机，于1月5日集中了四个纵队的兵力，将态势突出的新五军包围在新立屯南的万家山地区，激战两日，全歼军部和二个师，军长陈林达被俘。

东北民主联军于1948年1月1日改称东北人民解放军，统一称号。歼灭新五军后，林罗军转入休整。蒋介石因东北战局严重恶化，于1月10日飞赴沈阳，召开军事会议，并召傅作义到沈阳，商讨增援东北方略。但傅一面回避增援东北，一面反而要求增兵华北。蒋坚持要傅抽兵三师，打通北宁路交通。同时，蒋认为东北行辕对作战指导无方，陈诚和东北将领之间又互相推诿责任，而陈诚又正患病，影响指挥作战。蒋返回南京后，即决定设立东北"剿匪总司令部"，以卫立煌为总司令，负责东北军事。同时，蒋又分电东北主要将领，抚慰有加，要他们"彻底执行命令，誓死达成任务"①。不久又决定以范汉杰的第一兵团部移驻秦皇岛，任范为冀热辽边区司令官，并调五十四军到锦州，负责打通沈锦间交通。22日，卫由北平飞抵沈阳。2月5日，陈诚离沈回宁。3月1日，卫成立总部。4月1日，东北行辕撤销，由卫负责东北军政全权。

林罗军经过短期休整后，于1月20日重新发动进攻，26日攻占新立屯，又连下沟帮子、盘山等地。随后，以一部兵力钳制沈阳、法库国民

---

①　《总统蒋公大事长编初稿》1948年1月12日条。

党政府军,而以主力南下,2月6日攻克辽阳,20日攻克鞍山,25日围攻营口,国民党军第五十二军暂编第五十八师师长王家善率部起义。在北线,法库守军于2月17日弃城逃往开原,在途中被歼。27日,林罗军攻克开原,于是,进围四平。这是林彪第四次在四平指挥大战,他的部队已经空前强大,但屡经挫折之后,再也不敢掉以轻心。他部署了三个纵队和强大火力攻城,以四个纵队阻击沈阳北援之敌,另以一部兵力阻击吉林、长春之敌。3月2日,完成了对四平的包围,6日攻占机场和外围敌军据点,7日起开始攻城,12日发起总攻,13日全歼守敌第七十一军的第八十八师等部。在此期间,吉林守敌于3月9日逃往长春。

林罗军指东打西、指南打北,处于完全机动地位,部署又十分严密。蒋介石于林罗军再兴攻势后,亲自写信给卫立煌和前敌将领,要求他们"团结一致,全力出击"。但卫度德量力,吸取了陈诚盲目发动攻击受损的教训,复函蒋介石说:"我既居于不利态势,兵力火力,又俱感不足,如骤然采取攻势,纵能顺利,如不能将匪击破,解决战局,陷于僵持,匪众我寡,势难应付,设遭顿挫,恐益陷于战局之不利,似宜谋定后动,先竭力完成作战诸准备,以策万全。"①尽管蒋介石不顾东北军队的实力和将领的怯战情绪,一再要求卫立煌出兵增援被围据点,并打通沈锦交通,但卫按兵不动。卫告诫部下说:"共军目前采用的战法是围城打援,我们绝不能轻举妄动,上其圈套,只有蓄积力量,固守沈阳,以待时局的变化。"②于是,东北国民党军外围屏障尽失,不得不扼守长春、沈阳、锦州等几个孤立的据点,完全处于被动局面。

还在陈诚2月5日回到南京的时候,向蒋汇报东北局势,蒋即感到从东北撤退的时机已过,十分忧虑。这时,东北的补给问题,又面临严重困难,沈锦交通已被切断,未能打通,而空运补给,能力有限。22日,

---

① 《总统蒋公大事长编初稿》1948年2月2日条。

② 彭杰如:《卫立煌到东北》,《辽沈战役亲历记》,文史资料出版社1985年版,第47—48页。

蒋介石决心将东北国民党军主力撤退至锦州集中。他一方面亲自写信给卫立煌，指示撤退要领，并由国防部第三厅厅长罗泽闿带往沈阳，要卫实施；一方面写信给李宗仁和傅作义，要他们抽兵出关接应，并让范汉杰到青岛、北平协调从山东、河北抽兵接应问题。但卫复信指出："我军除留置坚守沈阳兵力外，最大限可以七个师实施计划，如在新民以西发生决战，我无获胜或安全脱离把握。"①同时，蒋介石从山东和华北抽兵以及空运撤退问题都难以解决，从东北撤退的问题只好搁置，后来就成了将帅间争论不休、犹豫不决的一个严重问题。

在陕北战场上，这里地瘠民贫，大军云集，国共两军粮食供应均感困难。国民党军在兵力上仍占优势。1947 年 7 月间，胡宗南正计划集结十个旅的兵力进行扫荡，陕北中共中央和解放军处境十分困难。毛泽东原准备调陈谢集团增援陕北，击破胡宗南部的进攻。但显然，陕北粮食本已严重不足，不利大军战斗。7 月 19 日，陈赓到达中共中央当时所在地小河之后，毛泽东即决定改变陈谢集团的使用方向，改为渡河南进，创建鄂豫陕边根据地。为策应陈谢南进，毛泽东决定："胡拟八月由保安向靖边，我军八月打榆林方面之敌，吸引胡军增援，以利陈赓出潼洛。"②

这时，解放军编成陕甘宁晋绥联防军，以贺龙为司令员，西北野战军，以彭德怀为司令员。8 月初，彭德怀集结三个纵队又二个旅共八个旅的兵力，北上攻击陕北重镇榆林，6 日发起战斗。榆林守军为邓宝珊部地方部队，榆林为陕、绥、晋三省要冲，国民党军扼守榆林以隔断解放区的联系，并成为国民党军的联络枢纽。7 日，蒋介石亲自写信给邓宝珊等守将令其坚守，同时，令胡宗南调兵增援。胡一面令安塞、保安（今志丹县）地区的整编第一、第二十九军共八个旅，分两路向绥德、葭县

---

① 《总统蒋公大事长编初稿》1948 年 2 月 28 日条。
② 《必须于两个战役间争取休息》(1947 年 7 月 30 日)，《毛泽东军事文集》第 4 卷，第 160 页。

(今佳县)方向急进，一面令钟松率整编三十六师驰援。钟松避开绥德、横山正面，循保安、靖边，出长城后，沿伊盟南端边缘挺进，出敌不意，进出榆林。彭德怀决心先克城，再打援，于10日发起强攻。但彭部装备差，攻城准备不足，攻击两日，未能奏效。又拟在榆林西南伏击援军，也告落空。12日，不得不撤围。但调敌北上的目的已经达到。

钟松于13日到达榆林后，即奉命南进，与北进的刘戡所率二十九军夹击解放军。18日，钟师的一二三旅进抵乌龙铺，主力进抵沙家店。彭德怀军当即进行阻击，并于20日拂晓向沙家店发起攻击，一二三旅驰援沙家店，旋被包围于常家堡。整二十九军遭到解放军的阻击，未能推进以解钟松之围。当日黄昏，三十六师师部及两个旅全部溃灭，钟松得以逃脱。刘戡率八个旅不得不交替掩护，沿咸榆公路向南撤退，彭德怀即率部追击，在岔口地区，截杀其后卫部队。

在此期间，陈谢集团已在豫西渡河展开，胡宗南感到威胁，从榆林空运二十八旅加强西安。毛泽东为策应陈谢集团，要彭德怀向外线出击，以主力六个旅直取蒲城、白水，再分两路进击，进抵渭水北岸，与陈谢协同作战。但不久陈谢变更了行动方向，彭即建议改打延川、延长，准备一个月之后再向外线出击，旋于10月间，先后攻占延川、延长、清涧。同时，西北野战军第二、第四纵队分别向黄龙地区进击，转入外线国民党统治区域作战，先后攻克黄龙、白水、韩城、宜川。

这时，榆林国民党军兵力空虚，整编二十九军分散守备延安、甘泉、鄜县(今富县)地区，完全处于守势地位，十分被动。彭德怀决心集中6个旅的兵力再攻榆林。10月27日拂晓，开始对榆林外围阵地发起攻击。蒋介石被动应战，急电胡宗南转令榆林守军左世允军长、徐保师长，激励所部，固守待援，并电令空军昼夜助战，电请张垣绥署主任傅作义，设法就近派兵增援。30日，手中已无机动兵力的蒋介石，不得不四出调兵，向地方实力派求援。他致电宁夏省主席马鸿逵说："榆林自二十六日被匪围攻以来，守城左军长坚忍苦斗，至今屹立不摇，匪势大挫，唯旷日持久，恐难固守。如果榆林一失，则匪势蔓延，宁绥皆危，现在各方援军距榆林较远,且皆就地应战,故不能派遣大军。唯三边最近,而兵力又大,切盼即令三边所部提前赴援,一面增编强有力兵团兼程续进,期速解围,以安北圉。"①这时,傅作义复电称:"匪攻榆林虽急,自宝珊(西安绥署副主任邓)到扎(原文如此——引者),及我神木杨(仲璜)团于酉世(10月31日——引者)开入榆林后,已予守军鼓励,可望固守一时。至解围问题,唯有饬少云(马鸿逵——引者)就近直接助援,庶可救急。如能将暂编第三军调回,俾职以有力部队攻晋西北,同时,胡部进击绥德,以围魏救赵之法,可解榆林之围,复可捕歼其主力也。"②以增援榆林为名,要求调回暂三军。蒋不得已,于11月1日电令陈诚,将出关增援的暂三军调回关内,俾傅作义可充分增援榆林。3日,马鸿逵即令整编第十八师、整编第十旅暨保安第二、第五两团即日出发应援榆林。傅作义也以暂编第十七师分由三边、包头出发,增援榆林。

西北野战军扫清榆林外围后,即于11月2日攻城,屡攻不克,伤亡严重,改由坑道作业,于9日晨爆破,仍攻击无效,但炸药已尽。榆林难攻,不得已,调整部署,改为围城打援。14日,西北野战军与马鸿逵部在元大滩激战,双方伤亡严重。15日,马部西撤,16日,又绕道援榆。西北野战军遂撤出战斗。20日,宁夏、绥远两路援军会师榆林。正北上的西北野战军第四纵队,转攻马部后路,28日,马部撤返盐池。此后,西北野战军转入新式整军运动,国民党军也无力战斗,一时战场沉寂。

在华北战场,至1947年夏,国民党军第五十三军调往东北,兵力削弱,只能采取守势作战,将主力控制在平津保三角地带。保定绥靖公署主任孙连仲于6月17日向蒋介石报告说:"(一)查聂荣臻部十二个旅,由山东调来之一部,总计匪兵力有十万。本绥区兵力,除各重要交通线及据点守兵外,能抽调活用兵力,最多不过三个师,只有施行内线作战,

---

① 《总统蒋公大事长编初稿》1947年10月30日条。

② 《总统蒋公大事长编初稿》1947年11月1日条。

先求自保。(二)冀察两绥区,原预定联合作战,今五三军调赴东北,且自滦东至临榆,今又划归本署,其原地守备部队五个团,均已先后调出关外,所遗防务,不得不由侯军派二十一师延接,该区以防广兵单,守备已感不足,该区时有被匪窜扰之虞。"[1]要求蒋介石增兵。

解放军总部为加强晋察冀地区的战斗力,着手组建晋察冀野战军,统辖3个纵队作战。8月初,国民党军以主力向大清河北进行清剿,但"此次国军唯一收获在于使冀中民众得瞻国军军容"[2]。晋察冀野战军第三纵队即于9月初攻击涞水,至8日攻占东南两关,双方伤亡惨重。国民党军第九十四军当即西援涞水,于7日已进抵高碑店,8日夜,三纵于调敌西援后撤出战斗。二、四两纵队于9日渡过大清河,攻击守备薄弱的昝岗和板家窝敌军据点,并分兵攻击霸县和开口。时值雨季,攻击不利。国民党军判断解放军主力所在后,即令第九十四军回援,并于12日与第十六军合力东援昝岗。国民党军又自保定车运第九十五师至白沟河,第一五七师由天津向霸县推进。解放军态势不利,即撤出战斗。

10月初,国民党军以第九十二军、第九十四军各一个师及暂编第三军转用东北战场,华北兵力更形薄弱。晋察冀野战军采取在运动中歼灭敌人的方针,围城打援,向保定以北出击。11日发起战斗,以一部袭击平保段,以一部围攻容城、徐水,而以主力部署打援。14日,国民党军第九十四军第五师及从东北战场调回的第四十三师、独立第九十五师,共六个团,自固城南下增援。第十六军第九十四师及第一〇九师共四个团自容城、杨村一线西援徐水。15日发生激烈战斗。由于国民党军兵力集中,解放军打援的目的未能达到,战斗呈胶着状态。17日夜,解放军主力向平汉路西撤退,诱敌追击。这时,保定绥署深感缺乏机动兵力,命令驻石家庄的第三军主力北调保定,自15日起,沿平汉路

---

① 刘凤翰编著:《孙连仲先生年谱长编》第6册,第3105页。

② 天津《大公报》,转引自《孙连仲先生年谱长编》,第3116页。

向保定前进,16日渡过滹沱河。晋察冀野战军得到相关情报后,当机立断,以一部继续围攻徐水,阻敌南下,命令主力部队以一天一夜急行军120公里以上的速度前进,南下至清风店地区,围歼孤立无援的第三军。19日下午,国民党军空军发现解放军南下,第三军即于清风店一带宿营,准备战斗。入夜,解放军各部将第三军包围,翌日拂晓发起攻击。激战至22日,第三军被歼灭,军长罗历戎被俘。

这时,石家庄守军仅第三军的一个师和一些配属部队,孤立无援。晋察冀野战军于11月1日决心乘虚南进,攻打石家庄。11月2日,蒋介石电令李宗仁,务望在北平附近立即抽调一部正规部队空运增强石家庄防务,切勿稍事犹豫,并告以北平、保定所需部队,已有具体计划,随时可以增加。但事实上无兵可派。5日起,解放军对石家庄外围据点突然予以分割包围,以坑道作业,进逼敌军据点,然后发起攻击。9日,蒋介石令三十二师师长刘英坚守,但自第三军失败后,守军士气低落,战斗至12日,刘英被解放军侦察兵俘虏,抵抗顿时瓦解。解放军占领了华北重镇石家庄。12月2日,又趁胜攻克元氏。国民党军在华北形势严重恶化。

11月26日,蒋介石自南京飞抵北平巡视,27日,接见张垣绥靖公署傅作义、保定绥靖公署孙连仲、北平行辕李宗仁,商决组织华北"剿匪总司令部"事宜。28日,蒋于北平召开军事会议,决定华北作战计划与改组军政机构。12月2日,任命傅作义为"华北剿匪总司令",统一指挥山西、河北、察哈尔、热河及绥远五省军事。保定、张垣两绥署同时撤销。傅作义受到蒋介石器重,职权扩大,于是积极筹划华北作战。

12月18日,蒋介石因东北民主联军发动冬季攻势,电令傅作义抽调一个军增援东北,在华北暂取攻势防御。傅复电称:"已奉陈诚总长电,着由热河方面进击,明(19)日职赴承德部署,此一行动,可能东北、河北兼顾,并可完全主动。"①傅作义在华北力图有所作为,力争主动,

---

①　《总统蒋公大事长编初稿》1947年12月18日条。

兼顾关内关外作战。他转变作战方针,以地方部队守备,并协同主力部队作战,而将主力部队集中于战略要点,实行以主力对主力,以运动对运动的机动作战,提倡集中兵力,战术包围,反对战略包围。为改善平津保态势,傅作义决心主动向易县出击,寻歼晋察冀解放军主力。12月25日,他作出部署:一、以第十六军、第九十四军、暂三军、第三十五军、骑四师及整骑十二旅等部队为攻势部队,由第三十四集团军总司令李文指挥,于12月28日开始,沿平保线以西地区南进,寻求共军主力而击灭之。二、以新二军任保定、固城、定兴、涞水之守备,并准备随时支援主力之作战。三、以第三十五军之暂十七师,控制于丰台附近地区,归"剿总"直辖。

晋察冀野战军为创造战机,开辟战场,逐渐击破敌平津保防御态势,配合东北民主联军的冬季攻势,钳制关内敌军出关支援,决以全力出击平保段及平绥路东之南口、北平段。27日先敌出动,破坏铁路。傅作义发现解放军主力在平保段后,将原拟增援东北的第三十五军第一〇一师、新三十二师自察哈尔南调平汉线,暂三军也由平津段向平保段运动。第十六军各部于28日晚靠拢,进至高碑店。晋察冀野战军以一部诱敌向易县前进,以主力集结待机。但国民党军兵力集中,推进谨慎,解放军即改变决心,佯攻保定,于1948年1月7日发起攻击。国民党军主力当即沿铁路线南下增援。9日,政府军第三十五军率新三十二师进抵保定,解放军让其进入,于11日转兵攻击涞水。12日,一〇一师及新三十二师各两个团自保定北上增援。新三十二师进至庄疃,一〇一师进至高洛、吴村地区被解放军包围,经过激烈战斗,新三十二师被歼灭,师长李铭鼎丧生,一〇一师被击溃。国民党军被迫撤退,三十五军军长鲁英麐自杀。

在此期间,解放军晋冀鲁豫军区留守晋南的部队发起了对运城的攻击。西北野战军第二纵队去山东整补后,回抵晋南,也参加了战斗。12月17日起激战十余天,于28日全歼守敌。至此,国民党军在晋南仅留临汾一座孤城。

二 中原战场的拉锯战斗

1947 年 9 月间,解放军三路大军以品字形在中原展开,贯彻了中共中央军委赋予的战略任务。刘邓军进入大别山区后,国民党军在这一带极为空虚,以邓小平为书记的中共中央中原局当即号召部队和地方干部坚决地义无反顾地为重建大别山革命根据地而斗争。刘邓军以三个旅在皖西、二个旅在鄂东、九个旅摆在大别山北麓的商城、罗山地区,一面牵制敌军,一面就地展开地方工作。不久,国民党军追击部队也跟踪而来。刘邓军集中一部兵力,于商城、光山地区,歼击战斗力薄弱的滇系整编第五十八师。但部队在无后方作战的环境下,困难很多,战斗并不顺利,引起了情绪波动和纪律松弛的现象。9 月 27 日,刘邓在光山以南的王大湾召开了旅以上的高级干部会议。邓小平严峻地要求全体指战员一定要牢固树立起以大别山为家的思想,坚决克服怕打硬仗、纪律松弛的错误思想情绪。刘伯承要求干部打仗时,拿出男子汉的勇气来,鼓励部队战胜困难,打好仗。10 月间,国民党军又以重兵对光山、新县地区的刘邓军进行合围。刘邓军以一部牵制敌军,主力分两路向鄂东、皖西展开。国民党军仓促追击,迭遭伏击。刘邓军即进克广济、望江,向长江推进。国民党军深惧解放军渡江,急调整编第四十师主力及整编第五十二师的八十二旅经浠水向广济前进。10 月 26 日,四十师等部目轻进,进入蕲春以东的高山铺,遭到预伏的解放军的攻击,被全部歼灭。国民党军追击受阻,刘邓军得以顺利展开,并就地解决了急需的冬装。但刘邓军无后方作战,困难重重,部队大量减员,战斗力也大为削弱。解放军虽然两个月间占领了 24 座县城,建立了 33 个县政权,但尚不能够巩固。

解放军陈谢集团威胁潼关,国民党军分别从大别山、运城、榆林等地调兵到西安、潼关间布防,集结有十个半旅的重兵。中共中央军委于 9 月 23 日即令陈谢率主力东进,歼击国民党军第五兵团。10 月 2 日,陈谢集团主力在铁门歼灭敌第五兵团所属整编第十五师师部及该师第六十四旅大部。10月中旬，国民党军从山东战场调整编第二十师到洛阳一线，在洛阳、潼关集结重兵，准备东西对进，打通陇海路。中共中央军委早就指示秦基伟的第九纵："必须使该纵干部明了，该纵后方不是新安、渑池，而是伏牛山，用全力在伏牛山建立根据地，是为至要。"①10月20日，中共中央军委指示陈谢集团以一部兵力在陇海线牵制敌军，以主力分数路南进，"相机攻占陇海以南、平汉以西、方城、南召、舞阳之线以北诸县，歼灭民团、保甲、土匪及小股敌军，发动群众，分地主粮食、财物"②，创建伏牛山根据地。至11月底，建立了豫陕鄂边区行政公署、8个专署和39个县政权，成立了豫陕鄂军区，组成了8个军分区。

陈粟军在刘邓军进入大别山区之后，也向南进军。毛泽东曾以个人名义指示陈粟："你们应从根本上改变依靠后方接济的思想。刘邓已实行无后方作战。陈谢亦决心深入敌区，准备与后方隔断。你们的胶东、渤海都成了前线，决不可希望仍有过去一样的接济，对晋冀鲁豫亦不可要求过高过大。从你们自己起到全军一切将士，都应迅速建立无后方作战的思想，人员、粮食、弹药、被服，一切从敌军、敌区取给，准备在连续作战之后缩编部队，准备打得剩下三千人、四千人一个旅，而战斗意志愈打愈强（彭副司令所部就是如此），俘虏兵即俘即补，重炮不要带去，不要怕后方被敌切断，勇敢地向淮河以北、平汉以东进军。"③这就是说，解放军的后勤补给问题已经是一个非常严重的问题，原有的根据地已难以支持庞大的军队的需要，必须以暂时牺牲战斗力为代价，从国民党统治区域去求得解决。刘伯承指出："晋冀鲁豫区养八十三万军队，财政极度困难，人民负担非常严重。济源地区人民开始逃亡，演成

---

① 军委致陈赓、谢富治、韩钧电（1947年9月8日）。

② 《陈谢部休整后的行动部署》（1947年10月20日），《毛泽东军事文集》第4卷，第309页。

③ 《迅速建立无后方作战的思想》（1947年9月3日），《毛泽东军事文集》第4卷，第236页。

中央苏区结局,实有可能。因此,中原区必须开辟新区,自力更生。"①邓小平也指出:"如果有同志参加过十年苏维埃时期的内战,就会懂得这一点。那时不管在中央苏区,还是鄂豫皖苏区或湘鄂西苏区,都是处于敌人四面包围中作战。敌人的方针就是要扭在苏区边沿和苏区里面打,尽情地消耗我苏区的人力、物力、财力,使我们陷于枯竭,即使取得军事上若干胜利,也不能持久。"②

沙土集战斗后,陈粟军以一部牵制敌军,以主力五个纵队及李先念率领的晋冀鲁豫军区第十二纵队越陇海路南下,分别向尉氏、鄢陵、太和、蒙城挺进,一部向津浦路东的泗县、灵璧等地出击。以各纵主力机动作战外,又分兵发动群众,从事创建根据地的工作,在沙河以南、淮河以北新建立了拥有一千多万人口的三个专署和军分区,扩大了豫皖苏解放区。11月初,李先念所率第十二纵队渡淮进入大别山。

在解放军三路大军挺进中原的军事形势下,国民党军原定向黄河以北进军的战略计划被打破了。10月3日,蒋介石主持作战会报决定:"(一)勿使匪南越长江。(二)胶东、鲁南之匪既经驱逐以后,我军仍以消灭黄河以南股匪为主旨。(三)对黄河以北与东北暂取守势。"③他不得不修改了渡河北进、破坏解放军华北根据地的战略计划,被动地追随情况,穷于应付,指挥陷于凌乱。同解放军各战场全局战略配合、各集团独立作战相反,国民党军各战场之间的协调更加困难,顾此失彼,除了中原战场之外,蒋介石对其他战场越来越力不从心。因此,尽管刘邓、陈粟诸部在无后方依托的外线作战过程中,战斗力都受到不同程度的损伤,但从战略全局上讲,解放军正向着既定的战略目标发展,而国

---

① 《中原区的任务和行动》(1948年6月5日),《刘伯承军事文选》,中国人民解放军战士出版社1982年版,第544页。按:"八十三万",数字似有误,当时晋冀鲁豫解放区军队总数为42万人。——笔者。

② 《跃进中原的胜利形势与今后的政策策略》(1948年4月25日),《邓小平文选》(1938—1965),人民出版社1989年版,第98页。

③ 《总统蒋公大事长编初稿》1947年10月3日条。

民党军已无力实施其既定的战略方针。

　　10 月间，国民党军鲁西南各部追击陈粟军，但因不明敌情，忽而调兵保卫徐州，忽而调兵到鲁西，忽而调兵到信阳、凤台、蒙城，阻击陈粟军向大别山前进。10 月 4 日，蒋介石因东北形势吃紧，前往北平，旋赴沈阳。中原地区因蒋不在，至 10 月 8 日，竟至无法调兵："因主席不在京，十一师用法迄未决定，如此焉能捕捉战机。"①9 日蒋介石回到南京，才决定十一师追击由曹市集、小涧集东进的解放军，用兵十分迟钝。至 11 日国防部才表示（实际上当是蒋介石）："今后只指示方针，不干涉细部。"②在陈粟军分散机动作战的情况下，国民党军也不能不分散运动，但攻击精神不足，难以捕捉战机。不过，在中原地区，国民党军可以运用铁路运兵，机动能力很强，对解放军在新解放区的生存和发展十分不利。陆总徐州司令部方面曾主张打鲁西，切断中原地区解放军的后勤补给线，认为："现在为物质战争，流窜无弹药、装具，即自趋灭亡。"③这一条虽可一度削弱解放军的战斗力，但解放军已预有准备，国民党将领对解放军在外线生存的能力显然估计不足。11 月 1 日，蒋介石研究敌情认为："（甲）建立大别山巢穴，以牵制我兵力，威胁我长江航行，并扰乱我后方政治经济。（乙）牵制我进剿胶东。（丙）阻碍我进兵华北与增援东北。（丁）目前陈毅与陈赓匪股之蠢动，当在掩护刘匪，但其次一目的仍必归还黄河北岸，以控制华北平原与晋南老巢，并决不放弃其割据华北与东北之根本计划。"他的因应计划是："（一）进军华北，使陈毅股匪不能不回顾其根据地。（二）彻底毁灭刘伯诚〔承〕股匪以大别山作根据地之妄想，以肃清我后方大患。（三）增援榆林。"④但事实上，解放军南进后，威胁长江流域和作为南京门户的军

---

　　①　《郭汝瑰日记》1947 年 10 月 8 日，摘抄打印本。

　　②　《郭汝瑰日记》1947 年 10 月 11 日，摘抄打印本。

　　③　《郭汝瑰日记》1947 年 10 月 14 日，摘抄打印本。

　　④　《总统蒋公大事长编初稿》1947 年 11 月 1 日条。

事重镇徐州,他已无力抽兵北上,只能把重兵集结在中原。

11月8日起,陈粟军对陇海线徐州至兰封段、津浦线徐州南段,进行破袭战,并攻占砀山、萧县等地,威胁徐州。国民党军急从平汉线调整十一、整七十五师,从山东战场调整九、整二十五师到徐州一线,保护铁路和徐州重镇。部队长对于徐州司令部朝令夕改,无所适从,十分不满;徐州司令部对于蒋介石"事无大小,均须遥制,实误机宜"①、国防部下达命令迟缓,也十分不满。蒋介石则盛怒指责徐州司令部处置不当②,徐州司令部则埋怨部队长安全感太重,行动迟缓,骄兵悍将又不听命令。面临解放军机动灵活的作战,国民党军各级指挥手忙脚乱,凌乱无序。14日,蒋介石让参谋部次长刘斐传话给徐州司令部参谋长郭汝瑰:"在徐州须稳为第一,因部队过于庞杂,恐敌人一突入,即发生混乱。"③15日,国民党军整编七十五师自宿县乘车北上,反攻萧县,主力所乘列车在曹村遭到优势解放军的攻击,不得不后撤。至17日,陇海线被严重破坏,但徐州至蚌埠段被国民党军以重兵保护了下来。

国民党军在整四十师主力被刘邓军歼灭后,在大别山的军事态势恶化。11月3日,蒋介石在南京召开大别山作战会议和湘鄂皖赣苏豫六省绥靖会议。当天,蒋介石接见国防部长白崇禧,指示在九江设立国防部九江指挥所,负责进攻大别山。白崇禧本属桂系军人,任国防部长后有职无权。蒋介石在屡败之余,形势严重之际,不能不借助国民党内其他派系的力量,企图挽回败局,这使白崇禧得以重握兵符。对于白崇禧和傅作义这样的将领,蒋介石对前线指挥,一般不干涉细部,而是控制大局,让他们独断地指挥。当然,在他们指挥下的黄埔系军队,他们也不是能够随意调动的。

蒋介石为击破刘邓军,摧毁大别山根据地,确保南京、武汉和长江

---

① 《郭汝瑰日记》1947年9月29日,摘抄打印本。

② 《郭汝瑰日记》1947年11月12日,摘抄打印本。

③ 《郭汝瑰日记》1947年11月14日,摘抄打印本。

航运的安全,首先调集优势兵力,拨交九江指挥所。计有第三兵团(辖整七、整四十八师),第八绥区(辖整四十六师),第五绥区(辖整五十八师),新编第五、第十纵队,交警第四总队;原在中原战场的整十、整十一、整二十八、整八十五、整五十二(欠第八十二旅)师、整二十一师之第一四五旅;并从山东战场抽调整九、整二十五师,从郑州调整二十师南下,归入九江指挥所序列。陆军兵力共达25万人,另有海空军配合作战。这样,原由陆军总司令顾祝同指挥的大量部队调归白崇禧指挥,而白也只能分割顾的指挥权。结果,国民党政府军在中原战场的主力部队的指挥权从此遭到分割,尤其是徐州方面的军力受到严重削弱,对山东的重点进攻也就前功尽弃,从此陷于被动。

11月22日九江指挥部在南京编组完成,23日到九江设立。白崇禧巡视战场后于27日到达九江,同日发表开始行使指挥权,当即集结33个旅的重兵,采取分进合击战术,命令于12月1日开始攻击。其方针为:"本部为彻底围歼窜据大别山之刘匪,并摧毁其建立之地方组织,即依现有态势,各以有力部队,分由豫、皖、鄂,向大别山区清剿,一举规复东部核心地带,将匪主力击散。然后分区围歼之。"①他以第三兵团(辖整七、整四十八师)、并指挥续后到达的整二十五师,为西进主力兵团,夺取英山、岳西、立煌(金寨);以第五绥靖区(辖新五、新十纵队,交警第四总队,整五十二师第三十三旅)确保平汉路交通畅通,统一指挥整十、整十一、整八十五师,控制于潢川、罗山附近,阻止刘邓军北上和西进;以整九、整二十师向信阳、汉口输送,为总预备队,阻击解放军北上和西进;其余各部担任掩护和策应作战的任务。白崇禧于12月5日率指挥部前往武汉指挥,部署各军向光山地区集结的刘邓军主力合围,从此占据了武汉这一军事重镇的指挥权。

刘邓军鉴于敌军云集,山区运动不便,决定分散行动,即区分为两部,以刘伯承、张际春率后方指挥所,率第一纵队到淮西,开辟新根据

---

① 《国民革命军战役史第五部——戡乱》第5册,第343—344页。

地,12月10日晚由礼山县东北向潢川西北转移;以邓小平、李先念率前方指挥所,率主力三个纵队在大别山坚持。自8日至15日间,各纵纷纷跳出敌人包围圈,向外线进击。第六纵队一部于12月24日奔袭广济,歼敌一团。第一纵队北进时,于12月14日在光山北向店遭到整十一师十八旅的阻击,整十一师主力和整十师从龙升镇、宣化店赶来合围,一纵从砦河集突围,越信潢公路北进,第十九旅参谋长于战斗中牺牲。第三纵队在分头突围中,于沙窝、双轮河一带迭遭损失,向岳西转移。二纵于8日袭击固始,歼敌一部,一度调动敌整编四十八、五十八师从沙窝回援后,向三河尖、六安运动。内线的地方部队则在十分艰苦的条件下坚持游击战争。国民党军西进部队先后占领立煌、英山、浠水等地,自12月16日起,开始对大别山区进行扫荡。邓小平签发了刘邓指示的作战方针:"部队应采取宽大机动,主动分遣攻取敌弱点。敌向内,我向外;敌向外,我也向外。将敌牵到外线,以小部牵制大部,以大部消灭小部,积极打击和拖散敌人。"①

同时,刘邓军以新近运送补给品南下的第十、十二纵队越平汉路西进,分别开辟桐柏、江汉两个根据地。12月6日夜,第十二纵队向守备柳林的交警第四总队发起攻击,掩护十纵在柳林南侧越路西进。十纵先头越路后,即遭到适时到达战场的整二十师等部的阻击,8日晨,整十师西进至柳林东侧,将未能通过的解放军分割包围。解放军分别向西双河、谭家河南侧突击,战斗十分激烈。十二纵机动作战,向东回撤,逸出重围,后于14日在广水、花园间越过平汉路,到达预定地区展开。十纵战斗至9日晚突出重围,于途中遭到重大损失。

大别山刘邓军进入了最艰难的时期。为了协助刘邓军在大别山坚持战斗,陈粟军集结五个纵队破袭陇海路郑州、开封、兰封段及平汉路郑州至许昌段,陈谢集团集结二个纵队破袭许昌至信阳段。自13日至

①　魏锦国:《大别山前方指挥所七十五天记事》,《刘邓大军风云录》(上),人民日报出版社1983年版,第248页。

22 日,迭克许昌、漯河、兰封、西平等地,包围郾城。国民党军即令孙元良兵团 3 个整编师自郑州南下,第五兵团率整三师(欠一个团)经驻马店北上,企图夹击解放军。陆总徐州司令部及郑州指挥所,担心三师兵力薄弱,屡请调整二十师协同北上,但白崇禧的汉口指挥部不许二十师北进。陈粟军在攻击途中,分割歼灭七十五师的计划,因阻击部队遭到第五军坦克部队的突破,未能实现。20 日,粟裕和陈赓分别向中共中央军委建议,集中兵力,协同歼击态势突出的敌整编第三师。24 日,国民党军第五兵团部率整第三师到达金刚寺、祝王砦等地,向郾城增援。25 日,陈粟军第三、四、一纵,陈谢集团第四、九纵,刘邓军第一纵等部,在粟裕统一指挥下,将敌第五兵团部及整三师分割包围,激战两日,予以全歼。29 日,粟裕率部南下,攻击确山,重创整编二十师。国民党军不得不从大别山区抽调整十、整十一、整九师等部增援平汉线。解放军即于 1948 年 1 月 2 日撤出战斗。

1947 年 12 月 29 日,蒋介石到汉口召开大别山区"剿匪"检讨会议,他在会上鼓励士气说:"现在关内匪军的主力,可以说已被国军整个的打破了……他离开老巢之后,被国军不断的追击,在任何一个地区都不敢久留,子弹粮食,打一天少一天,可以说现在黄河以南的匪军,真正已到穷途末路,快要整个崩溃了。"他指示摧毁解放军建立大别山根据地的方法说:"据我近来研究的结果,认为有一个方法绝对可以打破匪军占'面'的阴谋。这个方法就是古人所谓'筑寨并村'的方法,即就地理形势,选择重要的地区,将其中已有的一个村落,加以扩大,并构筑防御工事,然后将其附近十里或二十里的村落并入,而形成中心寨,其他的村落,并不必拆毁,而且匪军不来时,人民仍可在原有的村庄居住,不过要将粮食物资,集中于中心寨,加以严格的管理。"①不过,负责指挥大别山作战的白崇禧,虽然对战果也感到满意,但并没有如蒋介石那么

---

① 《清剿大别山匪军之方针》(1947 年 12 月 29 日),《先总统蒋公思想言论总集》第 22 卷,第 360－361 页。

自吹自擂。他认为："一个多月来对匪第一、二、三、六、十、十二纵队均曾予打击，尤其匪第十纵队已被我大部歼灭，不过匪的全部主力尚未击溃，我们仍应继续努力来完成清剿工作……按过去豫鄂皖三省剿匪，当时我以六七十个师的兵力，尚费时三四年，今天要清剿大别山区匪患，必须假以时日，才能完成清剿的全功。"①其实蒋介石本人对形势也十分清楚，他的乐观情绪已经一扫而空。他在年底自记说："（一）本月忧患最深，尤以最后十日，各方告急与失败之报，几如雪片飞来，蓐食宵衣，兢兢业业，未敢或懈，自省俯仰无愧，信道益笃，成败利钝，一唯听之天命而已。（二）运城失陷，实为军事上之最大损失，陇海、平汉两路中心——郑州、许昌、开封——铁道完全被匪拆毁，军事上更蒙受重大之打击，第三师几乎全部损失，莱阳被陷，未能克复，东北、华北形势皆甚紧急，本月份以军事最为不利也。"②他已失去信心了。

鉴于国民党军兵力分散，邓小平指挥的二、三、六纵又回到大别山区活动。1948年1月8日，白崇禧执行分区清剿计划，划分为三个清剿区、二个守备区，进行围剿堵追。其方针为："本部以彻底肃清大别山区刘匪之目的，应依各部队一定之责任地区，彼此紧密协调，步步为营，稳扎稳打，逐次向心清剿，压缩匪军而聚歼之。"③针对敌军方针，刘邓军以第二纵队转战至淮西与一纵会合，大别山部队化整为零，与敌军周旋，将敌军重兵牵制在大别山区。陈粟军及淮西部队转入休整。

1947年底，中共中央给解放军中原各部队的战略任务是：刘邓"你们全军（除陈谢）明年八月以前在长江以北作战，完成创造大别山、桐柏山及江汉区根据地，并与陈谢、陈粟两区联成一片之任务。明年八月以后，为着进一步分散敌力、便于歼灭之目的，依当时长江以北任务完成

① 《白部长训词》，《大别山区剿匪检讨会议纪实》，（国民政府）国防部九江指挥部编印，第9—10页。
② 《总统蒋公大事长编初稿》1947年12月底条。
③ 《国民革命军战役史第五部——戡乱》第5册，第363页。

之程度,决定派主力或派一部渡江,创造湘鄂赣边区根据地"①。陈粟"在划定给你们之区域内(黄河以南、运河以西、平汉及淮南铁路以东、长江及淮河以北,以淮南铁路及淮河为你们与刘邓之分界),以今年九月初至明年八月底之一年时间做到完成土改、消灭敌人两大任务……明年八月以前,不准备派主力部队渡江,各部均要在现地安心工作与作战。仅准备在明年八月以后派一部分部队渡江南进,究派何部临时决定"②。陈谢"十二月你们应以配合刘邓破击平汉路及歼灭土顽为中心,明年一月起,准备打胡宗南。最近你们歼灭很多土顽,有大的战略意义"③。总之,主要任务是建立根据地。

国民党军在东北、华北、西北战场处于被动、防御战斗的时候,在中原战场尚保持着兵力的优势,对刘邓大军进行攻势作战。解放军中原各军在外线战斗过程中,面临优势敌军,在无后方作战和创造根据地方面,都遇到很多困难。首先是部队对反攻信心不足。在无后方作战的条件下,缺乏后勤保障,环境艰苦,产生了各种思想问题。有些部队纪律不好,侵犯群众利益,侵犯工商业,违反城市政策。部队减员很多,不少团已不能作战。同时,部队在开辟根据地的工作中犯了"左"倾错误,造成了树敌过多、脱离群众、破坏经济,给自己造成了后勤供应的严重困难,根据地也不能巩固。结果,敌人作战比以前猖狂积极。

4月18日,粟裕向中共中央军委和华东局报告中概括了战场形势:"(一)……自去冬迄今,中原地区(包括豫皖苏及陕豫鄂)战局已形成疲惫而频繁的拉锯形势,我军固然予敌人以极大的困难,给敌人的人

---

① 《刘邓军明年的任务》(1947年12月4日),《毛泽东军事文集》第4卷,第338页。

② 中共中央致粟裕电(1947年11月28日),转引自《毛泽东年谱》下卷,中共中央文献研究室编,人民出版社、中央文献出版社1993年版,第255—256页。

③ 《陈赓部队目前的中心任务》(1947年11月28日),《毛泽东军事文集》第4卷,第334页。

力物力以极大缩减与损耗,但由于敌人尚拥有相当机动兵力,占有某些交通线和所有交通中心、战略要地及运输工具、技术条件等,在兵力转运军需补给上较我军便利,亦增加我们歼敌困难。(二)我大兵团进入新区,远离后方作战,不仅在群众与地方工作上,得不到较好的配合,行动上不易保守秘密,往往丧失战机,而且由于补给困难与不及时,以及伤病员之安插,亦大大影响各级指挥员决心的贯彻和下级指战员战斗勇气的发挥。但敌人则因控有要点而可收容其伤病员,我之伤病员则大部被敌残杀或落入敌手。(三)华野现有装备在无正常补给情况下,不仅不能发挥其作战能力,且在某种情况下重装备却变成了拖累。如不要这些重武器,则在敌人筑城能力较强的现状下(敌人四小时即可完成地堡群),不仅难以速决,甚至不可能攻克……"①

因此,中原战场作为主力战场,国共双方一时间陷入了拉锯战斗,呈相持局面,就看谁能灵活地改变用兵方向,争取战略和战斗的胜利。

国民党军在中原战场,控制平汉、陇海两铁路,将豫西、豫东地区解放军分割,形成所谓"十字架"式分割。陆总徐州司令部制定作战方针说:"本部对陈毅主力采取堵截、追剿、封锁、破坏诸种手段,断其人员、物资之接济,使其野战军疲劳、饥饿、弹药缺乏、士兵逃散,易于消灭。故以现有兵力扼守郑、汴、洛、商丘各点,并掩护津浦路之安全。俟增加兵团到达,以有力一部扫荡鲁西之共军,截断其河北交通,破坏其鲁西根据地;另以一部由豫北方面向大名、濮阳、寿张间地区发展,破坏敌后方组织,以主力由平汉线项城、周家口及鹿邑、亳县间地区,三面不断围剿,使其流窜无门,战力竭蹶,而适时消灭之。"②

毛泽东对中原战场前敌将领,一再要求他们首先分兵建立根据地,消灭国民党的地方武装,不要总是想打大仗。但前线将领在建立根据

---

① 《一九四八年四月十八日报军委并华东局电》,《粟裕军事文集》,第353—354页。

② 《郭汝瑰日记》1948年1月17日,摘抄打印本。

地和对付国民党军的进攻方面,兼顾为难,外线作战困难重重,因而一再向中共中央军委建议,各部集中兵力,协同作战,争取打大的歼灭战。1948年1月中旬,各部原拟集中协同行动,刘邓军也已集中,但由于陈粟军改变用兵方向,白崇禧指挥所部集中兵力向大别山进攻,刘邓军被迫重新分散行动。

鉴于国民党军在长江以南兵力极端空虚,毛泽东早在1947年7月,就有令叶飞、陶勇两纵队渡江南下作战的计划。这一计划放弃后,又有1948年8月后,让刘邓、陈粟所部抽兵渡江南下作战的战略设想。这时,中原战场国民党军的优势地位未能击破,刘邓军在大别山处境不利,毛泽东不能不考虑采取新的战略措施。他和正在陕北的陈毅商量后决定,一是令粟裕率主力向南阳、襄樊方向作战,一是令许世友、谭震林率两个纵队从山东南下苏北作战。关键的战略措施,则是于1月27日电示粟裕,令其“统率叶、王、陶三纵渡江南进执行宽大机动任务问题”,提出了下月、4个月后,秋季渡江三个方案,供其选择,也就是在湖北地段选择渡口,进入湘西、鄂南,在湖南、江西机动作战,随后跃进至闽浙赣建立根据地,估计“势将迫使敌人改变部署,可能吸引敌二十至三十个旅回防江南”,也就是迫使国民党军放弃中原战场的攻势,从而确立解放军在中原的优势地位。① 不久又决定,粟裕率上述叶飞的第一纵队、王必成的第六纵队、陶勇的第四纵队北渡黄河先行休整,5月初再南下作战。

与此同时,2月间,邓小平一再向中共中央军委建议:大别山野战部队主力,暂时离开,集中作宽大机动,便于中原三大部分时分时集,既能协同,又能独立作战。他强调指出:大别山腹地,粮食已发生困难,野战军常在边沿寻食,不能获得休整,在游击环境中,必增多消耗又减弱了野战力量。2月20日军委表示:“同意你们四纵队暂时离开大别山,

---

① 转引自《毛泽东年谱》下卷,第271—272页。

以便集结力量作战之意见。"①于是，邓小平留三万兵力在大别山坚持，随即率主力渡淮休整，于24日到达临泉县境与刘伯承会合。

是年初，中原战场国民党军也在调整部署，部分整编师改为军，二团制的整编旅改为三团制的师，充实战力。同时，以两个整编师（军）为单位，编组兵团，便于协同和指挥。但是，国民党军在其他战场不断失利，尤其是东北战局恶化，不能不于1月间决定调山东范汉杰率部到东北。这样，陆总徐州司令部的兵力更感不足，对陈粟军穷于应付。徐州司令部认为"国防部之计划空洞，无法实施，然本部计划则仅增加数点，大体不加改变"②，所部在鲁豫皖间扫荡，毫无战果，"国军战术及战斗技术均不如共军，胜利自然渺茫"③。2月11日，蒋介石自记方略说："本日对匪扩大窜扰地区，我军兵力不足，防不胜防，此剿彼窜，颇难为计，乃以暂取守势，沉机观变之法，加以深虑，所得结论，应求匪之要害，取而守之，使其不能不被动来攻，待其停攻挫折，而后再予以反击，清剿当易为力也。决照此意断行，即先以战略取攻势，而后再以战术取胜，积小胜为大胜之法制之。"④据郭汝瑰日记："曹运湘由牯岭来电话谓：'主席今后将取战略守势，战术攻势，待第二线兵团训练完成，再全面进攻'云。余以为如此则大事不可为矣，南宋偏安之局也不可得也。"⑤前引蒋介石"战略取攻势"当系"战略取守势"之误，他已气衰力竭了。

3月9日，蒋介石率国防部幕僚及蒋经国等到徐州检阅部队，同意徐州司令部以第五军、第七十五军、第八十四军为主力，穷追陈粟军第一、四、六纵队而击破之。蒋并指示："赤化区人民都同情'共匪'，我军进剿时，可以烧毁房屋，杀戮附敌的人民，以破坏他们的根据地。"⑥10

---

① 转引自《毛泽东年谱》下卷，第285页。
② 《郭汝瑰日记》1948年2月6日，摘抄打印本。
③ 《郭汝瑰日记》1948年2月20日，摘抄打印本。
④ 《总统蒋公大事长编初稿》1948年2月11日条。
⑤ 《郭汝瑰日记》1948年2月13日，摘抄打印本。
⑥ 《郭汝瑰回忆录》，第283页。

日,蒋介石检阅第三快速纵队,并向战车第一、二、三团授旗。但国民党军对陈粟军意图不明,战斗意志消极,虽一度截断粟裕军一部,但最终只能任由粟裕率三个主力纵队北渡休整。于是,中原战场的战斗显得比较沉寂。4月19日,郭汝瑰对国防部三厅二处处长曹运湘评论战局说:"国防部将五军、十八军、五十八师、七十四师等置于无为境地,坐视共军整训壮大,不知趁此时共军黄河南岸劣势之时机予以打击,乃狗屁战术。"①

3月中旬,国民党军政当局召集华中绥靖会议,通过"华中总体战方案",大要是:"(一)调整绥靖区机构,武汉行辕撤销,成立华中绥靖公署。(二)各省自卫武力经费由中央筹措;各县成立保安团队,其经费由地方筹措。(三)授权绥靖区司令,负责统制绥靖区物资,避免资敌。(四)实行战士授田法。"②国大期间,蒋介石在向国大代表作报告时,还在幻想采取新战略:"今后为使剿匪军事早日胜利,当着重消灭共匪兵力,因此,对于不必要的地点,在不妨碍国军进展的情形之下,将自动予以放弃,俾能集中兵力机动使用,随时以二三倍优势的力量,主动出击,歼灭共匪。"做着"肃清中原"的迷梦:"我可以负责告诉大家:在最近六个月以内,国军有绝对把握消灭黄河以南匪军所有的兵力,决不让他有整个师或整个旅的存在。"③而事实上,蒋介石已经智穷力竭,这一切都已于事无济,大局很快就要急转直下。不久,解放军就在中原战场实现了战略转变,迅速确立了战略优势地位。

三 解放军战略优势地位的确立

尽管解放军中原各军面临重重困难,但经过各部队的顽强努力,解

---

① 《郭汝瑰日记》1948年4月19日,摘抄打印本。
② 《总统蒋公大事长编初稿》1948年3月20日条。
③ 《对国民大会施政报告》(1948年4月9日),《先总统蒋公思想言论总集》第22卷,第444页。

放军在中原战场的态势仍有了很大的改变。

1948年1月初，中共中央军委部署西北野战军准备以主力转入外线作战，建立渭北根据地，威胁西安，直接配合中原战场作战。2月12日，西北野战军以五个纵队发起宜川战役。24日，包围宜川，并准备打援。胡宗南即令整编二十九军军长刘戡率二个师四个旅轻装驰援，27日到达瓦子街地区。彭德怀随即调整部署，集中九个旅的兵力，阻击刘戡。刘戡不明敌情，于29日轻进至铁龙湾绝地，这里，四面环山，路窄沟深，部队难以展开，遭到西北野战军的坚强阻击，后路瓦子街南高地旋被解放军占领。刘戡陷入重围，被迫分路突围，遭到解放军的严密堵截，至3月1日，全军覆没，刘戡和师长严明被击毙。3日，解放军占领宜川。

胡宗南主力被歼，关中空虚，不得不调洛阳、潼关间裴昌会兵团增援洛川。于是，洛阳空虚。正在郑州、潼关间活动，掩护刘邓军、粟裕军休整的华野的陈士榘、唐亮兵团及陈谢集团，即乘虚发起洛阳战役。3月11日开始攻城，战至14日，全歼守敌青年军二〇六师等部。国民党军以胡琏兵团（整十一师为主力，改称第十八军）和孙元良兵团增援不及。解放军撤出洛阳后，国民党军复占洛阳，仍留兵驻守，至4月5日，又被解放军围击歼灭。自此，国民党军才被迫放弃洛阳。刘邓军一部及华野十纵等部于3月29日晚攻击阜阳，陆总徐州司令部急调新二十一旅、九十六旅车运宿州、开蒙城集中，与整编七十四师会合增援，并令第五军向亳州集结。同时，由信阳的第五绥区司令张轸组成淮北兵团西援，并命十八军集结东援。4月3日，刘邓军撤出战斗。淮西国民党军远道增援，重兵密集，而行动迟缓，毫无战果。此后，刘邓军主力、陈谢集团和华野第十纵队等部，进入国民党军兵力空虚的宛西作战，迭克重镇。国民党军淮北兵团等部又西进追随解放军寻战。

在华东战场，解放军华野东兵团于1月底奉命抽调第二纵队南下，与第十一、十二纵队会合组成苏北兵团（即四兵团），其余三个纵队改称山东兵团（即二兵团），仍担负山东战场作战任务，中共中央军委要求他们积极作战，支援中原战场。3月间，山东兵团在胶济路西段连克张店、周村，包围淄川，国民党军不得不从中原战场调整编七十五师会同整七十三师东援。但援军不敢轻进，21日，山东兵团攻克淄川。山东战场国民党军兵力减弱，形势恶化，济南的第二绥区司令王耀武不得不收缩防区，加强津浦路中段防御。于是，鲁中重镇昌乐、潍县孤立。4月初，山东兵团围攻昌、潍，国民党军不敢积极赴援。26日，山东兵团攻克潍县，俘政府军守将、整编第九十六军军长陈金城。苏北兵团组成后，力量增强，于3月中旬发起益林战役，歼敌一部。国民党军对苏北形势十分敏感，调集十个整编师的重兵进行清剿。3月底，陆总徐州司令部决定，先集中力量击灭苏北兵团，从中原战场调整编二十五师与整四师组成南兵团，从山东战场调整编八十三师、整编七十五师组成北兵团，南北对进，向盐城、阜宁夹击。但国防部仍调七十五师控制兖州，以第五军位于商丘守备。4月9日，国民党军在苏北开始清剿。苏北兵团于5月23日在盐南歼敌一部后，即分兵转移。

在中原战场，国民党军虽然处于优势地位，但战斗消极。4月20日，第五军军长邱清泉向徐州司令部建议，"主张渡河攻击，使共军陈毅部受牵制，不再渡黄河南下"[1]。但当时国民党军正受到解放军山东兵团攻击潍县的牵制，不能不调兵赴援，而用兵又十分迟缓。徐州司令部深感奇怪："余甚怪国防部之作战指导，何以初不同意本部救援潍县，以后又将七十五师、八十四师投入，如大胆将此两师投入他方面决战，则听昌潍失守，亦非大过。计不出此而迟疑反复，毫无定见，可恶殊甚！"[2]由于担心粟裕兵团由青城攻击王耀武兵团侧背，徐州司令部命令第五军准备加入战斗，并且，由于徐州司令部已经没有控制部队，不得不命令整二十五师暂留浦口待命，防备粟裕兵团渡黄河南下。因此，粟裕兵团在濮阳整训，没有受到任何干扰，积极准备渡长江南进。中共

---

①　《郭汝瑰日记》1948年4月20日，摘抄打印本。

②　《郭汝瑰日记》1948年4月24日，摘抄打印本。

中央军委指示粟裕兵团休整到 5 月 15 日为止,出动南下作战。

　　与此同时,中共中央和各解放区纠正了土改工作中的错误倾向,中原地区创造根据地的工作也取得了很大的成绩。邓小平于 5 月 12 日向毛泽东报告:"整个中原有四千五百万人口,现在为我控制者约两千万,计有豫陕鄂七百万(有政权有工作者五百万),豫皖苏九百万(能收税的),但仍是敌来我往的拉锯局面,江汉有三百万,桐柏两百万。其余一半人口的区域,极大部分有我部队和政权活动。大别山地区斗争仍极艰苦,但是我们确实已站住了脚,敌人把我们打不出来了。而四个野战纵队抽出后,减轻了人民负担,拖出了三个师,加上最近策略的讲求,更便于大别山的坚持。"

　　最为关键的是,在近一年的战斗经验的基础上,中共中央军委和前敌将领经过反复磋商,终于实现了中原战场战略方针的转变,从而加速了中原战场的战略优势地位的确立。

　　粟裕在部队整训期间,对中原战场和全盘战略形势进行了深入的思考。4 月初,陈毅从陕北经华北来到濮阳,回到华野军中。粟裕即将自己的战略构想和陈毅作了探讨,然后向刘邓作了报告。前线将领本来都深感外线作战的困难和不利局面,期望中原三方面部队集中协同作战,因而对粟裕的战略设想十分支持。

　　4 月 13 日,毛泽东经过长途行军,从陕北到达河北阜平县城南庄晋察冀军区所在地。4 月 18 日,粟裕向中共中央军委并华东局"斗胆直陈",力求改变毛泽东渡江南进的战略计划。他根据几个月外线作战的经验,指出了外线作战和建立根据地的严重困难,强调在外线兜圈子中的兵力消耗,与有后方依托打歼灭战,在同等消耗下并不合算。而且,大军渡江后,由于政治的原因,桂系的两个整编师,蒋介石不会放虎归山,调往南方。由于军事的原因,蒋介石嫡系重装备的两支主力部队,即第五军和第十八军,也不会调到南方水网地带作战。而这四个战斗力最强的主力师,如果继续留在中原,那么,"中原局势将成较长期僵持局面。果如是,既难减轻老解放区之负担,亦难于中原地区得到新的人力物资的补充（因不能较安定的发展新的力量），甚至会使这一地区遭到残酷的摧残而难于恢复（敌人在此区大抓壮丁，仅鲁西南一个分区即捕走数千人，拉走大批妇女，普遍抢粮，破坏生产），如是则将造成今后更大困难。"

根据上述分析，粟裕建议，以刘邓、陈谢及华野主力，依托后方（陇海路北）作战，力求在雨季与夏收以前在中原地区（主要战场应在豫皖苏及淮北铁路东西两侧）打几个较大的歼灭战。为实现上述设想，粟裕还向中共中央军委作出了一个难度极大的承诺，即以华野主力攻击济南，吸引第五军北援而歼灭之①。刘伯承、邓小平于同日给军委和陈毅、粟裕的电报中，支持粟裕的意见，认为"过江很少把握"。他们根据自己的经验教训认为，过江要作好充分的准备，政治上要有信心，纪律好，政策好，组织上减轻装备和军事上山地战的训练。"如果过江与自身准备不充分，则以迟出几个月为好（先派多支小部队去），而在季节上说，以秋末冬初为有利。如果粟部迟出，加入中原作战，争取在半后方作战情况下多歼灭些敌人，而后再出，亦属稳妥，亦可打开中原战局"。

毛泽东召陈毅和粟裕到驻地会商后，考虑到华野的困难，在不放弃渡江战略构想的前提下，终于同意粟裕推迟渡江、集中兵力依托后方作战的要求。毛泽东起草的军委致刘邓电中说："将战争引向长江以南，使江淮河汉地区之敌容易被我军逐一解决，正如去年秋季以后将战争引向江淮河汉，使山东、苏北、豫北、晋南、陕北地区之敌容易被我军解决一样，这是正确的坚定不移的方针。惟目前渡江尚有困难。目前粟裕兵团（一、四、六纵）的任务，尚不是立即渡江，而是开辟渡江的道路，即在少则四个月多则八个月内，该兵团，加上其他三个纵队，在汴徐线南北地区，以歼灭五军等部五六个至十一二个正规旅为目标，完成准备

---

① 《一九四八年四月十八日报军委并华东局电》，《粟裕军事文集》，第353—356页。

渡江之任务。"①尽管毛泽东没有放弃自己的战略构想,但事实上,解放军在中原战场的战略方向作出了决定性的转变。

战争的相持到了决定胜负的关键时刻,国共两军都在改组军事机构,力求争取胜利。国民党军方面,5月间,陈诚辞去参谋总长一职,12日,陆军总司令顾祝同调任参谋总长。这时,行宪国民大会召开后,蒋介石出任总统、李宗仁任副总统。蒋介石不放心两个桂系巨头在中央联手,即以何应钦为国防部长,于31日任命白崇禧为华中"剿匪总司令",削去了在中央的职权。白一气之下,一再要求辞职,跑到上海去,甩手不干。驻守信阳的张轸于6月12日急电上海市长吴国桢转白崇禧劝驾:"忽阅本月十二日报载,钧座赴沪,军心惶恐,群情瞻依。"②要求白迅速赴任。蒋介石委托桂系旧人黄绍竑、李宗仁派遣邱昌渭分别于6月12日前后到上海劝驾。黄则以桂系利益来说动白崇禧就职:"武汉是进可以攻、退可以守的地方。机会到的时候,就可以同共产党妥协言和。蒋到了无法应付的时候,必定下野,德公就可出来收拾局面。我们岂不是大有可为吗!"③这样,白崇禧才又回到南京,向蒋介石要求扩大华中"剿总"的职权后,于6月26日通电宣布先行就职④。这时,豫东战役正在激烈进行之中。与此同时,6月9日,刘峙被任命为徐州"剿匪总司令",于6月14日由南京飞徐州接管陆总徐州司令部。刘峙庸懦无能,国民党方面对作为南京门户的徐州很不放心。郭汝瑰对顾祝同说:"南京不少人说:'徐州是南京的门户,不派一只虎将镇守,也应派一只狗守门嘛!怎么派一条猪呢!'"⑤国民党政府的人事制度

---

① 《粟裕兵团暂不渡江,集中主力在中原歼敌》(1948年5月5日),《毛泽东军事文集》第4卷,第459页。

② 张轸致吴国桢转白崇禧电(1948年6月12日),档案号01—7—129,上海档案馆藏。

③ 黄绍竑:《李宗仁代理总统的前前后后》,《文史资料选辑》第60辑,第50页。

④ 《大公报》(上海),1948年6月27日。

⑤ 《郭汝瑰回忆录》,第285页。

陷入了死胡同。

这时，中共中央也于5月9日改组了中原地区组织，成立中原局，邓小平任书记，组成中原军区，刘邓军改称中原野战军，刘伯承任司令员，调陈毅到中原解放区工作，出任中原局第二书记，中原军区及野战军第一副司令员；陈粟军称华东野战军，陈毅仍兼任司令员，由粟裕任副司令员代司令员兼代政委，强化了指挥和协同作战关系。5月12日，解放军总司令朱德到达濮阳华野军中，对正在整补、训练、反对军阀主义、加强纪律教育的部队，进行动员，并部署歼击政府军主力整编第五军的方案。

5月下旬，粟裕率一、四、六纵队和两广纵队、特种兵纵队等部准备渡河，计划先以三、八两纵由许昌一带越平汉路东进淮阳一线，吸引第五军西进。以中野有力一部牵制十八军。以山东兵团进击泰安、大汶口，兵逼兖州。然后于27日、28日出动，29日晚前渡河，奔袭城武，吸引五军回援，在陈唐兵团配合下，歼击第五军。

中野主力于5月25日发起宛东战役，包围确山，吸引十八军自临颍南下，南阳张轸兵团东进，并在赊旗镇、唐河一带设伏。张轸率部东援确山，28日进抵兴隆镇后，与解放军激战，攻击锐利，至30日迫使当面解放军后撤。但张轸随即发现中野后续部队正在挺进，自己态势不利，即于31日拂晓，乘隙西撤，逸出中野伏击圈。仅张兵团后卫五十八师主力，遭到中野割断包围，张轸率部回救，五十八师在突围中溃散。

粟裕所率华野主力准备渡河之际，陆总徐州司令部已发现了粟裕所部南渡及攻击泰安一线的企图。27日，"鲁西据刘汝明报告，已有共军一个纵队渡河到郓城附近，又二绥区报，共军已于泰安与我军小接触，津浦兖济段大有山雨欲来之势"[①]。国民党军已如惊弓之鸟。中原形势告急，国防部即令五军在柘城停止。31日，徐州司令部命令五军开回商丘，七十五师开回杞县。国民党军已先期到达战地，粟裕率第

---

① 《郭汝瑰日记》1948年5月27日，摘抄打印本。

一、第四、第六纵队于 5 月 30 日、31 日渡过黄河后,感到战机不利,未敢轻进。毛泽东体谅前敌苦衷,指示前敌将领:"要说服干部不要急于求赫赫之名,急于解决大问题,而要坚忍沉着,随时保持主动。"①并令粟裕所部休整,等待陈唐兵团东进后协同作战。

6 月初,陆总徐州司令部令第五军(包括七十师)、整编第七十五师集结后索敌攻击,但五军行动慎重,并不积极推进。邱清泉以解放军正面工事强固,而华野三、八、十纵及陈赓九纵又已进到淮阳、太康地区,并认为先头已到杞县(实际上陈唐尚未来,而系豫皖苏独立旅,奉命破坏汴商段铁路),以解放军将与其决战,决调整部署,采取守势。两军在菏泽、巨野间相持,双方均不敢主动出击。国民党军为应付未来的大战,11 日,徐州司令部命令五军、七十五师靠拢,准备从苏北调整编八十三师、二十五师到鲁西,以黄百韬为兵团司令,七十二师集结待命,以六十三师一旅开砀山,并准备调十八军和六十四师到鲁西战场。但蒋介石未令十八军起动。12 日,邱清泉报告,准备八十三师加入后再真面目攻击,徐州司令部命令五军、七十五师应速靠近,准备决战。但七十五师于 14 日晚撤退,准备整补后再向城武前进。15 日,徐州司令部不知道七十五师去向,出动空军也终日没有找到。直到 16 日,邱清泉电告徐州司令部:"沈渐之(整七十五师师长沈澄年——引者)不遵命令,擅自撤退,请予以处罚。"②刚刚到任的徐州"剿总"刘峙,于 6 月 19 日飞郑州指挥,刘回忆说:"我欲放弃豫北,以救开封,俾利尔后之索敌攻击,以免死守一地,坐等挨打,未获实现。"③国民党军内部协同出现了深刻的矛盾。

粟裕屡次准备出击五军,均因敌军密集、战机不利而放弃。为此,

①　《多方调动敌人方能创造机会》(1948 年 6 月 3 日),《毛泽东军事文集》第 4 卷,第 474 页。

②　《郭汝瑰日记》1948 年 6 月 11—16 日。

③　刘峙:《我的回忆》,《近代中国史料丛刊》续编第 87 辑,台北文海出版社影印本,第 163 页。

毛泽东指示前线将领,缩小歼敌目标:"此次战役目的,只在歼灭七十五师,不要企图打五军,待七十五师歼灭后再作打别部之部署。"①6月15日,粟裕鉴于国民党军将向鲁西南进攻,为避免正面作战,向中共中央军委请示以东进的陈唐兵团攻击开封,以主力阻援,并待机歼敌。16日,因军情紧急,粟裕未待军委命令即独断地命令各部出击。是日夜,陈唐所率三、八两纵即对开封发起强攻。徐州剿总调兰封的整六十八师的一一九旅西援,郑州的四十七军东援。东援部队遭到中野第九纵队的阻击。陈唐兵团经洛阳战役后,攻坚能力迅速增强,攻城部队18日即突入南关,19日占领市区大部,守军仅困守西北一角。五军、七十五师18日起向曹县、定陶一线进攻,遭到顽强阻击。这时候,国民党军在战地组织兵团,以原淞沪抗战的十九路军将领、驻商丘的第六绥区副司令区寿年为兵团司令,率整编七十五师、七十二师、新二十一旅等部,19日,令区兵团拘束当面之敌,而令五军和刘汝明四绥区主力西进,以解开封之围。同时,蒋介石于15日电令十八军由驻马店向商丘增援,但20日至上蔡一线仍被汉口指挥部调回。蒋介石和白崇禧的矛盾,对当前军事产生了明显的影响。

21日,蒋介石亲往郑州指挥,并到开封上空视察,命令邱清泉无论开封情形如何,必须兼程急进②。但邱部遭到顽强抵抗,进展迟缓,已无力挽救开封守军。22日,开封失守,守将李仲辛被击毙。徐州"剿总"仍以五军向开封、陈留攻击,以区兵团向杞县推进。解放军占领开封后,即搬运军需物资,准备在运动中歼敌。至25日,五军被阻于曲兴集以西,区兵团被阻于睢县以东。徐州"剿总"建议以五军向杞县,协同区兵团歼击当面之敌;或者改取守势,转向兖州作战,但决策迟缓。26日,解放军撤出开封,五军先头旅随即进驻,主力向通许方向追击。28

①　《待歼灭七十五师后再打别部》(1948年6月15日),《毛泽东军事文集》第4卷,第482页。

②　《总统蒋公大事长编初稿》1948年6月21日条。

日晨,国民党军统帅部方才讨论作战方案,《郭汝瑰日记》记载:"六时半,去国防部见方天逸后,再往谒顾总长,将徐州所拟方案呈出。伊乃请何部长、刘次长、毅肃、天逸等研究。刘为章不同意以区、邱两兵团于柘城附近取守势,而主张继续南下协同十八军方面夹击陈毅主力。余乃告以十八军十天亦不会到达沙河以北,吾人指导不可不注意及此。"①

正当国民党军统帅部对作战方针犹豫不定之际,自开封南下的邱清泉兵团(辖第五军;整七十师,即七十军;整八十三师,即一〇〇军)与在睢杞徘徊的区兵团之间,出现了40公里的空隙。华野立即抓住战机,自27日晚出击,至29日晨,隔断了邱、区两兵团之间的联系,将区兵团分割包围,予以歼击。邱清泉遭到三、八、十纵及两广纵队的阻击,竟声称不能援助七十五师②。区兵团被围后,徐州"剿总"即令邱兵团(第二兵团)东进,黄百韬兵团(第七兵团)西进援救,并令第五绥区部队自上蔡一线北进。7月1日,蒋介石严令邱兵团增援:"据报弟今日只派第二百旅与第八十三师向东进攻,而仍留主力在西面,未参加向东增援作战,故桃林岗、许村仍难攻克,无任骇异。当此革命战争同生死、共存亡之际,对沈师长等切勿稍存意气,更不可报复前嫌,免致为匪各个击破,同归于尽。"③邱清泉本人则对参谋本部的指挥十分愤慨,曾集合兵团重要干部,痛斥上级指挥的失策,竟停止与参谋本部的通讯联络,独断专行④。黄兵团远道赴援,行动十分积极,30日在商丘集结后即

---

① 《郭汝瑰日记》1948年6月28日,摘抄打印本。

② 《郭汝瑰日记》1948年6月30日,摘抄打印本。按:据《国防部第三厅中原会战战斗经过及检讨》:"本部以梗陕督电指示区兵团向杞县、太康,邱兵团向陈留、通许方向索匪追剿,后陈匪主力即向鹿邑、柘城方面东窜,当时我区兵团以追击姿态向东南转移,因而与邱兵团分离,致遭匪主力将我两部隔离,而行各个包围。"此说似为沈澄年开脱,从各种资料反映,沈澄年一直作战消极。沈被包围后,邱清泉也拒绝国防部东向增援沈澄年的命令。——笔者。

③ 《总统蒋公大事长编初稿》1948年7月1日条。

④ 《国民革命军战史第五部——戡乱》,第483页。

于 7 月 1 日起广正面猛烈推进。华野于分割包围区兵团后，先行集中兵力歼灭新二十一旅，而当面压力尚不严重的整七十五师竟只图自保，不肯积极策应作战。兵团司令区寿年对所部指挥不动，"忧愤难抑"①。战至 7 月 2 日，整七十五师主力被歼灭，区寿年和师长沈澄年被俘。

这时，黄兵团到达帝丘店附近，向华野进逼。张轸兵团向北推进时，遭到中野的阻击，先行向北推进的十八军，只好回援张兵团。粟裕考虑到战后脱离战场的困难，决定乘黄兵团处于运动之中，战力削弱，以一部兵力围歼七十五师残部和监视七十二师，以主力转移包围歼灭黄兵团。7 月 2 日晚，华野向黄兵团发起猛烈攻击，黄兵团被迫迅速收缩至帝丘店，密集固守，顽强抵抗，战斗十分惨烈。邱兵团在蒋介石严令之下，随即以第五军之四十五师及整编八十三师编成左翼迂回兵团，摆脱当面阻击部队，向北迂回，再南向攻击，以解黄兵团之围。6 日，邱兵团进至尹店东南，第四绥区增援部队也沿陇海路南东向逼进。同时，白崇禧已令十八军不顾当面情况，兼程北援，张兵团击破中野阻击后也向北推进。华野攻击部队伤亡严重，一时无法解决黄兵团，决定放弃歼灭黄兵团计划，于 7 月 7 日晚向北转移，撤出战斗。华野撤退后，邱黄两兵团未敢追击。

由于整编第二十五师被调到豫东战场，华野山东兵团于 7 月 13 日攻克兖州，全歼守敌整编第十二师，孤立了济南。在豫东会战之际，中原野战军乘汉水流域国民党军兵力空虚，以第六纵队为主力，于 7 月 2 日长途奔袭襄樊。国民党军困守孤城，战至 7 月 16 日，城防崩溃，守将第十五绥区司令康泽被俘。

豫东战役是解放军进入外线作战以来，在中原所进行的最大的一次战役。虽然围歼黄百韬兵团和张轸所部吴绍周兵团的战役目标并未达成，但仍取得了攻克开封、歼灭整七十五师的重大胜利。解放军在中原这一国共角逐的主力战场，粉碎了蒋介石"肃清中原"的梦想，确立

---

① 《国民革命军战史第五部——戡乱》，第 470 页。

了战略的真正优势地位。为此，毛泽东长长地松了一口气，8月间，他在西柏坡接见华野特种兵纵队司令员陈锐霆和晋察冀军区炮兵旅长高存信时说：解放战争好像爬山，现在我们已经过了山的坳子，最吃力的爬坡阶段已经过去了。解放军于雨季转入休整，入秋之后，大规模的战略进攻开始了。

　　豫东战役后期，邱兵团解黄兵团之围获得成功，国民党军也在宣传豫东会战的胜利。蒋介石认为："周初军事，以杞、睢为最危险，幸至周中，仰赖天父佑华，使我空军发生绝大威力，董店一带陈毅股匪之主力，几乎全军尽墨，一场恶战，乃得转危为安。"①他甚至认为："经此一役之后，共匪武力实属脆弱，其不能与国军抗衡，业已充分证明。"②但事实上，国民党军参谋部了解事实真相，不能不承认战局的结果："陈毅第七、九、十三、新八、新九、渤海等纵队未受甚大损失，今六、十纵队又退运河以东，此八个纵队预料两个月即可恢复战力。"郭汝瑰承认："豫东会战，国军当然系一大失败。"③战后，邱清泉因"解围不力"，被记大过处分，黄百韬则因作战积极受到蒋介石的奖励。为此，邱于9月1日请长假离开了部队，由杜聿明接统第二兵团。国民党军从此在中原战场失去了进攻的能力。

　　在中原战场进行主力会战期间，其他战场上，解放军的优势地位在继续扩大。在东北，东北野战军于5月24日奔袭长春西郊，歼敌一部。不久，东野鉴于攻坚困难较大，即转入部署对长春的长围久困，并在毛泽东的再三敦促下，准备南下北宁路作战。

　　在华北，傅作义以主力对主力、以集中对集中的作战方针，使晋察冀野战军感到歼敌困难，难以扩张战果。3月24日，中共中央军委指

---

①　《总统蒋公大事长编初稿》1948年7月10日条。
②　蒋介石手启午咸府贰电（7月15日）致各省政府主席各市政府市长，行政院档案，中国第二历史档案馆藏。
③　《郭汝瑰日记》1948年7月19日、8月4日，摘抄打印本。

示该军,出击平绥线,在宽大机动中大量歼灭敌人,迫使敌军分散。晋察冀野战军即以主力分成两翼,出击察哈尔南部和绥远东部,于3月20日出动。左翼兵团攻占天镇后,向归绥进军;右翼兵团攻占广灵、阳原等地后集结待机。傅作义因他的根据地受威胁,以主力第三十五军及骑兵部队西援归绥,以暂编第四军进至天镇、西湾堡地区,晋察冀野战军右翼兵团即北上歼击暂四军,该军发觉后,退守柴沟堡(怀安),西援主力东退兴和。华北"剿总"兵力集中,绥远地方组织强固,又于4月5日车运骑兵第十二旅至天津、静海集结,自9日起,袭占解放区的大城、青县、河间、任丘,威胁石家庄,破坏解放区后勤机关。晋察冀野战军在外线立足不住,不得不撤退。

与此同时,晋冀鲁豫军区部队,在第一副司令员徐向前的指挥下,对国民党军在晋南的最后一个孤立据点临汾发起围攻。国民党军阎锡山系统第六集团军副总司令梁培璜率第六十六师及整编三十师一部作了顽强抵抗,徐向前所部战斗力比较薄弱,屡攻不克。统帅部门有放弃攻击、回调保卫石家庄的意见,但徐向前决心继续攻击,不愿半途而废。经过大量的坑道爆破作业,72天的战斗,终于在5月17日晚,全歼守敌,解放临汾。

5月间,中共组成华北解放区,设立中共中央华北局、华北军区。聂荣臻为华北军区司令员,下辖二个兵团、七个纵队,分别由徐向前、杨得志任第一、第二兵团司令员。5月中旬,第二兵团主力向热河西部出击,转战至冀东,策应东北作战;另一部在保定以北作战,分别切断平绥、平承(承德)、北宁、平汉铁路,使华北"剿总"疲于奔命。徐向前指挥第一兵团等部发起了晋中战役,于6月中旬,进入产麦区汾阳、孝义、灵石。太原绥署主任阎锡山即组织闪击兵团,向高阳镇推进,争夺麦收,遭到解放军的围攻。阎锡山即令第七集团军总司令赵承绶,副司令、原日军将领元泉馨,率领以原日军为骨干组成的暂编第十总队增援,也遭到解放军的包围。至7月16日晚,阎锡山南进各部被全部歼灭,赵承绶被俘,元泉馨被击毙。太原绥署所属第七集团军总部、四个军部、九个师、二个总队被消灭。太原陷于孤立。

　　在西北战场,西北野战军于宜川大捷之后,于3月间进围洛川,久攻不克。4月16日转兵分三路向西府地区(在泾河和渭河之间)长途奔袭,会攻宝鸡。蒋介石命令胡宗南集中兵力,调裴昌会兵团和马继援部分两路援救宝鸡。国民党军后方空虚,解放军于4月21日收复延安,25日解放洛川。西北野战军于26日攻占宝鸡,但敌大军轻装急进,协同攻击,于27日即兵逼宝鸡。西野无后方作战,态势不利,被迫于28日撤出,一路上遭到国民党军的重兵堵截,损失重大,撤至黄龙地区休整。

第三章　人民民主运动的发展和
国民党强化统治的措施

第一节　中共的土地改革运动
和国民党的对策

一　中国共产党的土地改革运动

中共于 1946 年 5 月 4 日发出了著名的《五四指示》之后,即在解放区开展了土地改革运动。初期的土改,虽然取得了一定的成就,但仍不能满足农民对土地的要求。1947 年 4 月,刘少奇在从陕北渡过黄河东进途中,对土改运动作了一些调查,发现:"虽然有些地方农民已分得若干土地,有些地主被斗争,有些地方也正在进行工作,但群众运动是非常零碎的,没有系统的,因此也是不能彻底的。"他指出:"没有一个有系统的普遍的彻底的群众运动,是不能普遍彻底解决土地问题的。目前你们的任务,就是要有计划的去组织这样一个群众运动,并正确的把这个运动领导到底。"①

7 月初,刘少奇、朱德率领的中共中央工作委员会到达河北省平山县后,即着手组织全国土地会议。7 月 17 日至 9 月 13 日,全国土地会议在紧张的战争环境下,于平山县西柏坡村举行。各解放区领导人和

---

① 《刘少奇关于彻底解决土地问题给晋绥同志的一封信》(1947 年 4 月 22 日),中央档案馆编:《中共中央文件选集》第 16 册,中共中央党校出版社 1989 年版,第 487—488 页。

代表 107 人出席了会议。与此同时，毛泽东于 7 月 21 日至 23 日，在陕北小河村召开了一次中共中央的扩大会议。毛泽东在讲话中谈到土改问题时说："坚持土地改革不至于吓跑民族资本家，但不坚持土地改革势必会丧失农民，从而丧失革命战争，也丧失民族资本家。土地改革要和统一战线相结合。十年内战时期我们犯过'左'的错误，一是在土地革命中地主不分田、富农分坏田，现在我们是一律平分；二是在城市中没有建立统一战线，不团结民族资本家，现在我们是采取打倒官僚资本而保护民族工商业的政策。"①7 月 25 日，毛泽东在上述刘少奇的信上写了批语："少奇同志在这封信里所指出的问题，不仅是在一个解放区存在着，而是在一切解放区在不同的程度上存在着；他所指出的原则，则是在一切解放区都适用。"他要求各解放区"彻底解决土地问题，改造一切脱离群众的组织，支持人民战争一直到胜利"②。

9 月 13 日，中国共产党全国土地会议通过了《中国土地法大纲》，并由中共中央于 10 月 10 日公布。这个大纲规定了彻底平分土地的原则："乡村中一切地主的土地及公地，由乡村农会接收，连同乡村中其他一切土地，按乡村全部人口，不分男女老幼，统一平均分配，在土地数量上抽多补少，质量上抽肥补瘦，使全乡村人民均获得同等的土地，并归各人所有。"③同日，中国人民解放军总部颁布解放军口号，首次提出了"打倒蒋介石，建立新中国！"，同时提出"农民分土地，耕者有其田"、"国民党士兵分田废债"等土地改革的口号，进行解放战争的政治动员④。

《中国土地法大纲》公布之后，土地改革运动即在各解放区轰轰烈烈地开展起来，农民的革命创造热情，得到了充分的发挥。据估计，到

①　《在小河中共中央扩大会议上的讲话》（1947 年 7 月 21 日），中共中央文献研究室编：《毛泽东文集》第 4 卷，人民出版社 1996 年版，第 268 页。
②　《中共中央文件选集》第 16 册，第 486 页。
③　《中共中央文件选集》第 16 册，第 548 页。
④　《中共中央文件选集》第 16 册，第 551—554 页。

1949年6月,解放区有229万平方公里土地,总人口2.7亿,农业人口2.15亿、耕地面积5907万公顷,业已完成土地改革的地区,达农业人口1.2463亿,耕地面积3919万公顷,没收分配土地2469万公顷。全国三分之一的农民摆脱了封建剥削①。翻身农民有力地支援了解放战争。

但是,《中国土地法大纲》采取了彻底平分土地的办法,侵犯了中农的利益,对生产造成了不小的危害,在后来才得以逐步纠正。而且,1947年底的土改高潮中,"左"的错误比较严重,侵犯中农利益,破坏工商业,对地主、富农"扫地出门",甚至乱打乱杀,造成农村中的恐怖气氛,社会动荡,人心惶惶,生产也受到严重影响。据晋绥地区报告:"一般群众恐慌,生产情绪低落,灾情加重,并发生严重外跑现象。不仅地富逃亡,甚至中贫农逃亡不少,特别是一部分老区,如平鲁逃亡最严重。边沿区如怀仁三分区,全家逃亡和个别逃亡的有128户,其中中农就有86户。左云三区逃亡234户,其中中农就有92户,贫农有17户。"②如葭县,"有几个村庄连贫中农的东西都一律没收。干部家属幸免于斗者很少,有的烈士家属也被扫地出门。有用盐水把人淹死在瓮里的,还有用油从头上烧死人的。葭县乱搞不及五天,竟一塌糊涂,影响所及,人心不安,闹得农村极度紧张"③。一些解放区的经济遭到严重破坏。"左"的错误也影响到部队,造成官兵之间关系紧张。挺进中原的部队,一度急于在新解放区进行土改,犯了"左"的错误,未能及早建立起真正的群众基础,刘邓在大别山一时也未能站稳脚跟。由于没有巩固的后

---

① 参《各解放区土地改革情况表》,董志凯:《解放战争时期的土地改革》,北京大学出版社1987年版,第261页。

② 《(晋绥)五分区代表团关于土地改革整党工作综合报告》(1948年10月),转引自成汉昌:《中国土地制度与土地改革》,中国档案出版社1994年版,第608页。

③ 习仲勋:《关于土改中一些问题给毛主席的报告》(1948年1月19日),《中国土地改革史料选编》,第450-451页,《中国的土地改革》编辑部、中国社会科学院经济研究所现代经济史组编,国防大学出版社1988年12月第1版。

方,中原各部解放军和占优势的国民党政府军展开了艰苦的拉锯战斗,没有能够大量歼灭敌军。

　　国民党方面,对解放区在土改过程中一度出现的混乱,以为有机可乘,感到兴奋。傅作义于 12 月 15 日在北平演讲时夸大其词地说:“过去有地位、有声势之人士,为安定民生,曾努力于和平,因此全国意志不易集中。时至今日,共党恐怖残暴之狰狞面目,已完全暴露,各方鉴于共匪残暴,必能协助政府,此乃不可估计之力量。……此种力量不仅可以戡乱,且能促成民生主义之实现。政府力量充实之后,共祸自可消灭于无形。”因而他对“戡乱”的前途表示乐观。①

　　但中共在战争的严酷环境下,迅速地着手纠正“左”的错误倾向。中共中央于 12 月 25 日在陕北米脂县杨家沟召开会议,毛泽东在《目前形势和我们的任务》的报告中,即开始注意土改中的错误倾向,会议对土改政策进行了研究和讨论,会后,毛泽东根据讨论的结果,于 1948 年 1 月 18 日起草了《关于目前党的政策中的几个重要问题》,纠正土改工作中的“左”倾错误,使土改工作迅速走上了健康的轨道。自 1948 年初到 1948 年底,各地展开了改正错定的阶级成分,补偿被侵犯的中农和工商业者,以及安置被“扫地出门”的地主、富农的善后工作,安定了解放区的秩序,发展了生产,实现了毛泽东所指出的任务:“全党必须明白,土地制度的彻底改革,是现阶段中国革命的一项基本任务。如果我们能够普遍地彻底地解决土地问题,我们就获得了足以战胜一切敌人的最基本的条件。”②

二　国民党对中共土地改革的对策

　　国民党深知中共的土改政策对于农民的革命动员作用,因而一直

---

　　①　《大公报》(上海),1947 年 12 月 26 日。
　　②　《毛泽东选集》第 4 卷,人民出版社 1966 年版,第 1196 页。

在研究对策。国民党方面的基本设计,是以国家政策实现和平的有偿的地权转换,扶植自耕农,实行耕者有其田。国民政府行政院于1945年10月30日制定公布二五减租办法(即从现纳佃租率的50%中,减少25%),1946年4月29日公布的《土地法》,其立法意图,据《修正土地法草案趣旨之说明》:"三、扶植自耕农。农地以归农民自耕之原则,实符国父耕者有其田之主张。本草案为使佃农有变为自耕农之机会,并使具有耕作能力之人民,成为自耕农,特分别增订其获得土地来源之条文,并规定设立土地银行,俾购地之资金,有所借贷,以期土地政策得以实现。四、照价收买私有土地,为国父所主张。本草案为防止土地投机集中,及促进土地利用并防止所有权人逃避地价税起见,特增定私有逾额之土地、不在地主之土地及空地、荒地与短报地价之土地,均得由县市政府照价收买等条文,免除土地征收之繁重手续。但各附以条件,用示限制。盖于推行政策之中,仍寓保护私权之意。"①这个土地法规定,"省或院辖市政府对于私有土地,得斟酌地方情形,按土地种类及性质,分别限制个人或团体所有土地面积之最高额"②,但事实上并未付诸实施。

针对解放区的土改运动,行政院于1946年10月25日制定公布了《绥靖区土地处理办法》,对于已经中共实行土改的地区,在国民党军占领之后,采取了折中地主和农民利益的办法:"绥靖区内之农地,其所有权人,非自耕农时,在政府未依法处理前,准依原有证件,或保甲四邻证明文件,保持其所有权,并应由现耕农民继续佃耕。绥靖区内佃租额,不得超过农产正产物三分之一,其约定以钱币交租者,不得超过农产正产物三分之一折价。""在变乱期间,农民欠缴之佃租,一概免予追缴。"同时,规定无主或地主逃亡土地,由政府发行土地债券征收,以缴价承

---

① 《中国现代政治史资料汇编》第4辑第36册。
② 《国民政府公报》(重庆),1946年4月29日。

领的办法分配给农民,等等①。地政署于是年底在讨论蒋介石交下的《对共经济作战方策建议案》时认为:"今日之绥靖区土地处理方针,应从实施减租到普遍扶植土地小私有制,使农民成为自己耕作之主人。绥靖区之迫切工作,应为地权之清理与调整,加于农民身上之任何限制,动机纵系良好,亦必将招致农民之反感。原方策所拟处理土地办法,不仅与现行法令不合,且普遍保持租佃制度,于今日的农村亦实无如何之裨益。"因此建议:"一、在共党实行减租减息之地区,应以维护农民既得之减租利益为方针,继续实施减租,并严禁追索欠租。二、在共党实行分田之地区,应以土地归于农民为方针,对于原土地所有人可由中国农民银行发行土地债券偿付地价。三、推行合作农场制度,应从奖励诱导入手,不宜过事强迫。"②

　　但是,国民党实际上没有可供驱策的社会力量和经济力量去实施上述政策,他们在占领解放区之后,所能依靠的力量既然只能是地主,那么,也就只能去保护地主的利益。有报告说:"查收复区最近发现两种怪现象:(一)查封奸匪家属全部财产并驱逐之。(二)本年地租地主不特不奉行二五减租办法,除强迫佃农对半分租外,并追算历年未对半分租之旧账。上述两种现象,现江苏萧县第九区大都如此……查各地方官绅既与地主打成一片,故中央各种收揽民心、安定社会秩序之法令,相率阳奉阴违。"③有一位在苏北的人民服务队队员报道还乡地主逼租的残酷情形说:"我亲眼看到一个地主,借着某方势力,任意拘捕佃户,不下有百余个,强迫清缴租谷,不然的话,则施以吊打、火烤、灌水等毒刑。势弱无能的佃户,此时呼天不闻,呼地不应,只有随其摆布支配,只有呻吟待死。"④

---

① 《中国现代政治史资料汇编》第4辑第36册。

② 《地政署致行政院绥靖区政务委员会公函》(1946年12月21日),《中国现代政治史资料汇编》第4辑第36册。

③ 《第八绥靖区司令部政治部代电》(1946年11月),《中国现代政治史资料汇编》第4辑第36册。

④ 谭棠洲:《代苏北佃农们喊冤》,《大公报》(上海),1948年4月26日。

尽管如此,国民党内人士仍在理念上十分关注土地问题的解决。1947 年 2 月 13 日,正在美国的何应钦写信给白崇禧、陈果夫、陈诚、吴铁城、陈立夫等强调说:"此邦(指美国——引者)舆论多谓平均地权原为国民党良好政策,但国民党政府竟不敢实施,而任共产党施行此项政策,以争取占中国人口百分之八十五强之农民。《纽约时报》及《先锋论坛报》且批评《中国之命运》一书,对于土地政策未提出具体办法,故弟觉关于土地政策、农民福利问题,似有迅速研究有效办法、积极实施之必要。"①而且,从理念和法规上讲,是向更彻底的土地改革方案发展的。1947 年 4 月 23 日,行政院修正《绥靖区土地处理办法》第七条为:"绥靖区内之农地,经非法分配者,一律由县政府依本办法征收之。"②续后又修正《绥靖区施政纲领》第八条为:"绥靖区内之农地,经非法分配者,应由县政府征收,其地价应依法估价,折合农产物由中国农民银行发行土地债券,给予合法所有人分年偿付。"③

9 月 29 日到 10 月 3 日,国民党举行了全国地政检讨会议,蒋介石在会上说:"吾人应深刻反省,认清事实,必土地政策有确切之执行,斯国家建设方能奠不拔之基础……尤其对于绥靖区之土地行政,必应根据既定政策,恪遵现行法令,坚定信念,讲求技术,打破困难,忠实执行,庶可遏止目前乱萌,确立复兴基础。"④张群在闭幕会上也说:"本党从事革命,已有五十年历史,在若干方面颇有成就,但在最重要之民生主义,如耕者有其田,平均地权,节制资本方面,则仍为一种口号,以致民生问题迄未解决。吾人实应迅拟方案,加强实施。"⑤但这次会议本身除作报告,提出各项提案,要求修改《土地法》之外,并无具体成就。

---

① 国防部档案,全宗号三四(2),卷号 61,中国第二历史档案馆藏。

② 《国民政府公报》1947 年 4 月 26 日(五),第 2809 号。

③ 参傅毓衡:《论绥靖区土地事例办法》,《中央日报》(南京),1947 年 9 月 30 日。

④ 《中央日报》(南京),1947 年 9 月 30 日。

⑤ 《中央日报》(南京),1947 年 10 月 4 日。

　　蒋介石曾命令地政署(后为地政部)指定几个实验县来实行。据《大公报》报道："据地政部发言人对记者称:'自绥靖区土地处理办法实行后,已有若干县拟具计划试办,成绩甚佳。根据此项办法,凡绥靖区已经非法分配之土地,国军收复后即由县政府征购,并重予合理分配。其要点为:(一)补偿地价,由县政府邀集地主、佃农及有关机构组织评议会,分区评定。(二)评定后之地价,由省府核定后即由农行以现金配发土地债券,给予原来地主。(三)承领土地人之资格:(1)变乱前之原来佃耕人。(2)现在之耕种人。(3)具有耕种能力之退伍士兵或抗战军人家属。(四)承领土地面积一般为每户廿亩至四十亩。现已依照此项办法试验实行者,全国共十二县,即江苏之东台、兴化、宿迁、淮阴,山东之临沂、济宁,河北之昌黎、丰润,察哈尔之张北、涿鹿,安徽之天长、泗县。'"《大公报》同日报道,淮阴的实验,在三四月间进行,清理地权,评定地价,办理租约登记,基本上是恢复了地主的所有权。虽经减租,但规定:"过去欠租一律不准追索,此后保证佃农交租。"而实行征收放领示范区彻底平均地权的面积,仅1.8万亩土地。①

　　前项工作,既没有解决土地问题,而恢复地主土地所有权本身就十分复杂,纠纷不断,国民党哪里有这个组织力量和财政力量去调和租佃矛盾,安定社会?结果当然只能失败。汤惠荪在《绥靖区土地处理及战士授田的实施问题》一文中说:"于是指定淮阴、宿迁、东台、兴化等县为实验县,后又指定山东临沂、济宁及河北昌黎、丰台二县,与安徽天长、嵊县,及察哈尔涿鹿、张北二县(原文如此,地名有误——引者),为实验县。但是,这十二县,都没有做什么事,工作没有推动。据我知道,有几个县,共匪又窜来了。同时地方反对,因为难民多半是地主阶级。他们还乡以后,佃农又把土地交还地主。所以他们说,没有土地问题,因此不能推动工作。谈到土地债券问题。在苏北南通、海门等县的大地主,他们愿意把他土地征收了,想卖得几个钱,投资到别的地方去,但该项

---

　　① 《大公报》(上海),1947年11月8日。

土地债券,必须能向农行抵押始可。我们本来预备能够抵押,农行也愿意抵押,可是农行自己无钱,要向中央银行转抵押,而中央银行说是不行,要等财政部的政策决定后才可以。结果本案还搁在四联总处,也没有人说可以,也没有人说不可以。"①

　　蒋介石在 1946 年 11 月 18 日在绥靖区政务会议上作报告时说:"目前绥靖区的工作,我认为紧要的还是土地问题。"他要求部下表现出良好的成绩来:"过去共产党毁谤本党和政府,说我们政府是世界上最腐败最无能的政府,说我们军人和公务员是最懦弱最贪污的军人和公务员,这种污蔑和毁谤,在国际上已经造成了一种牢不可破的观念。现在我们将绥靖区共匪的武力肃清了,我们可以在绥靖区推行政府的法令和政策,这就是我们表现能力和成绩一个很好的机会,我们要乘此机会用事实来打破共匪虚伪的宣传,证明本党一切法令政策的确是以人民的福利为依归。本党一般干部人员的确有领导人民建设国家的能力。"②但事实证明了国民党政权的腐败无能。它在地主利益和农民利益的选择上,政策混乱,而结果仍只能倾向于地主阶级,维护其利益。1947 年 11 月底,蒋介石到北平视察后,发布国民党政府对收复区的措施方针,仍然采取了收复区农地"仍然归原业主所有,但应佃给现在耕种的农民继续耕种"的政策,而没有按征收放领的办法实行。③ 在国民党系统办的《土地改革》杂志上,万国鼎指出:"土地制度相帮着造成了官僚政治,而官僚政治阻碍土地改革。"萧铮则更坦白地说:"我们二十年来的政治基础,是建筑在地主身上的。"④

　　1948 年 1 月 28 日,在美国政府将向国会提出援华计划的时候,行

　　① 《绥靖区总体战之研究》,(国民政府)国防部政工局编印,1948 年版,第 75 页。

　　② 《中国现代政治史资料汇编》第 4 辑第 6 册。

　　③ 《大公报》(上海)1947 年 11 月 30 日第 2 版。

　　④ 分别引自《土地问题与官僚政治》,《我们抽出社会革命的旗帜——创造新中国的前途》,《土地改革》第 1 卷第 1 期。

政院长张群发表了中国政府关于美国援华问题的声明，提出了十项财政经济改革计划，其第九项为："发展农业生产，改善农村经济，并实施土地改革。中美农业技术合作团之建议，其可提前实施者，即予采行。"①对此，陈果夫在他的日记里批评说："今日一切事均为被动。如农贷与地政，均为美贷款之条件，而后我之声明始有此二条，若美方不说，我当局亦必不说。如此被动，国何以立？"②马歇尔在2月20日美国众议院外交委员会上，听取各方面对于美国援华计划的意见时也说："中国政府的基础必须扩大，而不应以一小集团为限。尤其我以为国民政府对于土地情形与农民问题，应有所动。在下层阶级中，时常有一种感想，以为政府对于人民或他们的问题，置之不理。"③

到1948年5月绥靖区政务研究会议时，蒋介石不能不承认："本党今日唯一之病源，即在不能实行。各级干部，遇事不能自动负责，实事求是，对于法规命令之推行，并无固定之程序。上级对于下级，既无技术之指导，亦少切实之考核。致勇于任事者，困难重重，无法解决；阳奉阴违者，敷衍塞责，功过不分。此病在县级以下各级机构，尤为显然。此种办事作风，如不彻底改革，则任何法令，必成具文，而剿匪军事亦必陷于停滞。"④

三　国民党在土改问题上的立法努力

尽管国民党连已有的政策也不能贯彻，但在立法上仍想有所作为。1948年3月间，华中区绥靖会议时，又把绥靖区土地处理办法作了修

---

①　《大公报》（上海），1948年1月29日。

②　陈果夫日记1948年1月31日，转引自徐咏平：《陈果夫传》，台北正中书局1978年版，第947页。

③　《大公报》（上海），1948年2月22日。

④　《绥靖区总体战之实施》，（国民政府）国防部政工局编印，1948年版，第1页。

改,最重要的是,不分非法或未经非法分配的土地,凡超过其人口最高额者,即予征收,也就是限田制度:"一、切实执行三一缴租,并实行保租,以改善佃农生活,维持地主生活。造成阶级协调,根除阶级斗争。二、实行限田:地主超额土地,一律由政府用土地债券征收放领,以培养自耕农,达到'耕者有其田'。三、提倡合作农场,尽量利用农业贷款,技术指导,打破小农经营,达到利用近代科学之集体生产。"①为了应付中共的土地改革运动,国民党系统方面,于1947年4月成立了土地改革协会,并于1948年2月19日通过了《土地改革方案》。3月20日,理事长萧铮在南京举行记者招待会,予以发表。这个方案在序言中指出:"中国土地改革协会有鉴于我国当前土地问题之严重,已成为一切祸乱的根源,和民族生死存亡的关键,而政府现行有关土地的政策与法令,并不足根本解决这个问题,如果不急求彻底而普遍的改革,实有非常可怖的后果。"因此,这个方案采取了急进的措施,其前二章为:

第一章　土地改革的目标

土地改革的目标之一为耕者有其田,所以全国农耕土地,应自即日起,一律归现耕农民所有。

第二章　终止佃耕制度　化佃农为自耕农

现在佃耕他人土地之农民,分年清偿地价,取得土地所有权,化佃农为自耕农。

上项地价为现租额之七倍,分十四年交纳,但现租额以不超过正产物千分之三百七十五计算之②。

对于这个方案,萧铮在答复责难时说:"老实说,一切土地改革方案,没有替地主打算的道理。但我们是小地主多的国家,地主的生路亦不能不稍为顾虑……地主如再一定要保障既得利益,不肯走这条和平改革的

---

①　《绥靖区总体战之实施》,第140页。

②　萧铮回忆录:《土地改革五十年》,中国地政研究所印行,台北1980年版,第286页;又参《大公报》(上海),1948年3月21日。

路,恐终有一日,要保障生命安全亦不可能。现在共党所引导的农民叛乱,不是摆在眼前的事实吗?"①土改对国民党的生存如此重要,据萧铮说:"美国《基督教科学箴言报》亦揭载全文,并著论谓此项改革方案,甚为重要,应视中国政府能否实行,以为美国对华继续援助之条件。"②

正如前面所说,国民党的基层组织,本来就和地主阶级合为一体,国民党想进行土地改革,如何进行动员是一个大难题。在土改的问题上,国民党像乌龟那样极其缓慢地爬行,它和中共进行的是一场真正意义上的龟兔赛跑。国民党并非没有土改的计划和意愿,它也明白土改对自己生死存亡的意义,但国民党只进行了一点一滴的工作,进展十分缓慢。当中共以暴风骤雨之势进行土地改革的时候,国民党对土改方案尚议而不决。龟步而行的国民党,在这场赛跑中失败已成定局。

7月初,国民党在豫东战役中惨败,中原地区的军事优势地位已经丧失,济南、徐州均处在解放军的威胁之下,崩溃之势已成。萧铮希望立法院迅速立案,实行土改。他回忆说:"于时局十分紧张中,我们愈感有迅速实行土地改革之必要,尤其是农地改革,是防止共党扩张之重要武器,故自本年三月廿日本会发表土地改革方案后,继之以各种座谈会及讨论会之互相交换意见,佥认为应为更具体之规定,称为《农地改革法案》,故于七月四日,由余以行宪后之立法委员身份,领衔正式提出于立法院。"③

萧铮的提案,基本上是按照上述的土地改革方案草定的,由张道藩等84人联署,提案规定:"本法颁布之日起,各省市政府应于六个月内拟具详细施行计划及施行附则,于一年以内实施完成。"④且不说国民党有没有进行土改的组织力量,就是军事形势,也等不得一年的时间

①　萧铮回忆录:《土地改革五十年》,第294页。
②　萧铮回忆录:《土地改革五十年》,第288页。
③　萧铮回忆录:《土地改革五十年》,第304—305页。
④　萧铮回忆录:《土地改革五十年》,第309页。

了。而实际情况则更为糟糕,立法院对这个提案进行了长期的辩论,最后也没有作出结论。萧铮回忆说:"首先有陈紫枫委员之大声疾呼,谓余案为'违宪'、'根本不能成立',又认为'我国土地问题,根本并不严重',又谓'提倡土地改革为共产党之尾巴',并列举其所谓'本案缺点甚多,如实行可引起严重影响'。继之有刘士笃委员谓本案可能制造混乱,而甘家馨委员又责本案不够彻底,孟广厚委员则说有若干点之建设性批评。而孔庚委员则提案谓应将生产问题同时解决,范声委员则提议应先实行都市土地涨价归公,黄统委员则提议应实行土地国有,金鸣盛委员则提议应先制定都市土地使用条例。其他各委员在大会讨论时发言反对者更众,甚至有人主张本案应不予审查。惟潘委员廉方所提之《实行农地农有、市地市有、富源地国有》案,以及吴望(人及)委员所提之《拟具佃农减租条例改善佃农生活》案,牛践初委员之提议《绥靖区及非绥靖区土地改革应同时普遍实施》案,则与本案同其意旨。余于反对声中,曾再写一文:《论农地改革法案——兼答刘士笃、陈紫枫、甘家馨、孟广厚诸先生》加以辩解,其余在立法院讨论中,口舌之争辩,几又演'舌战群儒',此案作大体讨论贯半年之久,至是年十月一日,卒以'并付审查'了之。而国事已不可为矣。真所谓'宋人议论未定,兵已渡河!'"[1]

当时,国民党各地方政府,在不同程度上有一些减租减息、战士授田及土地改革的方案及活动。例如,傅作义主张"发展中层",1948年3月19日,河北省军政会议原则决定,"保护自耕农,将富农无力自耕之部分割出,交由劳力有余之贫农耕种"[2]。但点点滴滴的活动,并不能减轻农民的痛苦,更不能满足农民的要求,自然无法抵抗中共的土地改革对农民的普遍的动员作用,以及对国民党士兵的争取和瓦解的作用。

---

①　萧铮回忆录:《土地改革五十年》,第305页;参《土地改革》第1卷第12、13期。

②　《大公报》(上海),1948年3月21日。

国民党士兵在中共土地改革的感召和政治攻势之下,大量地倒戈。解放军更大批地以俘虏的国民党士兵经过教育后充实自己的队伍,从而使解放军的军力得以迅速壮大。而国民党尽管拥有广大的人力资源,由于得不到农民的支持,它的兵源补充十分困难。

1948年8月,中美设立基于美援的中国农村复兴委员会,以蒋梦麟为主任委员,于是年底到1949年间,在西南地区,以向地方当局提供农复会资助的条件,要求地方当局推行二五减租,先后在广西、贵州、四川推广。台湾则于1949年8月15日在全省开始换订租约,实行三七五减租,即佃租不得超过正产物的千分之三七五,也即二五减租的原理。但这些局部行动已无补于国民党崩溃的大局。

第二节　总体战和国统区统治的强化

一　总体战

国民党政府虽然于1947年7月下达了总动员令,但实际上并无成效。一年后,国防部政工局局长邓文仪说:“总动员的办法,是去年七月间才决定的,过去没有下动员令,大家不动员,犹有理由可说,现在动员令已经颁布快一年之久,事实上还是没有动员,因此军队就受了很大的影响。因为军队无论到什么地方,找不到夫子,买不到粮食,或者在追击防守的时候,补给困难。于是军队就不得不自由行动,去找粮食、找蔬菜、找夫子,因此就影响军队纪律。”也就是“政治不能配合军事,党务、政治、经济、军事、民意机关,不能互相协调,不能以剿匪工作为重心,来切实合作”。“六省主席会议决定,对大别山的匪,马上进行清剿。但是大别山的匪,被我们打跑了,行政院的命令还没有下去。这就是政府不能适应剿匪的缓急需要,因此,才有九江会议、徐州会议的召集,但对剿匪问题,还是没有解决。所以主席最后决定召集华中区绥靖会议,把八个省主席和绥靖区的司令官都找来开会,主要就是研究总体战的政策及其实施方案"①。

当时，国民党将领中，非黄埔系的傅作义、白崇禧有比较强的独立作战经验，他们更懂得如何依靠地方社会组织与中共作战，同时，也在一定程度上仿效中共的作风。傅作义主持的张垣绥靖区（张家口），"你所看见的军政人员，都好像是士兵和夫役。因为武职人员，无论军长师长，一律都穿着草绿色粗布的士兵制服；文职人员，无论厅长处长，一律都穿着夫役式的黑色粗布制服；一般高级人员的装束，和士兵夫役，丝毫没有差别。傅主任本身也是如此。"傅作义标榜说："共产党人是表面的待遇平等，实际的享受不同；我们是表面的待遇不同，实际的享受平等。"傅作义十分重视对地方组织的控制："对乡县人员编组保甲的要求，是'人必归户，户必归甲'，不许有一个人遗漏在保甲组织以外，保甲组织发挥的力量，要求到什么程度呢？是要'一个坏人不能隐藏，一句流言不能传播，一个逃兵不能走脱'。"②傅作义在出任华北"剿匪总司令"之后，寻求对付解放军的办法。他认为，在北方，军事及政治配合的方略，"一为封地道，一为捉干部，一为搜存粮"，以此摧残解放军，切断解放军的后勤补给。据报道："（傅认为）欲军事有办法，必须配合政治推进，故渠现正研究一种土地政策，藉以抗共匪之分田政策。傅氏并称，匪区目前农田均已荒芜，壮丁且均逃尽。彼等所标榜之一亩半分田政策，实为欺人之说。惟欲挽救人心，则我们不能不另谋良策，使人民有所依归。"③当然，中共的土改政策深入人心，他是找不到什么"良策"的。白崇禧在一次讲话中则强调："欲肃清政治性之匪，确需军政配合，军民合作，方克奏效。希望地方父老一致起来，领导民众参加省县自卫组织，充实地方武力，协助正规军发挥全面清剿之最高决策。"④他特别

---

① 《绥靖区总体战之研究》，第20—26页。

② 王汝章：《张垣绥靖区作风》，《中央日报》（南京），1947年7月6日、7月8日。

③ 《大公报》（上海），1948年2月18日。

④ 《大公报》（上海），1947年12月8日。

强调"组训民众,使男女老幼人人皆兵。平时共匪无由煽惑,紧急时可以动员起来"①。在白崇禧的指挥下,国民党的地方组织和解放军建立大别山根据地的工作展开了严重的斗争。

1948年3月17日,蒋介石在南京召开华中区绥靖会议,指示"达成总体战及党政军一元化,应明确规定绥靖区司令官之职权,以收统一指挥之效"②。会议决定了华中总体战方案,大要如下:"(一)调整绥靖区机构,武汉行辕撤销,成立华中绥靖公署。(二)各省自卫武力经费由中央筹措;各县成立保安团队,其经费由地方筹措。(三)授权绥靖区司令,负责统制绥靖区物资,避免资敌。(四)实行战士授田法。"③会议决定组训民众,建立地方武力,"以'自清自剿自卫自富'之'四自政策'为号召,以打击匪方求兵求战求食三求战略。(一)自清。发动自卫队及驻军、保甲,实行乡镇户口总清查,并随时突击抽查,以切实防杜奸宄,廓清闾里。(二)自剿。做到有民皆兵,人不离枪,枪不离手,随时痛剿。(三)自卫。以卫身卫家卫乡号召民众,无分男女,无分老幼,全体动员防匪,绝不使之入境。(四)自富。寓兵于农,寓农于兵,不误农时,竭力耕耘,增加农产,以裕粮糈,促进建设,解决民生,自筹合理财源,减少中央负担"④。会议至20日结束,颁订了《绥靖区总体战实施纲要》。至5月,国防部又召集各绥靖区主管人员来京,举行绥靖区政务研究会议,讨论具体措施。

所谓总体战,就是"今后戡乱作战,必须采取军事、政治、经济三位一体之总体战,以军事为主体,配合政治经济同时进剿,务尽诸般手段,充实战力,以摧匪之战力,庶可革新当前之局势,完成戡乱建国之大业"⑤。其关键,则是在政治上强化保甲制度,组训民众,加强地方武

---

① 《大公报》(上海),1947年12月29日。
② 《总统蒋公大事长编初稿》1948年3月17日条。
③ 《总统蒋公大事长编初稿》1948年3月20日条。
④ 《大公报》(上海),1948年3月20日。
⑤ 《总体战方略》,《绥靖区总体战之实施》,第9页。

装,控制基层组织。白崇禧说:"在政治方面,则须组织民众,使人必归户,户必归甲,甲必归保,而不遗漏一人,不散失一分力量。能够如此严密组织,然后才能实施总体战,发展全面战。"①

虽然,蒋介石号召党政军一元化,实际上,国民党方面仍然只能以军事首长为中心,强化军事控制。《绥靖区总体战实施纲要》规定:"为加强总体战效能,应建立绥靖区党政军一元化制度,绥靖区司令官,有统一指挥监督辖区内军事政治经济党务及人民团体之权。发挥总体战战力,绥靖地方,举办清乡,并协同进剿部队之作战。"②《剿匪地区军政机构配合方案》规定:"为适应戡乱剿匪总体战之需要,特设绥靖公署或剿匪总司令部,承最高统帅部暨行政院之命,指挥并督导辖区内剿匪绥靖事宜。"③

蒋介石就任总统前夕、国民党政府行将结束之际,发布命令:"国民政府现经改组,国民政府主席各地行辕,亟应随同调整,所有东北行辕之职权与业务,着即归并东北剿匪总司令部,北平行辕之职权与业务,着即归并华北剿匪总司令部,武汉、西北、重庆、广州各行辕,均着改为绥靖公署。"④所谓"还政于民"的结果,乃是强化了军事统制制度。

《绥靖区总体战实施纲要》重申了以往土地改革的政策。来南京参加绥靖区政务研究会议的著名地方领袖、华北第十区专员王凤岗认为:"只要政府实行民生主义,用合理的办法,使贫雇农能解决其生活问题,社会即可趋于安定进步。"宛西民团指挥官丁叔恒则说:"我们组训民团,实行了以下三大原则:(一)官绅合作,否则扞格不通。(二)士兵授田,每一名给十亩地安家。这许多地是由有地的捐出。我是有地的,我首先捐出一部分。(三)团结民心:(1)富人也要出钱出力,实行累进负

---

①　《绥靖区总体战之研究》,第7页。

②　《绥靖区总体战之实施》,第11页。

③　《绥靖区总体战之实施》,第15页;又《国民政府公报》,1948年5月11日。

④　《总统府公报》第2号,1948年5月21日第1版。

担。（2）三村互助，救济贫民，有一人饿死，村长连带负责。（3）请国军整顿军风纪。"①但国民党无论怎样费尽心机，它所依赖的保甲、地方父老，在当时中国社会经济条件下，都是地主阶级的组织系统。它要依靠这个系统去与中共战斗，又怎么可能完成土地改革？国民党强化地方组织和土地改革存在着先天的矛盾。国民党的总体战，在中共克服了"左"的错误之后，就无法再与中共发动群众的土地改革政策相抗衡了。

二　国统区的强化统治

国民党政府自实行"戡乱总动员"之后，即着手强化自己的暴力统治。一方面于1947年11月间通令成立由各级民意机关议长主持的省市县"戡乱建国动员委员会"，以分负各地动员民力的责任，同时并授权地方各级行政首长，指挥辖区内所有保卫武力，以加强军事政治的配合。国民党又在各地组织集会，进行"戡乱"动员，大造声势。一方面制定了一系列法令，强化战时经济体制，镇压革命运动，进行最后的挣扎。

1947年9月5日，行政院发布命令，公布《后方共产党员处置办法》，明令镇压共产党员。其中第六条规定："各地政府应会同治安机关定期公告，所辖境内之共产党员及其工作人员，凡愿遵照本办法办理脱离共产党手续者，应自动觅具妥实保证，依限申请登记。前项申请登记之人，于必要时，得令其缴出有关共党秘密文件。"第八条规定："共产党员或为共产党工作人员，潜伏后方，不为第六条登记之申请，应由当地治安机关一律予以逮捕，于法定时间内，移送有审判权机关，依刑法及妨害国家总动员惩罚暂行条例之规定惩处之。其有阴谋活动者，并从重惩处。"②至12月，进一步修正为"于法定时间内移送军法机关"③。但另

---

① 《大公报》(上海)，1948年5月13日。
② 《国民政府公报》，1947年9月8日。
③ 《国民政府公报》，1947年12月5日。

有命令指示："各在校学生之犯有共产党嫌疑者先送司法机关审理。"①

10月21日，首都卫戍司令部、南京市政府发出布告："凡潜伏本市之共产党徒，自应依法申请登记。兹遵照该项办法第六条之规定，订定南京市共产党分子脱党申请登记办法公布施行。限自布告日起至十月三十一日止为办理申请登记期间。如逾期不履行登记手续，一经查觉，立予逮捕法办。"②

为了控制工人运动，11月1日，行政院制订公布了《动员戡乱期间劳资纠纷处理办法》，禁止工人罢工、怠工。该办法规定，在工交事业发达地区，设立劳资评断委员会，隶属于市县政府。第七条规定："雇主或工人在未经劳资评断委员会评断以前，不得因任何劳资争议停业关厂或罢工怠工。"第八条更进而规定："劳资评断委员会之裁决，任何一方有不服从时，主管机关得强制执行。其情节重大者，并得依照妨害国家总动员惩罚暂行条例惩罚之。"③

为了控制学生运动，教育部于12月6日发布训令，公布《学生自治会规则》，规定了一系列扼杀学生运动的条例。第二条规定："学生自治会以根据三民主义培养学生法治精神促进其德育智育体育群育之发展为目的。"第四条规定："学生自治会为学生在校内之课外活动组织，不得参加校外各种团体活动，或有校与校间联系组织。"第五条规定："学生自治会应由学校校长及主管训导处或教导处指定每年级或每院系学生二人至三人先成立筹备会，于两星期内登记会员，召开大会，订定办事细则，推选职员，正式成立。"国民党对于这样成立的学生自治会还不放心，第九条规定："当选之理事，其操行学业成绩及领导能力经学校审核不合者，应以得票次多数之适合标准者依次递补。"第十五条更规定："学生自治会之决议，以在规定之任务范围以内为限，不得干涉学校行

---

① 国民政府训令处字一三〇四号，《中国现代政治史资料汇编》第4辑第4册。
② 《美国与中国的关系》（白皮书）下卷，第812页。
③ 《国民政府公报》，1947年11月4日第3版。

政,有违反上项情形者,学校得撤销之。学生自治会如违背校规,情节重大时,学校得解散之。"①教育部制订如此严峻的规则,表明了国民党当局同学生完全处于对立的状态,除了暴力之外,它事实上已经没有能力来控制学生运动了。

为了强化对人力、物力资源的征集,行政院于12月9日制订发布《动员戡乱完成宪政国防军事实施办法》,规定根据军事需要,对人力、物力的强制征发。对所谓绥靖地区则进一步强调:"为动员戡乱绥靖地方,得依军事需要,动员全国各县(市)民众武力,依照各县(市)民众自卫队组训规程,组织自卫队及常备自卫队,分别担任清剿零匪、警卫地方及情报、向导、运输、通讯、守望、盘查、工程、救护暨机动剿匪,配合国军作战,各县(市)已受训之国民兵,应加入自卫队组织。"②

12月25日,即1947年1月1日公布的《中华民国宪法》生效的一天,国民党政府命令公布《戡乱时期危害国家紧急治罪条例》,针对中共的地下活动,加重刑事处分,并于第八条规定:"犯本条例之罪者,除军人由军法审判外,非军人由特种刑事法庭审判之。前项特种刑事法庭之组织,由行政院会同司法院定之。"③也就是说,12月公布的将破获的中共地下党员交付军法机关审判的办法,也不能满足强化统治的需要,而必须特设专门法庭来解决这个问题。

1948年3月25日,立法院讨论特种刑事法庭组织条例,辩论十分激烈,多数委员根本反对这种法庭的成立。孙九录第一个发言,他说:"我根本反对这件事。胜利以前,立法院化了好大功夫,才将所有特殊法归纳在普通法里,今天我们忽然又要开倒车了。"刘不同说:"以上海的情形说,舞女打架要送特种刑庭,两个银行行员为了要求加薪而怠工也送特种刑庭,这像什么? 特种刑庭就是墨索里尼的办法,而民主国家

---

① 《国民政府公报》,1947年12月10日。
② 《国民政府公报》,1947年12月10日。
③ 《国民政府公报》,1947年12月25日。

的法制应该是有系统的。"谭惕吾说:"我们既以民主号召,就不应再有这种法西斯的制度。"立法院长孙科亲自起来警告持反对意见的立法委员说:"特种法庭是拿来审共产党的,这是大家知道的事实。现在共产党已经到了长江边上,等他占了南京,你们看他设的是什么法庭?现在不应该再有同情共产党的言论,你们同情共产党的,可以立刻退出去,不要等在这里。现在是戡乱,这个乱不戡,大家都等不下去。现在的局面不比一年以前,你们不要糊涂了。"虽然立法院终于通过了特种刑事法庭组织条例,但仍作了两项修正,一是将一审终结改为两级制,一是五年以上徒刑可请复判。根据通过的条例,特种刑事法庭分中央特种刑事法庭及高等特种刑事法庭,由中央庭复判高等庭判决的案件①。

《特种刑事法庭组织条例》及《特种刑事法庭审判条例》,《国民政府公报》于1948年4月2日刊布,但国民党政府至4月21日才命令于21日起施行②。

此外,国民党政府为实行总动员,强化战争机器,还颁布了《粮食流通管理办法》(11月22日公布)、《全国花纱布管制办法》(12月26日公布)、《加强金融业务管制办法》(12月23日公布)、《厉行消费节约办法纲要》(8月19日公布)等等,以便集中人力物力,用于战争,力图挽救行将崩溃的统治。

第三节　国统区民主运动的发展

一　学生运动和工人运动的发展

国民党政府以总体战,实施高压政策,企图巩固其统治区域。但恐怖政策历来只能激起人民更大的反抗。国民党"还政于民"的假民主,

---

① 《大公报》(上海),1948年3月26日。
② 《国民政府公报》,1948年4月22日。

没有为它争得群众,也没有能够扩大统治基础,反而弄得其内部更离心离德,而国民党的恐怖政策,更只能使它丧尽人心,为渊驱鱼,为丛驱雀。据中统局情报:"据报苏联驻天津领事多洛非也夫向驻京苏联大使馆报告,关于中国国民政府颁布总动员令后,北方青年之反响,谓:'平津一带青年原希望和平迅速到来,能有安定生活可过,不料国民党竟准备长期战争下去,且关闭和平之门,直置华北人民死活于不顾,青年学生激于义愤,纷纷准备向中共区投效,以打击国民党之坏政府'等语。"①

"五二○"运动后,国民党加强了对学校的控制,大批学生被开除出校,总动员令颁布后,一系列强化统治的法令出台。但国民党统治区,民不聊生,社会动荡,总动员令的实施,更加剧了社会矛盾,群众运动依然此伏彼起。白崇禧在南昌号召组训民众、人人皆兵时,七十八岁高龄之老议员杨赓笙拦住白崇禧,请求当局"不要扰民,不要造匪"。《力行日报》为此也发表评论,呼吁:"不要造匪,更不要因剿匪而造匪。"②

1947年10月25日深夜,浙江大学毕业生、共产党员陈建新、黄世民从上海来杭州,与浙江大学学生自治会主席于子三、郦伯瑾四人,在大同旅社秘密商议展开学生运动、反对总动员令,被保安司令部破获逮捕。26日,浙大学生得到消息后,即要求学校当局转请治安机关于24小时内移送法院办理。经竺可桢校长奔走于警察局、保安司令部、省政府之间,历90小时未有结果。29日夜,于子三在狱中被折磨惨死,但当局并未搜到证据。消息传出,激起了浙大师生的愤怒。浙大学生自治会决定于31日起罢课三天,并发布告同胞书,抗议当局非法拘捕四同学、惨杀无辜,要求保障人权。告同胞书说:"政府说什么要保障人权,而摆在眼前血淋淋的事实,证明这一切都是谎言。执法的在毁法,

---

① 《苏联驻天津领事多洛非也夫对总动员令颁布后之谈话》,《中国现代政治史资料汇编》第4辑第47册。

② 《大公报》(上海),1947年12月29日。

做贼的喊捉贼,这就是宪政,这就是民主,这就是法治,这就是保障人权。"①浙大教授会也为此作出决定于 11 月 3 日罢教一天。

11 月 9 日,浙大学生自治会决定继续罢课,为于子三治丧,并酝酿游行,呼吁人权保障。浙江省政府主席沈鸿烈忧心忡忡地致电教育部长朱家骅:"业与校方洽商制止,劝令复课。但自治会操诸共匪民盟之手,能否生效,实无把握。"②

同时,上海、南京、北平、厦门等地学校,纷纷响应浙大学生的呼吁,罢课抗议,反对国民党各地当局逮捕屠杀学生,要求保障人权。

这次学生运动遭到当局的镇压,当局利用学校内的国民党党团学生和军警配合,破坏学生运动,一批学生被校方开除学籍。至月底,学潮进入尾声。

教育部颁布《学生自治会规则》之后,又激起学生的广泛抗议。南京中央大学全体学生为抗议教育部颁布《学生自治会规则》发布告全国同学书,指出:"那是一部彻头彻尾的'他治'而非'自治'、'他主'而非'自主'的'御用'规则,这是政府有计划的摧残教育、奴役学生的毒计,也是更进一步剥夺全国学生自由权利的信号。这样产生的自治会是不可能代表同学的自由意志,也不可能为同学谋取福利的,因此我们坚决表示反对。"③不久,同济大学即为反对这一规则发生了更大的风潮。

国民党统治区社会组织濒临崩溃,各地屡屡发生抢米风潮。12 月间寒潮袭击上海,一夜之间,冻饿而死的人即达四五百人④。国民党政

---

① 《浙江大学全体同学为抗议浙江保安司令部非法逮捕四同学并惨杀于子三君告同胞书》,中国第二历史档案馆、中共南京市委党史办公室编:《五二〇运动资料》第 2 辑,人民出版社 1987 年版,第 468 页。

② 《沈鸿烈电》(11 月 10 日),《中国现代政治史资料汇编》第 4 辑第 54 册。

③ 《中央大学为抗议教育部颁布〈学生自治会规则〉告全国同学书》,《五二〇运动资料》第 2 辑,第 499 页。

④ 中共上海市委党史资料征集委员会主编:《中共上海党史大事记》,知识出版社 1988 年版,第 694—695 页;又据《大公报》(上海)1948 年 1 月 26 日第 4 版报道:全天在零度以下,两天来收拾路尸共一百多具。

府已如此不得人心,高压政策也无济于事,反而更激起了群众风潮。1948年1月底到2月初,在短短的五天内,上海即发生了同济大学的学潮,舞女捣毁社会局的舞潮,申新九厂工人罢工的工潮。正是"民不畏死,奈何以死惧之?"

1948年1月13日,同济大学学生冲破学校当局的阻扰,选举成立了新一届、即第三届学生自治会。为此,校长丁文渊于14日开除了二名学生骨干。学生代表要求校方收回成命,并承认学生自治会,遭到校长的拒绝。校方继续开除左派学生,并宣布禁止自治会一切活动。中共地下党认为:"这一切表明敌人决心镇压,我们必须针锋相对进行斗争,坚决反击敌人,并提出'反迫害,争民主'的口号,在斗争中扩大社会影响,争取教师的同情。"①19日,同济大学学生举行系科代表大会,作出了三项决议:无限期罢课,如无结果,去南京请愿,要校长丁文渊引咎辞职。同济大学学生的斗争,得到上海各校同学的广泛支援。而同济大学校方在国民党当局的支持下,决心对学生运动采取高压政策。

1月29日,同济大学学生集合,准备前往南京请愿,上海各校同学前来送行,在同济工学院所在的其美路(今四平路)上,会合的各校学生有四千多人。国民党当局出动了近万名军警和便衣特务,如临大敌,以武力阻止学生前往南京。中共地下党负责人也到达第一线指挥,各校中共党员站到斗争的最前列。上海市长吴国桢、警备司令宣铁吾、警察局长俞叔平都到现场解决学潮问题。吴国桢要求学生退回学校,坐下来谈判,学生们则要求:"立即撤退军警","反对开除学生","保障学生的权利和自由"。吴国桢指出:"游行请愿是非法的。"学生当即打出标语:"宪法第十条:人民有游行请愿之自由。"僵持到下午,学生请愿大队决定出发,遭到军警的阻拦,骑警向学生队伍冲击,学生们即以石块还击。吴国桢在学生队伍面前被冲倒,在吴周围的学生中的中共党员,为

---

① 共青团上海市委编著:《上海学生运动史》,上海人民出版社1982年版,第143页。

避免事态扩大,即将吴保护起来,吴也举手呼叫军警:"不要开枪,不要开枪!"从而避免了更大伤亡的发生。这一天,学生有 69 人受伤,4 人重伤,33 人失踪,是为"一二九同济血案"。

事后,国民党当局大肆搜捕学生,但始终未能破获中共地下组织,抓不到证据,经过三次审判后,被迫将所有被捕学生释放①。

总动员令发布后,国民党政府为集中财力,用于"戡乱",制订了《厉行节约消费办法纲要》,其中一条是"禁止营业性之跳舞场"②。上海是舞业集中的地区,影响到几万人的生计,因而这一决定受到舞业上下的广泛反对。个别舞厅索性改成了妓院。上海市政府方面一时也不敢执行。但行政院方面坚持禁舞的命令,上海市政府方面于是决定各舞厅抽签后分批停业。1 月 31 日下午,舞女和舞业工作人员在新仙林舞厅开会,反对抽签停业。会后舞业群众万余人前往上海市社会局,向局长吴开先请愿。吴与潘公展等正在开会,拒绝接见。愤怒的群众即冲进社会局,捣毁门窗杂物。国民党当局派出大批警察,将这批弱女子和舞厅工作人员逮捕了 797 名之多③。事后,吴开先发表谈话:"今日该暴徒等,并未经由正当之请愿方式,陈诉理由,而出以聚众暴动,公然捣毁行政机构,且敢殴辱警卫,目无法纪,显系匪党有组织之行动。"宣铁吾表示"必须严办这次事件的首领,否则不能维持地方政府的威信"④。区区受屈辱的舞女,为了生存进行的微弱的反抗,国民党当局也要给戴一顶红帽子。在群众性的反抗面前,国民党当局已经无法控制局势,只有在这些谋生乏术的可怜的舞女们面前逞威的能力了。

当时物价飞涨,政府方面虽然采取了规定生活指数、按生活指数增加工资和配给实物等措施(参第六章),但工人生活仍难以得到保障。1

① 参《上海学生运动史》。
② 《国民政府公报》,1947 年 8 月 19 日。
③ 《大公报》(上海),1948 年 2 月 3 日。
④ 《大公报》(上海),1948 年 2 月 1 日。

月30日,在申新九厂中共地下党总支的领导下,申新九厂7500多工人举行罢工,组织纠察队,提出了七项要求:"(一)旧历年底每个工人暂借薪两个月。(二)十一月、十二月份所扣所得税,要照一月份的生活指数发还。(三)年赏要照一月份的生活指数发给。(四)女工因生产请假不得限期,也不能扣薪。(五)政府配给物品,未发的要补发。(六)工厂管理的条规,要劳资双方同意。(七)去年所有被开除的工人应准复工。"①31日,厂方和工人谈判没有结果。

2月2日上午,上海市政府社会局介入调解,也未得结果。于是,国民党当局控制的总工会、社会局、工人福利会、警察局、警备司令部等都派人到申新九厂,解决工潮。但被工人阻挡在申新九厂的第四道铁门之外。下午1时,社会局发出命令,限即日复工,但遭到罢工工人的拒绝。社会局长吴开先在1947年11月间即得到情报,中共地下党将发动年赏斗争,最近又发动年底借薪斗争,因此,他认为局势严重,非警局帮助不可。近下午5时,警察开始冲门,遭到罢工工人的反击,发生冲突,军警开枪射击。6时多,军警以装甲车冲开大门,迫使工人停止抵抗,列队举手走出大门。工人被打死3人,打伤36人,被捕300多人。罢工工人十分之九为女工,男工仅十分之一。这就是"申九二二"惨案。

惨案发生后,上海市市长吴国桢、警备司令宣铁吾等召开中外记者招待会,竟然就今后上海市军政当局处理群众激烈行动的紧急措施声明说:"群众如果再有像申新九厂的工潮情形和同济的学潮情形,一定命令军警当场开枪,必要的时候,并请示中央临时戒严。我们宣布在先,以后有同样事情发生,军警开枪,政府不负责任。"②中共上海地下党的工委组织全市工人对被捕的申新九厂工人进行声援,国民党当局

---

①　《大公报》(上海),1948年2月3日。

②　《大公报》(上海),1948年2月3日。

被迫释放了大部分被捕的工人①。

2月3日,蒋介石面临着国民党统治区崩溃的局势,感慨地记述道:"近日军民心理,动摇已极,无人无地,不表现其悲观主义之情绪。可说其对剿匪戡乱信心,以及对革命与国家之责任心,完全丧失,尤其对领袖之信仰心,亦不存在。此种精神之影响,比之于共匪之暴动阴谋,更为危急。上海同济大学学生击伤市长,舞女结队捣毁社会局,以及申新纱厂之暴动,皆为共匪在我经济中心捣乱,扰害社会,颠覆政府,作有计划之暴动。"②国民党对中共领导的群众运动已经穷于应付。

在北平方面,北平警备总司令部于3月27日接到行辕转中央电令,以学生联合会为中共所策动的组织,各地都已查禁,而"北平学联尚在公开活动,应立即依法严禁",即通知各学校查禁。③ 而北平无北平学联,当局误称华北学联为北平学联。3月28日,在北京大学民主广场,万余学生,包括天津学生五百余人,举行营火晚会,华北院校自治会保卫自治权利联合会宣布成立。29日,就在行宪国民大会开幕、所谓"还政于民"的那一天,国民党军警特务包围北大沙滩区,查禁华北学联。北大等七校代表认为"政府查禁学联之措施,直接违反宪法",决议4月3日起总罢课三天,表示抗议,并组成保卫学联联合会。当时,物价飞涨,教师员工的工薪难以维持生活,原来配售的两袋面粉又被停售,生活难以为继。自6日起,清华、北大讲师、讲员、助教、职员工警及北平研究院助理研究人员开始罢教、罢研、罢工斗争,要求配售实物、以生活指数调整工资和研究经费,形成了北平地区反迫害、反饥饿运动的高潮④。

4月7日凌晨,北平警备总司令陈继承和北平市长何思源,以"华

---

① 参《中共上海党史大事记》。

② 《总统蒋公大事长编初稿》1948年2月3日条。

③ 《世界日报》(北平),1948年3月29日。

④ 参《北京大学学生运动史》,北京出版社1979年版;参《世界日报》(北平)报道。

北学联首要分子，鼓动罢课罢工"的罪名，限北大学校当局于 7 日 12 时前交出柯在铄、田余庆等十二名同学。但这十二位同学被同学们保护了起来，校方则要求当局循法院传讯手续。当局被迫放弃了逮捕的计划。但 8 日深夜，几十名特务暴力袭击了北平师范学院，击伤多人，逮捕了八名同学。师院中共地下党组织立即组织几百人的队伍，到北平行辕请愿。各校同学也纷纷赶来支援，新华门外集结学生达五千多人。北大教务长郑华炽、训导长贺麟、秘书长郑天挺、清华代校长叶企荪等约同师院训导长温广汉等与警备总司令陈继承、市长何思源等交涉，要求释放学生。至 9 日晚 9 时半，温广汉终于接回了被捕学生，并送医院治疗。

本来事态正在平息，但 11 日国民党方面组织反游行，冲击北大，捣毁吴恩裕教授住宅。12 日，北大教授决议罢教七天，以示抗议，并发表宣言："教育需要安定与自由，学府之地位必须尊重。师生既无保障，校舍时受袭击，同人自难安心教学。宪警无故包围学校，武装暴徒在深夜戒严时间，捣毁学校、制造血案，地方治安当局纵非主使，亦难辞纵容之咎。""罢教决非同人所愿，然为情势所迫，不得不暂时忍痛出此，以维护学府之尊严，并争取安全之保障与讲学之自由。"①

李宗仁于南京得到北平学潮的消息，即于 15 日致电北平党政军负责人，指示说："处理办法，仍宜本过去一贯方针，以疏导说服为主。当兹生活困难、社会不安之极，学生由于苦闷之情绪，一遇刺激，自不免容易发生轨外行动，授奸人以挑拨煽惑之机会。务望兄等与院校当局协同一致，妥慎处理，使学生了然于政府之困难与爱护青年之意，自可觅取解决之途径。至伤人滋事各节，应即依法处理，以示尊重法治之精神。"陈继承、何思源则于 15 日向师院道歉："查本月 9 日贵院所发生不幸事件，以事出意外，未能及时防护，至为歉仄。今后自当尽力防止，不

---

① 《世界日报》(北平)，1948 年 4 月 14 日。

再发生类似事件。"①于是,事态逐渐平息。李宗仁在后来的回忆中叙述他对学潮的方针说:"在北平,我不仅竭力禁止军警和学生冲突,且令军警保护游行学生,等他们把怨气、热情发泄尽了,自会散队休息。在此政策之下,学潮圣地的北平居然平安无事。国民党的职业学生固然不敢过于越分,共产党的职业学生也失去了煽起暴动的口实。不过我的作风似非南京所能容忍。北平中央特务在中央授意之下,却另有打算。"②

国民党政府腐败无能,在美国心目中的价值日益低落。美国为了和苏联抗衡,越来越倾向于扶植日本,不仅在经济上,而且在军事上也开始倾向于扶植日本。对日本战犯的审讯,越来越流于形式。日本军队在中国犯下了大量的罪行,而向中国方面引渡的战争罪犯,寥寥无几。5月19日,美国陆军部次长德莱勃(William H. Draper, Jr)领导的对日本的调查团,于19日公布报告,此报告称德莱勃报告,又称约翰斯敦(Percy Johnston)报告,主张削减日本的战争赔偿数额,促使日本经济的发展。中国人民饱尝日本侵略的痛苦,美国的扶日政策,引起了中国人民的极大的不安。于是,上海市学生反对美国扶植日本抢救民族危机联合会发起10万人反对美国扶植日本签名运动。平、津、唐等地学生也纷纷响应。上海各大学教授338人于5月底致电美国总统杜鲁门(Harty S. Truman)、国务卿马歇尔,要求美国政府放弃扶植日本的计划,集中力量,以更多的物资加速援华,使中国早日步入建设之途。③工商教育界人士281人联名于6月4日发表《对美国积极助日复兴的抗议》,列举了大量充分的事实,指出"美国援助日本军国主义复兴,越来越积极,越来越露骨"④。中国的知识分子和工商界人士纷纷表示反

---

①　《世界日报》(北平),1948年4月16日。

②　《李宗仁回忆录》,广西政协文史资料委员会发行,1980年版,第867－868页。

③　《大公报》(上海),1948年6月1日。

④　《大公报》(上海),1948年6月4日。

对美国扶植日本。

四五月间，美国驻上海总领事葛宝德（J. M. Cabot）先后三次发表讲话，对中国人民的反对美国扶植日本的情绪横加指责。他甚至说："不幸，中国学生却被另一暴戾政治歪曲宣传之诱惑，而在参加反美运动。他们的首领是从一个由美国捐款而支持之大学中出来的……很多人力斥此辈中国学生，不应如此侮辱及反对美国。良以此等学生之教养费用，皆出于美国农民汗血所得，及纳税人慷慨贡献，故他们有一种感情冲动，要求停止美国的援华计划。"①6 月 4 日，美国驻华大使司徒雷登公开发表书面声明，为美国对日政策辩护，对中国学生团体反对美国对日政策表示遗憾，甚至对中国人民的反美情绪进行威胁："余所确知者，即此举对中美间之传统睦谊实有严重之损害。倘仍继续进行，可能致不幸之结果。"司徒无视中国人民的尊严，竟以美援为口实，指责中国人民对美国对日政策的批评："尤令人遗憾者，乃此种举动竟于美国现正着手于广泛而郑重之计划，以协助陷于悲惨环境中之中国时发生，亦即要求美国人民协助复兴全球被毁区域之际。且本人有可申述者，即此举亦美国人民之所乐为者，而彼等对于此项努力，竟报以无理及不负责之攻击美国政策，殊属不解。"②葛宝德的谈话和司徒的声明更激起了广泛的反对美国扶植日本的浪潮，各方面人士纷纷联名对司徒声明表示抗议。

国民党政府对美国的对日政策表现软弱，不敢公开抗议。上海市市长吴国桢表示："美国并未扶植日本。"③外交部长王世杰发表声明："至于美国政府对于斯揣克报告及德莱勃（或称约翰斯敦）报告之态度，吾人迄今尚未接获美国政府之任何官方表示……本人深信中美两国政

①　《申报》，1948 年 5 月 31 日。

②　《大公报》(上海)，1948 年 6 月 5 日。

③　《大公报》(上海)，1948 年 6 月 4 日。

府均决无纵容日本重整军备之意念。"①这样的软弱态度,连国民党内的人士也普遍表示不满。

6月5日,上海大中学校学生准备举行反对美国扶植日本抢救民族危机示威大游行,但交通大学、复旦大学、美术专科学校等校同学准备前往集合地点时,遭到军警的阻截,多数学生不能出校。到下午2点,复旦大学、圣约翰大学、大夏大学及各中学生零星到达外滩的有四千多人,但被军警马队层层包围,未能移动游行,到下午7时多分批解散,54人被军警逮捕。

北平的清华大学、北京大学、司徒曾任校长的燕京大学等12院校为反对美国扶日政策、抗议司徒雷登声明、声援上海学生,决定9日起总罢课两天。9日,各校学生离校,中途受到军警阻拦,后分别在西四牌楼、东华门集合。部分院校学生返回北大民主广场后,召开反扶日示威大会,楼邦彦教授出席演讲,针对军警阻扰指出:"政治学上从没有说人民不能公然反对政府的。"②对国民党当局阻扰游行示威表示抗议。

由于美国使领馆人员以美国救济物资为词,责备中国人民反对美国的扶日政策,天津北洋大学于6月中旬拒绝接受美国的营养品。北平方面起而响应。6月17日,燕京大学230人发表宣言,拒绝接受美国救济团的营养救济品。清华大学张奚若、金岳霖、朱自清等110位教授也声明表示拒绝:"为反对美国政府的扶日政策,为抗议上海美国总领事卡宝德(即葛宝德——引者)和美国驻华大使司徒雷登对中国人民的污蔑和侮辱,为表示中国人民的尊严和气节,我们断然拒绝美国具有收买灵魂性质的一切施舍物资,无论是购买的或给与的。下列同人同意拒绝购买美援平价面粉,一致退还配购证,特此声明。"③当时,朱自清教授正身患重病,急需援助,出于民族的自尊,断然拒绝美援。所以

---

① 《大公报》(上海),1948年6月6日。
② 《大公报》(上海),1948年6月10日。
③ 《世界日报》(北平),1948年6月20日。

毛泽东评论说:"朱自清一身重病,宁可饿死,不领美国的'救济粮'。"①表现了中国知识分子的一股浩然正气。

在这场反美扶日运动中,昆明学生于6月17日罢课一天,并举行游行示威。但游行结束后,在一个月的时间内,警察和宪兵竟逮捕了一千多名师生,直到1949年4月15日才全部出狱。

北平的学生运动,一波未平一波又起。当时,解放军在东北已占有优势地位,解放了大批城市。一大批对解放军感到疑虑的东北学生,纷纷盲目流落到关内。国民党政府在北平开设临时大学和临时中学来收容他们,但规模太小,许多学生无法上学,生活困苦。然而,北平市参议会通过了一个十分荒谬的决议,要电请中央,将东北学生交傅作义予以严格的军事训练,而且还要查考他们的背景、身份、学历,成绩不合格者,即拨入军队入伍服兵役。同时要求中央将东北各校一律停办,将经费交给傅作义,再贴补给东北在平学生和临大②。东北学生原希望当局解决他们的生活和就学问题,对这一荒谬决议,感到十分气愤。

7月5日上午,东北学生四千多人高呼反迫害、反饥饿、打倒参议会等口号,到市参议会请愿。但久久无人接见。愤怒的学生冲进门里,将市参议会办公室和宿舍,以及同楼的北平市戡乱建国委员会北平市民众清共委员会的门窗玻璃、家具什物捣毁,将市参议会门额改为"土豪劣绅会"、"三老四少会"。中午时分,学生队伍到李宗仁官邸请愿。李因结束行辕事务,正好在北平。李宗仁接见了学生代表,答应了他们的一些要求,但学生要求市参议会正副议长到李的官邸门前向学生道歉,李表示副总统没有权力要求民意机关来道歉。学生对李的回答感到不满意,就又赶到东交民巷1号市参议会议长许惠东的公馆,要求接见。但许避而不见。下午2时半,军警局部戒严。傅作义虽然反对学生游行请愿,但"指示治安机关,对学生行动始终采取容忍劝导方针。

---

① 《别了,司徒雷登》,《毛泽东选集》第4卷,第1432页。
② 《世界日报》(北平),1948年7月4日。

警备总司令部曾命令警宪人员,凡与学生接近者,一律徒手。从早 8 时直至下午 7 时,整整十一个钟头,饿着肚子,徒手劝导,维持秩序⋯⋯警宪人员始终以打不还手、骂不还口的容忍态度,希望学生接受劝导,避免发生意外"①。

尽管有此指令,但属于中央系统的北平警备总司令陈继承认为局势严重,以电话请傅作义派部队警备,傅指示"士兵不准带枪,更不许打学生,士兵伤亡重赏重恤"②。陈继承即调中央系的青年军第二○八师搜索营及装甲车四辆于下午 5 时半先后到达现场。这时,现场还有宪兵十九团、警察和保警队,十分庞杂,而仅以警察局副局长白世维为最高指挥。搜索营到达后,将学生分隔成东西两部分,竟荷枪实弹以战斗状态配备,机枪手伏地扣机待发。下午 7 时多,白世维走向西边的学生劝导回去,学生正准备整队返回,突然东边发出一声枪响,然后搜索营的机枪扫射,白呼叫不要打枪,已无法阻止。东边学生中弹数十人,血染遍地。事后调查死亡学生八人、商人一人,受伤十多人。③

血案发生后,舆论哗然。这些学生本不是左翼学生,政府方面是把他们归属于自己的人。所以,不仅学生对当局感到愤怒,即各方面的东北籍人士,也认为北平方面歧视东北,予以强烈谴责。东北朝野都声援东北学生。北平中共地下党学委事先不知道东北学生游行,事件发生后,决定秘密发动,于 7 月 9 日游行请愿,抗议"七五血案",支援东北同学。当天,北平和东北在平二十五个单位的同学一万多人,到北大民主广场集合,举行东北华北学生抗议"七五惨案"哀悼控诉大会。大会举行之前,一万多学生举着"反剿民,要活命,大请愿"的大旗,先到副总统

①　傅作义 7 月 6 日谈话,《世界日报》(北平),1948 年 7 月 7 日。

②　《监察委员谷凤翔、胡文晖调查七五事件报告》,《世界日报》(北平)1948 年 8 月 28 日,8 月 29 日。

③　第一枪问题,最后没有调查清楚,官方认为是学生队伍中开出了第一枪,学生认为牌楼内一穿马靴之军官发出,装甲车未发一枪。学生中获有警方遗失的枪一支,少子弹一颗。——笔者。

李宗仁官邸请愿。学生代表连续三次请愿,李都予以接见,他表示:"自己有职无权,只能尽量帮忙,向地方及中央转达。"最后,同意学生要求,撤退开到官邸附近的战车。于是,游行学生返回北大民主广场,途中高呼"严惩七五惨案凶手傅作义"、"枪毙傅作义"、"枪毙陈继承"。当天,维持秩序的警察宪兵,遵照命令,"均系徒手,对学生自早到晚抱定骂不还口、打不还手之态度,纪律甚为良好"①。学生方面也比较克制。有记者问白世维:"今天游行会出事吗?"白回答:"有北大领先,清华断后,今天不会出事,他们都是游行的油子了。"②

国民党当局对"七五惨案"相当重视,蒋介石先后派国防部次长秦德纯、国民党青年部长陈雪屏来北平调查,东北方面、监察院方面都进行了调查。最后将陈继承和青年军第二〇八师调离了北平。

8月14日,秦德纯对记者发表谈话,对事件作出判断说:"'七五'当天,学生之行动,相信其单纯,'七九'之游行,证之其表现之方式与所呼口号等,已变质而复杂者。"③当时,教育部行政机关统计资料称:共产党"职业学生一年半来制造学潮109次,耽误课业506天,学潮漫及十八重要都市"④。17日,行政院发布命令,为"安定秩序,肃清匪谍",严禁罢工罢课游行,决心严厉镇压学生运动和工人运动。19日,北平方面公布传讯和拘传学生名单250人,南京方面发出传票147份。于是,中共地下党即部署黑名单上的学生在广大同学掩护下撤退。中共中央于8月22日发出指示,要求中共地下党组织防止冒险倾向,并指示说:"现在敌人已向你们发出警号了。一切蒋管区的城市,尤其是上

---

① 《大公报》(上海),1948年7月10日。

② 佘涤清、杨伯箴:《第二条战线上的先锋》,中国人民政治协商会议北京市委员会文史资料研究委员会编:《北平地下党斗争史料》,北京出版社1988年版,第26页。

③ 《世界日报》(北平),1948年8月15日。

④ 《世界日报》(北平),1948年8月15日,转引南京《和平日报》14日消息。

海,应实行有秩序的疏散。不论党内党外,凡是已经暴露或为敌特注意的分子,都应设法离开岗位,首先向解放区撤退。"①此后,国民党统治区的学生运动和工人运动即转入配合解放军的进军,防止国民党破坏城市,并协助解放军接管城市的工作了。

国民党政府也强化了新闻封锁。黄炎培主办的《国讯》,于 1948 年 1 月 17 日出版的第 446 期上,以研究中国的土地改革问题为题材,在国民党统治下的上海,公开刊布了中共的《土地法大纲》,进行讨论。4 月 9 日出版的第 457 期发表了本社的评论《土地改革决定一切》,认为:"从军事方面看,国共两党在进行着全国性如火如荼的国内战争,双方的胜负,主要并不是决定于武器、配备和兵数,而决定于谁能实行土地改革。"但就在出版前一天,国民党政府以"刊载为匪宣传文字",勒令停刊。在此之前,《时与文》曾遭停刊一个月的处分,《观察》杂志遭到警告。7 月间,在蒋介石亲自主持的会议上,决定同时查封《新民报》、《观察》杂志及真理社(通讯社)。7 月 7 日,南京《新民报》被处永久停刊,《观察》一时幸免。甚至言论谨慎的《大公报》(上海),也屡被警告。7 月 16 日,南京《中央日报》发表文章:《在野党的特权》,指责《大公报》负责人"王芸生君是新华社广播的应声虫"。8 月 7 日晚,在汉口景明大楼,美国空军人员举行的舞会上,突然熄灭电灯,将陪舞的中国妇女二十多人集体强奸。各大报刊都被禁止刊登这一消息,企图以此避免激起群众反美浪潮。《时与文》杂志对此事件进行了强烈的抨击。9 月间,内政部行文上海市政府,勒令《时与文》永久停刊:"查上海发行之《时与文》杂志,屡作歪曲事实为匪宣传之言论,前经予以停刊一个月处分在案。兹查该刊不改前非,仍屡作歪曲事实言论,为匪宣传,动摇人心,意图破坏公共秩序,尤以最近数期言论更趋偏激,兹依据出版法第

---

① 《蒋管区斗争要有清醒头脑和灵活策略》(1948 年 8 月 22 日),《周恩来选集》上卷,人民出版社 1980 年版,第 311 页。

卅二条之规定,予以永久停刊之处分。"①但仍允许于 9 月 24 日出版停刊号。12 月间,《观察》上刊载了揭露国民党军失败的军事消息,蒋介石恼羞成怒,亲自下令交与顾祝同,饬令上海警备司令陈大庆追查"泄密"者。《观察》杂志于 12 月 24 日被查封,编辑部同人全部被捕,主编储安平正在北平,得以幸免。直到南京解放,《观察》杂志被捕人员才得以全部出狱②。

二 民主党派的斗争和新政协运动

国民党的内战和独裁政策使国民党和各民主党派的矛盾日趋加剧。国民党政府的总动员令遭到民主党派的普遍反对。魏德迈访华时,李济深发表声明:"中国人民是酷爱和平的,今天中国人民的力量也已经足以完成自己的愿望。要解决中国问题,离开了政协路线,排斥中共及各民主党派,违反中国人民和平民主的愿望是绝不可能的。如美国不改变其现行政策,继续支持独裁内战,则中国人民必遵循孙中山'不仅要推倒军阀,尤其要推倒军阀所赖以生存的帝国主义'的遗训而奋斗到底。"③

李济深、何香凝、朱学范等在 1947 年 5 月初开始酝酿成立革命组织,联合三民主义同志联合会、中国民主促进会,以推翻蒋介石政权作为政治目标。5 月 4 日,李济深在香港邀集何香凝、蔡廷锴、彭泽民、陈其瑗、李章达、邓初民、陈此生等到他家中聚会,正式开始筹备④。当天成立了筹备小组,并决定写信邀请在上海的民联同志来香港参加。后

---

① 《时与文》停刊号,1948 年 9 月 24 日。

② 《观察社被国民党反动政府迫害经过追记》,《观察》(上海)第 6 卷第 1 期(复刊号),1949 年 11 月 1 日。

③ 《李济深就魏德迈来华发表声明》,邱钱牧等编:《民主革命时期的民主党派》第 2 辑,湖南人民出版社 1986 年版,第 109 页。

④ 朱学范:《我与民革四十年》,团结出版社 1990 年版,第 25 页。

来,他们经再三斟酌,在白绸巾上写了一封密信:"平山、亚子、春涛、真如阅。国民党民主派,集中力量,正名领导,对内对外,紧要万分。盼先生等迅即来港,共同筹划一切。详情由蕴兄面报。香凝、济深。"①原准备请朱蕴山送到上海去,后来考虑到安全问题,未能成行。李济深等决定改用分头托人带口信的办法。柳亚子、陈铭枢、谭平山得到消息后先后来到香港②。同时,由朱学范到美国和冯玉祥联系。

10月26日,李济深等十五人举行筹备座谈会,何香凝根据宋庆龄的意见,主张定名为中国国民党革命委员会。会上,李济深提议请孙夫人宋庆龄出来领导,于是,由彭泽民、何香凝、柳亚子、李章达、陈其瑗、李济深联名上书给孙夫人:"我们应海内外大多数党中同志的要求,特发起于本年十一月十二日总理(指孙中山——引者)诞辰纪念日,在香港开一党内民主派代表会议,讨论本党新生与实现国内民主和平等问题……我们深切盼望夫人命驾南来,主持中央,领导我们。内以慰全国人民暨各民主党派民主人士渴望;外以争取英、美、苏之同情。"③

10月31日,民革举行第一次筹备会,正式推举李济深、何香凝为召集人。会上,通过了上书宋庆龄,由梅龚彬交给中共党组织由香港送往上海④。筹备会委托朱学范转请曾作过宋庆龄秘书的中共地下党员俞志英专程赴沪征求宋庆龄的意见。俞向在香港的中共负责人章汉夫作了汇报,得知中共地下党已与宋庆龄谈了此事,俞就没有去上海⑤。11月12日,在孙中山诞辰纪念日那一天,召开了国民党民主派联合大会,选举宋庆龄为总主席,李济深为副总主席(实际负责主持大会),会上讨论了《成立宣言》和《行动纲领》。在讨论革命组织的名称时,一些

①　《何香凝李济深给谭平山柳亚子等的信》,《民主革命时期的民主党派》第2辑,第112页。

②　《我与民革四十年》,第26—28页。

③　《上孙夫人书》,《民主革命时期的民主党派》第2辑,第110页。

④　据《梅龚彬回忆录》第120页注(3),团结出版社1994年版。

⑤　《我与民革四十年》,第61页。

人不赞成再用国民党的名称,但何香凝坚持要保留国民党这三个字。李济深解释说:"我们是靠国民党内民主派力量的大团结、大联合来实现推翻蒋政权的;同时,今天这个会议也叫国民党民主派代表会,所以用'中国国民党革命委员会'这个名称是很合适的,民主人士不仅不会心存疑虑,而且还会坚决拥护。"①

中共在香港的负责人潘汉年要梅龚彬协助自己推动李济深筹建民革。民革的宣言就是由梅龚彬起草的,但宣言的观点还是按照李济深一派的思路写的。梅龚彬回忆说:"统战工作必须从实际出发,不能急于求成,也不能凭想当然办事。起草《宣言》不能完全按自己的观点写,必须考虑到李济深等人的认识水平和接受程度……说实在话,我对《宣言》并不十分满意,主要是指内容,有些提法已落后于形势的发展。民革成立在即,时间不允许慢慢讨论,有些问题只能留待以后解决。我曾把《宣言》草稿给潘汉年和连贯两同志看过,他们都同意求同存异的做法。"②

谭平山、陈铭枢等于 11 月 12 日以后才赶到香港,他们谈到:"孙夫人在上海受到国民党特务严密监视,连收信会友的自由也没有。上海同志认为,在这种情况下选她当总主席未免有欠考虑。"③于是,这一提议就被搁置了。李济深、何香凝为尊重民联的意见,又于 11 月 25 日召集国民党民主派第二次联合会议,推定了执行委员会常务委员,并决定1948 年 1 月 1 日举行民革成立大会。

民革成立大会如期召开,通过了《中国国民党革命委员会成立宣言》、《中国国民党革命委员会行动纲领》、《中国国民党革命委员会组织章程》及《告本党同志书》。会议选举了中央委员会及执委会等组织机构,推举宋庆龄为名誉主席,李济深为主席。

---

① 《我与民革四十年》,第 55 页。
② 《梅龚彬回忆录》,第 118 页。
③ 《我与民革四十年》,第 62 页。

民革是国民党内民主派的联合组织,李济深在会议过程中尽力调和了各种不同的观点,使民革得以顺利成立。《行动纲领》规定:"本会当前之革命任务为推翻蒋介石卖国独裁政权,实现中国之独立、民主与和平。""以经由全国人民普选产生之民主政权代替蒋介石的卖国独裁政权,在普选产生之民主政权未成立以前,联合各民主党派及各界民主人士之代表组织联合政府,为过渡期间之最高政治权力机关。"①《宣言》则确定自己的政治地位为:"吾人始终认为三民主义为救中国之唯一良方,吾人更深信在目前中国民族民主革命阶段中,坚持两大任务与三大政策的中国国民党,仍不失其革命领导地位。"并认为:"过去吾人仅为党中之小派别,今则党中干部与党员志愿参加者日多一日,吾人已逐渐取得党中多数派之地位。""中共已发展成为独立革命政党,中共以外更有民主同盟及其他革命的民主党派,故容共政策,亦应扩大为联合国内一切民主党派之政策。"②《告本党同志书》号召国民党员起义,推翻蒋介石政权,"救党救国"③。

在 2 月间,中国国民党民主促进会单独发布的行动纲领中,主张"反对一党专政,国内一切民主党派,处于平等地位,共同建立民主联合政府"④。

民革成立时,于 1 月 4 日成立了秘密的军事小组,由李济深任组长,负责对国民党军队的策反工作。李向各方面发出了很多信,有的写在白绸巾上,鼓动国民党军政人员举行起义,推倒蒋介石政权。民革对于李宗仁、白崇禧、傅作义、宋子文、陈仪、程潜、卢汉,以及原西北军系统的国民党将领,做过大量的策反工作,取得了相当大的成效。民革对军事策反雄心勃勃。民革和民促的主要负责人之一的蔡廷锴在 4 月

---

①　《中国国民党革命委员会行动纲领》,《民主革命时期的民主党派》第 2 辑,第124—125 页。

②　《中国国民党革命委员会成立宣言》,同上书,第 112—123 页。

③　《中国国民党革命委员会告本党同志书》,同上书,第 130 页。

④　《中国国民党民主促进会行动纲领》,同上书,第 131 页。

17日曾"极有把握地宣称,宋子文在最近的谈话中告诉李(济深)将军,政府有可能在大约三个月内崩溃,并表示随着蒋失去权力,政府希望立刻与国民党革命委员会合作。蔡还宣称,孙逸仙夫人正积极为国民党工作,并在军队、政治和教育各界获得广泛支持。蔡暗示李济深希望在六个月内发动军事起义"①。在进行策反过程中,民革重要成员余心清、王葆真等先后被国民党当局逮捕入狱,孟士衡等被国民党当局杀害。

　　民革在外交工作上,还希望美国政府与蒋介石政府断绝关系,支持中国建立没有蒋介石的和平和联合政府。5月10日,李济深和美国驻华大使馆官员进行了谈话,叙述了中国国民党革命委员会的计划。司徒在向国务卿报告中说:"李声明,委员会的基本目的是在中国建立新的国民党政府,代替由委员长、CC集团和某些军事领袖构成的领导。……他说明打算带着组织联合政府的观点,在国统区与共产党进行协商。他没有证明这一行动是在他的新政府组成之前还是之后,但他说会议将由他召集或领导。他说明有必要与共产党和解的两个理由:首先是任何主权政府或守信用的政府,无论它在什么条件下结束内战,都必定得到人民的支持;第二点,必须结束内战,以便给他的或其他人的政府以机会,在政治和军事上重新将国民党分子统一起来,能够有效地抵抗共产党的发展。"②司徒估计:"鉴于李济深在军队的基础和他是委员长之后在中国较年长的军事指挥官这个事实,并考虑到他与各省政府现领导人的密切关系,我们认为完全有可能的是,他的运动可以证明是国民党内意见不同分子的结合点。如果他的运动从香港移到国民党地区,可以吸引足够强大的支持,使之能够产生有效的政府。"③

　　李济深、冯玉祥等想利用美国国务院和司徒雷登促蒋下台,由李、

---

① 《司徒致国务卿》(1948年4月17日),《司徒雷登驻华报告》,第189—190页。
② 《司徒致国务卿》(1948年5月5日),《司徒雷登驻华报告》,第211—212页。
③ 《司徒致国务卿》(1948年5月26日),《司徒雷登驻华报告》,第220页。

冯主政,下令国民党军停战,不听命者武力解决。他们把计划通过吴克坚转告中共中央。但中共中央方面转告他们,"美帝及李宗仁、何应钦等反动集团是靠不住的"①。李济深直到进入解放区以后才改变了他的观点。

在民革酝酿成立的同时,民盟在被迫解散以后,除张澜等主要领导人遭到国民党当局的监视软禁外,各地民盟成员纷纷转入地下进行秘密活动。民盟总部跨党的中共党员,在民盟被迫解散前,已纷纷撤退。民盟解散后,民盟重要领导人沈钧儒、章伯钧、周新民等秘密离开上海到达香港,和原在香港的民盟中央委员会合,酝酿恢复民盟总部。民盟在港中央委员多次举行谈话会,推举沈钧儒、章伯钧为召集人,着手筹备民盟一届三中全会。筹备组分三个小组,沈钧儒负责盟务组,章伯钧负责政策组,周新民负责总务组②。

1948年1月5日至19日,中国民主同盟第一届中央委员会第三次会议在香港召开,29名中央委员本人或其代表出席了会议,各支部代表12人列席了会议。沈钧儒在开幕词中强调说:"这次三中全会负的使命,是要恢复本盟总部,继续进行艰巨的政治斗争……我们要想恢复总部,重新展开工作,就不能不就过去工作加以检讨。过去本盟参加政协时曾因一二同志政治认识不够而影响到对国民党之态度,甚或影响到本盟中央之举措,这些经验教训必须接受,而后始能保证今后的政策方针的正确。"③

全会发表了紧急声明:"我们认为南京反动独裁政府对于本盟合法

---

① 《对中间派倒蒋活动应取的策略》(1948年8月1日),《毛泽东文集》第5卷,第117页。

② 民盟中央文史委员会:《中国民主同盟简史(1941—1949)》,群言出版社1991年版,第112页。

③ 《沈钧儒在民盟一届三中全会开幕式上的开幕词》(1948年1月5日),中国民主同盟中央文史资料委员会编:《中国民主同盟历史文献(1941—1949)》,文史资料出版社1983年版,第365—369页。

地位的取消,是根本违法的","我们更代表本盟全体盟员表示不能接受本盟总部于去年十一月五日在南京反动独裁政府的劫持与威胁之下,未经合法会议而发表的'辞职''解散总部'及'停止盟员活动'与声明"。"同人等兹依遵本盟组织规定程序,召开本届全会,恢复领导机构,决定继续奋斗方针。"①

章伯钧在会上作了政治报告,反对美帝国主义的侵略政策,反对蒋介石独裁政府,并就今后的方针,指出了武装斗争的必要:"过去我们曾以和平公开合法的方式去争取民主,但已经失败了。今后自应积极的支持以人民的武装去反抗反人民的反动的武装。我们决不动摇,决不妥协,决不对反动集团存有丝毫的幻想。而对于美帝国主义所企图导演、以'反蒋''民主'为旗帜的'调解''和平''政府改组',尤须提高警惕,并及早揭穿其阴谋诱计。"他批评了中间路线:"我们民盟坚决不能够在是非曲直之间,有中立的态度。至于独立的中间路线,从目前中国的现实环境看,更难行通。自从本盟被南京反动独裁政府勒令解散以来,一切所谓'中立''中间'的说法和幻想,实早已被彻底粉碎。"强调指出:"我们要公开声明与中国共产党实行密切的合作,同时,我们也承认国民党革命委员会及其他许多民主党派都是我们的友军。"②

全会通过的《中国民主同盟一届三中全会宣言》进一步强调:"中国共产党为民主事业而奋斗的历史,日寇投降以来,为实现国内和平的努力,是值得每个爱国的中国人赞佩,本盟今后要与他们携手合作。同时,对于最近国民党革命委员会的成立,因为他是国民党的新生,也是中山先生革命精神的复活,本盟亦致其深挚的期望,并愿与共同奋斗。民主和平自由独立的新中国的实现,是有赖于中国民主同盟、中国共产

---

① 《中国民主同盟一届三中全会紧急声明》(1948 年 1 月 5 日),中国民主同盟中央文史资料委员会编:《中国民主同盟历史文献(1941—1949)》,第363 页。

② 《中国民主同盟一届三中全会政治报告》(1948 年 1 月 19 日),中国民主同盟中央文史资料委员会编:《中国民主同盟历史文献(1941—1949)》,第 379—398 页。

党、国民党民主派以及其他各民主党派与无党派民主人士的亲密合作，才能达到的。"①

全会决定由沈钧儒、章伯钧以民主同盟中常委名义领导全盟工作。民盟一届三中全会的路线方针和领导机构，在实际上接受了中共的领导。

民盟总部在香港恢复后，国民党中央党政军联席会议于2月13日作出决议："香港民盟分子恢复组织及活动，纯系章伯钧等在共匪策动下所组织之军事间谍机构，其宣言内容已明白说明与共匪取同一态度，公开声明粉碎中立路线，配合共匪武装叛乱及非法活动，以颠覆政府。此项分子与共匪应同受戡乱时期危害国家紧急治罪条例之惩处。"②

但无论是民革还是民盟，内部成分都很复杂，在他们的纲领中，还没有明确承认中共的领导地位，中间路线的思想倾向仍有一定的影响。民革民盟成立后，中共指示党内："（一）对酉感指示的原则运用时，应注意灵活性。（二）对民主同盟的恢复活动，对李济深等国民党反蒋派，对在美的冯玉祥，对一切可以争取的中间派，不管他们言论行动中包含多少动摇性及错误成分，我们应采积极争取与合作态度，对他们的错误缺点，采取口头的善意的批评态度。（三）要在报纸上刊物上对于对美帝及国民党反动派存有幻想、反对人民民主革命、反对共产党的某些中产阶级右翼分子的公开的严重的反动倾向，加以公开的批评和揭露，文章要有分析，要有说服性，要入情入理。"③

---

① 《中国民主同盟一届三中全会宣言》(1948年1月19日)，中国民主同盟中央文史资料委员会编：《中国民主同盟历史文献(1941—1949)》，第374—378页。

② 《国民党中央党政军联席会议致行政院新闻局电》(1948年2月18日)，《中国现代政治史资料汇编》第4辑第5册。

③ 《中央关于对中间派和中产阶级右翼分子政策的指示》(1948年1月14日)，《中共中央文件选集》第17册，第12页。按：酉感即1947年10月27日指示，在政治上要孤立自由资产阶级，态度较本次指示严峻，参上书第16册，第572页。——笔者。

　　1948年4月13日，毛泽东从陕北到达河北阜平县城南庄①，开始进行一系列新的军事和政治部署。4月25日，毛泽东致电在西柏坡的刘少奇、朱德、周恩来、任弼时，通知他们准备召开中共中央书记处扩大会议，讨论"邀请港、沪、平、津等地各中间党派及民众团体的代表人物到解放区，商讨关于召开人民代表大会并成立临时中央政府问题"②。4月27日，毛泽东写信给北平中共地下党负责人刘仁，告诉他准备邀请张东荪、符定一等民主人士来解放区开各民主党派各人民团体的代表会议，准备讨论："（甲）关于召开人民代表大会成立民主联合政府的问题；（乙）关于加强各民主党派各人民团体的合作及纲领政策问题。我党中央认为各民主党派及重要人民团体（例如学生联合会）的代表会商此项问题的时机业已成熟，但须征求他们的意见，即他们是否亦认为时机业已成熟及是否愿意自己或派代表来解放区开会。会议的名称拟称为政治协商会议。会议的参加者，一切民主党派及重要人民团体均可派遣代表。会议的决议必须参加会议的每一单位自愿同意不得强制。开会地点在哈尔滨。开会时间在今年秋季。"③请他首先告诉张东荪，同他商量应该告知和邀请的人选。

　　4月30日，中共中央书记处扩大会议在城南庄召开，当天，通过并发布了纪念"五一节"口号，公开提出了"各民主党派、各人民团体、各社会贤达迅速召开政治协商会议，讨论并实现召集人民代表大会，成立民主联合政府"的政治目标。5月1日，中共中央指示沪局、港分局，政治协商会议"拟由国民党革命委员会、民主同盟及中共联名发起"，并拟邀请一批民主人士到解放区开会，请他们征询各人意见，首先征询李济

---

　　①　据《周恩来传》和《聂荣臻回忆录》为11日，现据《毛泽东年谱》。

　　②　《毛泽东年谱》下卷，第304页。

　　③　《毛泽东关于请张东荪等民主人士来解放区开代表会议事给刘仁的信》（1948年4月27日），《中共中央文件选集》第17册，第143页。

深、沈钧儒的意见①。

5月5日,李济深、何香凝(中国国民党革命委员会),沈钧儒、章伯钧(中国民主同盟),马叙伦、王绍鏊(中国民主促进会),陈其尤(致公党),彭泽民(中国农工民主党),李章达(中国人民救国会),蔡廷锴(中国国民党民主促进会),谭平山(三民主义同志联合会),郭沫若(无党派)等各民主党派与民主人士联名致电毛泽东,并转解放区全体同胞,同时发布通电,响应中共"五一"号召,赞成召开政治协商会议,成立民主联合政府,申明中共主张"适合人民时势之要求,尤符同人等之本旨"②。

此后,民革、民盟等民主党派各自纷纷发表声明,响应新政协运动。民革在6月25日的声明中表示"二十四年前孙先生所发表之主张,我们仍愿提出供全国人民和新政协之采择",要求各阶层人士尽量提出意见,"务使今后的新中国成为一个全国人民自由平等的国家","不但要覆灭今日的一党专政卖国独裁者,尤要使今后永无一党专政卖国独裁者产生",号召反对美帝国主义,"直至它完全放弃帝国主义的侵略政策而后已"。声明号召国民党军政人员"毅然接受孙先生遗教和本会以及各民主党派民主团体的号召,以实际行动,加速卖国独裁政权的灭亡,而站到人民方面来! 站到民主阵营方面来!"③民联在5月的声明中批评了中间路线,并指出:"我们今天响应中共'五一号召',是为着彻底反对帝国主义、封建主义、官僚资本主义,诚意地与各民主党派、民主团体、爱国分子,共同分担建设新中国的任务。总而言之,就是要彻底执

---

① 《中央关于邀请各民主党派代表来解放区协商召开新政协问题给沪局港分局的指示》,《中共中央文件选集》第17册,第149—150页。

② 《各民主党派与民主人士李济深等响应中共"五一"号召致毛泽东电》(1948年5月5日),《五星红旗从这里升起》,文史资料出版社1984年版,第149页。

③ 《中国国民党革命委员会响应中共"五一"号召的声明》(1948年6月25日),《五星红旗从这里升起》,第152—156页。

行孙中山先生的革命路线，完成国民党历史任务，而不是简单地推翻某某个人的政权。"①中国致公党在 6 月 9 日的声明中明确指出："南京国民党反动派是无资格参加，而一些采取某种隐蔽政策的政党与官僚集团，阴谋混进这个新政协也是绝不容许的"，"中共在中国革命艰苦而长期斗争中，贡献最大而又最英勇，为全国人民起了先导和模范作用，因此，这次新政协的召开，无疑我们得承认它是领导者和召集人。"②冯裕芳、柳亚子、茅盾等 125 名在港民主人士，在 6 月 4 日的声明中赞扬"中共一步步的开明措施"，指出，中共召开新政协会议的号召，"这证明了中共并不如反对者之所恶意中伤，企图再来一个一党专政。本来，一个为人民谋利益的政党，是决不会像国民党反动集团一样，为着自己的特权，利用一党专政的名义，以实现换朝代的封建把戏的"③。

8 月 2 日，周恩来电嘱钱之光，要他以解放区救济总署特派员的名义前往香港，会同方方、章汉夫、潘汉年、连贯、夏衍等，从事接送在港的民主人士进入解放区参加筹备新政协的工作。周恩来拟定了一个 77 人的邀请名单④。自 8 月起，一批民主人士，在中共地下党的协助下，来到解放区，参加筹备新政协的工作。到达河北省平山县李家庄的有符定一、吴晗、刘清扬、周建人及吴羹梅的代表何惧等人。9 月 29 日，第一批由香港经海路北上的民主人士沈钧儒、谭平山、章伯钧、蔡廷锴四人到达哈尔滨。10 月 21 日，中共东北局负责人高岗、李富春约集在哈尔滨的民主人士就中共起草的《关于召开新的政治协商会议诸问题》

---

① 《三民主义同志联合会响应中共"五一"号召的宣言》(1948 年 5 月)，《五星红旗从这里升起》，第 163—165 页。

② 《中国致公党响应中共"五一"号召的宣言》(1948 年 6 月 9 日)，《五星红旗从这里升起》，第 169—173 页。

③ 《在港各界民主人士冯裕芳、柳亚子、茅盾等一百二十五人响应中共"五一"号召的声明》(1948 年 6 月 4 日)，《五星红旗从这里升起》，第 179—182 页。

④ 金冲及主编：《周恩来传》，人民出版社、中央文献出版社 1989 年版，第 766 页。

举行了第一次座谈。10 月 30 日,周恩来起草了中共中央致香港分局并告上海局的电,将修改过的前述文件转发给他们,并要求抄送给在香港的民主人士李济深、何香凝、周新民、马叙伦、李章达、彭泽民、章乃器、孙起孟、郭沫若等十一人,由潘汉年、连贯分别征询他们的意见①。

　　11 月 5 日,中共中央又致电香港分局,要他们邀请还在香港、上海的李济深等一批民主人士前往解放区。李济深等一行三十多人,于 1949 年 1 月 7 日到达大连,10 日到达沈阳。在此之前,高岗、李富春代表中共中央和在哈尔滨的民主人士,于 11 月 25 日,就《关于召开新的政治协商会议诸问题》达成了共同的协议,为新政协筹备会议作了准备。

　　1949 年元旦,毛泽东为新华社写的新年献词《将革命进行到底》和蒋介石的元旦文告发表,5 日毛泽东又为新华社写了《评战犯求和》一文,在李家庄的民主人士进行了热烈的讨论,联名致电在哈尔滨的民主人士,认为在当前必须认清三点:一、"养痈贻患,芟恶务尽,时至今日,革命必须贯彻到底,断不能重蹈辛亥革命与北伐战争之覆辙"。二、"薰莸不同器,汉贼不两立。人民民主专政,决不容纳反动分子……务使人民阵线内部既无反动派立足之余地,亦无中间路线可言"。三、"经纬万端,实有赖于中国共产党的继续领导与团结所有忠于人民革命事业之党派团体及民主人士一致行动,通力合作,方可完成人民革命之大业"。并建议联衔发表严正声明②。

　　1 月 14 日,毛泽东发表《关于时局的声明》,提出与国民党政府和平谈判的八项条件,其第八条即为"召开没有反动分子参加的政治协商会议,成立民主联合政府,接收南京国民党反动政府及其所属各级政府

---

　　①　参《周恩来传》及《五星红旗从这里升起·中国人民政治协商会议诞生纪事》。

　　②　李维汉:《回忆与研究》下卷,中共党史资料出版社 1986 年版,第 656 页。

的一切权力"①。16 日,在李家庄的民主人士再次致电在哈尔滨的民
主人士,主张联衔通电响应毛泽东声明。在哈尔滨的民主人士当天复
电表示赞成,并即开始起草文件。1 月 22 日,李济深等到达解放区的
五十五位民主人士联名发表对时局意见,表示接受中国共产党的领导:
"在人民解放战争进行中愿在中共领导下,献其绵薄,共策进行,以期中
国人民民主革命之迅速成功,独立、自由、和平、幸福的新中国之早日实
现。"声明反美反蒋,拥护毛泽东的八项和平条件。② 这一切都为新政
协奠定了政治基础。

---

① 《中共中央毛泽东主席关于时局的声明》(1949 年 1 月 14 日),《毛泽东选
集》第 4 卷,第 1328 页。

② 《到达解放区的民主人士李济深等五十五人发表对时局意见》(1949 年 1 月
22 日),《五星红旗从这里升起》,第 216—219 页。

第四章　国民党军战略决战的失败(上)

第一节　战略决战的准备

一　战略决战的酝酿

豫东战役期间,蒋介石意识到局势严重,在 7 月 3 日的日记中说:"战局已至严重之阶段,应作最后万一之准备:(甲)津浦南段之部署;(乙)京、沪、芜之守备;(丙)长春撤守之督导;(丁)沈阳撤退之方针。"① 豫东战役之后,国民党军的战略态势,即在中原一线也已陷入被动,从总体上说,它已丧失了进攻的能力。但统帅部还不愿意承认这个严酷的事实,蒋介石于 7 月 10 日仍命令杜聿明率部进攻,截断陈毅部队的归路,"予以一网打尽"②。企图调整部署,发动攻势,以挽回败局。

当时,东北战场是国民党军最薄弱的环节,一个沉重的战略包袱,几十万精锐部队陷入长春、沈阳、锦州少数孤立据点,如欲坚守,则补给困难,而如欲撤退,在野战中难免遭到被解放军击溃的命运。从统帅部来说,全局形势紧张,兵力竭蹶,迫切希望从东北抽兵入关,拱卫南京;而从前敌将领来说,宁肯死守,渐图补救,不愿在仓促的野战中承担失败的责任。任何一个方案都缺乏成功的把握。在当时的战局和补给、运兵能力的条件下,这是一个两难的选择。将帅之间,争论不休,举棋

---

① 《总统蒋公大事长编初稿》1948 年 7 月 3 日条。
② 《总统蒋公大事长编初稿》1948 年 7 月 10 日条。

不定。而由于国民党军在蒋介石指挥下屡屡损兵折将，他决策和命令的权威性已经大为削弱，因而受到部下的冷落，这使蒋介石本人，在部下的抵制下，对作战部署也难以作出最后的决断。

　　早在 1948 年 3 月初，据美国军事顾问团团长巴大维（David Barr）说："当共军在冬季攻势后把主力自长春与沈阳附近撤离时，我坚决敦促蒋委员长利用这个机会渐进地撤出满洲。他对这种建议表示惊愕，声称：没有任何情势诱使他去考虑这样一个计划，希望获得一个折衷办法。我建议把长春、吉林和四平街的守军撤入沈阳。蒋委员长答复说：政治上的考虑使他不能放弃长春，长春原为满洲的都城，但是，他愿意考虑把吉林守军撤入长春的计划。"①国民党军失守四平之后，蒋介石于 1948 年 3 月 13 日亲自写信给卫立煌，要他将主力提前西进，集结于锦州附近②。3 月 31 日，卫立煌从沈阳到南京，与蒋介石直接研究东北战局。蒋介石唉声叹气地说："我们运输机及汽油都无法维持东北这样庞大部队的补给，情势所迫，不得不将东北主力撤到锦州。"卫立煌不愿意冒野战的风险，向蒋介石作出承诺："只要不将主力撤出沈阳，东北部队补给由我负责，请美顾问团帮助运输。"这样，蒋介石又向卫立煌作了让步，同意卫在整补完成后再打通沈锦线。卫立煌随即拜会了美军顾问团团长巴大维，巴大维原则上同意提供帮助③。当时，巴大维已于 3 月 29 日答复蒋介石："正在将一百万发零点四五口径的子弹供其使用，16 到 20 架美国 C—46 式运输机的转移已经得到同意。"④即将上述飞机从日本转交给政府军，以便向沈阳运输粮食。卫立煌回到沈阳后，积极整训部队，希望能从美国方面获得 10 个师的装备补充。

　　5 月初，东北战场比较沉寂，蒋介石又要卫立煌打通沈锦线，将主

---

①　《巴大维将军的报告》，《美国与中国的关系》（白皮书）上卷，第 268 页。

②　《总统蒋公大事长编初稿》1948 年 3 月 13 日条。

③　杜聿明：《辽沈战役概述》，《辽沈战役亲历记》，文史资料出版社 1985 年版，第 10—11 页。

④　《巴大维将军的报告》，《美国与中国的关系》（白皮书）上卷，第 270 页。

力撤至锦州,秘密通知卫立煌到南京面商。但卫鉴于与蒋介石的分歧过大,没有前去,而是派廖耀湘代表他前往,并派参谋长赵家骧、军长罗又伦随同廖前往。卫立煌认为,现在把沈阳主力撤出,无异是抛弃长春守军,而沈阳主力单独出辽西向锦州撤退,背辽河、新开河与饶阳河三条大水侧敌行动,有被解放军层层截断、分别包围被歼的危险。如果蒋介石一定要撤退沈阳主力,那么,就要请蒋介石增派三个军的部队到东北。廖耀湘等到南京后,向蒋介石陈述了东北将领的意见,蒋介石考虑到必须增派军队,支持卫立煌救出长春守军,同意沈阳主力的撤退,可稍微推迟一些时日①。当时,巴大维一直主张东北国民党军乘解放军战斗间隙,发动攻势,打通沈阳到锦州的交通,他于 5 月 5 日参加了与东北将领的会议。会后,蒋介石又和巴大维商讨东北战局。据巴大维说:“我遂建议在那个时候发动进攻——如果这不能做到,那么应在还有机会的时候撤出满洲。我指出:满洲共军的实力正在增长,如果这次胜利不能确保,以后就确定地不可能了。我进一步指出:长春和沈阳不能永无止境地由空运供给。蒋委员长说,因为傅作义将军那时不能从华北抽出两个军来增援锦州守军,而增援正被认为是战事胜利所必需的,他已决定将进攻延至一九四八年八月一日进行。”②蒋介石为了准备撤退,又指示廖耀湘,重新编组沈阳部队,以一个军为防御兵团,以主力六个军加二〇七师并附东北“剿总”直属重炮及战车部队编为机动兵团,由廖耀湘统一指挥,随时准备行动。但这一方案分割卫立煌的兵权,所以卫不愿意立即成立机动兵团。6 月间,廖耀湘看到东北解放军主力未在辽南活动,建议卫立煌出兵袭取营口,依托营口,撤退沈阳主力。但卫仍不愿意背负丢失东北的罪名,只是整补部队,等待关内增援。而事实上,关内兵力空虚,蒋介石已无力抽兵增援③。

---

① 廖耀湘:《辽西战役纪实》,《辽沈战役亲历记》,第 152—155 页。

② 《巴大维将军的报告》,《美国与中国的关系》(白皮书)上卷,第 271 页。

③ 廖耀湘:《辽西战役纪实》,《辽沈战役亲历记》,第 152—155 页。

蒋介石既拿不出一个完善的方案,在部下的反对下,难以顺利地推行自己的作战计划,卫立煌既持不同的作战方针,蒋对卫也只好听之任之。但是,他仍然固执地要贯彻自己的作战意图,于是采取了超越指挥体制的办法,直接向卫立煌的部下下达指令,以便级别较低的将领接受自己的命令。他一方面提高廖耀湘的兵权,让他统率沈阳主力;一方面又提高范汉杰的兵权,让范的冀热辽边区司令部驻扎锦州,负责打通沈锦交通。据杜聿明回忆,范汉杰曾对他说:"南京国防部熟悉内幕的人说,蒋原拟要廖耀湘将沈阳主力带到锦州,即将东北国民党军全权给廖,以后见廖受卫的牵制,不能执行蒋的命令,又拟以我打通沈锦线,撤出东北主力,将权力交给我。"①当范汉杰到锦州时,已从山东调第五十四军到锦州。他既负有打通沈锦线的重任,就不能不继续到处请求抽调部队,但到6月间,仅从山东调来以第一六六师为基干的黄淑第九军到锦西附近,以第四十二师为基干的周开成的第八军到秦皇岛附近,准备整补训练后投入战斗。然而,就是这两个军,不久之后,因为南线吃紧,又随李弥兵团调到苏北战场去了②。东北国民党军仍然只能困守孤城。

豫东战役后,形势急转直下,济南已经孤立无援,蒋介石不能不如上所述,考虑调整战略计划。7月19日,卫立煌奉召到南京见蒋介石,他仍坚持己见,向蒋"报告东北我军已恢复其战力与精神,而沈阳独立守备计划之宗旨,亦已达成,除长春国军粮煤不济以外,并无其他顾虑,故坚决表示不愿放弃沈阳"③。蒋即晚召集何应钦、顾祝同、卫立煌等研讨放弃东北方针与撤退部署。商讨结果,据《总统蒋公大事长编初稿》记载:"卫立煌总司令坚决反对放弃沈阳,且谓所需粮煤彼可自给无虞。对于试图打通锦沈路,以为此时士气与将领心理,不仅为绝不可

---

① 杜聿明:《辽沈战役概述》,《辽沈战役亲历记》,第13页。
② 范汉杰:《锦州战役经过》,《辽沈战役亲历记》,第67页。
③ 《总统蒋公大事长编初稿》1948年7月19日条。

能,且徒损兵力,反增沈阳危机。若责其固守沈阳,则彼坚称确有把握。于是最后决定准其暂时固守沈阳,而不必急于出击,以图打通锦沈路。并限其于三个月内,在十一月封冻以前,积极整顿补充,恢复战力,然后出击,并作全军撤集关内之准备。而长春守军,务令其相机撤至沈阳,并速作接应之部署,毋再延滞。"①郭汝瑰日记也记道:"晚于总统官邸,饭后研究东北作战,决定暂取守势,待秋收后作大吃小之远程奔袭。长春仍固守,北宁路暂不打通。"②范汉杰的司令部原由华北"剿总"和东北"剿总"双重指挥,卫立煌担心华北"剿总"从锦州一线抽走部队,在南京时,经蒋介石同意,将冀热辽边区司令部改为东北"剿总"锦州指挥所,仍由范汉杰以东北"剿总"副总司令兼锦州指挥所主任,卫原请将指挥所设于葫芦岛,但蒋坚持设于锦州。这样,国民党军在东北对于解放军未来的进攻处于消极待变状态,并无积极的应变部署。

当时,国共战斗的重心仍在华中战场。美国军事顾问团团长巴大维曾建议从济南撤退,但蒋介石从政治上考虑,仍主坚守济南。新任国防部第三厅厅长郭汝瑰,对今后作战方针持积极作战的态度,于7月16日草拟计划如下:"本厅研究共军经去岁南麻战役后,毛泽东根据其江西经验以主力南窜,自命为反攻,实则系避免退入黄河以北,故政府军应在作战原则上确定:1. 打破共军根据地;2. 驱之流窜,使成流寇;3. 防止其再泛滥我军守备区,使其人力物资枯竭;4. 指导小型歼灭战,俾将来主决战绝对优势。根据上述四原则,余令起草计划,以彻底攻破陈毅为方针。"在7月17日的官邸会报上,郭汝瑰进一步解释:"力主计划打大名、濮县等地区,力追陈毅部不舍,不使有补整余地;并以胡宗南主力东向中原与华中总部协力进攻刘、陈(赓),一面准备以压倒优势之兵力在苏北演一歼灭战,前方一面作战,一面将各师扩为九团制;后

---

① 《总统蒋公大事长编初稿》1948年7月19日条。
② 《郭汝瑰日记》1948年7月19日,摘抄打印本。

方一面成立后调旅增加兵力,准备渡河攻击。"①但此时国共两军士气和力量对比已发生了重大变化,参谋部成员多不同意这一计划。参谋部次长刘斐主张:"全局取守势,并主张收复兖州以支撑济南。"②第三厅副厅长许朗轩等也不同意,他们认为:"国军已屡弱,不能徒劳无益的追击,主张战略守势。"③蒋介石则表示"将取战略守势,战术攻势"④,仍想尽力有所作为,挽回败局。

最后,国防部于1948年8月4日制定了华中作战计划,规定:"华中国军为增强战力,堵匪流窜,逐渐削弱匪军力,准备大举进剿之目的,将主力分置于陇海、津浦、平汉及汉水、丹江各要点,编组进剿兵团,先充实战备。在整备未完成前,全般战略暂取守势,在战术上则仍取攻势,配合绥靖区积极清剿,肃清散匪、残匪、潜匪,消灭其地下政治组织,巩固我地方政权,建立总体战之基础。一俟整补完成,实力充沛,战力较匪优势后,立即大举进剿,分别围歼匪军,尔后再准备进出华北地区。本计划进剿准备时间预定三个月完成(三十七年十月底),进剿实施日期另定之。"这个计划于9日向蒋介石进呈,17日经蒋介石批准,19日交第二处(当属国防部第三厅)逐次下令实施⑤。对于当前的战斗,国防部要求于9月上旬完成下述计划的准备:"华中国军以各个击破匪军之目的,目前乘匪整编之际,应以一部监视陈毅匪军,以主力与西安绥署东进部队协力乘机打通陇海路及陇海中段后截断伏牛山区匪军后方补线,先击灭刘伯承、陈赓匪军主力,尔后转移兵力于黄泛区及鲁西地

①　《郭汝瑰日记》1948年7月16日,摘抄打印本。

②　《郭汝瑰日记》1948年7月17日,摘抄打印本。

③　《郭汝瑰日记》1948年7月20日,摘抄打印本。

④　《郭汝瑰日记》1948年7月17日,摘抄打印本。

⑤　《国民党政府国防部〈济南会战〉》,中共山东省委党史资料征集研究委员会等编:《济南战役》,山东人民出版社1988年版,第232－241页;又参《第三次国内革命战争时期敌军资料选编》第4册。

区,给陈匪主力以击破。另以有力一部沿津浦路前进,相机收复兖州。"①这一计划还没有来得及贯彻,解放军对济南、锦州的猛烈攻击,就把国民党军对作战形势的设想彻底打破了,这一计划成了根本不切合战场实际的纸上谈兵。

与此同时,蒋介石为了挽回败局,决定召开军事检讨会议,7月23日起,先开预备会议,8月3日正式开会。蒋介石致开幕词,他不能不承认国民党军"处处受制,着着失败","我个人领导无方,教育失败"。他一方面指责国民党将领"精神堕落,生活腐化,革命信心根本动摇,责任的观念完全消失",一方面又向他们打气:"我要求大家认清我们目前剿匪首要的急务,是改造我们一般官兵的精神和心理,要恢复我们革命的自信心,加强我们精神的武装。"这时,国民党军的士气低落,已无可挽回,蒋介石在无奈之中,不得不抛弃革命的空话,以生存的渴望来作激励士气的最后努力,他说:"我个人的事业,自抗战胜利以后,实已对国家尽到了责任,如为我个人,我今天实在无所求了。其所以如此忍辱负重,毋敢或懈者,第一就是为我多年来受我领导患难相从的官兵和党员,总要率领他们达到成功之路,使他们有着安身立命之所,不致为人轻侮,为人唾弃。"②但是,会议无论在精神上还是战略战术上都无法找到出路,只能流于空谈,成了国民党军战略决战前的一次绝望的努力。8月7日检讨会议结束,蒋介石自记道:"对军事检讨会议,自问已尽心力,然恐听者藐藐,未能有动于中耳,余惟有以'但问耕耘不问收获'引为自慰也。"③在这次军事检讨会议上,通过了一系列大而无当的决议案,在政略上继续实行总体战,在战略上实行持久战,划分战区,各置统帅,将整编师、旅番号恢复为军、师番号,军以3.5万人定编,实行三三

---

① 《敌战略部署摘记》,军事科学院图书馆藏复印件。

② 《改造官兵心理加强精神武装》(1948年8月3日),《先总统蒋公思想言论总集》第22卷,第483—489页。

③ 《总统蒋公大事长编初稿》1948年8月7日条。

制,加强战略城市的守备,组成机动兵团,为保持 500 万人的总兵额,编练战略预备队 150 万人,编组 50 个步兵师、10 个骑兵师,等等①。后来,巴大维曾批评国民党军的计划说:"这是中国当局作冠冕堂皇的计划,而往往不顾这种计划实现的可能性的又一例证。"②郭汝瑰回忆说:"这次会议名为检讨会议,实际上是以蒋介石向将领们打气为重点。对各次主要战役很少从战略、战役法、战术、战斗法则各方面去找经验教训……中间并无重大决策。"③这样,国民党军在军事态势十分严峻的形势下,蒋介石已找不到对策,只能用空谈来坐待失败,在具体的军事部署上却完全处于麻痹状态。

豫东战役之后,毛泽东对战局十分乐观,积极要求各部扩大战果。在华东战场,毛泽东于 7 月 8 日要求粟裕部撤出战场后十天内完成再战的准备。7 月 14 日,在许世友、谭震林兵团即将攻克兖州之际,毛泽东于 7 月 14 日要求"许谭于攻克兖(州)济(宁)后,休息两星期,即向济南攻击,迫使邱黄两兵团分兵北援(敌非北援不可)。此时,你们则寻敌一部攻击,使敌既被迫分散,又首尾不能相顾,利于我之各个击破及尔后之大休整"④。16 日又要求许谭不顾疲劳,以主力抢占济南机场,迅速完成攻击济南的准备。同日得到攻克兖州的报告后又要求许谭部争取十天内外夺取济南。中原野战军在豫东战役胜利的鼓舞下,也积极寻战,刘陈邓于 7 月 19 日致电中央军委,要求华野第一、三两纵队西进,配合他们寻歼胡琏兵团一、二个师。

同时,在山西,徐向前指挥华北野战军第一兵团等部取得了晋中战役的大胜之后,蒋介石于 7 月 22 日亲自飞到太原,调陕西的整编第三

---

①　《国防部三十七年下半年度计划纲要》,转引自王道平等:《震撼世界的大决战》,解放军出版社 1990 年版,第 11—13 页。

②　《巴大维将军的报告》,《美国与中国的关系》(白皮书)上卷,第 274 页。

③　《郭汝瑰回忆录》,第 295—297 页。

④　《许谭兵团宜攻击济南分散敌人》(1948 年 7 月 14 日),《毛泽东军事文集》第 4 卷,第 514 页。

十师空运增援太原。在此之前，毛泽东在战役行将结束之际，于7月16日要求徐向前、周士第抢占太原机场，争取十天内外夺取兵力空虚的太原。

不过，在事实上，解放军各部经过大战之后，各军战力疲惫，已难以胜任毛泽东提出的出击要求了。粟裕于7月16日报告说："部队本身困难，难以连续作战"，"建议许谭与我们争取时间休整一个月，尔后协力攻打济南，并同时打援。"①徐向前也认为："蒋匪三十军（即整三十师——引者）由空运增援，城郊城内敌守备很严，我们估计当时不能打下太原，战役即此结束。"②解放军各部队于是普遍转入休整，在国民党军进行军事检讨会议前后战斗一时趋向沉寂。

华东、中原野战军转入雨季休整后，仍积极备战。8月10日粟裕等向中央军委请示，提出了雨季休整后的三个作战方案，并建议执行第三案，即"攻占济南与打援同时进行"，实施9月攻势。同时建议"中原军区以主力向信阳或南阳汉水流域进击，以吸引十八军南下，使其不易北援。同时建议以陈谢有力一部位于郑州附近，使郑敌不敢来援"③。刘邓陈也向中央军委报告配合华野的秋季作战计划："总之，我刘邓、陈谢两部应担任对张轸、杨干才、孙元良三部之钳制，并寻歼一部，自应以对张轸集团为主要对象。"④中央军委于8月12日复电华野将领，表示"我们目前倾向于攻城打援分工协作，以达既攻克济南、又歼灭一部援敌之目的"⑤。

当时，毛泽东对于全局的战略部署，在南线的华东战场，以攻克济

①　《一九四八年七月十六日报军委电》，《粟裕军事文集》，第371页。

②　《徐向前晋中战役总结报告》（1948年8月9日）。

③　《粟陈唐张钟给中央军委、华东局、中原局并告山东兵团、苏北兵团的电报》（1948年8月10日），《济南战役》，第55—59页。

④　转引自《刘邓各纵似以待机歼敌为有利》，《毛泽东军事文集》第4卷，第582页。

⑤　《对攻济打援的初步设想》，《毛泽东军事文集》第4卷，第567页。

南为主要的军事目标,在北线的东北战场,以占领锦州为主要的军事目标。但他对于各个战场仍然是分别考虑,各自为战,他对各战场之间的要求,仍停留在疏松的战略配合上,还没有形成有机的系统的完整的战略构想。1948 年 9 月 7 日,辽沈战役、济南战役正在部署之际,毛泽东为中共中央军委起草的致林彪、罗荣桓、刘亚楼的电报中说:"我们准备五年左右(从一九四六年七月算起)根本上打倒国民党……今年七月至明年六月,我们希望能歼敌正规军一百十五个旅左右。此数分配于各野战军和各兵团。要求华东野战军担负歼灭四十个旅左右(他们七月歼灭的七个旅在内),并攻占济南和苏北、豫东、皖北若干大中小城市。要求中原野战军担负歼灭十四个旅左右(七月已歼两个旅在内),并攻占鄂豫皖三省若干城市。要求西北野战军担负歼灭十二个旅左右(八月已歼一个半旅在内)。要求华北徐向前、周士第兵团歼灭阎锡山十四个旅左右(七月已歼八个旅在内),并攻占太原。要求你们配合罗瑞卿、杨成武两兵团担负歼灭卫立煌、傅作义两军三十五个旅左右(七月杨成武已歼一个旅在内),并攻占北宁、平绥、平承、平保各线除北平、天津、沈阳三点以外的一切城市。"①对于华野攻击济南一役,中共中央和前敌将领对于军事部署比较一致,济南本已陷于孤立,局面比较明朗。而对于东北野战军南下作战、攻击锦州一役,中共中央军委主席毛泽东和前敌指挥员、东北野战军司令员林彪之间,一度分歧比较大,对战役部署尚未达成一致。

早在 1948 年 2 月 7 日,毛泽东致电林彪、罗荣桓、刘亚楼,并朱德、刘少奇,认为东北"下一次作战有两个方向,一是打抚顺、铁岭、法库之敌,一是打阜新、义县、锦西、兴城、绥中、山海关、昌黎、滦州等地之敌",他考虑到蒋介石曾准备撤退全部东北兵力至华北,强调"对我军战略利益来说,是以封闭蒋军在东北加以各个歼灭为有利",因此倾向于东北

---

①　《关于辽沈战役的作战方针》(1948 年 9 月 7 日),《毛泽东军事文集》第 5 卷,第 1 页。

野战军南进到阜新至滦州一线作战，以应付国民党军从东北撤退①。林彪 2 月 10 日给毛泽东的复电，同意把国民党军堵留在东北，但认为："只要吉林、长春敌被我抓住和未歼灭前，沈阳的敌人是不会退的。"②对毛泽东的远景指导性意见，前敌将领持不同意见，在解放战争期间是常见的事情，将帅之间，从战略的根本利益出发，进行研究和磋商，常常形成了最佳的战役方案。4 月间，东北野战军决定集中九个纵队攻打长春，并认为如南下作战，"在敌目前采取放弃次要据点、集中兵力固守大城市的方针下，则必到处扑空，或遇到四五个师兵力守备的城市"③。毛泽东迁就了前敌将领先打长春的作战计划，同时指出"不应当强调南下作战之困难"④。但 5 月下旬林彪以一部兵力试攻长春的结果，发现强攻长春的把握不大，决定"对长春采取较长期的围城打援，然后攻城的办法"⑤。东北野战军由于一时没有战机，从 6 月 20 日起，即转入练兵。这是解放军进入东北后第一次有组织有准备的和比较长期的练兵，经过四十天攻坚战练兵，部队在战术和技术方面都有大的提高，尤其各级指挥员对战术概念弄得比较清楚。

　　林彪在东北指挥作战，两次四平的阵地战斗均遭挫折，尤其是 1947 年 6 月对四平的攻坚作战失利，使林彪对攻坚作战采取了十分持重的态度。他一方面加强部队攻坚作战的训练，而另一方面则又尽量

---

　　①　《毛泽东提出封闭蒋军在东北加以各个歼灭致林彪、罗荣桓、刘亚楼等电》（1948 年 2 月 7 日），《辽沈战役》，中国人民解放军历史资料丛书，解放军出版社 1993 年版，第 49 页。

　　②　《林彪关于决将敌堵留在东北各个歼灭致毛泽东电》（1948 年 2 月 10 日），《辽沈战役》，第 51 页。

　　③　《林彪、罗荣桓等关于敌我形势和攻打长春的意见致毛泽东等电》（1948 年 4 月 18 日），《辽沈战役》，第 52—53 页。

　　④　《毛泽东关于同意先打长春致林彪、罗荣桓、高岗等电》（1948 年 4 月 22 日），《辽沈战役》，第 55 页。

　　⑤　《林彪、罗荣桓、刘亚楼关于进攻或围困长春方案致中央军委电》（1948 年 6 月 5 日），《辽沈战役》，第 66 页。

避免攻坚战斗,尤其不愿意将部队投入长距离奔袭的攻坚战斗。解放军在东北作战的特点是:东北形势,敌处中心地区,并有铁路迅速调动和集中兵力向我进攻(过去)或增援(现在),我根据地和我军,则处于敌周围,中间由河流和敌人隔断,又因系在敌占区,行动无法保持秘密,故无法集中兵力进行大的战役。林彪既不愿意攻坚,又无野战战机,东北野战军休整完毕,拥有 12 个纵队,又一个炮兵纵队,一个铁道兵纵队,17 个独立师,共为 53 个师,70 多万人,加上地方军,共为 105 万人的强大武力①,却仍处于战斗方向不明的休整状态,一时无用武之地,为全军所瞩目。东北野战军将领为积极寻战,几经考虑,林彪、罗荣桓、刘亚楼于 7 月 20 日致电军委,希望到 8 月中旬,以最大主力南下作战,首先以奔袭作战,包围歼灭义县、锦西、兴城、绥中、山海关守备薄弱的五城敌人,然后转攻承德,并要求华北的部队配合作战,但仍采取避免对锦州进行攻坚作战的方针。毛泽东鼓励林彪南下作战,并指示华北的杨成武兵团及杨得志、罗瑞卿、耿飚兵团准备出动,策应东北野战军南下作战,但他认为:"你们应当首先考虑对锦州、唐山作战,只要有可能,就应攻取锦州、唐山,全部或大部歼灭范汉杰集团,然后再向承德、张家口打傅作义。"②他从战略利益出发,坚持要求东北野战军进行攻坚作战。

　　解放军将帅正在运筹帷幄之际,东北降下了五十年未有的大雨,冲垮了林彪所部的后勤补给线,致使林彪无法确定行动日期。为此,毛泽东于 8 月 12 日对林彪"出动遥遥无期"提出了尖锐的批评,指出:"对于你们自己,则敌情、粮食、雨具样样必须顾虑周到,对于杨成武部则似乎一切皆不成问题。"③在这里,毛泽东对林彪所部的后勤补给问题显然

---

① 韩先楚:《东北战场与辽沈战役》,中共中央党史资料征集委员会等编:《辽沈决战》上册,人民出版社 1988 年版,第 110 页。

② 《中央军委关于先取锦州唐山再打承德张家口致林彪、罗荣桓、刘亚楼电》(1948 年 7 月 30 日),《辽沈战役》,第 80 页。

③ 《中央军委关于对部队南下无期等问题的批评致林彪、罗荣桓、刘亚楼电》(1948 年 8 月 12 日),《辽沈战役》,第 89 页。

未予充分考虑，尤其是东北地广人稀，大兵团作战如果不能建立有效的后勤补给线，沿袭原先的就地补给方式，是不可能支持大规模战斗的。当时，东北野战军所具有的装备，每个纵队平均 3.8 万多人，马 4700 余匹；一、二、三、四、六各纵是 4.3 万人；主力纵队，迫击炮每团六门，六〇炮每营九门，如果没有比较固定的用火车、汽车运输的补给线，几十万大军集中作战，是比较困难的。因此，在铁路运输没有恢复的情况下，东北主力一时无法南下，只能加紧抢修铁路。这使东北战场出现了相当长的沉寂时期。但解放军各部从上到下求战心切，同国民党军消极应付，形成强烈的反差。一场决战正在酝酿之中。

二　战略决战的序曲——济南战役

在东北野战军因天雨推迟了北宁线作战的时候，华东野战军正积极准备攻克济南的战斗。攻占济南，将华东、华北解放区连成一片，并为南进夺取南京门户徐州开辟道路，是解放军在南线作战的战略性要求。国民党军方面，王耀武曾于 5 月 15 日到南京向蒋介石报告军情，并建议放弃济南，将济南部队撤至兖州及其以南地区，与徐州一带的部队联成一片，并巩固徐州至兖州的铁路交通。但蒋介石没有同意，他为了不让华东、华北的解放区联络，坚持坚守济南。但不久，兖州、济宁即为解放军攻占，济南、临沂、青岛成为国民党军在山东的三个孤立的据点。8 月间，统帅部获得了解放军积极备战的情报，指示济南守军"增强守备力量，确保济南，控制强有力的预备队，采取机动防御，加大围攻济南共军的死亡，削弱其力量，尔后再配合进剿兵团内外夹击，打败共军"，并令徐州"剿总"副总司令杜聿明指挥黄百韬、邱清泉、李弥三个兵团与华野作战，以解济南之围。杜聿明即至济南与王耀武等会商作战方案，王提出："解放军的作战力量已大为增长，固守济南必须调整编七十四师或整编八十三师来增防，否则没有把握。"在王耀武的坚持下，蒋介石为加强济南防务，于 8 月 26 日决定命令正在苏北作战的整编第八十三师到徐州集中,准备空运济南。是日,国防部第三厅厅长郭汝瑰到济南视察防务,他向王耀武表示,如果共军进攻济南,国防部可于十天内空运八十三师到济南增防。但后来刘峙担心徐州一带兵力削弱,向蒋要求先向济南运输弹药、装备,暂缓运输八十三师,因此,在战前仅向济南运到该师的第十九旅①。

　　济南是国民党军重兵设防、筑有坚固工事的城市,解放军从未攻击过这样坚固设防的大城市,而徐州又有国民党军的三个精锐兵团,因此,攻济打援是一场严峻的战役。为了保证战役的胜利,解放军统帅部和前敌将领对战役进行了深入的研究和精心的部署,并作了最坏的打算。毛泽东曾指示:"整个战役应争取一个月左右打完,但是必须准备打两个月至三个月,准备对付最困难的情况,并以此作为一切部署和工作的主要的出发点。"②华东野战军于 8 月 20 日在曲阜举行前委扩大会议,东西两兵团将领一起会商攻击济南的作战计划。会议期间,中央军委又于 8 月 22 日提议华野"在申删(9 月 15 日——引者)以前完成有关攻城及打援的一切准备工作,申删左右开始攻城,御援及打援部队申删以前进入指定阵地"③。8 月 31 日,粟裕、谭震林、陈士榘致电中央军委,报告了华野关于济南战役的作战方案,"以攻占济南为唯一目的,并求歼援敌之一部",对攻城和打援作了机动灵活的部署。④ 9 月 2 日中共中央军委批准了华野的作战部署。同日,华东野战军司令部即发出济徐作战预备命令:"a. 组成北线攻城集团。以原东兵团之九纵、

---

　　①　参王耀武:《济南战役的回忆》,《文史资料选辑》第 18 辑,第 5—11 页;《郭汝瑰回忆录》,第 298 页。

　　②　《济南战役的目的和兵力部署》(1948 年 9 月 11 日),《毛泽东军事文集》第 5 卷,第 7 页。

　　③　《关于攻济打援的作战计划问题》(1948 年 8 月 22 日),《毛泽东军事文集》第 4 卷,第 573 页。

　　④　中国人民解放军军事科学院编:《毛泽东军事文选》第 448 页注(9),中国人民解放军战士出版社(北京)1981 年版。

十三纵、渤海纵队共二十四个团为攻城之东兵团,由许、王直接指挥(由东及东南向济南攻击);原西兵团之三、十纵及鲁纵共十九个团(由西及西南向济南攻击),归十纵宋司令、刘政委指挥,组织成为攻城之西兵团。该两攻城兵团统归许世友司令、王建安副司令统一指挥,担任围攻济南,并应首先攻占济南城西南郊飞机场、辛庄兵营及济市东郊及东南郊外围阵地,后协同向纵深发展,攻歼济南守敌,夺取济南。具体部署由许司令、王副司令决定。b. 以原西兵团之一、六、四、八、(中野)十一纵队(属中野建制,当时归华野指挥——引者),原东兵团之七纵队及苏北兵团之二、十一、十二纵队(欠三三、三四两旅)并冀鲁豫军区之独立第一、第三两个旅,鲁中南之四个基干团共七六个团(原文如此,当系七十六个团——引者),组成南线阻援打援集团,负责阻援打援,保障攻城作战之完全胜利。"①预定 9 月 15 日前后发起战役。

当时,粟裕考虑到王耀武指挥较有才干,徐州一线国民党军兵力还相当强大,可能迅速增援。而华野西兵团七个纵队自睢杞战役后,部队极不充实,尤其干部伤亡太大,至今无法补充。因为战斗激烈,伤亡严重,团以下干部存在害怕牺牲的"保命"思想,战斗力受到影响,需要多做政治鼓动工作。东兵团则养精蓄锐,战力比较充实。为保证攻济战斗有充分的时间,华野以总兵力的 44% 弱,约十四万人组成攻城兵团,而以总兵力的 56% 强,约十八万人组成阻援、打援兵团。在进行战役部署期间,许世友于 8 日曾向粟裕"建议将攻济西兵团之两个纵队中抽一个纵队至铁路以东,以便集中兵力"。但粟裕则认为"总以能迅速攻占飞机场为第一步作战目的",以便断绝敌军空援,因而要求东兵团的第十三纵队"协同鲁中之四个团,沿津浦路东向党家庄、凤凰山、七里山之线攻击,以协助三、十纵达成迅速攻占飞机场之任务"②。11

---

① 《华东野战军济徐作战预备命令》,《济南战役》,第 80—84 页。

② 转引自《粟裕给许谭并中央军委的电报》(1948 年 9 月 10 日),《济南战役》,第 91 页。

日,许世友致电中央军委,虽然接受了既定的部署,但仍批评当前部署
"我们兵力不集中,没有重点的使用"①。为此,中央军委复电许世友,
指出:"此次作战部署是根据军委指示决定的",解释了攻城和打援部署
的原因,并着重指示说:"至于攻城部署应分两阶段,第一阶段集中优势
兵力攻占西面飞机场,东面不要使用主力,此点甚为重要,并应迅即部
署。"军委明确指示:"整个攻城指挥,由你们担负。全军指挥,由粟裕
担负。"②

　　正当华野部署攻济之际,不确定地获悉国民党军第八十三师一个
旅已增调济南,一度对攻济部署产生疑虑。华野原来获得的情报,济南
守军仅七个正规旅,现增加八十三师一个旅,以及由保安旅改编为正规
旅的第七十四师第五十七旅,实际应为九个正规旅的兵力。当时,攻济
部队处于主动地位,又有后方根据地的强大支持,可以采取机动灵活的
部署,所以,中共中央军委经过分析,指示攻济前敌将领说:"只要你们
在八十三师加到济南后,仍有把握夺取飞机场及在济市外围歼敌一部,
你们仍以按照原计划发动攻济,并在徐、济间准备打援为适宜,只要你
们能在飞机场及其附近歼敌二个旅左右,则济市之敌等于没有增加。
除非你们对夺取飞机场及在济市外围歼敌二个旅左右业已完全无把
握,那就只好根本放弃攻济计划,而另作其他计划。但即使如此,亦不
妨试攻一次两次,假如试攻无效,对我亦无大损失。"③

　　国民党军在济南的总兵力有十一万,第二绥靖区司令官王耀武为
对付解放军的进攻,将济南分为东西两个守备区,守备重点置于飞机场
的以西以南,以整编七十三师师长曹振铎为东地区指挥官,以整编九十
六军军长兼八十四师师长吴化文为西地区指挥官。9月10日以后,解

────────

①　《毛泽东军事文集》第5卷第7页注(3)。

②　《济南战役的目的和兵力部署》(1948年9月11日),《毛泽东军事文集》第5
卷,第7页。

③　《攻济打援以按原计划进行为宜》(1948年9月13日),《毛泽东军事文集》
第5卷,第9页。

放军向济南外围运动。济南形势吃紧。14 日，王耀武到南京求援。统帅部见解放军攻济征候明朗，才下令开始空运第八十三师。然而，这时候八十三师已为徐州剿总调往丰县、鱼台。15 日，王耀武面见蒋介石，要求增援，同时指出过去政府军对解放军阻援力量估计得太小的教训，认为："如济南被围攻，陈毅部的主力极可能布置于兖州、济宁及其以北的地区，阻我援军北上。又加我军士气不振，增援部队力量太小了，很难完成任务。"①蒋介石不得不于临战之际，改为将七十四师由徐州空运济南，并答应准备强大部队增援济南。王耀武即由南京飞回济南。同日，蒋介石命令"下令空运七十四师去济南"②。蒋介石的这一命令是下给第三厅的。济南军情已经十分紧急，而统帅部指挥仍十分迂缓。

16 日 17 时，在解放军攻击济南前数小时，国民党军参谋总长顾祝同召集会议研究作战。当时，北宁线战斗也已经打响，参谋部才"决定训令卫立煌、范汉杰，令集中力量守锦州、锦西、葫芦岛及秦皇岛、山海关两区。对于共军攻济南则用七十四师入济南以求固守，然后以大军向鲁西进攻，求逐步歼敌"。16 日午夜，解放军开始攻击济南，17 日 10 时，据《郭汝瑰日记》，国民党军统帅部"于总统官邸会报，将徐州及锦州方面之作战意见报告后，总统均一一认可，本厅起草命令下达后，总长并约杜聿明来第三厅，由余面告总统之企图，令其明日即速返徐州按指示指导作战"。而七十四师自丰县返徐州耽搁一日，至17日，第七十四师空运抵济南仅为二千余人③。即该师五十八旅一七二团七个连，不足一团兵力。显然，国民党军的行动部署步步落后，不仅仅是慢了一拍。

9 月 15 日夜，解放军攻济东兵团渤海纵队占领龙山镇、三官庙，主力抵达济南东郊。16 日拂晓，西兵团包围长清，主力进至长清东南的宋村、讲书院地区。东西两兵团进迫济南。16 日夜 24 时，解放军东西

---

① 《济南战役的回忆》，《文史资料选辑》第 18 辑，第 12 页。
② 《郭汝瑰日记》1948 年 9 月 15 日。
③ 《郭汝瑰日记》1948 年 9 月 16—17 日。

两兵团向济南外围阵地发动全线进攻。战斗十分激烈。王耀武判断，解放军主攻方向在西面，为保护空运机场的安全，即令整编第二师师长晏子风率总预备队第十九旅、五十七旅向古城以西增援，策应长清作战。此前，解放军地下工作人员对济南西区指挥官、整编第九十六军军长吴化文作了大量策反工作。17日拂晓，吴通过联络电台向解放军密报："王（耀武）命晏子风率六个团于十六日夜援长清以东，望注意。晏在古城预备于十七日解长清围。"①解放军西兵团即于17日晚全歼长清守敌，并击退晏子风一个团，各纵顺利推进，济南守军的王府庄、藤槐树、讲书院、古城、段店、东山等据点相继失守，保四旅放弃齐河，未奉命令偷偷渡过黄河撤至济南近郊。

根据中央军委和华野部署，解放军东兵团在第一阶段战斗中，只是助攻部队，西兵团则是目标飞机场的主攻部队。但前线将士战斗情绪高涨，对攻克济南充满信心。第九纵队司令员聂凤智主动挑起主攻济南的担子，在向各师团下达作战命令时，竟将"助攻"改为"主攻"，并指示所部："助攻不是佯攻，是真攻而不是假打。我们全力以赴，整个战役稳有胜利把握。"②因此，东兵团攻击十分猛烈。经一夜战斗，解放军即占领了坚固设防的济南屏障茂岭山、砚池山。为了阻止部队溃退，王耀武枪毙了一个营长。东郊屏障失守，东面战斗比西面更为激烈，打乱了王耀武的部署，也使他对敌情产生了迷惑。王即令十九旅和五十七旅回调东援，并令七十三师预备队及十九旅向解放军反攻，企图夺回茂岭山、砚池山阵地，但均被解放军击退，伤亡惨重，不得不撤至马家庄阵地继续抵抗。

18日，解放军西兵团继续推进，用炮火控制了飞机场。国民党军空军被迫停止空运第七十四师增援部队。17日夜，解放军西兵团已逼近吴化文部阵地。吴化文原属西北军系统，在国民党军中是杂牌军，在解放军的策反下，有起义的愿望。18日凌晨，济南中共市委交通员李

---

①　蒋方宇：《吴化文起义始末》，《济南战役》，第522页。
②　聂凤智：《回忆解放济南战役》，《济南战役》，第486页。

如刚赶到吴部，传达解放军要求："当前方部队接触时，贵军应迅速后撤集结。"但吴化文尚在动摇之中，回避撤出阵地，要求在原地集结，请解放军转向商埠进攻。策反工作进入极为紧张复杂的阶段，因此，西线战斗一度比较沉寂①。由于吴的拖延，妨碍了解放军的推进，18日夜11时，解放军西兵团向吴化文部簸箕山阵地实施炮击，施加军事压力。经过地下工作人员的努力，吴化文终于下了决心，于19日晚召开军官会议，全军两万余人宣布起义，撤出阵地。西兵团乘势全部占领了飞机场，并控制了商埠以西地区。

吴化文部起义使济南的防御出现了巨大的漏洞。战局严重恶化，王耀武张皇失措，对防守济南完全失去了信心。他一方面调整部署，收缩阵地，一方面分电蒋介石、刘峙："吴化文部投共，济南腹背受敌，情况恶化，可否一举向北突围。"20日凌晨，蒋介石命令王耀武坚守待援，并说："我已严令援军星夜前进，以解济南之围。"②王即将外围部队调入内城，以内城为主，固守待援。

20日晚，西兵团从南、西、北三面向商埠进攻，21日突入商埠，展开巷战。王以自己指挥过的七十四师空运至济南的部队，扼守原绥区司令部驻地邮政大楼，在22日商埠被解放军占领后，仍顽强死守，血战至23日，被解放军歼灭。22日夜，东兵团向外城发起攻击，至23日予以占领。国民党军退守内城。至此，解放军战局进展十分顺利，为了不给济南守敌以喘息机会，23日晚，解放军东西两兵团同时向内城发起总攻。东兵团第九纵队向城东南突击，遭到敌第十五旅的顽强阻击，三次攻击均遭失利，伤亡严重。司令部不能不考虑是否撤出战斗，调整部署后继续攻击。前线指挥员经过研究，决心重新组织火力，再次突击。24日2时25分，解放军第九纵队第七十三团终于英勇地突入内城，转入巷战。不久，西兵团第十三纵队也从坤顺门突击成功。是日晚9时，解

---

① 蒋方宇：《吴化文起义始末》，《济南战役》，第522页。
② 《济南战役的回忆》，《文史资料选辑》第18辑，第20—21页。

放军完全占领济南,济南战役胜利结束。王耀武化装潜逃,至寿光县,被解放区公安战士查获。

济南战役进行过程中,杜聿明企图等待解放军攻城部队遭到严重杀伤后,再率援军北进,夹击战力衰竭的解放军,所以,计划于解放军攻击济南后第五天令部队出动。他对解放军的攻坚能力显然大大低估了。济南局势急转直下,杜聿明在蒋介石的严令下,不得不提前北进。但解放军阻援部队已严阵以待,杜聿明部推进十分小心,加上天雨路滑,每天仅前进数公里。济南很快失守,迫使杜聿明急忙率部回撤,以免受到解放军打援部队的攻击。

解放军以 14 万人的攻城部队,对国民党军十一万人的守城部队,在兵力上并无优势可言,但仅经过八天战斗,就攻下了国民党军长期经营、坚固设防的济南,这给解放军各部队以巨大的鼓舞,对国民党军的士气也予以严重的打击。济南战役的胜利,构成了解放军战略决战胜利的前奏。战后,蒋介石对美国顾问巴大维表示,他“对济南之战的结局深表失望”,“该城失陷实出意料之外”,“必须研究中国的战略与战术以及野战部队的组织与训练,藉使在济南所犯的错误不致重复”,“过去不惜任何牺牲以坚守强固据点或主要城市的老战略,必须改变”①。然而,蒋介石焉有回天的灵丹妙药?

第二节　辽沈战役

一　锦州攻防战

1948 年 8 月间,东北因为大雨,林彪无法率部南下作战,在一段时间内战斗趋于沉寂。国民党军方面借着这难得的喘息机会,盘算着如何摆脱在东北的困境。国防部第三厅草拟了东北作战计划,认为无法

---

① 《巴大维将军的报告》,《美国与中国的关系》(白皮书)上卷,第 269 页。

向长春空投足够的粮食过冬，主张长春守军于 10 月间向南突围，沈阳部队适时攻击，加以援助。25 日，第三厅厅长郭汝瑰去北极阁宋子文官邸向蒋介石报告对东北作战的意见，蒋指示："先电长、沈，告以十月打通长、沈交通，俟共军集中四平街一带，则国军打通沈、锦线，如共军向辽西移，则长春守军经西丰方面突围。"①

9 月 10 日，郭汝瑰经蒋介石允许，带着第三厅策定的东北作战方案飞赴沈阳，与卫立煌协商实施。当日晚，郭与卫见面，卫立煌深知东北各军战斗意志十分消沉，因而"反对长春突围，认为突围二日即将被全部歼灭"，同时"认为如沈阳方面出兵援助，则沈阳方面亦必乱得站不稳脚"②。11 日，郭与卫再次商讨作战方针，经卫同意，由郭代拟如下："长春应尽最大努力固守以牵制敌军，沈阳部队则力求战力恢复，粮食自给，候机击破敌一、二个纵队之后再北上解围，而挽回东北局面。"东北将领廖耀湘等则认为："沈阳久守不攻非计，东北安全并非由于我取守势，而系匪无力取攻势之结果。伊等均主张打通营口至沈阳之交通。"于是，郭汝瑰拟定东北作战指导腹案如下："国军应立即打通营口，将锦州方面部队转用于沈阳，形成有力之攻势兵团，于冬季前进出开源、昌图附近地区寻敌决战，以解长春之围。辽西则仅保守葫芦岛、锦西，冀东则保持秦皇岛及其以西交通。秦锦间铁路可先拆除以减少损失。长春方面尽量加强空运，以图渡过严冬，可能时则与北上部队夹击敌军。"③

---

① 《郭汝瑰日记》1948 年 8 月 25 日。

② 《郭汝瑰日记》1948 年 9 月 10 日。

③ 《郭汝瑰日记》1948 年 9 月 11 日。按：根据中共情报："据南京谍息，国防部已指定在营口登陆的作战计划，在这次作战中将有防御部队参加，并有招商局的船只保证军队的运输。被指定参加这次作战的各部队已有了充分的战斗准备，国民党指挥机关对这次作战很重视。国民党军队登陆后，拟向沈阳西北方面冲击。假使他们不能在营口立足，那么，最低限度他们必须保证部队从沈阳地区撤退的走廊。"(中央军委 9 月 3 日电，《辽沈战役》，第 96 页)——笔者。

12 日，郭汝瑰由沈阳飞抵北平，与傅作义商讨军事。傅主张"华北唯有实行攻势，方可支持，一守即不可收拾"，并准备进攻石家庄，同时在南口设伏，得到郭汝瑰的赞成。①

郭汝瑰回到南京后，于 14 日、15 日间，先后向刘峙、顾祝同、蒋介石及美国顾问报告东北之行及上述腹案，得到各方的支持，蒋并令郭本此方针详拟计划呈核。但事实上，解放军东北野战军已于 9 月 12 日发起北宁线战斗，上述方案闭门造车，完全脱离了当前敌情，根本无力应付即将来临的战局。国民党军统帅部对东北的战局尚未来得及作出反应，解放军华东野战军即于 9 月 16 日夜发起攻济战斗，进展十分迅速。蒋介石和统帅部对济南形势十分着急，忙于调兵增援，暂时顾不上东北的战斗，在东北的军事部署上，更陷入了消极麻痹状态。

解放军东北野战军克服了水灾，修复了铁路线之后，林彪、罗荣桓、刘亚楼于 9 月 3 日向中央军委报告："我军拟以靠近北宁线的各部，突然包围北宁线各城，然后待北面主力陆续到达后，进行逐一歼灭敌人，而以北线主力控制于沈阳以西及西南地区，监视沈阳敌人，并准备歼灭由沈阳向锦州增援之敌或歼灭由长春突围南下之敌。对长春之敌，以现有围城兵力，继续包围敌人，并准备乘敌突围时歼灭该敌。"②9 月 5日，中共中央军委批准了前线将领的作战计划，同时指示："你们秋季作战的重点应放在卫立煌、范汉杰系统，不要预先涉想打了范汉杰几个师以后，就去打傅作义指挥的承德十三军。"要他们歼击从天津到锦州互相孤立的敌军，并准备在运动中歼灭可能从沈阳来的增援部队，准备在北宁线上展开大规模作战，因此主力不要轻易离开北宁线，保持向两翼机动的地位。此外，中共中央军委估计："在我杨成武部向绥远进击、我杨罗耿部威胁平张线的条件下，傅作义除已在唐山地区之五个师外，不

① 《郭汝瑰日记》1948 年 9 月 12 日。

② 《林彪、罗荣桓、刘亚楼关于预定作战计划致中央军委电》(1948 年 9 月 3日)，《辽沈战役》，第 97 页。

可能有多的兵力向北宁线增援。"①

　　9月7日,毛泽东再次指示林彪,主张将原部署在新民以北的主力进一步南移,一则增强攻击锦州至唐山一线的兵力,一则将部队部署在离沈阳较远的地区,便于引诱沈阳卫立煌部增援,并强调说:"你们应当注意:(一)确立攻占锦、榆、唐三点并全部控制该线的决心。(二)确立打你们前所未有的大歼灭战的决心,即在卫立煌全军来援的时候敢于同他作战。(三)为适应上述两项决心,重新考虑作战计划并筹办全军军需(粮食、弹药、新兵等)和处理俘虏事宜。"②林彪于9月10日对毛泽东7日申虞电表示"完全同意",但仍将三个纵队部署在新民附近,准备"随时协同歼灭长春突围之敌或歼灭由沈阳北上策应之敌,又能掩护北宁线之作战,并随时按北宁线之需要增加北宁线"③。林彪对北线安全存有顾虑。在这场战役方针的讨论中,统帅部对战略利益看得比较重,对战略重心看得比较准,而前敌将领对战役安全看得比较重,对敌情的变化比较敏感。这种情况在国共双方都存在。在解放军方面,攻济战役过程中和辽沈战役过程中,在不同程度上也出现过这个问题。这应该说是正常的现象。当时,解放军在战略上已处于主动地位,统帅部和前线将领之间关系和谐,对战役方案商议得比较透彻,因而掌握了战场的主动权。

　　于是,解放战争时期,惊天动地、波澜壮阔的战略决战正式启动了。9月7日,解放军东北野战军司令部发出了北宁线作战的政治动员令,

---

　　①　《中央军委关于秋季作战重点应放在卫立煌、范汉杰系统致林彪、罗荣桓、刘亚楼电》(1948年9月5日),《辽沈战役》,第100页。

　　②　《中央军委关于攻占锦唐及打前所未有的大歼灭战致林彪、罗荣桓、刘亚楼电》(1948年9月7日),《辽沈战役》,第103—104页。

　　③　《林彪、罗荣桓、刘亚楼关于对北宁线敌情估计及我军部署致中央军委电》(1948年9月10日),《辽沈战役》,第110—112页。按:此电一开头即说"我们完全同意军委鱼十三时电的指示",我们未见军委有鱼十三时电,而林彪等有致军委的鱼十三时电,军委申虞电即系对林彪等鱼十三时电的答复。据此,上述林彪等电中开头一句似应为:"我们完全同意军委对鱼十三时电的指示。"——笔者。

9月10日，大规模军运开始，南下部队一度在四平滞留隐蔽，待12日战斗打响后，继续南进。已在南线各部于9月12日以奔袭动作，向北宁线锦州外围诸点展开攻势。第二兵团司令员程子华指挥冀察热辽军区独立第四、六、八师和炮兵旅首先包围兴城、绥中，锦西国民党军第五十四军南下增援，发生激烈战斗，解放军撤兴城之围，集中攻击绥中。13日，解放军十一纵向昌黎挺进。14日黄昏，昌黎守军突围时被歼灭。同时，第九纵队于12日插入锦州、义县之间，切断义县守敌退路。16日，第四纵队到达，将义县包围。20日到23日间，自西安（现辽源）、四平一线南下的第三纵队和第二纵队第五师以及炮兵纵队一部到达义县地区，接替包围义县的任务，第九纵队继续南下进逼锦州，第四纵队南下攻击兴城。原在北线的第八纵队自八面城南下，第七纵队自四平继续南进。21日，东北野战军司令部离开哈尔滨到双城指挥各部运动和包围敌军。自25日至29日间，解放军先后占领锦、义间的葛王碑、帽儿山要地，攻占锦州和锦西间的高桥、西海口和塔山，并攻占了兴城和绥中，孤立和切断了义县、锦州和锦西的联系，先后歼灭敌军两万人。29日，解放军以炮兵火力袭击锦州飞机场，击毁敌机5架，封锁了锦州机场。这样，东北野战军第一阶段奔袭作战，即将唐山至义县间国民党军各据点分割包围，截断了华北国民党军北援之路。

　　毛泽东在辽沈战役酝酿期间，即策划以华北军区部队出击绥远，策应东北野战军南下作战。但由于林彪推迟了南下时间，华北野战军也不便轻进。9月初，东北野战军南下在即，由杨得志、罗瑞卿、耿飚率领的华北第二兵团即向平古路南段、平北地区出击，吸引敌军。9月中旬，傅作义即以暂三军、第十六军分东西两路向平北山区攻击解放军华北第二兵团，深入解放区达90公里，被解放军击溃。在第二兵团掩护下，由杨成武、李井泉、李天焕率领的华北军区第三兵团于9月5日自易县、完县地区出发，向晋北集中，23日发起察绥战役，24日克丰镇，27日克集宁，28日克卓资山，控制了大同、旗下营至集宁间的广大地区，28日包围归绥。解放军威胁傅作义的根据地，他急忙于24日飞抵归绥部署，先后以主力三十五军等步骑九个师的兵力西援。10月2日，解放军华北第二兵团策应第三兵团出击赵川堡（据二兵团报告为贾家湾，地点有出入——笔者），歼灭政府军暂三十一师主力，迫敌第三十五军主力回援。9日起，第二兵团再次破袭平张路，敌主力只好东归。于是，解放军华北第三兵团再次以主力回攻集宁，敌不敢恋战，于7日先期撤退。第三兵团即进击兴和，而敌于9日主动东撤。12日，经中共中央军委同意，第三兵团继续西进，威胁归绥，以吸引傅作义部主力于察绥一带。

在解放军东北野战军已经向北宁线出击，北线主力分头南下，攻击部署即将完成之际，国民党军统帅部和前敌将领才着手研讨对付方略，战略上十分被动。当北宁线战斗发生之后，国民党军参谋部尚未引起足够的重视，他们以为解放军"将打击范汉杰部，该部似宜集中兵力以攻为守"①。解放军在东北战场南线本没有强大兵力，所以郭汝瑰还在考虑以攻为守，显然对东北野战军已经全军南下的军情和战略意图还毫无所知。16日，顾祝同召集参谋们研究东北和济南作战，决定训令卫立煌、范汉杰，集中力量守锦州、锦西、葫芦岛及秦皇岛、山海关两区。17日得到蒋介石的同意。正当统帅部聚精会神注视着防卫济南的战斗的时候，锦州一线形势迅速恶化。9月24日，正值济南失守之日，卫立煌才奉蒋介石之召，从沈阳飞抵南京，报告东北军事。26日，蒋介石才把注意力从济南战役转向东北战场，与参谋总长顾祝同及卫立煌等研讨东北战局。

当时，国防部第三厅厅长郭汝瑰在同卫立煌研究战局时主张："共军如攻锦州，国军应放弃沈阳不顾，据全力援锦，以求一决定性之胜利；同时敌我主力决战之际，长春应即突围南下。如共军对锦州仅系虚张声势，则国军可袭击彰武，歼灭一部有生力量，并破坏铁道后撤回沈阳。此时如判明敌主力在辽西，长春亦可突围。惜卫终无决心，只知固守，

---

① 《郭汝瑰日记》1948年9月15日。

而于锦州失陷后之后果,则全不计及。"①26日,蒋介石支持第三厅的作战方案,"严令其(指卫立煌——引者)照此方针实施。卫乃求总长同往"②。当时,解放军方面,毛泽东要求攻坚,而林彪愿任野战,避免攻坚;国民党军方面,蒋介石要求野战,而卫立煌愿任守备,避免野战。国共双方统帅部和前敌将领都有战略性的分歧。但解放军掌握着战略上的主动权,又先敌研究、展开和部署,经过充分的协商,统帅部和前敌将领终于取得了一致的意见;而国民党军方面,士气低落,战略目标和实力之间的矛盾十分严重,在两难的战略方案之间,选择十分困难,又着着落了后手,统帅部和前敌将领之间的战略分歧无法磨合,导致了迅速崩溃的严重后果。

9月26日,卫立煌由于不愿意承担执行统帅部方案导致失败的后果,邀顾祝同一起前往沈阳指挥,同日决定由沈阳空运第四十九军到锦州加强防御。27日拂晓,第四十九军第七十九师第二三五团开始起运,军参谋长周声夏同去锦州指挥,28日继续空运该师第二三七团和师部及直属部队。但29日拂晓,解放军炮兵火力控制了飞机场,空运被迫停止。同济南一样,国民党军增援行动落后了一步,加强锦州守备兵力的计划未能实现。当时,卫立煌曾向顾祝同建议,命令范汉杰放弃锦州,退守葫芦岛。但顾祝同表示未经蒋介石批准,不能下达命令③。顾祝同到东北,奉蒋介石之命监督命令的执行,要求东北主力立即行动,"主要不是如何安全撤退沈阳主力的问题,而是要你们出辽西,东西对进,夹击锦州地区的共军,以解锦州之围的问题"。但东北将领普遍认为,沈阳主力单独出辽西,背三条大水,侧敌友军,有被解放军围城打援、分别包围、各个击破的危险。所以,卫立煌仍坚持固守沈阳,但考虑到蒋介石的命令,主张"在葫芦岛与锦州的部队会师之后,东西两方同

---

① 《郭汝瑰日记》1948年9月25日。

② 《郭汝瑰日记》1948年9月26日。

③ 郑庭笈:《辽西兵团的覆灭》,《辽沈战役亲历记》,第222页。

时并进,以避免被共军各个击破"①。即"希望华北增兵葫芦岛,由锦西援锦州"②。廖耀湘从消极撤退的角度,主张先出营口,进退有据,依托海口,然后由营口北出大洼、盘山,向沟帮子、北镇前进,以拊敌之侧背,或海运葫芦岛,直接解锦州之围。双方争论十分激烈,顾祝同坚持要求卫立煌按蒋介石命令立即行动,卫立煌气愤之极,激动地对顾祝同说:"单独出辽西,一定会全军覆灭! 你不信,我两个打赌,划十字(这是土话,即写军令状画押之意)!"③最后,东北将领不得不表示一面命令部队先向巨流河、新民地区集中,一面继续要求蒋介石改变作战方案。

傅作义在国民党军中是一位用兵灵活、积极的将领,有增援东北的建议。第三厅厅长郭汝瑰于 9 月 25 日也曾主张集中华北兵力参加辽西会战,并于 26 日研究作战方针时提出了这一计划,但未获总部的批准。29 日,郭汝瑰依据傅的建议,重新提出,"主张由海上运一个军去葫芦岛,以稳定该方面之战局,然后以三四个军由陆上沿北宁路东进,与锦州守军内外协力击破当面敌军,然后配合东北国军于辽西作战"。郭约国防部长何应钦一起去见蒋介石,蒋终于同意了这一作战方案。这一作战方案,计划从华北抽调新五军(正改编为第八十六军,驻山海关、秦皇岛)、独立第九十五师(驻昌黎一带)至葫芦岛,归范汉杰指挥,而关键是调承德、冀东一带的第十三军、第十六军、第六十二军及烟台的第三十九军到秦皇岛及其以东地区集中,由李文统一指挥,增援锦州。这一方案规定:"沈阳部队击破彰武、新立屯方面共军后,俟傅部东进兵团进出锦西时,再向西疾进,与之协力求敌而夹击之。"④这一方案,避免了让卫立煌单独出辽西所可能遭遇的风险,接受了卫立煌要求华北增兵、东西对进的主张,这是一个积极求战的方案。

①　廖耀湘:《辽西战役纪实》,《辽沈战役亲历记》,第 159—160 页。
②　彭杰如:《卫立煌到东北》,《辽沈战役亲历记》,第 55 页。
③　廖耀湘:《辽西战役纪实》,《辽沈战役亲历记》,第 161 页。
④　《郭汝瑰日记》1948 年 9 月 25—30 日。

　　根据郭汝瑰 29 日日记,这一方案"余二十六日即已提出,惜今日批准,已损失三日时间矣"。那就是说,在 26 日决策时,蒋介石是命令卫立煌以沈阳主力单独出辽西,增援锦州,并没有从华北抽调重兵到葫芦岛的方案。蒋的这一方案遭到卫立煌的强烈反对,是完全有道理的。因为林彪主力部署在新民附近,正准备打击沈阳援军。毛泽东曾向林彪指出,"如你们以主力位于新民及其以北地区准备打长、沈出来之敌,则该敌因受你们威胁太大,可能不敢出来"。所以,他要林彪把主力进一步南移,"不如置长、沈两敌于不顾,专顾锦、榆、唐一头为适宜"①。这都是知彼知己的谋略。卫立煌一贯主张固守整训,虽然在当前作战形势下,不能不放弃固守的主张,但仍反对单独出辽西。他强调:"我们不是不愿执行总统的命令,也不是不愿意行动,只是在空间和时间上如何配合的问题。"提出了增兵葫芦岛、东西对进的要求②。蒋介石在 26 日决策时,为什么没有接受从华北抽调重兵的建议,这在《郭汝瑰日记》中找不到答案,而其结果,则是引起了统帅部和前敌将领之间的激烈争论。29 日的决策,自应是吸收了东北将领的意见和要求,才勉强取得了统帅部和前敌将领的意见一致。但一则,国民党军士气低落,内部关系矛盾重重,要想真正落实这一决策,并非易事;一则,这一决策已为时过晚,解放军的攻击部署已经充分展开,和解放军比较,大大落了后手,在行动上已不可能争得主动。所以,这一表面上相当完善的方案在实际执行过程中也就破绽百出。

　　作战方针确定之后,蒋介石于 9 月 30 日亲自出马,飞往北平,与傅作义协商实施这一作战方案。傅作义虽然支持总部积极求战的计划,但对归绥、承德顾虑很重,认为"归绥方面未得决战之前,只能抽调六十

　　①　《中央军委关于攻占锦榆唐及打前所未有的大歼灭战致林彪、罗荣桓、刘亚楼电》(1948 年 9 月 7 日),《辽沈战役》,第 104 页。
　　②　廖耀湘:《辽西战役纪实》,《辽沈战役亲历记》,第 160 页。

二军、十六军"①。也就是不愿意放弃承德。这样,按照参谋作业,东进兵力显得不足。10月1日,蒋介石鉴于傅作义抽不出三个军的兵力,最后商定,先以独立九十五师、第六十二军海运葫芦岛,续调驻冀东的第九十二军及驻山东烟台的第三十九军去葫芦岛,并由第十七兵团司令官侯镜如统一指挥葫芦岛各军增援锦州。同日,顾祝同偕卫立煌由沈阳到北平谒见蒋介石,报告东北作战计划,表示"东北已决定以十四个师向彰武取攻势,长春守军待彰武方面开始攻击后即突围"②。

10月2日,蒋介石电示范汉杰(范回忆系空投亲笔信),略谓"正督促沈阳方面,抽调大军,前来解锦州之围,以求夹击匪军主力,一鼓歼灭之",并指示机宜说:"估量本身战力,如能坚守,则固守待援;如自量不能持久,则可转移至葫芦岛,以取得海上连络线。"③但范汉杰愿意坚守待援,吸引解放军主力,进行决战。同日,蒋介石由北平亲自飞往沈阳与前敌将领研讨作战方案。据《郭汝瑰日记》:"十五时总统召集东北军长以上军官会议,廖耀湘等均认为不能向新立屯及其以西深入,而主张打通营口,求一海口,并都认为锦州如不能固守,则西进并无意义。总统令余说明由华北抽四个师先稳定锦、葫,然后再由华北及山东各抽一个军运葫芦岛,以适时配合沈阳兵团之西进。余并要求沈阳出击兵团能在彰武、新立屯附近实施小型歼灭战,苟能歼敌一个纵队则全局均好转无疑。于是所有军长、司令官等始转忧为喜。"晚餐后,蒋介石对党政军高级人员训话,他面对着信心失堕、士气低落的部下,企图以哀兵之心,来激励士气,挽回败局:"沈阳不可再弄成长春局面,辽西会战如有

---

① 《郭汝瑰日记》1948年9月30日。

② 《郭汝瑰日记》1948年10月1日。按:据多种回忆,顾祝同系1948年9月29日回到南京,向蒋报告。但《郭汝瑰日记》、《总统蒋公大事长编初稿》,顾与卫系于10月1日同赴北平,回忆有误。——笔者。

③ 《国民革命军战役史第五部——戡乱》第4册,第65页,并参范汉杰回忆(《辽沈战役亲历记》第74页)。

失败，则与各位无见面期矣。"①翌日，卫立煌、赵家骧（东北"剿总"参谋长）向蒋介石报告作战计划，5 日集中完毕，6 日开始行动，攻击兵团由廖耀湘指挥，可集中十二个师出击，其攻击目标为彰武。蒋介石根据罗泽闿的意见，认为非攻下新立屯即无作用，即命令非攻新立屯不可②。守备兵团由第八兵团司令官周福成指挥。

　　蒋介石在沈阳部署完毕，10 月 3 日即飞回北平，5 日前往天津，从塘沽乘重庆号军舰，于 6 日到达葫芦岛，部署作战，激励士气。他临时直接作出决定，葫芦岛军队由侯镜如指挥，在侯镜如带队未到以前，暂由第五十四军军长阙汉骞指挥向塔山、锦州攻击。在此之前，卫立煌决定在葫芦岛设立指挥所，以陈铁任主任，负责统一指挥援锦部队，10 月 4 日，指挥所在葫芦岛正式成立。但蒋介石到来后，把这个指挥所撇在一边，越过卫立煌，直接任命指挥官。7 日，蒋介石回到北平。8 日，傅作义表示希望蒋介石能注意太原方面作战，并希望对东北、华北均采取主动。是日下午原有军事会议，研究太原、承德应如何作战，尤其依辽西作战可能之推移，应早作准备。但蒋表示有私事要到上海，撇下严峻的军务，于下午 2 时离开北平。事后得知，蒋经国在上海打老虎，要办捣乱金融的孔令侃。蒋介石飞到上海后，即于 9 日同宋美龄一起把孔令侃接回南京。傅作义感慨系之，事后说："蒋介石要美人不要江山，我们还给他干什么！这是我对蒋介石思想失去信仰的又一个重要的原因。"③国民党系统将帅之间离心离德，已经无可挽回。

　　在国民党军决策期间，解放军对北宁路作战的战役目标和战役部署又作了新的调整。9 月 21 日、22 日，中共中央军委先后两次电告林彪，主张首先歼灭锦州到塘沽一线十九个师的国民党军，并占领这一线。毛泽东从战略全局上看到，无论是东北，还是华东徐州一线，甚至

　　①　《郭汝瑰日记》1948 年 10 月 2 日。
　　②　《郭汝瑰日记》1948 年 10 月 3 日。
　　③　杜聿明：《辽沈战役概述》，《辽沈战役亲历记》，第 17—18 页。

作战一贯积极主动的傅作义，都处于麻痹状态，没有积极的军事部署，对解放军歼击敌军十分有利。林彪一方面按照军委指示，部署三、四、七、八、九、十一纵队及二纵五师、热河三个独立师等部在北宁线作战，待"义县、高桥解决后，准备接着歼锦西、兴城之敌。然后如山海关之敌未逃时，即攻山海关，如敌已逃，则回头打锦州"。但另一方面，他仍以"一、二、十纵准备集结于黑山、新民、彰武、法库地区打援"。而五、六两个纵队则部署在更北的开原、昌图和长春南地区，对付长、沈之敌①。将东北野战军部署成层层掩护南进的姿态，一旦卫立煌全力出援，或南下部队攻击不利，也可进退自如，尚未决心按毛泽东的要求，倾东北野战军的全力，悬军南下，争夺锦州这座对双方都生死攸关的战略要地。27日，军委指示林、罗、刘，以沈阳之敌处于麻痹状态为前提，主张先打锦州，然后完全肃清锦、塘线，直迫天津城下。28日，林彪也调整了部署，他考虑到先攻锦西，敌第五十四军战斗力比较强，又不便于抽出打沈阳来援之敌的队伍，于是决定先打锦州，再打锦西。但这时，中共中央军委获得了卫立煌到南京商讨军事的情报，判断一定是决定接应长春突围和增援锦州。为了准备大规模的会战，军委于29日要求东北野战军在二十天左右的时间内歼灭义县、锦州、锦西三点之敌。军委指出"卫立煌亦有不顾长春，径向锦州增援之可能。假定如此，你们更应于攻克义县之后，力求迅速攻克锦州"，以争得主动权。为此，要求他们加强攻锦兵力。毛泽东对敌情的变化显然感到着急，批评东北野战军："我军从九日出动至今日已廿一天，尚未开始攻击义县，动作实在太慢，值得检讨。"②

　　华东野战军以八天时间，攻克了国民党军坚固设防的济南，极大地

　　①　《林彪、罗荣桓、刘亚楼关于锦州地区作战计划致中央军委电》(1948年9月26日)，《辽沈战役》，第127页。

　　②　《中央军委关于作战重心应放在攻占锦州、义县、锦西三点致林彪、罗荣桓、刘亚楼电》(1948年9月29日)，《辽沈战役》，第132—133页。

鼓舞了全军攻坚作战的勇气。9月29日,林彪按照中央军委指示,调整了部署,作出了以五个纵队攻击锦州,以一个纵队对付锦西,以六个纵队打援的部署,这是针对现有东北国民党军的态势所作的攻锦部署。他充分明白锦州战役的战略意义,不免对这场恶仗存有疑虑。他向中共中央军委报告说:"锦州是敌薄弱而又要害之处。故沈敌必大举增援。长春敌亦必乘机撤退(已有密息证明)。故此次锦州战役,可能演成全东北之大决战,可能造成收复锦州、长春和大量歼灭沈阳出援之敌的结果。我们将极力争取这一胜利。已动员军队,不怕伤亡,不怕疲劳,准备进行大恶战。但也有另外一种可能,如从上首到锦西敌人过多时,则使我军陷于被动地位。否则,就有充分把握攻占三点,与大量歼灭沈阳与突围之敌。"①9月30日,林彪率东北野战军指挥机关由双城乘火车经昂昂溪南下,指挥锦州战役。10月1日,林彪完成了攻锦州的部署后,命令所部一举攻占义县。是日,炮兵纵队司令朱瑞在视察义县突破口时,中地雷牺牲。

10月2日,林彪乘列车进至郑家屯(即双辽)以西,获得了国民党军新五军及独立第九十五师海运葫芦岛的情报,出现了29日估计的敌情变化的可能性,即所谓"准备了一桌菜,来了两桌客,怎么办"的问题。锦州、锦西间国民党军阵地间隙仅二三十公里,无险可守,敌从锦西集结重兵增援,解放军阻援将成为一个严重问题。而国民党军的实际计划,比当时林彪所获情报还要多出两个军。林彪既担心阻援的困难,又担心攻坚的困难,即在敌援到达之前,能否迅速攻下锦州,因而一度犹豫不决。林、罗、刘于2日22时致电中央军委,提出了仍攻锦州和回师攻长春两个方案,请军委同时考虑和指示。东北野战军指挥部经过11个小时的犹豫,于3日9时,未待军委复电,再电军委,表示决心仍攻锦州,并作出了新的部署:"以四纵和十一纵全部及热河两个独立师对付

① 《林彪、罗荣桓、刘亚楼关于攻锦兵力部署致中央军委电》(1948年9月29日),《辽沈战役》,第137页。

锦西、葫芦岛方面敌两个师;以一、二、三、七、八、九共六个纵队攻锦州;以五、六、十、十二共四个纵队对付沈阳增援之敌;以大、小、新、老九个独立师,对付长春突围之敌。"①毛泽东接到林彪2日22时电,十分焦虑,于3日17时、19时连发两电,严词批评:"你们完全不应该动摇既定方针,丢了锦州不打,去打长春。"同时,批评东北野战军指挥所未能及时到达锦州前线,要求他们迅速移至锦州前线,部署攻锦。毛泽东得到林彪仍攻锦州的复电后,一颗悬着的心才落了地,除了指出东北野战军在过去长时间内南北平分兵力的错误外,欣慰地表示:"在此以前我们和你们之间的一切不同意见,现在都没有了,希望你们按照你们三日九时电的部署,大胆放手和坚持地实施,争取首先攻克锦州,然后再攻锦西。"②解放军统帅部和前敌将领终于对战役部署取得了一致的意见。

这是一场力量和速度的较量。国民党军事实上计划以四个军增兵葫芦岛,甚至还有以四个军沿山海关东进的计划。如果国民党军能够按照参谋作业,协调一致,而锦州能够坚持一段时间,东北解放军的兵力部署并非无隙可乘,这也就是为什么林彪对攻锦战斗顾虑重重的原因。一场力量均衡的决战,胜负难以预料。但国民党军统帅部在决策上已经落后,部署又十分迟缓,更何况既定的增兵计划也未能完全实现,也就没有力量与解放军抗衡了。

锦州守军有第九十三军、新编第八军等八个师,一个师已在义县被歼灭,均系云南的部队,战斗力比较弱,沈阳空运的第七十九师仅到两个团。第六兵团司令官为卢浚泉。范汉杰为黄埔系,但原属十九路军,福建事变后,十九路军被蒋介石瓦解。范在锦州指挥,没有基本部队。

---

　　①　《林彪、罗荣桓、刘亚楼关于仍攻锦州致中央军委电》(1948年10月3日),《辽沈战役》,第147页。

　　②　《中央军委同意把作战重点放在锦州、锦西方面的部署致林彪、罗荣桓、刘亚楼等电》(1948年10月4日),参《辽沈战役》,第149—153页。

范汉杰和卢浚泉间上下级不同心,"向来也没有开诚布公地交换过意见"①。锦州四面环山,七个师的兵力,环城部署,处处防守,处处薄弱,粮弹储备均感不足。在解放军对锦州外围阵地发起攻击之前,约10月6日至8日间,范汉杰一度召集军事会议,准备突围到锦西,与关内部队会合,但卫立煌来电话说:"锦州坚守不动,以免影响全局。"②于是中止了撤退行动。

东北野战军在本年度内进行了长时间的攻坚训练,临战之际,东北野战军司令部对战术问题又作了明确的指示,要求所部掌握四快一慢原则,吸取不良战例的教训。10月4日,组成了南北两个突击集团,分别由韩先楚、邓华指挥,前线部队进行了充分的土工作业,尽量逼近敌军阵地。战斗组织十分完善,士气高涨。10月5日,林彪率东北野战军指挥机关到达锦州前线,在锦州西北、离锦州仅十多公里处的牤牛屯设立前线指挥所,并在锦州北面459高地附近的帽儿山上设置了野战军司令部攻锦指挥所。10月7日、8日,林彪率司令部成员会同前线纵队司令员两次亲临前线勘察,确定了主攻方向和突破地段,各攻城部队经过充分准备后,于10月9日开始向锦州外围阵地发起攻击。

锦州战役进入了关键时刻,但廖耀湘率辽西兵团5个军12个师及其他特种部队,共计约十五万余人,迟至6日才下达集中命令,7日至巨流河设立前进指挥所。9日起开始攻击,以新三军攻击彰武,新一军指向新立屯。辽西兵团不敢由新民沿北宁线攻击黑山、新立屯、沟帮子直援锦州,而取巧攻击彰武,企图截断东北野战军后勤补给线,迫其回援,以解锦州之围。但解放军后勤补给早已作了充分准备,敌占彰武,置于无用之地,对攻锦部队不构成威胁。

按前面所述,蒋介石本有攻占新立屯的命令,但很显然:既命令同时攻击彰武,则攻击新立屯的命令并不坚决,前线将领顾虑自己安全,

---

① 卢浚泉:《锦州国民党军被歼记》,《辽沈战役亲历记》,第85页。

② 范汉杰:《锦州战役经过》,《辽沈战役亲历记》,第74页。

更不愿坚决执行。11 日,辽西兵团未经激烈战斗占领彰武。12 日,锦西战局恶化,蒋介石才命令卫立煌转令廖耀湘一意西进:"此时我沈阳出击部队不可再作等待两锦部队东进会师之打算,应即乘此匪攻两锦疲困之机,不问两锦如何恶化,廖司令官所部应一意西进,勿再犹豫,万一锦州不保,亦须尽其全力,负责恢复,此为东北整个国军生死存亡之关头,亦为今日唯一之战略,接电应立即遵行,切勿延误,并盼立复。"①这时,葫芦岛东进兵团在塔山受阻,锦州危急,卫立煌与罗泽闿等到新民前线视察。廖耀湘和卫立煌从自身安全出发,主张辽西兵团应控制于彰武、新民之间,新开河以东地区,"万一锦州失守,则渡新开河西进的辽西兵团,就会陷于进退维谷的危险境地"。廖更希望锦州万一失守,则把兵团主力拉回辽河东岸,经辽中撤往营口。但罗泽闿反对,认为这和蒋介石的意旨不合。10 月 14 日,锦州危在旦夕,在沈阳督战的参军罗泽闿向蒋介石电告:"廖耀湘部须在一星期后作进攻新立屯之准备。"并称:"卫总司令及廖司令对增援锦州,均不欲冒险前进,现锦州已电讯中断,我南北兵团向锦州夹击计划,恐难实现,请速定尔后新方略。"蒋即电令卫立煌并转廖耀湘:"此时我军向锦州挺进,切莫仍作增援锦州之观念,而应先下收复锦州之决心,但前进愈速,则危险愈少,尚可望解锦州之围,故最迟务于 19 日以前到达锦州,在此期间,无论锦州如何变化,而廖司令官之惟一任务,应一意挺进,限期收复锦州也。届时,烟台第八军及第九十二军必可集中锦葫,仍可夹击两锦附近之匪,予以歼灭,完成最大之使命也。"②据廖耀湘回忆,蒋介石接到罗的报告,即严令廖耀湘亲率辽西兵团主力星夜渡新开河进占新立屯,再向锦州前进。廖耀湘在蒋介石的严令下,不得不于 14 日晨下达作战命令,他知道,兵团渡过新开河以后,行动就失去了自由,再没有向沈阳回顾的余地,只有经新立屯、阜新直向义县挺进。15 日,新一军占领新立

---

① 《总统蒋公大事长编初稿》1948 年 10 月 12 日条。

② 《总统蒋公大事长编初稿》1948 年 10 月 14 日条。

屯,到达黑山外围,廖耀湘当晚命令各部向阜新挺进,但为时已晚。16日拂晓前,廖得到了锦州失守的消息,十分惊惧,不得不命令各部停止攻击,等待命令,自己当即赶回沈阳,商讨对策①。

在辽西兵团行动迟疑的同时,葫芦岛增援部队也未能适时集中。第六十二军10月9日才首先全部到达葫芦岛,这时,锦州外围战斗十分激烈,范汉杰屡屡呼援。阙汉骞主张9日开始行动,但六十二军刚到,喘息未定,需要稍事整顿,只好推迟到翌日进攻。10日拂晓,以第六十二军进攻大台山,以第五十四军的第八师攻击塔山,以暂编第六十二师攻击铁路桥头堡。国民党军兵力尚未集中,即仓促上阵,遭到解放军的顽强阻击,伤亡严重,不得不于上午11时停止攻击。下午,代表蒋介石前来督战的罗奇随同独立第九十五师从塘沽到达葫芦岛。11日,阙汉骞继续指挥两军攻击,再次受到挫败。同日下午,葫芦岛东进兵团指挥官侯镜如率第九十二军第二十一师到达葫芦岛。原计划系全军增援,但傅作义迟迟未派兵接替九十二军防务,而蒋介石再三来电催促,侯只好先率一师赴援,而烟台的第三十九军也迟迟没有起程。侯镜如到达后,即召集军事会议,研究作战方案。但各军只图自保,侯镜如也并无积极作战的意愿,他的作战部署意图是:"按我们目前的情况,对塔山、锦州是不能打进去,若打进去也出不来,如果不打进去还可以多维持几

---

① 廖耀湘:《辽西战役纪实》,《辽沈战役亲历记》,第167—170页。按:据廖耀湘回忆,前引蒋介石14日命令系在14日以前所发,他接获命令后于14日晨命令部队渡开河,15日占领新立屯。如蒋的命令系14日发,廖部15日就不可能占领新立屯。据毛人凤1949年1月5日呈蒋介石的情报:廖耀湘"十日克彰武,十四日拂晓克新立屯,并进逼芳山镇"(台北"国史馆"藏《蒋中正档案》,《革命文献》拓影本,《戡乱军事概况——东北方面》下一第16册,第600页)。又,林彪曾报告,国民党军17日占领新立屯(《辽沈战役》,第212页)。另据东北解放军《阵中日记》:"(10月17日)沈阳西进之敌,于今(十七日)十六时进至新立屯。""(10月18日)昨占新立屯之敌,新一军、新三军今续向阜新前进。"(中共党史资料出版社1987年版,下册第1038—1042页)。杜聿明、廖耀湘回忆16日到新立屯视察,17日又似太晚。待考。——笔者。

天。"①所以采取了进可攻、退可守的方案,以主力沿锦葫公路、铁路进出,并决定以独立第九十五师主攻塔山。12日休战一天,进行作战准备。

13日,葫芦岛东进兵团以独立第九十五师主攻塔山,以六十二军攻大台山,以第八师攻铁路桥头堡。独立第九十五师采取了波浪式冲击战法,以团为单位,分成三波,用一营为一波,轻重机枪集中使用,掩护步兵连前进,向塔山攻击。血战经日,攻至解放军阵地障碍物边缘,即遭到解放军强大火力的阻击,伤亡很大,进退两难。解放军阵地筑工坚固、隐蔽,政府军炮火无法破坏,攻击十分困难。14日,东进兵团继续攻击塔山,战斗更加猛烈。独立第九十五师师长朱致一报告,该师一个营攻入塔山阵地,要求使用预备队,侯镜如即令第二十一师准备出击。但旋得消息,解放军集中火力向第八师和独立第九十五师反复猛烈反击,该师退回原阵地,侯即命预备队停止待命。血战两日,独立第九十五师伤亡过大,每团缩编成一个营,已无力再战。这时,第三十九军及原定的战车部队尚未到达,尽管锦州的处境已经十分危险,但东进兵团仍决定15日休战一天。东进兵团兵力集中缓慢,号称四个军,除守备部队和预备队外,攻击部队不足二个军,海、空不能协同作战,逐次投入兵力,在解放军的坚强阻击下,在并不险要的塔山阵地前寸步难行。

东北野战军乘敌两路援军进展迟缓之间,积极攻击锦州,进展顺利,至13日,各部经过激烈战斗,夺取了锦州外围高地。14日11时,解放军发起总攻,南北两集团在炮火掩护和坦克支援下,迅速突破城垣,展开巷战。经过仅三十一小时的战斗,至15日18时,全歼守敌。范汉杰、卢浚泉被俘,锦州守军十万余人被歼灭。

二　长春之围

1948年5月24日,东北野战军攻击长春,占领大房身机场,截断

---

①　侯镜如:《第十七兵团援锦失败经过》,《辽沈战役亲历记》,第247页。

长春空中通道。但林彪鉴于长春守军仍有顽强的战斗力,而解放军攻坚能力不足,对长春改取长围久困的方案。6月7日,中共中央军委同意东北野战军的意见,"用三个月至四个月时间攻克长春,并争取歼灭援敌,待秋收后再攻承德或他处"①。当时,由萧劲光任第一前线围城指挥所司令员,以第十二纵队的第三十四师、三十五师,第六纵队的第十八师,以及第六、七、八、九、十等几个独立师和一个炮兵团为围城部队。野战军主力由东总直接指挥,集结于沈长路两侧准备打援。围城部队作了纵深梯次部署,在第一线阵地上构筑了较坚强的工事,在第二线阵地上也构筑了工事,对长春进行严密封锁。7月20日,林彪担心重蹈去年四平之战的覆辙,攻城未下,敌援已至,不得不撤出战斗,因而主张率野战军主力南下作战,得到军委的同意。林彪即停止了攻城的计划,而准备以二三个纵队和九个独立师,歼灭长春突围之敌。8月,以围城指挥所改为第一兵团。

9月3日,东北野战军准备南下作战,决定"以十二纵及六个独立师继续围困长春,敌退则配合六纵及南面之五纵及在新民附近之主力全部歼灭长春退却之敌"②。9月29日,东北野战军司令部获得了关于长春守军准备突围的情报,调整了围城部队的部署,以六纵两个师进至通江口附近(另一师南下锦州作战),令第十二纵队南进至开原,指示围城部队:"你们围长的各独立师在西面、北面留下足以控制飞机场的力量即够,其他部队应集结长春以南进行两条战术原则的演习。"③10月3日,东北野战军为了集中全力攻击锦州,重新调整部署,以第十二纵队加入对沈阳援军的阻击,仅以大、小、新、老九个独立师对付长春突

----

① 《中央军委关于同意打长春第三方案及攻城、阻歼援敌作战方法等问题致林彪、罗荣桓、刘亚楼电》(1948年6月7日),《辽沈战役》,第69页。

② 《林彪、罗荣桓、刘亚楼关于预定作战计划致中央军委电》(1948年9月3日),《辽沈战役》,第97—99页。

③ 《林彪、罗荣桓、刘亚楼关于防长春敌突围部署致第一兵团等电》(1948年9月29日),《辽沈战役》,第135页。

围之敌。10月8日，十二纵到达开原。围城第一线部队，加上后调来的第十一师仅六个独立师，这些部队多半系新成立的，武器装备和战斗力都比较弱。

长春守将为东北"剿总"副总司令官兼第一兵团司令官郑洞国，下辖新编第七军和第六十军两个正规军，加上兵团部直辖部队约六万人，其余部队及后勤人员约四万人，共十万人。新七军的新三十八师，原为驻印军新一军的老部队，最为精锐。第六十军是云南的部队，属于杂牌，但尚有一定的战斗力。郑洞国将长春分为东西两个守备区，东半部守备区由第六十军负责，西半部守备区由新七军负责，积极"加强工事，控制机场，巩固内部，搜购粮食"①。但长春守军自被包围、机场被解放军占领后，只好靠空投补给。

长春守军在解放军的军事围困、经济封锁、政治攻势之下，战斗力日渐衰落。粮食成为严重问题，后来燃料也成了问题。据计算，长春"每日约需军民粮三百三十吨，只能空投一百一十吨，冬季燃料更属毫无办法"②。空投补给，每天需要二十架次的飞机运输，开始每天有十一二架次飞机空投，以后长春困难加重，空投却减到每天三四架次，而且一逢阴天就停飞。由于空投不准，一些粮食误投到解放军阵地上，而另一些粮食则投到了接受空投的控制圈外，引起饥饿的军民的争抢，虽经严令禁止，但在求生欲望之下，再严的纪律都已无法约束。为了争夺粮食，新七军和六十军之间也屡起摩擦。长春守军，在围城之中，毫无希望和前途，因此，国防部第三厅主张"于秋季高粱收后，由沈阳出击，以迎长春部队突围"③。但国防部的突围计划，遭到卫立煌的反对，结果，未能采取任何行动。不久，解放军即打响了北宁线战斗，第三厅的计划也已不能适应战场形势。

---

①　郑洞国：《困守孤城七个月》，《辽沈战役亲历记》，第300页。
②　《郭汝瑰日记》1948年8月21日。
③　《郭汝瑰日记》1948年8月21日。

　　至九十月间，长春已届冬令，军民饥寒交迫。国民党"军队因长期吃豆饼酒糟，许多官兵得了浮肿病，虚弱得难以行走"。当时，长春军民有 70 万人，市内存粮估计只能吃到 7 月底为止。从 6 月到 9 月粮价上涨了 700 倍，后来到了有价无市的地步。金子也不值钱了。加上饥军抢劫，人民甚至有粮也不敢举炊，根本无以为生。长春市内惨绝人寰。六七月间，在长春郊外的洪熙街（电影厂所在地），塞满了数万难民，处于国共两军的阵地之间，进不能，退不得，死亡枕藉。据郑洞国回忆，"大约在 8 月初旬，蒋介石先生在庐山上发来电令，让我将长春城内居民向城外疏散，以减轻守军压力。于是我下令开放南向沈阳、东向永吉两条路口，放老百姓出市区"①。第一批为贫民，第二批为无业者，第三批为公教人员之家属及被裁之公教人员。东北野战军司令部于 9 月 11 日也有命令给围城部队："从即日起阻于市内、市外之长春难民，即应开始放行。凡愿出来者，一律准其通过。因长春民食早已用尽，如不放出，将使市民大批饿死。望你们依此作出计划，分批地但又是尽早的开放，做到于十天内放完。"②但实际上执行过程中有很多难题。结果，"老百姓到解放军阵地前要查明身份才能放行，致使大批拖家带口的市民麇集在南郊和东郊两军阵地之间的空隙地带，一时出不去，欲退又回不来，加上一些土匪乘机抢劫钱财食物，弄得百姓们惨状百出，终日哭号之声不绝，以后在这些地方饿死、病死的人无法计数，据说长春解放时，在城东、南郊一带掩埋的尸体就有几万具"③。在市内，"城内饿死的人越来越多，有的在路上走着就倒下去了。有些街道，死尸横陈，无人埋葬。甚至曾发生卖人肉的惨事"④。"无辜人民饿病而死者达十二

---

　　①　郑洞国回忆录：《我的戎马生涯》，团结出版社1992年版，第504页。

　　②　《林彪、罗荣桓、刘亚楼、谭政、周桓关于长春难民出城的处置致萧劲光、肖华等电》(1948 年 9 月 11 日)，《辽沈战役》，第 113 页。

　　③　郑洞国回忆录：《我的戎马生涯》，团结出版社 1992 年版，第 504 页。

　　④　郑洞国：《困守孤城七个月》，《辽沈战役亲历记》，第 301 页。

万人"①。

北宁线战斗发起后,郑洞国眼看着援军无望,决心突围,但李鸿、曾泽生两位军长对突围都无信心。在郑的坚持下,10 月 3 日起,抽调新七军的第三十八师和第六十军的第一八二师,向长春西北方向先作试探性突围,计划先收复大房身机场,然后在空军接应下全军突围。但长春守军饥饿过久,体力不支,运动很慢,无力突破解放军防线,伤亡很大,士气非常低落。至 7 日,曾泽生、李鸿两军长再也不愿战斗,要求把部队撤回,郑洞国不得不下达了撤退的命令。②

10 月 10 日,蒋介石手书致卫立煌,严令长春部队突围,同日,飞机向长春空投下蒋介石分别致郑洞国、李鸿、曾泽生的亲笔信,要他们突围。但将领们认为,兵无斗志,根本突不出去,即使突出去了,官兵腿脚浮肿,七八百里地,不要说打仗,连走路都成问题,一致反对突围。15日,蒋介石又亲赴沈阳指挥,16 日,向长春空投命令和亲笔信,严令突围:"如再迟延,坐失机宜,致陷全般战局于不利,该副总司令军长等即以违抗命令论罪,应受最严厉之军法制裁。中本删日已来沈指挥,希知照。中正手启。"③在蒋介石的严令下,郑洞国不得不准备突围。

但这时,第六十军军长曾泽生已决定起义。中共利用长期以来滇军受蒋介石嫡系部队排挤的严酷事实,在滇军中做了许多策反工作。面临长春守军毫无前途的命运,军长曾泽生和师长陇耀、白肇学于 9 月23 日决定起义。10 月 14 日,曾泽生、陇耀、白肇学三人写了联名信,派人和解放军接洽。解放军第一兵团司令部经过慎重研究,认为虽然存有系突围诡计的可能,仍决定接受第六十军起义,但要求六十军配合解放军消灭新七军。16 日,毛泽东以中共中央名义复电东北局林、罗、刘,同意争取六十军起义,同时指出:"惟要六十军对新七军表示态度一

---

① 　尚传道:《长春困守纪事》,《辽沈战役亲历记》,第 392 页。

② 　《我的戎马生涯》,第 506—508 页。

③ 　《我的戎马生涯》,第 510 页。

点,不要超过他们所能做的限度。吴化文退出济南战斗时曾以电话告诉王耀武说,我不能打了,但我也不打你等语。这是军阀军队难免的现象,只要六十军能拖出长春开入我指定之区域,愿意加入解放军序列,发表通电表示反对美国侵略,反对国民党反动统治,赞成土地改革及没收官僚资本,拥护共产党及人民解放军也就够了。"①

16日夜,曾泽生接受了解放军提出的条件,到各师部署起义,向新七军布防,并写信给郑洞国,劝他同襄义举,但遭到郑的拒绝。17日夜,第六十军毅然起义,向解放军交出防地。解放军进城,使新七军一片慌乱。是日晚,新七军将领背着郑洞国与解放军接洽投诚。18日,周恩来致信郑洞国,表示"欢迎兄部起义,并照曾军长及其所部同等待遇"②。至19日上午,新七军全体官兵自动放下了武器。但郑洞国和兵团特务团仍据守中央银行大楼。郑决心自杀,于20日晚向蒋介石发出了最后一封电报。21日凌晨,解放军进入大楼,郑洞国企图自杀,为部下保护,面对现实,他只得勉强同意放下武器,听候处理。长春遂和平解放。

三　廖耀湘兵团的覆灭

在锦州战役期间,国民党将领对蒋介石的战役部署毫无信心,消极应付,各图自保。蒋介石作为统帅指挥作战的权威地位,早已为历次作战的失败所动摇,在历次战斗中,他无法协调国民党军,统帅部和前线将领、前线将领和前线将领之间的矛盾,步调凌乱,造成损兵折将。辽沈战役期间,蒋介石不顾士气低落的严重事实,以死中求活的精神,进

---

① 《中共中央同意争取国民党军第六十军起义的方针致东北局等电》(1948年10月16日),《辽沈战役》,第193页。

② 《周恩来致郑洞国信》(1948年10月18日),《辽沈战役》,第205页。按:郑洞国回忆中未提是否收到周恩来的信。——笔者

行战役部署,结果,更加激化了和前敌将领的矛盾,致使部队进退失据,步调更加凌乱。

　　10月15日上午,锦州已经情况不明。蒋介石召集国防部长、参谋总长及第三厅厅长等研究葫芦岛及沈阳作战。据《郭汝瑰日记》:"余告以双方均应不迟疑的向锦州放胆攻击,总统意葫芦岛方面可改取守势,余力陈不可,何部长、刘次长均支持余之主张,结果决定三天内决不令葫芦岛方面停止攻击。"①但事实上当天锦州失守,这一方案前敌将领再也不可能实施。是日14时,蒋介石第二次飞沈阳亲自部署指挥,同时,他派了一架飞机到徐州,把正在部署徐州军事的徐州"剿总"副总司令杜聿明接到沈阳。这一步,又影响了以后徐州一带的军事行动。当时,蒋介石的意图,即使锦州失陷,东西两兵团援军仍应照原定计划继续前进收复锦州,否则东北主力部队将无法撤回关内。② 但卫立煌仍坚决反对辽西兵团继续西进。16日上午,蒋介石分别召见各将领,并令杜聿明到新立屯同廖耀湘一起视察后向他陈述作战意见。蒋介石随后飞离沈阳,在锦西机场停留,召集各将领训话,怒斥阙汉骞连一个塔山都攻不下,改任陈铁为葫芦岛指挥官,即飞往北平。这时,锦州失守情况已经明了,陈铁只是让部队在原地待命。

　　杜聿明奉命于16日乘火车到达新民廖耀湘的指挥所,即同廖一起到新立屯视察。廖认为蒋介石要与东北解放军求一决战的决心本来就行不通,现在更行不通,所以,不愿意继续向锦州进兵,当前最迫切需要解决的问题是如何先救出辽西兵团主力。杜主张出敌不意,迅速出北票,绕过义县、锦州以西地区向葫芦岛撤退,葫芦岛主力北上接应会师。但廖认为长途侧敌行军太危险。另一方案是退回沈阳,但这是一个慢性自杀的方案,廖也不愿意。廖最后提出由新立屯兵团主力现在地区

---

①　《郭汝瑰日记》1948年10月15日。

②　《总统蒋公大事长编初稿》1948年10月15日条。

经黑山、大虎山以东和以南向大洼、营口撤退的方案①。当日晚,杜和廖一起回到沈阳。17日,廖耀湘即向卫立煌报告他的作战意见。卫本主张退沈阳,最后也同意先力图出营口,万不得已时退沈阳。但卫不敢独断专行,必须取得蒋的同意。廖耀湘当日回到前线,即部署攻击黑山,等待命令立即实施。

　　辽西兵团孤悬在新开河以西,面临东北野战军回师攻击的危险局面,时间对他们十分不利,必须立即行动。但将帅间意见分歧,决策迟缓。18日,蒋介石得到长春曾泽生部起义的消息,十分焦虑,再飞沈阳,召集卫立煌、杜聿明等商讨作战方略。蒋介石根据空军报告,解放军正向北票、阜新撤退,以为解放军不会守锦州,企图侥幸撤出沈阳主力,强要卫立煌将第五十二军、第六军全部调归廖耀湘指挥,继续向锦州攻击前进,协同葫芦岛、锦西间已集中的部队,一举收复锦州。卫与蒋分歧严重,一再受蒋的责备,不再多言。当日决策未定蒋即飞回北平。

　　20日,蒋介石召卫立煌、杜聿明到北平,商讨作战方案。卫、杜都主张辽西兵团向新民撤退,集中兵力守沈阳,而蒋则坚持要收复锦州。经杜聿明的再三陈说,蒋介石才改变了直取锦州的计划,口头指示卫、杜:"现在要杜聿明任卫的副总司令兼冀热辽边区司令官,驻在葫芦岛,先同卫一道回沈阳给廖耀湘、刘玉章下命令。要廖耀湘以营口为后方,以全力攻锦州;要刘玉章先占领营口掩护后方;同时葫芦岛、锦西部队亦向锦州攻击。"但蒋介石没有下达正式的作战命令②。同时,蒋介石的腹案是要放弃沈阳,但又不采取彻底放弃沈阳的步骤,还留有相当兵力保卫沈阳,尤其是无明令卫立煌放弃沈阳,卫立煌负有主管东北战场

---

①　据廖耀湘回忆,杜聿明"要求我退到营口地区之后,再经盘山、沟帮子向北打,与他指挥的东进兵团在大凌河会师。我认为这一案可以实行"。按:这时杜似尚未得到蒋介石的授权指挥东进兵团,时间回忆有误差。参《辽沈战役亲历记》中廖与杜的回忆文章。——笔者

②　参杜聿明回忆,《辽沈战役亲历记》,第29—31页。

的任务,也就不愿负放弃东北的责任,所以,一定要坚持集中兵力守沈阳。这里,不仅有战略思想上的分歧,还有军事政治责任上的分歧。第三厅厅长郭汝瑰在 20 日曾"以部长名义(即何应钦——引者)请求总统放弃沈阳,以东北部队扼守锦葫走廊,俾华北得以余力应付聂荣臻之攻击,或转取攻势"。23 日,他从罗泽闿那里获悉蒋介石对东北作战的方案:"1. 令廖耀湘继续向打虎山、黑山攻击;2. 以五十二军向营口攻击,俾取得一海口;3. 锦西方面攻势防御以牵制敌军;4. 如敌攻沈阳,则回师救援,目前沈阳以三个师守备。"对此,他在日记中评论说:"余以为此种不彻底之办法最易误事,如认为共军已攻占锦州,夹击共军的机会已失,则沈阳转取守势亦无不可。如仍需攻击,则应下大决心放弃沈阳,以全力于辽西求一胜利。总统不此之图,而来毫无丈夫气之缩头战略,则一旦失败,必不可收拾。反不如在辽西硬拼,可以取得相当代价,虽全军覆殁,亦可赢得若干时间之喘息机会。"①后来事态的发展果如所料。

　　当日,卫立煌、杜聿明回到沈阳,即召集廖耀湘、刘玉章、赵家骧开会,由杜聿明传达蒋介石口头命令要旨:"(一)要廖耀湘以全力攻锦州,同时葫芦岛、锦西部队亦向锦州攻击。(二)廖兵团除现有兵力(新编第一军、新编第三军、新编第六军、第七十一军、第四十九军及骑兵重炮战车等)外,增加第六军第二〇七师沿北宁路向黑山、大虎山之敌攻击前进,并确保营口后方交通补给线。如黑山敌人被击退(蒋介石判断解放军要退的),即向锦州攻击前进,协助葫锦(西)部队收复锦州。如黑山、大虎山敌人顽强抵抗,并有增援模样,即向营口逐次抵抗撤退。(三)在廖兵团向黑山、锦州攻击的同时,第五十二军先占领营口,巩固海运补给基地,并与廖兵团联系。(四)第八兵团周福成指挥第五十三军及在沈的其他部队守沈阳(周的命令是次日补下的)。"②各将领不敢再反对

① 《郭汝瑰日记》1948 年 10 月 23 日。
② 参杜聿明回忆,《辽沈战役亲历记》,第 31 页。

蒋介石的命令，只好分头执行。卫立煌看到廖兵团处境十分危险，即布置工兵在辽河上架几座桥，以便在危急关头仍接廖兵团回沈阳。

当廖耀湘兵团孤悬在新开河以西进退迟疑之际，东北野战军对作战方向迅速作了调整和部署。当时，东北野战军在攻击锦州时，士气、战术、技术、土工作业都大为提高，在总攻击发动前地面上看不到部队，从而得以避免被敌机、敌炮大量杀伤，进攻前注意地形侦察，进攻中注意疏散队形，又以绝对优势兵力协同作战，一举发起攻击，大大减少了部队的伤亡，并使部队很快就能恢复战斗力。林彪报告说："锦州战斗十五日解决，我伤亡约二万四千余，目前正在补充伤亡的干部，恢复组织，数日后可出动继续作战。"①突破了大战后解放军总是要作长时间休整才能继续作战的惯例。军委致电前线将领说："部队精神好，战术好，你们指挥得当，极为欣慰，望传令嘉奖。"②东北野战军处于主动求战的有利地位。

关于作战方向，中共中央军委于 10 月 17 日致电东野，主张休整 15 天左右后，先打锦西、葫芦岛，引诱沈阳敌军增援，待营口封冻，使沈阳敌军不能从营口撤退。而东野将领则主张先歼长春突围之敌，同时佯攻锦西，引诱沈阳敌军深入大虎山、沟帮子、锦州之线，予以歼灭。长春六十军起义后，东野将领估计沈阳敌军不敢再按原计划向锦州前进，所以，一度觉得只有攻锦西、葫芦岛为好。但军委方面接到可靠情报，蒋介石在天津集中五万吨船只准备从营口撤兵，而长春有望和平解决，因此，十分担心沈阳敌军从营口撤退，向华中增援，要求东野部署兵力，控制营口。廖耀湘于 17 日部署攻击黑山之后，林彪即考虑先歼灭廖耀湘兵团，并在军委决策之前，预先作了一些部署。19 日 21 时，林彪、罗

① 《林彪、罗荣桓、刘亚楼关于沈敌动向及我军对策致中央军委电》(1948 年 10 月 19 日)，《辽沈战役》，第 212 页。

② 《中央军委关于急速截断沈敌向营口退路致林彪、罗荣桓、刘亚楼电》(1948 年 10 月 19 日)，《辽沈战役》，第 217 页。

荣桓、刘亚楼致电军委,考虑到锦西敌兵力强大,地区狭隘,攻击不易,建议先歼击廖兵团:"如沈阳之敌仍继续向锦州前进时,则等敌再前进一步后再向敌进攻;但有若干征候敌不再前进,或有向沈阳撤退转向营口撤退的象征时,则我军立即迅速包围彰武、新立屯两处敌人,以各个击破方法,将新一、新三、新六、七十一、四十九军全部歼灭,使之不能退回新民、沈阳和退至营口。"①尽管军委有锦州各部至少再休整一星期的指示,但东野积极求战,已准备立即出动,抓住廖兵团。20日4时、7时,军委两次电示同意东野建议,并指示说:"望你们密切注视这数日的动态,不失时机,争取大胜。"同时授权前敌将领临机决断:"关于具体部署,由你们根据情况相机处理。"②军委提出的具体意见,仅供前线将领参考,灵活运用。

正当10月20日蒋介石在北平向卫立煌、杜聿明下达口头命令之时,林彪也向各纵队下达了围歼廖耀湘兵团的作战命令,采取"拦住先头,拖住后尾,夹击中间,分割包围"的战法,进行部署。首先,在北镇、沟帮子一线的第十纵队及第一纵队第三师,原为诱敌深入,从黑山、打虎山后撤至此。林彪命令其当日黄昏出发,重返黑山、打虎山(即大虎山)南北地区隐蔽,如新立屯之敌前进,则退至黑山、打虎山一带阻敌南进;如敌向新民撤退,则立即插上,截断新立屯敌军退路。命令在阜新的第五纵队当日黄昏出发,秘密移至广裕泉西南接敌,如敌撤退,则迅速插至新立屯以北,截断新六军退路。以第六纵队在彰武东北待机包围彰武。命令锦州地区的主力,分两批出发:当日黄昏,第八纵、一纵、三纵及第六纵的第十七师秘密出发北进;21日黄昏,第二纵、七纵、九纵、炮纵出发,向东北方向前进。命令辽南独二师向营口急进布防,阻

---

①　《林彪、罗荣桓、刘亚楼关于打沈阳西犯之敌的方针致中央军委电》(1948年10月19日),《辽沈战役》,第216页。

②　《中央军委关于全歼廖耀湘兵团致林彪、罗荣桓、刘亚楼电》及《中央军委关于以九个纵队分割包围廖耀湘兵团致林彪、罗荣桓、刘亚楼电》(1949年10月20日),《辽沈战役》,第219—221页。

击海陆敌军。命令第十二纵队及原包围长春的各独立师迅速南下,首先包围铁岭地区的第五十三军所部,拖住沈阳地区敌军。命令塔山地区的第四纵、十一纵及两个独立师继续阻击锦葫敌军东进。林彪指示各部,战局"关键在于是否能截断新立屯、彰武之敌的退路",万一敌向营口撤退,则主力由沟帮子迅速东进过河至营口、牛庄间歼灭敌军。①同日,东北野战军首长下达了政治动员的命令:"必须像锦州战斗一样,以勇猛果敢、前仆后继的精神,不怕困难、不怕疲劳的精神,争取大胜。"②

22日,林彪根据在辽阳的敌第五十二军等部到达巨流河的不确实情报,判断沈阳敌开始向锦州总撤退,命令辽南独二师回师北进至新民以西,参加在新立屯、黑山地区与敌军的决战。大战在即,23日,林彪进一步发出指令,激励士气,并谆谆指示部属以作战机宜,特别强调注重战术:"此次大战只要我各级干部严守准备好了再猛攻的原则,则必然横直打胜仗……我们所最担心就是怕部队不实行这个打法而将仗打坏。"③24日,敌第五十二军先期占领营口,毛泽东十分着急,于25日晚严厉批评林彪是"一个不小的失着",担心敌以全军东进营口,正面无重兵堵击,要求东野令长春各独立师兼程南下,收复营口④。但这时,东野各部已扭住敌军,大局在握了。

廖耀湘对林彪的部署一无所知,以为林彪重兵集结锦州,自己尚有足够的时间机动地向营口撤退。20日晚,他从沈阳接受杜聿明转达的

---

① 《林彪、罗荣桓、刘亚楼关于围歼廖耀湘兵团部署致各纵队等电》(1948年10月20日),《辽沈战役》,第223—225页。

② 《林彪、罗荣桓等关于全歼东北敌人的政治动员令》(1948年10月20日),《辽沈战役》,第230页。

③ 《林彪、罗荣桓等关于乘敌撤退与敌决战致各纵队等电》(1948年10月23日),《辽沈战役》,第234—235页。

④ 《中央军委关于再调部队南下阻敌向营口退却致林彪、罗荣桓、刘亚楼等电》(1948年10月25日),《辽沈战役》,第240页。

蒋介石的命令之后,即命令第七十一军军长向凤武于21日拂晓开始攻击黑山。当时,他并不知道解放军第十纵队等部已重返黑山地区,还以为黑山兵力不大。但21日,第七十一军的攻击受到了顽强的阻击,毫无进展。廖耀湘不得不命令新一军准备接续进攻。22日,七十一军在重炮支援下,继续强攻黑山,但仍遭到了坚强的抵抗和反击。23日,新一军投入攻击,廖耀湘期在必得。

黑山、打虎山,山势连绵,南濒沼泽,中间为一狭窄的通道,占领黑山,进可攻锦州,退可掩护向营口撤退,而如果未能占领黑山、打虎山,则解放军居高临下,对在狭窄走廊中行进的部队将构成严重威胁。但廖耀湘投入重兵之后,经过整日血战,阵地得而复失,解放军且有猛烈的反击,敌情异常严重。同时,廖耀湘得到了锦州地区解放军已到达北镇的情报,不敢继续恋战。23日晚,廖耀湘不得不下达向营口撤退的命令,以新六军、四十九军为先头部队,沿着黑山、打虎山以东的狭窄走廊撤退。为了掩护主力撤退,廖耀湘命令新一军等部继续攻击黑山,并攻击打虎山。24日,进攻黑山的部队遭到解放军的猛烈反击,走廊的安全受到威胁。廖耀湘率兵团部随新六军行动,撤至胡家窝棚后,命令新六军停止前进,增援黑山的战斗,并攻击打虎山,建立侧卫阵地。同时,更改部署,命令第四十九军并指挥紧跟在后的新三军第十四师为兵团先头部队,新三军主力到达后,待新一军及七十一军撤下攻击阵地后,随第四十九军之后跟进,实行逐次撤退。

25日拂晓,第四十九军前卫团在台安西北遭到自盘山北上的辽南独立第二师的伏击,而跟随其后的部队还不知道前面发生战斗。第四十九军随即遭到独二师及北进的第八纵队第二十三师的阻击,南逃的退路被截断。军长郑庭笈未能与廖耀湘联络上,对当面敌情也没有摸清楚,未能以全军之力杀开一条血路,即向卫立煌报告。卫立煌接到郑庭笈的报告,即令郑率四十九军两个师,新六军的新二十二师与新三军的第十四师退回沈阳。但郑因等待和廖耀湘联络,没有立即行动。同日晚,奉命南下阻击的解放军第六纵队插至北宁线的厉家窝棚、姚家窝棚一带,袭击新三军后尾师,第五纵队各部插入二道境子、郑家窝棚之线,截断了廖耀湘兵团退往新民、沈阳之路。

据廖耀湘回忆,当时,他对上述严重情况毫无所知,而仍决心向营口撤退,并于25日晚令新一军和七十一军停止攻击,部署后撤。26日拂晓,七十一军在胡家窝棚兵团指挥部西部高地接替新六军等部防地时,发生混乱,解放军第三纵队一部乘机插入胡家窝棚,消灭了廖耀湘兵团的指挥部。当时,廖耀湘本人正离开新六军军部视察战况,新三军军部、新一军军部及新六军军部,正在行军状态下,被穿插进来的解放军先后打散。通讯联络和指挥系统遭到严重破坏,廖耀湘对部队的掌握陷入了困境,他只好到新三十师师部和各军重新建立联系,但各部队都在苦战之中。黄昏时刻,廖耀湘到达新二十二师师部,与郑庭笈取得了联系,当时,退营口已经不可能。由于地图上的沼泽地已经成为农田,向沈阳撤退的道路尚好,他在向沈阳撤退或就地抵抗之间犹豫不决。旋接卫立煌命令向沈阳撤退,即决心遵卫命令部署各军经老达房向沈阳后撤。但这时,解放军主力先后到达战场,在廖耀湘兵团各军之间,大胆穿插,分割包围,廖兵团各军一片混乱,已无法进行有组织的抵抗。激战至28日拂晓,陷入绝地的廖耀湘兵团十二个师十万人马迅速瓦解,被解放军全部歼灭,廖本人被俘。

在辽西激战之际,解放军第十二纵队于25日晚截断铁岭敌军退路。27日晚,林彪完成了对廖耀湘兵团的包围之后,即令第十二纵队主力向沈阳机场前进,并令辽南军区部队迅速架设浮桥,以便大军向鞍山、海城前进,截断沈阳残敌退路。10月31日,解放军第一、第二纵队到达沈阳西郊,第十二纵队位于沈阳之南,各独立师到达沈阳东郊、北郊,南北各路大军包围沈阳。另一部解放军第七、第八纵队和辽南独立第二师占领辽阳、鞍山、海城,第九纵队直逼营口。

杜聿明于10月21日到达葫芦岛,这时,第三十九军已从烟台运到。杜即部署锦西、葫芦岛部队再攻塔山,但各军士气低落。23日攻击开始,仍受到解放军的顽强阻击,至26日,解放军主动撤出塔山阵地。27日晨,蒋介石召杜聿明到北平,要他部署东北残部的撤退事宜,但仍要沈阳部队归周福成指挥死守。杜聿明先回锦西,命令部队退守原阵地,严防解放军反攻,随后到沈阳,命令周福成部署守备。30日,杜聿明再次奉命前往沈阳,但飞机已经无法降落,只好转回北平,向蒋介石请示撤退营口、葫芦岛部队。同时,王叔铭也向蒋介石请示对卫立煌的安排,蒋才指示令卫立煌到葫芦岛指挥。于是,卫立煌得以乘最后一架飞机脱离沈阳,到达锦西。11月10日,蒋介石命令将卫立煌撤职查办。

11月1日,解放军向沈阳发动总攻。沈阳守军,士无斗志,纷纷向解放军接洽投降,仅第二〇七师顽抗死守,遭到解放军的攻击,至2日,终于被解放军歼灭。同时,11月1日,解放军突入营口,2日,予以占领。国民党军第五十二军主力,眼看全局崩溃,在海军接应下,慌忙丢下辎重逃生,军部和第二十五师于1日登轮撤至葫芦岛,第二师所乘宣怀轮起火沉没,全军仅撤走万余人。[1]11月2日,杜聿明接到蒋介石的命令,前往徐州指挥。他即部署从海上撤退葫芦岛军队,以第六十二军、第九十二军及独立第九十五师归还华北建制,运秦皇岛;以第三十九军、第五十二军及第五十四军撤至上海、南京一线。自11月2日至10日全部撤离,共动用船舰四十四艘,撤出官兵13.78万人,其他人员三千余人[2]。

解放军随即于11月10日占领锦西、葫芦岛,12日占领承德。至此,东北和热河全境解放。解放军在辽沈战役中,取得了空前的辉煌胜利,歼灭国民党军一个"剿匪"总司令部,四个兵团部,十一个军部,三十三个整师,连同其他部队共47.2万余人。国民党军遭到了惨重的损

---

① 日期据杜聿明回忆(《辽沈战役亲历记》,第42页),《国民革命军战役史第五部》为10月31日晨1时第五十二军各部开始登轮(第4册,第118页)。《总统蒋公大事长编初稿》记为11月2日到达葫芦岛(1948年11月4日条)。——笔者。

② 《总统蒋公大事长编初稿》1948年11月9日条。

失,总兵力下降到290万人,而解放军的总兵力增加到了300万人,超过了国民党军,在长期的革命战争中,终于建立了优势地位。国民党军在辽沈战役中,兵败如山倒,实力和士气,受到了致命的打击,在解放军的连续攻击下,形成了连锁反应,迅即出现了雪崩式的总崩溃。

第三节　平津战役(上)

一　辽沈战役期间的华北战场

在辽沈战役期间,国民党军华北"剿总"抽调第六十二军、独立第九十五师及第九十二军一个师到葫芦岛增援。因华北兵力显得空虚,未敢抽调第九十二军全军赴援。因解放军华北军区第三兵团挺进绥远,迫使傅作义本部军队西援,而华北军区第二兵团在平张线的活动,威胁张家口,又使傅作义东西难以兼顾。10月5日,华北军区第一兵团又发起了太原外围战斗,歼灭国民党军两个师,进迫太原。华北国民党军态势也逐渐恶化。但傅作义用兵灵活,仍能与华北解放军对抗。10月8日,傅作义向国防部第三厅厅长郭汝瑰表示,"希总统能注意太原方面之作战,并希对东北、华北均采取主动"。郭"拟劝总统开作战会议,研究太原承德应如何作战,尤其依辽西作战可能之推移,应早作准备,以免以后又居被动"①。但蒋介石为孔令侃之事,离平返沪,使傅作义大为失望。

1948年10月11日,中共中央军委同意华北第二、第三兵团指挥员的意见,以第三兵团西进绥远,以一部控制兴和、台基庙、集宁地区,以主力西进,相机攻取包头,企图吸引傅作义部暂四军、第三十五军等部西援,以策应第二兵团作战。15日起,第三兵团西进作战,相继克复陶林、托克托河口、乌兰花、武川、萨县,23日克包头,一部继续西进,歼

---

① 《郭汝瑰日记》1948年10月8日。

敌一个团，直达包头西的公庙。然后回师准备攻击归绥。傅作义对第三兵团的西进，未予置理。11 月 5 日，第三兵团各部进入攻击准备位置，拟 11 日向城关推进。9 日，毛泽东考虑到打援没有把握，建议第三兵团东转至归绥、卓资山、集宁地区休整。

在第三兵团准备西进的时候，第二兵团为策应第三兵团及东北作战，于 10 月 9 日起再次破袭平张路，主力则隐蔽集结，寻机歼敌。11 日占领青龙桥、八达岭，并向居庸关发展。12 日，位于康庄的国民党军第九十四军东进，企图重占青龙桥，为解放军击溃。同日，位于宣化的第三十五军增援康庄。毛泽东于 13 日指示第二兵团："为吸引九十二军一个师（已由北平附近开塘沽）回顾，不去增援葫芦岛，为吸引三十五军继续向东，以利杨李李（即杨成武、李井泉、李天焕所率的第三兵团——引者）在绥远行动之目的，望你们于破路之同时，集结相当兵力歼灭十六军一二个团。"①14 日，暂三军也由下花园东进，遭到第二兵团第三纵队的阻击，但此时，在康庄、南口的三十五军、十六军也集中五个师东西对进，向青龙桥一线进攻。第二兵团拟集结七个主力旅围歼康庄东进之敌，但第三纵队二个旅未能赶到，经两日血战，未能歼灭被包围的敌军，而西进之国民党军已占领青龙桥，第二兵团于 15 日晚不得不撤出战斗，主力转至路北休整。

解放军华北军区第二兵团康庄两次战斗，未能达成歼灭敌军一部的目的，自己也有相当损伤。傅作义认为战斗获胜，向国防部报捷。19 日，国防部第三厅建议："华北放弃承德及若干不必要之点线，集中五个军机动，必要时尚可配合华中作战。"②于是，傅作义乘解放军主力远出、冀中解放区中共中央和华北机关腹地空虚，策划围魏救赵之计，集结重兵，企图偷袭石家庄，直接攻击位于平山县西柏坡村的中共首脑机

---

① 《望杨罗耿部歼敌十六军一部》(1948 年 10 月 13 日)，《毛泽东军事文集》第 5 卷，第 74 页。

② 《郭汝瑰日记》1948 年 10 月 19 日。

关。24日，国民党军第九十四军、新编第二军（即第一〇一军）第三十二师、新编骑兵第四师、整编骑兵第十二旅（即骑二师鄂友三部），配属汽车500辆，组成所谓"援晋兵团"，自涿县南下，26日进抵保定。第三十五军、十六军也南调平汉线作为后援。但傅作义的作战方针是："如步兵顺利到达滹沱河，即命骑兵进袭平山县西柏坡共产党中央所在地……最重要的是你必须掌握住：绝对不能使军队受到损失，打不打石家庄是次要的，要保证军队能随时撤回。"①

中共中央很快就获得谍报，紧急动员就近的华北军区第七纵队和地方武装进行阻击，同时，于25日命令第二兵团星夜急行军南下回援。"援晋兵团"行动迟缓，至28日才从保定出发，前锋在方顺桥和解放军发生战斗，29日进抵望都。这时，解放军第二兵团先头第三纵队于30日赶到定县、唐县地区，沿唐河布防。"援晋兵团"进抵清风店，直趋唐河，他们看到解放军已经沿河布防，一面派出小股部队抢渡，一面就是否需要全军强渡在河边犹豫不决。31日，新华社发表毛泽东起草的新闻稿，公开揭露傅作义偷袭石家庄的军事密谋。是日晨，傅作义鉴于华北解放军主力已经南下，偷袭计划已经泄漏，不得不命令所部撤退："敌三、六纵队已由热察两省返冀援石，其前锋已过察省蔚县。着你部克日撤至方顺桥待命，并已派第三十五军接应。"②"援晋兵团"即于是日午后退至方顺桥。此后，解放军华北第二兵团即驻守在曲阳一带。

在"援晋兵团"南侵之际，解放军辽沈战役已胜利在握，塔山守备部队已撤下休整。毛泽东为打击"援晋兵团"及集结在平汉线的敌军重兵，于10月29日致电林罗刘，请他们考虑将东北野战军第十一纵队南调到三河一线，相机攻击通县一带，威胁北平。当日林彪即复电，可以将在锦西附近的第四纵、第十一纵全部及三个独立师、一个骑兵师，日

---

① 由竹生：《偷袭石家庄经过》，《平津战役亲历记》，中国文史出版社1989年版，第35页。

② 由竹生：《偷袭石家庄经过》，《平津战役亲历记》，第41页。

内即开始向山海关、冀东方面前进,威胁敌人。毛泽东接电后十分高兴,但仍要求他们把部队部署在玉田、蓟州、三河、宝坻地区,威胁北平,并在那里休整。于是,程子华、黄志勇率东北野战军第二兵团首先入关至北平近郊作战。

蒋介石自10月15日从南京飞沈阳,16日到北平,一直在北平指挥东北作战。至30日,东北大势已去,他在北平也已无能为力,只好回南京去了。临行之际,要求傅作义"速筹巩固华北计划,并付以华北军事全权"①。葫芦岛决定撤退后,傅作义十分焦急,请国防部第三厅副厅长许朗轩转告蒋介石,要求将葫芦岛所有部队尽留华北,否则他就不愿守平津,即以所部活动作战②。11月3日国防部作战会报,何应钦主张傅部南下袭击济南,以后即在山东作战,旋又主张以傅部运青岛。4日,傅作义到达南京,与统帅部商讨华北军事③。5日晚,在何应钦家,白崇禧、顾祝同、傅作义和郭汝瑰等研究华北作战。郭"同意多留部队于华北,但希傅能各个击破绥远及太原共军,傅不肯为,且只要求五十四军留大沽"。郭"觉傅尚不够魄力,伊此时实应举全力以击破聂荣臻、徐向前"④。11月6日,蒋介石与顾祝同、何应钦商讨华北军事方略,决令傅作义固守华北,并增加其兵力。蒋又接见傅作义,指示华北必须固守,并授予处理全权⑤。

关于傅作义作战方向,大体说来有三种选择:一是傅作义率本部军队退守绥远,中央系军队任其南撤;二是固守平津塘;三是所有华北"剿总"部队放弃平津南撤。在这次会商中,傅作义究竟如何主张,说法不一。据《中国人民解放军战史》叙述:"蒋介石提出放弃平津,委傅作义为'东南军政长官'的主张,要傅率部南撤。傅作义对蒋介石并吞、排斥

---

①　《总统蒋公大事长编初稿》1948年10月30日条。
②　《郭汝瑰日记》1948年11月3日;《郭汝瑰回忆录》,第343页。
③　日期据《世界日报》(北平)1948年11月5日第2版报道。
④　《郭汝瑰日记》1948年11月5日。
⑤　《总统蒋公大事长编初稿》1948年11月6日条。

异己的惯伎深怀戒心，不愿南撤，而企图在平、津危急时率部西撤绥远老巢。但这时，蒋、傅又判断东北野战军在辽沈战役后需有三个月到半年的休整时间，要到次年春天才能入关作战；在东北我军入关之前，凭傅部实力尚能应付自保。而暂时守住平、津对于蒋、傅都是有利的：对蒋介石而言，可以钳制东北、华北我军，取得部署长江防线、组训新兵所需时间；对傅作义而言，则可以争取到美国的直接军援，便于西撤绥远，自成局面。因此，蒋、傅最后决定采取暂时固守平、津、张地区，同时确保塘沽海口，以观战局变化的方针。"①《平津战役·综述》："傅一到南京，国防部长何应钦便转达蒋介石要他率部南撤，并界以'东南军政长官'之意。会上，傅作义以主战的姿态，提出'固守平津塘倚海作战'的主张，力陈固守华北是全局，退守江南是偏安，非不得已时，不应南撤。蒋介石也考虑到东北野战军在辽沈战役后，需要较长时间休整才能入关，华北'不致遽受威胁'，而固守平津，钳制东北、华北野战部队南下，对南线作战也属有利。据此，会议确定了固守平津，置主力于津沽，以利尔后行动的方针。"②

台湾出版的《国民革命军战役史第五部》记述，"最高统帅"即蒋介石提出了两个方案供傅作义选择，第一案：放弃华北，将冀热察所有部队从塘沽海运青岛，配合徐州作战。第二案：固守津沽，将冀热察部队，主动速向天津、塘沽地区集中，依托海上为后方，采决战防御，万一不利，则由海上撤退。蒋"恐傅氏仍心怀故旧，向绥远撤退，负隅自固，因此特示意傅氏，为接受美援装备，须以海港为后方，且许以如采第一案，则改任傅氏为徐州'剿匪总司令'；如采第二案，则除酌留一部于匪后游击牵制外，应断然放弃张垣、北平，主力彻底集中津沽"。傅未采第一案，而对面允采行之第二案，亦加以变更，将保定第一〇一军北移涿县

①　《中国人民解放军战史》第3卷，第286页。

②　《平津战役》，中国人民解放军历史资料丛书，解放军出版社1991年版，第8页。

与北平间地区,第十三军由承德南移北平东郊通县附近,以第十一兵团守张垣,十七兵团守津沽,控制第三十一、第三十五、暂三、第一〇一、第十六等五个军于北平附近,保持机动①。

郭汝瑰回忆中则说:"傅作义终于同意放弃绥远、张家口,在形势危急时,甚至弃北平,只固守津、沽,保持一海口,以维持长期补给。对此华北战略决策,蒋介石回南京后也完全同意。开始,傅作义执拗地要交出部队,后又在两个美军枪械的诱惑下愿各个击破共军。因此我对傅变化莫测的态度深感疑惑,以为所谓'各个击破',不过是受两个美军军械的诱惑,改变态度,怕人取笑用以搪塞我的假话。但后来傅回北平,确募集了三个军的部队,等待用美械装备。以后新保安之战,他确实想各个击破,我才相信他所说是真。'各个击破'确实是他那时的指导思想。"②郭的这一说法与前引郭日记有别,但和台湾版战史近似。真情究竟如何,尚待更可靠的资料刊布。

不过,当时美国方面对傅作义的作战能力是比较重视的,希望加强对傅部的援助。1948年6月底,美国驻华大使司徒雷登到北平时,和傅作义进行了长谈。司徒雷登对傅作义的军事才能、傅部的战斗精神及傅作义的土地再分配方案,表示欣赏。6月30日,司徒雷登向美国国务卿报告说:"他(指傅作义——引者)急需装备(包括弹药),他企图以易货贸易的方式,以当地产品作交换,进行价值一千万美元的交易,但他只能通过天津的一些声誉不良的外国代理商来进行。我希望我国政府能够以某种方式帮助他,而不要把他赶到那些代理商那里。自然,那得先行征得蒋总统的批准。"③据美国国防部长福雷斯特尔(J. Forrestal)1948年11月3日致代理国务卿的复函中说,驻在青岛的美国西太平洋舰队海军司令白吉尔上将曾向参谋长联席会议陈明:"委

①　《国民革命军战役史第五部——戡乱》第4册,第174—175页。
②　《郭汝瑰回忆录》,第344页。
③　*FRUS*,1948,Vol. 7,p. 329.

员长(指蒋介石——引者)同意把补给优先供应山东和华北。"陆军部已经被告知,"按目的地来说,各个港口船运物资的百分比大约如下:天津——30％(船运经过青岛),青岛——10％,上海——60％"①。所以海口对傅作义当然是十分重要的。

国民党军队的派系之争是一个历史积累下来的无可救药的顽症,傅作义以其实力和才华,从蒋介石手中赢得了华北地区军队的指挥权,但派系的区别依然是一个严峻的问题,中央系军队听从他的指挥是有条件的,一旦形势变化,派系的分界就会明朗化。据谍报消息,傅作义是年6月间在一次讲话中就透露过:"华北局势将来能守则守,不能守则有西向察绥与宁青会合(按傅与二马密约,一面听命于中央,一面保持自己实力,对平津河北只有放弃)。"②因此,他本有交还中央系军队,率本部三个军退回绥远,进行游击作战的考虑③,要他真正作出放弃绥远的决断毕竟是很困难的。结果,华北"剿总"所部从张家口到塘沽排了个一字长蛇阵,似是灵活机动,实则进退失据,处于麻痹状态。傅作义在严重恶化的军事态势面前,已经江郎才尽。

二　平津作战的决策

在辽沈战役取得胜利,平津地区敌军孤立无援,而淮海战役已经顺利展开之际,解放军统帅部和前线将领从全局战略利益出发,对华北的局势十分关注,谋求以最小的代价,取得已经可望的全国性胜利。中共中央军委原计划东北野战军在大战之后休整一个月,然后至平津一线作战,并要求向全军公开提出打平津及在平津战役中歼灭傅作义主力的任务。而东北野战军各部大战之后,喘息未定,内部整理任务繁杂,纷纷要

---

①　*FRUS*,1948,Vol. 8,pp. 189 - 190.

② 　《北线敌情摘记》(1948年5月至10月),军事科学院图书馆藏。

③ 　《郭汝瑰回忆录》,第343页。

求延长休整时间。统帅部和前线将领对华北作战方针一时未能确定。

11月7日，毛泽东指示林彪等东北、华北各野战军将领，分析了傅作义的三种可能选择，指出"固守平津，如敌取此项方针对于我们是有利的"，要他们密切注意华北国民党军动向。①11月9日，军委考虑到华北军区第三兵团如攻击归绥傅作义根本之地，有促使傅作义部提早西退的可能，而三兵团又没有打援的力量，同时，太原阵地坚固，华北军区第一兵团攻城兵力也不占优势，眼下伤亡严重，因此，指示三兵团停止进攻归绥，东撤至归绥、集宁间休整，华北军区第二兵团准备参加太原作战，争取在12月15日以前攻克太原。13日，军委指示先期入关的东北野战军第二兵团，在华北作战"尤重在抑留傅敌于平张津保地区不使西退，亦不使其得由海上南撤"②。

这时，国民党军徐州形势危急，为防止傅作义放弃平津撤退，东北野战军指挥员林彪、罗荣桓、刘亚楼根据军委指示精神，于15日向军委建议，"暂不攻太原，而集中力量迅速包围保定或张家口……对所包围之敌，采取围而不攻的办法，以达到拖住敌人的目的"。这一方案的指导思想，是以包围敌军一部，迫使傅作义不能丢下部下不管而径自撤退，策略比较粗糙，军委没有采纳。但前线将领作战积极，士气旺盛，军委即于16日同林彪等商量："请你们考虑你们究以早日入关为好，还是在东北完成休整计划，然后入关为好。"即先行入关包围天津、塘沽、唐山，然后休整。林彪等考虑到部队困难较多，一时没有同意，但答应以两个纵队尽可能先出动，同时，仍主张关内部队先包围一部敌军的策略。东北第二兵团司令员程子华等也建议东北伤亡小的部队先行入关，同时，也不赞成军委令华北二兵团西进打太原的方案，主张集中力

---

① 《中央军委关于对蒋介石、傅作义动向的分析致林彪、罗荣桓、刘亚楼等电》（1948年11月7日），《平津战役》，第52页。

② 《中央军委对尤重在抑留傅作义于平张津保地区致程子华、黄志勇等电》（1948年11月13日），《平津战役》，第57页。

量对付傅作义。解放军将帅之间,为抑留傅作义集团于平津地区绞尽脑汁,一时难以找到一个妥善的方案①。

傅作义于11月6日从南京回到北平之后,在军事上进一步作了收缩,11月9日,驻保定的第一〇一军除留一个师守备外,军部率新编第三十三师(即二七三师)退守涿县。11月12日,第十三军撤出承德,驻守通县附近。这样,他的部署为:北平地区:第四、第九两个兵团部,第三十五、第一〇四(即暂编第三军)、第十六、第三十一、第十三、第一〇一(即新编第二军)等六个军,一个新编骑兵第四师,一个补给区司令部等;张家口地区:第十一兵团,第一〇五军(即暂编第四军),第五、第十一两个整编骑兵旅;津塘地区:第十七兵团,第六十二、第九十二、第九十四、第八十六、第八十七等五个军,第三二六、第三三三、独立九十五等三个师,一个交警第三旅,一个交警第十总队②。傅作义指挥的部队有四十四个师,除归绥四个师外,中央系二十四个师,本部十六个步骑师,他以本部军队部署在北平及其以西地区,以中央系军队部署在北平及其以东地区。由于蒋介石付以军事全权,傅作义也极力分割部署中央系军队,以便指挥。他的作战计划,事先也不报告国防部,《郭汝瑰日记》说:"华北作战,一直是由傅宜生全权主持,伊之作战指导,事前并不报告本部。"③蒋介石对中央系军队的指挥,常常干涉细部,引起部下的不满,也引起前敌将领对统帅部幕僚的不满,但他对属于其他派系统率一方的将领的作战指挥,倒是比较放任的。

鉴于东北野战军不久必然南下,平津地区在军事上毫无出路,傅作义不能不作撤退的部署。他既承允固守津沽,保持海口,适当时机撤出北平,为此,"采取了不少积极措施,如修筑平津段铁路两侧的护路工

---

① 参1948年11月15日至17日中央军委和前线将领间往来各电,《平津战役》,第60—69页。

② 侯镜如等:《平津战役国民党军被歼纪要》,《平津战役亲历记》,第4—5页。

③ 《郭汝瑰日记》1948年12月14日。

事,以准备转移平、张兵力和物资,派出先遣指挥所(副总司令宋肯堂)进驻塘沽,并预定必要时将'剿总'总部移驻天津,以及将平津张等地的一部分眷属先搬到了天津等等"①。11 月 13 日开始,张家口、宣化等地的军属和机关人员分批乘车向平津撤退。但傅作义顾虑军队南撤时,中央系军队有海运的便利条件,而本部军队并无自己能够控制的船只,海运比较困难,加上撤退眷属的负担,海上撤退并非易事。因此,他同时又通知张北、兴和、尚义地方政府秘密准备粮草供应大军,作西撤的准备。但西撤没有海口,不可能接受拟议中的美式装备,而且西撤与西北马家军关系复杂,回旋余地也小。而过早放弃北平,对他个人能战的声誉也不利。傅作义面临着两难的选择,犹豫不决,而且,他显然没有估计到东北野战军有迅速入关的可能,因此也不着急迅速作出决断。

傅作义面临着军事上的严重危机,深感单纯从军事上难以找到出路,就希望从政治上想想办法。据傅作义的参谋长李世杰回忆:"我即向傅建议,我们的方向要及早决定,适时去做,不能等待。如等到张垣附近发生情况时,势必又要派些部队去,那时就不能自由行动了;如果平、津再发生情况,这些部队又要调回来,而且平、张间道路随处都可能遭到截击,将形成不好收拾的局面,那时可就晚了。傅作义对此也表示同意,只是对张垣放弃的问题不能作出决定。傅作义对于军事部署,如此拖延搁置,整天却在接见政界人士、名流学者,非常忙碌。当时,我认为傅作义对人民力量的伟大、对蒋介石王朝日趋崩溃的情形,比我认识的更深刻,必是在政治方面另求出路。其次,我觉得在军事上已找不出解决问题的办法,即令实行了某些措施,也只是苟延残喘而已。因此,关于作战问题,傅既不问,我也不谈。"②

傅作义尽管由蒋介石授予了很大的权力,但毕竟不是蒋介石的嫡

---

① 侯镜如等:《平津战役国民党军被歼纪要》,《平津战役亲历记》,第 6 页。

② 李世杰:《北平和平解放中我的经历与见闻》,《平津战役亲历记》,第 267－268 页。

系,在国民党内的派系斗争中,处境是很复杂的。早在 1947 年 7 月初,美国驻北平领事弗里曼曾获得情报,有一个第三党运动,由冯玉祥指挥,第一方案,就是"对中央政府宣布独立",准备由某一位拥有实力的将军首先宣布,作为"第一颗炸弹",其他将军追随行动。情报说,"傅作义也许是采取这个步骤的第一个人"①。东北形势吃紧之际,苏联驻北平总领事齐赫文斯基于 9 月间对傅作义进行了礼节性拜访。傅作义在谈到苏联的内外政策时,据齐赫文斯基(С. Д. Тихвинский)回忆,"对苏联的武装力量的历史,表现了极大的兴趣,特别是对于原先沙皇的、然后是白军的军官和将军参加红军队伍的情况"。齐赫文斯基介绍了这些将军在红军中忠诚服务、建立战功的情况,"傅作义非常注意听着我的陈述,对我所说的一切,感到十分满意"②。这是一种令人寻味的心理状态。11 月初,傅作义到南京时,从李宗仁和司徒雷登那里,接受了与中共进行和平谈判的计划,准备接受建立联合政府的观念,期待与全国一致达成和平。据《徐永昌日记》,他在 1949 年 9 月 19 日在包头与傅作义对谈时,傅痛苦地说:"去年十一月不去南京,决不会有此错失。因当时李德邻、司徒雷登皆言政府必须求和,和亦有把握。比〔彼〕时想,既然和有把握,何必再北走或南走,此错失之所由来也。"当时,国民党统治区的军政界,正在试图与中共恢复和谈,并有一种以非黄埔系,即傅作义、白崇禧、张发奎、西北马家军的联合,取代蒋介石,与中共抗衡,达成和平的活动(关于国民党内的和平运动,请参阅第七章)。傅作义当然是其中的重要一员。

　　当时,傅作义在获得了蒋介石的授权之后,华北平、津、冀、晋、热、察、绥七省市参议会于 11 月 2 日在北平成立了联合办事处,表示:"际此东北逆转,华北紧张,应以民众代表身份,成立联合办事处,俾发动全

　　①　*FRUS*, Vol. 7, p. 220.

　　②　С. Тихвинский: Китай в моей жизни , Проблемы Дальнего востока, т. 4, 1989, стр. 108 - 109.

华北民众力量支持傅氏。"①3日,他们晋见傅作义表示:"今后,七省市民意可以反映给剿总,剿总希望民意机关协助者,亦可予以全力协助。"傅除表示"对华北有通盘计划,军事有把握"之外,对华北七省市参议会联合办事处的成立"表示兴奋"②。11月7日,又有冀省国大代表联谊会成立华北自救委员会之类。这些组织成了傅作义可以运用的传达政治意向的工具。此外,傅作义还一再发表激烈的反共演说。11月12日,他在孙中山诞辰纪念会上,公开演说:"中国今日的戡乱战争,不是简单的普通内战,不是政权的争夺,更不应该是为保护豪门,保护特权,而是民主、自由、和平与极权、恐怖、残忍两种不同生活方式的斗争。"③他的演说获得了国民党舆论系统的一片喝彩。

然而,在幕后,傅作义也开始了和中共接洽和平的活动。这时,民革主席李济深在同彭泽湘谈话时,问彭能否再去北平做傅作义的工作,"劝傅脱离反动政府,反对内战,同中国共产党及各民主党派合作"。据彭泽湘回忆:"我当时答应了,但同时提出做这个工作必须得到中共的同意和取得联系,李济深的回答是,他设法告诉中共在港的同志,替达中共中央。我带着李济深给傅作义的信到北京后,找到侯少白。侯少白是傅作义的老朋友,反对内战,曾力劝傅不就华北剿总职务。所以他对这一工作,很热心奔走。侯同傅谈了以后,告诉我:傅认为在当时环境下不能同我面谈,也不便接受李济深的信,但委托侯少白作他和我的联络人,双方意见由侯传达。经过几次间接交换意见后,傅作义就表示愿意考虑我所提出的问题。这时我就约民盟在北京的负责人张东荪及农工党负责人张云川和我共同进行。同时我找到符定一,由符定一帮助我和中共取得联系。"④符即赴石家庄与中共面谈。同时,傅作义让

①　《世界日报》(北平),1948年11月3日。

②　《世界日报》(北平),1948年11月4日。

③　《世界日报》(北平),1948年11月13日。

④　《彭泽湘自述》,《党史研究资料(5)》,中国革命博物馆党史研究室编,四川人民出版社1985年版,第223页。

他的政工处处长王克俊与傅的朋友刘厚同商议，与中共联系。王与傅商谈的结果，据王回忆："先设法通过中共地下党给毛泽东主席发出电报联系。我拟就电文便交给了傅先生。电文不长，内容是表明要求和谈，不愿再打内战，为了国家和平统一，请求派南汉宸先生来谈判，并报告了傅在北平能控制的空、陆军数量。电文郑重表示：过去以蒋介石为中心来挽救国家于危亡，拯人民于水火之中的作法，现在看来是彻底错误的了。今后决定要以毛泽东主席和共产党为中心来达到救国救民的目的。后来知道此电由傅先生的女儿傅冬菊（中共地下党员）通过共产党的地下电台大概在十一月十七日发出了，但未获回音。"[1]此电未见公布。第四野战军司令员林彪等传阅傅作义1948年12月23日致毛泽东电抄件时，在电文上加注说"傅作义前曾来电赞成毛泽东新民主主义与联合政府之主张"[2]，或许就是这一电。

　　内战已经进行两年半了，解放军已经胜利在望，中共中央决心将革命进行到底。对于以美国为背景、企图保留国民党军政势力的"和平谈判"，中共中央已经不会接受。但傅作义在这时提出和谈要求，表明了傅作义已经发生动摇，于是，毛泽东迅速作出决策，利用傅作义的和谈心理，稳定傅作义不走，以便首先解决中央系军队。1月18日，确定了一系列军事措施，抑留华北"剿总"系统部队在平津地区予以歼灭或迫降，一是命令华北第三兵团位于绥东地区，坚决阻击傅军向绥远逃跑，命令华北第一兵团停止攻击太原，避免刺激傅作义早日向绥远逃跑；一是命令正向太原前线开进的华北第二兵团在阜平待命，准备随时向张家口附近出击，协同华北第三兵团阻止敌人逃跑；一是命令东北野战军："望你们立即令各纵以一二天时间完成出发准备，于廿一日或廿二日全军或至少八个纵队取捷径以最快速度行进，突然包围唐山、塘沽、天津三处

① 　王克俊：《北平和平解放的经过》，《平津战役亲历记》，第281页。
② 　参北京市档案馆编：《北平和平解放前后》，北京出版社1988年版，第51页注。

敌人不使逃跑,并争取使中央军不战投降(此种可能很大)。"①

翌日,林彪接电后遵令动员部队于 22 日出动(后因具体困难,经军委同意改为 23 日出发),同时建议,由东北第二兵团于 24 日包围唐山、滦县,拖住敌人,等候主力到达。但军委考虑到"傅作义的指挥能力较卫立煌等人为强",担心过早包围唐山会迫使傅作义集中全力接出唐山守军后由海路南撤,因此要东北野战军推迟包围唐山的行动,并要求东北野战军先以五个纵队秘密入关,不走山海关而走热河进喜峰口、冷口,与东北第二兵团协同同时隔断北平、天津间,唐山、天津间,天津、塘沽间的联系②。从 22 日起,军委在林彪等建议包围一部敌军的基础上,调整策略,先后命令华北第三兵团于 25 日从现地出发,切断平张联系,包围张家口,命令华北第二兵团于 26 日从曲阳出动,进抵涿县、涞水间待命,必要时加入平张线作战。27 日又命令东北第二兵团于数日内在平谷地区集中,准备向延庆、怀来地区前进。军委对西线的整个作战意图是:"如果杨成武包围了张、宣之敌,而怀来、北平之敌向张、宣增援时,则程、黄从蓟县,杨、罗、耿从涿县附近迅速西进切断平、张,协同杨成武歼灭该敌。"军委谆谆嘱咐上述三兵团:"你们任务是务必包围几部敌人,以便调动东面敌人西援,故不重在歼灭,而重在包围。你们包围几部敌人之后,紧紧筑工围好,不使跑掉,至要。"并令程子华、黄志勇统一指挥平张战役③。至此,毛泽东经过周密的考虑,终于作出了抑留傅作义集团在平津地区的决策,布下了天罗地网。

---

① 参《中央军委关于防止敌人从平津张唐逃走的部署致杨得志、罗瑞卿、耿飚等电》、《中央军委关于东北野战军立即入关包围唐塘津致林彪、罗荣桓、刘亚楼电》(1948年11月18日),《平津战役》,第70—71页。

② 《中央军委就推迟包围唐山和隐蔽入关问题致林彪、罗荣桓、刘亚楼等电》(1948 年 11 月 20 日)、《中央军委关于东北主力入关时间和路线致林彪、罗荣桓、刘亚楼电》(1948 年 11 月 21 日),《平津战役》,第 75—77 页。

③ 参中共中央军委 1948 年 11 月 22 日至 12 月 1 日致前线将领各电,《平津战役》,第 81—89 页。

三　平津之围与接洽和谈

　　11月29日，杨成武率华北第三兵团向张家口外围发起进攻。张家口守将、第十一兵团司令官孙兰峰发现杨成武兵团从绥远回师攻击，深感局势严重，要求傅作义派兵增援。解放军华北第二兵团率三个纵队，战力有限，攻击保定的华北第七纵队这时减弱了攻击，使守敌第一〇一军的第二七二师得以于11月22日安全撤退。对于华北"剿总"来说，平津周围一时并无严重敌情。傅作义当时对张家口的撤退事宜尚未落实，张家口既出现敌情，于是即调主力第三十五军率二个师、怀来一〇四军一个师分乘汽车和火车增援张家口，于30日下午全部到达，同时，调在昌平的一〇四军主力到怀来，在涿县的第十六军移至昌平、南口一线，以确保平张路畅通。是日，杨成武部攻占万全、柴沟堡、沙岭子等地，对张家口合围。

　　12月1日起，在张家口一线，国民党军对解放军进行猛烈反击，解放军在强敌压迫下被迫后撤，张家口的局势趋于缓和。据第三十五军参谋长田士吉回忆："三日，天气晴和，张家口附近无情况。"①这几天的战况资料互有矛盾，但三十五军到达后，张家口各军没有受到严重威胁恐系事实。11月4日，傅作义飞抵张家口作军事部署，当时无重大战斗，主要是商讨从张家口撤退事宜。据孙兰峰回忆，傅作义说："由于坚守张家已无价值，我们要在此实行'荣誉交代'。在张家口撤退时，除军用物资和机要档案尽行带走外，国家仓库的物资和其他财产要造具清册，留人向中共交代。但目前要秘密进行，以免搅乱军心。"②于是，傅作义只是关照说，"张家口是否撤退，何时撤退，等我到北平研究之

---

①　田士吉：《新保安战役经过》，《平津战役亲历记》，第61页。
②　孙兰峰：《张家口战役概述》，《平津战役亲历记》，第108—109页。

后，再行电告"①，而未作出撤退部署。对于第三十五军的使用方向则表示："林彪进关尚需时日，这方面仅聂荣臻的部队。留下第一〇五军及原有部队，就能够应付裕如，第三十五军可于明日（五日）返平。"②显然，傅作义对解放军的作战部署还毫无警觉。但等他回到北平后，12月5日，解放军东北先遣兵团在前进途中歼灭了密云国民党军第十三军两个团大部，引起了傅作义的警觉。同时，他又发现了东北野战军一部出现在喜峰口内外，平津形势趋紧，当晚即命令第三十五军撤回北平，但没有告诉他们密云出现的敌情。

当时，第三十五军十分麻痹，撤出张家口时，行动十分迟缓，直到6日午后，才上车起程。一路上经过沙岭子、宣化，畅通无阻，直到下花园附近才遭到阻击，道路已被破坏，通过后已到黄昏时刻，军长郭景云即命在鸡鸣驿宿营。解放军华北野战部队当时由军委直接指挥，毛泽东三令五申要华北第三兵团以一个纵队切断张宣联系，必要时加强阻击兵力，命令华北第二兵团于12月5日到达宣化、怀来间构筑阻击阵地，务使张家口之敌不能东退，命令东北先遣兵团（即程黄第二兵团）向怀来、南口之线急进，要求各部坚决抓住并包围歼灭由张家口出逃的敌军。但华北第三兵团在敌军压迫下违令撤出了阻击阵地，而华北第二兵团至6日各主力纵队尚在向涿鹿、下花园前进途中。12月7日，毛泽东对华北第三兵团违令放掉第三十五军提出了严厉的批评，严令第三兵团继续包围张家口敌军，不使逃跑，如果逃跑则坚决歼灭，不得违误；同时对华北第二兵团违误军委到达前线的时限提出批评，严令阻敌东逃："如果该敌由下花园、新保安向东逃掉，则由杨罗耿负责。"③

----

① 靳书科：《国民党军张家口被歼纪实》，《平津战役亲历记》，第137页。

② 靳书科：《国民党军张家口被歼纪实》，《平津战役亲历记》，第61页。第三十五军撤出张家口时间，据《毛泽东军事文集》为12月6日13时（第5卷，第337页）。——笔者。

③ 《华北部队应遵军委命令阻敌东逃》（1948年12月7日），《毛泽东军事文集》第5卷，第337—338页。

　　这时,华北第二兵团主力尚未渡过大洋河,杨得志一面命令部队强行军前进,一面命令在新保安附近牵制敌人的第四纵队第十二旅不惜一切代价坚决堵住第三十五军。郭景云没有料到敌情十分严重,7日夜攻入新保安后,仍命令部队休息,拂晓攻击,以为可以冲过小部队的拦截。8日晨,华北第二兵团主力到达新保安镇外,将新保安团团围住,9日,击退了敌怀来出援的第一〇四军及新保安出击的第三十五军的两面夹击,至10日,华北第二兵团完成了对新保安的包围。同时,东北先遣兵团也于9日到达了康庄、怀来地区。在此之前,华北第三兵团歼灭了从宣化向张家口撤退的一个师,紧紧把张家口围住。第三十五军是傅作义的主力军,拥有的400辆汽车是傅作义灵活机动作战的命根子,为其所必救。毛泽东把三十五军包围住,也就使傅作义失去了资本,不可能再决心从北平经津塘南撤。果然,傅作义于9日命令张家口的第一〇五军、怀来的第一〇四军东西对进,增援新保安。虽然,一〇四军攻至马圈与三十五军可以遥遥相望,但在解放军的坚强阻击面前,不敢力战,无法会师。9日晚,东北先遣兵团对康庄第十六军发起攻击,至10日歼灭其主力,占领康庄。第一〇四军后路受到威胁,被迫撤退,至11日,在横岭、白羊城一带被歼灭大部。由于北平空虚,傅作义不得不将第九十二军、九十四军、六十二军等部调入北平地区,担任守备任务。傅作义的指挥空前凌乱,他已无力控制战局了。

　　在解放军华北军区部队包围傅作义部主力的时候,东北野战军正日夜兼程向平津挺进。12月7日,林彪遵照军委命令先期率指挥机关到达蓟县以南的孟家楼,由于大军入关已无秘密可言,命令最后尾三个军(解放军统一番号,纵队已改称军),经山海关入关。12月11日,毛泽东就平津作战,作出了一系列部署,包围、隔断华北“剿总”系统的所有部队,并命令解放军华北部队归林彪、罗荣桓、刘亚楼、谭政统一指挥,基本方针是:“从本日起的两星期内(十二月十一日至十二月二十五日)基本原则是围而不打(例如对张家口、新保安),有些则是隔而不围(即只作战略包围,隔断诸敌联系,而不作战役包围,例如对平、津、通州),以待部署完成之后各个歼敌。尤其不可将张家口、新保安、南口诸敌都打掉,这将迫使南口以东诸敌迅速决策狂跑,此点务求你们体会。"①对于傅作义的和谈,则着眼于在军事上牵制住他,而不是在政治上和他讨价还价:"傅作义代表正在由涿州来平山途中,我们仍本前告策略和他谈判,要他抓住中央系各军不放,便于我先解决中央系。"②

　　在解放军部署的同时,傅作义鉴于形势严重,也赶紧收缩兵力,先期放弃南口、昌平、通县、宛平、唐山、芦台、汉沽诸点,实行分区防守,以第四兵团司令官李文兼北平城防司令官,以第十七兵团司令官侯镜如兼津塘防区司令官。为加强津塘力量,从唐山一线撤下的第八十六、八十七军调到塘沽、天津,将调到丰台的第六十二军主力调回天津。平津局势危急,蒋介石命徐永昌到北平传达自己的意图,说服傅作义南下。13日下午1时,徐飞抵南苑机场,但通往城内的道路已十分危险,无法与傅作义见面,只好通电话。蒋介石要徐转达的意见是:"一、北平二百万人口,设被围,决难持久,所以,只可留一后卫,其余集津沽出战皆易。二、切嘱宜生勿太焦急,革命不是定要在某一地,勿以社会感情、当前毁誉与患得患失之心而左右应当决定的大计。三、准备失败不败。"等等。傅作义向徐永昌陈述说:"敌已准备分段截击平津线,几日前即无法转移矣。且新保安等地被围之军,亦不好弃绝。"徐永昌未能说服傅作义向天津转移,当日即自南苑机场飞回南京③。

　　与此同时,傅作义继续和中共接洽和谈。当时,中共地下党员、北平《平明日报》社采编主任李炳泉通过傅作义的联络处长李腾九和傅作义的女儿、中共地下党员、天津《大公报》社记者傅冬菊自12月8日开始"劝说傅作义投降",到10日傅作义提出条件如下:"(1)参加联合政

----

　　①　《关于平津战役的作战方针》(1948年12月11日),《毛泽东军事文集》第5卷,第362页。

　　②　《关于平津地区的形势及部署》(1948年12月11日),《毛泽东军事文集》第5卷,第359页。

　　③　《徐永昌日记》1948年12月13日,台北中研院近代史研究所1991年版。

府,军队归联合政府指挥。(2)一定时间起义,要我为他保密。(3)要求林彪停止战斗,双方谈判。"①在争取北平和平解决的谈判中,傅冬菊在其中发挥了重要作用。崔月犁回忆说:"我作为共产党的代表参加与傅作义谈判工作之后,给傅冬菊的主要任务则是了解傅作义的动态。那时我和傅冬菊见面是在东皇城根李中同志家里,我们几乎每天见一次面。那时她还是一个青年知识分子,每次见我总是高高兴兴地满面笑容,不慌不忙地把她父亲的情况原原本本地告诉我。傅作义有时思想斗争激烈,唉声叹气,发脾气,咬火柴头,甚至想自杀。对他这些细微的情绪变化,我们都很清楚。有时头天晚上发生的事,第二天一早就知道了;上午发生的事,下午就知道了。这些都及时写成电文,由交通员迅速送译电员,再送地下电台,直接报告刘仁同志,由刘仁同志及时转给前线总指挥部。"②据当时任苏联驻天津的副领事季托夫(А. Тцтов)回忆,北平解放后,傅东(即傅冬菊)告诉他说:"费了很大的劲儿才使父亲放弃自杀念头,并劝说他与中共方面开始和平谈判。北平地下党和她建立了联系,指挥她动作。按照地下党的指示,她告诉父亲,自己是中共不公开的党员并与北平地下党有联系,北平地下党负责人建议他就停止军事行动开始和平谈判。此前,据傅东说,她父亲的态度有点儿冷淡,长时间的沉默,看得出,他仍像从前一样认为,共产党不会饶他,最好的下场是审判后将他关进监牢,这种后果他不能接受。后来,经过长时间思考后,他问傅东,怎么才能保证与他保持联络的现地下党人不是国民党特工机关的间谍呢,同时,他指出,在共产党员中也有这种间谍。傅东说,看来他担心,蒋介石的特工机构是否在用这种方式来检验他的可靠程度。由于和傅东保持联系的几位地下党员,早先她都不认识,因

---

① 据《林彪、罗荣桓、刘亚楼转报第十一纵队关于傅作义派代表出城谈判致中央军委电》(1948 年 12 月 16 日),《平津战役》,第 177 页。

② 崔月犁:《忆争取傅作义将军起义的经过》,《北平地下党斗争史料》,北京出版社 1988 年版,第 540 页。

之,傅作义坚持认为,傅东办事不牢靠。在这种情况下,她告诉父亲,自1948年秋便秘密地与苏联驻天津总领事馆副领事保持联系,并告诉了他与副领事几次谈话的内容。傅东说,直至这时,她的父亲才有些放心,而后又思考了一阵子才同意与中共和平谈判。"①当然,从前面所述,傅作义和中共的联系,并非只有一个渠道。

就在接洽过程中,东北野战军迅速进迫平津。12月14日,西路解放军各部分别占领南口、宛平、丰台、通州、黄村、采育镇,切断平津联系,完成对北平的包围,17日又攻占石景山和南苑机场。傅作义曾极力企图重占丰台、南苑军事要地,但均被解放军击退。至20日,东路解放军先后占领唐山、军粮城、咸水沽、杨柳青、杨村等地及张贵庄机场,堵绝了傅作义系统的海上退路。解放军兵临城下,傅作义完全失去了和谈的资本,在军事上已毫无办法,在和谈上也没有眉目,"心里着急,神经错乱,每日唷扫帚"②,对自己军事失策十分懊悔,痛苦达于极点。《郭汝瑰日记》说:"郑(长海)告余,此次华北失败,主要在傅宜生不肯早放弃张家口。及共军攻三十五军又违背作战方针,派兵西进,逐次增加,以后凡有人论及此点,傅宜生辄自打嘴巴,以致人不忍再提此事云。"③14日晚,他作出让步:"(1)军队不要了。(2)两军后撤,谈判缴械。(3)由傅发通电缴械。"④同时,不得已主动派《平明日报》社长崔载之和李炳泉出城,准备前往石家庄,希望见到毛泽东,谈判从张家口起,平津塘全线和平解决。但崔李两人遭到解放军的拦截,被送到东北第十一纵队司令部,翌日20时,纵队指挥员向林罗谭发电报告了此事,16日8时,林罗刘向军委转报了十一纵来电,同时令将崔李两人送到平津

---

① 　季托夫:《回忆1948年我在天津认识的一位中国朋友》(米镇波译),《党史资料与研究》(天津)1996年第1期,第53页。

② 　《平津战役》,第177页。

③ 　《郭汝瑰日记》1949年1月26日。

④ 　《平津战役》,第177页。

前线司令部附近，由参谋处长苏静接待，开始接触。① 但中共中央军委
对于傅作义要求减轻军事压力的让步不能信任，认为"很可能是因为我
军十四日突然到了城边，傅作义仓猝布防，不惜说出些好听的话，争取
布防时间，其中第二条所谓'两军后撤谈判缴械'可能就是这个目的"。
军委指示林罗刘："对傅作义代表谈判内容以争取敌人放下武器为基本
原则（这里不是指起义——引者），但是达到这个目的可以运用某些策
略……我们应试图利用傅作义及其集团内大批干部，对于自己的生命
财产危险的恐惧，可以考虑允许减轻对于傅作义及其干部的惩处，和允
许他们保存其私人财产为条件，而以傅作义下令全军放下武器为交换
条件。"②19 日，刘亚楼根据军委的指示精神和崔载之、李炳泉进行了
初步谈判，双方所提条件差距极大。

　　在接触和谈期间，解放军加紧了军事部署，华北第三兵团为应付张
家口守敌突围，要求增加兵力，16 日，林彪等同意将在南口的东北第四
纵队，全部开赴张家口，归杨、李指挥。20 日，东北野战军切断了天津
守敌的退路之后，军委即命令华北第二兵团向新保安发起攻击。21
日，华北第二兵团即扫清外围据点，22 日晨 7 时发起总攻，至 17 时即
结束战斗，全歼守敌，三十五军军长郭景云自杀。23 日，张家口守敌看
到自己已经孤立，即行突围，受到解放军的坚强阻击，部队突出大境门
后陷入一条狭长的山沟里，遭到解放军的围歼，全军覆没，仅少数骑兵
突出重围，第十一兵团司令官孙兰峰走小路逃脱。

　　这时，崔载之通过电台向傅作义作了初步谈判经过的报告，23 日，
在军事溃败之际，傅作义又向毛泽东发出了求和的电报：

　　毛先生：

　　（一）今后治华建国之道，应交由贵方任之，以达成共同政治

---

　　①　《平津战役》，第 177 页；又参苏静：《回忆北平和平谈判》，《平津战役》，第 625 页。

　　②　《中央军委关于对傅作义的代表进行谈判的原则和策略问题的电报》（1948
年 12 月 16 日），《北平和平解放前后》，第 49—50 页。

目的。

（二）为求人民迅即得救，拟即通电全国，停止战斗，促成全面和平统一。

（三）余绝不保持军队，亦无任何政治企图。

（四）在过渡阶段，为避免破坏事件及糜烂地方，通电发出后，国军即停止任何攻击行动，暂维现状。贵方军队亦请稍向后撤，恢复交通，安定秩序。细节问题请指派人员在平商谈解决。在此转圜时期，盼勿以缴械方式责余为难。过此阶段之后，军队如何处理，均由先生决定。望能顾及事实，妥善处理。余相信先生之政治主张及政治风度，谅能大有助于全国之底定①。

傅作义在这封电报中，并未改变政治立场，仍以为人民自居的姿态，对毛泽东施加政治压力，在军事上要求解放军后撤，这都是同中共中央军委迫傅作义放下武器的基本方针相冲突，因此，不能为解放军所接受。崔载之为此十分着急，连电傅作义，劝傅不要发通电，否则谈不成。傅作义的联络处长李腾九署名给崔复电说"帮助成功者速成，不是依附成功者求自己发展"，仍求在政治上留有回旋余地，并令崔速回城汇报②。25日，中共中央以权威人士发言的方式，宣布了43名战犯名单，把傅作义包括在其中，以剥夺其政治上的发言权。当时，傅作义对和谈的性质很敏感，他对他的参谋长说："（一）和谈是不是投降？（二）不讲道德还能做人吗？（三）咱们过去的历史就完了吗？"鉴于双方差距太大，傅作义便嘱咐参谋长说："你好好准备打仗吧！两方条件相距太远，根本不能谈。"③北平和谈一时没有进展。

---

① 《傅作义致毛泽东的电报》(1948年12月23日)，《北平和平解放前后》，第51页。

② 苏静：《回忆北平和平谈判》，《平津战役》，第627页。

③ 李世杰回忆，《平津战役亲历记》，第270页。

第五章　国民党军战略决战的失败（下）

第一节　淮海—徐蚌战役

一　国共攻防计划

济南战役以后，国民党军在中原战场的所谓优势地位已经丧失，军事危机空前严重，士气低落。国民党军以一定兵力坚守战略要点，集中强大的机动兵力置于外线，待解放军攻击战略要点受挫时，即以机动兵团和守备兵团内外协同，予以夹击，这一战略战术，由于济南守备兵团不能持久抵抗，证明已经无效。但徐州一线尚有国民党军的精锐兵团，在豫东战役后经过整补充实，济南战役时，没有来得及投入战斗，因而保存着完整的战斗力。而且，在南线，解放军华野和中野共 23 个主力纵队，总兵力约 60 万人，国民党军有主力 24 个军，总兵力约 70 万人，从兵力上尚有一定优势①。深得蒋介石信任、担负实际作战指挥重任

---

①　淮海战役参战部队双方均非一次性投入战场，而是逐次抵达战场，总兵力只是个概略的计算。据刘峙《我的回忆》说："会战初期，仅 2CA 三个军，7CA 两个军，13CA 两个军，16CA 两个军，合共九个完整军，兵力与匪廿三个纵队相较，我为绝对劣势。"刘峙的说法，纯系为自己的失败开脱。一则国民党军徐州一线兵力远不至此数，二则华中部队本负有钳制刘伯承所部的任务，三则解放军二十三个纵队也不是都齐装满员，会战初期刘伯承到达徐州一线仅四个纵队。而从实际战斗来说，刘伯承部主力用于对付黄维兵团，尚感不足，仍要华野支援，根本不存在刘伯承部以全力与粟裕部合力对付刘峙九个军的战场形势。——笔者。

的徐州"剿总"副总司令兼前进指挥部主任杜聿明,因此尚存力挽狂澜、一战扭转战局的幻想。

杜聿明认为"要打开国民党军到处挨打被消灭的危局,必须争取主动,先发制人"。他企图集中徐州国民党军主力,乘华野和中野东西分离作战、尚未集中协同之际,突击歼灭华野的一部分,以振奋国民党军的士气,改善战略态势。为此他制定了"对山东共军攻击计划",以华中的黄维兵团牵制中野,阻止其东进,但不与中野作真面目的战斗,以徐州前进指挥部集中四个兵团进行突击,企图歼灭华野一部,一举收复泰安、济南。10月3日,杜聿明到北平将这一计划报经蒋介石批准,准备实施,并经参谋总长顾祝同和华中"剿总"白崇禧商量,白同意杜聿明的作战计划,决定以华中"剿总"部队牵制解放军中野部队①。10月11日,驻郑州的孙元良兵团开始东运柳河集结,白崇禧则命令黄维、张淦两兵团由确山、遂平一线向唐河、赊旗镇一线前进,扫荡豫西。但这时,东北形势紧张,蒋介石与卫立煌又产生了严重的战略分歧,蒋颇为顾此失彼,竟于15日电令杜聿明对上述计划不要执行,随他去东北指挥作战。

徐州"剿总"刘峙,是国民党中一员资格老而能力薄弱的上将,以资格而出任方面,蒋介石及国民党军统帅部对他并不放心。杜聿明则是蒋介石信任的一员战将,以副司令兼前进指挥部主任的名义,担当着实际指挥徐州军事的重任。但蒋介石在东北危急之际,急于用人,杜聿明原本就指挥东北军事,蒋也就顾不得暂时缓和的徐州军事,把杜调走,致使徐州军事顿失重心。蒋介石本人的精力也为东北军事危机所牵制,一时无力顾问徐州军事,杜聿明一走,更使徐州的军事指导思想模糊不清,军事部署再次陷入举棋不定的麻痹状态。

在解放军方面,粟裕在济南战役胜利在望的时候,即着手部署下一

---

①　杜聿明:《淮海战役始末》,《淮海战役亲历记》,文史资料出版社1983年版,第7—8页。

步的作战计划。由于攻济战局发展十分顺利,粟裕估计国民党军北援部队事实上已不可能继续北援,华野打援兵团也就不需投入打援战斗,因而可以不必休整,继续作战,而攻济部队伤亡也有限,稍加休整后也可以连续作战。为了扩张战果,为以后南下作战创造条件,他即于9月24日向中共中央军委建议举行淮海战役,战役目标为攻占淮阴、淮安(两淮)及海州、连云港,所以称为淮海战役。他建议举行淮海战役以后全军再转入休整①。显然,由于济南战役原设想的作战规模大大缩小了,华野战力有余,但这一计划的战斗规模有限。粟裕向中央军委的建议有四个可供选择方案,而淮海战役计划是建议中作战规模最大的方案。尽管如此,军委接到建议后,对淮海战役的作战方向表示赞成,但对战役目标仍感到不能满足。由毛泽东起草的军委对粟裕建议的复电,肯定了粟裕在淮海战役后再进行休整的计划,但显然考虑到部队战斗力并未充分发挥的事实,因此,除粟裕提出的两淮、海连战役目标之外,增加了一个超越粟裕设想目标之外的严重任务,即"你们第一个作战,应以歼灭黄兵团于新安、运河之线为目标",而且要求粟裕于10月10日左右开始行动②。

黄兵团,即黄百韬所率第七兵团,下辖三个军。黄兵团在国民党军中虽不是一个最精锐的兵团,但黄敢于死战,很有战斗力。所以,粟裕自己提出的是一个一般性的、为以后的大战作准备的战斗任务,而毛泽东给他的确是一个严重的硬任务,并且毛泽东把粟裕攻城略地的战斗改变成歼灭敌有生力量的战斗,把淮海战役在事实上改变成了"歼黄"战役。因此,9月25日中央军委的指示和9月24日粟裕的建议,战役

---

① 《粟裕关于举行淮海战役致中央军委的电报》(1948年9月24日),中共中央党史资料征集委员会主编:《淮海战役》第1册,中共党史资料出版社1988年版,第47—49页。

② 《中央军委关于批准举行淮海战役及战役第一个作战应歼灭黄百韬兵团致饶漱石、粟裕的电报》(1948年9月25日),中共中央党史资料征集委员会主编:《淮海战役》第1册,第52—53页。

性质有着重大的区别。毛泽东很快意识到这一任务的严重性,在 9 月 28 日对华野的指示中指出:"这一战役必比济南战役规模要大,比睢杞战役的规模也可能要大。"①为此,指示前线将领要进行充分的准备,并机动地推迟了出动的时间。军委于 9 月底又改变了原先不休整的计划,指示华东部队休整二十天左右②。

中共华野前线委员会于 10 月 5 日起在曲阜举行了为期 20 天的扩大会议,在会上对中央军委提出的严重任务进行了多次研究,直至 9 日晚各纵主要干部会议后,才放弃了在华野原淮海战役方案基础上提出的两个方案,采纳了第三方案,即中央军委提出的方案,首先分割包围歼灭黄百韬兵团,并于 12 日上报军委。中央军委和华野将领就作战部署进行了反复磋商,至 14 日,华野司令部召开第二次作战会议,研究确定了具体作战部署,决定于 11 月 5 日开始攻击,并于 15 日上报军委,17 日即得到军委的批准。至此,解放军完成了以歼灭黄百韬兵团为主要目标的淮海战役的决策。

中共中央军委为贯彻淮海战役的方针,指示中原野战军:"孙元良三个师现将东进,望刘陈邓即速部署攻击郑徐线牵制孙兵团。"③于是,中原野战军决心在淮海战役发起前攻击郑州。这时,解放军统帅部根据谍报,判明邱清泉、孙元良两兵团将向鲁西南举行防御性的进攻(按:杜聿明原计划集中四个兵团),认为"孙邱两兵团真如此行动,对我淮海、郑州两地作战极为有利。因此决定(一)刘陈邓主力攻郑作战应推迟时间,一、三、四、九纵原地休息待命,惟王宏坤南进各部可迅速动作。

---

① 《淮海战役的准备工作》(1948 年 9 月 28 日),《毛泽东军事文集》第 5 卷,第 26—27 页。

② 参何晓环等:《淮海战役史》,上海人民出版社 1988 年版,第 35 页。

③ 《中央军委关于淮海战役部署的几点意见致饶漱石、粟裕、谭震林的电报》(1948 年 10 月 11 日),《淮海战役》第 1 册,第 63—65 页。

(二)粟谭主力本月不动,加紧完成淮海战役一切准备工作"①。但事实上,杜聿明于 15 日去东北后,徐州"剿总"部队并未出动,中原野战军为执行牵制任务,于是分兵两路,在南线,由刘伯承、邓子恢、李达指挥,发起虚张声势的攻击,以第二纵队和江汉、桐柏军区主力吸引张淦兵团至大洪山区,以第六纵队、陕南军区第十二旅抑留黄维兵团至桐柏山区。白崇禧即令张黄两兵团向刘伯承部寻战。在北线,摆脱了黄维兵团之后,由陈毅、邓小平率四个主力纵队攻击郑州。21 日夜,中野对郑州发起攻击,22 日,守敌二个师弃城北逃,被解放军歼灭。24 日,国民党军主动撤出开封。陈邓率中野主力四个纵队,于 27 日起由郑州东进至永城、亳州、涡阳中间地区,准备攻击宿县、蚌埠一线,或者歼击孙元良兵团,策应华野全军发起淮海战役。

这时,国民党军在徐州一线,既无明确的作战方针,又无能干的方面大将,在紧迫的军情面前,进行着没有成效的争论和商议。杜聿明是主张主动出击的,国防部第三厅长郭汝瑰也是主张积极寻战的。但郭汝瑰在 10 月 14 日拟订的中原作战计划就与杜聿明相反:"甲案,徐州对陈守,华中对刘攻;乙案,放弃郑州,以孙元良等部守淮(阜阳一带)。"②似乎郭汝瑰还不知道杜聿明以四个兵团突袭华野一部的作战计划。不过,15 日蒋介石已令杜聿明停止执行预定计划。郭汝瑰的计划,不如杜聿明冒险,得到统帅部的支持。22 日 19 时,何应钦、顾祝同、萧毅肃、刘斐和郭汝瑰讨论中原战场作战计划,"伊等俱同意余之主张,以二军、十五军加入十二兵团随刘伯承主力北移,即进出周家口追随刘主力不舍。伊等并主张由白统一指挥"③。23 日,郭汝瑰飞赴北平向蒋介石请示,蒋批准了郭草拟的作战方案,并指示:"1. 徐州方面

①　《推迟攻击郑州加紧完成淮海战役准备》(1948 年 10 月 14 日),《毛泽东军事文集》第 5 卷,第 83—84 页。

②　《郭汝瑰日记》1948 年 10 月 15 日。

③　《郭汝瑰日记》1948 年 10 月 22 日。

应攻势防御,刘汝明部最后应固守商丘,李振清可退黄河北岸,以后打游击(事实上李部 22 日撤出郑州后即被歼灭——引者)。2. 华中可由白统一指挥。3. 二军、十五军可归入十二兵团,必要时可放弃南阳,进出周家口,以蹑刘伯承之后。4. 可令宋希濂任徐州副总司令,十四兵团可由霍揆彰、吴绍周选任一人。5. 应令徐州限期恢复宿迁。"①郭汝瑰遵照顾祝同的叮嘱,向蒋介石说明叫白崇禧统一指挥只是暂时的措施,而蒋说:"不要暂时指挥,就叫他统一指挥下去好了。"于是,何应钦于 24 日即致电白崇禧,告诉他统一指挥华中、徐州部队的决定,何并以蒋介石的名义,下达了作战指示。② 但白辞而不受。28 日,蒋介石再次致电白崇禧劝驾:"华中和徐州军事,必须统一指挥,方能收效,兄兼顾华东,对于华中之进剿任务,仍可进行无碍也。务希照敬电从速实施,望能分中之忧劳,勿再言辞。"③

国民党军在短短的一个月时间内迭受挫败,9 月 24 日失济南,10 月 15 日失锦州,19 日失长春,军事危机十分严重,已经直接影响到统帅部的战斗意志。早在济南失守之后,据说何应钦、顾祝同、刘峙三人在徐州开会,曾向蒋提议放弃徐州、开封、郑州一线,将部队撤至淮河以南,沿蚌埠线加强江防,蒋未批准。何应钦有牢骚,认为"统治阶级爱面子,不愿将军队南撤,怕失体面,结果将来被迫还是丢掉,还要损兵折将,不了解蒋介石是何主意"。10 月 22 日,国防部长何应钦邀郭汝瑰谈话,"主张订一南京失守、迁都广东组织军政府继续作战之计划"④。28 日,何应钦召集军事会议,讨论京沪不保时应有之计划,决定:"1. 政府应迁广州;2. 政府应为军政府;3. 缩减政军机构;4. 调整部署:(1)东北部队撤华北,华北守唐山、津沽;(2)徐总以一部守青岛、海州,主力

---

①　《郭汝瑰日记》1948 年 10 月 23 日。

②　郭汝瑰:《淮海战役期间国民党军统帅部的争吵和决策》,《淮海战役亲历记》,第 52 页。

③　《总统蒋公大事长编初稿》1948 年 10 月 28 日条。

④　《郭汝瑰日记》1948 年 10 月 22 日。

守京沪以南,华中守武汉、宜沙;(3)西北守陇中及陕南。"①这表明,国民党军统帅部在中原战场进行战略决战的决心已经动摇。

对于中原作战,国民党军统帅部虽然于23日作成了一个方案,但并未真正实施,而解放军中野部队已经东进,战场形势更为不利。29日,国防部第三厅讨论中原战场作战方案时认为:"对中原作战均已认为不能取攻势,而只能于陇海两侧行攻势防御,或消极的退保淮河流域。如须于陇海路作攻势防御,则黄维兵团必须向周家口方向进出,以配合徐州方面之作战。"②下午,顾祝同邀何应钦、刘斐等继续研究。何应钦在会上提出了"守江必守淮"的作战指导原则,对上述两方案进行了研究。结果,会议认为:"退守淮河,则尔后不便于向平汉路或苏北方面机动;且共军打通陇海路后,向东西方向调动兵力,非常灵便,对我军更为不利。",因而采纳了在津浦铁路两侧行攻势防御的方案,即:"徐州剿总除以一至两个军坚守徐州外,所有陇海路上的城市完全放弃,集中所有可以集中的兵力于徐州蚌埠之间津浦铁路两侧,作攻势防御。无论解放军由平汉路、津浦路或取道苏北南下,均集中全力寻找共军决战。"③当日,参谋部即令徐州方面,一○○军不再去海州,海州准备放弃,第四绥区刘汝明部必要时可以放弃商丘,并要求蒋介石将葫芦岛的第三十九军调运上海转驻蚌埠。

国民党军统帅部虽然决定了徐州一线的作战方针,但预定由白崇禧到蚌埠指挥的问题尚未落实,军事部署也就拖着没有进一步调整。30日,白崇禧由信阳到达南京,参加军事会议。当天,白崇禧"高高兴兴地参加,满口同意以第十二兵团转用于阜阳、上蔡、太和地区,他还自动提议以第三兵团(即原来张淦的第三纵队,辖第七、四十八两个军)随

---

① 《郭汝瑰日记》1948年10月28日。

② 《郭汝瑰日记》1948年10月29日。

③ 郭汝瑰回忆,《淮海战役亲历记》,第53—54页。但据郭汝瑰29日日记:"刘为章即强调退守淮河耳。"

第十二兵团进出阜阳和太和附近"。也就是作出了准备统一指挥华中、徐州军事的态势。何应钦、顾祝同等催促白崇禧赶快到蚌埠去指挥,他们甚至说"非你去指挥不行了","总统方寸已乱,再不能指挥了",希望他力挽狂澜①。这时,在东北战场上国民党军败局已定,10 月 30 日下午,蒋介石回到南京。第二天,即 31 日统帅部开会时,白崇禧突然改变了主意,坚决不肯统一指挥徐州和华中两"剿总"部队,只同意调动黄埔系的第十二兵团,并以第十四军、八十五军替代原拟的第二军、第十五军归入第十二兵团序列。据华中"剿总"作战处处长覃戈鸣回忆,他们认为解放军已掌握主动权,败局已定,白崇禧对徐州"剿总"部队的指挥官不熟悉,很难指挥,大战在即,临时到蚌埠组建指挥机构也来不及,而且,战败的责任太重,直接关系南京安危。覃认为"与其到蚌埠去承担会战失败和南京陷落的责任,不如回武汉去另搞一个局面"。白对此表示同意:"战局已不能挽回,再增加两个兵团(指华中的黄维兵团和张淦兵团)也不顶事,多投入一个兵团就多送一个兵团。"②而当时,李宗仁、白崇禧已开始活动逼蒋下野,创议和平,不愿再为蒋效力。当天,白崇禧仅命令黄维兵团立即东移确山,轻装开太和、阜阳地区集中,11 月 10 日集中完毕,并令第八十五军、第十四军移确山归还第十二兵团。他自己不久即返回武汉,没有同意到蚌埠指挥。

　　徐州大战在即,临战之际,尚无一员能战之将。蒋介石原准备由白崇禧统一指挥,而以华中"剿总"副总司令宋希濂为徐州"剿总"副总司令,白既不愿担任,蒋就不能不另行选将。东北既已崩溃,杜聿明在东北已经无关紧要,于是,蒋介石决定召杜回徐仍担任副总司令职务,而令宋仍任原职。11 月 1 日,国防部第三厅副厅长许朗轩前往葫芦岛传达撤退部署,并带去蒋介石的亲笔信,征求杜聿明是否愿意到徐州指

---

①　《郭汝瑰回忆录》,第 323—324 页。

②　覃戈鸣:《桂系在淮海战役中的态度及白崇禧"备战求和"阴谋的幻灭》,《淮海战役亲历记》,第 127 页。

挥。杜虽然同意到徐州指挥，但以部署葫芦岛撤退为由，拖延未行。结果，当解放军摩拳擦掌、积极部署进攻之时，徐州部队仍由无能的刘峙看守着，在陇海一线麻痹地呆着不动，东西距离遥远，呼应困难，非常容易受到攻击。所谓徐蚌会战计划，简直是纸上谈兵。

11月4日，蒋介石鉴于徐州无大将，不得不准备亲自前往部署，但临行之际，另有别事，只好让顾祝同代他前往徐州调整部署。翌日，顾祝同在徐州召集高级军官会议，决定根据前述"守江必守淮"的方案，调整部署，并决定于必要时徐州"剿总"移蚌埠指挥。11月6日补发了正式命令。部署调整情况如下：

10月24日后调整的部署：

1. 海州连云港由九绥区李延年率四十四军驻守，并以一〇〇军加强之。

2. 黄百韬第七兵团集结于新安镇附近。

3. 李弥十三兵团集结八义集附近。

4. 邱清泉第二兵团在砀山、黄口附近。

5. 第四绥区刘汝明部驻商丘附近。

6. 总部及七十二军在徐州。

7. 交警二总队及二十五军的一个后调师驻宿县。

8. 孙元良兵团正向蒙城运动。

9. 一〇七军孙良诚部驻睢宁。

10. 九十六军于兆龙部驻蚌埠。

11月5日部署调整计划：

1. 徐州守备部队应切实加强工事，坚固守备。

2. 第七兵团应确保运河西岸，与第一绥靖区、第三绥靖区密切联系，并在运河以西地区清剿。

3. 第二兵团以永城、砀山地区为中心集结，并在附近清剿。

4. 第十三兵团应集结于灵璧、泗县地区机动，并在附近清剿。

5. 十六兵团以蒙城为中心，进行清剿，掩护津浦路之安全。

6. 第四绥靖区移驻临淮关,以原第八绥靖区为该绥区的辖区,原第八绥靖区着即撤销。

7. 淮阴守备由第四军担任。

8. 海州方面由海上撤退(补发的正式命令改为由陆路撤退。九绥靖区人员到徐州待命,四十四军受黄百韬指挥,一同退过运河)①。

当时,国民党军完全不知道解放军的作战计划,只是盲目地收缩兵力,还以为解放军"全面攻势开始时间,当在十一月十日直后"②。本来下达这一并不高明的计划为时已晚,但国民党军在执行过程中依然行动迟缓,连这一并不高明的计划,也未及执行完毕,即遭到解放军的强有力攻击,仓促应战。

二　黄百韬兵团的覆没

正当国民党军准备收缩兵力、调整部署之际,解放军已完成了作战部署,发起了声势浩大的淮海战役。1948 年 11 月 4 日,粟裕发布了华东野战军淮海战役攻击命令,命令"各部统于六日黄昏由现地开进","定于本月八日晚统一发起战斗"③。依据预定方案,华野以十一个纵队自临沂一线南下,分四路围歼黄百韬兵团;以山东兵团三个纵队自临城、枣庄一线南下,攻击韩庄、台儿庄、运河沿线、贾汪地区,从侧面佯攻徐州,迷惑敌军,不使敌过早察觉解放军的主攻方向,并牵制徐州部队

---

① 《郭汝瑰回忆录》,第 322—326 页。按:据刘峙回忆:"国防部拟撤守淮河,但各兵团司令官以为时机已晚,敌前撤退,最为不利,不如决一死战。乃决定'备战退守',即一面先集结兵力,准备应战,一面撤退物资,并将原定由海上撤退之海州第四十四军,改向徐州陆路撤退。"(《我的回忆》,第 165 页)10 月 24 日部署系按照蒋介石"酉敬防挥中电",参国防部《华东战场作战指导检讨》(据徐州淮海战役纪念馆藏重新打印件)。——笔者。

② 《国民革命军战役史第五部——戡乱》第 5 册,第 154 页。

③ 《华东野战军淮海战役攻击命令》(1948 年 11 月 4 日),《淮海战役》第 1 册,第 117—121 页。

不敢轻易援救黄兵团。同时,陈毅、邓小平指挥东进的中原野战军4个纵队,准备攻击在商丘集、马牧集一线的刘汝明四绥区部队,同时指挥华野第三纵队、两广纵队等部自鲁西南威胁砀山、黄口一线的邱清泉的第二兵团,牵制邱兵团东援。

国民党军虽然感受到了解放军南下的威胁,但对临战的迫切性仍十分迟钝。对于解放军的战役计划并无确实的情报。按照徐蚌会战计划,正调华中"剿总"的黄维兵团到徐州战场,以对付东进的解放军中原野战军。但黄兵团自向豫西泌阳、唐河、南阳一线扫荡扑空后,正回驻确山、驻马店一线,11月四五日尚在集结整理,未能即时开进。而陈邓所率中野4个纵队已经威胁徐州。刘伯承部第二、十纵队,得到黄维东调的情报后,正积极准备围追堵截。一慢一快影响到会战全局和后来黄维兵团的命运。原在柳河一线的孙元良兵团已南调永城、宿县间,正向蒙城要地开进,刘汝明部也已奉命南撤,但刘部一八一师米文和部,归邱清泉指挥,于6日放弃商丘,掩护物资东撤。李弥兵团以第三师驻守官湖,掩护黄兵团西撤。

黄百韬位居东侧,本来态势就比较孤立,已经意识到自己处境的危险,10月底即向刘峙建议:"(一)陈毅部主力将会合其在苏北的三个纵队,夹击职部,而刘伯承部则从西南方向牵制钧部主力各兵团,使不能应援职部,如此则击破职部后,再循序各个击破各兵团之企图,已甚明显。(二)我军分布于陇海沿线,战线辽阔,且四面八方均有敌情,备左则右寡,备前则后寡,无所不备,则无所不寡。唯有效拿破仑的团式集中法,集结各兵团于徐州周围,然后掌握战机,趁陈刘大军尚未会合之前,而各个击破之。"[①]这里所称陈毅部,系指华东野战军,并非陈毅作为中原野战军副司令当时所指挥的中原野战军部队。黄百韬由第二十五军军长升任兵团司令,原辖三个军,因决定放弃海州,原定去海州的第一○○军也划归黄百韬指挥。海州的第四十四军本拟由海上撤退,因调船

---

① 陈士章:《第七兵团的毁灭》,《淮海战役亲历记》,第190页。

不易,于6日临时改为迅速从陆路撤退,也暂归黄百韬指挥。这样,黄百韬从指挥三个军扩大为指挥五个军,成为徐州"剿总"最大的一个兵团。徐州军事会议决定黄兵团西撤后,黄百韬于5日下午从徐州回到新安镇,翌日上午召开本部军事会议,决定西撤部署,各部队于7日上午5时开始行动。

黄百韬从徐州回新安镇时已深感军情紧迫,他在火车上对第二十五军军长陈士章说:"可惜我这计划批准太晚,现在恐怕撤退不及了。"①6日深夜,黄百韬已获得情报,华野主力急行南下,兵团处境危险。他与从海州撤退经过新安镇的第九绥区司令官李延年、总统府少将参军战地视察官李以劻长谈,心情十分悲怆。他指出为掩护四十四军撤退贻误戎机的危险:"陈毅的部署是想先打第七兵团,现在兵团战略位置非常不利,在新安镇打则孤立无援,如侧敌西进,到不了徐州就会遇敌。且徐州工兵团迄今未来架设运河桥梁,我已命第六十三军从窑湾镇强渡,其余各军明早西行,转进太迟了。要掩护第四十四军从海州西撤,不能贻误戎机,否则全兵团将被围,陷全局于不利。国防部作战计划一再变更,处处被动,正是将帅无才,累死三军。"他预感到了全军覆没的命运,对李以劻说:"请你面报总统,我黄某受总统知遇之隆,生死早置之度外,绝不辜负总统期望。我临难是不苟免的,请记下来,一定要转到呀!"②

华东野战军各部5日间正向前进位置运动,6日晚开进接敌。黄百韬兵团正好于7日凌晨起离开既设阵地,侧敌运动。由于晚了一天的行程,黄百韬兵团与驻八义集的李弥兵团也未能靠拢,以便团集一起撤退。黄兵团这样的态势,正好是最容易受到割裂攻击的态势。国民党军统帅部不明敌情,指挥凌乱,导致了严重的军事后果。

---

①　陈士章:《第七兵团的毁灭》,《淮海战役亲历记》,第191页。

②　李以劻:《淮海战役国民党军被歼概述》,《淮海战役亲历记》,第69页。

11月6日晨,粟裕率华野司令部到达临沂,各纵队都已全部完成展开,进入开进攻击准备位置。当晚,华野先以一部兵力扫清前进途中的国民党政府系统地方武装和敌外围阵地。第七、第十纵队向临城、枣庄一线国民党军第三绥区运河防线进攻。第三绥区部队系原西北军旧部,和黄埔系部队矛盾很深,当时指挥所设在贾汪,司令官冯治安长住徐州,由副司令官何基沣在前线指挥。另一副司令官张克侠原系中共党员。张、何多年来和解放军建立了联络,11月5日军事会议后,他们深感大战将临,是起义的好时机,积极进行准备。解放军向临、枣一线推进时,何基沣即命部队后撤,但在动员起义时,一些高级军官仍心存顾虑,犹豫不决。11月7日晚,解放军第七纵队即强攻运河防线,迅速攻占了万年闸,歼敌守桥部队一个营。万年闸是台儿庄到韩庄间唯一的桥梁孔道,设有桥头堡。解放军突破运河防线后,第三绥区部队前面有解放军的强大军事压力,后面有国民党黄埔系部队的逼迫,进退无路。于是,原先动摇的军官也决心起义。师长崔振伦说:"国民党多年来干的是什么? 他们幸运的时候我们巴结不上,现在他们要送丧了,我们犯不着给人家戴孝帽子。老蒋要我们给他看大门,他的嫡系部队好安全地向南跑,我们再也不干这种傻事了。把大门敞开,躲在一边凉快去,还可以看个热闹。"①8日,在解放军的接应下,何基沣、张克侠率第三绥区第五十九军全部和第七十七军一三二师及三十七师一个团共三个半师,2.3万多人,在贾汪、台儿庄前线起义成功。第七十七军军长王长海率残部5000人南逃。徐州门户洞开,解放军华东野战军山东兵团迅速推进,直达陇海路,切断黄百韬兵团的退路。

黄百韬兵团以第六十四军为前锋,于7日凌晨西撤,兵团部继进,以一○○军进至炮车,掩护兵团北侧,并掩护兵团主力通过运河铁桥,第二十五军接应第四十四军西撤通过阿湖后跟进,第六十三军担任兵

---

① 何基沣:《运河前线起义》,《淮海战役亲历记》,第142页。

团左侧掩护，然后在窑湾渡河。兵团原准备渡河至碾庄圩集中后继续西撤。第六十四军于 8 日黎明全部通过运河，到达碾庄圩一带后即迅速筑工固守，策应全兵团撤退。是日兵团部及直属部队也撤过运河。但第四十四军撤退时，有随军撤退的机关人员和当地平民数万人，携带行李杂物，行动迟缓，8 日晚才开始过桥，又秩序混乱，堵塞交通。第二十五军为接应四十四军，至 8 日才开始撤退，是夜渡河时，即遭追上的解放军攻击，直到 9 日晨才渡过运河。

　　11 月 8 日上午，解放军华东野战军司令部获得了黄百韬兵团西撤的情报，即命令各纵队以猛烈的动作迅速截歼黄兵团。入晚，华野第四纵队前锋即与黄兵团第一〇〇军后卫掩护部队发生战斗，主力包围了在官湖掩护黄兵团的李弥兵团的第三师，并在第三师突围时予以重创，一部攻击正在过桥西撤的第二十五军，重创该军的第一〇八师。华野第八纵队于 9 日赶到前线，奉命抢占运河铁路桥，围歼黄兵团第一〇〇军第四十四师担任后卫的两个多团。敌纵火焚毁铁路桥。解放军各部一面修桥，一面涉水抢渡①。华野第九纵队于 8 日奉命南进越过铁路西向追击，黄兵团第六十三军行动迟缓，其先头部队于 7 日到达窑湾时，即遭到已占领运河西岸的华野苏北第十一纵的坚强阻击，架桥未成。前来接应的黄兵团第六十四军也被十一纵驱逐。九纵到达新安镇时，六十三军主力离开仅两小时。8 日夜，九纵于堰头镇包围六十三军一部，军长陈章逃到窑湾，9 日晨，九纵即追击抵达窑湾，将六十三军主力予以包围。不久，奉命移交给第一纵队予以围歼，九纵即西渡运河追击。至 12 日晨，六十三军在运河以东被全部歼灭。这样，黄兵团在撤退过程中，即有一个军被歼灭，二个师受到重创。

---

　　①　这次战斗，有关回忆录资料和粟裕报告有所不同，如粟报告为八纵歼二十五军，而回忆录系四纵歼二十五军一〇八师，八纵歼一〇〇军四十四师两个多团，此从回忆录。参《淮海战役》资料，不一一注明。——笔者。

由于 8 日何基沣、张克侠起义,解放军突破运河防线南下,黄口邱清泉兵团遭到解放军的攻击,米文和师又在张公店为中野部队包围歼灭,徐州"剿总"刘峙感到徐州两侧均受威胁,极为恐慌,无法正确判断敌情。为了徐州的安全,他赶紧收缩兵力,命令李弥兵团自八义集回守徐州,孙元良兵团自蒙城经宿县调徐州,邱清泉兵团自黄口向萧县夹河东侧地区间集结。9 日晨,李弥兵团撤至徐州,拉开了与黄兵团的距离。10 日下午,突破运河防线的华野山东兵团第七、第十三纵队挺进至陇海路八义集一带,李兵团已经撤走,仅黄兵团后卫掩护部队第一○○军第四十四师余部,正调徐州整补,李兵团第九军第三师一个团,撤过运河后归还建制,及第四十四军前锋一部,先后到达八义集一带,与解放军遭遇,发生激烈战斗。国民党军即团集八义集抵抗,战斗至 11 日,被全部歼灭。解放军切断了黄百韬兵团和徐州的联系。

10 日上午 9 时半,蒋介石召开作战会议,正式任命杜聿明为徐州"剿总"副总司令,全权负责指挥徐州方面的作战,并对徐州"剿总"下达如下指示:

1. 应本内线作战的原则,集中全力先求运河以西、徐州以东之共军而歼灭之。为求决定性的胜利,宜尽百般手段,迟滞阻击由西东窜之共军第三、八、十,三个纵队越过津浦南段参加其主力军之作战。

2. 黄百韬兵团之六十三军应在原位置固守待援,其余各军不应再向后撤,尤应协同邱兵团夹击运河以西、徐州以东之共军。

3. 邱清泉兵团应以主力转用于徐州以东,协同黄兵团作战。

4. 李弥兵团应抽出一个军参加攻击。

5. 徐州守备部队应坚工固守,支持各方面对共军之攻击,形成战场之坚固支撑点,以利决战。

6. 孙元良兵团应即推进至夹沟、符离集地区阻击共军三、八、十各纵队之东窜,并维护交通。

7. 刘汝明部即集结于固镇、宿县维护交通,并清剿铁路两侧共军[1]。

是日,蒋介石又电催黄维东进,"徐州会战业已开始,情况至为紧急。黄兵团应兼程急进,务期于十三日前到达指定地点",即阜阳、太和地区;同时有亲笔信给黄百韬,决心集中兵力进行决战,"期在必胜"[2]。

刘峙对徐州西侧解放军的威胁十分忧虑,因而不赞成这一作战方案,于是日晚8时复电称:"徐州以西之匪尚有强大力量,其企图为牵制邱兵团,策应其东兵团之作战。我军作战基本方针,采取攻势防御,先巩固徐州,以有力部队行有限目标之机动攻击,以策应黄兵团之作战,以争取时间,然后集结兵力,击破一面之匪。"[3]杜聿明回忆说,他到徐州后,提出第一案,先集中力量,攻击中野一部,刘等不赞成。但事实上,杜说的第一案,正是刘10日电的方案,当时杜尚未至徐州,可见,整个战役中,刘、杜、邱顾虑徐州安全是一致的。但刘峙的方案遭到蒋介石的申斥,11日"戌真午防挥督电"指示:"所呈之作战方针过于消极,务宜遵照戌蒸防挥督电所示方针,集中全力,迅速击破运河以西之匪,以免黄兵团先被击破。"[4]然而,蒋介石的命令并没有摆脱国民党军固有的战略缺陷。当时,解放军正集中华东全部、中野主力参加会战,而国民党军要顾及徐州等地的守备,不能集中全力进行野战,以争取战斗的胜利。统帅部"坚工固守"徐州的命令,本身就分散了兵力,而到了前线指挥官那里,守备徐州的责任,成了比统帅部更严重的一个包袱,因而不能彻底执行统帅部的命令,统帅部既不能帮助他们放下这一包袱,

---

① 郭汝瑰回忆,《淮海战役亲历记》,第57页。按:即"戌蒸防挥督电",参《华东战场作战指导检讨》。华东野战军在徐州以西的部队实际上仅第三纵队、两广纵队及冀鲁豫军区两个独立旅。——笔者。

② 转引自王道平等著:《震撼世界的大决战》,解放军出版社1990年版,第152、132页。

③ 《华东战场作战指导检讨》。

④ 《华东战场作战指导检讨》。

也就不能解开这个死结。后来,刘峙、杜聿明在指挥作战的过程中,依然围绕着保卫徐州这个死结旋转。

　　解放军自取得了辽沈战役的决定性胜利之后,对于淮海战役已无后顾之忧,全军上下十分振奋。陈毅、邓小平率中原野战军四个纵队东进之后,已能同华东野战军直接配合战斗,战役形势更十分有利。淮海战役的实际展开,必将超过预定规模。10 月 31 日,粟裕请示中央军委:"此次战役规模很大,请陈军长、邓政委统一指挥。"①11 月 1 日,中央军委决定"整个战役统一受陈邓指挥"②。陈邓复电表示:"本作战我们当负责指挥,惟因通讯工具太弱,故请军委对粟谭方面多直接指挥。"③事实上,后来两战场的协调仍然是通过中央军委进行的。

　　战役发起后,中央军委即于 11 月 7 日对战役提高了要求,希望用十天左右时间,力争歼灭敌黄百韬、李弥、冯治安、刘汝明各部 21 至 22个师,"如能达成此项任务,整个形势即将改变,你们及陈邓即有可能向徐蚌线迫进,那时蒋介石可能将徐州及其附近的兵力撤至蚌埠以南。如果敌人不撤,我们即可打第二仗,歼灭黄维、孙元良,使徐州之敌完全孤立起来"④。据粟裕回忆,当时各方面的情况和条件都十分有利,"我觉得淮海战役发展为南线决战的时机已经成熟"⑤。因此,粟裕、张震于 11 月 7 日、8 日连电中央军委,就全局战略发展提出自己的建议。他们在 8 日电中认为,蒋介石一个可能继续在江北同解放军作战,另一

　　①　《粟裕关于请陈毅、邓小平统一指挥致中央军委的电报》(1948 年 10 月 31日),《淮海战役》第 1 册,第 103 页。

　　②　《中央军委关于淮海战役统一指挥问题致陈毅、邓小平、粟裕的电报》(1948年 11 月 1 日),《淮海战役》,第 107 页。

　　③　《陈毅、邓小平关于钳制邱清泉、孙元良兵团的新方案致中央军委等的电报》(1948 年 11 月 2 日),《淮海战役》,第 111 页。

　　④　《中央军委预计第一仗歼敌二十一、二个师第二仗打黄维、孙元良致粟裕、陈士榘、张震等的电报》(1948 年 11 月 7 日),《淮海战役》第 1 册,第 129 页。

　　⑤　《粟裕谈淮海战役》,《从延安到北京》,中央文献出版社 1993 年版,第 412页。

个可能是撤守长江,"如果能在江北大量歼敌,则造成今后渡江的更有利条件,且在我大军渡江之后,在苏、浙、皖、赣、闽各省不至有大的战斗,也不至使上述各省受战争之更大破坏,使我军于解放后,容易恢复"。因此主张:"如果认为迫使敌人采取第一方针是对的,则我们在此次战役于歼灭黄兵团之后,不必以主力向两淮进攻(新海敌主力已西撤),而以主力转向徐固线进击,抑留敌人于徐州及其周围,尔后分别削弱与逐渐歼灭之(或歼孙兵团,或歼黄维兵团),同时以主力一部进入淮南截断浦蚌铁道,错乱敌人部署与孤立徐、蚌各点敌人。为此,在战役第一阶段之同时,应即以一部破坏徐蚌段铁路,以阻延敌人南运。"①

中共中央军委支持前敌将领的建议,于9日指示:"徐州敌有总退却模样,你们按照敌要总退却的估计,迅速部署截断敌退路,以利围歼是正确的。"要求调整部署,在长江以北全歼敌军。当时,国民党军刘汝明部已经撤退,孙元良部也已撤至蒙城,中野未能按原计划歼灭该两部敌军,军委指示:"陈邓直接指挥各部,包括一、三、四、九纵,应直出宿县,截断宿蚌路,四纵不应在黄口附近打邱清泉,而应迅速攻宿县,一纵在解决一八一师后,应立即去宿县。华野三、广两纵的任务,是对付邱清泉,但应位于萧县地区,从南面向黄口徐州线攻击,以便与宿县我军联结。如敌向南总退却时,则集中六个纵队歼灭之。"军委号召全军:"敌指挥系统甚为恐慌混乱,望你们按照上述方针,坚决执行,争取全胜。此时我军愈坚决,愈大胆,就愈能胜利。"②入夜,军委以简短、明确的电文指示粟张,并告华东局、陈邓、中原局:"应极力争取在徐州附近歼灭敌人主力,勿使南窜。华东、华北、中原三方面,应用全力保证我军

①　《粟裕、张震关于敌可能采取的方针及我之对策致中央军委等的电报》(1948年11月8日),《淮海战役》第1册,第132页。

②　《中央军委关于破坏敌人总退却计划歼敌于淮河以北致陈毅、邓小平等的电报》(1948年11月9日),《淮海战役》第1册,第136—137页。

的供给。"①表达了在南线进行战略决战的决心。10日,中央军委连续两电致陈毅、邓小平,要求集中全力迅速攻占宿县,切断徐蚌路。至此,解放军统帅部完成了在南线进行战略决战的决策和部署。这一决策最终指导淮海战役取得了巨大的胜利,但这一决策在战役和战术部署上,对敌军就地抵抗的能力未予充分重视,为此也付出了相当的代价。

黄百韬兵团主力于9日撤至运河以西,大约是10日上午即召集各军长研究继续西撤的部署。多数人主张按兵团既定部署西撤,但部队完整、筑工已经完成的第六十四军军长刘镇湘不同意西撤,主张就在碾庄圩决战。他"认为要打就打,何必走东走西、走去走来,企图快些决战,挽回劣势,不让共产党独霸天下,自己可能因此扩充势力,把广东外调部队抓在手里组成一个兵团,败则抱着一个够本两个有赚,到处黄土可埋白骨"②。当时,各军在解放军追击下多有损失,据黄百韬报告,第二十五军伤亡失踪官兵约二千人,第一○○军五千余人,第六十四军千余人,第四十四军损耗千余。并且,各军秩序混乱,六十三军已遭解放军包围,该军和六十四军同为粤系部队,所以,刘镇湘尚希望予以营救。如上所说,这一天,蒋介石已命令"黄百韬兵团之六十三军应在原位置固守待援,其余各军不应再向后撤,尤应协同邱兵团夹击运河以西、徐州以东之其军"。另据陈士章、刘镇湘分别回忆,国防部、刘峙都有令黄百韬独断专行的指示,于是,黄百韬即决心在碾庄圩固守待援,并庆幸地向蒋介石、刘峙报告说:"仰赖钧座德威,幸未遭匪算。"③

当时,解放军的追击部署已经完成,华野第七、十、十三纵队正奉命

---

①　《中央军委关于勿使徐州敌人南窜致粟裕、张震的电报》(1948年11月9日),《淮海战役》,第138页。

②　刘镇湘:《第六十四军碾庄圩覆没纪要》,《淮海战役亲历记》,第232页。按:刘回忆会议于9日上午召开,各回忆录有出入,按各部队运动状况,推算为10日上午的可能性较大。——笔者

③　黄百韬1948年11月10日致蒋介石、顾祝同、刘峙电,转引自《震撼世界的大决战》,第150页。

挺进陇海路,阻击黄兵团退路,分割李弥、黄百韬兵团,威胁徐州,苏北第十一纵自南向北挺进,与南下部队协同阻击。苏北兵团率二纵、十二纵及中野第十一纵经宿迁向睢宁、徐州间大王集、双沟镇方向急进,迂回堵击,并威胁徐州,侧击徐州东援兵团。因此,黄百韬在撤退过程中,必将遭到解放军的急袭、分割、包围,有溃散的危险。黄百韬既决心就地抵抗,即将兵团指挥部设于碾庄圩,第二十五军在北,第六十四军在东,第四十四军在南,第一○○军在西,猬集一团,组织防御。当解放军追击部队抵达时,黄兵团即依托既设阵地进行顽抗。这一措施,使黄兵团得以避免如六十三军那样迅速溃散。

华野于 10 日切断黄百韬兵团与徐州的联系之后,即组织第四、六、八、九、十三共五个长于攻坚的纵队,围歼黄百韬兵团。各部发扬猛打猛冲猛追的三猛精神追击敌军,迭有斩获,士气高涨。但黄百韬兵团迅速转入阵地防御,解放军各部仍以急袭手段攻击敌军,进展缓慢,伤亡严重。华野司令部虽曾指示所部,"如敌已固守村落据点,我则应完成包围,绵密侦察,组织火力,在统一号令下(纵或师),一举聚歼之"[①]。但这一指示,显然仍对黄兵团阵地抵抗能力估计不足,因此,粟裕于 13 日部署各军于当日晚歼灭二十五、一○○、四十四军的任务未能达成。14 日晚,粟裕召开歼黄各纵干部会议,改变战术,部署攻坚,并决定歼黄各纵由山东兵团谭震林、王建安统一指挥。15 日 15 时,粟裕向中央军委报告:"至此刻为止,黄兵团之一○○军已全歼(正、副军长被俘),四十四军、二十五军各歼约半,六十四军亦已歼灭五分之二。因此,该敌至此只有四个旅兵力,以碾庄为中心,占有十二个村庄。因其部队密集,并已筑好了工事,不易分割,必须逐一攻击,且因后方炮弹接济不上,致延时日。"[②]

---

① 《华东野战军前委关于全歼黄百韬兵团的政治动员令》(1948 年 11 月 9 日),《淮海战役》第 1 册,第 135 页。

② 《一九四八年十一月十五日十五时报军委,刘伯承、陈毅、邓小平,并中原局、华东局电》,《粟裕军事文集》,第 409 页。

　　杜聿明于 11 日凌晨从南京乘飞机到达徐州指挥部,当即召集军事会议,部署东援黄百韬。下午,他查明邱清泉兵团西侧并无严重威胁,即决心将邱兵团东调,以第十六兵团及第七十二军守备徐州,以第二兵团、第十三兵团归前进指挥所指挥,展开于团山以西南北地区,以第二兵团的七十四军为总预备队,控制于九里山附近。12 日部署完毕,13 日 9 时,在空军、炮兵掩护下开始攻击前进。是日下午,蒋介石因黄团危险万分,电令刘峙、杜聿明、邱清泉"星夜挺进,务于本夜到达碾庄附近解围"①。杜原计划集中兵力,寻求迂回击破解放军之一翼,以解碾庄之围。邱清泉部下也曾建议避开正面,迂回攻击。但都因考虑到自身部队的安全,仍采取正面攻坚的稳扎稳打的办法。虽然,两个兵团有六个军,但第九军的第三师已经残破,第十二军缺乏战斗力,第七十四军又作了预备队,实际用于攻击的仅第八军、第五军、第七十军。邱清泉更消极自保,不肯力战。经两日战斗,进展迟缓。杜聿明即把第七十四军调到右翼潘塘一线,准备迂回侧击。战后,国民党军方面总结教训说:"邱兵团到达徐州东南地区后,迟至十三日始向东攻击,且并未遵本部指示,以全力求匪攻击,以致匪得获时间转用兵力,阻我东进,实因徐州剿总作战指导之失当。"②

　　14 日,国防部作战厅长郭汝瑰乘飞机到战场上空视察,发现"徐州无乾坤一掷、向东解围之魄力。且东进兵团仅八、五、七十、七十四四个军,七十四军且系侧翼掩护,用兵如此不彻底,胜利何由而来"③。是日,蒋介石才两次电令"徐州方面应尽量减少守备部队,彻底集中兵力向东挺进",并令将守备徐州的七十二军投入使用④。翌日,顾祝同、郭汝瑰奉蒋介石之命到徐州视察,"促邱兵团迅速东进,并增加部队投入

①　《华东战场作战指导检讨》。
②　《华东战场作战指导检讨》。
③　《郭汝瑰日记》1948 年 11 月 14 日。
④　《华东战场作战指导检讨》。

攻击"。郭主张迂回攻击,但杜聿明考虑部队和徐州安全,仍坚持逐村攻击前进。他提出:"目前徐州方面的作战,有上中下三策:上策是保住徐州,并救出第七兵团;中策是牺牲第七兵团,保住徐州;下策是第七兵团救不出来,徐州也保不住。"郭汝瑰深感"徐州各将领均对于徐州安全感甚大,无肯冒险挺进者"①。

15日,粟裕向中央军委报告,预计17日晚可以全部解决黄兵团,同时报告:"邱、李兵团连日来,除以小部队出击外,其主力不敢猛进,我正面阻击及歼灭黄兵团均无问题。"粟裕根据军委吸引邱、李兵团东进,予以合围的要求,令第十一纵稍向后撤,但"邱敌尚无动作,而李兵团之八军反向后收缩"②。当时,邱兵团右翼掩护严密,军委估计,不一定能截断其退向徐州的后路。为此,粟裕命令韦国清、吉洛(姬鹏飞)率领苏北兵团的第二、十二、鲁中南及中野第十一纵队四个纵队挺进至徐州以东及东南地区后向东攻击,并调第三、两广纵队归还建制,到徐州以东,先行攻击。于是,15日晚苏北兵团在潘塘镇一线,与出击的邱兵团七十四军发生激战。邱清泉感受到侧背的严重威胁,不得不分兵抵抗。由于国民党军密集固守,苏北兵团未能突入分割敌军。

此时,中原野战军已东进攻击孙元良兵团后尾第四十一军,并于16日晨攻占津浦路敌重要补给基地宿县,截断津浦路。于是,徐州"剿总"刘峙命令蚌埠新组建的李延年兵团经固镇、大店集,向褚兰北援徐州。黄维兵团过阜阳后继续前进,增援徐州。

中原野战军攻克宿县之后,解放军掌握了战略枢纽,决心扩大战役规模,在歼灭黄百韬兵团之后,在北线续歼邱清泉、李弥兵团,在南线歼灭刘汝明、黄维、李延年兵团。16日,中共中央军委决定成立总前委,由刘伯承、陈毅、邓小平、粟裕、谭震林组成,以邓小平为总前委书记,统

---

① 《郭汝瑰日记》1948年11月15日,并参郭汝瑰回忆,《淮海战役亲历记》,第58页。

② 《粟裕军事文集》,第409—410页。

筹全局。

华野对碾庄圩的攻击十分艰苦,尤其是"攻歼六十四军,逐屋、逐堡争夺,伤亡很大而缴获很小","出现了少数松劲泄气表现"①。"有些部队发生气馁叫苦,'伤亡太大了','部队不充实了','不能再打了'。后来军委来了一个准备伤亡十万人的电报,才将这种情绪克服了"②。

15 日晚,解放军因伤亡严重,攻黄各纵休息,停止攻击,补充弹药,调整部署,准备 17 日晚总攻碾庄。16 日晚,华野司令部将攻黄各纵交付谭震林、王建安指挥,粟裕率司令部移双沟附近指挥第七、十、苏十一三个纵队及韦国清、吉洛指挥的四个纵队,围歼邱、李兵团,并准备从攻黄兵团中抽出六、十三两纵西移,以总预备队第一纵队加入对邱、李作战。徐州"剿总"对解放军调整部署的计划一无所知,以为解放军准备撤退,即谎称徐州大捷,舆论大肆渲染,演出了一幕闹剧。17 日,解放军为诱敌深入,阻援各军奉命后撤至大许家一线。邱、李兵团即向东推进至大许家以西南北之线。至 18、19 日间,国民党军方面对解放军动向依然迷惑不解。徐州"剿总"判断解放军退却,但 18 日,第五军在大许家一线的攻击仍遭到坚强阻击,蒋介石命令第七十二军加入李弥兵团左翼进攻,黄维兵团向宿县前进,李延年兵团向宿县攻击。国防部第三厅长郭汝瑰以为:"共军已退,特其后卫坚抗或佯动,使其主力可脱离战场耳。"③"共军似尚有意以刘伯承部阻止黄维,而以陈毅部第一、七、十纵队与邱、李作持久战,以便解决黄百韬,或将主力撤离战场。惟共军主力已甚自由,似无须再如此坚强抵抗。余以为如不为解决黄百韬,则必另有企图,特未知其兵力消耗究如何耳!"④对解放军进行战略决

① 《淮海战役中部队情况简报》(1948 年 12 月 31 日),《粟裕军事文集》,第 446 页。

② 《淮海战役的伟大胜利和华野一九四九年六大任务》(1949 年 1 月 20 日),《粟裕军事文集》,第 464 页。

③ 《郭汝瑰日记》1948 年 11 月 18 日。

④ 《郭汝瑰日记》1948 年 11 月 19 日。

战的能力估计严重不足。

17日晚,解放军总攻碾庄,占领大牙庄、前后黄滩,歼灭敌四十四军,俘虏军长王泽浚,但攻击碾庄圩未奏效。18日晚攻下小牙庄,19日晨,黄兵团一〇〇军残部反击小牙庄,为解放军歼灭。黄百韬率残部困守碾庄圩核心阵地,依然进行顽抗。由于敌军顽抗,华野攻黄各纵除十三纵于17日撤出休整、然后西进外,攻黄部队未能按计划结束战斗转移兵力。

19日,黄兵团危在旦夕,国防部政工局长邓文仪飞临碾庄上空,与黄通话,传达蒋介石意旨,再死守一天。是日晚6时,蒋介石电令刘峙、杜聿明及援黄各将领说:"第七兵团在碾庄仍为匪围攻,情况危急,中至为焦念,万一碾庄第七兵团为匪消灭,必影响整个战局,仰倾全力不顾牺牲及损失,严督所部,兼程东进,限旵日前与第七兵团会师解围。"[1]据邓文仪回忆说,蒋介石是日"急电刘峙,要第二兵团集中全力救援黄百韬,即使徐州有失,也在所不计"[2]。但据上引电,蒋介石似从未有可以放弃徐州的指示。20日晨,据在徐州的邓文仪回忆,"当我们正要上车,杜副司令请示总司令:'究竟守徐州要紧,还是救黄百韬要紧?'刘总司令明快的说:'徐州都不守,救了黄百韬又有何用。'"到了前线,"邱司令官问杜副总司令,总司令对救黄百韬与守徐州有何意见,杜以总司令的话告诉他,总司令认为守徐州要紧,就凭这句话,邱司令知道刘总司令看重守徐州,他的快速进攻的决心就犹疑了"[3]。

19日晚,解放军强攻碾庄圩,至20日晨,结束战斗,占领碾庄圩,黄百韬率残部撤至大院上继续抵抗。当天,郭汝瑰与空军副总司令王叔铭奉命到徐州研究战法,先飞至碾庄上空视察,发现碾庄失守,即至

---

①　《华东战场作战指导检讨》。

②　邓文仪:《革命英雄邱清泉》,《邱清泉传记资料(一)》,台北天一出版社1979年版,第75页。

③　邓文仪:《革命英雄邱清泉》,《邱清泉传记资料(一)》,第75—76页。

徐州,深知黄百韬已无法持久。刘峙向郭汝瑰要求:"1. 总统亲往指挥;2. 速空运两个军增加;3. 请总统下决心以全力东进,对徐州安全可置不问。"①

当时,黄百韬兵团仅剩第六十四军军部、二十五军第八十师师部等残部,全兵团已被消灭殆尽。尽管徐州"剿总"制定了中央突破战法,但各军并不力战,在解放军的坚强阻击面前,无法突破。战至22日,解放军攻占大院上等第六十四军残余阵地,第六十四军军长刘镇湘被俘,黄百韬自杀。第七兵团五个军十个师被全部歼灭。

与此同时,粟裕正指挥各部攻击邱清泉、李弥兵团,19日晚在潘塘一线发起真面目攻击,倾全力进攻,严重威胁徐州。但邱、李对自身安全组织严密,粟裕未能达到截断其退路的目的。蒋介石作为国民党军的统帅,坚持救黄,不允许部下见危不救,是他的一条原则。但国民党军已形成恶习,蒋介石已无可能严肃军纪,造成统帅部命令和前敌状况严重脱节。而且,蒋介石始终未给予徐州将领放弃徐州的机动权力,致使徐州各将领不能不首先顾虑徐州的安危。他们早已对胜利失去信心,也就难以指望他们能用兵彻底,增援黄百韬。据《郭汝瑰日记》记载:"胡翔归报,徐州将领咸欲求徐州安全,不诚意援救黄百韬。""余认为杜聿明、邱清泉等不着眼大局,坐令黄兵团损失,其罪不可逭!"②

三 黄维陷围和徐州弃守

淮海—徐蚌之战,国共两军态势犬牙交错,十分复杂,战斗也空前酷烈。国民党军统帅部在10月底计划作战部署时,深恐解放军中原野战军东进,徐蚌一线兵力不够,决定调黄维兵团至徐蚌一线参战。豫东战役时,第十八军(现黄维兵团主力)即因北援迟缓,影响战斗。但决定

---

① 《郭汝瑰日记》1948年11月20日。
② 《郭汝瑰日记》1948年11月21日、22日。

黄维东调之时，该兵团正被刘伯承的佯动，牵往豫西。黄维兵团回师确山、驻马店整理后，于 11 月 8 日才开始东进，未能按原定的 11 月 10 日到达太和、阜阳地区集中。这时，陇海—运河一线战斗已经十分激烈，中原野战军已有四个纵队到达徐州以西，投入战斗。黄维兵团东进时间已经嫌晚。早在 11 月 1 日，中共中央军委已接获白崇禧命令黄维兵团东进的情报，即指示中野，既要牵制邱兵团不能东援，又要阻击黄维兵团。中野即部署以二、六纵队及陕南第十二旅等部尾追、侧击黄维兵团，并令豫皖苏军区部队破坏道路桥梁，袭扰迟滞敌军。刘伯承于 11 月 5 日离开宝丰，10 日到达柘城，与陈毅、邓小平会合。

中野陈邓所率四个纵队，并指挥华野三、广纵队等部，牵制邱兵团，原计划围歼刘汝明部及孙元良兵团，但均因刘、孙两部先期撤退，没有达到目的，即一面威胁徐州，一面围攻宿县。14 日，黄维兵团到达驿口桥，先头到达阜阳。黄维兵团东进时，自恃拥有重炮、坦克，认为"刘伯承部不能阻止其前进"[1]。但在阜阳渡颖河时，即遭到解放军中原野战军第一纵队第二十旅的阻击。是日，中原野战军刘伯承、陈毅、邓小平从当面敌情出发，认为黄维兵团处在"远道疲惫，脱离后方之运动中"，一个军尚未到达，态势孤立，向中央军委建议，集结他们所指挥的八个纵队兵力，"歼击黄维为上策"[2]。但这一方案有两个前提：一是黄维兵团不是出蚌埠或滞留不动，而是出永城、宿县；二是华野必须在 16 日以前消灭黄百韬兵团三个军，抽出部队接替中野四纵及归中野指挥的华野三、广纵队牵制邱、孙两兵团的任务。但一则敌军动态尚未明了，二则黄百韬兵团抵抗顽强，华野未能迅速解决战斗，而且要求调三、广两纵归还建制，所以中野仍只能在南线担任牵制、阻击任务。

---

① 《郭汝瑰回忆录》，第 332 页。

② 《刘伯承、陈毅、邓小平关于歼击黄维兵团之作战方案致中央军委等的电报》（1948 年 11 月 14 日），《淮海战役》第 1 册，第 154 页。

　　黄维兵团虽然是美式机械化重装备，但战地道路不良，河道阻隔，且步兵未能使用汽车运输，结果反而行动迟缓，不能轻装迅速前进。18日，黄维兵团到达蒙城，中野第一纵队已经在涡河北岸布防，黄维兵团先头第十八军即实施攻击，强渡涡河。是日，国民党军统帅部判断解放军全面退却，邱、李兵团向大许家进击，蒋介石命令黄维兵团（自蒙城）、李延年率第三十九、九十九军（自固镇）向宿县进攻。黄维鉴于中原野战军主力已经在涡河一线布防，尾追部队自西北侧威胁兵团，而兵团的第二梯队、即第八十五军及所附第十八军后调师尚未赶到，即在蒙城观察形势，一方面等待后续部队，一方面向统帅部要求向蚌埠靠拢，仅以小部队出击，对解放军进行侦察。但徐州一线战斗十分激烈，统帅部要求黄维按原定路线继续挺进。黄维在蒙城滞留两天，后续部队也已经靠近，至21日全兵团渡过涡河、北淝河攻击前进。这时，战场形势和解放军的战役部署均发生了重大的变化。

　　中原野战军从自身所处战场环境出发，曾主张以全军之力割歼黄维兵团。但中共中央军委和华野原定部署系歼灭黄百韬兵团之后，即从现地扩张战果，包围歼灭邱、李兵团。粟裕正指挥各部按预定部署攻击潘塘镇，力图达成截断邱兵团和徐州联系的目的。当时，李延年兵团奉命迂回北进，对潘塘镇一线的华野苏北兵团构成严重威胁，所以，粟裕于18日晚，要求谭震林、王建安于21日晨全歼黄兵团，抽出兵力南下打援，并要求中原野战军第九纵队东进阻击李延年兵团。华野须待全歼黄百韬兵团之后，才能配合中野歼灭刘汝明兵团、李延年兵团或黄维兵团。当前一时无力兼顾。刘伯承鉴于本军六个纵队兵员不足，除四纵外均六个团，九纵只来五个团，平均每纵不到二万人，炮兵很弱，同时阻击黄维兵团和刘汝明、李延年兵团，兵力分散，难以兼顾，因此，于19日部署主力第三、四纵队阻击黄维兵团，希望集中五个纵队，先割歼黄维兵团一两个军。除按照华野要求以中野第九纵队牵制李延年兵团外，要求华野能以自身力量对付李延年兵团。同时，对北线作战，刘伯承认为，华野以攻坚作战能力强的几个纵队围歼黄百韬兵团，历时十二昼夜,不能解决战斗,华野各部"刀锋似已略形钝挫",要续歼邱、李兵团"诚非易事",如华野能包围邱、李兵团,自应继续歼击,但如邱、李退回徐州,则主张华野主力抽出兵力,于歼灭黄百韬兵团之后,以七八个纵队钳制邱、李,以六七个纵队"先打黄维、李延年,似为上策"①。

但当时,战场形势尚未十分明朗,中共中央军委从当前兵力部署出发,于19日10时发电,也要求中野以主力三、四两纵配合华野战役预备队第一纵队先行歼灭李延年兵团,解除对苏北兵团的威胁,认为这是"极关重要的一着",待引诱黄维至宿县地区,正好歼黄各纵转移兵力,协同中野全力打黄维②。军委的要求只是咨询意见,并非正式命令,接到刘、陈、邓19日连发的两电后,知道中野已经改变部署,当即尊重前线指挥员的临机处置,指示华野抽出兵力对付李延年兵团,同时,指示华野缩小歼灭邱、李两兵团的目标,保持机动兵力。

粟裕指挥华野各军按照军委要求部署作战,但歼灭黄百韬兵团的战斗十分艰苦,未能按预期尽早解决战斗,19日晚苏北兵团对潘塘镇一线的真面目攻击,也未能达成包围歼灭邱、李两兵团一部的目的。战局如刘伯承所预料,华野续歼邱、李诚非易事,包围歼灭邱清泉、李弥两兵团的战斗已经打成僵局。20日晨,粟裕回复中央军委19日10时电,表示完全拥护军委指示,即对南线先打李延年、再打黄维的方针。但20日晚,粟裕接到刘、陈、邓及中央军委续后指示各电后,当即根据战场形势,变更部署,对徐州改采大弧形包围,阻敌南援,抽调四个纵队兵力阻击李延年,同时,接替中野九纵任务,让其

①　《刘伯承、陈毅、邓小平关于歼击黄维、李延年兵团之方案致中央军委等的电报》、《刘伯承、陈毅、邓小平关于决心先打黄维兵团致中央军委等的电报》(1948年11月19日),《淮海战役》第1册,第170、175页。

②　《中央军委关于下步作战目标致粟裕、谭震林的电报》(1948年11月19日),《淮海战役》第1册,第172页。

西进，参加攻击黄维，并准备二个纵队的兵力，在必要时支援中野，归刘、陈、邓统一指挥。粟裕建议"首先求得彻底歼灭黄维兵团为主"①。华野解脱了歼灭邱、李兵团的任务，才有力量协同中野全歼黄维兵团。解放军统帅部和前敌将领之间，根据敌情和战场变化，不断地探索着最好的作战方案，用兵机动灵活。

当时，解放军统帅部和前敌将领曾预计，如黄维兵团向蚌埠靠拢，则解放军将转入休整待机。但国民党军统帅部对战场形势的变化反应十分迟钝，解放军已经着手调整部署，而黄维兵团仍向解放军预设战场前进，国民党军的部署正向着解放军最理想的方向发展。21日晚，中原野战军向后收缩一线，以主力第四纵队在南坪集一线构筑坚强阵地，诱敌深入至南坪集以南地区予以包围歼灭。黄维兵团即分两路挺进，23日上午9时，以第十八军——八师为主力，在二十多辆坦克掩护下，向解放军第四纵队南坪集阵地进攻，激战竟日。午后，第十八军一部在南坪集以东强渡浍河。

是日，国民党军统帅部得悉黄百韬兵团已经失败，何应钦、顾祝同等研究决定，命令徐州"剿总"部队以主力向南击破当面之敌，与黄维兵团配合打通徐宿交通。但蒋介石认为要等待徐州以东敌情明了，再行下令。津浦线刘汝明兵团和李延年兵团均迟迟不进，仅推进至任桥一线。同一天，即23日夜，中野决定放弃南坪集，退至浍河北岸布置囊形阵地，吸引敌十八军渡河，以四、九两纵吸住十八军，以五个纵队于24日夜向浍河南岸出击，利用浍河，割断十八军和南岸三个军的联系，以求先行割歼黄维兵团二三个师。刘伯承一面调原在华野参加战斗的中野第十一纵队归建参加战斗，一面要求华野第二纵队在西寺坡一带构工阻断刘、李两兵团和黄兵团的联系，同时要求华野除对付刘、李外，至少以四个纵队参加歼灭黄维的战斗，认为"只要黄维全部或大部被歼，

---

① 《粟裕、陈士榘、张震关于协同中野歼击黄维、李延年兵团的部署致刘伯承、陈毅、邓小平的电报》(1948年11月20日)，《淮海战役》第1册，第181页。

较之歼灭李、刘更属有利",要求军委批准这一计划①。粟裕接到刘伯承电令后,遵命首先以大力协同中野歼灭黄维兵团,对刘、李暂采阻击与歼灭其一部之方针,除调中野十一纵、华野二纵外,命令华野六、七、十一纵兼程向宿县急进,准备参加打黄维的战斗。七、十一两纵且准备歼灭李延年兵团的第九十九军。与此同时,中央军委接到刘伯承等电报后,即于24日15时复电批准,"完全同意先打黄维",并授权"情况紧急时机,一切由刘陈邓临机处置,不要请示"②。解放军统帅部和前敌将领之间,由于军情飘忽而犹豫不定的作战方针,至此取得了高度的一致。

24日,黄维兵团第十八军、第十军分东、西两路渡过浍河,向朱口一线解放军阵地发起攻击,第十军且占领孙疃集大部。这时,黄维眼看到战斗十分激烈,兵团态势孤立,处境危险,准备向固镇靠拢,但迟疑不决。蒋介石于是日召集刘峙、杜聿明到南京研究战局,商决徐州主力向褚兰进攻至时村、符离集一线,黄维、李延年兵团向宿县进攻。但是日晚,空军报告解放军四万多人由大李集向宿州、任桥、固镇等地前进,威胁李延年兵团侧背。国防部作战厅长郭汝瑰即建议黄维于南坪集占领桥头堡,佯攻,掩护主力由浍河右岸向蕲县集以东地区转移,向李延年兵团靠拢,避免被解放军隔离③。李延年、刘汝明兵团也已停止前进。黄维当时本身已经决定行动,是日下午,浍河北岸部队开始后撤。但黄维的撤退部署出现了严重错误,他不以在前线的第十军、第十八军为后卫部队,逐次撤退,而以没有投入战斗的第十四军、八十五军北进至东坪集对岸至南坪集,沿浍河南岸掩护第十军、十八军及兵团部转移。结

---

① 《刘伯承、陈毅、邓小平关于歼击黄维兵团的部署致粟裕、陈士榘、张震的电报》(1948年11月23日22时),《淮海战役》第1册,第189页。

② 《中央军委完全同意先打黄维兵团致刘伯承、陈毅、邓小平的电报》(1948年11月24日),《淮海战役》,第197页。

③ 《郭汝瑰日记》1948年11月25日。这时黄维已开始撤退行动,郭的建议当系24日夜发。——笔者。

果,入夜之后,部队在运动交接中陷入混乱,遭到解放军追击部队的袭击,损失惨重。黄维兵团撤至双堆集一带,即于 26 日凌晨被解放军团团包围,仅第四十九师逸出重围之外,不久在大营集被歼灭大部。

27 日晨,黄维趁解放军筑工尚未完成、包围圈未巩固之机,以四个主力师部署突围。但第八十五军第一一○师在师长廖运周率领下,以担当突围先头部队为由,乘机通过解放军防线后起义。解放军随即封闭口子,阻击后续突围部队。黄维兵团第十四军遭到解放军的攻击后,陷入混乱,致使解放军突入,威胁到正在攻击前进的第十军,经过激烈战斗,才稳定阵脚。黄维兵团的突围计划即被破坏。28 日,蒋介石即命令黄维固守待援。

郭汝瑰评论说:"此次黄维兵团孤立向宿县挺进,为我战略上之失策。惟共军内线(似为外线之误——引者)作战如此灵活,则殊使人佩服。黄维兵团命运大约十日即可见分晓,万一失败,则政府军将无以善后,长江天堑亦未知能支持几许时间,可慨! 黄百韬渡运河后,国军原可依内线作战要领,各个击破曹八集一带共军,但邱清泉等不机动,不了解此次战略意义,未能执行。现共军则由甚远途程集中优势兵力,以图各个击破我黄维兵团,陈毅之部队由碾庄及徐州外围各战地转用,动作如此迅速,执行任务如此坚决,国共两方将领对照之下,不必战斗,而胜负已可见矣!"[1]

徐州"剿总"部队于 24 日起开始向南攻击前进,但进展甚微,复遭到解放军的反击,形成拉锯战斗。黄维后撤被围,李延年兵团更不敢向前推进,从固镇一线仓促后撤至浍河南岸,依靠河流,避开了华野的攻击。鉴于徐州陷于孤立,淮河防线吃紧,国民党军统帅部于 27 日命令徐州"剿总"刘峙飞蚌埠指挥,徐州方面部队由杜聿明指挥。28 日,刘峙抵达蚌埠[2]。同日,杜聿明到达南京,与统帅部商讨挽救军事危机的

---

[1]　《郭汝瑰日记》1948 年 11 月 27 日。

[2]　据刘峙:《我的回忆》,第 166 页。

办法。杜聿明在和顾祝同商量时主张:"要放弃徐州,就不能恋战;要恋战,就不能放弃徐州。要'放弃徐州,出来再打',这就等于把徐州三个兵团马上送掉。只有让黄维守着,牵制敌人,将徐州的部队撤出,经永城到达蒙城、涡阳、阜阳间地区,以淮河作依托,再向敌人攻击,以解黄兵团之围(实际上是万一到淮河附近打不动时只有牺牲黄兵团,救出徐州各部队)。"①杜聿明因对第三厅长郭汝瑰不信任,没有在作战会议上讨论,仅就 24 日南进计划表示,"要求粮弹足后再动,继又欲避战,由双沟经泗阳趋五河"②。旋杜聿明和蒋介石密谈,经蒋批准,按杜聿明所拟计划,从徐州撤退。为了保密,这一行动没有经过国防部下达正式命令。

当天,杜聿明回到徐州,向刘峙报告后,徐州"剿总"总部人员即开始空运蚌埠。而这一军事保密行动,在国民党上层当天即传开,有人通知在徐州的政治、经济、党务各部门要尽先撤退,引起一片混乱。是日晚,杜聿明即召集孙元良、邱清泉、李弥三个兵团司令,部署撤退,命令各军于 30 日对当面之敌发动全面佯击,是日晚撤出徐州。杜聿明命令第十三兵团派出一个师于 29 日晚占领萧县、瓦子口等隘路,掩护主力撤退,第二兵团主力 30 日晚开始撤退,务于 12 月 1 日晚到达瓦子口、青龙集附近,掩护全军右翼安全,尔后经王寨、李石林到达永城以东及东南关地区,第十六兵团主力于 30 日黄昏后开始撤退,经萧县、红庙、洪河集,向永城西关地区前进。第十三兵团主力 30 日晚开始在第十六兵团后跟进,向永城北关前进。命令各兵团留下后卫掩护部队迟滞敌军,于 12 月 1 日黄昏后撤退。各兵团以"滚筒战术"逐次掩护行进。但徐州各兵团加上机关、民众,在解放军的强大压力下,心急慌忙,各图自保,只想尽早脱离危险,秩序非常混乱,徐州至萧县的公路上,车辆杂沓,道路堵塞。孙元良、李弥为了本兵团尽早撤离,竟尽量避免和杜聿

---

① 杜聿明回忆,《淮海战役亲历记》,第 28 页。

② 《郭汝瑰日记》1948 年 11 月 28 日。

明联系,他们的后卫掩护部队也未按命令阻击解放军,全军主力尚未通过即行撤退。杜聿明对各部队的情况不明,联络困难,李弥兵团的后卫师擅自撤退,在杜聿明的严令下才返回阵地。

杜聿明的指挥部于12月1日晨撤离徐州,2日,他得悉部队在撤退中十分混乱,各部也要求稍加休息整理,同时,空军也发现解放军大部队由濉溪口南北地区向永城前进。为避免在战斗中发生混乱,遭到损失,即改变原定的是日晚继续向永城撤退的计划,就地休息整理,至3日白天,才向永城继续前进。结果,耽误了一夜的行程。

解放军华野各部追击李延年兵团受到河流阻隔,未能达到围歼目的。各部队处于待机状态,一面协助中野歼击黄维兵团,一面准备攻击徐州。30日间,华野估计徐州"剿总"动向,认为一是可能南援黄维,一是可能倾全力退走两淮,而西走武汉,东走连云港,因路程过远,可能性较小。军委估计也以徐州之敌的逃跑方向,以向两淮或连云港两处为最大。于是,华野南线主力开始北撤,集结待机。12月1日上午,华东野战军司令部已判明徐州敌军决心放弃徐州,但对敌运动方向尚不明了,深感敌全力南犯,对付困难,有被敌突出一路的可能。正研究部署中,是日中午,华野发现邱兵团主力到达徐州西南地区,即判明敌将沿萧县、永城南靠第十二兵团,并有敌将至阜阳的消息。粟裕为保障中野歼黄部队的安全,决心追歼杜聿明集团,除以六纵监视李延年、刘汝明兵团,以七、十三两纵在南线配合中野歼敌外,部署华野各纵分路追击,以尾追、侧击和超越追击手段,进行拦截,并部署了两个纵队向永城、涡阳急进,迂回拦截。当日晚,华野各纵奉命奋勇追击,一部占领徐州,翌日占领萧县。

2日晚,蒋介石发现解放军部署对杜聿明集团的追击,即电令杜聿明改变消极撤退部署,在战斗中求一生路:"据空军今日至晚综合报告匪情,睢【濉】溪口约一万余人,其东南地区约五千人,其西北地区之马庄、吕楼一带约二万人,合计全数不到四万人,其对蚌埠匪部约有一个纵队,已向宿县方向行进,此股将为增援其睢【濉】溪口方面之匪部,吾弟应速决心于两日内迅速解决睢【濉】溪口、马庄一带匪部，为各个击破之惟一良机，如再迟延，则各方之匪必于三日后麇集弟部周围，又处被动矣。此机万不可失，切勿再作避战迂回之图。又弟部十五万众，皆聚集在大吴集周围地区，此最为不利，应即分路前进，向匪合击，否则臃肿滞延，又将坐待被围矣。如欲占领永城，则只可派一有力部队进占，切不可全部进攻。据空军报告，马庄匪之先头部队，今晚必可先我占领永城，则我军又落后一着，若再用主力攻城，是最不上算，此时应决心觅匪之主力而歼灭之，为唯一急务也。"①3 日晨，空军又投下了蒋介石的手令："本日空军报告，匪对弟部又将形成四面合围之势，无任系念。务望严督各军，限两日内分路击破当面之匪，严令其达成所赋予之任务，若时日延长，则二十万以上兵员之粮秣弹药，决难空投接济，惟有上下决心，共同以死中求生之觉悟，冲破几条血路，对匪反包围，予以歼灭若干纵队，乃可解决战局。"②

　　如纯以军力对比来说，杜聿明集团有三个兵团，十个军，又集中一处，解放军分多路追击，力量分散，杜聿明集团按内线作战原则，似有力量击破解放军一路，从而击退解放军的追击，进而解黄维兵团之围。但事实上，国民党军屡败之余，士气低沉，攻击精神极差，各部队争相撤退，协调困难，难以形成坚强的战斗力。解放军则正相反，士气高涨，战力坚强，指挥统一，部队运用十分灵活。所以，国民党军已根本不可能完成蒋介石所期望的任务，但蒋不顾所部战斗精神的衰落，只要存有一线希望，就坚持要求所部将校通过力战求生，不甘心消极撤退。杜聿明接到蒋介石的命令后，惊惧万分，他"觉得蒋介石又变了决心，必致全军覆没，思想上非常抵触"③。他本想独断地继续向永城挺进，但看到解

---

　　①　《总统蒋公大事长编初稿》1948 年 12 月 2 日条。

　　②　《总统蒋公大事长编初稿》1948 年 12 月 3 日条。按：据杜聿明回忆，手令在前，电令在后。这里据长编稿。——笔者。

　　③　杜聿明回忆，《淮海战役亲历记》，第 34 页。

放军已经部署追击,自己已没有把握安全地撤退全军,因而不敢违令独断处置,不得不命令部队停止前进,并召集兵团司令到指挥部商讨决策。司令们看了蒋介石的手令,面面相觑,默不发言,独邱清泉表示可以照命令从濉溪口打下去。鉴于蒋介石的严令,杜聿明及各司令官决定服从命令,采取三面掩护、一面攻击、逐次跃进的战法,能攻即攻,不能攻即守,以求得部队不被冲乱。这也就是说并没有按照蒋介石的要求分路合击。

是日,杜聿明集团滞留在孟集为中心的芒砀山、薛家湖、大回村、青龙集、张寿楼之间地区。杜聿明于 12 月 3 日、4 日连电蒋介石,说明徐州原无存粮,撤退时多有损耗,目前已无法维持,要求空投补给。但蒋介石于 12 月 4 日复电竟称:"弟部粮弹无法空投,切不可存此希望,应勇敢迅速突破当面之匪南下,与黄兵团会师,勿延为要。"①蒋介石已经乱了章法,只是凭着侥幸心理在指挥作战了,气得邱清泉看完电报后大骂:"国防部混蛋,老头子也糊涂,没有粮弹,几十万大军怎能打仗呢?"②

3 日晚,华野各纵先后和杜聿明集团接战,歼敌甚众。4 日晨,华野先头第九纵队已超越杜聿明集团到达薛家湖地区,向芒砀山攻击,合围之势已成。邱清泉按昨日部署,在青龙集两侧向南攻击,但华野已筑工防御,进展甚微,而杜聿明集团的掩护阵地,则屡屡为解放军突破。战斗至 6 日,蒋介石再次电示作战方针:"据报:弟部本日匪我两方态势,对我北面压力较大,中意此时我军既被匪包围,不宜急求突围南下,如不先彻底击歼匪之主力,则我军虽向南挺进,行动仍不能自由,故此时应觅匪主力所在方向,先行决战,必须消灭匪之主力,乃可解决一切问题,南下自不成问题矣……总之,必须彻底歼灭任何一方面匪之主力,以求根本解决,不然,如只想突围而不求决战,则断难达成南进任务

①　转引自《震撼世界的大决战》,第 206 页。
②　杜聿明回忆,《淮海战役亲历记》,第 37 页。

也。"①但国民党军已无攻击精神,根本不可能按照蒋介石的要求去进行战斗。孙元良、邱清泉看到无法达到预定目的,又改变主意,要求杜聿明部署突围。杜聿明认为全军安全撤退的时机已经错失,预计到突围后果不良,对突围并不积极,但他仍迁就了部下的要求,命令分头突围,到阜阳集合。下午,各兵团即布置突围,但经侦察和突击,发现解放军阵地重重,无法突出,邱清泉惊慌失措,再次改变主意,要求停止突围。杜聿明商得李弥同意后,再次迁就部下要求,放弃突围计划。但孙元良没有接到命令,于黄昏后未经周密部署即钻隙突围,在解放军的阻击下,全兵团溃散,孙元良仅率数十人逃出重围。

华野在追击过程中,毛泽东于 4 日凌晨电示华野指挥员:"此次对邱李孙作战,我各纵应大胆插入敌各军之间,分离各军,以利歼击。这就是东北打廖兵团的办法。务必不要使敌结集成一个大集团,旷日持久,难于歼灭。"②但杜聿明吸取了廖耀湘兵团失败的教训,始终团集一处,掩护严密,筑工抵抗,华野无法予以分割。杜聿明且采取了集中火力于一点进行突击的战法,压制了解放军的兵力优势。由于南线黄维兵团尚在顽强抵抗,华野不敢采取收缩南面阵地诱敌深入的战法,只能部署主力正面阻击,同时部署多路出击,以分散杜聿明部的突击能力③。杜聿明以一面攻击、三面掩护战法,企图突围,而粟裕采取了一面阻击、三面攻击战法,压缩包围圈,战斗十分惨烈。孙元良兵团突围溃散后,杜聿明不得不收缩阵地,调整部署,华野巩固了对杜聿明集团的包围。

四 黄维兵团和杜聿明集团的覆没

黄维兵团自 11 月 26 日陷围后,即全力企图突围,遭到中野的顽强

---

① 《总统蒋公大事长编初稿》1948 年 12 月 6 日条。

② 《大胆插入敌各军之间以利歼击》(1948 年 12 月 4 日),《毛泽东军事文集》第 5 卷,第 313 页。

③ 《一九四八年十二月十四日亥时报军委电》,《粟裕军事文集》,第436 页。

阻击。中野力图以急袭手段,分割、包围歼灭黄维兵团,但遭到黄维兵团凭借既设阵地的顽强抵抗。双方伤亡都十分严重。廖运周率一一〇师起义后,刘伯承以为敌军已经动摇,且在突围运动之中,即于27日下午向中央军委报告,十分乐观地估计,歼灭黄维兵团全部战斗至迟明日可以解决,并指示粟裕等立即开始部署歼击李延年、刘汝明兵团。为此,刘伯承准备将华野第七、十一纵归还韦吉苏北兵团建制。但经27日战斗,黄维兵团依托阵地固守,攻歼困难,解放军伤亡严重,中野不得不于28日拂晓前停止攻击,等待弹药,调整部署,改变战术,采用集中火力先打一点、各个歼灭战法。并且对战斗的艰巨性重新作了估计,认为歼灭黄维兵团须十天左右时间才能完成。为此,中野仍留华野七纵作总预备队。此后,各部均加强近迫作业,并作局部攻击。中央军委于4日就战术问题也指示说:"打黄百韬和打黄维两次经验均证明:对于战斗力顽强之敌,依靠急袭手段是不能歼灭的。必须采取割裂、侦察、近迫作业,集中兵力火力和步炮协同诸项手段,才能歼灭。"①

黄维兵团于28日转入固守后,国民党军统帅部命令其扩大守备区域,以利持久。30日,蒋介石电示黄维:"弟部占领区域狭小,如被匪多方炮火围击,则状至危险,故应积极向外扩展阵地,务望时时研究匪情最薄弱之一点,或其最弱之匪部,集中有力部队,彻底歼灭其一二个纵队,否则能歼灭其一二师或一二个团,亦可增加我士气,而使匪势大挫,总之,必须以攻为守,方能持久,万不可消极株守也。"②原第十八军军长胡琏,兵团组建时未能升任,仅任兵团副司令官,在兵团开赴战区前,因父亲病危(旋即病故),离开军中。11月22日,郭汝瑰要他回到军中,但胡琏要去上海治牙,没有答应。黄维兵团被围,蒋介石令郭汝瑰把胡琏从上海找来,令他飞入双堆集,协助黄维安定军心,鼓励士气,坚

---

① 《中央军委关于打强敌必须用强攻方法致刘伯承、陈毅、邓小平的电报》(1948年12月4日),《淮海战役》第1册,第229页。

② 《总统蒋公大事长编初稿》1948年11月30日条。

持战斗。蒋并嘱胡琏："要固守下去,死斗必生!"①胡琏向郭汝瑰表示:
"临难不苟免!"②12月2日即飞抵军中。

黄维兵团为以攻为守,一度集中兵力、火力,向解放军阵地据点突
击,扩大占领区域。但战斗的结果,伤亡很大,而且,阵地扩大后兵力显
得单薄,不得不又收紧阵地。黄维兵团一度与解放军形成拉锯战斗,不
久即不能支持,至3日,损失兵力已达3万人。

黄维兵团处境日趋困难,黄维与胡琏商量后,让胡琏飞回南京,向
蒋介石报告军中实情,同时觉得"千兵易得,一将难求",嘱胡琏留在南
京不要回来。4日,胡琏飞回南京,向蒋介石报告,据《郭汝瑰日记》记
载:"(黄维兵团)拟向西打击刘伯承一、二纵队,以后即向蒙城、涡阳方
面突围。总统令向东南攻击,配合李延年兵团夹击。最后又令伊依状
况可以自行决定攻击方向,局部歼灭共军,以待李兵团夹击。李兵团今
日似在曹老集一带,为此滞留不前,恐一旦逸失战机,则无法援救黄兵
团矣!"③4日起,李延年兵团以从葫芦岛调来的第五十四军、三十九军
及九十九军等三个军七个师由蚌埠怀远之线越浍河北进,蒋介石之子
蒋纬国率战车第二团配属第六兵团,配合步兵作战。刘汝明的第八兵
团协同作战。5日,进至仁和集以南、曹老集以西及苏集以北之线。解放
军中原野战军为保障围歼黄维兵团部队的安全,急调中野第二纵队、
华野渤海纵队一个师及张国华部军区部队奔赴南线增援,有力地阻击
了李延年兵团。李兵团在战车配合下,于10日一度进展较大,攻抵常
刘家、钱家湖、崔圩子之线,但这一带系河网地带,战车不易发挥作用,
第二天即难以继续进展。至16日才推进至西新集、人和集、高皇集之
线。黄维兵团覆没后,即于17日撤回蚌埠。

中野从12月3日至5日进行了攻击准备,鉴于敌多已残破,能用

---

① 黄维:《第十二兵团被歼纪要》,《淮海战役亲历记》,第490页。
② 《郭汝瑰日记》1948年12月1日。
③ 《郭汝瑰日记》1948年12月4日。

于突围的兵力不过六个团,决定使用战役预备队,即华野的七纵、十三纵投入战斗,并将中野第十一纵归还中野,同时抽调华野第十一纵、七纵及特纵两个美榴炮连(八门)、两个日榴炮连(六门)、一个野炮连(三门)统归中野指挥。军委且一度要求华野以第十纵队及炮纵全部投入歼灭黄维兵团的战斗。但国民党军自徐州撤退后,华野进入追击,即调整部署,以七、十三纵归中野指挥。5 日 11 时零 5 分,刘伯承、陈毅、邓小平下达了总攻黄维兵团的命令,要求各部于 6 日午后 4 时半起开始全线对敌总攻击,并要求连续攻击,直至任务完成,不得停止或请求推迟,并规定了严格的战场纪律,要求"各部应不惜以最大牺牲保证完成任务,并须及时自动的协助友邻争取胜利"①。6 日,陈赓、谢富治指挥中野第四、九、十一纵队等部组成东集团,陈锡联指挥中野第一、三纵队和华野第十三纵队等部组成西集团,王近山、杜义德指挥中野第六纵队、华野第七纵队和陕南十二旅等部组成南集团,环攻双堆集一带黄维兵团。

　　黄维兵团在解放军强有力的攻击下,阵地连连失守,连电向蒋介石告急。这时,李延年兵团在解放军的阻击和袭击下,迟疑不进。蒋介石正向华中方面抽调第二十军、二十八军及第二军到蚌埠一线。但调第二军遭到白崇禧的强烈反对,12 月 7 日第二军尚在襄阳、沙市一带。而二十军先头师则于 9 日到达浦口。胡琏向蒋介石请示后于 6 日回到军中,8 日重新飞回南京,向蒋介石要求突围,得到蒋介石的允许后,于 9 日又回到军中。胡琏和黄维商量后认为,蒋介石并无策应突围的部署,黄维回忆说:"蒋方寸已乱,已经没有整个部署,而是零碎应付了。我们认为如果只是自行突围,将不可收拾,至少要空军有力的掩护,否则宁可坚持下去,打一天算一天,以免杜聿明立即跟着垮台。我把上述

---

　　① 《刘伯承、陈毅、邓小平发布总攻黄维兵团的命令》(1948 年 12 月 5 日),《淮海战役》第 1 册,第 233 页。

意见一面电报蒋介石，一面督饬部队继续坚持固守。"①

　　由于黄维兵团固守顽抗，中野兵力不足，缺乏重武器，虽经华野支援，战斗仍十分艰巨。国民党军已从华中抽调两个军到达浦口，不久即可在蚌埠一线投入战斗。同时，国民党军随时有可能从平津塘一带抽调兵力海运南下，而华野全军包围杜聿明集团，歼灭尚需时日。为了争取战场的主动权，解放军淮海战役总前委报经中共中央军委批准，决定集中力量首先歼灭黄维兵团。大约12月10日，陈毅打电话给粟裕，指示华野调兵，刘伯承形象地表述了当时的作战方针："吃一个（黄维），挟一个（杜聿明），看一个（李延年）。"10日，粟裕决定抽调第三、十一及鲁中南纵队（三个纵队相当于两个纵队的战斗力），外加一部炮兵，由华野参谋长陈士榘率领，即晚南下参加歼灭黄维的战斗②。

　　黄维兵团骨干第十八军和临战前调归第十二兵团的第八十五军，在国民党军中不属一个系统，第八十五军的第一一〇师起义后，该军余部即遭到怀疑，第二十三师被分割使用。包围日久，粮食、弹药均感困难，与第十八军等的矛盾也更为尖锐。在解放军的政治攻势之下，军心动摇。10日晚，第二十三师师长黄子华率二十三师及该军第二一六师一个团、军辎重队、卫生队等部一万多人，向解放军投诚。第八十五军成了空架子，黄维兵团更是雪上加霜，兵团防线洞开，主力第十八军阵地直接受到解放军的攻击。由于黄维要求空军掩护突围，蒋介石曾指示空军投放毒气弹，并向黄维兵团投放了使用和防护说明。但蒋介石经俞大维劝阻，没有付诸实施③。空军仅向黄维兵团投下了催泪性和喷嚏性瓦斯弹，交部队使用，但实战作用不大。11日，解放军对据守杨

────────────

① 黄维回忆，《淮海战役亲历记》，第491页。

② 《粟裕、谭震林等关于增调三个纵队参加打黄维兵团致刘伯承、陈毅、邓小平等的电报》（1948年12月10日），《淮海战役》第1册，第234页。按：陈毅打电话的时间，回忆不一，此按电文情理推断。——笔者。

③ 《郭汝瑰日记》（1948年12月13日）："总统曾授意空军投糜烂性毒瓦斯，闻经俞大维劝阻乃止。"

围子的第十四军进行总攻,军长熊绶春战死,十四军即被歼灭。黄维兵团仅剩第十军、十八军残部。

11 日、12 日、13 日间,作战厅长郭汝瑰一再向蒋介石建议,以第二十军加入李延年兵团作战,同时建议,尽量集中京沪一带可用之兵力,以于宿蚌间决战,不能顾虑江防以分散决战兵力。蒋介石没有同意,仅于 14 日令第二十军开曹老集,但这时黄维兵团已难以支持。

刘伯承和陈毅于 12 日致书黄维,敦促其投降。但黄维仍据守阵地抵抗,还不时发动逆袭。13 日,解放军为迅速解决战斗,重新调整部署,加强兵力,以华野第三纵队投入战斗,以华野鲁中南纵队为预备队,由华野参谋长陈士榘统一指挥南集团华野三纵、七纵、十三纵及中野六纵等四个纵队,向双堆集附近敌核心阵地发起总攻。14 日晚,各纵经过激烈战斗,大量歼敌后向前推进,华野第七纵队攻克了双堆集坚固设防的制高点尖谷堆,黄维兵团部和第十八军军部都进入解放军火力威胁范围之内。黄维和胡琏觉得兵团再行抵抗已没有价值,决定突围。15 日下午,战车营未待黄昏预定突围时间即提前行动,搅乱了突围部署,各部争相逃命。突围行动很快被解放军发现,遭到坚强堵击。至深夜,黄维兵团全部瓦解。兵团司令官黄维、副司令官吴绍周、第十八军军长杨伯涛、第十军军长覃道善等被俘,仅副司令官胡琏乘战车逃出重围,多处负伤,于翌日到达蚌埠。

杜聿明集团自 12 月 6 日突围未成之后,仍调整部署,向南攻击,但各军士气低落,进展甚微。杜聿明打电报向蒋介石建议:"现各兵团重重被围,攻击进展迟缓,以现有兵力解黄兵团之围绝对无望,而各兵团之存亡关系国家的存亡,钧座既策定与共军决战之决策,应即从西安、武汉等地抽调大军,集中一切可集中的力量与共军决战。"蒋介石复电无可奈何地表示:"现无兵可增,望弟不要再幻想增兵,应迅速督率各兵团攻击前进,以解黄兵团之围。"[①]解放军华野自 10 日抽兵增援中野围

---

①　杜聿明回忆,《淮海战役亲历记》,第 40 页。

歼黄维兵团之后,对杜聿明集团仅以四个纵队在南面阻击,采取局部攻势,以三个纵队积极进攻,对杜聿明集团进行压迫。11 日,中共中央军委为配合平津作战,抑留傅作义集团在平津地区,指示淮海前线将领,对杜聿明集团,在"两星期内不作最后歼灭之部署"①。此后,军委一再指示粟裕,围歼杜聿明集团各纵,只作防御,不作攻击,就现地进行休整,并对杜聿明集团进行政治攻势。因此,战斗规模大为缩小,战场比较沉寂。

杜聿明得悉黄维兵团突围后覆没,深感沮丧,内心责怪蒋介石未令自己与黄维同时突围,现在处境更加孤立,于是,他再次向蒋介石电陈,要求调兵与解放军决战。18 日,杜聿明奉命派参谋长舒适存飞南京,面见蒋介石,商决行动计划。黄维兵团覆没后,蒋介石已令李延年兵团等部后撤,正在部署江淮防线,无法抽调兵力以解杜聿明集团之围,只好指示杜聿明,在空军掩护下,施放催泪性毒气突围。19 日,舒适存偕空军总司令部第三署副署长董明德飞回军中,商讨陆空配合行动,进行突围。但是日晚起,风雪大作,直至 28 日,空军无法出动。而在包围圈内,粮食、燃料极端缺乏,士兵们饥寒交迫,在解放军政治攻势下,士气迅速瓦解。12 月 17 日,毛泽东为中原解放军司令部、华东解放军司令部起草了《敦促杜聿明等投降书》,希望将领们爱惜士兵的生命,不要再作无谓的牺牲,"立即下令全军放下武器,停止抵抗,本军可以保证你们高级将领和全体官兵的生命安全"②。陈毅也写信给杜聿明本人劝降。

28 日,天气转晴,国民党军空军恢复对杜聿明集团的空投,首先投下了黄百韬的纪念册和列有杜聿明在内的中共宣布四十三名战犯名单的报纸,以坚定高级军官的战斗决心。当时,杜聿明在军中疾病缠身,邱清泉向蒋介石作了报告,蒋即电示:"听说吾弟身体有病,如果属实,

---

① 《关于平津战役的作战方针》,《毛泽东军事文集》第 5 卷,第 362 页。

② 《敦促杜聿明等投降书》(1948 年 12 月 17 日),《毛泽东军事文集》第 5 卷,第 417—418 页。

日内派机接弟回京医疗。"邱清泉也力劝杜聿明回京,但杜对邱表示:
"抛下数十万将士只身逃走,决不忍心。"即复电蒋介石:"生虽有痼疾在
身,行动维艰,但不忍抛弃数十万忠勇将士而只身撤走。请钧座决定上
策(即杜关于调兵决战的建议——引者),生一息尚存,誓为钧座效忠
到底。"①

　　空投恢复之后,蒋介石既无力调兵,也未同意杜聿明坚守的建议,
只是命令突围,力图侥幸保存一点实力。但杜聿明根据经验和部队状
况,对突围深感疑虑,因此仍拖延部署突围。他认为:"因为统帅部、前
方指挥官与部队长三者之间,各部队与部队之间矛盾重重,对于蒋的突
围指示,各有成见,无法坚决执行,总是在互相矛盾斗争中,最后只有在
解放军的强大攻势下土崩瓦解,迅速消灭。"②国民党军中的派系人事
冲突,已成痼疾,加速了军事的崩溃。1949 年 1 月 3 日,杜聿明致电蒋
介石:"官兵饥饿过久,加以空投失散于各处之损失,官兵仍不得一饱,
务恳明日内投足四百吨食粮,使官兵得一次温饱,五、六两日则粮弹并
投,以便及早完成任务。"蒋乃决定 4 日至 6 日空投粮食三天,七八日空
投弹药两天,于 9 日开始实施突围③。

　　华东野战军察觉杜聿明集团正等待空投补充粮弹后突围,决心乘
敌军粮弹两缺、士气低落、战斗力严重下降之际,全歼杜聿明集团,即于
1949 年 1 月 2 日发布命令,部署各部队统一于 1 月 6 日 16 时发起战
斗,首先攻击战斗力薄弱的李弥兵团。是日战斗发起后,各纵队进展迅
速,李弥兵团阵地纷纷瓦解。至 7 日晨,李弥兵团被迫撤入邱清泉兵团
防区。第十二军于一凡师一个团投降,于本人及另一个团被炮火隔断,
未能如约投降,延迟至 10 日晨投降。8 日,解放军调整部署。9 日上

---

　　①　杜聿明回忆,《淮海战役亲历记》,第 45 页。
　　②　杜聿明回忆,《淮海战役亲历记》,第 46 页。
　　③　《总统蒋公大事长编初稿》1949 年 1 月 3 日条。按:据杜聿明回忆,定 10 日
白天在空军掩护下突围。——笔者。

午,杜聿明集团发起攻击,企图突围,遭到解放军阻击。是日黄昏前后,杜聿明同邱清泉到陈庄第五军司令部,前进指挥部及战车部队在陈庄以西集结,准备 10 日在空军掩护下突围。但各将领深感阵地崩溃迅速,很难坚持,纷纷要求于夜间突围。杜聿明见部队已无法控制,只好同意各部分头突围,并最后发电向蒋介石报告称:"职等与各将领报国有心,无如部队精锐伤亡殆尽,目前状况,已无法达成决战任务,只有督饬所余将士死拼到底。"蒋介石即复电杜聿明:"无论本日战况如何,明晨决派机接弟来京诊治,前方部队概归邱司令指挥。"①但事实上已不可能。入夜,杜聿明集团各部一片混乱,各自钻隙突围,解放军乘机强攻,国民党军士无斗志,土崩瓦解,成师成团向解放军投降。第五军军长熊笑三未等杜聿明部署,即只身潜逃出重围,邱清泉在突围过程中被击毙,第七十二军军部投降。杜聿明身患疾病,行动不便,走到天明被俘。

10 日上午,战斗基本结束,杜聿明集团仅第七十四军残部在刘集、第九军第三师残部在周楼坚持。至 14 时,刘集残敌被歼灭,16 时,第三师师长周藩率残部在周楼投降。李弥在周楼躲到最后,化装潜逃。至此,杜聿明集团被全部歼灭。

国民党军自 1948 年 11 月 5 日徐州会议作出收缩兵力、进行徐蚌会战的部署,即于 6 日起遭到解放军的攻击,至 1949 年 1 月 10 日整个战役结束,国民党军在南线的精锐师团被歼灭殆尽。这一场战略决战,规模空前,解放军投入了 60 多万人的兵力,国民党军先后参战兵力达80 万人。战役结果,解放军共歼灭(包括起义和投诚)国民党军一个前进指挥部、五个兵团部、一个绥区、二十二个军、五十六个师,55 万余人。此后,国民党军在军事上已经没有足够的力量来部署长江防御和阻挡解放军向全国的进军了。

蒋介石在 10 日自记:"杜聿明部今晨似已大半被匪消灭,闻尚有三

---

① 《总统蒋公大事长编初稿》1949 年 1 月 9 日条。

万人自陈官庄西南方突围,未知能否安全出险,忧念无已。但已尽我心力,对我将士可无愧怍。我前之所以不能为他人强逼下野者,为此杜部待援、我责未尽耳。"①杜聿明集团覆没,蒋介石也就不能不下野了。

第二节　平津战役(下)

一　天津之战

　　1948年底,新保安、张家口战役之后,傅作义的基本部队第三十五军、第一〇四军、第一〇五军、第一〇一军的第二七一师及二个骑兵旅等部被歼,精锐殆尽。傅作义用以困守北平的仅第三十五军的第二六二师(作为傅作义的警卫部队)、第一〇一军二个师、一个骑兵师等部。中央系部队第十三军被歼一个师,第十六军被歼二个师。退守北平的中央系部队有第十三军四个师、第十六军一个师、第三十一军一个师、第九十二军三个师、第九十四军二个师及第六十二军未来得及调回天津的第一五七师。上述这些部队加上重建部队,共二十五个师,25万人。中央系部队为北平城防的主要部队。傅作义将第十六军、三十一军等部部署在城北,将第十三军部署在城东,将第九十四军部署在城西,将第九十二军部署在城南。将本系的第一〇一军部署在广安门外,重建的第一〇四军二个师沿阜成门、西直门、德胜门外布防在第一线,以便和谈人员出入的方便,将自己的总预备队部署在内城。他将中央系部队依城布防,将中央系军、师司令部设在临接各自部队的城内,再在内城部署傅作义嫡系部队,以监督中央系军队的指挥系统。当时,蒋介石把指挥权都交给了傅作义,傅对中央系部队也常常直接指挥师团长,分割使用,以加强控制。因此,傅作义对中央系军队也具备相当的控制和指挥能力。

――――――――――――

　　①　《总统蒋公大事长编初稿》1949年1月10日条。

　　津塘部队名义上归津塘防守司令侯镜如统一指挥,驻在塘沽。但实际上,津塘防守副司令兼天津防守司令陈长捷由傅作义直接指挥,塘沽防守司令段沄有事也直接向蒋介石报告,而侯的基本部队第九十二军被调往北平,他的第十七兵团的建制部队则驻守天津,侯镜如在塘沽就很难指挥所部军队。平、津、塘被解放军隔断后,更只能各自为战。

　　塘沽守军有从唐山、滦县一线撤下来的第八十七军、交警第三旅及第九十二军一个师、独立第九十五师。天津守军有从北平调回天津的第六十二军二个师、从芦台撤退下来的第八十六军(三个师)、第九十四军留津的一个师,为守备主力,加上其他扩编、新建、重建的部队达13万人。塘沽守军依托海口,随时有从海上撤退的可能,但天津孤立无援,只能作困兽之斗。陈长捷认为,天津弹药、粮食相当充足,照明器材、通信设备也数量充足、使用方便。平津塘间有无线电话和埋线电话,可以随时联系,天津本身防御工事完备坚固,因此认为可以坚守三四个月。平津一体,天津的问题要待傅作义来解决,否则要影响傅作义同解放军谈判和平的"政治解决"。当解放军着手向天津外围攻击的时候,陈长捷一再接到华北"剿总"参谋长李世杰传达的傅作义的指示:"坚定守住,就有办法。"①决心以坚守天津作为和平谈判的筹码。

　　1948年底,傅作义通过多种渠道向中共传递信息,他没有讨价还价的政治意图。前引傅作义12月23日电就表示无任何政治企图。傅作义的主要意思是不想造成军前投降,只要如何给他一个台阶下,所以,中共中央对谈判前景比较乐观。

　　同时,解放军已经歼灭了傅作义的嫡系主力部队,对平津也作好了充分的兵力部署,至此,中共中央军委和毛泽东才认为可以认真考虑对傅作义进行策反的工作。为此,军委于1949年1月1日凌晨2时,电示林彪,做好傅作义的工作,指示说:"新保安、张家口之敌被歼以后,傅作义及其在北平直系部属之地位,已经起了变化,只有在此时才能真正

---

　　①　陈长捷:《天津战役概述》,《平津战役亲历记》,第182页。

谈得上我们和傅作义拉拢并使傅部为我所用。"也就是和傅合作,里应外合,解决中央系国民党军队,和平解决北平。军委指示林彪,要北平地下党派出可靠同志,直接面告中共对傅作义的六点方针,并要傅保守秘密:

(甲)目前不要发通电,此电一发他即没有合法地位了,他本人及他的部属都可能受到蒋系的压迫,甚至被解决。我们亦不能接受傅所想的一套做法,傅氏此种做法是很不实际的,是很危险的。

(乙)傅氏反共甚久,我方不能不将他和刘峙、白崇禧、阎锡山、胡宗南等一同列为战犯,我们这样一宣布,傅在蒋介石及蒋系军队面前的地位立即加强了,傅可借此做文章,表示只有坚决打下去,除此以外再无出路。但在实际上,则和我们谈好,里应外合,和平地解放北平,或经过不很激烈的战斗解放北平。傅氏立此一大功劳,我们就有理由赦免其战犯罪,并保存其部属。北平城内全部傅系直属部队,均可不缴械,并可允许编为一个军。

(丙)傅致毛主席电,毛主席已经收到,毛主席认为傅氏在该电中所取态度不实际,应照上述甲、乙两项办法进行方合实际,方能为我方所接受。

(丁)傅氏派来谈判之代表崔先生态度很好,嗣后崔可再出城来联络传达双方意旨。惟我们希望傅氏派一个有地位的能负责的代表,偕同崔先生及张东荪先生一道秘密出城谈判。

(戊)傅氏此次不去南京是对的,今后亦不应去南京,否则有被蒋介石扣留的危险。

(己)彭泽湘是中共叛徒,过去有一时期曾为蒋介石做过某些特务工作。其人买空卖空为我方所不信任,希望傅氏亦不要信任他①。

---

① 《中央军委关于认真进行傅作义的工作致林彪电》(1949年1月1日),《平津战役》,第231—232页;又据《北平和平解放前后》,第54—55页。按:两件文字有异同,引文作了校对。——笔者。

毛泽东提出的这六条,一是要傅作义打消独自的政治要求,中共不会和他在政治原则上有所谈判。二是要傅作义协助中共解决北平地区的中央军,亦即将中央军缴械。但对傅作义总的态度是温和的,条件也比较宽松。

当时,白崇禧已经发表通电要求蒋介石下野,各方面的和平运动十分活跃。傅作义也想发表通电,创议和平。1月1日,蒋介石发表元旦文告,不得不作出愿意与中共和谈的姿态,而在开国纪念典礼上则表示"不能战,就不能和","能战才能和"[①]。3日,蒋介石又分别致书傅作义、李文、石觉、侯镜如、陈长捷、邓宝珊、孙兰峰,企图以空言激励士气:"今我挟优势之兵力,守土御匪,益以傅总司令之指挥,本其平素负责从事之精神,策划督战,期在必胜,所望我将士团结一心,服从命令,认识此战不仅为保卫平津华北之战,乃我三民主义与共产主义成败之战,亦即争取我国家民族独立生存之战,此战而胜,即为全般战局最大之转捩。"[②]鼓励傅作义和北平中央系军队继续抵抗。

中共中央的六点意见下达后,中共北平地下党奉命派李炳泉面见傅作义作了转达,据说"傅作义听了这六条意见后如释重负,情绪有很大好转,但仍未表示完全接受我方条件的决心"[③]。事实上,要傅作义完全放弃政治上的要求和缴中央军的械,对傅作义来说,都不是容易下决心的。

为此,毛泽东于7日指示林彪:"我们基本方针是:只要傅能让我们和平接收平、津,允许傅部编为一个军,他本人可赦免战犯罪,保存私人财产,住在北平或出外边由他自定。他的部属的生命家财不予侵犯。除此以外,不能再允许给他什么东西,亦不能称为起义。"[④]毛泽东要求

---

① 《总统蒋公大事长编初稿》1949 年 1 月 1 日条。
② 《总统蒋公大事长编初稿》1949 年 1 月 3 日条。
③ 苏静回忆,《平津战役》,第 628 页。
④ 1949 年 1 月 7 日 5 时中共中央军委复林彪电,《毛泽东年谱》下卷,第 430—431 页。

林彪准备武力解决，炮击机场，认为只要能攻入城内占领一部，必能迫使傅作义就范，按照中共方式和平解决。当时，毛泽东对美国策动第三条道路，在将来的联合政府中制造反对派，保持着极为敏感的警惕性，极力阻止傅作义可能存在的企图，即将他的部队变为第三条道路的军事力量。

据王之湘回忆，他当年参与和平解决北平问题的商议时，听邓宝珊说，当时确有人教傅作义提出政治条件："有人向傅将军建议，作为和平解决北平的条件，要提出成立'华北政务委员会'，即由中国共产党和各界人士，以及志愿参加的国民党人士组成一个联合委员会，保留傅作义的现有部队和中国人民解放军共同维持治安。据说这是为了'缓和国内战争，防止国际战争'的暂时办法，将来如何，要看局势而定，如能达到国共合作，就成立统一的联合政府。"据王回忆，蔡运升告诉他，附条件的方案和美苏必将发生战争问题，傅作义说是燕京大学的一位教授提出和建议的，傅"虽然明知附条件的方案人民解放军决不能接受，但对美国武装干涉和引起美苏战争的说法，还是对傅作义有影响"①。这个方案如果出自燕京大学教授，自当是张东荪，但从时间上判断，应属出自中共当时判断的彭泽湘。详情待考。

这时，傅作义通过他的一位老朋友侯少白的推荐，请燕京大学教授、民盟成员张东荪帮忙，与解放军谈判。傅作义亲自宴请张东荪，同张交换了意见，要张代表他出来谈判，但张表示："你是蒋介石的官，我是民主同盟的分子，我不能当你的代表，我只能把你的意见转达给对方。"张东荪愿意居间促成和平，但要傅作义派一个代表同自己一同去和解放军谈判。于是，傅作义选择了周北峰。周系傅作义华北"剿总"的土地处处长，以往傅与中共方面联络，多由周作代表。经过傅作义方面和中共北平地下党代表崔月犁的安排，周北峰和张东荪两人于 6 日 10 时出城，穿过火线，路经清河镇，第二次与解放军进行谈判。

---

①　王之湘：《傅邓马会谈与北平和平解放》，《平津战役亲历记》，第 340－341 页。

林彪认为傅作义没有决心缴枪,准备 13 日总攻天津。中央军委于 7 日 15 时电林彪、聂荣臻,要他们让周、张对六点意见表示态度,准备对周北峰严正表示下列四点:

(1)傅氏反共甚久,杀人甚多,华北人民对傅极为不满,除非他能和平让出平津,否则我们无法说服人民赦免他的战犯罪。

(2)不能取骑墙态度,只能站在人民解放军一方面,其军队编为人民解放军的一个军,不能有其他名义。

(3)除傅部外,其他军队一律缴械,这些军队的军官及眷属可照对待郑洞国部的办法办理。

(4)迅速解决,否则我军即将举行攻击①。

7 日晚,张东荪、周北峰到达林彪驻地附近,8 日晨,聂荣臻先和他们谈判。张转述了傅作义的几点意见:

(一)北平、天津、塘沽、绥远一齐解决;(二)要平、津以后能有其他报纸(意即不只是中共一家报);(三)政府中要有进步人士(张谈:这些都是冠冕堂皇的陪衬语);(四)军队不用投降或在城内缴枪的方式,采取有步骤的办法,即是调出城外,分驻各地用整编等方式解决。如同意此方针,当双方派代表协同拟定具体办法②。

1 月 9 日 2 时,毛泽东起草的中共中央军委复林彪、聂荣臻电,就傅作义所提条件作出明确的指示:

你们应回答如下几点:(甲)平、津、塘、绥均应解决,但塘、绥人民困难尚小,平、津人民困难甚大,两军对峙,军民粮食均有极大困难,故应迅速解决平、津问题。(乙)为避免平、津遭受破坏起见,人民解放军方面可照傅方代表提议,傅方军队调出平、津两城,遵照

---

① 《中央军委关于对傅作义代表周北峰应严正表示的四点意见的电报》(1949年 1 月 7 日),《北平和平解放前后》,第 56—57 页。

② 据林彪、聂荣臻 1 月 8 日致中共中央军委电,《毛泽东年谱》下卷,第 431 页注(1)。

人民解放军命令开赴指定地点，用整编方式，根据人民解放军的制度改编为人民解放军，并由双方代表于三日内规定具体办法，于一月十二日下午一点开始实施。平、津两处办理完毕后，即可照此办法解决塘、绥问题。（丙）政府中有进步人士，平、津报纸不只中共一家，是中共民主纲领中原来就有的，故不成为问题①。

是日上午，林彪、罗荣桓、聂荣臻、刘亚楼从孟家楼司令部到八里庄，同周北峰、张东荪开始正式谈判。在会谈中，林彪表示："我们的意见是：所有军队一律解放军化，所有地方一律解放区化。在接受这样条件的前提下，对傅部的起义人员（毛7日电，不能称起义，显系回忆时误称——引者），一律不咎既往；所有张家口、新保安、怀来战役被俘的军官，一律释放。傅的总部及他的高级干部，一律予以适当安排。"此后的会谈，周北峰根据傅作义的指示，商谈改编的具体问题。同时，周北峰还转达说："傅还说他一贯主张政治民主，经济平等，言论自由，信仰自由。"②

在谈判期间，傅作义于1月9日通过北平《平明日报》社采访部主任李炳泉（中共地下党员）转给林彪、聂荣臻的电报中说：有关部队问题，"亟需缜密计划，妥慎实施，方可避免糜烂，不违初衷"，"部队出城时间，须视准备工作进行之程度及双方细节问题具体商决约定。万一有少部分不听命令，尚须双方在技术上预有商订"③。

同时，蒋介石于6日派特工头目、国防部次长郑介民赴北平慰劳各军将领，并同傅作义长谈一次，要傅与蒋的和平取一致步骤，并空运军队至南方。郑于7日晚回南京④，翌日向蒋介石报告平津局势已经严重，天津近郊已发生战斗。蒋介石与傅作义商量，决定令北平各军由空

① 《毛泽东年谱》下卷，第431页。
② 周北峰：《北平和谈纪实》，《平津战役亲历记》，第298页。
③ 《毛泽东年谱》下卷第433页注(2)。
④ 郑介民回南京日期，据《徐永昌日记》1949年1月8日。

运撤退至青岛①。9日,白崇禧向蒋介石呈文,表示"我非运用国际力量,不能阻止中共行动",希望通过国际力量,阻止解放军的进军②。

在这种形势下,解放军前线将领林彪、聂荣臻和统帅部的毛泽东都认为傅作义命令中央系军队出城几乎是不可能的事,因而也不相信傅作义关于为打通思想做说服工作需要时间、希望顾及事实的要求。他们判断傅作义关于能够控制中央军的说法,不过是一句空话,除了借此拖延时间之外,别无意义。尤其是傅作义的9日电,更加深了这种疑虑。但毛泽东认为,傅作义既然提出了离城整编的问题,解放军就可以将计就计,同意离城整编,一旦军队离城,就有办法缴械,这样可以争取谈判中的主动;如果傅作义做不到,就揭露傅作义的欺骗性,使人们觉得解放军已经仁至义尽。而对于傅作义在政治上的表白,毛泽东十分反感:"傅作义及其左右在接到我们意见后,企图叫我们迁就他们所设的范围(迫我就范),而拒绝我们迫傅就范的方针,明明不能指挥中央军,要说能指挥(后来事实说明能指挥——引者)。此外,并提出什么报纸及政府用人等事,好像他们是代表人民说话,向我们要求民主权利。"③

10日上午,双方继续会谈,午后,解放军方面整理了一份《会谈纪要》,由双方签字。纪要规定,1月14日以前为傅方答复的最后时限。解放军方面由林彪、罗荣桓、聂荣臻签字,傅作义方面由周北峰签字,张东荪因是民盟成员,不能代表傅作义,所以,没有同意在纪要上签字,并表示要去石家庄,拜见毛主席。第二次谈判即告结束④。11日,傅作义电告林彪,将派邓宝珊作代表再次出城谈判。

---

① 《总统蒋公大事长编初稿》1949年1月8日条。

② 《总统蒋公大事长编初稿》1949年1月9日条。

③ 中共中央军委1949年1月11日致林彪、聂荣臻电,《毛泽东年谱》下卷,第432页。

④ 周北峰回忆,《平津战役亲历记》,第299页。按:日期按297页注修正。——笔者。

　　在此期间,中共中央为加强平津战役及平津塘地区的领导,于1月10日组织总前委,由林彪、罗荣桓、聂荣臻三人组成,林彪为书记。随后,平津前线司令部从孟家楼移到通县附近的宋庄。

　　这时,解放军已作好了攻击天津的准备,即将天津问题作为试探傅作义诚意的筹码。11日,军委答复林彪、聂荣臻关于和傅作义代表谈判问题的请示说:"同意命令傅方代表限天津敌先头部队至迟须于十三号十二时以前开出,否则我军将于十四号开始进攻,并向傅方代表指出,我方怀疑傅方借谈判拖延时间,故天津方面必须依照指定时间开出城外,并不得对于公私财产、军用物品及公文案卷有任何损毁,否则必须全体缴械,并惩办其负责人。军队出城,只能携带随身枪弹。"①12日,毛泽东虽然已经知道傅将派邓宝珊出城谈判,仍不敢松懈,指示林、聂,要在谈判中当面向邓宝珊驳斥傅作义9日电所持立场:"围城已近一个月,谈判如此之久,始终不着边际。自己提出离城改编,现又借词推托,企图拖延时间,实则别有阴谋,加重平津人民的痛苦。傅如有诚意,应令天津守军于十三日全部开出城,听候处理。守军应负责移交一切公共财产、案卷、武器弹药、被服,不得有任何破坏损失。守军出城,只能携带随身枪弹物品。一切改编细目待出城后再说。否则我军将于十四日攻击天津。至于北平守军,可以推迟数日离城,但亦不能拖延太久。不是所谓由我军协助傅军解决抗不受命者,而是傅军协助我军入城解决一切敢于抵抗的部队。你们说这些话时应坚决明确。"还指出:"估计天津守军十三日必不会按照我们所说的时间、条件出城,你们应准备于十四日攻击天津。"②

　　天津城防,筑有环城碉堡工事千余座,外侧筑有护城河,引进运河

------

　　①　中共中央军委1949年1月11日复林彪、聂荣臻电,《毛泽东年谱》下卷,第433页。

　　②　中共中央军委1949年1月12日致林彪、聂荣臻电,《毛泽东年谱》下卷,第433—434页。

水源,水深可达 3 米。天津南北长达 12 公里,东西宽仅 5 公里,海河贯流南北分割市区,在城北与北运河会合。陈长捷以第八十六军守备河东,指定一个加强团死守阵前东局子据点,以第六十二军守备河北,以一个加强团据守宜兴埠,重点保持在西侧的西营门方面,以第九十四军的第四十三师及收编溃军而恢复的第六十军第一八四师,守备西营门以南的西南地区,以河北保安团据守东南方向的灰堆据点。在东西蜂腰部的民族门和西营门令八十六军和六十二军在第二线上控置有力部队,以免被南北截断。准备以两个护路旅和静海保卫团等为预备队。

12 月 21 日,东野第九纵队占领咸水沽,截断了天津守敌的南面退路。第六十二军军长林伟俦感到兵力不足,宜兴埠孤立,即令守军撤退。守军撤退时竟纵火焚村,陈长捷得报,即令第六十二军及市消防队全数出动,但已扑救不及,造成灾民遍地。林彪和毛泽东原计划首先攻击塘沽、军粮城,但经东野第七纵队侦察,塘沽系水网地带,兵力不易开展,敌指挥机关设在军舰上,随时准备撤退,如进行攻击,伤亡大而收获小。同时,林彪察觉平津之敌有突围迹象,而当时东野兵力分散,南线杜聿明集团尚未歼灭,有被敌军突出重围的危险。因此,林彪于 12 月 29 日,将准备攻击塘沽、大沽的部队移到天津附近,并报经中央军委批准,放弃攻击两沽计划,准备集中五个纵队攻击天津,同时,调华北第二、第三兵团会攻北平,阻敌南逃。

1949 年 1 月 2 日,解放军完成了对天津的包围,以刘亚楼为前线总指挥,设司令部于杨柳青,着手扫清天津外围阵地。5 日攻占灰堆,7 日攻占东局子,9 日攻占鲁西义地、安徽义地及丁字沽一线。至 10 日前后,扫清了敌外围阵地,直逼城防工事,于 13 日完成了攻击准备。

当时,天津各界如工商界的李烛尘等也在运动和平。1 月 9 日天津市参议会代表丁作韶、杨云青、胡景熏、康相九四人出城谈判,提出天津和平解决的意愿。10 日刘亚楼与他们谈判时提出四点:"(一)天津为华北主要工业城市,人民解放军甚盼和平解决,藉免遭受战争破坏。(二)一切天津国民党军队,应自动放下武器,人民解放军保证这些军队官兵生命财产的安全及去留自便。(三)人民解放军停战二十四小时,等候天津守军的答复。(四)如果天津守军不愿自动放下武器,则人民解放军将发动进攻,天津守军的首领们应当担负使天津遭受战争破坏的责任,而受到严厉惩罚。"①但这些谈判均遭到天津军方的破坏,没有结果。

11日,解放军向陈长捷送达了林彪签署的致陈长捷、林伟俦、刘云瀚的信,最后劝告他们放下武器,限12日晚答复。陈长捷在和天津市市长杜建时商量时表示:"还是等待北平和谈成功,一起行动。"陈长捷打电话向总部请示,参谋长李世杰的回答,仍是:"坚定守住,就有办法。"于是,决心再顶一段时间。为了拖延时间,复信敷衍说:"武器是军人第二生命,放下武器是军人之耻。如果共谋和平解决,请派代表进城商谈。"②这里,天津国民党将领所谓和平解决,是指让他们全师回南方,和平让出天津。

陈长捷拒绝了解放军的最后通牒,解放军即决心攻克天津,以军事威力,促进北平问题的和平解决。当时,傅作义的代表邓宝珊已到达林彪驻地附近的五里桥进行谈判。邓宝珊问:"你们打天津准备打几天?"林彪说:"三天。"邓宝珊说:"恐怕三十天你们也打不下来。"但实际上,林彪的决心和估计是"战斗开始后,最多三十小时可以全部解决"③。

林彪对于天津的攻坚战斗,已于1月7日作好部署,集中了第一、二、七、八、九等五个纵队的兵力及特种兵大部。当时,东北野战军兵员充实,战力强大,用兵十分富余,因为第十二纵队要求参加攻坚锻炼,增加了该纵一个师,又因刘亚楼的要求,增调第六纵队长于巷战的第十七师参战,总兵力达二十二个步兵师,共34万人。林彪以攻击天津蜂腰部、突破后分割天津守军,然后先弱后强,即先南后北,全歼敌军为战役

① 《毛泽东年谱》下卷第434页注(1)。
② 杜建时:《天津战役国民党军覆灭经过》,《平津战役亲历记》,第220—221页。
③ 苏静回忆,《平津战役》,第632页。

指导思想。以两个纵队攻击西营门一线,以两个纵队攻击民族门一线,以一部兵力在南北两端进行攻击。在攻击准备阶段,各部队进行了充分的各兵种协同作战的攻坚演习。由于天津守军拒绝投降,林彪于13日19时,向刘亚楼发布了14日开始攻击的命令。

　　14日10时,解放军发起了对天津的总攻击,八个突破口,经步、工、炮和坦克兵的协同作战,一举突破成功,即向纵深大胆穿插,然后分割包围,对敌强固据点组织攻击。天津守军主力第六十二军的第一五一师,为解放军北面佯攻所迷惑,不敢移动,置于无用之地。天津守军在解放军的分割包围下,迅速瓦解,许多部队未经抵抗,即纷纷投降。是日夜,陈长捷用电话召集林伟俦、刘云瀚、杜建时商量对策,决定放弃"核心抗拒"计划,停止抵抗,就地放下武器。杜建时即于深夜邀请李烛尘、杨亦周(参议会议长)商量,于15日凌晨由杨亦周广播和平宣言。但为时已晚,15日晨,东西对进部队在市中心金汤桥会师。8时,攻占市内最坚固的支撑点海光寺。这时,傅作义从无线电广播中得到解放军宣布突入天津市的消息,急忙亲自用无线电与陈长捷通话,这是天津被围后,傅作义和陈长捷的第一次也是最后一次通话。陈长捷报告了天津战况和会商的结果,傅作义即表示:"可以接洽和平吧!"①正在这时,约上午10时,解放军冲进了天津警备司令部,俘虏了陈长捷。至15时,解放军全歼天津守敌13万人,战斗结束。林伟俦、刘云瀚、杜建时均被俘虏。

　　16日,津沽防守司令侯镜如向蒋介石报告解放军进逼塘沽,战况激烈。蒋即复电询问并指示说:"傅总司令有否电令撤退?如万不得已时,一面向傅总司令请示,一面撤退可也。"②17日,侯镜如接到北平转来的蒋介石电报,于是,立即撤守电台,命令各部上船,撤往上海。

---

①　陈长捷回忆,《平津战役亲历记》,第184页。

②　《总统蒋公大事长编初稿》1949年1月16日条。

二　北平和平解放

　　周北峰于 1 月 10 日回到城里后,向傅作义作了汇报,并交呈了《会谈纪要》。傅看完后只是唉声叹气,最后说:"这个文件,过两天再说。"①同时,傅准备派周北峰和邓宝珊再次出城谈判。邓宝珊和傅作义的私交很好,又是华北剿总的副总司令,不过邓是一个没有军事实力的过时的将领。他驻守榆林时,和延安中共的联系相当密切。所以,傅作义于 1948 年 12 月 28 日用飞机把他从包头接来,作为真正能够代表他进行谈判的人选②。邓宝珊到北平后,傅作义和他及马占山进行了多次商谈。傅作义深感和战两难,迟疑不决,甚至希望发一个和平通电后,即将军队交给李文,自己到南京向蒋介石请罪,一走了之。他既不愿承担死战破坏古都的责任,一时也不愿按照中共的条件交出军队。他在 13 日、14 日间,还对周炳琳等大学教授说:"今天需要和平,人同此心。谈和平是要和的和平,在和以外的无法谈,而且和平之权〈在〉对方。"③也就是拒绝投降。

　　13 日,邓宝珊和周北峰出城,代表傅作义进行第三次谈判,经清河镇到达五里桥。14 日,首先由聂荣臻同邓宝珊、周北峰谈判。聂荣臻在谈判时态度严峻,痛斥傅作义罪大恶极,仍然企图走中间路线,指出唯一出路就是坚决地遵照中共的六点指示去做,中心是里应外合解决中央军。只有这样,才能立功赎罪。这时,解放军已开始攻击天津,聂荣臻向邓宝珊指出,由于傅拖延太久,解放军才攻击天津,傅应对天津的战争损失完全负责,要傅下令迅速停止抵抗,放下武器。北平应照原改编方案,迅速提出具体实施步骤。由于解放军已开始攻击天津,傅作

①　周北峰回忆,《平津战役亲历记》,第 301 页。
②　邓宝珊到北平时间,据《新闻报》(上海)1948 年 12 月 30 日报道。
③　《大公报》(上海),1949 年 1 月 15 日。

义所要求的平、津、塘、绥整个和平解决和平津问题先停战三日已经做不到。

与此同时，傅作义仍未断绝和蒋介石的联系。根据蒋介石的要求，13日起北平部队空运青岛计划开始实施。蒋介石为了阻止傅作义实现平津和平，嘱国防部长徐永昌致函傅作义，"希其率部移防青岛，予以指挥豫鲁军事之全权"①。傅作义又于14日致函蒋介石，建议一是向津塘方向出击，二是空运转移，同时表示："共匪对职仇恨甚深，实无能完成此最后任务，初步安排后，请即调职赴京，追随左右，另行指定人员，指定部队，在平办理。"②他给自己仍留着一条脱身的后路。为此，蒋介石派空军副总司令王叔铭飞平安排，16日傅作义向蒋介石报告说："王副总司令叔铭昨飞抵平，交示钧谕，敬聆种切，谨遵指示，即按第二案实施。惟天津情况影响北平士气民心，至为严重，社会言论竟明示对守城者之怨怼，部队士气消沉，亦无法鼓励，瞻念前途，焦虑无似，为实施第二案，请饬派大批飞机尽量尽速来平空运，争取时间，俾求达成预期目的。"③但同时，傅作义让周北峰通知解放军，炮击天坛机场，迫使空运飞机不敢降落，阻止了蒋介石的空运计划④。

解放军迅速攻克天津，傅作义在谈判中已完全没有力量。15、16日间，毛泽东连续对林、罗、聂就谈判方针作出指示，并为林彪、罗荣桓草定了一封措辞十分严厉的书面通牒，即《林彪、罗荣桓致傅作义的公函》。毛泽东指出："傅作义十四日还在指挥陈长捷夺回突破口，施用炸药抵抗，而在十五日十五时致邓宝珊电内又谓在此时期再有一人一物之伤亡损坏，为国家为人民均所不应。不说他自己下令停战，而说要我方停战。北平城内成立联合机构一点，似乎仍有和我方分享政权之意。

---

① 《总统蒋公大事长编初稿》1949年1月13日条。

② 《总统蒋公大事长编初稿》1949年1月14日条。

③ 《总统蒋公大事长编初稿》1949年1月16日条。

④ 王克俊、周北峰回忆(参《平津战役亲历记》)，时间有误，实际阻止空运当系13日之后，与李文等撤走无关。——笔者。

因此仍须将致傅通牒交与傅方代表。"①16 日，毛泽东要林彪于当日将这封书面通牒面交傅方代表，要傅作义方面在"决心和平缴械或决心和平出城改编或决心里应外合协同解决中央军"，三项方案中选择一项。要傅方"下决心站在我们方面。如果傅方决心站在我们方面，我们决不会亏待他们"。毛泽东指示说："傅之灵魂是邓宝珊，可向他表示，毛主席知道他出来谈判，表示高兴，并致欢迎之意。"同时，毛泽东要求前线将领积极准备攻城②。

不过，在北平前线，和平解决的谈判这时进展顺利，开始迅速达成协议。林彪、罗荣桓、聂荣臻在 15 日同邓宝珊、周北峰在五里桥的谈判，"对北平国民党军开出城外的指定地点，进行改编的方案，华北剿总和部队团以上军官的安排原则，北平国民党军政机构的接收办法等，达成了基本协议"③。16 日，解放军迅速攻占天津的消息，也已通知了傅方代表，大势已无可逆转。是日晚，林彪、罗荣桓、聂荣臻再次同邓、周等会谈，按照毛泽东的指示，由林彪出面采取了和缓诚恳态度（不盛气凌人），劝告傅方代表和平解决。同时提出："限本月二十一日，首先开出一个军至北平城外三十里至六十里间地区（除宛平、通县两方面外，任何方面均可），以后再陆续开出。"邓宝珊表示接受。邓要求解放军派代表同他一起入城，林即派东北野战军司令部参谋处长苏静为代表。邓随后询问了傅作义将来的出处，林回答："傅之位置有二：一去台湾，一留北平。"这次会谈的气氛良好，林、罗、聂对是否交出措辞严厉的通牒很是踌躇，但邓宝珊要走了，不允许再考虑，即照中央命令"机械的递出"。然后嘱咐苏静，"可在入城途中，以个人谈话方式要邓考虑对事态发展之有利方法，是否可先与傅谈，如一切顺利解决，则不交通牒。如

---

① 中共中央军委 1949 年 1 月 15 日复林彪、罗荣桓、聂荣臻电，《毛泽东年谱》下卷，第 437 页。

② 《中央军委关于与傅作义代表谈判的指示的电报》（1949 年 1 月 16 日），《北平和平解放前后》，第 60—61 页。

③ 苏静回忆，《平津战役》，第 633 页。

谈无效再交出"①。

在此同时,华北七省市参议会及北平各界人士也参加了和平运动。对国民党深感失望的北平市前市长何思源,为了免除北平 200 万人民的战争痛苦,保护几千年的文化古迹,也积极奔走和平,希望傅作义不要再作毫无出路的抵抗,并向军师长们游说。1 月 15 日,华北人民和平促进会成立。16 日,华北七省市参议会议长许惠东等七人也通电呼吁停战,但他们附有政治条件,在致毛泽东等的电报中,认为:"经济平等、政治民主、生活自由,既为人民共同之要求,又与贵党主张最为接近,同人等站在人民观点,极望早日实现和平,共谋合作。"也就是"今日与傅作义先生合作,正为贵党主张之试验,亦为影响全国之契机"。通电在政治上对中共要胁说:"总之,人民所希望于贵党者,为博为大,如贵党昭示于人民者,为褊为狭,则向日输心同情于贵党者,势将失望而去之。谅为智者所不取也。"②许惠东一类政客的主张,当然不为中共所欢迎。

17 日中午,在傅作义的支持下,召集华北七省市参议会聚餐会,到会的有七省市参议会议长和代表、北平市工商、教育界的代表、北平市前市长何思源、市长刘瑶章,中央系各军官长、傅作义总部将级军官,共五桌,约五十人,还有许多记者。会上发言者一致要求和平解决,军人们则一言不发。会议推选何思源、吕复、康同璧等十人为和平代表,准备于 18 日出城向解放军正式请求"停战十日,进行和平谈判"③。18 日凌晨,国民党特务安放在何思源家屋顶上的两颗定时炸弹爆炸,造成何一家六口一死五伤的惨剧。何不顾伤痛和家人的死伤,仍坚持和代表们一起出城。东北野战军第四纵队司令员莫文骅接待了他们,他们

---

① 《林彪、罗荣桓、聂荣臻关于与邓宝珊谈判和平解决北平问题的情况报告》(1949 年 1 月 17 日),《北平和平解放前后》,第 66—67 页。

② 《世界日报》(北平),1949 年 1 月 17 日。

③ 《世界日报》(北平),1949 年 1 月 19 日。

要求解放军给傅作义一条路走,不要逼得太紧,希望双方谈判和平解决,以免北平打坏了。

　　苏静随同邓宝珊于17日到达北平后,即与傅方代表崔载之等根据城外达成协议的基本精神,商议具体条款。双方先草定了"为消除此间部队机关之疑异,需傅适时对部队及机关说明和准备要点",共十四条,由苏静于19日22时向林彪、罗荣桓、聂荣臻报告,林彪、罗荣桓于20日11时半转报中央军委,并陈述了自己的意见,并请中央逐条指示答复。中央军委于21日4时逐条予以答复①。最后形成了一个十八条的《关于北平和平解决问题的协议书》,并于21日由苏静作为解放军东北野战军前线司令部代表,王克俊、崔载之作为政府军华北总部代表正式签字②。

　　20日,傅作义派飞机赴重庆接回了家属,21日上午,傅作义召集高级将领会议,宣布北平和平协议。中央系军官在既成事实面前已无力抵抗,协议宣读后,李文、袁朴等痛哭流涕:"对不起领袖呀! 对不起领袖呀!"最后,他们希望能够让他们走,得到傅作义的同意③。22日下午6时,傅作义向各界并通过国民党中央社发布了北平和平的文告,并公布了部分协议条款。文告说:"为迅速缩短战争,获致人民公议的和平,保全工商业基础与文物古迹,使国家元气不再受损伤,以期促成全

---

　　①　《军委关于傅作义部出城整编的部署给林彪、罗荣桓的指示》(1949年1月21日)及附件,《中共中央文件选集》第18册,第63—71页。

　　②　《关于北平和平解决问题的协议书》,《北平和平解放前后》,第68—71页。按:该件署为1949年1月19日,实际拟定及签署当在谈判代表接到中共中央军委1949年1月21日4时复电之后,如第十五条、十六条,即系根据中共中央指示改定。签字日期据苏静回忆。另据苏静回忆,"毛主席对条文内容和词句作了一些修改后,由平津前线司令部电台发回,遂成正式协议"(《平津战役》,第635页),但上述中央军委电系原则指示,我们未见到毛泽东修改后发回的文本,定稿经过待考。——笔者。

　　③　参安春山:《退守北平接受和平改编前后》,黄翔:《第九十二军在北平和平起义经过》等,《平津战役亲历记》,第382、401页。

国彻底和平之早日实现,经双方协议,公布下列各项"云云①。按协议书规定,"自本月二十二日上午十时起双方休战","过渡期间,双方派员成立联合办事机构,处理有关军政事宜","城内部队兵团以下(含兵团)原建制、原番号自二十二日开始移驻城外,于到达指定驻地约一月后实行整编"②。而《世界日报》在 22 日的消息报道中还杜撰说:"闻对方同意傅作义将军政治民主、经济平等、生活自由之主张,深愿与其携手。"

22 日上午,傅作义开始执行协议,傅作义的亲信部队骑兵第四师、第一〇一军首先开出城外,其余傅系和中央系部队在以后几天里,也陆续出城,开往指定地点,准备接受整编。至 1 月 30 日,除殿后部队外,都已出城,31 日,殿后部队第一〇四军及十七师全部开出③,解放军第四野战军第四十一军(即原东北野战军第四纵队)于 31 日午后 1 时先开一师进城。2 月 3 日,解放军举行了入城式,北平和平解放。

就在北平宣告和平的前一天,即 21 日,蒋介石宣布引退,但他仍手书傅作义、李文:"余虽下野,希嘱各将领照常工作,勿变初衷。"④至 24 日,蒋介石仍希望顾祝同令李文指挥中央各军积极准备战斗。但北平和平已成定局。于是,蒋介石于 26 日向傅作义提出要求:"(甲)中央各军分途突围,作九死一生之计,与其坐任共×宰割侮辱,不如死中求生,发挥革命精神。(乙)如甲项已不可能,则要求傅负责照原定方针,先让国军空运南撤。(丙)如乙项亦不可能,则必须将中央军各级官长空运南撤,而将全部士兵与武器交傅编配。(丁)为实行丙项之方针,其意即

①　《世界日报》(北平),1949 年 1 月 23 日。

②　《关于北平和平解决问题的协议书》,《北平和平解放前后》,第 68—71 页。

③　据《林彪、罗荣桓、聂荣臻关于与傅方会谈改编情形给中央的电报》(1949 年 1 月 31 日),《北平和平解放前后》,第 141 页。按:未查到十七师番号,疑为一五七师之误。——笔者。

④　《总统蒋公大事长编初稿》1949 年 1 月 21 日条。

宁可全军交傅,而不愿由╳整编,以保留国军革命之人格,此为对傅最低限度之要求。(戊)如丁项亦不可能,则要求其将师长以上各高级将领,空运南归。"①当时,解放军采取了"兵收留、官放走,不安于位的并表示可以让他们走"的方针②,于是,傅作义经解放军方面同意,让李文、石觉等军师长,及挑选的部分军官携带轻机枪数十挺,乘飞机离开北平,于1月31日前往青岛。

傅作义的部队开始出城后,傅作义和南京的联系并未中断,东单机场也没有关闭。26日,解放军方面参加联合办事机构的成员陶铸进城准备接管事宜后,傅本人也多次向陶铸表示,愿意作为促进中共和南京李宗仁、白崇禧和平谈判的桥梁。傅作义虽然在军事上接受了出城整编的方式,但在政治上,中共方面认为他还没有靠拢,还在搞他自己的政治活动:"傅与李、白拉紧,想把南京一些人弄进来,以壮声势,并扩大自己的政治影响。最近并用推迟我之进城时间,对部队发两个月的饷,对被拆毁房户进行赔偿救济,并利用报纸大宣传他之和平保全北平的功绩,并誉之为万众生佛。总之,他极力在收买人心,制造政治资本,想在联合政府中仍能插一脚(其亲信已有此表示)。"③对此,中共当然不能允许。为此,毛泽东指示林彪,必须叫邓宝珊在解放军入城那一天或前一天,把毛泽东为林彪、罗荣桓起草的致傅作义公函交给傅作义,以便新华社在解放军入城那一天公开发表。这封公函历数傅作义作为战争罪犯的罪行,要傅作义遵照解放军的条件和平解决北平问题,"以求自赎"④,以此攻破傅作义的政治立场。在政治原则上,毛泽东要求傅

---

① 《总统蒋公大事长编初稿》1949年1月26日条。

② 《林彪、罗荣桓、聂荣臻关于与傅方会谈改编情形给中央的电报》(1949年1月31日),《北平和平解放前后》,第141页。

③ 《林彪、罗荣桓、聂荣臻关于与傅方会谈改编情形给中央的电报》(1949年1月31日),《北平和平解放前后》,第141页。

④ 《林彪、罗荣桓为敦促和平解决北平问题致傅作义函》(1949年1月16日),《平津战役》,第250—251页。原注:这封公函新华社于1949年1月31日播发。

作义公开声明反对美帝及国民党反动政府,表示今后在中共领导下为人民事业服务,并承认以往进行反革命战争是绝对错误的,愿意痛改前非,将功折罪。

邓宝珊当时担心和局有变,没有把这封林罗公函交给傅作义,苏静接到林彪的指示后,即敦促邓宝珊转交,据说邓又通过傅作义的女儿傅冬菊,托她转交①。2月1日这封林罗公函由新华社公开发表,同时,毛泽东则为新华社写了述评:《北平问题和平解决的基本原因》,对傅作义文告中的政治性表白进行了批驳,只是指出:"不管傅作义过去如何反动透顶,华北人民如何恨之入骨,这件事总算是做得对的。只要他以后向有利于人民事业的方面走,愿意向人民低头,在军队改编问题上予以协助,不起阻碍作用,而不再企图高踞在人民头上压迫人民,人民解放军就有理由向人民说明,赦免他的战犯罪,并给他以新的出路。"②傅作义见了林罗公函,写了一封长信给林彪、罗荣桓,说明自己一直没有看到这封信,只是于1月31日晚,他同苏静、邓宝珊谈话时才知道有这封信,并表示如指定一投案地址,他在一小时内一定前往投案。对此,毛泽东指示林彪于入城后,和傅邓见面扯开谈一次:"对傅态度如新华社公开所表示者他过去做的是错的,此次做的是对的。他的战犯罪我们已经公开宣布赦免断不会再有不利于他的行动。他不应当搞什么中间路线,应和我们靠拢,不要发表不三不四的通电,应发表站在人民方面说话的通电,如果他暂时不愿发这样的通电,也可以,等一等想一想再讲。"③后来经过林彪、聂荣臻及叶剑英做了许多工作,毛泽东也亲自和他谈话,才缓和了他的情绪。直到4月1日,傅作义才发表了关于北平和平的通电,反省自己的错误,表示:"今后愿拥护中共毛主席的领

---

① 　据苏静回忆,《平津战役》,第640页。

② 　《平津战役》,第268页。

③ 　《中央关于向傅作义及其左右说明我之态度等问题的指示》(1949年2月3日),《中共中央文件选集》第18册,第108页。

导,实行新民主主义,和平建设新中国。"①打消了傅作义分享政权的念头,毛泽东则对傅作义的通电表示欢迎。

平津战役历时六十四天,歼灭和改编国民党政府军一个"剿匪司令部"、一个警备司令部、三个兵团部、十三个军部、五十个师,共 52 万余人。至此,除归绥已在和平协商范围内之外,华北地区国民党军仅剩太原一个重要的孤立据点。

---

① 《傅作义将军通电》(1949 年 4 月 1 日),《平津战役》,第 278—279 页。

第六章　国民党政府财政和社会经济的总崩溃

第一节　财政金融的严重危机

一　财政收入状况的严重恶化

抗战胜利之后,国民党政府一度拥有相当可观的财力。一是拥有9亿美金的储备;二是拥有黄金410万两;三是出售敌伪产业,1945、1946年两年约有1.2万亿元以上法币;四是联总的救济物资,合计有3.7245亿美元;五是美国对中国的经济援助,除去上述的联总部分,达17.05亿美元①。这笔可观的资产,如有一个良好的政治环境,用于战后的经济恢复,完全可以使国家走上经济建设的良性轨道。但是,国民党依仗其拥有的军力和财力,一心希望速战速决,解决中共的问题。而结果,在军事上损兵折将,在政治上不得人心,在财政上耗尽了国库。国民党政府的财政金融出现了严重的危机,而战争仍在继续,国库则已难以为继。

1947年2月黄金风潮之后,中央银行的黄金储备减少了60%,无法再用出售黄金的办法来抑制通货膨胀,宋子文不得不下

---

①　孙晓村:《论两年来的中国财政》,《合作经济》新1卷第5、6期,转引自陈昭桐主编:《中国财政历史资料选编》第12辑下册,中国财政经济出版社1990年版,第163—164页。按:其中租借物资74,700万美元和出售的剩余物资82,400美元,有不同的估算数字,并且系军需物资,并非纯经济援助。——笔者。

台。由于美国的压力，4月间政府改组，扩大统治基础，吸收青年党、民社党和社会贤达加入政府，张群于4月17日被任命为行政院长，以俞鸿钧为财政部长。蒋介石希望以此获得美国同意予以财政支持，美援实际上是国民党政府挽救财政危机的唯一希望。

5月7日，财政部长俞鸿钧向国务会议报告，目前财政部的中心工作系设法使本年预算收支接近平衡。财政部预计当年支出须20万亿元，收入仅10万亿元，不足之数，以发行美金债券、出售敌伪物资等予以弥补[1]。但张群在财政金融方面并无实力，黄金外汇已经空虚，他无可奈何地说："蒋主席的困难，就是我的困难，蒋主席经济上没办法，我也无办法。"美金债券的发行，曾有江浙财团的钱新之、陈光甫、李铭、徐寄庼、杜月笙等表示支持，但实际上并没有成功，行销不到5000万美金，因此形成一个空前的滞销局面。张群内阁借内债遭到挫折，美援一时无望，仍然只能靠通货膨胀来维持[2]。

据行政院1947年度重大行政措施检讨报告[3]，是年预算执行情况如下表（单位为法币）：

预算岁入	73,600亿元	执行结果	138,300亿元
预算岁出	93,700亿元	执行结果	409,100亿元
赤字（债款）	20,100亿元	执行结果	270,000亿元

---

① 程悠等编：《中华民国工商税收大事记》，中国财政经济出版社1994年版，第337页。

② 万麟：《孔宋张三氏理财之比较》，《经济导报》第32期，1947年8月，转引自《中国财政历史资料选编》第12辑下册，第159—160页。

③ 《行政院1947年度重大行政措施检讨报告——财政金融部分》，《中国现代政治史资料汇编》第4辑第22册。

岁　　入	百分比	岁　　出	百分比
总数 138,300 亿元	100%	409,100 亿元	100%
赋税 91,400 亿元	66%	军费 213,100 亿元	52%
赋税以外收入		政务费 100,800 亿元	25%
（敌伪物资、		事业费 56,200 亿元	14%
剩余物资、		省市补助费 29,300 亿元	7%
黄金售价、		债务 9,900 亿元	2%
国营事业收入）			
28,700 亿元	21%		
债款 18,100 亿元	13%		
收支差额（银行垫款）	占岁出百分比		
270,000 亿元	66%		

到 1948 年上半年，实际支出高达 340 万亿元，而赋税收入仅为 50 万亿元，赋税收入占支出的比例降到了 14.7%[①]。

造成赋税收入不能支持国家财政的基本原因是通货膨胀，而造成通货膨胀的基本原因是庞大的财政赤字，形成了一个恶性的循环。1948 年出任财政部长的王云五说："在此币值日益不稳之情况下，国家之收入实值，远较战前为低，国家之支出，却不能不随物价飞涨而大增。收支上原有之差额，除由于军费之庞大外，更因此益巨，且有加速恶化之趋势。"[②]

[①]　参《半年来中国经济的总结》，《经济周报》第 7 卷第 1、2 期合刊，转引自《中国财政历史资料选编》第 12 辑下册，第 204 页。

[②]　《大公报》(上海)，1948 年 8 月 20 日。

　　当时,国民党政府的赋税收入,中央税收以关税、盐税、货物税(抗战胜利以前称统税,系由厘金演变而来)、直接税为四大税收体系。盐税和货物税均为间接税,都是消费税,都可以转嫁到普通人民头上,占了四大税系收入的一半以上。对农村维持征借征实,进行掠夺。税法落后而繁重,苛捐杂税,税率重而征不足额,中饱严重,社会生产和人民生活受到严重侵扰,而国库依然空虚。因此,一方面人民深感苛捐杂税的痛苦,而另一方面政府赋税的实际收入日益下降。

　　国民党统治区的社会舆论对当局的税收制度和状况深感不满,尖锐地指出:"现在每一个人,无论衣、食、住、行等物质方面的生活,简直是无一不捐,无一无税。现在大家都说,中华民国'万税',我想即便没有'万税',至少'千税'是有的。""正当工商广大农民为其课征对象,但税率越重税法越繁,造假帐逃税的行为必定越多,贪官污吏乘机敲诈中饱的恶习亦必越盛。因此辗转循环,互为因果,遂成百姓出十,政府得一的局面。同时国家财政的收支,在此情形之下也就越来越加无法维持了,最后终非全部宣告崩溃不可。""这种苛征重税,逼得家家工厂都非造假帐不可,目前上海的工商,至少都有两套帐簿,要是一套帐簿早就关门了。"①

　　尽管如此,国民党政府仍然在强化税收。关税税率并不重,但走私十分严重。财政部长俞鸿钧于1948年3月20日对各报记者发表谈话认为,"走私影响关税收入尚在其次,其妨害国民经济,实最重要"②。6月间订定加强华南缉私方案,加强海关缉私力量,并由海军总司令部调派炮舰协助查缉,缉获走私案件2300余件,货值达3170余亿元。1948年初一个半月,缉获走私案件2900余起,货值1000余亿元。1948年1月,并与香港方面订立中港关税协定,以便在香港进行缉私。由于税率

---

　　①　参《中国财政历史资料选编》第12辑下册,第211—219页。
　　②　参马寅初:《财政学与中国财政》上册,商务印书馆1948年版,第178页。

偏轻,中国方面准备在联合国贸易就业会议之后,协商修订关税税则。1947年已恢复了汽油、柴油的进口税,提高了煤油的税率。但是,"在目前输出入货物继续采行全面管理制度之下,关税收入自难望大量增加"[1]。

盐税于1947年实行了改革,3月12日公布《盐政条例》,采用民制、民运、民销政策,而由政府在产销方面予以调节管理,废除了专商引岸制度。税率于年初和8月间两次调整,但仍不及物价增长指数之半。税率于1947年8月15日全国划一,食盐税率调整为每担10万元,续后追随物价,一涨再涨。12月28日调整为25万元。1948年2月28日,为配合"戡乱",补助地方自卫经费,每担食盐征收附加税10万元。3月26日,又调整盐税税率为每担35万元。盐税上涨赶不上通货膨胀,于是到1949年1月1日当局公布了《盐税计征条例》,改为从价征收,以平均盐价减除实需成本数,每担食盐,海盐征70%[2]。

货物税由厘金演变而来,包括统税、烟酒税及矿产税,已经跃居税收的首位。1947年间,适应通货膨胀的形势,调整税价税额,简化品目,甚至采取了规定卷烟、火柴等厂的最低产量来保证税收,并于1948年4月修正公布了《货物税条例》、《国产烟酒类税条例》。尽管税收仍然跟不上物价上涨,但"这些工厂已经被长期的通货膨胀弄得朝不保夕,征收货物税不过是竭泽而渔,这是在摧残生产,摧残税源"[3]。由于卷烟厂减产停工,1948年4月份税收与3月份持平。扣除通货膨胀因素实际税收减少。后来币制改革时,就是因为增加卷烟税,突破了限价,诱发了全面的抢购,成为币制改革失败的导火线。1949年2月,当

---

[1]　《行政院1947年度重大行政措施检讨报告——财政金融部分》,《中国现代政治史资料汇编》第4辑第22册。

[2]　参《中华民国工商税收大事记》。

[3]　张俊德:《论货物税之调整与实施》,《经济周报》第7卷14期,转引自《中华民国工商税收史料选编》第3辑下册,南京大学出版社1996年版,第2651页。

局再次进行财政金融改革，由于税收跟不上物价上涨，竟决定货物税改征实物。

直接税包括所得税、过分利得税、遗产税和印花税。直接税一般不能转嫁，由纳税人负担，属于良税。但民国以来直接税的推行一直并不成功，未能成为主要的税种。而到内战全面爆发之后，由于通货膨胀的加剧，已经建立起来的直接税体系也被破坏殆尽。营利事业所得税，本分成多种级距，税率不同。但由于通货膨胀，级距变得失去意义，税负加重。一般工商业者，由于货币贬值，帐面上出现虚盈实亏，没有盈利还要负担重税。1947 年 3 月间，虽然调整税法，规定对所得税免税额及税率每年按物价指数调整一次，以缓和纳税人的负担。但物价上涨太快，既无法控制，调整也就无济于事。而当局由于征税迟后，层层上交之后，已经所值无几。为了增加税收，1947 年 2 月间，竟改为严格申报，实行先缴后查，并恢复查帐核税。结果，遭到工商业者的普遍反对，而税局也没有足够的查帐人员，未能真正执行。"明为查帐，实则估计，全凭讲价还价，劝导商民纳税，全失查帐之本旨"[1]。到 1948 年 2 月 7 日，财政部公布了《三十七年度营利事业所得税稽征办法》，采取了估缴制度，"将 1947 年度核定各纳税义务人应纳营利事业所得税与利得税之总额，暂照六倍缴纳"[2]。到 1949 年索性再变为分摊包缴，完全失去了立法的原意。至于由抗战时的非常时期过分利得税改变而来的特种过分利得税，始终遭到工商业者的普遍反对，认为工商凋敝，何来特种利得？而且和营利事业所得税重复征收。由于纳税人的坚决抵制，到 1948 年 4 月 1 日国民党政府只好明令废止。

至于薪给报酬所得税，在物价飞涨、民不聊生的局面下，所得无几，

---

① 《钟孟谋视察长沙税务报告》(1947 年 11 月 15 日)，转引自《中华民国工商税收史——直接税卷》，中国财政经济出版社 1996 年版，第 148－149 页。

② 《钟孟谋视察长沙税务报告》(1947 年 11 月 15 日)，转引自《中华民国工商税收史——直接税卷》，第 149 页。

徒滋纷扰。1948年4月修正《所得税法》后，当局明令自4月起，恢复课征公教人员所得税。本来公教人员生活已经十分困难，《大公报》发表社评说："综观全部所得税，以薪给报酬所得最易课征，其中尤以普通公教人员的薪给，全为机关所控制，扣缴最便。故创办所得税，先向公教人员开刀，现在扩大课征，还得靠公教人员做榜样。但是，民国二十五年的公教人员生活和现在相比，恍如隔世，真有天渊之别。而税政精神，迄未能走上轨道，仍循阻力最小的途径以争取比额为目标，不免令人怅惜。"[1]印花税在通货膨胀的形势下，也被破坏无遗，从以营业额推算应纳税额，发展到有的包征勒派，有的越境推销，致使优良的税种名不符实。

1947年度国民政府四项主要税收的实收数及其所占的百分比：[2]

项目	1946年度			1947年度		
	数　额 (法币亿元)	百分比 %	实收为预算的倍数	数　额 (法币亿元)	百分比 %	实收为预算的倍数
总数	11,323	100.0	1.81	104,030	100.0	3.11
货物税	3,975	35.1	1.96	46,910	45.1	3.76
关税	3,166	28.0	3.17	23,370	22.4	3.76
盐税	2,323	20.5	1.16	17,830	17.1	3.33
直接税	1,859	16.4	1.51	15,920	15.4	1.69

当时，一般人民甚至一般工商业者，税收负担很重，而发国难财者，财富一增再增。自抗战中期以后，社会舆论一再要求征收豪门资本，"有钱出钱，有力出力"。国民政府财政部在舆论压力下，曾拟议征收"财产税"。但是，谁是豪门资本？他们在国外的资产怎么办？对于国

---

① 《恢复课征公教人员薪资所得税》，《大公报》(上海)，1948年5月8日。

② 《中国财政历史资料选编》第12辑下册，第205页。

民政府来说是一个无法解决的问题。而当局也想一次性征得一笔巨款来解决财政困难问题。有人曾提出用"提名告密方法征收",这个方式显然很荒唐①。贪污问题解决不了,这个方式当然更行不通。后来一度改为"建国特捐",还是无法推行。一变再变,于1948年1月制定了一个"救济特捐"。按《救济特捐办法》,"救济特捐以用于举办救济事业及赈恤难民为限",由各区募集委员会拟定本区内认捐人名单及捐额②。当时总目标为10万亿元,上海地区的捐额为5.5万亿元,至5月间增加到8.5万亿元。但救济特捐进行得冷冷清清。上海方面,市长吴国桢先捐5亿元示范,但无应者。至6月12日,参议员姜怀素捐1000万元。当时救济特捐规定的捐额为5亿元以上,区区1000万元,根本不成气候。而吴国桢已在计划把捐款充作警备旅经费③。直到币制改革失败,通货膨胀更加迅速,捐款变得轻微之后,才募集足额,达到115,952亿元。④

救济特捐尚未成功,立法委员刘不同等又在立法院提出《临时财产税条例草案》。这个名义上反对豪门资本的方案,实际上是普遍掠夺民间资本以支持国民党内战政策的一个荒唐计划。条例规定:"凡中华民国人民在国内外,及非中华民国人民在国内所有不动产,合于本条例者一律征收之。"最高税率达60%⑤。刘不同认为:"我的办法并未消灭资本,只将私人资本转化为国家资本,非但不致妨害生产,反由于资本的集中与国家化,而可增加生产。"⑥立法委员崔书琴认为:"共产党今日所藉以号召的,就是平均财富,不过他们所用的手段太残酷了。我们

---

① 参《第十七次国务会议讨论建国特捐条例草案之发言记录》俞鸿钧发言,《中国现代政治史资料汇编》第4辑第25册。
② 《中国现代政治史资料汇编》第4辑第5册。
③ 《大公报》(上海),1948年6月9日。
④ 《大公报》(上海),1948年11月6日。
⑤ 《大公报》(上海),1948年6月9日。
⑥ 《大公报》(上海),1948年6月8日。

为什么不用合法合理的手段来达到这伟大的目的,而让共党去用残酷的手段达到相同的目的呢?"刘不同等的提案在立法院中遭到强烈反对。薛明剑等六人在书面意见中强调说:"立法院为全国民意机关,不应协助政府榨取人民。"骆清华指出:"刘委员的提案,在性质上是没收,是掠夺。"他指责提案人的意向说:"征收豪门资本,一变再变而成为今日的救济特捐,由于施行上的重重困难,而原提案人既然向豪门屈服,而另外想出现在的临时财产税来,把目标转向已经奄奄一息的工商业身上来了。"①

6月12日,上海市商会致电南京总统府秘书长转呈总统,对征收临时财产税表示强烈反对:"救济特捐先以劝导,继以募派。其征募之对象为同业公会或同乡会,其征募标准则个人财产凡在50亿元以上者征收其十分之一。以同业公会为对象则所征收者非豪门而为工商业。以50亿元为起征点,按照战前米价比例,仅等于民国二十五年时之六七千元。是征收之对象非注重于巨富,而普遍于小康。此项异名同实且已变质之财产税,平津沪汉蓉穗各处正在实施征收之中。临时财产税既系国家遭遇非常时变为摊征一次,藉以补苴之计,断无前者办理方在开始,后者又络续而来。"商会电报指陈严重后果说:"工商业于敲骨吸髓之余,如再欲强制其交纳重床叠架之财产税,逆料将来唯有以厂房、土地、机械、工具、实物抵缴,藉偿税负。其结果促使资金再逃避,工商业破产,而生产大部停顿之余,税收必因之减少,失业必因之增多。"电报指出:"目前财富集中不在于工商业,而在于特权阶级之少数豪门。闻立法院立法委员中有组织清查豪门资产委员会之提议,如能贯彻,继续昔年国民参政会未竟之志,则探骊得珠,庶几无损国脉,有裨岁收。"②

---

① 《大公报》(上海),1948年6月9日。

② 《上海市商会致总统府秘书长转呈总统电》(1948年6月12日),《中国现代政治史资料汇编》第4辑第25册。

尽管临时财产税没有实现，但最后在所谓币制改革的过程中，还是对民间财富进行了一次疯狂的掠夺。

此外，国民党政府尽管债信已经丧失殆尽，但仍想有所罗掘。1948年4月30日，国民党政府为调节金融、吸收游资，由中央银行发行短期国库券，分一个月期、二个月期、三个月期，月息五分，八七三折扣发行，以高利率吸引游资。当时，《大公报》社评认为："这是两年余来，我国财政金融政策上的一件可注意的事"，"能借款实较发行为佳"，表示欢迎①。但事实上，财政赤字巨大，又无生利事业，高利借款，很快又会增加财政负担，不可能解决战争费用的重负。短期国库券先在上海发行，但并不理想，6月1日起，扩大到天津、广州、汉口、重庆、南京五大都市同时发售。但是，在通货膨胀的情况下，达不到引收资金的目的。并且，直到是年底，才制定了一个《民国三十七年短期国库券条例》，1948年1月16日又制定了《民国三十八年黄金短期公债条例》②。然而在国民党政府军事彻底崩溃之际，债信也崩溃无遗了，只能成为一纸空文，得不到社会上的支持。

田赋在抗战胜利之后，国民党政府为支持其内战政策，继续实行征实征借。但征借办法，遭到各方的强烈反对，1947年春曾一度决定停办征借。"戡乱总动员令"发布后，为支持军粮的需要，又于第七次国务会议上决定续办征借。1947年7月间举行的粮食会议上决定三十六年度（粮食年度）征实征借配额总数为6165万余石。是年度征实征借实物实收达3449万余石，另有折征货币折合实物492万余石。超过了三十五年度的3153万余石③。但这些粮食仍不能满足需要，当局另要向人民以低于市场的价格征购。立法委员张道行在对翁内阁施政方针

---

① 《短期国库券发行了》，《大公报》（上海），1948年5月3日。
② 参千家驹编：《旧中国公债史资料》，中华书局1984年版。
③ 据粮食部关于1947年度粮政报告，粮食部田赋署1947年度田赋征实征借收起数额比较表，粮食部1947年度上半年征实征借的工作实施与检讨，《中国现代政治史资料汇编》第4辑第26册。

进行质询时指出："征兵征粮就是制造共产党的措施……名曰征购,实际是抢劫老百姓的粮食。"①随着国民党政府军事的失败,统治区域的缩小,粮食越来越紧张。1948年5月间,当局更决定扩大对粮食的掠夺性政策,举办"戡乱"特捐,以征一借一捐一为原则。粮食部呈行政院文说:"查戡乱工作正在加紧进行,军粮需要至为迫切,加以配售公粮,民食需粮尤巨,故三十七年度征集粮食范围必须略予扩大,以期掌握粮源,应付艰巨。本年田赋征实除前方各省仍按上年成例办理、后方分年免赋各省一律恢复全额征收外,征借粮食拟一律按征一借一征收。并为充裕地方自卫、国家戡乱粮源起见,拟加办戡乱特捐,专以大户为对象,累进征收。本年应还到期粮食库券本息及本年应还到期征借粮食拟参照此次国大代表提议,发动人民捐献政府以作戡乱之用,不再抵缴田赋。"估计中央政府征得实物3400余万石②。不过,国民党政权对农村的进一步掠夺计划,随着军事的崩溃,也就难以实施了。

至于非税收入,随着黄金停止出售、敌伪物资等出售的高峰已过,也已难以成为大宗财政收入的来源了。

二　对美援的失望和通货膨胀的恶性发展

国民党政权由于不能打击豪门、从事现代经济体制的改革,因此不能完成战争的经济动员,而对人民普遍性的掠夺政策,又破坏了自己的统治基础。但是,它仍坚持其内战政策,造成了浩大的军费开支,致使财政上难以支持,形成恶性的循环。当时,国民党政府军队的兵员负担,据张公权(嘉璈)估计,达450万到500万之间③。据行宪内阁财政

①　《行政院关于立法委员对翁内阁施政方针粮食部分质询的答复稿》,《中国现代政治史资料》第4辑第26册。

②　《粮食部陈送1948年度征集粮食办法的呈文及附件》,《中国现代政治史资料》第4辑第26册。

③　张公权(嘉璈):《中国通货膨胀史》,文史资料出版社1986年版,第103页。

部长王云五报告："士兵约有四百万人,文武职员一百一十多万,计中央文职人员三十三万,地方十一万余人,武职人员六十余万。"①据此,军队人数当为460余万人。军费支出,不但列入总预算,还专门列有特别预算。首届行宪内阁行政院长翁文灏报告1948年下半年预算时说:"我们要提到特别预算,诸位从特别预算草案里可以看出,特别预算开支中多数为戡乱时期军事费用,属于国防部使用的……特别预算收入方面,是指临时税的收入,包括日本赔偿物资,美军剩余物资出售价格,以及实施粮食征实征借所得物资价格,这一类临时性的收入,总计可得二○七六七○○余亿元。"特别预算支出约达600万亿元法币②,为普通预算的二倍。但由于物价飞涨,所谓预算从来不能实现。1948年下半年预算,据王云五报告:"包括普通及特别预算两个部门,合共不过九百万亿法币,但七八两月执行结果,除了征粮部分之外,已经开支二亿六千一百余万金圆,按三百比一折合法币已达八百万亿元,加上军粮部分,实不止此数。"③

政府支出以军费为大宗。据张公权推算,军费支出占政府总支出的百分比,1946年为59.9%,1947年为54.8%,1948年1月-7月为68.5%。据吴冈统计,1947年总支出为40万余亿元,军费支出为18万余亿元,根据蒋介石手谕从中央银行支出的特别支出六万余亿元,两项支出占总支出的59.8%。据杨荫溥估计,"本期国民党政府的军事开支,和它的财政赤字一样,可肯定其经常在岁出的百分之八十以上"④。

---

①　《财政部长王云五在立法院第二会期第一次秘密会议上所作的有关平衡预算问题的报告》(1948年9月10日),《中国现代政治史资料汇编》第4辑第24册。

②　《行政院院长翁文灏在第一届立法院第一会期第二次秘密会议上关于1948年度下半年度国家总预算编审概况的报告》(1948年7月2日),支出数据9月间改编总预算草案说明书折算,原草案为730万余亿元,《中国现代政治史资料汇编》第4辑第24册。

③　《财政部长王云五在立法院第二会期第一次秘密会议上所作的有关平衡预算问题的报告》(1948年9月10日),《中国现代政治史资料汇编》第4辑第24册。

④　据《中国通货膨胀史》,第102页;《旧中国通货膨胀史料》,上海人民出版社1958年版,第153页;《民国财政史》,中国财政经济出版社1985年版,第175页。

　　收入的萎缩,支出的扩大,造成了巨额的赤字,据张公权统计,1945年至 1948 年 7 月中央政府收入、支出和赤字如下表①:

单位:百万元法币

年　　份	支出额	增长倍数	收入额	增长倍数	赤字额
1945	2,348,085		1,241,389		1,106,696
1946	7,574,790	3.2 倍	2,876,988	2.3 倍	4,697,802
1947	43,393,895	5.7 倍	14,064,383	4.9 倍	29,329,512
1948(1—7 月)	655,471,087	——	220,905,475	——	434,565,612

　　尽管美国在战后曾给予国民政府大量援助,但自马歇尔调停中国内战失败后,美国对蒋介石和国民政府的援助处于停迟和消极状态,正在重新审查对华政策。蒋介石和国民党方面则始终把缓解财政困难的希望寄托在美国的援助上。张群出任行政院长,以扩大统治基础的姿态,希望获得美国的同情和援助。但是由于国民党军事政治形势的恶化,这个改组的政府也得不到美国的信任。

　　5 月 27 日,中国驻美大使顾维钧把"拟议贷款的正式备忘录送给了国务卿,申请进出口银行预付指定用途的五亿美元贷款,以便为列举的产品购买设备和材料提供资金,并且要求国会另外拨给五亿美元,用以购买棉花、小麦和石油等商品在中国出售,为中国政府提供通货来支付国内建设的费用。后者在三年之内有效"。但是,美国政府对于援助国民政府存有顾虑,尤其对陈立夫这样的一批"反动分子"非常不信任。顾维钧回忆马歇尔和他的谈话说:"他们(指原文文意中的'反动分子'——引者)会向蒋委员长说,用不着向共产党让步或者接受美国的建议,因为美国鉴于中国在对付苏联上所处的战略地位,不管怎样总要帮助中国的。但是国务卿说,那是毫无根据的。美国并不是非帮助中

――――――――
　　① 《中国通货膨胀史》,第 101 页。

国不可。"美国替代的战略选择,就是扶助日本。支持国民党的美国国会议员周以德(Walter Judd)说,"中国与日本打仗的时间比其他国家都长,战后得不到援助;然而日本在美国援助下,经济上却建设得远远超过了中国。因此,他说,一个敌国接受美国的援助反而比一个盟国为多"①。

进出口银行并没有答应中国大使馆的申请,认为中国在下一个财政年度之内,实际上并无希望可以使中国接受或者有效地运用这5亿美元的贷款,以推行建设计划,它反而决定原经指拨的款项于6月30日满期以后即不展期。进出口银行在6月27日的声明中仅表示:"本银行对于中国的特种计划,仍准备考虑给予贷款。"②

为了考虑对华援助问题,马歇尔派魏德迈再次访华,由马歇尔起草的总统指令说"只有中国政府能够提出令人满意的证据,证明其能采取有效措施以趋向中国元气的恢复",美国才能"考虑援助复兴的计划"③。魏德迈对国民党政府官员提出了严厉的批评,但回国后仍支持援助国民党政府。

张群内阁成立之后,美国开始着手对国民政府恢复提供有限的援助。1948年初,美国国会在讨论援华问题时,马歇尔表示:"美国应该给予援助,以延缓目前经济迅速恶化的速率。"④6月间,魏德迈代表政府向国会表示援华意见,据顾维钧报告,大意为:"近月来中共军事得手,势力膨胀,我国大局已难挽回,此时予我经济援助,等于浪费,徒尽人事,不克收实效。若予我军援,在我国现状下不仅耗费巨款,无裨我国军事,反必牵涉美国,有损国际威信。究竟应否援华,任凭议会决定

---

① 分别引自中国社会科学院近代史研究所译:《顾维钧回忆录》第6分册第133、144页,中华书局1988年版。

② 《美国与中国的关系》(白皮书)上卷,第303页。

③ FRUS,1947,Vol.7,p.640.

④ 《大公报》(上海),1948年2月21日。

云云。"①如此而已。自 1947 年 4 月起，美国无偿转让它在华北所戡储的军火，总计有 6500 多吨弹药。5 月 26 日又取消了对国民政府禁运武器的命令，以原价十分之一，即 65 万多美元，让售 1.3 亿发 7.92 毫米子弹，10 月 21 日，让售 $8\frac{1}{3}$ 空军大队项下的军用飞机和马里安纳岛上的剩余军火。10 月 27 日，美国和国民政府签订了一项救济援助协定，美国提供 2770 万美元的物资援助。12 月间，又额外拨付给国民政府 1800 万美元的临时援助②。1948 年 4 月，美国国会通过《援华法》，至 6 月最后核定为经济援助 2.75 亿美元，特别赠款 1.25 亿美元。7 月 3 日，美国和国民党政府签订了《关于经济援助之协定》。但是，正如美国参议员康纳利所说："对整个中国来说，5.75 亿美元（最后落实为 4 亿——引者）就像给街角的乞丐一个小钱。"③

从国民党政府的预算来看，1948 年下半年总支出按金圆券比价计算不过相当于 7500 万美元，1948 年 1 月—7 月的赤字额也不到 4000 万美元，4 亿美元的援助似已十分可观。但事实上，这些统计数字并不准确，而预算更无法执行。时人评论说："抗战后的岁出，政府及一般专家，有个一致的说法，都说抗战以来的岁出实值，较战前为减少，这大概都是就岁出所列的法币数字与物价比较所得的结论。抗战以来的征收实物，列于岁出上的法币价值既不可靠，实物以外的国外援助是否计入岁出及以何种价格折价为岁出，尤其是由军事机构直接接收的国外物资援助，是否也折价作为岁出，都是使岁出实值估计不易的原因。所以抗战以来的岁出，是绝不应只凭岁出所列法币数字，即骤为论定其实值

①　《顾维钧致蒋介石电》(1948 年 6 月 14 日)，《民国外债档案史料》第 11 卷，档案出版社 1991 年版，第 746 页。

②　参陶文钊:《中美关系史》，重庆出版社 1993 年版，第 444—445 页；刘秉麟:《近代中国外债史稿》，三联书店 1962 年版，第 262—264 页。1.3 亿发子弹价刘稿作减为美金 5,909,931 元。

③　《杜鲁门政府与中国》，第 83—85 页，转引自《中美关系史》，第 456 页。

较战前为减少的。关于这一点,王云五财长的报告已足以证明,他说战前平均为五亿美元,战后为十亿美元,即连美币贬值的因素加入,也是不较战前为低的。我们每于看到有人说,中国的财政赤字,每月有很少的美元即可弥补时,常觉得好笑。"①美援既无法填补国民党政府的无底洞,协定的墨迹未干,国民党当局军事、经济的总崩溃就来临了。

美援姗姗来迟,又属杯水车薪,国民党当局维持财政开支的办法,越来越依靠发行钞票来弥补财政赤字。1947年,国家银行对政府垫款为 27,075,033 百万元法币,钞票发行增加 29,462,400 百万元。1948年 1 月—6 月,国家银行对政府垫款高达 166,185,674 百万元,钞票发行增加 163,332,800 百万元②。

通货膨胀、经济形势恶化、物资匮乏,使物价如脱缰的野马。1948年 6 月间,物价上涨的速度突然加快。6 月 25 日上海物价狂跳,商店每隔二三小时更改一次标价,虹江路及金陵路上几家商店贴着红纸布告:"货价飞涨,暂停营业。"③正好上海市议会在此期间开了十天的会,7 月 1 日议长潘公展在休会时说:"开了十天会,上海物价波动极大。十天比过去三个月涨得更令人惊心。如米价,过去三个月涨了四倍,而这十天就涨了三分之一,照这样下去,大家都不能生存了。"④6 月 28日蒋经国到达上海,准备采取断然措施控制物价。上海警备司令宣铁吾召集军警宪各单位首长开紧急会议,企图通过武力来抑制物价,把物

---

① 康永仁:《财政赤字问题》,《世纪评论》第 4 卷第 10 期(1948 年 9 月),转引自《中国财政历史资料选编》第 12 辑下册,第 194 页。

② 《中国通货膨胀史》,第 55 页。该书第 110 页表所列数据有所不同:1947年,银行对政府垫款为 29 万余亿元,钞票增发额为 29 万余亿元。1948 年 1 月—7月,银行对政府垫款为 434 万余亿元,钞票增发额为 341 万余亿元。——笔者。

③ 《大公报》(上海),1948 年 6 月 26 日。

④ 《大公报》(上海),1948 年 7 月 2 日。

价上涨的责任归咎于投机商人,警告说:"要钱不要命,要命不要钱。"①总动员令、总体战,要把国家经济完全转入暴力控制下的掠夺经济,但国民党军事上的溃败,政治上的不得人心,暴力掠夺的举措,也不能立即付诸实施。在讨论征收临时财产税时,有人说得明白:"经济已要崩溃,只能有钱出钱,有力出力,来救亡图存。大家要看得远一点,美援四亿,只合法币四百万亿,而本年预算是八百万亿,美援并无大用处,必须自助。"②现在到了垂死挣扎的时候,也就要不顾任何经济后果,劫夺社会财富,支持战争,挽救国民党的失败。但所谓自助,豪门资本既不愿出钱,屡受侵凌的民间资本自不愿与国民党同归于尽。怎么办呢? 局势逼得国民党当局走上冒险蛮干的道路。

恶性通货膨胀和物价猛涨形势,参见本章附录一、附录二表列数据。

第二节　掠夺性的币制改革

一　币制改革的酝酿

法币超高速膨胀,发行成为弥补财政赤字的唯一手段,物价飞涨,社会经济混乱。法币濒临崩溃,赤字财政难以支持蒋介石的战争政策。国民政府时期,原就有币制改革的拟议。早在张群内阁成立之初,即1947年6月18日,蒋介石就曾向中央银行总裁张公权征询有关币制改革的意见,但遭到张的反对。据张的日记记载,他向蒋陈述了三要点:"(1)无现金银准备,而以新纸易旧纸,千万不可施行。(2)用金本位,或金汇兑本位办法,至少须有三亿美元借款作为准备。(3)若改用

---

① 《大公报》(上海),1948年6月29日。

② 《大公报》(上海),1948年6月27日。数据因币值变化而与前述估价有所不同。

银本位,至少须有价值五亿美元之生银贷款。因此又提及中央银行政府垫款,必须有限制,与财政部尤须划分界线。若中央银行长此为财政部之附庸,予取予求,无论用金用银,均无办法。不久币制仍将崩溃。"①行宪国大之后,翁文灏内阁成立,就由财政部长王云五筹划币制改革,企图控制财政金融和社会经济,筹措战争经费。

王云五原为商务印书馆总经理,以企业管理有效而著名,1946年间,以非国民党员的社会贤达身份出任经济部长,在张群内阁中出任行政院副院长。但他和财政金融界素无关系,那里原是孔、宋两家控制的部门。不过,他在张群内阁任职时就留意币制改革。王云五回忆说:"原来在张内阁时期,当美援发动之初,我曾极力主张美援应以协助我国改革币制为主,因为国家收支,民间生产,无不因通货膨胀而遭遇重大困难,我国复员之初,外汇充裕,正是可以改革币制之时,既已失了良好的机会,目前为改善国家财政与促进生产,仍须以获有稳定的币值为枢纽;而欲使币值稳定,莫如使无准备、无限制与不公开的发行,变为有准备、有限制及公开的发行。换言之,即筹措充分之发行基金,在有限制与公开的发行下,改革币制。如此,则币值可望较为稳定;同时辅以平衡国家收支的必要措施,并极力增加生产,节约消耗,则财政经济始有改善之望。……当美援决定,并获得我国赴美代表的报告,知币制贷款无望后,我便转向自力改革币制,俟初步成功,再求外援继续维持的方面。"(原文如此,"方面"似为方案之误——引者)②

翁文灏受命组阁后,王云五原打算退出官场,但蒋介石授意翁文灏邀请王云五出任财政部长。蒋强调:"此席须由与金融界无关系而能大公无私者来担任。"这句话的潜台词当为可以向金融界开刀筹款。当翁

①　姚崧龄:《张公权先生年谱初稿》下册,台北传记文学出版社1982年版,第840页。

②　王云五:《岫庐八十自述》,台湾商务印书馆1967年版,第483页。

邀王去见蒋时,蒋表示:"军事好转与美援发生效力,物价当不致象过去几个月一般的狂涨。"①另据阮毅成记述王云五的谈话称:"金圆券办法,系本人独创,并无人授意。惟事先报告中央时,曾说明此须剿匪军事有把握,方能实施。否则军费无限制开支,而失地日多,匪患日炽,人心动摇,即断不能办币制改革。而军方首长,皆谓军事绝对有把握,并可于几个月内,即可将北方匪患肃清。于是方敢放手做去。"②当时,国民党军统帅部正陷于自欺欺人的豫东大捷的幻觉之中,王云五经不起蒋介石的劝诱,并在企图尝试一下自己主张的欲望支配下,作为一个金融界的门外汉,不知深浅地出任财政部长一职,来主持币制改革。蒋介石对翁文灏说:"军事完全由我自己主持,与行政院无关。财政方面,应以财政部为中心,中央银行帮同处理。同心协力来挽救十分艰难的局面。"所以,有人估计:"也许他早有腹案,密向蒋介石献策,得到蒋的赏识,才当上了财政部长。"③而王云五一上台,张公权就在6月1日的日记里忧虑地记道:"微闻王部长为主张取消法币改发新币之人。深望新内阁对于此举慎重考虑。"④看起来,蒋介石事先应该知道王云五关于币制改革的基本观点,选择他当财政部长并不是盲目的。

5月31日,王云五正式被任命为财政部长,他即将财政部中关于改革的各种方案都找出来加以研究,亲自考虑并秘密起草改革方案。王云五回忆说:"偶然有出题目征取意见的必要时,我也只将有关征取意见之一点,托辞属人研究,却没有透露全盘的关系。"7月7日,王云五即将秘密起草的改革方案交给了翁文灏。8日,翁文灏偕王云五向

---

① 王云五:《岫庐八十自述》,台湾商务印书馆1967年版,第482—483页。

② 阮毅成:《与王云五先生谈金圆券》,《传记文学》(台北)第45卷第2期(1984年8月号)。

③ 参黄元彬:《金圆券的发行和它的崩溃》,《法币、金圆券与黄金风潮》,文史资料出版社1985年版,第53页;又参《法币、金圆券与黄金风潮》寿充一:《王云五与金圆券》。

④ 《张公权先生年谱初稿》下册,第1008页。

蒋介石面报,逐条申述理由①。蒋介石本人对王云五的改革方案原则上表示同意,同时指定徐柏园、严家淦、刘攻芸三人组成专家小组,与中央银行总裁俞鸿钧一起,协助翁文灏和王云五对这一方案作进一步研究,并草拟各有关方案的详细办法②。翁文灏同时向蒋报告中央银行总裁俞鸿钧对经济和币制改革计划不甚赞同,以致处置为难。蒋介石即于9日接见中央银行理事席德懋,询问外汇存数并研究发行新币事宜。蒋介石听了金融界的意见,"以兹事关系国计民生者匪浅,不可轻率更张,故再三考虑,卒以尚非其时而决定暂缓实施也"③。但这时,物价已如脱缰的野马,狂涨不已,迫使蒋介石不能不采取蛮干的经济措施。

王云五的改革方案以币制改革为中心,以控制金银外汇、整理财政和管制经济相配合,企图从根本上来挽救国民党政权的财政经济危机。这一方案,采用管理金本位制,发行中华金圆,与美币联系,十足准备,不兑现,黄金外币一律收归国有,存放国外的外汇资产必须登记,转入国家指定的银行,严格控制工资和物价,增收节支,平衡国家预算和国际收支。王云五认为:"我之所以亟谋改革币制,即以自三十七年四五月以后,我国因通货膨胀已达于恶性时期,以致币值之低落,物价之高涨,初则一月数倍,而循着几何级数之进程,预计不久将变为一星期数倍,或一日数倍之状。到了那时,人民根本已不承认旧有的货币,不是把一到手的旧币,急遽兑成其他可供交易媒介,便是立即易取实物。到了那时,政府纵不想改革币制,也不得不改,则不如早为之计,而作自动的与有计划的改革。"④据张公权说:"在1947年和1948年两年期间,

---

　　① 《岫庐八十自述》,第495－498页。

　　② 专家小组人员,《岫庐八十自述》隐去人名,此据《徐柏园先生有关"金圆券"的记录》,《传记文学》(台北)第44卷第4期(1984年4月号)。——笔者。

　　③ 《总统蒋公大事长编初稿》1948年7月9日条。

　　④ 《岫庐八十自述》,第508－509页,王云五的币制改革草案,见第495－498页。

金融界领袖已经向政府力争恢复整个经济之稳定，为此必先紧缩政府开支。新任财政部长（指王云五）却认定：在整个国民经济稳定之前，国家财政是无法进行改进的。他相信：改变货币本位是可以恢复经济稳定的，而国家预算亦可因之而自动达到平衡。他遂拟订了一项用新通货取代法币的方案，得到蒋介石的积极支持。在该方案尚未付诸实施之前，金融界专家就指出过，法币虽然贬值，但至少还为人民所熟悉、接受，而新币则办不到。但他们这些反对意见竟被斥为陈词滥调，不足取也。"①但事实上，紧缩开支既做不到，法币的崩溃就在眼前，这就为冒险者提供了一个尝试的前提。王云五本人或许有种种理论的幻想和合理的图上作业，但从当时实际政治经济形势出发，这只能是一个以暴力为后盾，以政治干预经济的方案，因此是一个野蛮掠夺的方案，是国民党政府濒临崩溃时的垂死挣扎的金融措施，失败也就是可以预期的。

7月26日，蒋介石偕夫人到莫干山避暑，考虑对时局的决策。29日，蒋介石下了决断，在莫干山召见行政院院长翁文灏、外交部部长王世杰、财政部部长王云五、次长徐柏园、中央银行总裁俞鸿钧、美援运用委员会委员严家淦等，商谈币制改革问题，决定实施发行金圆券代替法币的改革方案。蒋介石在紧迫的形势之下，仓促地推出币改方案，连印刷新钞票的准备时间都没有，俞鸿钧就决定动用抗战初期在美国印钞公司订印的20亿元分别印有孙中山像、蒋介石像和林森像的钞票。因为当时这批钞票面额都是1元至100元的小票，跟不上货币贬值的形势，一直没有发行，这时就拿出这一批存货应急，事先用飞机秘密送到各省分支行作为第一批金圆券上市，所以，这批钞票上连金圆券三个字都没有印上②。当天，蒋介石自记道："今日对于剿匪方略之修正，与币

①　《中国通货膨胀史》，第57页。

②　参李立侠：《金圆券发行前的一段旧事》，《法币、金圆券与黄金风潮》，第114页；又参张志超编：《民国中央银行关金券、流通券、金元券、银元券图鉴》，湖南出版社1993年版。

制改革、经济管制之措置,皆能作一大体之拟定,此为半年来所未能决定之问题,而山居三日,居然整理就绪,足征静处冥思之效大矣。"①然而,实际上是形势迫使他作出孤注一掷的决断,贯彻的结果,只是加速了国民党政权的崩溃,所谓大效无非如此。

二　币制改革方案的发布

蒋介石、翁文灏等于7月30日先后下山,返回南京。在途经上海时,蒋介石曾召见张公权,张的日记说:"总统告我,目下法币日跌,钞票发行日增,致钞票来不及供应,势非另发行一种新币以代之不可。问我意见。当即答以如发行一种新币,必须有充分现金银和外汇准备,或则每月发行额能有把握,较前减少,方可行之。否则等于发行大钞。如谓大钞面额太大,人民将失去对于钞票之信用,而换发一种新币,而又不能有充分准备金,则至少必能把握物资,有力量控制物价,使新币不再贬值。同时须注意东北流通券能否不因换发新币,而遭人民拒绝使用,及广东省人民因此欢迎港币而不愿收受国币。总统唯唯未置可否。"蒋介石于8月9日又至庐山避暑。张公权应蒋之召于17日到庐山,并于17、18两次向蒋介石陈述反对意见。据张17日日记:"总统仍以币制不能不改革为言。我告以根本问题在财政赤字太巨,发行新币,若非预算支出减少,发行额降低,则新币贬值,将无法抑制。总统云:物价必须管制,使其不涨。现决定各大都市派大员督导,彻底实行。我答以:中国地大,交通又不方便,无法处处管制。仅在几个大都市施行管制,无法防止内地各县各镇之物价上涨,从而影响及于都市,或则内地物产不复进入都市市场。故期期以为不可。"18日又记:"物价绝对无法管制,因之二十亿圆发行额无法保持。恐不出三四个月,即将冲破限关。再我所最顾虑者,人民对于法币已经用惯,若对于新金圆券不加信任,势必弃

---

① 《总统蒋公大事长编初稿》1948年7月29日条。

纸币而藏货品。若四亿人民弃纸币而藏货品,则情势实不堪设想。故请总统慎重考虑。"①但蒋介石主意已定,听不进任何反对意见了。

为了避免立法院的反对和泄密,蒋介石专门选择了立法院休会期间来决定和宣布这个改革方案。18日,蒋从庐山回到南京,19日下午3时,亲自主持了国民党中央政治会议讨论改革方案,对原方案稍作修正后通过。随后,翁文灏于下午6时召开行政院会议,讨论改革方案,内阁经过四个多小时的讨论也通过了这个不能不通过的改革方案。紧接着,蒋介石就动用行宪国大通过的《动员戡乱时期临时条款》所赋予总统的紧急处分的特权,不经立法院批准,即发布总统命令:

> 兹依动员戡乱时期临时条款之规定,经行政院会议之决议,颁布财政经济紧急处分令,其要旨如左:
>
> 一、自即日起以金圆为本位币,十足准备发行金圆券,限期收兑已发行之法币及东北流通券。
>
> 二、限期收兑人民所有黄金白银银币及外国币券,逾期任何人不得持有。
>
> 三、限期登记管理本国人民存放国外之外汇资产,违者予以制裁。
>
> 四、整理财政并加强管制经济,以稳定物价,平衡国家总预算及国际收支。
>
> 基于上开要旨,特制定(一)金圆券发行办法,(二)人民所有金银外币处理办法,(三)中华民国人民存放国外外汇资产登记管理办法,(四)整理财政及加强管制经济办法,与本令同时公布。各该办法视同本令之一部分,并授权行政院对于各该办法颁布必要之规程或补充办法,以利本令之实施。此令②。

此令总统蒋介石签署,行政院院长翁文灏、财政部部长王云五副署。文

---

① 《张公权先生年谱初稿》,第1014—1015页。

② 《总统府公报》1948年8月20日第1版。内列四项办法,均见同日《公报》。

件所署日期为 8 月 20 日，实际于 19 日夜签署后向全国广播。

根据上述各项办法的规定，以新币金圆为本位币，每圆含金量为纯金 0.22217 公分，金圆券则是代表金圆的不兑换纸币，不打折扣，十足流通行使，发行总额法定以"贰拾亿元为限"，"采十足准备制"，与法币之比为 1：300 万圆，与美金之比为 4：1。办法第十四、十五条规定："金圆券发行准备监理委员会，如发现金圆券之准备不足，或金银外汇之准备不及第八条第二项规定之百分比时，应即通知中央银行停止发行，收回其超过发行准备之金圆券，并分别报告行政院及财政部"，"中央银行接到前通知后，应即兑回其超额部分之金圆券，或补足其发行准备；非经金圆券发行准备监理委员会检查认可后，不得继续发行。"这就是说，这次币制改革，按照设计蓝图，自然就消除了通货膨胀的问题。

为了全面控制金融市场，防止游资冲击，又规定"黄金、白银、银币及外国币券在中华民国境内禁止流通、买卖或持有"，持有者必须于 1948 年 9 月 30 日以前兑换成金圆券。为了缓和人民的反对，规定人民可以选择购买美金债券或折合成美金存储于中央银行。总之，是要全面地将人民手中的硬通货和外币控制在政府手中，仅将现有金银首饰允许民间继续保留、转让和以官定价格买卖。否则，一律没收。对于人民存放国外的外汇资产，规定必须向中央银行或其委托之银行申报登记，除生活等费用可以保留外，均应以原币移存于中央银行或其委托之银行。存款之使用，必须按照有关规定。拒绝申报及转移资产的，将处以徒刑和罚款。

上述办法对社会经济生活强化了国家垄断和统制，按照规定，要增加收入和节省支出，监控对外贸易和外汇收支，由官方严格管制各种物品和劳务价格，不得擅自加价，停止以生活指数发给薪资的办法，禁止囤积居奇，禁止封锁工厂、罢工、怠工，继续管制金融业务，上海、天津证券交易所暂停营业，等等。

总之，这次币制改革，并不仅仅是一次货币制度的更新，而是以管制经济为中心的一系列社会体制的强烈变动。国民党政权企图以币制改革为出发点，建立起强力的支持内战的社会经济动员模式。这个模式，是以上海为中心，由蒋介石的儿子蒋经国到上海指挥，予以强行建立的。虽然，币制改革方案是王云五草定的，但整体的构思和指挥，实际上是由蒋家父子来进行的。蒋经国在青年军联谊大会上动员说："这次的新经济政策是社会性的革命运动，是民生主义的经济制度。我们要当做是自己的事，用自己的力量来解决。我们应替上海五百二十万市民着想，不惜任何牺牲彻底消灭经济的反动力量……凡为资本家辩护的，就是资本家的走狗。我们一定要使上海不再是投机家的乐园，而为上海人民的上海。"①

为了保证这个方案的贯彻执行，行政院成立了经济管制委员会，8月21日，于上海、天津、广州三大城市，设置经济管制督导员，以俞鸿钧为上海区经济管制督导员，蒋经国协助督导；张厉生为天津区经济管制督导员，王抚洲协助督导；宋子文为广州区经济管制督导员，霍宝树协助督导，运用政治控制力量来保障币制改革。上海则是主要的经济管制区域，蒋介石实际上是派蒋经国负主要责任，以便雷厉风行"打老虎"，以民间实业界为主要对象，掠夺社会财富，以供戡乱军事的需要。所以，蒋介石当日自记说："此举实为国家存亡成败所关，明知此于其个人将为怨府与牺牲之事，但除经儿外，无人能任此事，故不能不令其负责耳。"②

这次币改，在国民党政府方面，因为关系到自己的生死存亡，是比较好地保守了机密的。但仍然发生了币改前夕，上海股市抛售永纱一案，后来就查出了财政部秘书陶启明泄漏币改机密一案。但范围很有限。蒋介石命令发布后，一般经济学界并没有估计到会有这样一个方案出笼。"因为在半年以来各报纸杂志上所载各经济学者的论文，讨论

---

①《大公报》(上海)，1948 年 9 月 13 日报道，文词与 15 日所载正式文本有所不同。

②《总统蒋公大事长编初稿》1948 年 8 月 21 日条。

币制改革问题者，真如汗牛充栋，然而大多数总觉得改革的条件，尚未具备，美国对我改币的借款，亦始终未有具体的表示，所以即是具有眼光的人，也不能断定当时盛传的新经济改革方案，即是现在实行的币制改革方案"①。

　　蒋介石命令发布后，王云五于 19 日晚即发表谈话，解释币制改革方案。他指出："本紧急处分令包括四种办法，以改革币制为出发点，以稳定物价、安定民生为目的，而以控制金银外汇、平衡国家岁出入预算及平衡国际收支为主要措施。"他申述币制改革的理由说："政府就当前局势深思熟虑，认为法币之发行，最近虽急遽增加，然以美金比值，只需要五六千万美元已足收回其全部。我国国库目前所有黄金、白银与外汇，虽未必甚丰，然以之应付此举，实绰有余裕。况且国家其他资产可供发行准备者尤多，在理法币不应如是贬值，惟是由于平时发行之未采公开制度，发行准备亦未确定，人民之信心既失，与其强就原有法币恢复其信用，事倍而功半，何如根本改革，自始即确定充分准备，建立公开发行之基础，并严格限制发行数额，以昭信于国人。"他承认："关于平衡岁出入总预算者，改革币制而不能平衡预算，纵可收效一时，断难维持永久。此固不易之论，亦即对改革币制怀疑者之有力主张。"但他认为，币值稳定后，税收增加，可以接近平衡，再以美援和金圆公债来抵补赤字，可以达到平衡预算的目的②。

　　方案出台后，舆论界普遍认为，这"无疑的是当前政府对财政经济措施的最后一张王牌"③。司徒雷登在回忆录中也谈到："整个计划一直是保密的，对中国来说，一件事能做到保密就是一项不小的成就。在采取这项措施的前几天，行政院长向我透露了这一秘密，我感到非常满

<hr>

①　言诚辑：《币制改革的前因后果》，《银行通讯》新第 34、35 期合刊（1948 年 10 月），转引自《中国财政历史资料选编》第 12 辑下册，第 352 页。

②　《大公报》（上海），1948 年 8 月 20 日。

③　严凌：《看这次的币制改革》，《经济周报》第 7 卷 8 期（1948 年 8 月），转引自《中国财政历史资料选编》第 12 辑下册，第 354 页。

意。正如我向他和其他人指出的那样，只有严格实行有关措施，赢得人们的普遍支持，并在军事上取得胜利，恢复人民对政府的信任，该项计划才有获得成功的可能。他承认，这是他们最后一次机会了。如果计划落空，那他们就再也想不出其他办法了。"①然而，币制改革的前提条件都是不能成立的，因而币改方案遭到国民党内外的普遍怀疑和批评。

　　蒋介石于命令公布后，曾召见卢郁文等七位立法委员，征求意见。立委黄元彬曾提出过无限制兑现的金本位制的币制改革方案，在当时形势下，他的方案当然已经根本不可能实行，对于这个金圆券的方案，他向蒋介石严重指出："我敢向总统保证，金圆券不过几个月一定崩溃。"他解释说："如果照金圆券方案全凭政治压力，只有加重人民不信任政府新货币的心理，发行数量即使在市面流通必需量以内，人民也以去币存物为利，各地物价一定冲破政治力量的控制。这是没有丝毫疑问的。"②留沪立委于 20 日正好有个座谈会，沪上行政首脑也参加了。市长吴国桢首先不客气地说："要抑平物价，先决条件要政府能够把握物资。"而事实上，当时因为国民党在内战中屡遭失败，社会生产萎缩，物资紧张，这一条从根本上是做不到的。中央银行总裁俞鸿钧也说："就我个人做过财政部长经验，不设法紧缩开支，实在难以维持。"事实上，军费开支不是财政部长管得了的。后来王云五也说："我最感苦闷者，即在我国现行制度之下，财政部长只能主管岁入，而不能主管岁出。"③显然，在国民党当局不能停止内战的形势下，军费是无法控制的。立法委员黄绍竑则指出："问题在许多人民把黄金美钞掉换金圆券后，是不是和信任黄金一样，把它放在保险箱里？他们可能把所有掉换的金圆券，拿到市场上去抢购物资。万一造成这种现象，物价就可想而

---

① 司徒雷登：《在华五十年》中译本，北京出版社 1982 年版，第 187 页。
② 《法币、金圆券与黄金风潮》，第 57—58 页。
③ 《岫庐八十自述》，第 540 页。

知了。还有一种人干脆不去掉换金圆券,难道要经济警把豪门之流的房子都拆掉去检查? 刚才俞总裁说,政府发行金圆券已经有百分之百的准备金,既然准备得这样充分,何以要收兑人民的黄金美钞呢? 所以我觉得执行得不好,一定会造成整个社会的不安。"[1]这一切怀疑都为后来的事实所验证。

社会上的各种评论就更尖锐了,有评论指出:"在军事与政治危机的压迫下,政府自不能不于财政上寻求一自救之道。本来,停止内战是挽救危机的'釜底抽薪'之计,但政府既已决心戡乱到底,这当然是一件绝对办不到的事。因之,政府只有设法进一步收集人民的财富供继续戡乱之用,八月十九日公布的币制改革方案,就是在这种情形之下逼出来的。这一点早经财政部长王云五氏道破:'法币经八年抗战,与战后数年动荡不安之情况,逐年递增其发行,致人民对法币之信心远逊于实际发行膨胀之程度。在此币值日益不稳之情形下,国家之收入实值远较战前为低,国家之支出却不能不随物价而大增,收支上原有之差额,除由于军费之庞大外,更因此而益巨,且有加速恶化之趋势。倘坐待收支完全平衡,然后改革币制,则币值愈落,物价愈高,收入愈减,支出愈增,将来纵拟改革而不可得。'从王部长的谈话中,我们显然可以看出下面这一事实,就是:政府此次改革币制的主要目的,不在改善人民大众的生活,而在满足戡乱财政的需要。"[2]

国际上的舆论也认为,"经济改革,似应与政治改革并行,始可收效","我们觉得良好的新币制或新的经济命令,若不能立即得到充分的军事改革方案的支持,将不能成功"[3]。他们对金圆券的保值措施表示怀疑,指出:"虽说新币有百分之百的准备,但中国当局是绝不会把这些

---

[1] 《大公报》(上海),1948年8月21日。

[2] 粟寄沧:《币制改革案的本质》,《新路周刊》第1卷20期(1948年9月),转引自《中国财政历史资料选编》第12辑下册,第358—359页。

[3] 分别据伦敦《金融时报》、上海《大美晚报》,转引自《岫庐八十自述》,第534页。

财源真正用来保卫通货的。准备额的数值,只可当成心理的作用。""如果没有办法能使金圆券在国内自由兑现,中国人民对于新币不久就将失去信心。这样,过去的物价飞涨,又将重现。"对于法定的 20 亿元的最高限额,也表示怀疑说:"在这样艰苦的局面下,中国政府是否真有决心与能力来实行它,实为疑问。"①

实际上,王云五原方案以为可以有折合成 3 亿美元的现货准备,以与美元 3：1 的比例,发行 9 亿金圆券,也就是全部现货准备。而当他实际查询的结果,中央银行未通知财政部,已将 1 亿美元拨作他用,消耗殆尽。结果,改为发行 20 亿金圆券,与美元为 4：1,2 亿美元的发行准备,只是四成现货准备。后来的事实证明,国民党当局根本不愿意拿出硬通货来保卫币值,而且也没有力量来保卫币值。

按照规定的金圆券与法币的兑换比值,当时发行的 600 万亿法币,只须 2 亿金圆券即可收兑完毕,而法定金圆券限额一下子定为 20 亿元,超过了十倍。一方面政府发行,一方面收兑金银外币发行,形成双重发行,预定了金圆券的膨胀是必然的。金银外币人民可以作为储藏手段,并不一定是一只出笼的老虎,而金圆券则不同,人民一旦对它失去信任,就会像猛虎下山一样,冲垮国民党统治区的金融经济秩序。关键当然是国民党政府的内战政策从根本上无法平衡预算,只能用滥发纸币的办法来弥补财政亏空,这样,金圆券就必然步法币的后尘,走上通货膨胀的老路。

三　以强力贯彻的币制改革

金圆券好像一支兴奋剂,给财政经济一个强刺激,社会一下子好像

---

① 据《经济导报》第 90 期(1948 年 9 月 28 日)报道英国经济报刊评论,转引自中国人民银行总行参事室编:《中华民国货币史资料》第 2 辑,上海人民出版社 1991 年版,第 591—594 页。

强壮起来,待兴奋剂的药效一过,就一下子瘫痪了。

　　在币制改革方案即将实施之际,8月19日下午,上海方面由中央银行总裁俞鸿钧召集上海市首长及金融界领袖开会。开会前,因俞奉急召赴京,由副总裁刘攻芸代表俞主持会议,宣布:"奉财政部代电,定本年八月二十日及二十一日两日,为银钱业临时休假日期,上海及全国各地银钱两业、信托业、信用合作社及证券交易所等,应一体遵照办理。"①21日,行政院于上午召集国家银行各领袖,下午召集京沪两市银钱业各领袖,说明政府改革币制之重要原则。蒋介石随后召见各领袖发表谈话说:"政府于抗战胜利之初,即已开始准备改革币制,终因种种顾虑,迟迟未能实施。此次翁院长、王财长等毅然决定实行币制改革,事关国计民生与农村复兴,希望诸君以及全国人士对此措施建立互信心理,并抱只许成功、不许失败之信念,群策群力,迅赴事功。"②

　　8月21日,蒋介石为贯彻币制改革方案,向各省政府主席、各市政府市长发出措辞严厉的手启,他表示:"深信循此办法全般实施,不惟民生疾苦将获苏解,即国家大计之财政基础,亦得奠定。"他严厉警告说:"倘有投机囤积,怙恶不悛,敢于违反法令,以图自私自利者,则是自绝于国家民族,无异为奸匪作伥,其罪行即等于卖国之汉奸,无论其凭借何种势力地位,各级地方政府,应即当机立断,执法以绳,严加惩办,不容稍有宽假。所望各级政府切体时需,自懔职责,以决心建立事功,以强力打破障碍。无论遭遇任何困难,中央必为全力支持。设或阳奉阴违,怠忽职守,致法令不能贯彻,或对所属执行人员监督不严,考核不力,致所属违法舞弊,影响法令之实效者,则各级主管应负失职之咎,中央亦必严厉处分,决不稍存姑息。"③8月22日,蒋介石又发表文告,否

---

① 《大公报》(上海),1948年8月20日。

② 《岫庐八十自述》,第531页。

③ 《蒋介石饬各省市严格执行财政经济紧急处分令的手启》,《中国现代政治史资料汇编》第4辑第22册。

认有关和谈的谣传,坚持"戡乱"政策:"如果国家的统一独立一日没有完成,匪区同胞的苦痛荼毒一日没有解除,则我爱国军民剿匪戡乱的职责亦一日不能放弃。"文告强调金币制的意义说:"过去十年,法币制度已完成其支持抗战建国的使命,深信今日以后,金币制度亦必能助成建国的大业底于成功。"①

8月23日星期一,各银行钱庄复业,中央银行开始以金圆券兑换金银外币及法币。第一天,市民排起长队,踊跃以金银外币兑换金圆券,情形颇为出乎当局者意料之外。11时左右,中央银行总裁俞鸿钧即迫不及待地打电话向王云五表示祝贺:"恭喜!恭喜!王部长,你的政策成功了!"②这第一天,中央银行共收兑黄金7748.36两,白银8776.96两,银元28,361元,美钞819,631元5角,港币136,702元,共兑出金圆券5,013,777元3角9分③。第二、第三天,市民甚至清晨6点即到中央银行门前排队兑换金银外币。市民之所以踊跃兑换,一则受到国民党政府严令的威胁,过期持有即为非法。一则普通市民原受通货膨胀的痛苦,从市面上以700万法币兑来1元银元,现在不能流通,不得不再次亏本兑出,以维持生活。一则因为金钞收兑价已经相当于甚至略高于原来的市价,商民以为"黄金一时不会涨,现在拆息多么高,搁在那里不合算,不如卖掉了还债。或做生意买别的东西"④。此外,也容或有投机的因素。

黄金、白银、外币的兑换期,原定到9月30日结束,此后,人民持有黄金、白银、外币即为违法。财政部发言人于12日发表谈话宣布:"收兑金银及外币日期,原定截至九月卅日为止,到期决不延展。如逾期尚未向中央银行或其指定代理收兑之银行兑换金圆券或公债或存储,则

---

① 《大公报》(上海),1948年8月23日。
② 《岫庐八十自述》,第535页。
③ 《大公报》(上海),1948年8月25日。
④ 《大公报》(上海),1948年8月26日。

持有者即属违法。"①在国民党的高压政策下,普通百姓纷纷如期前往兑换。上海一地,29 日、30 日的兑换达到了高潮,30 日成绩为兑出金圆券 3600 余万元,是最好的一天②。据翁文灏报告,到 9 月底止,"收兑黄金、外币折合美金一亿三千二百七十八万七千一百十四点一七元,经收外币存款折合美金一千零六十九万七千七百五十五点六一元,出口外汇收入折合美金三千五百七十八万四千四百七十点二一元,华侨汇款收入折合美金一千一百十六万三千四百十九点二〇元,总计收入折合美金一亿九千零四十三万二千八百五十九点一九元,进口结汇折合美金一千二百五十万一千九百十二点六九元,政府机关结汇折合美金一千零三十五万八千二百九十九点四六元,总计支出二千二百八十七万零二百十二点二五元,以上收支两抵,净收入折合美金一亿六千三百五十六万二千六百四十七点零四元。"③当时,发行的法币折合美金也仅 5000 万元,而在币制改革的四十天之间,即收入了黄金、外币 1.6 亿多美金,达法币发行额的三倍。

要贯彻以币制改革为中心的所谓新经济政策,关键在控制住上海的经济。1948 年 8 月 20 日早晨,蒋经国在财政经济紧急处分令发表后即赶到上海,开始作管制上海经济的准备工作。为了有一支自己指挥的力量,蒋经国把在唐山的国防部"戡乱建国工作总队"第六大队调到上海。"戡乱建国总队"是蒋经国为建立实验绥靖区而策划建立起来的,归入国防部名下。他们本来的任务是协助军队组训民众,参加绥靖区地方行政。这时,蒋经国为了对付上海的工商界,把这支本来是对付中共的有组织力量,调到了上海。21 日即着手制定"戡乱建国大队"在上海的工作计划。27 日,"戡建大队"在举行记者招待会时宣称,到上

① 《大公报》(上海),1948 年 9 月 13 日。
② 《大公报》(上海),1948 年 10 月 1 日。
③ 《中华民国货币史资料》第 2 辑,第 607 页。

海来的任务，"一方面对付共党，一方面对付奸商"①。本来是用来审判共产党的特种刑事法庭，也成了审判资本家的专制工具。新经济政策一开始执行，就把上海资产阶级推向了中共一边，把自抗战以来资产阶级对中共的同情，推向了高峰。

22日，蒋经国被正式任命为经济管制委员会委员，协助俞鸿钧督导上海区。23日，就在开始兑换金圆券的那一天，在上海中央银行会议室举行了首次督导会报，蒋经国和上海当局商量了执行方法和分工。他认为："自新经济方案公布之后，一般人民对于币制的改革以及经济的管制，多抱乐观的心理，而政府人员则多抱怀疑的态度。两天来日用品的价格涨得很利害。捣乱金融市场的并不是小商人，而是大资本家和大商人，所以要严惩，就应从'坏头'开始。"②蒋经国在上海决心不顾一切，实行管制经济。他在日记中写道："一般人都认为经济管制工作是做不通的，我亦认为相当困难的，但是在今天我抱了一种决心，就是无论如何困难总应当做下去。这种态度多少是不近人情的，但是或许可以作为成功的唯一条件。"③于是，他便动用全部力量来管制物价、物资和金融。

8月24日，上海社会局、全国卫生局、财政局、警察局经济大队等单位，召集副食各业商人谈话，社会局长吴开先硬性规定，要他们照8月19日的价格出售，以后如果超出19日售价，轻则吊销执照，重则将依法严处。当天，粮食价格，以白粳为例，退入了20元以内。蒋经国本人连日召集会议，讨论稳定粮食、纱布、日用品价格的办法。警察开始监督市场，拘捕违法商人。26日上午，蒋经国召集各有关机关会议，到有金融管理局、警察局、警备部稽查处、宪兵团、江海关、两路局警务处、

---

① 《大公报》(上海)，1948年8月28日。

② 蒋经国:《沪滨日记》1948年8月22日，《蒋总统经国先生言论著述汇编》第1集，台北黎明文化事业有限公司1981年版，第563页。

③ 蒋经国:《沪滨日记》，第566页。

港口司令部等单位代表,作出决议:"(一)统一检查机关,由蒋督导员统一指挥,统一执行,切实发挥经检力量,绝不许扰民……(二)凡违背国家法令及触犯财经紧急措施条文者,其商号吊销营业执照,负责人送特刑庭法办,货物全部没收。"同时决定自 27 日起,开始普遍检查。检查对象则"以巨商大贾为目标,不在小处着眼,而免徒滋纷扰"①。大概是这一提法,后来被社会上称为"只打老虎,不拍苍蝇"。为了达到管制经济的目的,蒋经国不仅动用既有的权力机关,而且策划由戡建大队着手组织人民服务站,"希望能做到发动民众协助政府执行新经济政策的目的"②。到 9 月 25 日,在复兴公园举行大上海青年服务总队开训典礼,受编人数达 12,339 人,由蒋经国出席致词。但这个青年服务队还没有发挥作用,经济管制政策就破产了。

当时,经行政院批准,成立了上海区物资调节委员会、上海区检查委员会、上海区物价审议委员会,实施全面管制经济,首先限制纱布南运,暂行停止食油及油料出口。30 日,蒋经国召集上海各商业同业公会负责人开会,宣布了上述三个委员会的功能,他强调:"过去币制不改革,物价管制无效,此次币制改革与物价管制同时并行,严格执行,各地物价应以八一九价格为标准,不得变更。"蒋经国严厉指责商人的囤积居奇:"最近查出有些货物存仓时间不但在三月以上,而且有从日本投降囤积迄今,实在太不应该。政府为执行政策,对存储三月以上者应依法予以惩处。"最后他警告商界说:"若干商人闻已雇用专人,准备吃官司坐牢。但政府洞察其奸,故以后各商店如有违法情事,决拘捕老板予以严办。"③9 月 3 日,蒋经国又召集各工业同业公会负责人谈话,严厉警告说:"这次改革方案,是国家的生死关键,故只许成功,否则就不堪

---

①　《大公报》(上海),1948 年 8 月 27 日。

②　《大公报》(上海),1948 年 8 月 28 日。

③　召集各商业同业公会负责人谈话会记录,档案号,6—2—21 号,原上海市社会局档案,上海市档案馆藏。

设想。这是国家的命令,亦是国家根本大问题。所以全国上下均应绝对遵行……我知道我在上海再住下去,一定有很多人会讨厌我的,但是假若大家都老老实实,查仓库这些工作本来可以不必麻烦了。现在查出来的,还有日本人时代所囤的货物在内,迄今尚未卖出,昨天发现有人到厂买货,发票开的是八一九价格,另外仍贴了黑市,以及米商的用厚麻袋,糖商用衬纸等,无异是抬高八一九粮价,这叫我不能不扳面孔了。"①这几天,各军警机关也全面出动监督、检查,在各区公所面前设立告密箱,厉行"打老虎",拘捕工商界人士。

蒋经国的所谓扳面孔,就是要用严刑峻法,惩罚"奸商",以警察行动来维护行不通的管制经济。9月1日,他提出了囤积大户的名单,并开始行动。当日晚,蒋经国接南京电话:"要从速处理违犯经济法令的各种案件,并主张严办大的投机商人。"2日,他召开检查委员会会议,"会后即向市政府提出大户奸商等各种违法行为的证据,并建议立刻逮捕"②。2日当天,经济警察即传询沪上闻人杜月笙的儿子、鸿兴证券号负责人杜维屏,巨商盛苹臣,暂准交保释放。案由是在财政经济紧急处分令下达前,大量抛售永安纱厂股票。同时,以囤积罪拘押永安纱厂副总经理郭棣活,郭答应尽量抛售,才交保释放。是日晚,泄漏经改秘密的财政部秘书陶启明在南京被捕。陶妻李国兰也因永纱案在上海拘押。因私套港汇一案出走香港的申新纱厂总经理、棉纱大王荣鸿元,于2日晚回到上海,3日即遭逮捕。同日,杜维屏因被发现在证交停业后做场外交易,与证券商林乐耕同被逮捕。此外,纸张业公会理事长詹沛霖、永泰和烟公司黄以聪、囤布大王吴锡麟被逮捕,送特刑庭办理。食油业公会理事长张起及米业公会理事长万墨林均受到警告。已经被捕在案的林王公司经理王春哲因私套外汇一案,于9月3日被判死刑,至24日执行枪决。淞沪警备司令部科长张尼

---

① 召集各工业公会负责人谈话会记录,档案号,6—2—21 号,原上海市社会局档案,上海市档案馆藏。

② 《蒋总统经国先生言论著述汇编》第1集,第568—569页。

亚、大队长戚再玉也因贪污舞弊罪被处死。被捕商人共达六十余人①。蒋经国日记记道:"(9月4日)××公司要犯已由特种刑庭判处死刑,其余的大投机家亦已押送特种刑庭……(9月5日)×市长到南京去辞职,不晓得是不是因为他对于我的作法不满意的原因……(9月8日)今天早晨遇见×××,他在过去是唱革命高调的,但是现在他软下来了,并且主张不宜多捕奸商,否则怕工厂要关门了,由此可知官商勾结力量之大矣。"②"×市长"即上海市市长吴国桢,他本来就不相信金圆券政策,这时候,他在蒋经国眼里成了资产阶级在政界的代表人。

尽管收兑金银外币和控制物价取得了相当成绩,蒋介石并不感到满意,还要向上海商业行庄勒逼外汇。9月6日,蒋介石在国民党中央党部扩大总理纪念周上发表讲话,责骂上海银行界说:"目前尚有一个问题,即商业银行对于政府法令尚存观望态度,其所保存之黄金、白银及外汇,仍未遵照政府的规定,移存于中央银行。并闻上海银行公会理事会拟集合上海所有各行庄,凑集美金一千万元,卖给中央银行,便算塞责了事……这种行为固然是直接破坏政府戡乱建国的国策,而其间接实无异助长共匪的内乱。彼等既不爱国家,而国家对彼等自亦无所姑息。故政府已责成上海负责当局,限其于本星期三以前令各大商业银行将所有外汇自动向中央银行登记存放。"③于是,蒋经国"决定加以说服,将他们的外汇移存国行。直至今晚(8日)止,已经拿出了三千万美金"④。11日,蒋经国又在乐义饭店先后约见上海金城银行董事长周作民、浙江第一商业银行董事长李馥荪、上海联合银行总经理戴立庵、交通银行董事长钱新之(因事未到),以极为粗暴的态度,向他们勒逼金银外汇。蒋对李声色俱厉,争吵声达于户外,对周则屡屡扬言要打

---

① 据寿充一回忆为六十多人,《法币、金圆券与黄金风潮》;江南:《蒋经国传》记述为64人。
② 《蒋总统经国先生言论著述汇编》第1集,第569—571页。
③ 《大公报》(上海),1948年9月7日。
④ 《蒋总统经国先生言论著述汇编》第1集,第571页。

电话给警察局把他拘留起来,对戴更指责其联合上海商业银行逃避大量金银外汇①。上海各商业银行在蒋介石父子的勒逼下,被迫和盘将所存黄金、白银、外币和其他外汇资产列表报告中央银行。只是由于币制改革的迅速失败,政策改变,这些外汇资产没有来得及转账过户,仅少部分为中央银行收购,多数仍为各商业银行所持有。

9月12日,蒋经国在上海青年军联谊大会上发表了一篇措辞严峻的讲话,在这篇后来题为《上海往何处去?》的讲演中,他严厉地抨击了"投机奸商":"上海许多商人,其所以能发财的道理,是由于他们拥有本店自造的两个武器:一是造谣欺骗,一是勾结贪官污吏,做官的人如与商人勾结,政府将要加倍惩办。戚再玉已经枪毙了,听说不久将来还有类似的人也要得到同样的命运。"他强调:"今日的抑平物价,不过是一种技术上的工作,而真正的目的乃是在消灭社会上经济不平等的现象。更确切的说来,就是不允许社会上滋长着这种富者愈富贫者愈贫的现象。"他向上海市民号召说:"我们自开始以来,即主张发动广大的民众来参加这伟大的工作,并应告诉人民,这是我们自己的事情,应该自己起来完成,人民的事情只有用人民自己的手可以解决。"②

蒋经国对于管制经济的一时成就深感满意,9月15日,他在上海市参议会上发表演说:"这三星期以来的工作,给我一个教训,只要和人民站在一起,什么事都不会失败的。这三星期的成绩,是上海六百万人民赤诚拥护政府的表现,也是参议会同人的功劳。今后希望上海商人,不要抱观望的态度。我是奉政府法令,专来惩办不法的商人。"③

蒋经国在上海"打老虎","捉黄牛","拍苍蝇","要把冒险家的乐园,变成上海人的乐园",一时被誉为"蒋青天"。如果蒋经国不是蒋介石的儿子,当时蒋经国反对资产阶级的种种演讲词,足以被人扣上一顶

---

① 参寿充一、戴立庵文,载《法币、金圆券与黄金风潮》。
② 《大公报》(上海),1948年9月15日。
③ 《大公报》(上海),1948年9月16日。

红帽子了。但是,上海工商界心中有数,于是,他们通过反击豪门资本,来进行自卫,也看看蒋经国的高调能唱到几时。

当时,国民党政府对于个人在国外的外汇资产,不但条件宽松,而且始终没有什么有效的措施。流向海外、估计在 5 亿美元以上的这些外汇资产,一般舆论认为,大体上是豪门向海外转移的资产。无论是美国方面,还是国内国民党统治区的舆论方面,都认为国民党政府要打内战,就应该动用这批资产,而不应该专门向国内经济濒临破产的企业搜刮。《大公报》上一再指出:"富户并未拿出存金来,而是平时保存了三五枚银元、美金,以保存些微购买力维持生活的小百姓们,因不敢违法,才去兑换的。"①"大多是零星小户,黄金没有超过百条,美钞没有超过千元,真正的大户还没有拿出来。"②国营轮船招商局总经理徐学禹发表署名文章,指出:"市场上固然有老虎伤人,豪门中也有老虎噬人。市场上的老虎虽已打了几只,豪门中的老虎却还逍遥自在。这使老百姓心里未免不甚痛快。"③《大公报》发表社评:"今天所做的仍有美中不足者,众目昭昭。真正的豪门,仍逍遥自在。'存放国外外汇资产登记管理',这一着,最关重大。改制最终的成败,与此辈豪门是否爱国及拥护政府有关。此关打过,则人民无话,工商心服。若打虎至牛而止,不进山林虎穴,精神一松,功亏一篑,那就太可惜了。"④

据说,蒋经国在召集上海工商界开会时,杜月笙将了他一军:"不过我有一个要求,也可以说是今天到会的各位的要求,就是请蒋先生派人到上海扬子公司的仓库去检查检查。扬子公司囤积的东西,尽人皆知是上海首屈一指的。今天我们亲友的物资登记封存交给国家处理,也希望蒋先生一视同仁,把扬子公司所囤积的物资同样予以查封处理,这

---

① 《大公报》(上海),1948 年 9 月 3 日。
② 《大公报》(上海),1948 年 10 月 1 日。
③ 徐学禹:《更彻底改革经济措施》,《大公报》(上海),1948 年 9 月 23 日。
④ 社评:《币制改革以来》,《大公报》(上海),1948 年 9 月 24 日。

样才服人心。"①郭旭的这篇回忆,并非亲历,而只是转述别人的话,其中明显与事实不符的错误很多。但这段传闻,无论是否属实,还是可以反映上海工商界对蒋经国以强力管制经济的抵抗情绪。在上海工商界的压力下,蒋经国不得不对扬子公司进行调查,由此引出了孔祥熙的儿子孔令侃经营的扬子公司一案。

蒋经国在上海执行"打老虎"政策,在政治上导致对蒋氏姻亲集团的反冲击,在经济上形成物资匮乏,生产萎缩,游资充斥,市面萧条,危机因素迅速积累起来。当时,国民党政府行政控制系统本来就相当松弛,并不能做到全面控制统治区域的经济。蒋经国在上海控制经济的结果,使内地和上海的物价结构,形成倒挂。控制力不强的内地的原料、粮油价格高过了上海的市场价格,造成上海原料、燃料缺乏,生产削减,粮食和副食供应紧张。由于生产萎缩,政治形势恶化,投资热情下降,上海市民的消费心理却强化起来,大吃大喝、游山玩水的人多起来了,反过来,又强化了对市场的冲击。因为收兑金银外币,游资充斥市场,找不到出路,至9月中下旬,争购消费品的现象就已开始出现。

蒋经国在上海管制经济,本无系统的计划和部署,只是看一步走一步。他面对着经济流程遭到阻断的局面,不思反省,企图以进一步强化对经济的管制来摆脱困境,结果,在管制经济的泥坑里越陷越深。他在9月中下旬,一再召集上海工商界人士举行会议,一方面强化对他们的压力,一方面寻找疏导经济的方法。他本着管制经济的思路,于9月21日向商界代表宣布:"一、所有商人存储日用必需品及原料,限期向市府登记,以便知悉实际数量。二、自备外汇开放,限于工业原料及机器。三、上海工业产品有多余的,在不影响限价条件外,由产销两地密切联系,不容许投机、抢购、囤积,否则从严处罚。四、为使各工厂不发

---

① 郭旭:《扬子公司查而未抄的内幕》,《孔祥熙其人其事》,中国文史出版社1987年版,第231页。

生困难,允各厂申请所需原料向产区购买,或联合采购。"①自 23 日起,限五天内,向各同业公会登记,五天后,由军警普查所有仓库,如发现有未经登记的商品、原料,一概没收。续后,又宽限延期到月底。对于日用品决定采取配给的办法,对上海市民重新登记身份证。对于粮食甚至考虑与产区采取物物交换办法,来保证上海的粮食供应。禁止市民携运日用重要物品出境。10 月 3 日,蒋经国在上海区检查委员会第九次例会上决定将检查的范围扩大到京(宁)沪、沪杭沿线各城市,以免上海物资向外地逃避。他对经济的控制权大为扩大了。但是,国民党及其政权本缺乏严密控制经济的功能,在军事溃败、人心解体之际,单凭蒋经国的努力,要想达到全面管制经济的目的,犹如白日做梦。一进入10 月份,蒋经国的管制经济就被民众的抢购风潮冲垮了。

第三节　财政经济的总崩溃

一　币制改革的失败

王云五虽然是以发行金圆券为中心的币制改革方案的制定者,但他作为一个并无政治实力的财政部长,并不能控制币制改革的进程。币制改革成败的关键,是蒋经国在上海的管制经济能否成功。当时,正好国际货币基金组织及国际建设开发银行监事会第三届联合年会即将举行,中国财长轮值担任大会主席。王云五在一片成功的祝贺声中,对于适当调整物价的政策作了布置后,即于 9 月 18 日离开南京到上海,并于 21 日自上海出发,赴华盛顿与会。但当他于 10 月 10 日回到上海后即发现,他的币制改革已经濒临失败。

本来,王云五草定币制改革方案时有个基本前提,即"国家局势不致恶化",但改革才实施一个月,军事形势即严重恶化。9 月 24 日,济

---

① 《大公报》(上海),1948 年 9 月 22 日。

南失守。首都南京的门户徐州就已处于解放军的直接威胁之下。济南有重兵镇守,筑有坚固的城防工事,守将王耀武在国民党将领中以能战著称。但解放军攻击济南,仅用了八天时间即全歼守敌。济南失守,国民党统治区的人心马上动摇。

同时,由于财政收入未能如预期增加,而支出则根本无法收缩,公营交通公用事业补贴和军费增加,造成发行加大,已达12亿元,即达法币实值的六倍,影响到人心和物价。

金钞的收兑期,原定到9月30日截止,9月30日这一天,人民害怕非法持有金钞,仍到中央银行蜂拥兑换金圆券。但过了期限,中央银行却于10月1日发布公告:"查收兑黄金、白银、外币,前经规定至九月三十日为止。兹奉行政院核定,收兑黄金、外币展期至十月三十一日;收兑白银、银元、银角,展期至十一月三十一日为止。特此公告。"①据王云五说:"翁胆小,竟听信俞鸿钧之言,谓上海工商界要求收兑金钞延期一个月截止,予以同意。"②本来,民众对于改革方案不能打击豪门资本,已经深表不满,而延期措施等于承认豪门资本存储黄金、白银、外币的合法地位,法令马上失去了信用。10月1日起,中央银行门前,求兑者寥寥无几。

本来,一刀切的"八一九"限价,并不符合实际经济状况,它也影响到政府当局的财政收入和政府系统经营的企事业的利益。限价政策刚刚实行,国民党系统的报业主管们就纷纷来要求加价③。经营不善的

---

①　《申报》,1948年10月1日;《中华民国货币史资料》第2辑,第756页。

②　阮毅成:《与王云五先生谈金圆券》,《传记文学》(台北)第45卷第2期。

③　当时,上海主要大报如《申报》、《新闻报》在战后都为国民党系统所控制。据《痛定思痛》所载《沪滨日记》1948年8月24日记:"十八时半,同俞鸿钧先生在中央银行接见报业代表。那里知道第一个想冲破限价的竟是报业界!"转引自吴相湘:《王云五与金圆券的发行》,《传记文学》(台北)第36卷第2期。此段文字,收入《蒋总统经国先生言论著述汇编》第1集的《沪滨日记》中,不知何故被删去了。该书对已公布资料多有删节,使学者征引十分困难。——笔者。

公营事业,更使财政补贴成为当局的沉重负担,不能不考虑加价,转移负担。王云五临出国前制定了一个适当调整物价的方案,但蒋经国坚决反对。9月27日,他写信给南京当局说:"就政策言,改制后金圆券信用之树立,并非因发行数量较昔为少(法币仍在流通),而实有赖于限价政策之坚决执行。今限价甫及一月,忽由政府率先变更,公营交通公用事业率先涨价,民信能无动摇……闻政府尚有定于十月一日通令准许涨价之说,如非传闻失实,亦请惠予考虑。"①国民党当局的政策陷入了两难的处境。由于济南失守,人心动摇,南京当局一时不敢执行一个全面调价的政策。

但是,上海当局仍然出台了一项增税方案。10月2日,上海对卷烟、薰烟叶、锡箔、洋啤酒、国产酒类、烟叶、烟丝等七种商品,改征税额,增幅达7—10倍。2日、3日,商人因增税不增价而停止营业。3日,上海社会局不得不核定允许香烟价格上涨一倍多,4日起照新价营业。这一消息传出,限价政策的信用立即崩溃。饱受通货膨胀痛苦的上海人民,自3日上午起,即上街抢购物资,自静安寺到南京东路,一路上,商店货架被抢购一空,到下午3点左右,商店不得不拉起了铁门。这股风潮迅速向全国蔓延,开始的时候,主要是抢购日用的比较值钱而又容易保存的纱布呢绒一类物品,随后又抢购米煤日用百货。尽管当年粮食收成尚好,米的来源却日益减少,城市很快出现粮荒现象。煤的供应也十分紧张。人民无法按限价购到日用必需品,管制经济形成了货品严重短缺的经济局面,社会秩序更加动荡起来。

蒋经国面临这种经济现象,内心十分恐慌,日夜不得安心。10月6日晚,他向上海市民发表广播讲话,企图遏制抢购风潮,力挽狂澜。他向上海市民说:"今后上海的市民有两条路可走:第一条路就是保持表面的繁华,有钱的人要什么就能买到什么,再让投机的市场发达起来,逃避到香港、杭州、苏州和莫干山的投机家重回上海,再来兴风作浪,捣

---

① 《上某先生意见书五则》,《蒋总统经国先生言论著述汇编》第1集,第464页。

乱市场，使得物价高涨，民不聊生，这是第一条道路；第二条路就是能够忍耐一时的痛苦，经过一个困难时期，甚至经过一时不景气现象，而使得经济走入正轨，使得人民能过安定的生活。"①但无济于事。24日，他又发表了《向上海市民进一言》，漫言道："我们可以确实相信，上海并非无货应市，而是商人看涨，不愿将存货拿出来，以致造成今天的所谓缺货现象。今后我们必须要他们将货物拿出来，照限价供应市场。"他承诺政府将实行限购、配购、统购政策，来保证供应，他不无恐惧地说："现在有许多人，看见了困难，好像已在那里开始恐惧了，甚至于开始摇动了自己的信心和决心。这是目前最大的敌人。"②然而，真正摇动自己的还是他自己。10月初的扬子公司一案，使得"蒋青天"的神话，连一个月都维持不了。

　　扬子公司一案，具体经过，人言纷纷，全部真相已不易查明。据现存的事后报告，查处扬子公司一案，起于9月14日上海警察局经济警察队队员赵洪宽口头报告，扬子公司囤积大量物资，队长程义宽即命其秘密侦查。但直到9月29日，才由秘密侦查转为公开彻查。据报告："该公司始行发觉，曾有一大卡车货物于是日下午五时外运，当即拦阻追回。"而事后查点，这一卡车货物"除有：（一）小型机器脚踏车二十四辆；（二）西装乙木箱（计四十四套）；（三）玻璃木梳乙木箱（计五九四打）；（四）玻璃板六大箱等四项货物，未曾登记外，与该公司呈报经管督导办公处之物资清册核对，俱属相符，并无缺少。"至10月27日调查，扬子公司存货超过规定的三个月以上货物有：一、天津烧碱及美国烧碱五十六桶；二、糖九十五吨；三、火油二七四箱（自用原料）。上海市政府辩称："查督导会议（由俞、蒋两督导员主持，参加者有吴市长、潘议长、

---

①　《关于经济管制——蒋经国昨晚播讲词全文》，《大公报》（上海），1948年10月7日。

②　蒋经国：《向上海市民进一言》，《大公报》（上海），1948年10月24日。

徐副议长、方主委、刘副总裁攻芸、林局长崇墉、李处长立侠等）曾决定物资按照规定限令登记，但不咎既往，因此物资登记者之来源如何、时间久暂，均不在追究之列。"①蒋经国自己就在日记中（10月8日后的上星期反省录）为扬子一案辩称："在法律上讲，××公司是站得住的。倘使此案发现在宣布物资总登记以前，那我一定要将其移送特种刑庭。总之，我必秉公处理，问心无愧。"②

上述种种均有事后粉饰的可能，法律的辩护，本不是问题的根本，杜维屏、荣鸿元也并未服罪。豪门问题，实际上是一个政治问题。蒋经国一上任，就要严惩大资本家和大商人，"从'坏头'开始"。但为什么不从人人侧目的豪门开始？1947年六七月间，李宗仁草拟的上蒋介石书中也曾提出："我政府亟宜以革命之精神与决心，厉行民生主义：一、节制资本，取豪门之财富，充实国库，课资产以重税，平衡收支，又何止五亿美元？更何须仰美人鼻息？二、平均地权，分地主过量之土地，归诸佃户，纳于公仓，则粮产增而无囤积，出粮出兵，自易举办。政府掌握全部物资之后，物价必然下跌。再取缔私营行号，严禁操纵居奇，发行新的货币，规定利率标准，则币值亦随之而稳定矣。"③豪门问题，社会上从抗战期间开始，年年议论纷纷，蒋经国当然不会不知道，他如真要想有所改革，就必须从打击豪门着手。而他到上海后却从杜维屏（以杜月笙为目标）和荣鸿元身上开刀。在当时中国政治经济环境下，没有违法经营，企业就不能生存，目标是可以任意选择的，罪证是一定可以抓到的。抓什么人，实际上是一个政治问题。蒋经国如果一开始就想抓豪门的问题，恐怕是不必等到9月29日的。从前述《大公报》舆论显然可见，蒋经国之所以不能不抓扬子公司，是出于舆论的压力，包括上海工

---

①　《扬子公司囤积案史料》，《档案与历史》（上海）1989年第2期。

②　《沪滨日记》，《蒋总统经国先生言论著述汇编》第1集，第588页。

③　《李宗仁上蒋介石书稿》，《档案与历史》（上海）1988年第3期。按：文内有"上月学潮骤起"，学潮起自1947年5月20日；又文内已有"戡乱"字样，据此当写于1947年六七月间。——笔者。

商界的反抗,甚至包括自己的部下在他的激进言论影响下对豪门横行霸道的痛恨。然而,统治基础已经十分脆弱的国民党政权是不能承认豪门问题的,这已经不仅仅是家族的私人感情问题,封住豪门问题的突破口,也是一个政治问题,蒋介石本人就曾亲自为宋子文辩护。抓不抓豪门问题,对于蒋介石父子来说,成了一个两难问题。

蒋经国于9月29日公开查处扬子公司,相传蒋经国要严办公司经理孔令侃,孔向在南京的宋美龄求救。据印度驻华大使潘迪华(K. M. Panikar)记述,当扬子公司被查封的当晚,南京官邸正在宴客,杯盘交错之际,上海突来一紧急电话,蒋夫人接完电话之后,神色至为不安,乃先行离席①。查《大公报》,宋美龄乘专机由南京到达上海是10月1日晨。但宋美龄未能说通蒋经国,只好直接向蒋介石求援。8日下午3时半,蒋介石从北平乘专机飞往上海,亲自处理亲属之间的纷争。这时正值辽沈战役的关键时刻,蒋介石在北平亲自指挥,翌日即9日,解放军就发起了攻击锦州的战斗。据杜聿明在回忆录中说:"据傅作义对我说:蒋介石当日返北平后,说他八日要到上海去。傅以为蒋到上海可能是为双十节发表什么谈话,就劝蒋不要去,蒋说他有私事要去。事后才知道蒋经国在上海'打虎',要办投机倒把、扰乱金融的孔令侃。蒋得到消息急忙到上海去救孔。蒋介石一到上海,将孔令侃救出。"②不久,孔令侃于10月28日飞往美国。

当蒋介石到达上海的时候,另有两名监察委员到达上海调查扬子一案,此事轰动全国,蒋介石再次亲自干预此事。10月18日,他急电上海市市长吴国桢:"关于扬子公司事,闻监察委员要将其开办以来业务全部检查。中以为依法而论,殊不合理。以该公司为商营而非政府机关,该院不应对商营事业无理取闹。如果属实,可嘱令侃聘请律师进

---

①　转引自江南:《蒋经国传》,中国友谊出版公司1984年版,第176页。

②　杜聿明:《辽沈战役概述》,《文史资料选辑》第20辑,第20页。

行法律解决，先详讨其监察委员此举是否合法，是否有权，一面由律师正式宣告其不法行动，拒绝其检查，并以此意约经国切商，勿使任何商民无辜受屈也。"①尽管后来监察委员们仍不依不饶，但此案终于不了了之。

宋美龄、蒋介石干预扬子一案的消息传出，蒋经国立即名声扫地。他在10月8日后写的上星期反省录中说："××公司的案子，未能彻底处理，因为限于法令，不能严办，引起外界的误会。同时自从此事发生之后，所有的工作，都不能如意的推动了，抵抗的力量亦甚大。经济管制的工作发展到今天，确实已到了相当严重的关头。一般中产阶级，因为买不到东西而怨恨。工人因为小菜涨价，而表示不满。现在到了四面楚歌的时候，倘使不能坚定，即很快就会崩溃。"②其实不仅社会上对蒋介石的统治感到绝望，就是国民党系统内的重要人物也由此而离心离德。如镇守北平的傅作义就怨愤地说："蒋介石要美人不要江山，我们还给他干什么！"不久就和中共接洽和平。蒋介石的亲随幕僚陈布雷，因向蒋进言要孔、宋两家出钱助饷，遭到蒋的严词斥责，而于11月13日绝望自杀。蒋经国的部将贾亦斌，为扬子案与蒋经国当面拍桌子翻了脸，自此走上了起义的道路③。

当时，北平地区粮食依赖解放区，限价后粮食短缺，黑市价格暴涨，人民生活尤其困难。10月24日，北大教授沈从文等八十三人为生活所迫，发出停教宣言，定25日起停教三天，进行借贷。宣言指出："我们绝不能照限价购得我们的食用所需。"④各地罢教、罢工、怠工风潮迭起，人心解体。

王云五归国后还想采取挽救措施，提出了"调整物价、工资及公务

　①　《扬子公司囤积案史料》，《档案与历史》（上海）1989年第2期。

　②　《沪滨日记》，《蒋总统经国先生言论著述汇编》第1集，第592页。

　③　参杜聿明：《辽沈战役概述》，《文史资料选辑》第20辑，第20页；贾亦斌自述：《半生风雨录》，中国文史出版社1996年版，第152—156页。

　④　《大公报》（上海），1948年10月31日。

员待遇办法"和"预结外汇维持币信办法"。经过中下旬的多次讨论,王云五的主张得不到支持。10 月 27 日—29 日,行政院召开了经济管理问题会议,据王云五回忆:"粮食部长则强调目前毫无粮食可以控制,不仅民食堪虞,尤以军粮无法供应为重大威胁,认为无论如何合理调整粮价,粮食仍不能恢复供应,只有听其自由定价,始可望恢复粮源。"①蒋经国也到南京向翁文灏一再有所陈说,10 月 21 日,前前后后谈了六个小时,但毫无结果。经管会议蒋经国也参加了,虽然尽力有所陈说,但已无力挽回,物价管制政策不能不宣告失败。王云五因为币制改革失败,也不能不于 10 月 29 日提出辞职。10 月 31 日,行政院公布经济紧急处分令补充办法,放弃限价政策,规定"粮食依照市价交易,自由运销","六大都市配售粮食,仍由政府继续办理",其他重要物品价格继续管制,调整公用交通事业价格,调整公教待遇及工资,调整税收②。11月 2 日,翁文灏在立法院承认"币制改革完全失败",他指出:"关于收支平衡这一点,可说是完全失败了,其原因是国库开支太大,许多重大开支无法减少。"③同日,中央银行发行局向总裁报告:"(金圆券)现在实际发行,截至本日止已达十七亿余元,照趋势,旬日之间恐即到限……万一到限不能发行,对于业务军政用款延迟支付,影响至巨。"④要求会同财政部商定合法手续。也就在这一天,蒋经国发表书面谈话《敬致上海市民》,黯然宣布失败下台。此后,被捕的商人也陆续交保释放。

限价政策取消后,物价暴涨,上海粮食价格,由原来的白粳每石 20元左右涨到 11 月 6 日的每石 250 元,还难以买到。而公教人员待遇只涨一倍半,一时还领不到工资。到处出现抢米风潮。上海同济师生一度断炊。人民平时的积蓄,因为强兑金银外币而被掠夺一空,生活无以

①　《岫庐八十自述》,第 544 页。

②　《大公报》(上海),1948 年 11 月 1 日。

③　《大公报》(上海),1948 年 11 月 3 日。

④　《中央银行发行局呈总裁文》(1948 年 11 月 2 日),《中华民国货币史资料》第 2 辑,第 606 页。

为继。在限价政策下，工商业损失惨重，流动资本濒临枯竭。社会经济生活陷入了极度的混乱之中。

为此，上海《大公报》于 11 月 1 日发表社评《政府放弃了限价政策》，指出："币制改革才两个多月，便招致了经济上这样大的变故，完全是以非经济的办法处理经济问题所闯出来的乱子。在战乱盛行经济紊乱的时候，本来还未具备改革币制的充足条件，但若遵循经济学理以行，可能有较好的收获，至少不致弄成这样人仰马翻，焦头烂额，苦了人民，也害了国家的景况。第一，以金圆券换法币，迫兑金钞，而不于此时机冻结游资，以致突然放出五六倍于旧法币的通货，有如洪水泛滥。这是最大的错误。第二，万万不该强力限价'八一九'。在重庆时代也曾限过价，就未办通。明明办不通的事，而硬以雷霆万钧的威力去干，一面商民畏死赔售，一面金圆纷飞，于是便演成这全国城市抢购一空的惨象。"

经此一劫，国民党彻底丧失了人心。连南京《中央日报》也于 11 月 4 日发表社论《赶快收拾人心》，指出："国家在这样风雨飘摇之秋，老百姓在这样痛苦的时分，安慰在哪里呢？享有特权的人，享有特权如故，人民莫可如何。靠着私人政治关系而发横财的豪门之辈，不是逍遥海外，即是倚势豪强如故。对于这辈人民公敌，共党匪徒最大的帮手和功臣，不用说到现在还没有人替老百姓施用政治力量，强制他们捐输资财，以戡乱救民。甚至不曾用指甲轻轻弹他们一下。人事上也偏私如故，似乎没有国人置喙的余地。国家弄成这个样子，老百姓人人装着一肚皮闷气，人心失尽，如何得了。若不再为四万万国家主人翁抒发这股闷气的万分之一，何以对毕生以救国救民为己任的国父在天之灵？何以对为革命事业而牺牲生命的千万烈士之魂？更何以对全国受苦受难的同胞们？"

11 月 11 日，蒋介石批准了王云五的辞职。同日，公布了《修正金圆券发行办法》和《修正人民所有金银外币处理办法》。将金圆券的法定含金量改为原来的五分之一，并实际铸造金圆，准许人民持有金银外币,除银币外,禁止买卖流通,但规定了存兑金银的办法,金圆券的发行总额则可以由命令规定。自8月23日至10月31日,中央银行共收兑金银外币折合美元达1.68296390亿元[1]。遵纪守法的人民手中的通货一下子就损失了五分之四。但实际铸造金圆,只是一句空话,兑现金银存款的问题,只是一时的缓冲政策。很快,由于人民的挤兑,而不能不严加限制,最终又停止兑换。此后,金圆券迅速膨胀,其速度之猛远远超过了法币。由金银外币换来的金圆券,变得一文不值,人民手中的积蓄,由此而被掠夺一空。蒋介石用来装饰门面的翁文灏内阁也已无法维持,不得不于11月26日辞职,由孙科继任行政院长。

二　社会经济的严重混乱和财政的总崩溃

抗战胜利后,国民党政府通过接收敌伪产业,使国家经营的企事业迅速膨胀起来,垄断了工业、交通运输业、金融业和对外贸易。战后的官僚资本,占中国产业资本的64.13％,民族资本占24.66％,外国在华资本占11.21％[2]。但国营企业效益低下,经营困难。资源委员会接管了全部敌伪钢铁企业,而设备利用率只有12％。电厂恢复得最好,但国营省营占全国设备容量的73.5％,而发电量只占全国的60.9％。战前,民营资本在纺织业占有优势,战后国营的中国纺织建设公司以接收敌产的名义,垄断了纺织工业的一半左右。纺建公司拥有全国华资工厂纱线锭的39.7％,布机的60.1％,1947年纱机的设备运转率仅为49.6％,布机的设备运转率仅为49.8％。1947年产纱仅为全国纱产量的39％,产布仅为全国布产量的40％。都低于其设备所占比重。台湾

---

[1]　《金融周报》第19卷第20期,1948年11月17日,转引自《中华民国货币史资料》第2辑,第761页。

[2]　参许涤新、吴承明主编:《中国资本主义发展史》第3卷,人民出版社1993年版,第726页。

糖业公司的设备利用率则仅为 35％①。资源委员会 1949 年度本要求各事业建设经费金圆 1.8557 亿元,而收入以局势稳定为前提,估计可达 10 亿。但事实上盈利极微。据报告:"资委会各事业因遵守限价,利润甚少。若干单位且常有亏损。但历年应解政府官息红利,均经扫解国库。卅六年原奉核定盈余收入法币五百廿亿元,现已缴库法币三千七百余亿元。卅七年上半年并已预缴盈余金圆二万余元。"上述核定收入,到币改前的比值,折合已不足 2 万金圆②。

在内战和通货恶性膨胀的经济环境下,国营企业不仅不能支持国家财政收入,反而成了国家财政的一个沉重负担。1948 年鲍国宝等报告华北国营工业危机说:"华北各厂,多属于重工业,其生产品既不如日用品之易于销售,而定价更不能随物价指数比例增高。因之成品堆积,资金短绌,无力购贮原料,而各料均随时狂涨,以致若干产品之售价不敷再生产成本,长此以往,何堪设想。"员工生活困难,情绪更形低落,影响生产效率。平津十个事业单位要求贷款共 15390 亿元法币③。蒋经国在上海实行限价政策,公营交通公用事业的价格及补贴问题,成了极为敏感的问题。1948 年 9 月份,上海公用事业各公司,即自来水、电力、电话、煤气、电车、公共汽车、轮渡、小火车,就由中央政府核准给予补贴 800 万金圆④。蒋经国一再上书南京当局,要求维持对各大都市交通公用事业的补贴方案,反对率先涨价,导致冲破"八一九"限价线。但国营事业本身也已坚持不住,要求取消限价政策。

币制改革时,原计划出售国营招商局、中国纺织建设公司、台湾糖业公司等企业的部分股票,来拨充发行准备,并改组为官商合

①　参许涤新、吴承明主编:《中国资本主义发展史》,第 615-625 页。

②　《资源委员会卅八年度概算及施政计划》,《中国现代政治史资料汇编》第 4 辑第 30 册。

③　《资源委员会鲍国宝等请挽救华北国营工业危机的有关文件》(1948 年 3 月),《中国现代政治史资料汇编》第 4 辑第 34 册。

④　《申报》,1948 年 10 月 22 日。

营的股份有限公司。但当局未能建立信誉，股票未能顺利售出。至 10 月 12 日统计，仅售出 409 万金圆①。当时中纺一家就准备出售股票 4.2 亿金圆，已出售数微不足道。同时，出售敌伪资产，也未能达到目的。结果，金圆券发行过大，不能回笼，通货膨胀激烈，游资充斥市场。

　　民间私营资本，在战后备受官僚资本和美货的压迫，经营困难。在抗战中发展起来的后方工业受到严重摧残。工业集中在沿海地区，仅上海一地就集中了本国资本工厂职工人数的53.8％②。在内战和恶性通货膨胀的经济环境下，民间私营资本更感经营困难。由于原料和产品价格交替上升，在经营过程中，核算成本、预计盈亏，深感困难，常常形成账面上虚盈实亏的局面，而工厂仍要负担纳税的重负。在这种经济形势下，各企业为了生存，普遍制造一本明账，一本暗账，以资应付。为维持战时经济，国民党当局越来越强化对经济的管制。1947 年 12月，行政院决定对花纱布改采"统购统销，代纺代织"政策，经济部改组纺织事业调节委员会为花纱布管理委员会，实行全面管理，"掌握棉布及棉织品，统筹配销，专以配销于各地布商，平价供应于一般人民，以平物价。对于军需及公教员工之需要，特别优先供应"③。但事实上，这个组织庞大、人员众多的机构，效率极差，"购运棉花，则屡失时机，取少遗多，造成纱厂原棉之恐慌；代纺代织，则鲜花纱之掌握，更乏技术之配合，一再迁延，终未施行"。而配销部分交给中国纺织建设公司代营，"敷衍搪塞，而犹以独占牟利为策"。这个公司由此掌握了纱源达全国总产量的 75％，操纵市价，摧残民营企业。因此，民营企业要求取消这

---

　　① 《出售国营事业股票统计底稿》(1948 年 10 月 12 日)，《中国现代政治史资料汇编》第 4 辑第 34 册。

　　② 参《中国资本主义发展史》第 3 卷，第 649 页。

　　③ 《经济部三十六年度重要行政措施检讨报告》(1948 年 2 月)，《中国现代政治史资料汇编》第 4 辑第 30 册。

个机构①。民营工厂经营日趋困难，1948 年 6 月 15 日，上海市国货工厂联合会向南京工商部要求救济说："近年来，国货工厂对内贸易因在举国烽火之下，交通阻塞，运输困难，民生凋敝，购买力日趋薄弱，对于外销，则因外汇牌价与黑市相差悬殊，结汇限制綦严，使国产出品益处于内外滞销之厄境。加以职工生活指数逐月递涨，原料缺乏，生产成本激增，往往出售成品之结果不足抵补再生产之成本价格，以致各厂存底日益空虚。且一般工厂资本因产销停滞，周转困难，不得不求之市场游资，不但利息高昂，且多短期拆放，使企业家日营于调换头寸之疲繁，焉有余力从事生产之扩充与改良。"②

　　由于工业生产的经济环境日益恶化，形成生产不如投机、投机不如囤积的严重局面。商业资本在民族资本中所占的比重在战后出现逆转，由战前的 50.55％增至 66.69％③。这里还不包括投机商人资本。正常的经济秩序难以维持，各行各业，无论是工业、商业和金融业界，甚至是普通的群众，为了维持币值，以维持生活，也投入到投机的狂潮之中。随着国民党政府军的失败，从北方向南方转移的资本，无法从事经营，更普遍地变成投机资本。生产萎缩，投机盛行，经济形势越来越混乱。黄金、美钞、证券、百货和房地产都成了投机的对象，买空卖空。走街串巷的银元贩子，更是随处可见。豪门官僚资本，则是最大的投机资本，乘机大发横财，屡屡为社会各界所指目。民营企业也靠从事栈单、股票、外汇投机，来获取利润，划入暗账。

　　生产萎缩，投机盛行，通货膨胀，物价飞涨，人民生活越来越难以维持，社会动荡不安。据对上海福新二、八厂工人工资的调查，按米计算的实际工资指数，1946 年为 100，1947 年则降为 74.9，1948 年更降为

　　①　《上海市各织造同业公会致行政院呈文》(1948 年)，《中国现代政治史资料汇编》第 4 辑第 33 册。

　　②　《上海市国货工厂联合会请求救济的代电》(1948 年 6 月 15 日)，《中国现代政治史资料汇编》第 4 辑第 34 册。

　　③　《中国资本主义发展史》第 3 卷，第 734 页。

69。据对申新九厂一个老工人的统计，1947 年最低的一个月，收入指数仅为 64.1；1948 年币改前，6 月份的收入指数仅为 31.1；11 月份仅为 15.2；1949 年 4 月仅为 11.7。其间，工人为维持生活水平，屡屡掀起工潮①。

为了对付投机，控制物价，1947 年初的黄金风潮之后，国民党当局重新开始加强管制经济，控制外汇，限制物价，工资按照 1 月份生活费指数予以冻结。1947 年 2 月 17 日颁布的经济紧急措施方案，规定禁止黄金买卖，取缔投机，禁止外国币券在国境内流通，限制携带出境数量，由中央银行集中管理外汇。结果，固定的官价外汇和黑市外汇差距越来越大，造成资金外流。1947 年 8 月 15 日，国务会议通过了中央银行所拟定的外汇管理办法，对外汇的机动管理，除官价外，由外汇平衡基金委员会来调节外汇供需，确定市价，随时调整汇率。但是，在通货恶性膨胀的局势下，市价汇率担心刺激物价，造成政治上的不良后果，不敢追随黑市市场价格。到 1948 年 5 月，官定的市价汇率占市场汇率的百分比，由 1947 年 8 月的 90.36％，降至 34.19％②。是月，中央银行又采取了结汇证明书制度，收购由出口获得的外汇和海外汇款，经核准后可以转让，作为补救办法，但未能发生效果。管制外汇的结果，造成外汇收入减少，出口贸易下降。

1947 年 4 月下旬至 6 月中旬间，十周时间，物价上涨了百分之一百。政府对公用事业的贴补政策，一则使物价失去平衡，二则国库不堪负担，被迫于 6 月 19 日取消。同时于 5 月间对生活费指数予以解冻，上海市政府每月公布生活费指数一次，工厂工人的工资每月按生活费指数调整一次。这个方法，遭到经济效益日趋低下的资方的反对，而劳方对指数的编制方法也不满意，劳资冲突加剧。7 月间，为了缓和生活

①　参上海社会科学院经济研究所编：《荣家企业史料》下册，上海人民出版社 1980 年版，第 730—744 页。
②　《中国通货膨胀史》，第 203 页。

费上涨的趋势,稳定社会生活,中央银行开始在上海、南京两市实施日用必需品配给制。由中央银行、中央信托局、上海市政府的代表组成配给委员会,收购工作由国营的中央信托局负责。分配商品为大米、煤球、食油,分配对象限于公教人员和国营工厂工人。大米配给对象后来扩大到产业工人等。1948 年 1 月 1 日又实行花纱布统购统销。

但是,这种配给制,只是限于少数地区、少数人员,并不能普遍解决物价上涨和人民生活普遍恶化的问题。北平地区公教人员生活更成为严重问题。进入 1948 年,物价继续暴涨,北平、天津、广州等地公教人员生活无法维持,也纷纷要求实行配给制。4 月 6 日,北京大学、清华大学和北平研究院为争取合理待遇,实行罢教、罢工、罢研,北平师范学院、燕京大学起而响应。师院告社会人士书说:"原来每月配发面粉两袋,生活已不易维持,近两月来竟行取消,而物价因通货膨胀,高涨不已。"北大等院校向当局提出了最低限度的要求:"一、自三十七年二月份起,仍按一月份配售面粉之数量及价格,继续按月配面,并实行配发其他生活必需品。二、逐月按当地实际生活指数发薪。三、学术研究补助费按实际生活指数,逐月调整发给。"[①]1948 年 1 月 16 日当局召开物价委员会会议议定五大都市配粮办法,至 3 月间成立粮食调配委员会,实施五大都市配售粮食,3 月 25 日决定配煤制度。当时美援面粉开始到达,但北平、天津、广州地区因筹备不及,到 4 月份才开始实行配粮[②]。

管制经济的结果,致使流通不畅,生产萎缩,在通货恶性膨胀的形势下,限价政策屡屡失败,物价飞涨。当局经过一次失败,并不能吸取教训,而仍然希望通过加强管制,来控制经济形势,最后导致了币制改

---

① 《世界日报》(北平),1948 年 4 月 7 日。

② 参《中国通货膨胀史》,第 227—233 页;《全国经济委员会关于 1947 年度物价波动概况的报告(1947 年 12 月)》,《全国经济委员会关于 1948 年 1 至 5 月份物价波动概况的报告》,《中国现代政治史资料汇编》第 4 辑第 32 册。

革失败后的经济总崩溃的局面。

　　"八一九"限价，无视经济规律，出现了价格奇低的现象，主要商品的批发市场几乎停顿。一方面物价空前便宜，一方面人民因兑换金银外币，手中持币增加，9月间，消费增加，吃喝玩乐的现象增多。同时，开始排队争购物资。饱受长期通货膨胀痛苦的人民，重物轻币，在国民党当局不改变内战政策的恶劣环境下，对金圆券不予信任，是十分自然的。蒋经国亲自看见，"（9月25日）许多人排了队，在抢购绒线，以及香烟"①。工商界在当局的高压下，被迫按低价出售商品，但很快，零售商向工厂补不进商品，工厂补不进原料，粮食、煤、原料来源中断，工厂纷纷减产甚至停工。申新四厂的瞿冠英致李国伟的信中说："在此局面下，做工厂者实属为难，成品固须依照限价，燃料等均有黑市，各厂原料告罄，亦不敢照黑市收买，眼看坐待停工，而限价之成品又各方抢购，其中难于应付之苦状，实难于言喻。"②孙晓村在《大公报》座谈会上说："工商界人士意志消沉，社会现象勤于消费，懒于生产。"③

　　10月1日，蒋经国已经发现粮食开始出现问题。10月3日起出现了疯抢的局面。张公权记述当时情形说："在十月的第一个星期里，大批大批的人群疯狂地冲进商店，不管是食品还是奢侈品，见了东西就抢购。起初，商店是缩短营业时间，迟开门、早关门，接着便把所有的存货都收藏起来不卖。穷人买不到米，面包房买不到面粉，豆腐坊买不到大豆，饭馆因买不到食物而关门，甚至连药品都买不到。市场为之一空，商店关门或是被警察强迫开门数小时，货架上却是空空如也。上海这种停业情况的消息很快传到其他大城市。"④北平教授朱光潜、郑华炽、王聿修、贺麟等十七人于10月下

---

　　①　《沪滨日记》1948年9月25日，《蒋总统经国先生言论著述汇编》第1集，第580页。

　　②　《荣家企业史料》下册，第618页。

　　③　《大公报》（上海），1948年10月4日。

　　④　《中国通货膨胀史》，第235页。

旬，草就《为民请命解除人为的苦难与不平》，由胡适呈交蒋介石和翁文灏。呈文说："生产减少，物资缺乏，货币流通区域缩小，战乱不安的心理影响，都同样可以使物价上涨。城市限价两月的结果，购买粮食和其他日用品，成了一件极艰难的事，尤其是升斗小民，可怜已极，有的披星戴月，排队等候，如果一连数日买不到，饥饿痛苦的惨剧，已屡见报端。"①

蒋经国虽然还在努力强化管制经济，企图通过统购、配给来维持经济秩序，但国民党的统治是建立在农村地主土地所有制的基础上的，国民党的组织和政权运转方式，也做不到对经济的全面的统制。蒋经国在上海的局部努力，根本无法驾驭全局。管制经济的结果，画虎不成反类狗。10月31日当局取消限价，宣布币制改革失败后，物价立刻暴涨达10倍以上。金圆券雪崩式地暴跌。币制改革成了一场无耻的明目张胆的掠夺，即使在国民党的上层，对这场公开的掠夺，也深恶痛疾。王云五自己说："熟人中，凡曾兑换金圆券者，皆当面对我责骂备至。"②

物价暴涨形势参下表③：

	大　米	面　粉	食　油
	（每石 171 磅）	（每袋，计 49 磅）	（每桶 22 加仑）
1948 年 8 月 23 日	20 元金圆券	7 元金圆券	58 元金圆券
11 月 6 日	240 元金圆券	73 元金圆券	550 元金圆券

限价政策虽然取消了，但粮食的供应仍然跟不上，各大城市陷入了粮荒的严重困境之中，到处出现抢米风潮。报上屡屡披露消息，有主妇几天买不到粮食而自杀，各地因抢米导致挤死挤伤人众，妇女因抢米遭到警察拘捕。10月31日，上海发生一起因排队买肉，引起口角，一名

①　《申报》，1948 年 10 月 26 日。
②　前引阮毅成文，《传记文学》(台北)第 45 卷第 2 期。
③　《中国通货膨胀史》，第 235 页。

妇女被戡建大队军人枪杀的事件。为平息事端,蒋经国于 11 月 2 日亲往吊唁。[①] 11 月 9 日夜起,南京发生了严重的抢米风潮。据《大学评论》编者报道:"这两天,南京的情形,一天比一天严重,昨夜全城二百多家米店被抢,饥饿的人群从这条街拥到那条街,今天(十一月十日)还在继续进行,潮涌般的人声,宪警笛声,砰,砰……的枪声,充满了耳际……我们与饥饿的群众遭遇着同样的厄运,没有米,我们以抢购来的每斤二元的红薯充饥。三天来,南京市已经大部停电。"[②]不待解放军兵临城下,南京作为国民党统治的首都,就被他们自己搅得陷入了一片末日的景象。

这时徐州一带的会战已经开始。南京、上海、平津一带先后戒严。11 月 5 日,南京大学教授四十多人发出分别致蒋介石和毛泽东的呼吁停战书,和平运动重新掀起。各阶层人民为了生活,风潮不断发生。11 月 26 日,上海警备司令宣铁吾发表谈话:"徐蚌战事发生后,京沪治安非常重要,所以本市实行戒严,以防意外。但是,戒严令宣布后,每天仍有罢工、怠工和总请假等变相罢工情事发生。为了维持治安,昨天本人和吴市长商定,以后若有不逞之徒,煽动风潮,不论什么人,都要依法严惩。"[③]国民党统治的军事、经济和政治的总崩溃几乎同时发生了。

上海资产阶级在币制改革过程中蒙受了重大的损失。据上海《大公报》1948 年 11 月 3 日报道:"纱厂在'八一九'之后,大约照限价售出了五万件棉纱,棉布数十万匹,如照昨天的核本定价,总损失当在五千万金圆以上。目前上海各纱厂的原棉存底平均不到半月,棉纱存货则空空如也,反亏欠行总、外销会和美援华纱布联营处二三万件,因此,许多纱厂开出的栈单都提不到货。以上海规模最大、实力也最雄厚的申新九厂来说,三十五年底存棉最多时达十六万担以上,现在则存棉仅二

---

①　《申报》,1948 年 11 月 3 日。

②　《沉痛告读者》,《大学评论》(南京)第 2 年第 7 期,1948 年 11 月 16 日。

③　《大公报》(上海),1948 年 11 月 27 日。

万二千担,亏欠棉纱四五千件,流动资金已捉襟见肘。据说该厂在这次改币过程中,共损失五百多万金圆之巨。"据统计,上海申新各厂因限价售纱、售布损失,折合 10 月份市价损失共达 25,895,960 金圆①。上海工业生产自 1948 年 4 月以来,一直趋于下降,"据一般估计,十二月份上半月各种工业产量平均仅及通常产量五六成左右"②。荣鸿元被捕后,荣家为营救他,用去贿赂估计就约合美金 50 万元。11 月 18 日,荣鸿元被判有期徒刑六个月,缓刑二年,准予交保释放。荣出狱后不久就到香港去了③。

在国民党当局采取管制经济和内战政策的经济环境下,国内投资环境恶化,资金纷纷自北向南流动,并寻机逃往国外。自 1946 年 6 月内战发生后,资金南流现象已经出现,但以经济因素为主。1947 年 7 月以后,由于管制经济,造成资金大量南流。至 1948 年 2 月,据估计,"每期少则一二千亿,多则六七千亿,绝少回流。"(每期大约十天,货币单位为法币,下面引文也同此)。1948 年 2 月以后,资金南流加剧,据估计:"南流资金除套取金钞外,则多外逃香港及美洲、菲律宾、南洋等地。其南流方式,现钞、汇兑、物资均有。南流数额,四月份平均每日二三千亿;四月以后、六月中旬以前,平均每日五六千亿;六月中旬以后,平均每日八九千亿;六月廿六、廿七两日最高记录,每日约一万五千亿。情况之严重,日甚一日。""三十六年香港增加工厂达四百余家,大部分为上海帮资金设立。""据估计,截止本年(1948)六月底止,流入华南之资金达二十万亿元,目前广州游资在三十万亿元左右。"④

蒋经国在上海管制经济,尽管采取了交通管制的措施,仍无法阻止

---

① 《荣家企业史料》下册,第 620 页。
② 《大公报》(上海),1948 年 12 月 18 日。
③ 《荣家企业史料》下册,第 613 页。
④ 《总统府第二局致中央银行总裁函》(1948 年 7 月 28 日),《中华民国货币史资料》第 2 辑,第 551—554 页。

大量资金的外流。据上海《正言报》1948 年 10 月 10 日报道："近周沪资金南流，约在五千至一亿金圆，此批资金，或在广州搜购黄金，或套汇来港。"①据《申报》1948 年 10 月 23 日报道："平津游资大量南流，人亦随之南去，寻觅安乐窝。此为平津银根特紧，因而牵住物价之原因。南流程度，两地每日约百余万金圆，并以台湾为倾注最大目标。""沪、汉、湘、赣商人蜂拥而下，偷运香港，或抢购物资。"②上海《大公报》1948 年 11 月 29 日报道："这两星期来，上海阔人源源抵港。据经营旅行社的人士说，人数大概约有一万左右。他说这是个最保守的估计数字了。尚未把一般经常来往港沪的旅客计算在内。"③据解放后统计，上海申新各厂逃资总计达新人民币 2529 万余元④。由于资金外逃，到上海解放前夕，申新系统的整个企业已经陷于瘫痪状态。据张公权估计，在 1947 年到 1949 年间国内向香港的逃资约计港币 5 亿元（即 1 亿美元左右）⑤。另有估计在 5 亿美元以上。结果，造成了国内流通资金的枯竭。

这时，蒋介石在战略决战中面临彻底失败，即于 11 月间命蒋经国到上海组织将金银运往台湾，中央银行总裁俞鸿钧即着手部署执行。据中央银行发行局 11 月 29 日密呈俞："兹已将黄金装箱手续完成，计共七百七十四箱，合纯金二百万零四千四百五十九市两点五零六。兹又据沈代表、丁经理（负责移运的台北代表沈祖同、粤行经理丁某——引者）通知：洽妥'海星'巡舰装载，海军总部'美朋'舰随行护卫，准于十二月一日午夜装运首途至基隆登陆转台北。"12 月 31 日俞鸿钧向蒋介石报告："关于职行库存金银，前奉钧座面谕：应即密运台、穗等地分存。等因。经已先后妥运台北黄金二百万零四千四百五十九市两，广州银

①　《正言报》，1948 年 10 月 10 日经济版。
②　《申报》，1948 年 10 月 23 日。
③　《大公报》，1948 年 11 月 29 日。
④　《荣家企业史料》下册，第 670 页。
⑤　《中国通货膨胀史》，第 208 页。

币一千万元,前经呈报在案。日前又奉钧谕:应再筹运一批前往厦门妥存。等因。自当遵办。经已准备完成,为慎密起见,仍借用海关巡舰'海星'号装运,计装黄金一百五十一箱,合纯金五十七万二千八百九十九市两,银币一千箱合四百万元。"1949 年 1 月 21 日,中央银行发行局呈总裁文报告,1 月 21 日起运厦门"计装'海平'轮二千伍百箱,'美明【朋?】'舰二千箱,共四千五百箱,计值一千八百万元"①。但据蒋经国说,当时中央银行方面,"少数金融财政主管当局,最初对此不甚了解",工作迟缓。他于 1949 年 1 月 10 日奉命到上海,要求中央银行总裁俞鸿钧"将中央银行现金移存台湾,以策安全"。16 日,蒋介石又亲自约见俞鸿钧和席得懋,"指示中央、中国两银行外汇处理要旨"。直到 2 月10 日,中央银行"大部分金银运存台湾、厦门,上海只留二十万两黄金"②。与上述报告有出入。

此后,在上海解放前夕,由继任的中央银行总裁刘攻芸主持,根据汤恩伯的指令(根据各方回忆记述,刘也系奉蒋介石的旨意),中央银行于 5 月 18 日复电汤恩伯,除留下黄金 5000 两、银元 30 万元外,"其余黄金 19.8 万余两,银元及半圆 120 万元,即刻移安全地点"③。据王致冰、庄培昌近年研究统计,中央银行分三批将黄金 277.5 万余两、银元1520 万元运往台湾,1537 万余美元运去美国,存入美国联邦银行④。不过,1949 年 5 月 3 日中央银行发行局外存金银明细表,与上述的统计数有出入,原表⑤转录如下:

---

① 《中华民国货币史资料》第 2 辑,第 631—632 页。

② 蒋经国:《风雨中的宁静》,台北黎明文化事业公司 1977 年版,第 129、132、151 页。

③ 王致冰、庄培昌:《蒋介石集团究竟从上海劫走了多少黄金去台湾》,《上海党史资料通讯》1989 年第 9 期。

④ 王致冰、庄培昌:《蒋介石集团究竟从上海劫走了多少黄金去台湾》,《上海党史资料通迅》1989 年第 9 期。

⑤ 《中华民国货币史资料》第 2 辑,第 634 页。

品　　名	原　　币	置放所	备　　注
黄金纯金市两	245,293.853	纽约联邦银行	金圆券准备金
黄　金	9,271.984	伦敦大通银行	同　上
黄　金	2,294,206.687	台　　湾	同　上
白银纯银市两	463,059.050	纽约大通银行	同　上
白　银	1,216,401.250	伦敦萨缪·蒙塔古公司	同　上

　　如按上述资料和统计,那么运台的部分黄金似又转存美国,或至5月间已经消费相当部分,详尽当另行研究。至于国民党系统各地方当局,在撤离大陆过程中,自然还有黄金、白银、外汇运存台湾或香港、国外。从大陆转移、撤走的黄金、白银和外汇的总数,当然要超过上述统计数字。中国本来就是一个贫穷的国家,经过八年抗战和三年内战的破坏,经济已经十分衰弱,再经此一番资金的大逃亡,留给新中国政府和人民的流通资金,显然是异常拮据的了。

　　后来,蒋介石就以这批从全国集中起来的财政力量,作为退守台湾一隅之地的资本。所以,蒋经国说:"政府在播迁来台的初期,如果没有这批黄金来弥补,财政和经济情形,早已不堪设想了,那里还有今天这样稳定的局面?"①有说者为金圆券政策辩护时甚至说:"要是覆巢之祸并不那么单纯,那末丢了黄金,大陆又沦,政府没有这批黄金带来台湾,经济哪来迅速长成? 相信我们真的要啃香蕉皮了。"②可见,这批黄金对台湾当局和台湾后来发展是多么重要。不过,已故台湾历史学家沈云龙有很公允的议论:"聚敛千万人之膏血,染红自己的顶子,尚有何是非公道之可言耶?"③李宗仁出任代总统时,南京的国民党中央政府财

----

① 《风雨中的宁静》,第52页。

② 周启范:《读〈王云老与金圆券〉有感》,《传记文学》(台北)第36卷第4期。

③ 《复萧铮先生并再论周恩来函及金圆券案》,《传记文学》(台北)第36卷第6期。

力为之一空,他没有力量支配在台湾存储的财富。

　　在广大的农村地区,国民党的所谓土地改革,始终只能托之空言。在"戡乱"总动员令下,国民党更进一步强化对农村的控制,搜括农村的人力、物力和财力,造成农村经济和社会更加动荡和破败。

　　1948 年初,国民党当局在军事溃败之余,强化了征兵事务,对农村造成了巨大的骚扰和恐怖。据 3 月 26 日国防部致内政部公函指出:"查本年征兵紧急,各地办理,多有未善,强拉舞弊,以致人心不安,先后据各方报告,内容大致相同。"姜乾在报告中陈述宝山情况:"1 月 26 日清晨,办理拘捕壮丁人员率领自卫队、警士下乡,强邀当地保长分往各村民户,拘捕壮丁。其时各家尚未起床,大体均能捕获。拘获后用绳扎住臂膀,两人连绑,押着解走。"本来规定,先征志愿兵,不足之数,再行抽签,但实际上并未先征志愿兵,而是秘密进行,突然拘捕。而遭拘捕的壮丁只有一部分解走,其余的人等候谈判。"抽壮丁本为各地各级人员弄钱之最好机会,此为公开之秘密"。据说当时"对方讨价为棉花十五担至二十担,或白米廿五石"。结果造成"各乡壮丁甚至卅岁以上者,均有戒心,或避往上海,或寄宿他处,不敢住家"①。据《大晚报》刊载读者周兴来信,崇明地方"强捉硬拉,不问及龄,捉一批赎一批,循环兜转,漫无满额,人心惶惶,逃避一空。现在已到捉无可捉。不料乡镇公所又出一种花样,凡有及龄壮丁,都要挪出米来,预备买丁充数,最少征米一石五斗"②。当时,"在征兵与志愿兵并行之制度下,不肖兵役人员勾结兵贩子,竟以此为营业。故各地乡保派款买丁已成为地方机关一大事务,而诈欺纠纷几于无日无之"③。据上海《大公报》报道:"现在农村普

---

　　①　《国防部致内政部公函》(1948 年 3 月 26 日)及所附姜乾报告,《中国现代政治史资料汇编》第 4 辑第 9 册。

　　②　《大晚报》读者来信抄件(1948 年 5 月 3 日),《中国现代政治史资料汇编》第 4 辑第 9 册。

　　③　《国民大会浙江代表团提出关于赋税役政苛扰的提案》(1948 年 4 月),《中国现代政治史资料汇编》第 4 辑第 9 册。

遍存在着'壮丁会'。"凡壮丁都入会,一个人中了签,其他人便要合出壮丁钱给他,壮丁各地身价不同,有的论黄金,每名自一两五钱至二两,有的算谷物,每名约两千市斤。每年征兵至少两次,没有应征的壮丁就要出"安家费"两次①。

白崇禧在南昌动员"戡乱"、组训民众时,老议员杨赓笙拦住白崇禧,请求当局"不要扰民,不要造匪"②。江苏临时参议会议长冷遹指出:"江苏之乱不在于匪,而在于军政","官与兵为致乱之源。"③上海《大公报》报道以安徽舒城为例,戡乱借款及今夏的购买机枪款,"规定向大户征借,而权势士绅,大都漏网,孤儿寡妇,甚至出征人的眷属,皆在征借之列。于是民怨四起,哀号遍野"④。

赋税的苛扰,一如既往。据福建地区典型报道,田赋征实,分两项:征购、征借,附加也两项,积谷、公学粮,征购数量按土地等则计算,多则四五十斤,少则一二十斤,征借量同。积谷为征购之二分之一,公学粮又占积谷之二分之一。三加四合,每亩田地须纳粮自四五十斤至百余斤⑤。广大农民辛劳一年,无衣无食,饥寒交迫。

赋税役政对农村生产的破坏,加上自然灾害连绵不断,使农村经济日益衰败,社会动荡不安。各地民众纷纷起义,响应解放军。

蒋介石引退后,李宗仁出任代总统,于 1949 年 2 月 25 日发布《财政金融改革案》,到 4 月 16 日,又经立法院修正,政策到了朝令夕改的程度,也就完全失去了信用。按照这个方案,财政支出,以银元为标准计算,货物税征收实物,人民要以金银外币换取关元交纳关税,修正后允许以金圆券换购关元。金融币制方面,准许黄金、白银买卖,银元准

①　今吾:《看看农村,救救农人》,《大公报》(上海),1948 年 9 月 13 日。

②　《大公报》(上海),1947 年 12 月 29 日。

③　《大公报》(上海),1948 年 9 月 26 日。

④　《大公报》(上海),1948 年 10 月 1 日。

⑤　《大公报》(上海),1948 年 9 月 13 日。按:这里的征购似即征实——笔者。

许流通买卖,政府准备鼓铸银元①。

由于金圆券迅速贬值,甚至赶不上印刷成本,各地钞荒严重,中央银行又发行大额本票,物价飞涨。到上海解放前夕,上海的物价比 1948 年 8 月份时上涨了 11 万倍以上②。"这时的物价已不是几日一个涨风,而是一日数次大涨风,人们拿到金圆券不敢落袋,市场上或以黄金、美钞喊价,或以银元标价,农村物物交换盛行,邮局和铁路收费亦改以银元为准,公用事业中不但水电等费用以美金价格为基础而日常变动,就是人们每天乘坐的公共车辆票价也往往隔日有变而无从预计。"③到解放军渡江前后,各地人民纷纷拒绝使用金圆券和央行本票,银元、外币成了交易的筹码,甚至恢复到了物物交易的程度。至 6 月 25 日,逃往广州的行政院明令规定以金圆券 5 亿元兑银元 1 元。财政上等到税收收交入库,金圆券贬值几等于零。财政部也不能不以硬通货支出。财政部长徐堪于 7 月 16 日报告④:

　　金圆券现为人民拒用以后,民间日常所需,以及工业商业交易媒介,必须有代用之物,始克支应。其时内地各省最普遍流行者,则为旧铸之银元,通商大埠则以美金、港纸等外币代之,各种旧有铜镍辅币亦随时随地作价为流通之筹码,甚至各商店、各学校亦多以纸片记数,加戳以代筹码,紊乱现象达于极点。其时政府各种军政支出由于不容一日停顿,为环境所迫,只得以库存外币、黄金、银元以为支应。四、五、六三个月中在国库方面先后付出者,计:

　　1. 银元三千四百四十三万五千九百七十元;

---

① 《中华民国货币史资料》第 2 辑,第 615、618 页。
② 参本章附录二。
③ 洪葭管:《旧中国的通货膨胀》,《学术月刊》1965 年第 12 期。
④ 《中华民国货币史资料》第 2 辑,第 647 页。

2. 白银七十万两；

3. 黄金十九万五千六百一十两；

4. 台币四千四百三十五亿余元；

5. 各种外币折合美金二千四百六十万零五千三百九十六元。

7月3日，鉴于财政金融秩序全面陷于混乱，又实行所谓币制改革，实行银元本位制，并发行银元兑换券。结果，这种纸币由于国民党政府已经完全失去信用，根本就发行不出去。

附录一　1945年12月至1949年6月货币发行额①

时　间	货币发行额（十亿元）	
1945 年 12 月	法币 1,032	
1946 年 12 月	3,726	
1947 年 12 月	33,189	
1948 年 8 月 19 日	604,534	
1948 年 8 月	金圆券 0.544	
9 月	1.202	
10 月	1.850	
11 月	3.394	
12 月	8.320	另一统计
1949 年 1 月	20.87	20.8
2 月	59.73	37.0
3 月	196.13	120.0
4 月	（15 日）760.74	1,531.2
5 月		56,539.2
6 月		130,304.6

---

① 据《中华民国货币史资料》第 2 辑第 596－597 页资料改制。

附录二　1946年1月至1949年4月上海物价指数

（1937 年 1 月－6 月＝100）

年　代	指　数	年　代	指　数
1946 年 1 月	160,315	7 月	3,359,400
2 月	273,550	8 月	3,649,300
3 月	344,383	9 月	4,635,700
4 月	325,986	10 月	7,293,400
5 月	360,485	11 月	8,261,300
6 月	378,217	12 月	10,063,000
7 月	403,982	1948 年 1 月	14,074,200.0
8 月	439,300	2 月	20,155,200.0
9 月	503,122	3 月	32,576,900.0
10 月	612,071	4 月	37,764,200.0
11 月	626,614	5 月	54,281,300.0
12 月	681,563	6 月	197,690,000.0
1947 年 1 月	817,750	7 月	287,700,000.0
2 月	1,309,848	8 月	186.3
3 月	1,386,593	9 月	197.0
4 月	1,669,900	10 月	220.4
5 月	2,584,000	11 月	2,543.1
6 月	2,905,700	12 月	3,583.7
1949 年 1 月	12,876.2	3 月	405,320.0
2 月	89,788.0	4 月	20,957,009.0

　　据《中国通货膨胀史》第 242－243 页资料改制。原书注：1948 年 8 月物价指数的猛降是改行金圆券折兑的结果。1946 年、1947 年的数字，是简单几何平均数，1948 年、1949 年的数字是加权几何平均数。

第七章　蒋介石引退和北平和平谈判

第一节　和平运动和蒋介石引退

一　和平运动与白崇禧主和

尽管内战进行得十分激烈，但在国民党内主张与中共进行和平谈判的策略思想，在不同的派系中以不同的形态存在着。随着蒋介石在军事上的崩溃，主和派开始抬头，逐步发展为一场"和平运动"。

以李济深为主席的中国国民党革命委员会，是已经从国民党内分裂出来的一个派系，但他们同国民党内一些集团的联系仍相当密切。李济深在民革成立后，一直在进行策反活动，鼓动国民党军政人员起来反蒋，希望争取国民党内的多数，替代蒋介石，进而与中共停止内战，建立联合政府。1948年夏，李济深曾与上海中共地下党负责人吴克坚联系，向中共中央转达：李济深、冯玉祥想利用美国国务院及司徒促蒋下台，由李济深和冯玉祥下令国民党军就地停战。据司徒雷登报告，李济深一直在策动成立联合政府，10月14日，司徒向美国国务卿报告说："李济深将军从香港发来一封私人信件，总领事馆已译成英文。信的大意是，他声称在以后数月中将宣告成立一个新的联合政府。据称，济深要求司徒雷登将此消息向美国国务卿转告，敦促美国政府与蒋介石国民党政府断绝关系，支持即将成立的新政府。"①李济深于11月2日回答美联社记者和《德臣西报》记者访问："问：很多外国观察家以为中共

---

① 《司徒雷登驻华报告》，第248页，又参《毛泽东年谱》下卷，第329页。

势力日益强大,他们可以为所欲为,李将军以为他们仍将组织联合政府否? 答:我深信中共不会变更他们的政策。……一切决定于人民的公意,惟此事实言之过早,新的临时联合政府是必须经过政治协商会议和临时人民代表大会程序的……问:近传蒋介石将划江而守,形成南北朝局面,李将军以为如何? 答:我认为南北朝的局面是不可能的,蒋政权的崩溃一定是全面的崩溃,因为这一个战争是全国人民反对独裁的战争,一定是划时代的变革。"①

李济深原是桂系的老大哥,所以,民革成立后,他一直在策动桂系反蒋。据朱学范回忆:"一九四八年一月四日,军事小组成立后,李济深去函劝告李宗仁、白崇禧、黄绍竑等桂系军人,希他们认清形势,当机立断,与美蒋决裂,来靠拢人民,就是唯一的出路。"②李济深虽然多次与李、白联络,但李、白正在与中共作战,未予答复。据白崇禧于 1949 年1 月 22 日复李济深函说:"启汉同志带来手示,语重心长,至深感奋。禧对于革委会反帝反封建反独裁反官僚资本等革命主张,素表赞同,建立真正民主和平之中国,尤早具决心,只以过去处境困难,未能完成志愿。"李宗仁同日致李济深函则说:"去岁迭奉惠书,弟因处境困难,未获裁复,实深抱歉。"③结果,李济深希望"吾人已逐渐取得党中多数派之地位","吾人更深信在目前中国民族民主革命阶段中,坚持两大任务与三大政策的中国国民党,仍不失其革命领导地位"的政治目标④,在事实上不能实现。民革并没有形成举足轻重的力量,李济深本人在中共争取下,于 1948 年 12 月 27 日离开香港,前往解放区,参加筹备组织新政协的工作。当李宗仁、白崇禧于是年底从事倒蒋活动,希望借助李济深的政治力量时,李济深已经进入解放区,开始接受中共的新民主主义

---

①　《华商报》(香港),1948 年 11 月 3 日。

②　《我与民革四十年》,第 88 页。

③　黄启汉:《一九四九年"和谈"的回忆》,《文史资料选辑》第67辑,第9—10页。

④　《中国国民党革命委员会成立宣言》(1948 年 1 月 1 日在香港),《中国国民党革命委员会的历史道路》,湖南人民出版社 1987 年版,第 175—185 页。

的政治纲领。

张治中鉴于国民党日趋溃败，企图补救，一贯主张和谈。由于当时战争十分激烈，他觉得恢复和谈一时没有可能，就希望从打开中苏僵局入手。1947年12月18日，他写了一个机密建议给蒋介石，"认为过去一面倒（亲美）外交政策，根本丧失独立自主之精神，不符合国家现实利益，建议排除'美国吃醋'的顾虑，径向苏联提出派遣特使赴苏，以谋打开中苏僵局，并觅取解决国内问题的途径"。蒋介石当时也有打开中苏僵局的意向，要张治中从侧面进行。1948年1月7日，苏联驻华大使馆武官罗申（H. B. Рощин）回国之前，张治中曾和他有一次长谈。张治中表示："在我个人的意见，中国应该采取善意的中立。既不联合美国对苏联作战，也不联合苏联对美国作战……怎样才能够使中国做到善意的中立？首先要做到中国内部的和平统一，然后才能消除一切足以妨碍中国善意中立的因素。怎样才能使中国内部和平统一？我认为首先要改善目前中苏的关系。就是要多方设法打开目前中苏的僵局，恢复在广东时代和抗战初期中苏间友好合作的关系。"为此，张治中也向邵力子、黄少谷、熊式辉、白崇禧、陈诚私下商谈和平问题。白崇禧同意张治中关于蒋介石失败业已注定的观点，同张研究"蒋失败后怎办？对于收拾残局不能不有一个准备"。6月27日，张治中在西安和蒋介石面谈时，再次力陈"要是这样拖下去，我们的党是一定完了的。现在已经看不出一点力量，因为大家忘掉了斗争的对象，只顾争权夺利，升官发财！党到了这步田地，可以说是已经完了的"。他认为："现在在八年抗战三年内乱之后，国家元气大丧，人民痛苦不堪，政府为了国家，为了人民，愿意以悲天悯人的态度，表示不愿再以战争解决问题，陷国家民族于万劫不复的境地，首先主动停止战争。"①有人分析张治中的政治主张说："张治中认为毛泽东可能成为中国的狄托，他具有祖国观念，与

---

①　《张治中回忆录》下册，文史资料出版社1985年版，第759、764、774页。

民族热情,想说服毛泽东能在'国家社会主义'的共同国策上,成立国共两党为中心的'联合政府';国民党仍以蒋总统的力量为代表,共产党则以毛泽东的国家共产主义者力量为代表,不依附苏联的支持和美国的援助,自力更生,共同对国际干涉主义者作战。"①这一评论不免多臆测之词,但这种思潮,在国民党统治区则相当流行。邵力子也是一位主和派,据说他甚至主张"无条件投降"②。他们是从对国民党政策的反省出发,主张和平,因此仍和蒋介石及国民党上层保持密切联系。

宋子文、孙科等人也活动过主和。宋子文主粤后,刘航琛曾于1947年10月间,策划和平统一大同盟,并作为宋的代表和李济深系统联络。宋子文本人也和李济深直接洽谈过。孙科在国民党军事崩溃之际,于12月20日组成内阁,未及向立法院提出施政报告,即向外界宣布:"此内阁为一战斗内阁,将继续与共匪作战,直至获得光荣之和平为止。"③"我可以向各位保证,这不是投降内阁。"④他一面宣言主战,但又不能不谈所谓和平。据估计,"内阁极可能鉴于继续作战之无益,而决定和平……一般估计,共产党鉴于渠等之军事胜利,将要求国民党投降,此则非孙科所能接受者"⑤。民社党的刊物《再生》上发表社言《光荣的和平是什么?》对孙科的主张进行评论,他们认为:"今日祸变之来,不论站在任何立场,国民党皆应有深痛的责任感,在上者领导政权到这个地步,试问除毅然让退外,更有何术可谢天下?……共产党如果不愧对所揭橥的民主二字,则应绝对根据政协的基本原则,不以'打到底'使人民陷溺至无噍类,而发扬坦白伟大的精神,以民生与国家建设为目标。"⑥回唱起中间路线的调子来。

---

① 《"联合政府"面面观》,《中国新闻》(南京)第3卷第7期,1949年1月11日。
② 蒋经国:《风雨中的宁静》,第133页。
③ 《中央日报》(南京),1948年12月21日。
④ 《新闻报》(上海),1948年12月21日。
⑤ 《新闻报》(上海),1948年12月23日。
⑥ 《再生》(上海)第245期,1948年12月27日。

此外,国民党政界,如立法院、监察院,以及社会各界人士也纷纷主张和平。

11月5日,南京大学教授倪青原、郭中一、刘不同等四十多人,分别上书蒋介石和毛泽东,"呼吁停战"。在致蒋介石的信中说:"吾人认为解救之道,惟有立即停止内战,图谋和平,政治实现民主主义,经济实行社会主义。今日欲以武力建立一党独裁政权,固非世界潮流之所容许,而以武力保卫落后的官僚资本者,亦将为时代所淘汰。"在致毛泽东的信中说:"先生及所领导之中共,倘以解救人民痛苦,增进劳苦人民福利为职志,则停止内战,图谋和平,此其时矣。吾人认为图谋和平之道,惟有以民族利益为重,实现民主主义之政治及社会主义之经济……倘计不出此,欲继续以武力作战到底,希图建立共产党一党专政之政权,则不仅与中共所标举之民主政治相背谬,且将造成人民更深之痛苦,空遗国家以莫大之忧患。"他们要求国共双方与自由进步的各民主党派和社会人士"重行和平协商,组织民主的多党联合政府"①。这个自居于中间立场的和平呼吁,受到蒋介石的直接抨击,蒋在8日的中央党部纪念周上的演讲中说:"前几天南京竟有少数知识分子,公然发表文字,提出和平的主张,这实在是自己丧失了民族精神,完全是投降主义者。"②南京《中央日报》刊出社论《知识分子还在梦想和平》,指责刘不同等为"国际间谍"。而新华社电台广播也予以严厉地批判:"刘不同为国民党特务分子","要想保全反动势力。"③

国民党内真正有力量的非蒋介石系统,是以李宗仁、白崇禧为领袖的桂系军政势力。随着国民党军事态势的恶化,他们也一直在考虑主和的策略,而且得到司徒雷登的支持。据美国记者秘密报告,8月间,

---

① 《大学评论》(南京)第2卷第6期,1948年11月6日。呼吁书发出日期据《申报》11月8日第1版报道。

② 《大公报》(上海),1948年11月9日。

③ 参倪青原:《和平——人民的意志》,《大学评论》第2卷第8期,1948年12月24日。

司徒关于美国对华政策有如下的方案："（甲）蒋总统亲自出来主持，发动党的革新，使自由分子跃居首要地位，产生了司徒所喜欢称呼的'自由革命'。（乙）蒋总统对改革问题妥协，在这种情况之下，国民党中在李宗仁领导下的集团将在宪法许可的范围内，迫他退休，实施革新方案，并与共产党谈判。（丙）国民党政府将如石普勒（似为 Philip D. Sprouse——引者）备忘录中所预测的分裂而成若干区域。"在同一报告中指出："李宗仁与他的支持者，可能正在等待时机，届时便能以将领政客与学者所组成的强有力统一阵线，施加压力于蒋总统，要求他自愿让位于合法当选的副总统。"①济南失守以后，桂系的主和活动开始活跃起来。此前，李宗仁自当选副总统后，变得无权无势，过起了悠闲的生活。10月间，他回到南京，在国民党政权的严重危机形势下，开始公开亮出和平的主张。

11月8日，美国驻北平总领事柯乐博（O. Edmond Clubb）向国务卿报告，据提供情报的人说："徐州前线现在正受到威胁，这些政府军队的毁灭，将意味着支持蒋介石政权的最后一线的黄埔系军事力量不复存在，而如果傅作义能够撤退，西部的权力将掌握在非黄埔系的手中，也就是在傅作义、白崇禧和西北马家军手中。南京政权以为不能忍受这样的打击，因为非黄埔系将军将成为非共产主义中国的支配者。那些人很可能一有机会就会向中共求和。"②司徒于11月10日也向国务卿报告："上周，张治中致电委员长，敦促和平解决国共冲突。委员长将张召至南京。大概由于与委员长颇有交情，张抵南京后，即被授命向苏联大使谋求和平方案。张表示，虽商谈结果并不尽如人意，但他们将继续会谈。监察院副院长刘哲（原译为刘峙，误——引者）也与苏联大使馆进行了一次类似会谈。副总统李宗仁也倡议停战和谈，并声称委员

---

①　《美国时代周刊记者葛鲁恩八月八日复高德裴尔及鲁斯两氏电》，《中国现代政治史资料汇编》第4辑第3册。按：此系国民党情报机关收集的情报。——笔者。

②　FRUS, 1948, Vol. 7, p. 547.

长是和平解决的唯一障碍。"①司徒雷登在 15 日的报告中又说："李宗仁上星期给我打了一个电话，在长谈中的主要意思是，委员长继续留在这里，有悖国家的利益和人民的愿望。美国的态度对他有巨大的影响，他应该被告知，美国政府认为，如果他在军事上彻底失败之前，马上离职，并在国家和政府中让位给新的非共产党领导人，那将是对人民最好的服务。而这些新领导人需要美国明确的支持，这将使人们能从华南和西南取得真正的支持，以便把共产党阻止在长江以北。14 日，副总统派了一个密使到我这里，重申他的看法，并确切地阐述了采取行动的紧迫性。如果任随目前的形势发展下去，他指出，他将失去现在所拥有的，或者在委员长自动离开后可能获得的任何政治影响力，那么，他除了回广西老家之外，别无选择了。"②同一天，美国驻上海总领事葛宝德向国务卿报告了民社党的张君劢同他的谈话，并转交了张给马歇尔将军的节略。张君劢在谈话中说："委员长必须离开，并且远离正在削弱的反共阵线，如果委员长从舞台上消失掉，那将在实际上加强这个阵线的那些领导人如傅作义和白崇禧的力量。如果委员长离去，只要美国继续援助，反共的将军们能够稳定军事形势几个月。这将使他们有可能得以实现和平。"在致马歇尔的节略中，张君劢指出："如果美国不介意反对派对蒋介石的伤害，并且直接给予白崇禧将军和傅作义将军以充分的鼓励和有效的援助，并保证援助薛岳将军和张发奎将军，张将军尽管被蒋介石剥夺了指挥权，但仍能征召和组织军队，特别是广东的军队，这是能保证有效地运用美国武器的最后一条战壕。"③

　　此后，主和的人日益增多，尤其在湖北方面特别活跃。12 月初，国民党候补中委、立法委员刘先云在武汉召集黄埔系、复兴社、三青团、国大代表、中央立监委员中赞成和平主张的三十余人，秘密誓约同心同德

---

①　《司徒雷登驻华报告》，第 258 页。

②　FRUS,1948,Vol. 7,p. 569.

③　FRUS,1948,Vol. 7,p. 568.

参加"拥李主和"运动①。大约在 12 月 17 日前后，白崇禧到南京同李宗仁会晤。他认为仗已经打不下去，早和早有利；要打开和谈局面，只有促请蒋介石暂避，因为共产党是不会以蒋介石为谈判对手的。李宗仁也有这个看法②。

早在 8 月间，国民党的一位重要部长对美国记者表示："在日本侵略中国以来的所有日子中，没有像现在这样困难……可是，现在我们心中的沉郁却似乎已经无法摆脱了。人们对政府几已绝对的丧失了信仰。人人觉到大祸即将临头，人人都在坐待祸患的魔影的到来。在普遍的悲观情调笼罩之下人们争辩着指责着，但仍找不到出路，他们走向政府是为了个人的好处，而决不是全心全意去拥护它的。"③当币制改革之初，人们还对打击豪门资本存有一线希望。金圆券的崩溃和军事崩溃同步出现，国民党统治区的人心彻底瓦解了。司徒雷登在回忆录中写道："据估计，1947 年 9 月，在清华和北大学生中，约有百分之九十至九十五的人不愿意中国共产主义化。但是，一年之后，这一数字下降到百分之六十至七十。他们感到沮丧，认为即使是共产党的统治，情况也不会比现在更糟。不管怎么说，它或许会带来安宁和较好的生活。那些对共产主义并无好感的人，对国民政府一旦垮台将会出现的时局都采取无所谓的态度。"④这一切，构成了国民党统治区内形形色色的主和运动的广泛的社会基础。

蒋介石在军事崩溃、党内威信失落、党内各派和平呼声高涨的形势

---

① 梁上贤：《解放前夕蒋桂之间的明争暗斗》，《湖北文史资料》第 3 辑，第 159 页。

② 刘仲容：《回忆我在桂系工作时的几件事》，《文史资料选辑》第 73 辑，第 47 页。按：17 日系回忆估计日期，是日白崇禧似未到南京，或系回忆有误。——笔者。

③ 《美国时代周刊记者葛鲁恩八月八日复高德裴尔及鲁斯两氏电》，《中国现代政治史资料汇编》第 4 辑第 3 册。

④ 《在华五十年——司徒雷登回忆录》中译本，北京出版社 1982 年版，第 182 页。

下，也不得不考虑引退，采取以退为进的策略，观察形势的变化。据张治中回忆："孙阁组成了，据他说曾先请蒋指示，蒋说：'内阁组成之后，由你们去研究，如果大家认为一定要和平的话，我也可以考虑的。'"①另据程思远回忆，12月4日晚，吴忠信即向李宗仁转达蒋介石要吴任总统府秘书长时的话："观察最近内外情势，我干不下去了。我走开后，势必由李德邻来过渡。你的任务是拉德邻上轿，等到任务完成，去留由你决定。"十天后，蒋介石派张群、张治中、吴忠信见李宗仁，就蒋介石下野问题进行初步洽商，经过两次会谈，成立了下面非正式的协议："（一）蒋总统为便于政策的转变，主动下野；（二）李副总统依法代行总统职权，宣布和平主张；（三）和谈由行政院主持；（四）和谈的准备：甲、组织举国一致的内阁，其人选另行研究；乙、运用外交，特别加强对美、英、苏的关系，以期有利于和平的实现；丙、主动争取不满政府与主张和平的政治团体及民主人士，共同为致力和平而努力。……十二月二十四日，蒋介石正式发表吴忠信为总统府秘书长，这是蒋介石准备下台的重要人事安排。据吴对李宗仁说，蒋介石下野的日期预定为一九四九年元旦，同日由李接任。"②

　　美国方面也在策动国民党牺牲蒋介石和中共和谈。10月23日，司徒请示，是否可以劝告蒋介石退休，让位给李宗仁或其他人，其中一种选择："我们可以赞成蒋委员长退休，让位给某一位能够给国民党军队和非共产主义党派争取尽可能有利的条件而结束内战的政治领袖么？"但国务卿回答说："美国政府不能自居于劝告蒋委员长退休的地位，或推荐任何中国人作中国政府的元首。"③这是作为美国政府的一种公开政策。而事实上，据顾维钧回忆："（12月14日）据凌道扬说，在

①　《张治中回忆录》下册，第781页。
②　程思远：《蒋介石发表求和声明的经过》，《文史资料选辑》第66辑，第76—77页。
③　《美国与中国的关系》（白皮书）上卷，第232页。

白宫讨论外交政策的那批人认为委员长应该让位，让其他人设法治理中国。他们认为只要委员长在位，他们便对中国无能为力。他们属意于李宗仁或任何其他人。他们并不十分反对委员长本人，而是反对他的亲属和周围的人。"①司徒雷登的私人顾问傅泾波曾对孙科表示："一、美国政府希望蒋总统下野，二、希望新阁主和。"②司徒本人也对孙科说："彼以美国大使之地位，虽不便发表意见，但以私人资格言，确实赞助和议运动。"③随着国民党军事的崩溃，美国不再愿意积极援助没有希望的军队，对中国共产党的动向也持观望态度，"铁托主义者的假设，是国务院中国政策的基础"④。美国方面的政策是："尽管谨慎地避免加以干涉，我们仍将随机地通过政治的和经济的手段，利用中国共产党和苏联之间，斯大林主义者和中国的其他派别之间的任何分裂，无论是在共产党组织的内部还是外部。"⑤

最后，国民党内倒蒋主和的活动，由在武汉地区拥有军事实力的白崇禧首先发难。

先是在武昌有一个"十人座谈会"，从座谈时事到主张和平。其中周杰等是省参议会议员，他们就在省议会里提出和平的动议，但第一次讨论时，意见分歧很大。白崇禧知道后，即对和平运动表示支持，于是，湖北省议会里的空气大变，原来倡议和平的几个人就抓住这个机会积极进行，省议员们争先恐后地在倡议和平的提案上签名。同时，白崇禧又派李品仙去见老同盟会员李书城，李品仙说："这场战争是毫无胜利希望的，但蒋介石毫不觉悟，还要继续打下去。现在全国人民都希望和平，武汉人民也是一样，如果本地士绅首先起来呼吁和平，各省人民将

①　《顾维钧回忆录》第 6 分册，第 591 页。

②　《总统蒋公大事长编初稿》1948 年 12 月 18 日条。

③　《总统蒋公大事长编初稿》1948 年 12 月 22 日条。

④　R. M. Blum: *Drawing the Line*, W. W. Norton & Company, New York · London, 1982, p. 35.

⑤　*Drawing the Line*, p. 32; FRUS, 1949, Vol. 4, pp. 491 - 495.

纷纷起来响应,可以凭全国人民的意志,强迫蒋介石停战言和。如他违反民意,则可联合各省军民迫令他辞职,由继任总统出来主持和议。"李书城即出面和周杰等主张和平的省参议员商量,请出德高望重的辛亥革命老人张难先,发起和平运动。李书城又应白崇禧的要求,到长沙和程潜联络,共同发起和平运动,联合倒蒋①。白崇禧在平时谈话中也声言:"国民党北伐以来的家业,都给蒋介石一人快败光了,难道他真要搞到家光业尽才放手吗? 现在还保有半壁山河,真能与民更始,还有可为。"②

白崇禧于武汉运动成熟后,即派代表邓汉翔到南京见张群、吴忠信,希望张、吴劝蒋介石从速下野。22 日张群、吴忠信进谒蒋介石,蒋表示:一、如欲其辞职,必须先有安国保民及不受中共欺诈之办法。二、继任者必须有切实准备,并须正式交替。三、对前方被围之部队,必须救援出险。果能如此,则其亦必甚愿辞职也③。24 日,白崇禧从汉口发出亥敬电,正式向蒋介石发难,主张和平:

> 民心代表军心,民气犹如士气,默察近日民心离散,士气消沉,遂使军事失利,主力兵团,损失殆尽,倘无喘息整补之机,整个国军,虽不辞任何牺牲,亦无救于各个之崩溃。当兹国家危急存亡之秋,不能再有片刻犹豫之时,故敢不避斧钺,披肝沥胆,上渎钧听,并贡刍荛:(一)先将真正谋和诚意,转知美国(电话加英国),请美国出而调处,或征得美国同意,约同苏联共同斡旋和平。(二)由民意机关向双方呼吁和平,恢复和平谈判。(三)双方军队应在原地停止军事行动,听候和平谈判解决。以上所陈,伏乞鉴核察纳,并望乘

---

① 参李书城:《湖北和平运动促进会前后》;周杰:《"十人座谈会"与和平运动》,《湖北文史资料》第 3 辑。

② 吴相和:《白崇禧在武汉解放前夕的阴谋活动》,《武汉文史资料》第 1 辑,第153 页。

③ 《总统蒋公大事长编初稿》1948 年 12 月 22 日条。按:此段文字系原编者叙述,故变通引用。——笔者。

京、沪、平、津尚在国军掌握之中，迅作对内对外和谈布置，争取时间。若待兵临长江，威胁首都，届时再言和谈，已失去对等资格，噬脐莫及矣①。

白的这封电报是打给张群和张治中两人转交蒋介石的。据张治中回忆："（白）同时在汉口宣称非蒋下野不能谈和，蒋应该让别人来谈。他意在倒蒋是很明显的，我和张岳军还约了吴礼卿三个人研究之后，认为姑不论白的用意如何，但军事大败，外交失策，内部分裂，财政崩溃，蒋确非下野不可，便拿了白电去和蒋谈，一连谈了十天，每天有谈一次或二三次的，最后蒋同意下野，由李宗仁继任。"②

当然，要蒋介石下野并不那么容易。但军事形势已经十分紧迫，解放军随时可以兵临长江。白崇禧电发出后，湖北省参议会也发出呼吁和平的艳电，要求蒋介石"循政治解决之常轨，寻取途径，恢复和谈"③。30日，湖南省主席程潜、河南省主席张轸通电响应湖北省参议会电，并要求蒋介石下野，以利国共和谈的进行。同日，白崇禧也再次致电蒋介石："当今局势，战既不易，和亦困难。顾念时间迫促，稍纵即逝，鄙意似应迅将谋和诚意，转告友邦，公之国人，使外力支援和平，民众拥护和平。对方如果接受，借此摆脱困境，创造新机，诚一举而两利也。"④同时，白崇禧且召集湘、鄂、赣、豫、桂五省参议会会长到汉口开会，成立"五省和平促进联合会"，制造民意的声势。李宗仁的亲信甘介侯等也在南京制造舆论，主张和平，"（1）蒋总统下野；（2）释放政治犯；（3）言论集会自由；（4）两军各自撤退三十里；（5）划上海为自由市，政府撤退驻

① 《总统蒋公大事长编初稿》1948年12月26日条。

② 《张治中回忆录》下册，第782页。按：据《总统蒋公大事长编初稿》1948年12月26日条仅提及张群、吴忠信两人持白电见蒋，未提张治中，并令张群、吴忠信两人与李宗仁商谈，希李能代理总统职权。又按：上述资料与前引程思远回忆在细节上也难以合拍，详情待考。——笔者。

③ 艾毓英：《武汉"和平运动"始末记》，《武汉文史资料》第2辑，第65页。

④ 程思远回忆，《文史资料选辑》第66辑，第79页。

军;并任命各党派人士组织上海市联合政府,政府与共党代表在上海举行和谈"。并要"总统下野后,由李副总统继承大任"①。为了加强力量,白崇禧还尽力争取过去的同盟者何应钦的支持。他于 12 月 28 日致电上海吴国桢转何应钦电说:"8165 密亥回秘电奉悉。方今时局日趋严重,谋国端赖老成。拨乱反正,匪异人〈任〉。禧夙隶骈蟓,当始终拥戴也。"②

　　李宗仁、白崇禧的桂系军政势力,是国民党内一股有实力的地方势力,在历史传统上和蒋介石系统存在着尖锐的矛盾,多次分裂和合作。在国民党军事崩溃之际,蒋介石系统的军事力量受到了严重的削弱,而桂系的军事力量,由于采取了灵活的作战方针,尚无大的损伤。但是,他们的力量并不足以与中共强大起来的军事力量相对抗。他们为了不同蒋介石系统同归于尽,就希望通过逼蒋下野,与中共和谈,以联合政府的政治形态,保存自己及国民党系统的政治和军事势力,至少以和谈来赢得喘息的时间。但是,李、白的政治基础和政治魄力,从此后的事件进展中表明,显然不足以与蒋介石系统抗衡,他们的威望也不足以联合非黄埔系军政势力,事实上并没有形成前面所述的那种非黄埔系的联合局面。有评论说:"白健生的路线,无疑地是在尽量设法巩固桂系自己的实力与地盘,意图在将来中国的政治舞台上,桂系始终成为不倒的主角。因此,白健生拉拢了控制着湖南和江西两省的程潜,也和一向在四川有着决定力量的张岳军表示了联系,这样桂系的力量除了本身已经控制的安徽、广西和湖北以外,又加上了湖南、江西及四川,这些就是桂系将来在中国政治舞台上的资本,也就是今日李代总统的有形力量。"③这种力量当然只是纸上谈兵。因此,桂系想在夹缝中寻找独立

①　据《风雨中的宁静》,第 125 页。
②　档案号 01—7—129,上海档案馆藏。
③　《李汉魂北来,黄旭初南下,何应钦晋京》,《新闻杂志》(南京)新第 2 卷第 8 期,1949 年 2 月 23 日出版。

生存的余地,只是死中求活的一种勉强的努力。而且,桂系虽以李宗仁为首,但当时的军事实力掌握在白崇禧手里,因此,和战的决策又实际为白崇禧所操纵。危机的严重性,力量的单薄,政治经验的不足,都使白崇禧表现得十分浮躁。

蒋介石在其主力部队被解放军歼灭之后,要以现有的政治和军事形态,指挥对中共的有效抵抗,已心有余而力不足。但是,瘦死的骆驼比马大,桂系要真正倒蒋实力并不充足。不过,蒋介石面临着国民党内的分裂,在他的一生中,再一次采取了以退为进的策略,决心"下野"。事后,蒋经国追述蒋介石的策略心态说:"甲、党政军积重难返,非退无法彻底整顿与改造。乙、打破不死不活之环境。丙、另起炉灶,重定革命基础。"①但这三条不过是事后的溢美之词,当前的政治利益,在于避开国民党内和美国方面攻击的锋芒,让主和派充当前台,等待主和派的失败,为自己重新集结残余势力、组织抵抗的前提。蒋介石毕竟比桂系有着更丰富的政治经验和政治基础。

这时候,中共的力量已经壮大起来,决心把革命进行到底。对于国民党内以保存国民党军政势力为前提的和谈活动,早就保持着高度的警惕,对于中间派的第三条道路的主张,也持严峻的批判态度。早在1947年10月27日,中共中央曾就国民党内的和平运动对党内发出指示:"刘航琛组织和平统一大同盟的方案,完全是在美帝蒋宋指使下来作缓兵计的阴谋。请蒋暂避,保持现状,维护正统,缩编共军,既不清算,又不惩处,成则可造成拉拢一切对蒋不满的地方势力及中间党派来与我们对立,迷惑人民,孤立我党,待机反攻;不成则退保粤、桂、川、滇、黔、康,在自卫口号下不许我军入境,表面上造成鼎足之势,实际上是为蒋介石反动统治制造缓冲地区和后备力量。这是一箭双雕办法,不但何应钦、白崇禧这类人可以伪装反蒋,就连宋子文、张群、张治中、朱家骅这类嫡系都可以出头反蒋,其目的就在混入反蒋阵线,组织拥蒋力

① 蒋经国:《风雨中的宁静》,第125页。

量。我们对于这类阴谋只有揭露反对，借以测验反蒋派别及人物之真伪，唤起人民大众更进一层的觉悟，决无拉拢之理。假如这个界限不分清，我们的反蒋统一战线必致为敌人钻入利用，不仅真正的反蒋运动不能开展，人民中的反蒋观念也会被模糊，对于推动革命高潮，开展反攻胜利是极端不利的。"就是对于李济深的反蒋活动，中共中央都持警惕态度："我们根本不应对他们存什么幻想，相反，要孤立他们，反对他们散布对美对蒋的幻想，更是十分必要。因此，对于这类代表人物如过去的孙科现在的冯玉祥、李济深，都不应过分宣传，只能拿他们反蒋的话在必要的时候当作统治阶级内部的矛盾来举例。"①不过，在后来1948年8月的指示中，毛泽东采取了对中间派更灵活的争取政策，强调说："我们对于李济深、冯玉祥一类中间派人士的倒蒋活动，不要无分析地一概反对，而应告诉他们美帝及李宗仁、何应钦等反动集团是靠不住的，我们赞成倒蒋是因为蒋倒之后对于解放战争的开展有利，而不是对美帝及李宗仁、何应钦等有任何幻想。相反，应在人民中随时揭破美帝和反动派的阴谋，以免上当。望你们体会上述策略，与李济深、冯玉祥、章伯钧、谭平山及其他中间派反蒋分子保持密切联系，尊重他们，多对他们作诚恳的解释工作；争取他们，不使他们跑入美帝圈套里去，是为至要。"②

针对国民党内和平运动的发展，中共于12月25日以陕北权威人士名义，公布了蒋介石、李宗仁等四十三名战犯名单③：

蒋介石　李宗仁　陈　诚　白崇禧　何应钦　顾祝同

陈果夫　陈立夫　孔祥熙　宋子文　张　群　翁文灏

---

①　《中央关于必须将革命战争进行到底反对刘航琛一类反动计划的指示》（1947年10月27日），《中共中央文件选集》第16册，第575—577页。

②　中共中央致上海局、香港分局并告吴克坚、潘汉年电（1948年8月2日），参《毛泽东年谱》下卷，第330页。

③　万仁元、方庆秋主编：《中华民国史史料长编》第70册，南京大学出版社1993年版，第214—215页。

孙　科	吴铁城	王云五	戴传贤	吴鼎昌	熊式辉
张厉生	朱家骅	王世杰	顾维钧	宋美龄	吴国桢
刘　峙	程　潜	薛　岳	卫立煌	余汉谋	胡宗南
傅作义	阎锡山	周至柔	王叔铭	桂永清	杜聿明
汤恩伯	孙立人	马鸿逵	马步芳	陶希圣	曾　琦
张君劢					

　　是年底，毛泽东为新华社写了新年献词：《将革命进行到底》，明确地阐述了中共的路线、方针、政策：“中国反动派和美国侵略者现在一方面正在利用现存的国民党政府来进行‘和平’阴谋，另一方面则正在设计使用某些既同中国反动派和美国侵略者有联系、又同革命阵营有联系的人们，向他们进行挑拨和策动，叫他们好生工作，力求混入革命阵营，构成革命阵营中的所谓反对派，以便保存反动势力，破坏革命势力。”他强调指出“美国政府已经决定了这样一项阴谋计划”，“在革命阵营内部组织反对派，极力使革命就此止步；如果再要前进，则应带上温和色彩，务必不要太多地侵犯帝国主义及其走狗的利益”。他号召将革命进行到底：“现在摆在中国人民、各民主党派、各人民团体面前的问题，是将革命进行到底呢，还是使革命半途而废呢？ 如果要使革命进行到底，那就是用革命的方法，坚决彻底干净全部地消灭一切反动势力，不动摇地打倒帝国主义，打倒封建主义，打倒官僚资本主义，在全国范围内推翻国民党反动统治，在全国范围内建立无产阶级领导的以工农联盟为主体的人民民主专政的共和国。”毛泽东抨击了以保存国民党军政势力为目的的和平阴谋，也严厉地批评了中间道路：“中国各民主党派、各人民团体是否能够真诚地合作，而不致半途拆伙，就是要看它们在这个问题上是否采取一致的意见，是否能够为着推翻中国人民的共同敌人而采取一致的步骤。这里是要一致，要合作，而不是建立什么‘反对派’，也不是走什么‘中间道路’。”①中国共产党的军事力量已经

①　《毛泽东选集》第 4 卷，第 1314 页。

十分强大,政治路线已经十分明确,在未来国家政权的方针、路线问题上,已经不存在任何调和的余地,革命必须进行到底,不能再给敌人以任何喘息的机会。

但是,国民党内的主和派,对中共的方针反应十分迟钝。他们总以为自己还有实力与中共讨价还价,而对战争的前途又缺乏信心,在这种矛盾的处境和心理下,对与中共谈判,建立如白崇禧所说的"对等"的联合政府存有一线希望。国民党各派系,当时已陷入了既不能战也不能和的困境而尚缺乏自知之明。

二　蒋介石引退和李宗仁出任代总统

12月31日,是民国阳历纪年的除夕,总统府在阴霾的政治气氛中仍布置了火树银花,粉饰着升平气象。蒋介石以过年为由,召集国民党中央常务委员、五院院长等到总统府聚餐。饭后,蒋介石即令张群宣读元旦文告的草稿,表示了下野谋和的意向。国民党内CC分子谷正纲、谷正鼎、张道藩等发言反对蒋介石下野,甚至痛哭流涕。蒋介石趁势愤愤地说:"我并不要离开,只是你们党员要我退职,我之愿下野,不是因为'共党',而是因为本党中的某一派系。"矛头直指李宗仁。随即对张群说,有关他下野的一句话必须列入,言毕即愤然离开宴会厅①。

1949年1月1日,中国历史上又一次转折的年代降临,蒋介石发表了元旦文告。蒋介石在文告中对自己的独裁和内战政策毫无反悔之意,仍把战争责任归咎于中共,但他不能不表示了下野谋和的意向:"只要共党一有和平的诚意,能作确切的表示,政府必开诚相见,愿与商讨停止战争恢复和平的具体办法;只要和议无害于国家的独立完整,而有助于人民的休养生息;只要神圣的宪法不由我而违反,民主宪政不因此

①　董显光:《蒋总统传》(三),(台北)中华文化出版事业社1962年版,第509—510页;参程思远回忆,《文史资料选辑》第66辑,第80页。

而破坏,中华民国的国体能够确保,中华民国的法统不致中断;军队有确实的保障,人民能够维持其自由的生活方式,与目前最低生活水准,则我个人更无复他求。中正毕生革命,早置生死于度外,只望和平果能实现,则个人的进退出处绝不萦怀,而一惟国民的公意是从。如果共党始终坚持武装叛乱到底,并无和平诚意,则政府亦惟有尽其卫国救民的职责,自不能不与共党周旋到底。"①这一文告虽然在事实上向国民党内主和派作了妥协,但蒋介石本人的意向仍在主战。除了文告之外,蒋介石对主和派的方针一再提出了警告。当天,他主持开国纪念典礼,并在元旦团拜典礼后致词说:"常言道'不能战,就不能和',亦就是说'能战才能和'……现在所遗憾的是我们政府里面一部分人员受了共党恶宣传,因之心理动摇,几乎失了自信。"②2日,蒋介石复白崇禧电说:"惟言和之难,卓见已详……甚冀惠示其详,俾资借镜。今大计虽已昭明,而前途演变尚极微妙,望兄激励华中军民,持以宁静,藉期齐一步骤,巩固基础,然后可战可和,乃可运用自如。"致张轸电更进一步说:"须知今日之事,可和而不可降,能战而后能和,国族之存亡系于是,兄等自身之安危亦系于是。"③蒋介石空言战斗力量,当然无补溃败的事实,但他指出了桂系以区区有限的力量,企图与中共讨价还价的虚妄。

蒋介石元旦文告发表之后,毛泽东为新华社写了评论,即后来题名为《评战犯求和》的文章予以痛驳,一针见血地指出:"为了保存中国反动势力和美国在华侵略势力,中国第一号战争罪犯国民党匪帮首领蒋介石在今年元旦发表了一篇求和的声明。"④当时,国民党方面,由外交部长吴铁城于1月8日分别照会美、苏、英、法四国大使馆,希望通过四

---

① 《中央日报》(南京),1949年1月1日。

② 《中央日报》(南京),1949年1月2日。

③ 《总统蒋公大事长编初稿》1949年1月2日条。

④ 《毛泽东选集》第4卷,第1320页。

大国的调停，与中共进行和平谈判。苏联方面接到中国政府方面的照会后，斯大林（И. Сталин）于1月10日发了一封长电给毛泽东，商讨对策。斯大林以征询的口吻说：“我们考虑拟作如下答复：苏联政府曾经主张，并继续主张中国停止战争、实现和平，但是，苏联政府在表示自己同意进行调停之前，希望了解，另一方面即中国共产党，是否同意接受苏联的调停。为此，苏联希望，另一方面即中国共产党，得到中国政府的和平行动的通报，并就苏联进行调停征得他们的同意。我们打算这样回答，并请通知我们，你们是否同意这样的答复。如果不同意，请惠告我们更合适的答复。”对于中共如何回应蒋介石的和平攻势，斯大林就自己的设想征求毛泽东的意见：“我们同时设想，如果征询你们的答复（指国民党方面的征询——引者），大致应该如下：中国共产党一向主张在中国实现和平，因为内战不是由中共发动，而是由南京政府发动的，南京政府应该承担战争后果的责任。中国共产党主张同国民党进行和谈，但是在那些挑起中国内战的战争罪犯不参加的情况下。中国共产党主张同国民党进行直接的谈判，不需要任何外国的调停人。中国共产党尤其认为，以自己的武装力量、亲自参与中国国内反对中国人民解放战争的外来大国，不可能进行调停，因为那样的大国，在结束中国战争的行动中，不可能被认为是中立的和公正的。”

　　斯大林设定的答复，充满了外交辞令，真实意图含而不露。不知道什么原因，这封电报发得不完整。毛泽东接电后，对斯大林的立场大为不解，因此，于1月13日回复了一封措辞严峻的电报。关于苏联方面对南京政府照会的答复，毛泽东直截了当要求措辞如下：“苏联政府一向希望，现在仍然希望看到一个和平、民主、统一的中国。但是，以怎样的方式实现中国的和平、民主和统一，这是中国人民自己的事情。苏联政府认为，基于不干涉别国内政的原则，参加中国内战双方的调停是不能接受的。”毛泽东认为，如果采取斯大林1月10日电的立场，“这将导致美国、英国和法国可能以为，参加调停是合适的，并导致国民党获得借口，污蔑我们是蓄意的好战分子”。毛泽东认为，解放军的胜利已成定局,而美国方面是否还愿意继续援助蒋介石是一个疑问,因此,仍然采取迂回的政治策略,只能是弊大于利,即使同非战犯的国民党分子进行和谈,也是有害的。他说:"是否可以允许南京政府人士,包括战犯在内,同我们进行和平谈判,对此还需要考虑。现在我们倾向于采取这样的立场,为了中国人民尽快地获得真正的和平,要求南京政府无条件投降……我们认为,如果现在同张治中、邵力子和这一类人士进行和平谈判,这些人作为代表同我们一起建立联合政府,这正是美国政府的愿望。而这将在中国人民、民主党派和人民解放军部队,甚至在中国共产党内部造成很大的混乱,并对我们现在采取的正义完全属于我们的立场,造成很大的损害。"因此,毛泽东主张"义正辞严地拒绝国民党的和谈骗局"。

斯大林于1月11日续完了1月10日的电报,1月11日电明确地阐明了他的立场:"我们所拟的您对国民党建议的答复草稿,目的是打消和平谈判。"他估计国民党不可能接受中共的条件,这样就可以将拒绝和平的责任推到国民党头上,"这样一来,国民党和美国的和平手腕将被打消,您也就可以继续进行胜利的解放战争"。毛泽东接到斯大林的1月11日电后,显然感到欣慰。14日,毛泽东复了一封简短的电报,表示:"在基本方针上(打消同国民党的广泛谈判,将革命进行到底),我们同您完全一致。"①

于是,苏联方面按照毛泽东的意见,于1月17日由外交部副部长维辛斯基(А. Я. Вышинский)接见中国驻苏大使傅秉常,向他递交了苏联政府的复文,大意为:"苏联政府一贯遵循不干涉他国内政的原则,承担上述备忘录中所谈及的调停,不认为是合适的……恢复中国作为一个民主的、爱好和平的国家的统一,是中国人民自己的事情,而这种统一,在没有外国干涉的情况下,以中国内部的力量,多半要通过各方

---

① С. Тихвинский: *Переписка И. В. Сталина с Мао Цзэдуном в январе 1949г.* Новая и Новейшая история,1994,No. 4 - 5.

面的直接谈判,方能达到。"①

同时,毛泽东也根据斯大林来电的精神,改变了直接拒绝谈判的政治策略,于1月14日以中共中央主席的身份发表对于时局的声明,针对蒋介石的元旦文告,提出了和国民党军政势力和平谈判的八项条件:"(一)惩办战争罪犯;(二)废除伪宪法;(三)废除伪法统;(四)依据民主原则改编一切反动军队;(五)没收官僚资本;(六)改革土地制度;(七)废除卖国条约;(八)召开没有反动分子参加的政治协商会议,成立民主联合政府,接收南京国民党反动政府及其所属各级政府的一切权力。"②中共中央在1月15日致东北局并告各中央局、各前委的通知中指出:毛泽东在时局声明中所提八项和平条件"是针对蒋方五个条件的",因此"双方的条件都是对方不能接受的,战争必须打到底,故与新年献词毫无矛盾"③。

毛泽东的八项条件,蒋介石显然不能接受,国民党主战派认为这是"教政府完全投降"④。但他们又没有继续战斗下去的有效力量,为此受到国民党内主和派的强大压力。当时,"所有的人民以及国府的大部分官员们,大家都要和平"⑤。蒋既不能战,又不肯和,一时无法回答毛泽东的声明,除宣布毛泽东的条件,以向党内主和派施加压力外,只好先听听内部的意见。

这时,国民党军徐蚌会战已经以彻底失败宣告结束,天津已经失守,北平危如累卵。国民党内许多人明知无法战斗,只有对和谈存有一

---

① *Советско-китайские отношения. 1917－1957.* cb. Документов. М.，1959，стр. 209.

② 《毛泽东选集》第4卷,第1328页。

③ 中共中央文献研究室编:《周恩来年谱》,中央文献出版社、人民出版社1989年版,第808页注①。

④ 据邵力子1月15日对路透社记者谈话,《大公报》(上海),1949年1月16日报道。

⑤ 陈礼颂译,傅泾波校订:《司徒雷登日记》,1949年1月7日条,香港文史出版社1982年版,第22页。

线希望,尽管毛泽东的条件十分严峻,主和的空气有增无减。邵力子公开表示:"毛泽东提出八点和平条件,意味着结束内战的谈判的门户已开启……他相信,毛泽东的条件不是完全不能改变的。"①而国民党统治区社会上各种民意代表的和平运动更是层出不穷。在17日举行的中央政治会议中,有人已经敢于公开"诽谤"蒋介石,立法委员中有五十多人主张和谈②。对于南京政府外交部于1月8日提出的调停国共关系的要求,四大国也已先后答复,拒绝出任国共和谈的调停。同时,蒋介石对桂系的军事压力也存有顾虑。于是,决心下野,让李宗仁到前台主持和谈,自己转入幕后操纵政局。

此前,白崇禧接蒋介石复电后,即邀张群、黄绍竑去汉口晤谈。1月8日,蒋介石即命张群前往,黄也同行。张传达蒋的旨意:"(一)余如果引退,彼对于和平,究竟有无确实把握?(二)余欲引退,必由自我主动。"③对白崇禧提出警告。张群旋赴长沙会见程潜后,即回南京复命。白崇禧与蒋闹翻,已势成骑虎,即与黄绍竑商讨对策。白虽长于军事,有小诸葛之称,但对政治并不内行,为了在政治上有活动的余地,即主张"李任公(济深)一向反蒋,他团结有一些民主力量,与共产党也有交情,不如请他到武汉来主持政治,我们专管军事,这样就不怕了"④。即请黄前往洽谈,如李不在,即设法与中共联系。14日,黄绍竑写信给李济深:"竑齐日应邀抵汉晤健兄,金认为蒋决不轻易下野,必须更进一步表示,发表宣言,公布蒋氏罪行,如再不悔悟,即以武力解决。唯此项宣言一发,即须有军事行动之准备,而事前尤宜与中共方面取得谅解与合作方为有利。特托竑为其全权代表,负责向公报告并与中共驻港负责人洽商连络。兹请公向中共中央通告:(一)武汉反蒋经过及以后决心

---

①　《大公报》(上海),1949 年 1 月 16 日。

②　蒋经国:《风雨中的宁静》,第 133 页。

③　《总统蒋公大事长编初稿》1949 年 1 月 8 日条。

④　黄绍竑:《李宗仁代理总统的前前后后》,《文史资料选辑》第 60 辑,第 53 页。

与行动；(二)请中共中央转知华中当局与武汉当局成立军事谅解，以免误会；(三)商定以后共同作战之计划。健兄认为，时机紧迫，早日得到中共答复，宣言即随发表，军事立刻行动。若迟延时日，蒋得从容布置，殊为不利。临行并郑重表示：(一)欢迎中革会迁入武汉；(二)绝不维护南京宪法法统，拥护新政协解决国是。"①

　　黄绍竑到香港时，李济深已前往解放区，黄即设法与中共驻香港的负责人联系，经向中共中央联系，中共中央得知白崇禧联络反蒋，即复电"要白崇禧派刘仲容（刘当时是白的参议）为代表，由信阳到郑州沿途去找刘伯承接头"②。据学者杨奎松研究，当时黄绍竑经黄琪翔接洽，和潘汉年会谈，"黄对潘讲，白已决心和平，并与蒋系已成敌对，但桂系军力在华中只及蒋系的三分之一，程潜虽可联合，但如不得中共配合仍无成功可能。黄并且说，美国驻华大使秘书傅泾波前已表示，美国认为蒋不下野，和平不能实现，即美援也不能解决危机，故美已决心不介入中国内政。因此，桂系反蒋决无美国背景"。杨援引1949年1月20日文义致竺声电说："与此同时，李宗仁见到毛泽东1月14日声明之后，也通过刘仲华秘密转告中共上海方面的代表，说明他已派人到武汉去，要白崇禧将武汉让给中共，并联合程潜一同动作。若程潜不肯联合，则向长沙进攻；如程潜同意联合，则桂系军队可放心配合中共军队进攻南京。李特别转告白崇禧，不要因他在南京而有所踌躇。"③同日，毛泽东为周恩来、李克农起草的复潘汉年的电报，答复黄如下："(一)中共对时局的态度已见毛主席十四日声明，任何方面均可照此声明去做。(二)南京集团是主要内战罪魁。李、白对内战亦负有责任，如欲减免内战罪

---

　　①　转引自杨奎松：《1949年国共和谈始末》，中国革命博物馆党史研究室：《党史研究资料》1995年第1期，第5页。

　　②　《李宗仁代理总统的前前后后》，《文史资料选辑》第60辑，第56页。

　　③　转引自杨奎松：《1949年国共和谈始末》，中国革命博物馆党史研究室：《党史研究资料)1995年第1期，第5—6页，黄绍竑与潘汉年对话，杨未注明引自何种资料。

责,必须对人民解放事业有具体而确实的贡献。如李宗仁尚欲取蒋而代,白崇禧尚欲获得美援反对我军,则将不能取得人民谅解,可以断定无好结果。(三)如白欲派代表与刘、邓联络,可到郑州市政府接洽。"①

对于李宗仁、白崇禧的反蒋活动,蒋介石方面很快获得了有关情报。据蒋经国说:"黄绍竑由南京飞汉口,与白崇禧晤谈后,即转香港,续与共匪代表洽商和谈步骤,并提出两项具体意见:一、蒋总统下野后,一致对蒋,以防其再起。二、共匪与李代总统进行全面和平谈判。"②董显光在《蒋总统传》一书中也说:"还有一种公然的威胁,谓蒋总统如再坚持,广西军队将采取军事的措施。它将退出武汉地区,让长江一线开放给'中共'军,蒋总统认为设有此举,将使整个局势不可收拾。遂决意自己引退,给予广西派一个自己试验的机会。"③1月19日,蒋介石与李宗仁商谈时局,向李表示"引退"之意。蒋又召集张治中、张群、吴忠信、孙科、邵力子、吴铁城、陈立夫谈话,据张治中回忆:"(蒋)开始就说:'我是决定下野的了,现在有两个案子请大家研究:一个是请李德邻出来谈和。谈妥了我再下野;一个是我现在就下野,一切由李德邻主持。'半晌没人说话,蒋就一个个的问,记得吴铁城曾说:'这问题是不是应该召集中常会来讨论一下?'蒋愤然说:'不必,我现在不是被共产党打倒的,是被国民党打倒的! 我再也不愿意进中央党部的大门了!'最后他说:'好了,我决心采用第二案,下野文告应该怎样说,大家去研究,不过主要意思要包含:我既不能贯彻戡乱的主张,又何忍再为和平的障碍这一点。'"④

21日下午,蒋介石又召集国民党中央常务委员会临时会议,宣读了下野的文告,把总统职务交给李宗仁代理。国民党的孤臣孽子、CC

---

① 《毛泽东年谱》下卷,第441页。
② 《风雨中的宁静》,第129页。
③ 董显光:《蒋总统传》(三),第511页。
④ 《张治中回忆录》下册,第782页。

分子谷正纲等痛哭流涕。国民党的失败随着蒋介石的下野已成定局。国民党是自己打败了自己，失败的痛苦，也只是自作自受罢了。所以，外界传述蒋介石的话时，变成了"国民党不是被共产党打倒的，是被蒋某人打倒的"①！当天，蒋介石即飞离南京前往杭州，转赴奉化家乡。

　　蒋介石在1949年1月21日发表的宣布"引退"的文告中说："中正自元旦发表文告，倡导和平以来，全国同声响应，一致拥护。乃时逾兼旬，战事仍然未止，和平之目的不能达到，人民之涂炭曷有其极。因决定身先引退，以冀弭战销兵，解人民倒悬于万一。爰特依据中华民国宪法第四十九条'总统因故不能视事时，由副总统代行其职权'之规定，于本月廿一日起，由李副总统代行总统职权……假令共党果能由此觉悟，罢战言和，拯救人民于水火，保国家之元气，使领土主权克臻完整，历史文化与社会秩序不受摧残，人民生活与自由权利确有保障，在此原则之下，以致和平之功，此固中正馨香祝祷以求者也。"由蒋介石方面代拟的李宗仁文告，也宣布李"代行总统职权"②。本来，李宗仁所要求的是，蒋辞职引退，李正名继任，但蒋最终仅给以代行的名义，为自己留有余地③。同时，蒋介石仍保留着国民党总裁的身份，他不仅要用他的影响力也要用这个身份来继续指挥国民党余部。当然，在引退之前，他对军政各方面都作了布置，以便在幕后继续指挥。

第二节　李宗仁的求和活动

一　初步的接触

　　蒋介石走了以后，李宗仁立即开始自己的求和活动。1月22日，李宗

---

①　《张治中回忆录》下册，第782页。

②　《中央日报》(南京)，1949年1月22日。

③　参《李宗仁回忆录》下册，第923—929页。

仁发表了真正属于他自己的文告："宗仁当兹视事之初，愿为我全国同胞告者，政府今日即将以高度之诚意与最大之努力，谋取和平之实现。此一任务明知异常艰巨，但为国家为人民，宗仁必竭尽一切努力以赴。只要和平能早日实现，国家能早日步入和平建设之坦途，宗仁个人进退绝不计及……兹为表示诚意与决心，政府将从事废除一切和平障碍。凡过去一切有碍人民自由及不合民主原则之法令与行动，悉将分别迅速予以撤销停止，冀能培育国内和平空气，使和谈工作得以顺利进行。至于中共方面所提八条件，政府愿即开始商谈。兹已派定代表，俟得中共方面答复，和谈即可进行。"①当日，行政院临时政务会议决定派遣邵力子、张治中、黄绍竑、彭昭贤、钟天心等五人为和谈代表，以邵力子为首席代表，并对中共广播，盼中共约定和谈地点及日期，以便进行谈判。

同日，李宗仁分别致电已经进入解放区的李济深、沈钧儒、章伯钧、张东荪，表达自己对于和谈的诚意，并争取他们对自己和谈活动的支持。他在致李济深电中说："现中共方面已表示愿意商谈，果能相忍为国，不难获致成功。弟对此不特愿尽最大之努力，且具有无畏之信心。吾兄频年倡导和平，苦心孤诣，举国敬佩。值兹艰危之际，尚乞详以示知，俾资循率。如能邀约北方维护民主和平人士，共同命驾来京，共商策进，以慰众望，而弟亦得早日卸仔肩，尤所企幸。"②同时，李宗仁又分别写信给在上海的宋庆龄、张澜、张君劢、罗隆基、黄炎培、章士钊、陈铭枢等中间派人士，派甘介侯作为自己的私人代表，于 23 日到上海面交，征求他们对促进和平问题之意见。而"各方对孙夫人嘱望尤殷"③。李致孙夫人的信上说："弭战谋和，已成为全国一致之呼声。仁决遵循民意尽其最大之努力。惟兹事体大，尤赖夫人出为领导，共策进行……乞

---

① 《中央日报》(南京)，1949 年 1 月 23 日。
② 《中央日报》(上海)，1949 年 1 月 23 日。
③ 甘介侯对记者谈，《中央日报》(上海)，1949 年 1 月 24 日。

即日命驾莅京,使获随时承教。"①24 日,南京政府又派邵力子、张治中前往上海,征求中间派人士对和平问题的意见。张治中曾向李宗仁建议:"最好把孙夫人和李任潮请出来,先行改组政府再谈和。你能请到孙夫人任行政院长,李任潮先生负责党务,一定可以一新耳目,振奋人心。"②李宗仁希望和中间派人士联合,在中间派人士的支持下,造成一种强大的力量,和中共进行和平谈判。

　　为了赢得中间派的同情,1 月 24 日,李宗仁令饬行政院办理下列各项事宜:(一)各地剿匪总部一律改为军政长官公署,(二)取消全国戒严令(接近前线者俟双方下令停止军事行动,再行取消),(三)裁撤戡建大队,交由国防部另行安置,(四)释放政治犯,(五)启封一切在戡乱期间因抵触戡乱法令而被封之报馆杂志,(六)撤销特种刑事法庭,废止特种刑事条例。同时,命令释放张学良、杨虎城③。但事实上,由于蒋介石仍在幕后指挥,李宗仁除做到了第一条改个空名以及释放了少数政治犯以外,一件实事都难以做到。

　　中共对于南京方面的"和平攻势",发表了一系列文章予以抨击,并对中间派做了许多工作。1 月 28 日,中共中央致电上海党组织,要他们同尚在上海的张澜、罗隆基、黄炎培等交换意见,要求着重说服他们坚持李济深等五十五人声明的立场,同时,又动员在解放区的民主人士做工作,请他们坚持正确的立场④。中间派对形势的判断,因此比较清楚,对李宗仁的和平动议并不积极。民盟自解散以后,在上海的原民盟领导人处境已很困难,盟员则转入地下活动。而在香港恢复的民盟组织则重新审议了政治路线,接受了中共的领导,放弃了中间路线的幻想。"因为共产党的胜利已成定局,民主人士就不愿意回到国民党冷冷

①　《大公报》(上海),1949 年 1 月 24 日。
②　《张治中回忆录》下册,第 784—785 页。
③　《中央日报》(南京),1949 年 1 月 25 日。
④　李维汉:《回忆与研究》下,第 660 页。

清清的屋里来了"①。张澜、罗隆基、黄炎培与甘介侯面谈之后,复信给李宗仁,表示目前不能来京,并表示:"生而不有,为而不争,柱下名言,窃愿为我公诵之。"②对李宗仁所持的强烈的功利心提出了忠告。据甘介侯对美国驻华使馆人员说,中间派领袖们告诉他:"共产党人有三项必要条件,第一,没有'中间道路',所有的政团和派系,对中共都必须采取如同中国国民党革命委员会和民主同盟那样的态度。第二,不助长美国在中国事务中的影响,不助长和美国的接触,包括任何团体都不接受美国的援助。第三,不和任何团体在它所拥有的军事和辖区的基础上进行谈判,仅仅和个别人,按照他过去政治表现和现在的政治经历的基础上,进行谈判。"③甘介侯和李宗仁都认为在这样的基础上和中共很难达成协议。

与此同时,李宗仁、白崇禧派出了私人代表,前往北平,以便和中共取得直接联系。在这种秘密联系中,李、白与中共就合作反蒋问题进行了磋商。

先是李济深未去解放区以前,于1948年底见到桂系的立法委员黄启汉,又写了一封信给白崇禧,托黄带交。信中说:"望站在国民党革命委员会立场,依反帝、反封建、反官僚资本主义、反独裁、反戡乱主张,赞成开新政治协商会议,组织联合政府,立即行动,号召全国化干戈为玉帛,其功不在先哲蔡松坡之下也。"④黄绍竑到香港后,虽然见到了黄启汉,但彼此在政治活动上没有交底。黄启汉于1月19日到达汉口,白对李济深的来信喜出望外,即要黄启汉和李书城一起北行与中共联络。但这时蒋介石宣布下野,白崇禧即改变主意,要黄到南京飞北平,找中共联系仅请湖北省和平运动代表李书城于1月23日自汉口出发前往

---

① 《李宗仁回忆录》下册,第931页。

② 《黄炎培日记》(手稿)1949年2月3日。

③ The Ambassador in China(Stuart)to the Secretary of State,28,1,1949,*FRUS*,1949,Vol. 8,pp. 93 - 94.

④ 黄启汉:《一九四九年"和谈"的回忆》,《文史资料选辑》第67辑,第4页。

接洽。李的代表性不够，且行程缓慢，并没有起到联络军事的实际作用。

1月22日，黄启汉从汉口飞抵南京，李宗仁即约见黄和刘仲华，要黄和刘作为他自己和白崇禧的私人代表去北平，和中共取得联系，表示"求和诚意"，要求共产党在军事上停止进攻，及早开始和谈。23日，黄和刘飞抵北平。这时，北平和平协议刚刚开始执行，解放军尚未进城，黄刘来平意向，由傅作义方面电告林彪，转达毛泽东。毛即电令："可令他们即见剑英，探明来意，以凭处理。"①

在此期间，由于李宗仁有就中共所提八项条件进行商谈的表示，南京政府并派定了和谈代表，中共发言人于1月25日发表谈话，一方面继续抨击南京政府，揭露南京政府放出和平空气，"企图欺骗人民，以达其保存反动势力，获得喘息机会，然后卷土重来，扑灭革命力量之目的"，一方面同意南京政府在接受八项条件的基础上进行谈判。但"谈判的地点，要待北平完全解放后才能确定，大约将在北平。彭昭贤是主战最力的国民党CC派的主要干部之一，人们认为是一个战争罪犯，中共方面不能接待这样的代表"。同时，中共发言人还暗示，要公布一个大大超过12月25日公布的四十三人名单的战犯名单②。26日，陕北广播电台，一方面继续抨击南京政府假和平阴谋，一方面又宣布了蒋经国、潘公展、胡适等三十七名战犯名单，要求李宗仁如有和平诚意，"第一步应立即扣留战犯"③。李宗仁的和平呼吁得到了中共的回应，尽管态度严峻，但李宗仁仍给予了积极的回答，1月27日致电毛泽东说："弟主政之日起，即决心以最高之诚意，尽最大之努力，务期促成和平之实现……贵方所提八项条件，政府方面已承认可以作为基础，进行和

①　《毛泽东年谱》下卷，第444页。
②　《中共发言人关于和平谈判问题的谈话》(1949年1月25日)，《中共中央文件选集》第18册，第80—81页。
③　《人民日报》，1949年1月27日。

谈,各项问题自均可在谈判中商讨决定。在双方商讨尚未开始以前,即要求对方必须先行执行某项条件,则何能谓之为和谈? 以往恩怨是非,倘加过分重视,则仇仇相报,宁有已时? 哀吾同胞,恐无噍类,先生与弟将同为民族千古之罪人矣!"电中就中共所述与美国勾结问题,断然予以否认①。

但这时,国防部审判战犯军事法庭在蒋介石的授意下,于1月26日宣判日本战犯、前中国派遣军总司令官冈村宁次无罪。28日,中共发言人发表严厉的谈话,要求重新逮捕冈村宁次,并要求逮捕国民党内战罪犯。尽管李宗仁曾命令重新逮捕冈村宁次,而上海国民党军政当局立即将冈村宁次送回日本,并应麦克阿瑟的要求,将已宣判的二百六十名日本战犯送回日本监押。为此,中共对南京方面的和谈诚意再次进行了严厉抨击。这使南京的主和派十分被动。

在北平方面,经过傅作义方面的联系,1月27日,叶剑英即与黄启汉、刘仲华面谈。黄即把白崇禧和李宗仁给李济深的信也交给了叶。白的信上说:"去岁华中军民曾数以坚强语气电蒋建议和平停战,并请其早日引退,以谢国人,旋更联络各方施以压力,以扫除和平之障碍。兹蒋已去位,德公继承艰危,决以最诚恳态度与中共进行和平谈判,以坚确决心,扫除独裁祸根,将来国是全由国人公意决择。务恳我公鼎力协助,共奠和平,千万生灵、民族生机,在此一举。尤望大驾及革委会诸同志,早日莅临武汉或南京,指导一切。"李的信上说:"兹者蒋已引退,弟勉支危局,愿以最大努力促和平之实现。"②他们向叶剑英转达了李、白的秘密口信,表示愿意以中共的八项条件作为双方进一步谈判的基础。而李、白的具体意见是:"(一)革命占了优势,愿意到革命方面来。(二)南京政府已经无力打下去。(三)承认中共领导下的胜利,愿以和平方式加快这一胜利的进程。具体办法是:(一)首先实现局部和平,及

---

① 《中央日报》(南京),1949年1月28日。

② 黄启汉回忆,《文史资料选辑》第67辑,第10页。

与中共并肩作战；(二)切实在八项条件下里应外合,推动全面和平。"①
另据《叶剑英传》记述："他们谈到:李、白同意以毛泽东主席 1 月 14 日
《关于时局的声明》中指出的'惩办战争罪犯'等八条为基础,进行和
平谈判。特意先派他们来北平同中共进行联络,表示'求和诚意',希望
中共方面能尽早与李、白进行谈判。李、白愿与中共达成默契,在京沪
一带作战中与中共军队相配合,具体方案要等待叶剑英参谋长
指教。"②

　　2 月 1 日,周恩来为中共中央起草的致彭真、叶剑英的电报中,要
刘返南京面告李宗仁,"如其果有反蒋反美接受毛主席八条要求的真
意,即应迅速与蒋分裂,逮捕蒋之嫡系将领,如顾祝同、汤恩伯、俞济时、
陈大庆及特务头子毛人凤、郑介民、叶秀峰、郭紫峻、毛森等人,方能站
稳脚跟,进行和谈。否则,李白不扣复兴、西西,结果必致李白为复兴西
西所暗算,弄得身败名裂,两头失踏。中间道路是万万走不通的",否
则,"中共便无此余暇与之敷衍"③。但事实上李宗仁没有力量做到这
一点。据此,叶剑英再次同黄、刘谈话,商定刘仲华留在北平负责联络,
黄启汉回南京向李宗仁报告。对此,李宗仁很高兴:"总算很快就搭上
了关系。"④但李宗仁关心的停战问题,中共并未给予明确的答复。这
时,解放军已经开入北平,2 月 1 日《人民日报》以"执行毛主席八项和
平条件的第一个榜样——以和平方法结束战争"为题材,向南京方面展
示了北平方式。

----

　　①　转引自杨奎松文,《党史研究资料》1995 年第 1 期,第 7 页。杨所引资料未
注明出处。

　　②　《叶剑英传》,当代中国出版社 1995 年版,第 426—427 页。

　　③　参《周恩来年谱》,1949 年 2 月 1 日条,第 811 页;前引杨奎松文。按:据杨
文和周谱内容,两者自当均引自《中央致彭、叶并告林、罗、聂电》(1949 年 2 月 1 日),
但文字有出入。全文尚未刊布。——笔者。

　　④　参《叶剑英传》,第 427 页;黄启汉回忆,《文史资料选辑》第 67 辑,第 12—13
页。按:黄回忆为 1 月 29 日回南京,时间似有误。——笔者。

与此同时,潘汉年在香港于1月24日与黄绍竑举行第二次会晤,向他转告了周恩来1月20日电的大意,促其立即电白崇禧,派刘仲容去郑州和刘伯承、邓小平联系。黄表示满意,并希望潘汉年派人和他一起去北平,转赴中共中央,"得一和平基础协议草案"。黄认为"李、白可考虑"。潘回答他:"李如能效法傅作义,先具体接受八条为先决条件,然后好谈和平解决方案。并告:目前李在宁之一切空谈,都是无法解决的。时机迫切,仍以劝白与我刘邓洽商军事反蒋为最实际。由于局部洽商如能成功,将可以发展到全面和平。"①刘仲容奉白崇禧之命,也从武汉经南京到上海和中共地下组织联络。1月28日,中共中央致电吴克坚:"望要刘仲容即去告李、白绝不要相信蒋介石的一套,桂系应准备实行和蒋系决裂,和我方配合解决蒋系,才能在人民面前和蒋系有所区别。"②

二 南京主和派的和谈方针

李宗仁、白崇禧尽管在一段时间内和中共联络反蒋,实际上并不愿意完全切断和蒋介石的联系,更无论同美国的关系。他们仍希望在各种力量之间纵横捭阖,以维护和发展自己的政治利益。

李宗仁出任代总统之后,1月23日,邵力子、张治中、吴铁城等在和司徒雷登的私人顾问傅泾波谈话时,"他们谈及将尽全力为和谈而非为投降",李宗仁召见傅泾波面谈时也"表示他将只为谋求和平而尽全力,倘若共方执拗如故,他便将撤退至珠江岸继续干下去"③。但是,他们仍希望通过和平谈判的努力,赢得社会舆论的支持,推迟中共渡江的时间。由于没有力量防守长江,他们希望沿着浙赣线和南浔线与白崇禧的江

---

① 《潘汉年致周恩来并中央电》,1949年1月25日,中央档案馆藏。

② 《毛泽东年谱》下卷,第448页。

③ 《司徒雷登日记》,1949年1月23日条,第28—29页。

西、湖南防区汇合,建立抵抗线,"政府将持久坚守这一线,期待美国的援助,包括军事代表团"①。李对中共"压迫我完全脱离美国为唯一条件",感慨系之。白崇禧于2月11日致电蒋介石:"中枢不惜一再委曲求全,作最大忍让,固已仁至义尽,乃中共迄无诚意接受,仍继续其军事进攻。揆其近来所提条款与广播,变本加厉,蛮横无理,极尽压迫侮蔑之能事,迷信武力,违反民意,和平前途,殆将绝望。"要求蒋有所指示②。

对于蒋介石的求和声明,毛泽东即以蒋根本无法接受的八点作为政治上的回应,完全立足在战斗上。但对于李、白桂系的求和要求,尤其是军事合作反蒋的要求,则表示了有条件的重视。中共中央和毛泽东基本上采取了对于傅作义的求和要求大体相同的策略,也就是要求李宗仁、白崇禧配合解放军解决蒋介石系统,并且在政治上也完全站到人民一边,立功赎罪。对于李、白采取的与傅作义相似的组织"联合政府"的主张,则在政治上坚决予以打击,不允许他们继续保存其军政势力的图谋。中共的既定策略是:"在蒋介石集团的反动统治未被推翻以前,我们的基本打击方向,是使大地主大资产阶级内部的反对派及中产阶级(即自由资产阶级)的右翼孤立,他们经常在群众中散布对美对蒋的幻想,以便时机一至,好与美蒋(或蒋倒后的其他代理人)妥协,消灭新民主革命。等到蒋介石及其反动集团一经打倒,我们的基本打击方向,即应转到使自由资产阶级首先是其中的右翼孤立起来,到那时,这些自由资产阶级右翼分子会主张只牺牲蒋介石个人及其少数追随者,并利用帝国主义关系,照旧维持大地主大资产阶级的领导权,结束新民主革命。"③所以,中共一面同意与李、白合作反蒋,一面要求李、白与蒋介石彻底决裂。同时,中共对李、白真正意向保持着高度的警惕,并且

---

① The Ambassador in China(Stuart) to the Secretary of State,28,1,1949,*FRUS*, 1949,Vol. 8,pp. 93 - 94.

② 《总统蒋公大事长编初稿》1949年2月11日条。

③ 《中央关于必须将革命战争进行到底反对刘航琛一类反动计划的指示》,《中共中央文件选集》第16册,第573页。

防止李、白拉拢中间派,构成中共的反对派,与中共在政治上抗衡。当时,北平和平协议正在执行中,如前所说,中共基本上要求李、白效法傅作义,但为了击破傅作义还想站在南京方面走中间道路的政治立场,公开发表了林、罗致傅的历数其内战罪行的通牒,这也是给南京李宗仁方面的一个警告。

为此,中共十分注意加强对中间派人士的争取工作。当时,进入解放区的民主人士李济深、沈钧儒等五十五人,已于1月22日联名发表声明,拥护中共的领导,拥护毛泽东主席关于和平谈判的八项条件,并表示:"我们认为,革命必须贯彻到底,革命与反革命之间绝无妥协与调和之可能。辛亥以来,历次失败的惨痛教训,我们是应该牢牢记取的。在今天,帝国主义、封建主义和官僚资本主义,是中国人民革命之对象,是障碍中国实现独立、民主、自由、幸福之最大敌人,倘不加以彻底廓清,则名实相符的真正和平,绝不能实现。因此,我们对于蒋美所策动的虚伪的和平攻势,必须加以毫不容情的摧毁……我们确信,全国真正为民主革命而努力的人士,必能一致努力,务使人民民主阵营之内,决无反对派立足之余地。"①李宗仁为争取中间派而致李济深、沈钧儒、章伯钧、张东荪的信件,经中共方面转交之后,中共中央于1月24日致电东北局指出:"你们将李宗仁致李、沈、章、张电报送交他们是对的,国民党对于各民主人士的勾引是必然要继续进行的,企图破坏在我党领导下的新政协,这不仅是李宗仁个人的活动,而且是蒋介石匪帮有计划的活动,我们必须充分注意。但蒋介石匪帮大势已去,依附蒋匪帮没有最后出路,只要我们工作做得好,争取李沈章蔡(按:指蔡廷锴,张系蔡之误——引者)及其他诸人站在二十二日他们自己的声明的立场上,和我们一道反对伪和平,争取真和平,是完全可能的。"②1月25日又指示

<hr>

① 《我们对于时局的意见》,《中共中央文件选集》第18册,第73页注①。
② 《中央关于争取李济深、沈钧儒等反对伪和平的指示》(1949年1月24日),《中共中央文件选集》第18册,第72页。

党内,强调"尤其要注意争取各中间派分子",指出:"死硬派中的少数反动头子(蒋介石、陈立夫等)在美国压力下暂时退入幕后指挥,而扶起李宗仁、孙科、邵力子、张治中等以比较新的手法,大谈其和平民主,企图欺骗人民,分化各民主党派,破坏在我党领导之下的政治协商会议,阻止我军渡江南进。我们必须在民众中在各民主党派中揭破这种欺骗。"[1]

　　在国民党方面,对于和平谈判有着自己的政治意向。白崇禧的态度,据刘仲容回忆:"蒋介石引退后,由李宗仁代理总统职务。白崇禧急忙飞到南京同李宗仁会谈。桂系内部认为,摆在面前的紧急任务是:(一)同中共举行谈判,结束内战;(二)为了获得体面的和平,必须阻止中共军队渡过长江;(三)寻求美援,制止通货膨胀。……临行前夕,白崇禧和我谈了话,大意是:李宗仁代总统后,国共双方都表示愿意和平解决争端,和平气氛有了,下一步要看中共方面的实际行动,希望早日举行和平谈判;今后可以有一个'划江而治'的政治局面,希望中共军队不要渡过长江。他强调国民党的主力虽然已被歼灭,但是还有强大的空军和数十艘军舰,如果中共硬要渡江,他们是会吃亏的。共产党既然表示愿意和谈,如果他们过了江,打乱了摊子,那就不好谈了。""当初受他交付的使命,向中共提出关于政治可以过江,军事不要过江的建议。"[2]据黄启汉回忆:"先去和共产党取得联系,表示希望就地停战,及早开始和谈……希望解放军不要过江,将来就以长江为界,暂时南北分治。"[3]白崇禧在公开场合表示:"我国阋墙三载,创痛已深,但求和平实现,解除人民痛苦,中共所提各项条件,均可商量。今和平之门既开,惟望双方推诚相见,早日促成和平大局,以后并切实做到政治民主化,军

---

①　《中央关于广泛揭破美蒋和平阴谋的指示》(1949年1月25日),《中共中央文件选集》第18册,第82页。

②　刘仲容回忆,《文史资料选辑》第73辑,第48—49、54页。

③　黄启汉回忆,《文史资料选辑》第67辑,第9页。

队国家化,以建立新中国。"①在先他更表示过:"和平切不可幸致,应确认可战始可和,能战始能和,应备战以谋和,勿求和而忘战。"②

李宗仁就和谈方针与刘斐也进行了对谈:

李说:"现在正在研究,我想做到划江而治,共产党总满意了罢!? 只要东南半壁得以保全,我们就有办法了。"

我说:"若还不行呢?"

李说:"那以后再说嘛!"并问我:"你的看法呢?"

我说:"划江而治是你的如意算盘。我估计在目前情况下是很难做到的。你是以主和上台的,离开和平就没有你的政治生命。因此,在有利的条件下要和,在不利的条件下也只有和。必须有坚决以和平始,以和平终的决心,并在行动上一反蒋介石之所为,才做得通,所以首先要你有决心。"

李说:"我有决心!"

我说:"将来即使条件谈得好,要签字履行,蒋也是会破坏的;若谈判的条件不好,他更会破坏。你处在蒋的势力笼罩下,他一个电话就可以使你成为阶下之囚,你不怕吗?"

李说:"和谈如果成功,我一定签字,我尽可能在这里(南京)签字;万一在这里受逼不能签,我就跑到桂林去签,他们就奈我不何了。你放心去谈判罢! 我自有办法。只要把蒋搞倒了,共产党已取得这么多的地方,我想它一时也不能消化。如能确保东南半壁,至少是可以在平分秋色的基础上来组织民主联合政府的。"③

后来的南京和谈代表团首席代表张治中于1月23日对记者谈话时说:"(一)惩办战犯——因为蒋已离开南京,关于其他四十二个中共所提出的战犯,政府正在等待中共方面表示他们的意图如何;(二)取消

① 《中央日报》(南京),1949年1月22日。
② 《大公报》(上海),1949年1月15日。
③ 刘斐:《1949年北平和谈的片断》,《文史资料选辑》第32辑,第103页。

宪法与国民党交出政权——政府认为,组织了联合政府就自然会修改
宪法,并由国民党交出政权;(三)根据民主原则改编国民党军队——政
府认为国民党军队与共产党军队应一律改编,以便根据一九四六年军
事三人小组(马歇尔、周恩来及张治中)所提出的原则成立国家的军队;
(四)没收官僚资本与土地改革——政府完全同意中共的意见;(五)取
消违背中国主权的条约——政府准备审查现有的条约,其中重要的只
有中美条约与中苏条约两种;(六)召开没有反动分子参加的政治协商
会议与组织民主联合政府——政府对此完全同意。"①

　　司徒雷登也曾估计:"目前共产党显然正迅速取得军事优势。但他
们面临内部的政治、经济困难。随着军事局势的发展,其地盘日益扩
张,但问题也将会增多、复杂。解决问题的主要困难是缺乏足够的行政
人员和技术人员,这些人多在非共产党地区,他们或者是国民党党员或
者是国民政府的职员。因此,倘若共产党以国民党革命委员会(民革)
取代国民党,并与这一改组过的政党建立联合政府,这将有利于共产
党,行政问题将得到解决,而后他们再逐渐取得对行政的控制,同时会
造就一个多党制的具有民主色彩的政府。这将是他们极可能采取的、
合适的行动方针。"②但美国连这样的联合政府也不支持:"虽然目前某
种形式的联合政府似乎很可能,但我们相信就美国立场来说这是最非
所愿的。我们这样说,是因为包括有共产党在内的联合政府的历史,很
清楚地表明了共产党用政治手段控制整个政府及进行获取某种国际承
认的能力。我们怀疑一个共产党政府在可以预见的将来除联合政府外
还能够借其他方式获取全国政权。"③

　　　因此,李宗仁及主和派方面的策略,是以中共尚无足够的军事和政
治力量控制全国的形势估计为基础而制定的和平谈判的政治原则,是

---

①　《华商报》(香港),1949 年 1 月 25 日。
②　《司徒雷登驻华报告》,第 250 页。
③　《司徒雷登驻华报告》,第 243 页。

以 1946 年政协的政治原则为范本的,也就是军队国家化、政治民主化。中共方面在抨击张治中上述谈话时,指出其改编国共军队的方案是"依据从未生效并早已作废的一九四六年二月马歇尔方案"①。随着国共内战的全面爆发,这条政治原则也就破产了。中共一再批评了中间道路的幻想,抨击了任何资产阶级民主的说教。何况,这时候中共已经有充足的力量去实现新民主主义的政治原则,将革命进行到底,无须再考虑"和平民主新阶段"的迂回策略。李宗仁方面重新回到 1946 年政协的政治原则上来,当然既不会为中共所接受,也不会为中共所信任。至于李宗仁方面所说的中共军队不过江,划江而治,在和平谈判的政治原则上,并非是建立南北朝的谈判,而是在联合政府的前提下,各党派对地方的自治,仍然是 1946 年政协的原则。但这种迁就实际政治势力范围的划分,在事实上做不到政治民主化、军队国家化的前提下,当然会造成国家的分裂。不过,政治斗争是错综复杂的,李宗仁、白崇禧既表示了反蒋的意向,中共在政治原则上不让步的前提下也就力争他们与蒋介石决裂。

　　李宗仁上任后的基本政策,在 2 月 15 日夜的广播中表示:"第一是谋取和平,第二是革新政治。"②而他在同美国善后救济总署负责人赖普汉(Roger D. Lapham)谈话时阐明其政策说:"如果和平可能达成固然好,万一不能达成,便只有在南方、西南、西北各地,就军事、行政等方面力谋改革,藉以赢取民心,然后跟对方抗拒周旋到底。"③当然,无论是实力、时间、观念、组织方式和社会基础,李宗仁都不能胜任自己提出的任务。但他仍抱着一丝希望,企图在自己的周围集结起一股强大的社会势力,在中共和蒋介石集团的夹缝中寻找生存的余地,以应付几乎令人绝望的时局。对此,连司徒雷登也对他存有希望:"他仍是一种象

①　陕北观察家评论,《华商报》(香港),1949 年 1 月 27 日。

②　《新闻报》(上海),1949 年 2 月 16 日。

③　《司徒雷登日记》1949 年 1 月 25 日条,第 29—30 页。

征,象征着全中国的和平愿望。只要李的和平努力能够取得明显的进展,或能成功地阻止中共跨越长江,他将能维持并利用人民对他的拥戴。李也意识到他的劣势,但他很精明地利用那些视他为和平希望之星的人们的支持,以便既弥补他与广东集团的裂缝,又可以尽可能多地赢得国民党实权人物的拥护。他向我们表示要求援助,并计划经济与政治的改革,以努力巩固他的地位。这些努力的成功程度将会奠定他的强大实力,这可以使他与共产党谈判时处于有利地位,或者,在共产党恢复攻势时,他继而成为一个强有力的抵抗领袖。"[1]

三 和平代表团与和平内阁

李宗仁为了促成和中共的和平谈判,先后组织了两个民间代表团前往北平。一是由南京的中国人民和平策进会及中国各大学教授国策研究会组成的南京人民和平代表团,成员有邱致中、吴裕后、曾资生、邓季雨、宋国枢、夏元芝、吴哲生、苗迪青、刘达遽、黄诺等[2],于 2 月 1 日由南京飞青岛,和中共联络后准备续飞北平。他们准备了一个由张君劢参与制定的《和平谈判纲领》,提出了"六六比例制"的政治体制设想[3]。一是李宗仁于 1 月 31 日到上海,与沪上社会名流恳谈,并邀请颜惠庆、江庸、章士钊、陈光甫、冷御秋五人为私人代表前往北平,与中共方面晤谈,探明中共方面对和谈的意向。

中共同意他们作为私人资格来北平,也试图从中探明宁沪方面的意向,争取以北平方式解决南方各地。新华社于 2 月 2 日发表重要评论,认为:"最近南京、上海、武汉开始酝酿局部和平运动,也是资产阶级及绅士们策动的,应属于何思源、吕复、康同璧这一类。"要他们援引北

---

① 《司徒雷登驻华报告》,第 284 页。

② 名单见《人民日报》1949 年 2 月 13 日。

③ 《和平谈判纲领》初稿,《大公报》,1949 年 1 月 17 日。

平为例，和平解决①。2月5日，中共中央决定让刘仲华回到南京，转达中共的意图："上海五代表及李之私人代表如果不是为着进行和平攻势，而是真想用和平方式解决京、沪、汉问题（全国问题谈不到），则我们可以许其来平和我方地方人员（北平市长）试谈一次；如果是为着美蒋利益欲来进行所谓和平攻势，则无来平之必要，即使来了，我们亦必尖锐地揭露之。此点请叶明确地告诉刘仲华，叫他回去通知李、白及上海、南京、武汉想来谈和者。"②

南京人民和平代表团尚未成行，甘介侯代表李宗仁继续在上海组织代表团，一度改组为颜惠庆、章士钊、江庸、侯德榜、欧元怀、凌宪扬、邵力子和甘介侯自己也准备以私人资格随行。甘介侯于2月5日在上海声明："代表团之唯一任务，为从事'敲门'，敦促中共迅即指派和谈代表，并决定和谈之时间，以便政府代表团前往开始和平谈判。"③对甘的"敲门"说，中共发言人给予猛烈的抨击，指责其为从事和平攻势的政治掮客，表示不欢迎他到北平来，同时声明："如果上海颜惠庆、章士钊诸先生是以私人资格前往北平参观，并于国事有所商谈，则北平市长叶剑英将军准备予以接待。"④把他们和南京政府区别对待。

南京人民和平代表团经过中共方面的同意，以私人资格于6日从青岛飞抵北平。等候两天后，叶剑英、徐冰、戎子和、陶铸按照中共中央回复的指示，与代表团接谈。代表团递交了《和平谈判纲领》，主张"即刻停战"，对于未来的政治制度，主张"和谈后，即行召开新的政治协商会议，其构成分子为共产党、国民党、中间党派、民意机关、人民团体、社会领袖六方面各六人成'六六比例制'"。在接谈中并建议："另立新中央，不如利用和谈占有旧中央，因旧中央已为国际及民众所承认，占据

---

①　《华商报》（香港），1949年2月3日。

②　《毛泽东年谱》下卷，第451页。

③　《中央日报》（南京），1949年2月6日。

④　《中共发言人对甘介侯声明的声明》（1949年2月7日），《中共中央文件选集》第18册，第115页。

旧中央便于顺利占据全中国,更便于号召全中国及发布讨伐令。"①毛泽东起草的中共中央对彭真、叶剑英、林彪、聂荣臻的电报,指示谈话方针:"你们可向和桂系有关的代表暗示,只要桂系今后行动是站在有利于人民解放事业及能达成真正持久和平之目的,我们是不会拒绝他们的。""你们应对代表们表示,对于天津、上海恢复通船、通邮及商业联系感到兴趣,如果他们在此点上能起些作用,我们是欢迎的。""代表们所谓另立新中央,不如利用和谈占有国际已经承认的旧中央,运用旧中央权力实行对蒋系讨伐等语,是真正代表美国和桂系的意见,在这些方面你们不要表示态度。"②代表团成员虽在政治理念上与中共不同,但大都对蒋介石的统治深感不满,愿意接受中共胜利的事实,只是希望中共尽可能采取和平的方式解放各地,对此,中共也表示了和平解决的诚意。代表团即于2月11日回到南京。代表团多数人员回到南京后,既没有透露和中共的谈话内容,也没有晋谒南京当局,仅吴裕后到处活动和演说,并晋谒李宗仁和孙科,受到代表团多数人的公开批评。

当南京人民和平代表团在北平时,李宗仁又于8日偕甘介侯到上海,最后决定上海和平代表团人选为颜惠庆、章士钊、江庸三人,邵力子则以私人资格前往。同时,叶剑英也通知南京方面三条注意事项:(一)双方谈话要守秘密,非经许可不得向报界发表;(二)不准新闻记者随行;(三)以私人资格来平,不得代表政府③。由于中共拒绝甘介侯前往北平,李宗仁就要黄启汉再次陪同代表团赴平,并驻平联络,同时要他带一封给毛泽东的信,并且要黄口头向叶剑英转达六点意见:"(1)希望能实现全面和平,倘有局部人反对,再合力以政治军事力量对付之;(2)和谈以毛主席提出的八项原则为基础,但战犯问题之处理,最好留待新

---

①　《和平谈判纲领》,转引自杨奎松文,《党史研究资料》1995年第1期,第8—9页。有关建议杨文未注出处。

②　《中央对同南京代表团谈判的指示》(1949年2月10日),《中共中央文件选集》第18册,第121页。

③　参《叶剑英传》,第427—428页。

政府成立之后；(3)绝不期望以外援进行内战，只要答应进行和谈，可作公开声明；(4)希望能及早派定代表，开始商讨和平方案；(5)对蒋介石本人，如认为他留在国内于和谈有碍，可提出使之出国；(6)对国际关系，希望中国成为美苏友好关系的桥梁，不希望依附一国反对另一国，美苏两国的友谊，均须争取。"①

　　上海和平代表团原拟 9 日启程，但中共方面要等到和南京人民和平代表团谈话结束，因而推迟了行期。2 月 13 日，上海和平代表团自上海乘中央航空公司专机启程。颜惠庆在机场表示："此行倘能使共方决定和谈确实日期，则已可大功告成。"②代表团先飞青岛，14 日抵达北平。同行者除代表外，还包括 4 位代表的秘书，颜的保健医生，负责联系通航的电影演员、清华事业公司代表金山，央航公司职员二人，刘仲华、黄启汉已决心投靠人民，家眷也乘机同往北平，共达十九人之多。连同机师达二十五人。中共中央指示北平方面，对上海和平代表团"招

---

　　①　据黄启汉回忆，《文史资料选辑》第 67 辑，第 15—16 页。

　　按：据杨奎松文，内容有出入：李宗仁得到黄启汉的汇报后，表示："(一)决心推动全面和谈，如遇少数人反对，则准备在政治上军事上尽力对付；(二)决不依靠外援打内战，一旦和谈开始，他愿就此发表公开声明；(三)以毛先生之八项条件为基础，绝不成问题；(四)希望中共首先承认李为和谈对象，并愿早日指定代表开始谈判；(五)对蒋问题，如中共认为蒋出国可以减少和谈障碍，他愿意就此向蒋提出出国问题；(六)外交方面希望成为苏美友好的桥梁，不希望成为苏美两国的战场。李宗仁同时表示，他对中共反对隔江而治的主张不表示反对，惟希望中共八条中有关战犯一条能够略加变通，因此项目前事实上难以实现，非新政府去作不可。李宗仁甚至表示很想能和毛泽东密谈一次。"(《党史研究资料》1995 年第 1 期，第 8 页，杨文未注明出处)

　　又《李宗仁回忆录》列有五点回答共产党，叫刘仲华带到上海交人民代表团，内容也有所不同："一、政府同意通过政治方法解决一切国家问题。二、各方指派一正式代表团，立即恢复和谈。三、和谈时期停止一切军事行动。四、今后国家重建工作按下列原则进行，即组成民主政府，平均分配财富，军队国有化，全体人民自由生活。五、今后与外国的事务，按照民族平等、互相有利的原则进行。"(下册第 934 页)按：当时刘仲华并未南返，回忆有误。——笔者。

　　②　张丰胄：《1949 年国共和谈的有关史料》，《文史资料选辑》第 32 辑，第 72 页。

待要周到，谈话要恳切。谈话以叶剑英负主责。林彪、罗荣桓、董必武、聂荣臻等四人都应和他们见面"①。

15日晚，北平市市长叶剑英设宴款待代表团，林彪等在平中共要人均出席作陪，并邀请了傅作义等北平和平解决有功人士出席。上海和平代表团大体上劝中共步子不要走得太快，调子不要唱得太高，要争取联桂反蒋，不赞成中共激烈反美，认为将来建设需要美国，章士钊更告诫中共，"更不要逼得美国武装日本来对付中共，进而引起外国干涉"。毛泽东依据中共的既定方针，在政治路线问题上毫不让步，认为四位代表的"共同立场是使革命带上温和色彩，南北和议承认中共领导，排斥蒋系容纳桂系及江浙资产阶级"②。毛泽东采取了对待傅作义的相同策略，一方面在政治上予以痛驳，一方面予以争取。毛泽东指示在北平的中共领导人说："我们的政策是要拉拢李、白、张、邵及上海资产阶级（颜惠庆、杜月笙等为代表），打击国民党死硬派，便利我们向南进军。但李宗仁在上任后的和平吹嘘和一月二十以前蒋介石及CC系的和平攻势并无区别，故我们必须揭露和回击。此种和平攻势，今后还是一样，不管什么人，只要他是在作和平攻势，我们必须回击并粉碎之。但最近时期李、白等人的态度好了一点，我们亦可以考虑对他们缓和一点。但必要的批评还是不可少的，李、白还是应当列在战犯名单之内。一则因为桂系是坚决地参加了内战的，不列李、白显得不公道；二则列了李、白并不有碍和谈，不列李、白则李、白反不便于应付蒋党。"③这是争取李、白接受北平式的和平，而坚决拒绝李、白在政治上任何讨价还价的企图。

20日下午3时，中共在北平的负责人林彪等宴请民主人士386

---

① 《毛泽东年谱》下卷，第456页。
② 参杨奎松文，《党史研究资料》1995年第1期，第10页。杨文未注明出处，非正式引文。
③ 《毛泽东年谱》下卷，第459—460页。

人,上海和平代表团也应邀参加。林彪在席上致词说:"北平未经炮火而得解放,对人民是很好的,全国人民殷望和平,共产党对和平一片真诚,但对方依靠美帝,想作挣扎的企图是显明的。希望邵公等南返,向人民转达中共之意,一齐为永久的真和平努力。"邵力子虽和中共有不同的政治思想,但他不赞成国民党继续抵抗,愿意接受中共胜利的事实,他表示:"我此来不能代表任何方面,惟江南人民切盼和平,并且宁选北平式的和平,不选天津式的和平。一周来在平观光,觉得很好。"①

2月22日,上海和平代表团四人,应毛泽东之邀,由北平飞往石家庄,傅作义、邓宝珊同行。毛泽东、周恩来和代表团广泛交换了对和平谈判的意见,关于中共和谈代表人选及和谈地点,允于考虑,3月15日左右可望决定。对南北通邮、通航的问题也作了原则性的安排。2月24日,毛泽东、周恩来和颜惠庆、邵力子、章士钊、江庸的非正式的谈判,达成了八点秘密协定,这个协定只交给李宗仁:"一、谈判以中共与南京政府各派同数代表为之,地点在石家庄或北平。二、谈判方式取绝对秘密及速议速决。三、谈判以中共一月十四日声明及所提八条为基础,一经成立协议立即开始执行。其中有些部分须待联合政府办理者,在联合政府成立后执行之。四、谈判协议发表后,南京政府团结力量与中共共同克服可能发生之困难。五、迅速召集新政协成立民主联合政府。六、南京政府参加新政协及参加联合政府之人选,由中共(包括民主人士)与南京政府商定之。七、南方工商业按照原来环境,依据中共城市政策,充分保障实施。八、有步骤地解决土地问题,一般先进行减租减息,后行分配土地。"②同日,代表团飞回北平。

上海和平代表团在北平接洽,进展良好,李宗仁曾向外界透露:"据接近李代总统人士十九日晚谈:只要毛泽东正式的延请,李代总统可以

---

①　张丰胄回忆,《文史资料选辑》第 32 辑,第 74 页。

②　《毛泽东年谱》下卷,第 461—462 页,

考虑亲自到北平一行。"①2 月 27 日,上海和平代表团从北平飞回南京,刘仲华也随行,以便向李宗仁汇报。代表团发表了早已准备好了的书面谈话:"同人等深觉和谈前途虽困难尚多,而希望甚大,此行任务可告终了,因即南旋,拟向李代总统报告后再行返沪。在北平及石家庄时,对于便利南北人民之通航通邮诸项问题,均经于原则上商得同意。"②

在上海和平代表团赴平期间,李宗仁为巩固自己的地位进行了大量的活动。孙科在和李宗仁竞选副总统时,即已经和李闹翻。他在出任行政院长后,由于局势的复杂多变,一直未能提出施政报告,在蒋介石下野前,即内定迁都广州,并给驻华使馆打了招呼。李宗仁接任代总统之后,正从事和谈活动,不赞成政府南迁,以免影响民众的心理和士气,但后来还是作了让步③。孙科"经面请代总统于 1 月 25 日核可"政府南迁事宜④。1 月 26 日,孙科在行政院会议上就此提出报告,经阁员一致同意,决定各机关于 2 月 5 日在广州正式办公,并正式通知了驻华使馆。1 月 29 日为旧历元旦,孙科及行政院长官们即悄然前往上海过节,离开了首都南京。当时,政府各部门早已开始疏散,纷纷在广州作安顿的部署,连立法委员们也领了疏散费各奔东西。据报道,留在南京的立委仅数十人,在上海的有 130 多人,到台湾的有 120 名,到广州的有 62 名⑤。但政府南迁并无总统的明令,1 月 31 日李宗仁到上海时,又和孙科、吴铁城就政府南迁问题作了口头商量,据报道,"李代总

① 《大公报》(上海),1949 年 2 月 20 日。

② 《中央日报》(南京),1949 年 2 月 28 日。

③ 参《司徒雷登日记》,1949 年 1 月 26 日条,第 30 页。

④ 《行政院施政报告》(1949 年 3 月 8 日),《中央日报》(南京),1949 年 3 月 9 日。

⑤ 《透视立法院集会地点之争》,《中国新闻》(南京)第 3 卷第 11 期,1949 年 2 月 21 日。

统一日晚已下令行政院迁回南京"①。然而孙科仍于 4 日从上海飞抵广州，主持行政院工作。结果，南京人去楼空，冷冷清清，只剩一个光杆代总统，象征着首都仍在南京。

李宗仁出任代总统本以和平谈判和革新政治相号召，企图将国民党和中间派势力集结在自己的周围，形成取代蒋介石的政治力量。孙科内阁南迁，等于拆了他的台脚。政府南迁后，国民党内主战的声音又高涨起来。孙科在广州一再发表讲话，声称："新内阁之主要任务乃在谋取光荣之和平，使国内问题能求得一公平合理之解决方法。惟本人曾特别强调新的内阁决非投降内阁……政府迁穗办公之目的，亦为避免遭受炮火威胁，而作城下之盟。"并声称："共党所提出之'惩治战犯'一节，即系绝对不能接受者。如此仅系争执上之讨价还价，则容可商讨。"②"为求获得永久之和平，双方必须以平等资格进行商谈，条件则应公平合理为全国人所能接受者。共党不能以战胜者姿态迫令吾人投降、完全接受其条件。"③9 日，国防部政工局长邓文仪在上海也发表书面谈话，强调说，(一)政府要和，(二)中共要战，(三)北平局部和平成了骗局，(四)备战言和，能战方能和。"鉴于北平局部和平骗局之可怕，为求得平等的全面的有条件的真正和平，政府唯有积极备战，始能言和，亦惟有能战始能和"④。这对李宗仁的和谈方针也是一个严重的牵制。

2 月 16 日，在广州的行政院会议上，浙江省政府主席陈仪被突然免去本兼各职，由周喦继任。这是一件令国民党军政界震惊的事件。陈仪虽然是政学系的要角，一向亲蒋，但为人爱国，廉洁，私德很好。这时候他对蒋的信心已经动摇，在中国国民党革命委员会和中共地下党的策动下，决心反蒋。陈仪和汤恩伯情同父子，据陈仪说，"这次我来浙

---

① 《大公报》(上海)，1949 年 2 月 2 日。

② 《中央日报》(南京)，1949 年 2 月 7 日。

③ 《中央日报》(南京)，1949 年 2 月 8 日。

④ 《中央日报》(南京)，1949 年 2 月 10 日。

江,出于他的劝告。反蒋是他先提出来的",陈仪对汤之"出任京沪杭警备总司令,这是托何应钦、张群等人疏通的结果"①。所以,陈仪敢于直接策动汤恩伯起义。1月28日,陈仪派自己的外甥丁名楠到上海见汤恩伯,递交了一张开列条件的纸片:"甲:(1)释放政治犯。(2)停止修筑工事。(3)保护一切属公财物,不得破坏。乙:(1)按照新民主主义原则,改编所属部队。(2)取消×××(按指战犯名义),给予相当职位。"丁遵陈仪嘱咐,还向汤口头提出:"开放长江渡口,迎接解放军过江。"汤回答说,"他左右蒋介石的耳目很多,时机尚未成熟,并表示不日去杭州面谈"②。但汤恩伯出卖了陈仪,向蒋介石告密。陈仪被免职后,仍不相信汤会出卖他,以为是平常的任免,当蒋介石打电话要他去奉化时,他不愿意去,找借口先到上海。2月23日,陈仪在上海被国民党特务头子毛森拘捕,后被押往衢州监禁。1950年6月18日在台湾被杀。对于陈仪的撤职拘捕,李宗仁竟在事先一无所知,完全是蒋介石在幕后操纵③。

立法院长童冠贤、监察院长于右任是支持李宗仁的和谈主张的,反对孙科将政府南迁,并主张立法、监察两院在南京复会,而孙科则要求两院同时迁往广州。于右任、童冠贤曾于2月7日前往广州,争取两院在南京复会,但一时没有结果,至12日回到上海。在南京、上海的立法委员和监察委员纷纷指责孙科将行政院擅自搬到广州,造成了府院之间的矛盾,在京、沪的立法委员即决定在南京复会。

政府分裂,对李宗仁的总统地位和施政方针的贯彻是一个重大的打击。孙科把政府机构迁往广州,在当时的国民党政界也不得人心,普

①　胡允恭:《陈仪在浙江准备反蒋纪实》,《陈仪生平及被害内幕》,中国文史出版社1987年版,第167、165页。按:回忆似有误,似为出任京沪警备总司令,而不是后来扩大的京沪杭警备总司令。——笔者。

②　丁名楠:《一九四九年初陈仪策动汤恩伯起义的经过》,《陈仪生平及被害内幕》,第159页。

③　参《李宗仁回忆录》下册,第958页。但所叙多与事实不符。

遍认为这是阻碍和平。为了赢得必要的支持,李宗仁一方面派广西省政府主席黄旭初、黄绍竑先后于8日、9日到广州,弥缝矛盾,邀孙科早日回京,并和粤系将领商谈粤桂合作。一方面通过阎锡山向蒋介石疏通,解决府院矛盾。蒋介石于2月17日爽快地向阎锡山表示:"立法院地点仍设广州,行政院重要部会主官应驻南京,但其机构仍在广州。李宗仁既欲变易孙科院长,与其另觅人选,协调府院,反不如由李宗仁自行决定行政院长,使彼能完全肩负责任。"①

各方面协调成熟,2月20日,李宗仁飞抵广州,开始南巡。据公开消息报道:"李代总统此次赴穗,系邀孙院长来京共商大计,并邀请在穗立委来京,并征询渠等对当前大局之意见。"②李宗仁在广州发表谈话称:"今全国人民既一致主张消弭战祸,则继续战争即为违背民意,因之余不特愿为和平尽其最大之努力,而对和平之必然实现,抱有无限信心。余更相信在全国同胞陷于水深火热中之今日,无论任何党派必须接受大多数人民之和平要求,否则民怨所集终必失败。余极望全国同胞为谋自身幸福计,共同奋起,协助政府促成和平之实现。"③桂系和粤系将领在历史上曾有多次反蒋的合作,李宗仁到广州争取到粤系将领的广泛支持,迫使孙科同意返回南京。22日李宗仁飞往广西桂林,安排后方,24到长沙与程潜洽谈,25日经武汉回到南京。他在武汉表示:"努力谋和,亦为政府今后重要措施。只要全国上下能集中力量争取,相信和平终必实现。"④

2月28日,立法院终于得以在南京召开第三会期第一次院会,同一天,孙科也回到南京。南京有了一丝生机。3月1日,李宗仁召开非正式会议,指定孙科、张群、吴铁城、张治中、邵力子、吴忠信、何应钦、刘

① 《总统蒋公大事长编初稿》1949年2月17日条。
② 《中央日报》(南京),1949年2月21日。
③ 《中央日报》(南京),1949年2月21日。
④ 《大公报》(上海),1949年2月26日。

斐、朱家骅、钟天心等十人负责研讨起草和平方案。当时,孙科的主战倾向不得人心,受到广泛的指责。有立法委员甚至斥责孙科内阁是最近中国历史上"最腐败、最无能及最恶劣者",并且是"和平之障碍"①。孙科失去了立法院的支持,即于 3 月 8 日到立法院作施政报告,同时提出辞职。

对于新内阁人选,李宗仁选择了何应钦。何是黄埔军校的教官,属于蒋介石系统,在军中影响广泛,但何在历史上和桂系有过合作关系,与蒋介石也有很深的矛盾,当时处于无权的闲散地位。李出任代总统后,桂系方面对跑到上海养病的何应钦一再劝驾,极力争取何的合作。白崇禧于 1 月 22 日、29 日两次致电何应钦,在 1 月 29 日白崇禧率华中将领致电上海市政府转何应钦电中说:"自总统蒋引退,副总统李继任,局势艰危,严重未减。当前和平未定,亟应备战谋和,藉策安全。我陆海空勤关于军政军令必须有统一指挥,俾能适应事机。我公功昭党国,同深景从。务乞出承艰巨,领导群伦,国家民族实深仰赖。"②同日,李宗仁也致电何应钦:"吾兄公忠党国,久共患难。顷闻必不忍使弟独跳火坑,务请即日命驾入京,共支危亡。"③李宗仁看中了何的微妙地位,希望借助他巩固自己的地位,争取蒋介石系统的力量。但何应钦并不敢于脱离蒋介石,不能不看蒋的颜色行事。当时的局势十分严重,国民党内的矛盾又十分尖锐,普遍认为组阁犹如跳火坑,因此何一度坚辞。

蒋介石身居幕后,依然举足轻重,李宗仁对于请何组阁一事,也不能不一再向蒋介石请示。当时,张治中正在溪口,蒋介石一度不太同意,经过张的劝说,蒋才表示同意,并亲笔写信给何应钦说:"中以为只要于革命前途有益,使旧属官兵有所依托而不致分散,以保全革命硕果之基础,则兄应毅然应命,更不必论职位之尊卑与个人之得失,此为中

①　《新闻报》(上海),1949 年 3 月 7 日。
②　档案号 01—7—129,上海档案馆藏。
③　档案号 01—7—129,上海档案馆藏。

对革命责任之基本观念,亦望吾兄能以中之意志为意志,承当此艰危之局势也。"①11 日,何应钦正值六十大寿,到杭州避寿。但李宗仁派了白崇禧赴杭州祝寿,并劝驾组阁。张治中、吴忠信、顾祝同等也前往杭州祝贺。何应钦这才同意出任组阁,并表示三求三裁的施政意向:"求和平,求进步,求团结","裁军队,裁经济,裁机构。"②

3 月 12 日,李宗仁向立法院提名何应钦出任行政院院长,得到立法院的通过。何应钦出任行政院长后,对于和平谈判问题,先后向外界表示了自己的态度:"问:新阁所争取的和平是什么? 答:是合情合理的永久和平,合乎人情合乎人民的意思,如此才能长治久安。""这是一个和平内阁。"③

何应钦内阁组成后,李宗仁以为自己的地位已经稳固。但中共对李宗仁任命蒋介石系统的何应钦组织内阁十分不满,为此,李宗仁致电黄启汉向中共解释说:"经月余来之努力,及大势所趋,和平民主之力量已逐渐有战胜封建死硬势力之倾向,如能继续扩大,和平前途绝对可以乐观。此次敬之兄出组新阁,不特渠为一力主和平之人,且因其对黄埔系军人能加以控制,对于今后裁军工作即可望顺利进行。故实为现阶段一极适当之人选,亦足以增强和平民主之证。"④

奇怪的是,李宗仁对刚刚发生的陈仪事件似乎无动于衷,竟然自我感觉良好。即使在后来的回忆录中,他仍认为"陈仪被拘禁撤职的原因,据报纸所载,是因为他有意劝汤恩伯于长江下游让出一缺口,任由共军渡江,其实这是'欲加之罪'。真正的内幕却是蒋经国向他父亲告御状的结果"⑤。说得不明不白。李宗仁应该明白,陈仪事件最足以说

---

① 《总统蒋公大事长编初稿》1949 年 3 月 10 日条。
② 《中央日报》(南京),1949 年 3 月 13 日。
③ 《中央日报》(南京),1949 年 3 月 16、19 日。
④ 《李宗仁致黄启汉电》(1949 年 3 月 16 日),转引自杨奎松文,《党史研究资料》1995 年第 1 期,第 12 页。
⑤ 《李宗仁回忆录》下册,第 959 页。

明李宗仁根本无法控制蒋介石的军警特务系统,那么,他为什么对陈仪事件那么麻木? 这一问题,按回忆录的解释,是别人劝阻的结果,但以政治论,江浙联系密切,李宗仁如果对作为浙江省主席的陈仪都没有争取合作的强烈愿望,那末,他的政治力量从何而来? 由此也可见桂系领袖政治能力的薄弱。

第三节　北平和平谈判

一　和谈酝酿成熟

当时,蒋介石还在幕后指挥一切,李宗仁对国民党军政事务在事实上指挥不动,中共对桂系迁就蒋介石的政治主张进行猛烈的抨击,指责"李宗仁的'和平'宣传至今并未超出和平攻势的范围"[1]。蒋介石还在继续进行军事部署,一方面抵抗解放军的进攻,一方面对付桂系,他甚至准备"命令胡宗南及其二十万部队空运广州,图阻李宗仁的势力"[2]。桂系与主和派方面,希望设法让蒋介石出国,以免蒋介石成为当前和平决策的障碍。据司徒日记,2 月 20 日,"从何应钦方面传来消息,要美国帮忙促请蒋介石出国"。2 月 21 日,"白崇禧到访,谈了一个半钟头,还是关于促蒋氏离开中国的同一问题"[3]。

最后,张治中决心自己去劝蒋介石出国,以便李宗仁放手去做,促进和平。经与李宗仁、张群、吴忠信等商量,张治中于 3 月 3 日与吴忠信一起动身到溪口看望蒋介石。但劝蒋出国的消息事先已被甘介侯披露出去,南京《救国日报》于 4 日发表社论《人民要求政局明朗了》,5 日又发表社论《蒋公不出国,中国无救》。结果,《救国日报》被当局扣上

---

① 《人民日报》,1949 年 3 月 1 日。

② 《司徒雷登日记》1949 年 2 月 13 日条,第 36 页。

③ 《司徒雷登日记》,第 38 页。

"侮辱领袖"的罪名,停刊三天①。当张治中、吴忠信面见蒋介石的时候,蒋即愤愤地说:"他们逼我下野是可以的,要逼我'亡命'就不行!下野后我就是个普通国民,那里都可以自由居住,何况是在我的家乡!"先把他们的嘴封了起来②。

　　张、吴在溪口住了五天,和蒋介石长谈。关于南京方面对于和谈的最低限度条件,张治中向蒋介石汇报如下:"南京方面意见:中共所提八项的第一项,我们是不能接受的。关于军队改编一项,认为应先决定全国军队数额,然后研究双方军队所保持的比例,各自编成。并且在三年内分期逐步把全国军队缩减到适应国防上需要的最低限度数额,并且确实完成军队国家化的目标。我们希望能够确保长江以南若干省份的完整,由国民党领导,如东北、华北各地由中共领导一样。必要时让步到湖北、江西、安徽、江苏四省和汉口、南京、上海三市联合管理。至于联合政府问题,过去有三三制的主张,最近也有建议六六制的,不外使双方在未来政府中保持同等的发言地位。至于双方管辖及共同管理的地区,将来也要分期实现政治民主化,使国家真正趋于统一。至于其他各项,都可加以考虑。"张治中认为"实现多党的民主政治,才是今后中国应走的路向",得到蒋介石的同意。③据中共在香港办的报纸《华商报》披露:"据蒋方消息:'今后和谈,将以马歇尔方案为基础。'此一消息如果确实,完全证实南京反动政府绝无和平的诚意。"④南京方面尽管得到中共和中间派人士的明确警告,仍然抱着1946年政协时期的多党民主的政治原则,去和中共进行谈判,在实际上不愿意认真考虑中共的条件。

　　中共对黄启汉、刘仲华能否确切地反映李宗仁、白崇禧的意图,没有把握,急切地指示地下党要刘仲容早日动身北上,以便了解李、白的

---

①　《中央日报》(南京),1949年3月7日。

②　《张治中回忆录》下册,第786页。

③　《张治中回忆录》下册,第787-789页。

④　《华商报》(香港),1949年3月2日。

真实意图。李、白也要刘向中共做工作,劝阻中共军事渡江。刘仲容作
为双方可以信任的秘密使节,于 3 月 13 日在南京与刘仲华一起,与李
宗仁商谈了和平条件,李特别强调说:"希望中共相信他,他是诚意求
和,但中共应当给他一些时间,让他用政治方法解决,尤其不要在和平
谈判时过江,否则他没法交待,只好一走了之。结果白崇禧必定会打,
蒋介石也必会复出,美、日均会放手干预。刘仲华明确告诉他,中共方
面已再三警告过,不要向中共提出不过江的问题,中共军队不仅要过
江,而且台湾、海南、广州、昆明都要去。"①3 月 16 日刘仲容从南京回
到武汉,与白崇禧商谈后约 20 日间到驻马店前往北平洽谈和平条件。
但由于交通阻隔,直到 3 月 30 日才到达北平。这时候正式谈判也已准
备就绪。

　　3 月 23 日,何应钦宣布内阁改组名单,24 日即召开第一次政务会
议,通过组织"南京政府和平商谈代表团"。由于中共拒绝接纳彭绍贤、
钟天心,而邵力子力辞首席代表,经事先征得中共同意后,确定为:首席
代表张治中,代表:邵力子、黄绍竑、章士钊、李蒸。28 日又增补刘斐为
代表。秘书长卢郁文,顾问屈武、李俊龙、金山、刘仲容。

　　在此期间,中国共产党于 3 月 5 日至 13 日举行了第七届中央委员会
第二次全体会议,面临即将到来的全国胜利,决定了有关的方针政策。3
月 25 日,毛泽东、朱德以及中共中央机关和中国人民解放军总部迁入北
平,毛泽东、朱德乘车检阅了部队。中共方面准备就绪,即于 26 日就和谈
问题发布对南京政府的广播通知:"关于和南京国民党反动政府举行和
平谈判事宜,中共中央本日决定:一、谈判开始时间,四月一日。二、谈判
地点,北平。三、派周恩来、林伯渠、林彪、叶剑英、李维汉为代表,周恩来
为首席代表,与南京方面的代表团举行谈判。按照一月十四日毛泽东主
席对时局的声明及其所提八项条件,以为双方谈判之基础。四、将上列
各项经广播电台即日通知南京国民党反动政府,按照上述时间、地点派

---

　　①　参杨奎松文,《党史研究资料》1995 年第 1 期,第 12 页。杨文未注明出处。

遣其代表团,携带为八项条件所需的必要材料,以利举行谈判。"①4月1日,中共中央决定加派聂荣臻为代表,齐燕铭为秘书长。

在何应钦主持下,南京方面就和谈问题举行了四次集会研究,决定国民党中常委和中政委从广州迁回南京开会,组成和谈的指导委员会,而最重要的是决定"和谈不另订方案,只就中共所提八项做基础,加以研究、酌定原则性限度,由和谈代表负责进行",仅《预拟与中共商谈之腹案》。这一腹案共九条,基本上是1946年和谈的政治原则,仍希望以对等的方式与中共"和平商谈解决国是","重订新宪法",而"关于战争责任问题,不应再提",对于至关重要的军队问题,主张"双方军队应分期分年各就驻在区域自行整编,并应树立健全的军事制度,俾达成军队国家化之目的",在未来的政协和联合政府中,国方和共方"应以同等名额参加",等等。同时要求"正式商谈开始之前,就地停战"。"如共方要求超过以上各项限度,应由代表团随时电报中央请示核夺"。此外国防部另有《对于国共停战协定最低限度之要求》。②

行期决定后,张治中于29日自己决定到溪口去看蒋介石,探问蒋介石的态度。蒋对"腹案"只说,"我没有什么意见","你这次负担的是一件最艰苦的任务,一切要当心"!确实,张治中要完成这个"腹案"的任务,作为一个战场上的失败者,无疑比登天还难。蒋介石在和张治中谈话时,"他表示愿意和平,愿意终老是乡"。张治中听了很高兴,征得蒋的同意,随后在3月31日的报上发表。蒋经国则狠狠对屈武说:"文白先生太天真了! 现在还讲和平,将来是没有好结果的,我看他会死无葬身之地!"③

对于即将开始的和谈,南京政界既兴奋又忧郁,各派系的心情固然

---

① 《人民日报》,1949年3月27日。

② 《张治中回忆录》下册,第792—793页。

③ 《张治中回忆录》,第796—797页;余湛邦:《张治中和中国共产党》,中共中央党校出版社1991年版,第89页。

不一样,但即使在主和派里也一样忐忑不安。有人分析:"和谈成功所必要之心理准备,在共党方面,应放弃其革命到底之思想(即清除一切之反对派,成立一党专治),在国民党方面应接受战败党之地位。"①显然,这两条很难做到。顽固派以各种组织和名义发表文电,反对废除宪法,变更国体,反对追究战争责任,要求无条件停战,力求平等的和平,反对"苟安"和"投降",等等。张治中于31日应邀在立法院演讲,慷慨激昂,表示乐观,"一般人认为比较麻烦的问题,如整军及联合政府等,他相信在双方假如都为人民利益着想的话,也是没有问题的"②,博得全场不断的掌声。但在何应钦为代表们送行的晚宴上,"兵败求和,形势太坏,大家当时的心情都是很沉重的"。张治中本人在对上海《新闻报》负责人俞树立谈话时,也忧郁地表示:"形势太险恶了,我们很少回旋的余地。中共的态度,从八条基础条件可以窥见一斑。我们只能知其不可为而为之了!"③下午,李宗仁在总统府召集军政要员的谈话会,他表示:"过去军队不能战,至今亦然。经济竭绝,金元券不值钱,公教人员以及工人滋扰,不得已而谋和。"白崇禧在会上报告:"安庆打了十天,得到敌人文件,要乘江水未涨前过江。昨又得文件,限今晚拿下安庆。所以本人要求先停战,不要一面谈,一面打,以成其打过长江来解放全中国。"他一再为军械问题与顾祝同发生争执。深夜,南京政要与和谈代表还在李宗仁住宅商谈和谈方针与和战形势。李宗仁表示:"即使决裂,也要在联合政府时再决裂。"④

二　北平和谈初期的意见交换

1949年3月31日,秘书长卢郁文率工作人员等十人先行前往北

---

① 《新闻报》(上海),1949年3月30日。

② 《新闻报》(上海),1949年3月31日。

③ 余湛邦:《张治中和中国共产党》,第90页。

④ 《徐永昌日记》1949年3月31日。

平。4月1日,南京政府和平商谈代表团及顾问、随员一行十九人乘中国航空公司"天王号"飞机启程前往北平,翁文灏(代表李宗仁)、何应钦等到机场送行,立法院特休会半天,也全体到明故宫机场送行,对和平谈判的成功寄予很大的希望。张治中在登机前致词,表示要"不负各位先生的盛意和全国人民热烈的期望"①。同时,代表团发表了书面的谈话。与南京的"热烈"气氛相反,北平接待的气氛十分冷淡。张治中原以为中共代表团首席代表周恩来会来西苑机场迎接,实际上只来了秘书长齐燕铭等寥寥数人,而且,南京代表们多不认识。张治中的情绪顿时低沉下来。到了住地六国饭店,一进门就看到了"欢迎真和平,反对假和平"的大标语。又是当头一棒。张治中悄悄地对屈武说:"看起来中共对我们的诚意是有所怀疑的。"②

张治中和南京政府的代表们对中共的政治路线和策略,显然缺乏研究。民革和民盟等民主党派中一些人的中间路线倾向都已受到中共的一再批评,从而改变了立场,接受中共领导。代表团带着划江而治、对等的联合政府等等企图保存国民党军政势力的方案,来北平谈判,怎么可能受到中共的欢迎? 傅作义交出军队,接受北平和平协议时的政治态度,尚且受到中共的严厉驳斥,何况南京保存军事和政治实力的野心? 南京代表团带着要求中共改变政治路线、讨价还价的谈判方针而来,在中共看来,又有何和平诚意可言? 中共对于新民主主义的政治路线,在原则上已经不会向任何人让步。南京政府代表团简直是熟视无睹。

中共的和谈方针,在刚刚结束的七届二中全会上已经确定,毛泽东说:"我们的方针是不拒绝谈判,要求对方完全承认八条,不许讨价还价。其交换条件是不打桂系和其他国民党主和派;一年左右也不去改编他们的军队;南京政府中的一部分人员允许其加入政治协商会议和

---

① 《中央日报》(南京),1949 年 4 月 2 日。
② 刘仲容回忆,《文史资料选辑》第 73 辑,第 14 页。

联合政府；对上海和南方资产阶级的某些利益允许给以保护。"①而具
体的谈判策略，仍与北平谈判及与上海和平代表团谈判时相似。在政
治原则问题上，首先以严峻的态度，指出国民党的内战罪行，剥夺他们
在政治路线问题上的发言权，然后再以温和的态度，指出出路，给予宽
大的待遇，以求和平解决问题，而在以后的政治路线问题上，不给对手
留下任何模糊不清的幻想。

　　当日晚，公宴之后，周恩来、林彪即邀张治中和邵力子谈话。周一
开始就以严肃的态度质问张治中。据张治中回忆："周首先提出质问：
'为什么离开南京前要到溪口去见蒋？'认为这完全是为了加强蒋的地
位，淆乱视听，且证明蒋仍有力量控制代表团，大表不满，并说：'这种由
蒋导演的假和平，我们是不能接受的！'我当时不免动了一点感情，解释
了必到溪口去的种种理由。以后他又提出过两次，我又加以解释。一
直到商谈末期，这段赴溪口的理由才为中共方面所了解，但是对商谈、
至少对初期商谈的情绪是有些影响的。"②看来，张治中始终不明白，他
的溪口之行，正是给了周恩来一个绝好的口实，以堵住他宣扬其多党民
主的政治路线之口。

　　当天，张治中避开更敏感的政治问题，向周恩来陈述他对未来国家
外交政策的见解，主张"平时苏美并重，战时善意中立"，"如果亲苏而反
美，则美必武装日本和用经济封锁来对付中国"，遭到中共方面的反驳。
以后他还一再有所陈说，但终遭到中共方面的拒绝③。

　　对于和谈问题，由于南京方面没有提出具体方案，周恩来表示："我
们设想，采取今天这样个别对话的方式，充分听取你们的意见，如果可
能，经三四天的商谈后，然后在五日左右提出成熟的东西，让双方讨

---

　　①　《在中国共产党第七届中央委员会第二次全体会议上的报告》，《毛泽东选
集》第4卷，第1374页。
　　②　《张治中回忆录》下册，第798页。
　　③　《张治中回忆录》下册，第798页。

论。"①由于南京代表团的代表们有着不同的政治派系、政治思想和经历,分别交换意见显然有利于中共根据他们的不同情况做工作。从第二天起,双方代表开始个别交换意见。

按照中共方面的要求,谈判是以中共提出的八项条件为基础的,但在中共方面的见解,是以南京方面接受八项条件为前提的;而在南京方面的见解,是依据中共提出的八项条件进行商谈,也就是围绕着八项条件进行讨价还价。南京代表们对于惩办战犯表示在事实上做不到,在军事上,希望中共军队不过江或缓过江。中共对于战犯问题毫不放松,对于渡江只表示谈判期间不渡江,对于整军,必须改编为人民军队。中共对于南京代表团的立场采取了极为严峻的态度,形势紧张。周恩来把黄启汉叫来,要他就两个问题回南京去向李宗仁问个明白。周恩来气愤地说:"现在就是他们并没有接受八项原则为基础。根据这两天来和他们六个代表个别交换意见的情况看,除邵力子外,其余几个人都异口同声地说'惩治战犯'这一条不能接受。这是什么话呢? 李宗仁不是公开宣布承认毛主席提出的八项条件为谈判基础的吗? 怎么,代表团来了,又变卦了呢?""还有,南京代表团到北平来之前,张治中还到溪口去向蒋介石请示,这就产生另一个问题,你们代表团究竟是代表南京还是代表溪口呢? 这两个问题不解决,和谈怎么进行呢?"②

此外,南京学生于 4 月 1 日进行游行示威,要求南京政府切实按照毛泽东提出的八项条件搞真和平,不要搞假和平,遭到国民党军警特务的拦截毒打,造成伤亡。对此,中共向南京代表团提出了严厉的责问。这一切,使正式会议未能如原设想的那样在 5 日举行。

在非正式会谈期间,毛泽东亲自撰写评论文章:《南京政府向何处去?》,于 4 月 5 日发表,严厉抨击李宗仁、何应钦政府鼓吹"平等的光荣的和平",要求他们处理 4 月 1 日的南京惨案,逮捕蒋介石、汤恩伯、张

---

① 《张治中和中国共产党》,第 95 页。
② 黄启汉回忆,《文史资料选辑》第 67 辑,第 26 页。

耀明等人，或者协助渡江南进的解放军逮捕，"战犯不除，国无宁日"，并且指出："人民解放军就要向江南进军了。这不是拿空话吓你们，无论你们签订接受八项条件的协定也好，不签这个协定也好，人民解放军总是要前进的。"评论文章更强调指出："你们或者听蒋介石和司徒雷登的话，并和他们永远站在一起，或者听我们的话，和我们站在一起，对于这二者的选择，有你们自己的自由。但是选择的时间没有很多了，人民解放军就要进军了，一点游移的余地也没有了。"[1]新华社甚至发表直截了当的社论：《要求南京政府向人民投降》[2]。

中共对南京代表团严厉地阐明了政治立场之后，就来向南京方面说明宽大的底牌和桂系首脑的个人地位安排，以争取桂系同意达成和平协议。这个底牌通过两个途径去疏通，一是正式的途径，由毛泽东亲自和代表团谈，然后正式谈判，形成书面协议。一是通过李、白公开和秘密的私人代表黄启汉、刘仲容直接去向李、白解释。

4月3日，周恩来对黄启汉交待转告李、白的几点具体意见："(1)在和谈期间，人民解放军暂不渡江；但和谈后，谈成，解放军要渡江，谈不成，也要渡江；(2)白崇禧在武汉指挥的国民党军队，应先撤退到花园(在汉口北)以南一线；(3)希望白在安徽让出安庆；(4)希望李宗仁在任何情况之下，都不要离开南京，能够争取更多的国民党军政人员同留在南京更好。考虑到李的安全，他可以调桂系部队一个师进驻南京保护，万一受到蒋军攻击，只要守住一天，解放军就可以来支援了。"李济深、邵力子也来向黄托话。李济深要黄告诉李宗仁"务必当机立断，同帝国主义和蒋介石决裂，向人民靠拢"，并告诉他毛泽东和民主党派负责人支持李宗仁将来担任联合政府副主席，支持白崇禧继续带兵。邵力子则认为蒋介石死硬派没有希望，只希望桂系在武汉、南京、广西接受局

---

①　《毛泽东选集》第4卷，第1384页。

②　《人民日报》，1949年4月6日。

部和平。黄启汉3日到南京,5日到武汉,分别向李、白作了汇报①。

与此同时,4月2日,毛泽东亲自向李、白的密使刘仲容作了交待,要刘转告李、白,大意是:"(一)关于李宗仁的政治地位,可以暂时不动,还是当他的代总统,照样在南京发号施令;(二)关于桂系部队,只要不出击,中共也不动它,等到将来再具体商谈;至于蒋介石的嫡系部队,也是这样,如果他们不出击,不阻碍中共渡江,由李先生作主,可以暂时保留他们的番号,听候协商处理;(三)关于国家统一问题,国共双方正式商谈时,如果李宗仁出席,毛主席也亲自出席;如果李宗仁不愿来,由何应钦或白崇禧当代表也可以,中共方面则派周恩来、叶剑英、董必武参加,来个对等。谈判地点在北平,不能在南京。双方协商取得一致意见以后,成立中央人民政府,到那时,南京政府的牌子就不要挂了;(四)现在双方已经开始和平谈判,美国和蒋介石反动派是不甘心的,他们一定会插手破坏,希望李先生和白先生要拿定主意,不要上了美帝国主义和蒋介石的大当。毛主席还谈到:白崇禧是很喜欢带军队的,他的广西部队只有十来万人,数字不大,将来和谈成功,一旦成立中央人民政府,建立国防军时,我们可以请他继续带兵,请他指挥三十万军队,人尽其才,这对国家也有好处嘛。白先生要我们的军队不过江,这办不到。我们过江以后,如果他感到孤立,可以退到长沙再看情况,又不行,他还可以退到广西嘛。我们来一个君子协定,只要他不出击,我们三年不进广西,好不好?"②

4月5日,刘仲容和民主党派方面的朱蕴山、李民欣、刘子毅共四人一行秘密飞抵南京,一起去向南京政府方面做工作。

经过这一番布置以后,毛泽东在周恩来陪同下,于4月8日上午亲自与张治中谈话。他采取了与傅作义谈判时相同的先紧后松的策略,在中共代表团对南京代表团进行了多天的严厉抨击之后,由自己亲自

---

① 黄启汉回忆,《文史资料选辑》第67辑,第27—28页。
② 刘仲容回忆,《文史资料选辑》第73辑,第51—52页。

出面,改以温和、闲畅的态度,谈宽大的条件。毛泽东说:"为了减少南京代表团的困难,可以不在和平条款中提出战犯的名字,对南京代表团的处境和困难,也表示谅解。并说,和谈方案先由中共方面草拟,拿出方案后正式谈判就容易了。将来签字,如李宗仁、何应钦、于右任、居正、童冠贤等都来参加则更好。"①张治中在正式会议时转述和毛泽东的谈话说:"关于战争责任问题,本来在多少次交换意见中,我已一再希望不要作成一个条文,我和毛先生见面时,毛先生已表示很大让步态度。""毛先生表示说:'今后联合政府不知哪天成立,也许要两个月或三四个月后都说不定。在这时期中,你们南京政府应照常行使职权。'还特别加重语调说:'不要散掉了,要他们注意,不要大家都跑了,南京就散了。'意思非常明显,在联合政府没有成立以前,南京国民政府应该继续行使职权。"②南京方面接到的毛泽东谈话要点,主要是:"(一)战犯在条约中,不举其名,但仍要有追究责任字样。(二)签约时须李宗仁、何应钦、于右任、居正、童冠贤、吴忠信等皆到北平参加;(三)改编军队,可缓谈。(四)共军必须过江,其时期在签字后实行,或经过若干时日后再过江。(五)联合政府之成立,必须有相当时间,甚至须经四五个月之久;在此期间,南京政府仍可维持现状,行使职权,免致社会秩序紊乱。"③毛泽东和其他代表也分别陆续进行了交谈,南京代表们大体对

①　《毛泽东年谱》下卷,第 476 页。

②　《张治中回忆录》下册,第 817—821 页。

③　《总统蒋公大事长编初稿》1949 年 4 月 8 日条。按:据杨奎松概括毛泽东、周恩来谈话要点如下:"战犯问题,可以不在和平协定条款中提名,可以不提蒋介石三个字,对南京代表团的处境、困难表示理解,并同意将此问题拖到最后办。(二)改编军队问题,所有国民党军队的数额、番号、官长均可照旧不动,驻地问题可以研究。(三)渡江问题,是否签字后马上渡江,也可以商量。(四)南京政府在和谈至新政协开会,即到联合政府成立前这一段时间内,都要继续负责,不要散了。(五)和谈方案正在草拟,拿出方案正式谈判时,两小时内便可解决问题。将来签字时,如李宗仁、何应钦、于右任、居正、张群等都来参加最好。"(《党史研究资料》1995 年第 2 期,第 5 页)有待资料公布后复核。

毛泽东的谈话感到满意。

张治中看来对中共的路线和政策相当生疏,与毛泽东谈话后竟产生了错觉。据说,他表示:"按毛主席精神,和谈是可以成功的,因为今天双方谈判距离不大,甚至于没有距离。争执的焦点为战犯问题,但我们对战犯问题原则上是承认的,所争者仅是时间问题、技术问题,主张不必在此次和平条款中提出战犯名单,以减少我们的困难。"①他显然对战犯问题所包含的战争责任和迫降的意义认识不足,对旧政协及联合政府和新政协及联合政府的政治性质,缺乏仔细的逻辑分析。南京代表们向李宗仁、何应钦作了报告,并准备达成协议,为防蒋介石破坏,议定派黄绍竑回南京阻止南京当局再去溪口向蒋介石请示。

李宗仁在接到黄启汉、刘仲容的报告后,于4月7日致电毛泽东,进一步表示谋和诚意:"凡所有之历史错误,足以妨碍和平如所谓战犯也者,纵有汤镬之刑,宗仁一身欣然受之而不辞。至立国大计,决遵孙总理之不朽遗嘱,与贵党携手,并与各民主人士共负努力建设新中国之使命。"②8日,毛泽东复电表示:"总以是否有利于中国人民解放事业之推进,是否有利于用和平方法解决国内问题为标准,在此标准下,我们准备采取宽大的政策。"③两电词意温和,似乎为和谈的成功创造了良好的气氛。而实际上,双方的政治观点依然尖锐地对立,一落实到具体问题时也就依然无法折中。

中共自刘仲容到达北平之后,认为李宗仁、白崇禧对中共和他们联合反对蒋党的计划已有初步认识,决定采取实际军事部署。中共中央军委一方面于4月3日批准了总前委的《京沪杭战役实施纲要》,在报纸上强烈宣传解放军的渡江准备活动,一方面和刘仲容商定了解放军不逼近武汉的军事界线,准备和平接收。对于安庆,要求桂系军队撤

---

① 　参杨奎松文,《党史研究资料》1995年第2期第5页,引文未注明出处。
② 　《中央日报》(南京),1949年4月9日。
③ 　《人民日报》,1949年4月10日。

退,4月10日,又根据白崇禧方面的请求,同意停止攻击,以待和谈解决。而南京方面对和谈的态度实际上十分严峻。

白崇禧在武汉听取了黄启汉的报告,仍坚持以长江为界,划区而治。不久即到南京,听取刘仲容的报告,并和李宗仁商量。白崇禧听了刘报告的毛泽东所谈条件后,坚持说:"对我个人出处,现在不是我考虑的时候,目前要紧的是,共产党如果有和平的诚意,就立即停止军事行动,不要过江。能让步的我们尽量让步,不能让步的绝对不能让步。过江问题为一切问题的前提,中共如在目前'战斗过江',和谈的决裂,那就不可避免。"①显然,白崇禧意在保存桂系的军政实力,不会接受中共的宽大的投降条件。

与此同时,蒋介石仍在对北平和谈施加压力。4月6日,蒋经国奉蒋介石之命,向在广州的国民党中央党部转达补充指示:"(一)和谈必须先订停战协定,(二)共匪何日渡江,则和谈何日停止;其破坏责任应由共方负之。"②何应钦6日到广州,7日国民党中常委即通过蒋介石的和谈方针,并决定五项和谈原则,由何应钦于9日转告张治中。8日,又决议设立和谈问题特种委员会(又称指导委员会、决策委员会),依据中央常务委员会决定之原则,协助政府负责处理和谈有关问题,以李宗仁、何应钦、于右任、居正、孙科、张群、吴铁城、吴忠信、朱家骅、徐永昌、童冠贤十一人为委员,由李、何召集。当时,李宗仁觉得北平和谈十分困难,于10间,致书蒋介石,由阎锡山于11日带往溪口说,共产党"节节进逼,陈兵江北,所提条件苛刻,似非使我方作城下之盟不止,万一和谈破裂,实难肩此重任,请公预筹应付之策"。蒋复电李宗仁,要他"在个人惟有不失道义,对党国不失志节"③。张治中在北平深感蒋

①　刘仲容回忆,《文史资料选辑》第73辑,第54页。

②　《总统蒋公大事长编初稿》1949年4月6日条。

③　《总统蒋公大事长编初稿》1949年4月12日条。按:李宗仁作书日期据《风雨中的宁静》,但该书文字有异同,且称李函为电文,内容尚有"决心引退,以谢国人"。(第177页)——笔者。

介石在阻碍和谈,于13日曾致电蒋说,"到北平后,共党言论态度,意在逼降",劝蒋"毅然放下一切"①,并作长信劝蒋出国②。当然不能为蒋所接受。

12日,和谈问题特种委员会在南京作出了五项决议,对代表团报告的毛泽东谈话作出回应:"(一)战争责任问题,可依据代表团所谈原则处理;(二)所邀南京参加签字各位,届时再作决定;(三)签约后驻军,第一期最好各驻原地;(四)新政协及联合政府事,等中共提出方案后再行研究;(五)渡江问题应严加拒绝。"③由何应钦电达代表团。分歧似乎仅在渡江问题上,但实际上如上所说,张治中和南京代表团对毛泽东谈话中对人事和步骤的宽大条件,误解为政治前提的让步。这个决议与和谈情形,李宗仁托居正到溪口向蒋介石汇报。蒋介石在知道中共突然放松和谈条件后,深恐和谈成功,嘱蒋经国电约何应钦、阎锡山、李宗仁、白崇禧等到杭州会商对策,"进一步加强内部团结,一致反共"④。

三　北平和谈的破裂

当南京代表团就解放军渡江问题希望找到一个和缓的方案的时候,和谈的形势很快就明朗化了。13日一早,毛泽东就写信给周恩来,指明"今日下午双方代表团应举行一次正式会议","十七日必须举行签字式","十八日以后,不论谈判成败,人民解放军必须渡江"。⑤ 于是,周恩来即于同日早上向南京代表团递交了《国内和平协定草案》一份,

①　《风雨中的宁静》,第177页。
②　《张治中回忆录》下册,第800—804页。
③　《敬之致文白兄电》,转引自杨奎松文,《党史研究资料》1995年第2期,第6页。
④　《总统蒋公大事长编初稿》1949年4月12日条。
⑤　《关于进入正式谈判阶段应注意的几个问题》(1949年4月13日毛泽东致周恩来),《中共中央文件选集》第18册,第222页。

并通知 13 日晚 9 时开始正式会议。张治中看完后，尚存的一丝幻想都破灭了。这个协定正如 4 月 11 日中共中央军委给总前委电中所述："现南京主和派（李宗仁、何应钦、张治中、邵力子、于右任、居正、童冠贤及行政、立法、监察三院大多数）正在团结自己，准备和我们签订和平协定，共同反对蒋介石为首的主战派。此种协定，实际上是投降性质，准备于十五或十六日签字。"①张治中当然不是抱着投降的意愿到北平来谈判的。对此，张治中回忆说："我的第一个感觉是全篇充满了降书和罪状的语气，第二个感觉是：'完了！和是不可能的！'实在说，这个草案在国民党顽固分子看来，不啻是'招降书'、'判决状'，和他们那种'划江而治'、'平等的和平'的主观幻想固然相差十万八千里，即就我想像中的条款来说，也实在觉得'苛刻'些。固然，和谈是以毛先生元月十四日所提的八项做基础，而且我事前也明知这次和谈成功的可能性太小，但是由于自己主观上对和平的痴心梦想所驱使，仍然期望'奇迹'一旦会出现。现在是完了，在我当时尚且认为'苛刻'些的条款，在国民党反动派又岂有接受的可能？"②

南京政府代表团对草案很被动地、匆忙地进行了研究。尽管如此，当时南京代表团同人大体愿意接受中共胜利的事实，不希望国民党继续作无谓的抵抗。张治中回忆说："当时代表团同人有这样的一些共同认识：对国民党方面，认为失败是肯定的，我们既然注定失败，何必还一定拖累国家和人民。对中共方面，认为是必然胜利的，但如果在达成成功的途径上，能够减少国家元气的凋丧、人民生命财产的损失，不是更好吗？"③因此，一方面他们愿意接受中共的条件，另一方面仍希望中共作出让步，以便尽可能说服南京方面接受。

---

① 《军委关于推迟至四月二十二日渡江的指示》（1949 年 4 月 11 日），《中共中央文件选集》第 18 册，第 219 页。

② 《张治中回忆录》下册，第 804—805 页。

③ 《张治中回忆录》，第 824 页。

13日晚,中共和南京代表团举行第一次正式会议。周恩来就《国内和平协定草案》作了概括的说明,主要是关于必须叙述南京国民政府担负战争全部责任的理由,以及南京国民政府战败求和的事实;关于惩办战争罪犯,对宽大和严惩作原则规定的理由;关于成立以中共代表为主、国民政府代表为辅的整编委员会,在中国人民革命军事委员会指挥下,以和平方式改编一切反动军队的理由;关于人民解放军开进、和平接收和讨伐叛乱,也就是接收国民政府权力的程序的理由,等等。张治中继起发言,表示"对于自己的错误,我们今日诚意承认;对于我们的失败,也有勇气来承认",但要求避免过于刺激的字句;对于整编委员会在人民革命军事委员会领导下成立,表示"值得考虑";对于条款中"对改编计划抗不执行者,中国人民革命军事委员会有权命令南京国民政府协助人民解放军强制执行",认为这样的体制很不好;对于接收问题,坚持主张"在联合政府没有成立以前,南京国民政府应该继续行使职权";反对让人民革命军事委员会成为南京的太上政府,等等。总的意思是,南京国民政府的军队和政权,向联合政府移交,而不是直接向中共移交。他对南京方面人士参加政协和联合政府要由中共方面保举推荐也表示异议。南京政府代表团原打算与中共谈判联合政府问题,事实上这是一个不容谈判的问题,他们对未来的政协和联合政府没有发言权。张治中在发言中,一方面"希望中共能从此领导国家,达到独立、自由和民主的目标,并建设国家,臻于富强康乐之境",另一方面仍希望"今后的国民党或者再经过一番改造后,作中共一个友党"[1]。

14日晚,张治中向周恩来送交了南京代表团的修正案,中共吸收了修正案的若干意见之后作成《国内和平协定》,于15日晚7时送交南京代表团,并定当晚9时即举行第二次会议。周恩来向张治中表示,这是最后的一个文件,张问周:"所谓最后的文件,是不是解释为最后通牒?是不是只许我们说一个对或者不对?"周对这点表示是最后的态

---

① 《张治中回忆录》下册,第805—823页。

度。张说:"也好,干脆!"在当晚的会上,周恩来对协定作了说明。先是说明了所作的让步,主要是对中国人民革命军事委员会的权力问题作了妥协,"在联合政府成立前,双方成立的机构,还是用一种合作的办法,南京国民政府暂时行使职权,一直到自己宣告结束之时"。整编委员会上面也不再冠以人民革命军事委员会统率和指挥字样。但对"关于军队改编程序和人民解放军开往江南接收一部分地方政权之事",则拒绝继续让步,认为"若让步就失掉了毛泽东主席所提八项条款的基本精神"。周恩来强调指出:"这个《国内和平协定》,当然是中共代表团最后的定案,现在提交南京国民政府代表团,我们期待南京代表团同意这个协定,接受这个协定,签字在这个协定上。"

此外,周恩来在协定文本之外,就解放军渡江接收问题表明了态度。第一,谈判期间暂不渡江,只能约束到本月20日为止,到那时还不能获得协议签字,那我们就只有渡江,不能再拖延到20日之后。第二,协定签字之后,解放军必须和平渡江,首先接收长江下游的扬中、江阴两县,和上游的繁县、南陵、铜陵、青阳、石埭、贵池、东流、至德八县,以保证和平协定的实施。第三,其他地区等到整编委员会成立以后,这个会在协定签字后几天内成立。第四,为了讨平叛乱,解放军不能约束在上述十个县之内。第五,南京政府对于协定的回答,中共愿意等到20日,希望李宗仁、何应钦、于右任、居正、童冠贤五位到北平来参加签字①。

因为《国内和平协定》是最后通牒性质的,所以张治中只是简单地发表了他的意见和感想,不再作实质性的答辩,并声明明天即派人到南京请示再行答复。最后,张治中发挥个人感想说:"国共两党等于兄弟一样,大哥管家管不好,让给弟弟管,没有关系,'便宜不出外'。做大哥的人,不但对于弟弟的能干,有这个能耐来担当重责大任,表示敬重,表示高兴,而且要格外的帮助他,使他做得好,做得比哥哥好。表示我当

---

①　《张治中回忆录》下册,第825—835页。

不好,你来当;希望你当得好,一定当得好。"对此,张治中的发言遭到周恩来的严词反驳,认为国共"不是兄弟之争,而是革命与反革命之争"①。

当晚,南京代表团经研究,决定以国家元气、人民生命财产为重,接受《国内和平协定》,并决定于16日派代表黄绍竑、顾问屈武带文件回南京去,劝告李宗仁、何应钦接受。当日,李宗仁、何应钦、白崇禧等召开了一个小型会议,听取黄的报告和审阅《国内和平协定》文件。黄绍竑回忆说:"他们听了我的报告和看了文件,大家都默然久之。何应钦说,这个重大文件要拿回行政院开会研究讨论才好答复,好在距离答复期限还有几天。我看当场情形不妙,不但何应钦、白崇禧的神色不好,就是李宗仁也默默无言。"②据黄启汉回忆则是在召集的桂系将领会议上:"白崇禧一面听黄的讲话,一面翻阅黄带来的《国内和平协定》。他看完之后,怒气冲冲地对黄绍竑说:'亏难你,像这样的条件也带得回来!'他站起来向外走了。李宗仁则默不作声。"③又据程思远回忆,白崇禧作最后总结说:"和谈代表团北上时,政府是有'腹案'的,代表团没有坚持我们的基本立场,实有负付托之重。至于所谓两广在近期内不致于有大变动,那也不过时间迟早问题。这种和局,好像吃鸡一样,好的部分先吃,其后鸡头鸡脚也要吃光。"④屈武回忆:"大家看了文件,面面相觑,无人发言,情绪极为低沉。后来还是白崇禧打破了沉寂,说:'这样苛刻的条件能接受吗?'何应钦接着说:'问题重大,行政院要进行研究。'李宗仁和黄旭初一言不发,大家垂头丧气地散了。"⑤

---

① 《张治中回忆录》下册,第835—843页。
② 黄绍竑回忆,《文史资料选辑》第60辑,第66页。
③ 黄启汉回忆,《文史资料选辑》第67辑,第36页。
④ 《李宗仁先生晚年》,第76页。
⑤ 屈武:《在历史转折的年代里》,《文史资料选辑》第73辑,第16页。

南京政府方面的立场,蒋系自不必论,而桂系方面,无论据黄启汉的回忆,还是刘仲容的回忆、刘斐的回忆,以及张治中保存的谈判腹案,确实本没有投降的思想基础,和谈是有政治和军事条件的。桂系确有联共制蒋的打算,并愿意在军事上作出让步,但这并不是准备投降。中共方面一再陈述的要求桂系里应外合,多少是出于单方面的设想,也许是中间人传话中的误导。据张治中说,李宗仁确有和平的诚意,而据刘斐回忆,即使条件不好他也愿意签字,但对他来说,并不是没有政治前提的。根据《国内和平协定》第八条第二十三款:"在南京国民政府代表团签字于国内和平协定并由南京国民政府付诸实施后,中国共产党愿意负责向新的政治协商会议的筹备委员会提议:南京国民政府得派遣爱国分子若干人为代表,出席新的政治协商会议;在取得新的政治协商会议筹备委员会批准后,南京国民政府的代表团即可出席新的政治协商会议。"①那样的话,桂系不仅作为一个军事集团将不存在,而且作为一种政治力量也不复存在。中共私下疏通的条件,仅仅是对桂系领袖的个人安排。这对这个仍然拥有重兵、在中国社会政治舞台上几复几起的军政集团来说,要他们接受这样的条件,确实是不可想象的。同意接受协定的南京代表团成员,大体上并不拥有自己相对独立的军事、政治力量,他们作为个人,自然可以采取比较灵活的政治态度。

4月17日,何应钦派专机把《国内和平协定》送到溪口,向蒋介石请示。据说,蒋阅后拍案大骂"文白无能,丧权辱国"②并自记说:"余主张一方面速提对案交回共匪;一方面拒绝其条件;同时,全文宣布,以明是非与战争责任之所在。"③显然是在蒋介石的授意下,国民党中执会

① 《国内和平协定(最后修正案)》,《毛泽东选集》第4卷,第1388页注①;《人民日报》,1949年4月22日。

② 《张治中和中国共产党》,第107页。

③ 《总统蒋公大事长编初稿》1949年4月17日条。

于18日发表声明,重申和平谈判应以五项原则为基础。同时,李宗仁一方面致电蒋介石,要求蒋复职,如要他主持作战,"必赋予全权"①。一方面要求中共方面展缓签订协定日期②。南京代表团为此致电李宗仁:"恳公无论如何,莫离南京一步。万一别有危机,艰于株守,亦求公飞莅燕京与某等共图转圜突变之方。"③但事实上,李宗仁的立场已无回旋余地。他后来在回电中说,立法院秘密会议时,"彻底主张和平之立委,亦噤不敢有所主张"④。

南京政府经过多方面的紧张磋商,意向大体决定之后,李宗仁于19日上午主持了11人委员会第一次正式会议,阎锡山也参加了会议。首先由黄绍竑报告北平和谈经过,继由屈武加以补充,下午继续进行⑤。南京政府拒绝协定的意向从多种渠道向社会上传出。20日,何应钦又到立法院秘密报告北平和谈经过。李宗仁、何应钦拖到20日深夜,才向南京和谈代表团发出正式答复。复电对协定表示反对:"综观中共所提之协定全文,其基本精神所在,不啻为征服者对被征服者之处置。以解除兄弟阋墙之争端者,竟甚于敌国受降之形式;且复限期答复,形同最后通牒,则又视和谈之开端,为战争之前夕;政府方面纵令甘心屈辱予以签署,窃恐畏于此种狭隘与威压作用,刺激士气民心,同深悲愤;不特各项条款,非政府之能力所能保证执行,而由此引起之恶劣影响与后果,亦决非政府能力所能挽救。"因此,要求中共"重新予以考虑",并表示"极盼能即日成立临时停战协定,借以表示双方谋取真正和平的决心与

---

① 《总统蒋公大事长编初稿》1949年4月18日条。

② 《风雨中的宁静》,第180页。

③ 转引自《5月18日邵力子、章士钊给李宗仁信》,见张丰胄回忆,《文史资料选辑》第32辑,第88页。

④ 《李宗仁致行严兄、邵代表电》(1949年4月21日),转引自杨奎松文,《党史研究资料》1995年第2期,第10页。

⑤ 《中央日报》(南京),1949年4月20日。

诚意,俾和谈得以顺利进行"①。代表团于凌晨将南京政府的复电抄送中共,请他们再加考虑。但不久,街上就传出了号外,毛泽东、朱德发布了《向全国进军的命令》。由于南京李宗仁政府拒绝在《国内和平协定》上签字,北平和平谈判宣告正式破裂。

———————

① 《张治中回忆录》,第843—847页;《大公报》(上海),1949年4月22日。

第八章　中华民国的覆灭

第一节　国民党军长江防线的崩溃

一　国民党军的江防计划和形势

国民党军在淮海—徐蚌会战之前,统帅部许多人就对战争失去了信心。国防部长何应钦就提出了"守江必守淮"的作战指导思想,并曾主张迁都广州,成立军政府,他的设想并没有付诸实施。国民党军主力集中在徐州一线,与解放军决战,但一交手,即遭败绩,1948 年 11 月 22 日黄百韬兵团即被歼灭,26 日黄维兵团又被解放军包围,会战败局已定。

12 月 1 日,蒋介石在败军失将、将才凋丧之际,重新起用孟良崮战役失败后被撤职的汤恩伯,任命他兼任京沪警备总司令。在此之前,汤仅担任着衢州绥靖公署主任,职务并不重要。这时,解放军主力即将饮马长江,南京不久就将面临解放军的火力威胁,京沪警备总司令一职的重要性,已非平时可比。

杜聿明集团覆没后,国民党军主力丧尽,已无重兵来沿江布防和保卫首都南京,蒋介石也不能不准备"引退"下野。他为了在幕后继续操纵政局,在军政方面作了一系列部署。1949 年 1 月 18 日,他把京沪警备总司令部扩大为京沪杭警备总司令部,发表汤恩伯专任总司令,同时撤销衢州绥靖公署,由汤恩伯来指挥国民党军残部,负责长江防线及苏浙皖赣军事。与此同时,改设福州绥靖公署,任朱绍良为主任,张群为重庆绥靖公署主任,余汉谋接替宋子文为广州绥靖公署主任,台湾警备司令部扩大为警备总司令部,陈诚兼任总司令。

汤恩伯于 1949 年 1 月 3 日召开江防会议,国防部第三厅也起草了江防计划,但统帅部已因军事危机陷于混乱,一时无意作出江防决策。1 月 25 日,引退后的蒋介石在溪口召见何应钦、顾祝同、汤恩伯等,指示关于长江布防问题,决定把长江防线划分为两大战区:湖口以西归华中军政长官白崇禧指挥,其兵力有 40 个师,约 25 万人;湖口以东归京沪杭警备总司令汤恩伯指挥,其兵力有 75 个师,约 45 万人。京沪杭战区作战方针大致是:以长江防线为外围,以沪杭三角地带为重点,以淞沪为核心,采取持久防御方针,最后坚守淞沪,与台湾相呼应。以优势海空军从台湾支援淞沪,然后待机反攻。防线划分的方案,蒋介石派专人送交白崇禧执行,但汤恩伯的作战方针,对李宗仁、白崇禧是保密的[1]。

在一次有李宗仁、何应钦、顾祝同等出席的国防部讨论江防计划的会议上,继郭汝瑰出任第三厅厅长的蔡文治,判断解放军主力将在芜湖以西渡江,他提出的江防计划,主张把防守重点置于芜湖方面,以确保南京的安全。但是,蒋介石的意思是把江防重点放在扬中方面,以江防作为前哨,退而坚守上海[2]。蒋经国对李以劭说:"上海只要守得住半年,国际就会发生重大变化。"[3]也就是以残剩的兵力,集中守卫上海,依托海口,在台湾基地的支援下,争取持久战斗,以待国际形势的变化,也就是所谓第三次世界大战的爆发。那时候,美苏之间的冷战已经开始,国民党一直指望美国在与苏联对抗时,重视中国的战略地位,只要美苏之间的对抗加剧,美国就会增加对蒋介石的援助。

因此,汤恩伯策定的长江下游作战指导腹案如下:

---

[1]　侯镜如等:《蒋介石王朝在京沪杭最后的挣扎》,《文史资料选辑》第 32 辑,第 13 页。

[2]　《郭汝瑰回忆录》,第 352 页。

[3]　侯镜如等:《蒋介石王朝在京沪杭最后的挣扎》,《文史资料选辑》第 32 辑,第 12 页。

1. 于江防线上尽量阻止敌军,尔后向东南转移。

2. 上海为尔后决战及掩护军队物资转移之要区,应就地利用一切力量,构成坚强据点。

3. 江防部署重点,在京沪线中部,机动部队应能增援江阴及控制太湖西南与杭州而位置之。

4. 皖南部队于江岸阻止敌之渡江,不得已时应竭力利用山地,迟滞敌之向东及南进,并依徽州附近部队之策应,向浙赣线转移①。

蔡文治坚决反对这一方案,认为无论从战略战术上都是下策,和汤恩伯发生激烈争论,遭到汤恩伯的无理责骂②。

汤恩伯强调:芜湖以西及江阴、镇江,均系敌主力渡江区域,国民党军主力无论集中任何方面,皆难长久阻敌渡江及有利决战。一旦江防被突破,皖南交通不便,大军转移困难;苏南则较容易,尚有另策后图之自由。因此,国民党军主力应配备于南京以东以南③。

后来由于国防部的坚持,汤恩伯仍从东面抽调二十军驻芜湖,九十六军驻青阳,加强皖南方面的兵力部署。蒋介石也认为,解放军在合肥、巢县及芜湖对岸集结,如果渡江,必将先行占领皖南,进击浙赣路上的衢县(衢州),成为政府军最大的弱点。3月18日,汤恩伯到溪口晋谒蒋介石,蒋对汤"决心固守上海,甚以为然。但认皖南防御薄弱,惟有于战术上与方略上图谋补救之耳"④。

当时,国民党军主力已在三大战役中丧失殆尽,要想沿江直接配备,构成严密的火力网,已经做不到,更没有充分兵力部署间接配备,而没有纵深间接配备的兵力,千里长江是根本守不住的,一处遭到突破,

① 参张秉均编著:《中国现代历次重要战役之研究——戡乱战役述评(三)》,第81—82页,台北"国防部"史政编译局1988年12月31日版。

② 参前引侯镜如文,及《郭汝瑰回忆录》、《李宗仁回忆录》。

③ 参张秉均编著:《中国现代历次重要战役之研究——戡乱战役述评(三)》,第82页。

④ 《总统蒋公大事长编初稿》1949年3月18日条。

整个防线就要崩溃。汤恩伯以十三个军直接沿江配备,阻击解放军渡江,以三个军守备上海,以四个军分散在丹阳、句容、宁国、徽州附近,作为机动部队。除上海一时没有战争威胁外,沿江守备和机动兵力均十分薄弱。尤其是纵深配备的机动兵力,过于薄弱和分散,无法对突破长江的解放军进行反击作战。指望解放军因缺乏渡船而推迟渡江,也只是一小部分国民党人的侥幸心理。

同时,国民党的统治已经风雨飘摇,人心解体,分崩离析,在国民党统治的核心地区,对国民党军队的种种策反活动也在积极展开。

2月7日,驻守长江南岸芜湖至繁昌沿江地区的一〇六军二八二师五千余人,在师长张奇率领下起义,陆续渡江到达长江北岸的无为,加入了解放军①。

1949年2月间,在民革中央常委兼军事特派员王葆真和中共地下党员的组织下,准备策动南京卫戍部队和警察举行暴动,扣押国民党政府要员,迎接解放军渡江,上海方面也予以响应。但这一计划未及实施,即被国民党特务破坏,2月24日,王葆真在上海被捕,民革在南京、上海两地的负责人、中共地下党员和有关人员孟士衡等数十人被捕。3月3日,这一京沪暴动案在报上披露。王葆真系国民党元老,经各方面营救,被判死刑后没有执行,上海解放后出狱,孟士衡、吴士文、萧俭魁于5月9日在上海被杀②。

是年初,"重庆"号巡洋舰上的士兵成立有两个组织,酝酿起义。2月中旬,"重庆"号在吴淞口停泊,奉命开往江阴,阻止解放军渡江。2月25日,"重庆"舰士兵解放委员会组织起义,得到舰长邓兆祥的支持,在邓的指挥下起锚,于翌日开往烟台。起义成功后,国民党军出动空军

---

① 中国人民解放军总部编印:《中国人民解放战争军事文集》第4集,第628页,1949年10月版。

② 梁佐华等:《解放前夕"京沪暴动案"亲历记》,民革中央宣传部编:《王葆真文集》,团结出版社1989年版,第399页。

轰炸,3月20日"重庆"号在葫芦岛沉没①。

　　3月25日,首都卫戍总司令部所属第四十五军第九十七师师长王宴清率师部直属队和两个团,从江宁防区渡江起义。由于起义组织活动在事先泄漏,王一度被软禁,脱身后于24日晚仓促率部渡江,未能事先和解放军取得联系。天明后,国民党军空军向起义部队散发传单,策动部队回返。由于这是一支国民党系统的警卫部队,缺乏起义的思想基础,部队迅速哗溃,王宴清率一百多人到了解放军防地。尽管如此,九十七师作为国民党军中枢的"御林军",其起义行动对国民党军士气是一个很大的打击②。

　　4月7日凌晨,原国防部预备干部局陆军预备干部训练第一总队总队长贾亦斌在嘉兴起义。这个预干总队成立于1948年11月,为新建的30个军训练下级军官。贾亦斌原是蒋经国的亲信部将,这时,对蒋氏父子深感失望,决心组织起义,并和中共地下党取得了联系。但贾的活动受到蒋经国的怀疑,至3月中旬,贾的预干总队的职务被撤销。4月2日,贾亦斌得到中共地下党的指示,决定于4月15日在嘉兴发动起义。但在起义动员过程中秘密泄露,于是提早至4月7日晨起义。这支"太子军"起义,震惊了京沪一线,国民党军出动重兵围剿,12日在吴兴(湖州)妙西山良村将起义部队击散,贾亦斌本人突出重围找到了中共的游击队③。

　　在人民解放军发起渡江战役之前的这一系列暴动和起义,发生在国民党统治的腹心地区和直属部队之中,沉重地打击了国民党军的江防部署,动摇了国民党军队的士气。国民党军队的战斗力已经十分脆弱,而中共地下党的策反工作正在继续积极有效地进行着。

---

　　①　金泂、刘盛容:《国民党海军舰艇起义》,《百万国民党军起义投诚纪实》下册,中国文史出版社1991年版,第1481页。
　　②　刘瑞年、陈欢敏:《江宁起义》,《百万国民军起义投诚纪实》下册,第701页。
　　③　《半生风雨录》,第165—223页。

　　毛泽东早在淮海战役的后期就开始着手考虑渡江战役。1948 年 12 月 12 日，中央军委致总前委电，请刘伯承到中央商谈战略方针："黄维歼灭后，请刘、陈、邓、粟、谭五同志开一次总前委会议，商好在邱、李歼灭后的休整计划、下一步作战计划及将来渡江作战计划，以总前委意见带来中央。"中央军委就今后作战方针提出了自己的意见，并指出："上述计划，是从军事上、政治上和经济上的许多考虑出发，采取稳扎稳打方针，和我们过去与陈、邓、粟三同志所谈者有些不同，请你们于伯承动身前加以考虑。"①淮海战役结束后，解放军华野、中野各部即转入休整，并准备发起渡江战役。

　　当时，国民党军在淮河一线的部队相继撤退，解放军前线部队于 1949 年一二月间先后进占蚌埠、滁县、两淮、扬州、南通、舒城、巢县、庐江诸地。国民党军在长江北岸仅据有两浦(浦口、浦镇，驻一个军)、安庆(驻有一个师)及在崇明岛驻军一师，其余则占领桥头堡阵地，只能配备一个团甚至一个营、一个连的兵力。

　　这时，李宗仁正在接洽与中共举行和平谈判，并有撤退至浙赣线布防的计划。中共中央获得了相关的情报，于 2 月 3 日指示前线将领作好准备，应付国民党在京沪线组织抵抗及放弃该线将主力撤至浙赣线的两种可能情况，如国民党军在京沪线抵抗，则华野和中野休整至 3 月底为止，准备 4 月渡江，如国民党军将主力撤至浙赣线布防，则准备 3 月即行渡江，同时要求各中央分局，立即组织训练干部，准备接收江南广大地区。② 为此，邓小平、陈毅于 2 月 4 日向中央建议："为适应形势发展，我军提前于三月初行动，向南进军。"并建议林彪、罗荣桓部抽调五个军、六个纵队，计 40 万人，提前南下至安阳、新乡休整，待华野、中

　　①　《中央军委关于今后作战方针的意见致总前委电》(1948 年 12 月 12 日)，中国人民解放军历史资料丛书：《渡江战役》，解放军出版社 1995 年版，第 35—36 页。
　　②　《中共中央关于军事形势和准备渡江南进致华东局等电》(1949 年 2 月 3 日，《渡江战役》，第 59—60 页。

野渡江时,包围汉口,钳制白崇禧所部,掩护渡江部队的安全①。这时,中共中央已把注意力转向接收和管理大城市的工作,在考虑军事行动时,更加侧重于考虑与城市接收工作同步进行,因此,复电指示各部,一方面同意华野和中野准备提前一个月出动,同时要求"三月仍须整训,并须着重学习政策,准备接收并管理大城市"②。

2月9日,原淮海战役总前委召开会议,讨论渡江作战问题,主张"以在三月半出动,三月底开始渡江作战为最好","确定以华野四个兵团,中野一个兵团,为第一梯队",并继续要求东野出动三个军于三月底运至武汉附近,保障华野、中野行动③。2月11日,中央军委同意了总前委的计划,并重申"总前委照旧行使领导军事及作战的职权,华东局和总前委均直属中央"④。翌日,又命令东野先出动两个军约12万人,于3月底夺取信阳、武胜关,4月15日以前夺取花园、孝感地区,钳制白崇禧,以利华野和中野夺取南京⑤。

2月24日,中共中央与上海和平代表团达成了一个八点秘密协定,一方面考虑与南京方面和平谈判,一方面于25日要求前线部队于3月中下旬攻击浦口、炮击南京,向南京方面施加军事压力。3月初,华野和中野开始出动,向长江沿岸开进。3月19日,在前线部队即将到达渡江准备位置时,中央军委指示前线将领要根据谈判情形和军事上的需要,考虑是否攻占两浦,除此之外,即要求准备渡江战斗:"决定四

①　《邓小平、陈毅关于部队于三月初向南行动致中共中央电》(1949年2月4日),《渡江战役》,第63页。

②　《中央军委关于部队在整训中的任务致邓小平、陈毅等电》(1949年2月8日),《渡江战役》,第64页。

③　《总前委关于渡江作战问题的讨论情况致中央军委等电》(1949年2月9日),《渡江战役》,第66—68页。

④　《中央军委关于渡江作战诸问题致刘伯承、陈毅、邓小平等电》,《渡江战役》,第72页。

⑤　《中央军委关于四野先出两个军钳制白崇禧部致林彪、罗荣桓、聂荣臻等电》,《渡江战役》,第74页。

月一日为南京代表到达北平并开始谈判之日期（此日期要待三月二十五日才公开宣布），大约在四月五日以前即可判明谈判有无希望。你们大概可以在四月六日左右实行夺取北岸据点（不一定包括两浦）之作战，四月十日实行渡江。""不论谈判情形如何，对于攻占北岸据点及四月十日渡江均无妨碍。"①最后，由于军事上的理由，确定在南京代表团到达北平的第二天，即 4 月 2 日，开始攻占北岸据点，4 月 15 日发起渡江战斗②。

3 月 31 日，总前委制定了《京沪杭战役实施纲要》上报中央军委："我第二、第三两野战军全部，以歼灭上述全部或大部蒋军，占领苏南、皖南及浙江全省，夺取京、沪、杭，彻底摧毁国民党反动政府的政治、经济中心为目的，决于四月十五日十八时，以全线渡江作战，开始进行本战役。"③4 月 3 日，中央军委复电批准了《京沪杭战役实施纲要》。

这时候，白崇禧的代表刘仲容于 3 月 30 日到达北平，中共中央根据刘的陈述判定，中共决定联合李宗仁、白崇禧反对蒋介石，李宗仁、白崇禧对这一计划已有初步认识④。4 月 4 日，白崇禧有致中共中央支电，毛泽东于 5 日以中共中央军委总参谋部作战部部长李涛的名义，复白崇禧一电，指出："支电所述立场系就贵方利益而言，但就人民利益而言，在贵方全部接受八项和平条件并经双方协力在全国范围内完全实现这些条件的时间内，要求人民解放军停止前进是不合理的，因此是不可能的。白先生历次公开言论，我们均不能同意。"但是，仍与刘仲容商

①　《中央军委关于攻占两浦夺取江北敌据点致陈毅、饶漱石、邓小平等电》（1949 年 3 月 19 日），《渡江战役》，第 94 页。

②　《陈毅、邓小平、谭震林关于推迟两天渡江等问题致中央军委等电》（1949 年 3 月 26 日），《渡江战役》，第 102 页。

③　《陈毅、邓小平、谭震林关于推迟两天渡江等问题致中央军委等电》（1949 年 3 月 26 日），《渡江战役》，第 109 页。

④　中共中央军委 1949 年 3 月 30 日致刘伯承、邓小平等电。

定了一个军事安排,通知白崇禧说:"为着和李、白二先生建立合作关系之目的,敝方愿意立即实行下列各项处置:(甲)安庆及其以西直至黄冈(不含)之贵方部队,请迅即撤退,并限四月十日以前撤退完毕。(乙)黄冈、团风、仓子埠、黄陂、花园、孝感、汉川、蔡甸、黄陵矶一线及其以南地区,包括汉口在内,暂由贵部驻防,维持秩序。该线以北以东各地之贵部,望即向该线撤退。所有撤防各地,不得破坏。该线以西各地暂维现状。(丙)整个华中问题的处置,听候双方代表团谈判解决。"①中共中央军委并就此通知了前线将领遵照执行。但白崇禧复电表示,安庆归国防部管辖,要求"拟请贵方允许,暂留该地勿攻,敝方亦不出击,以待和谈解决"。得到中共方面的同意②。当时,二野开进后,一度攻击安庆,但安庆易守难攻,而对解放军渡江的妨碍并不严重,刘伯承等到前线了解情况后,即于4月4日决定,暂不进攻安庆,仅以一个军包围监视,以便集中精力渡江作战。

与此同时,解放军第四野战军先遣兵团,即十二兵团的两个军已迅速南下,4月1日占领信阳,一部已越武胜关南进。于是,刘伯承即调在麻城的陈赓的第四兵团至宿松、太湖一线,掩护渡江部队的安全。十二兵团则向广水、河口、黄安、中馆驿线推进,掩护四兵团侧背的安全。4月8日,第二野战军和第三野战军各自下达了渡江作战的部署。

在军事部署大体完成之际,中共和南京代表团的谈判也有进展,中共中央对达成一个全面和平协定的前景比较乐观,认为有和平渡江的可能性,为了和谈的需要,向前线将领征询推迟渡江的可能性。但总前委认为,长江5月初发大水,渡江作战将发生极大困难,而且,目前百万大军拥挤江边,粮食、柴草都很困难,只有在保证和平渡江的情况下,才能推迟时间,或者不得已时,推延至秋后渡江。因此主张:"按目前部队

---

①　《毛泽东年谱》下卷,第474-475页。
②　参《毛泽东年谱》下卷,第477页。

准备情况,立即渡江把握颇大,先打过江,然后争取和平接收,为更有利。"①中共中央军委根据总前委的意见和谈判进展情况,于4月11日电令总前委:"依谈判情况我军须决定推迟一星期渡江,即由十五日渡江推迟至廿二日渡江,此点请即下达命令。"并且命令各部于4月11日至16日不要发生任何战斗②。军委告诉前线将领,南京主和派即将签订的和平协定,"实际上是投降性质",但军委强调:"我方立脚点,必须放在对方反悔上面,必须假定对方签字后不公布,或公布后不执行。"要求前线部队不要松懈士气③。

4月15日晨5时,中共中央军委通知总前委,当天将向南京代表团送交和平协定草案最后修正稿本,和平谈判决以4月20日为限期,南京是否愿意签字尚难预料,有可能拒绝签字,因此,军委命令:"你们接到此电,请立即准备好,于廿日确实攻占除安庆、两浦以外的一切北岸及江心据点。勿误为要。"④军委一方面要求前线部队准备用战斗方式渡江,一方面再次向总前委征询意见,如果和谈成立,并有必要,是否可以推迟三天渡江。对此,总前委表示了自己的反对意见:"我们一致认为,以确定养(廿二)夜开始,不再推迟为好。而且夺取北岸敌桥头堡及江心洲,必须与正式渡江紧密衔接,不宜停顿,否则将给敌人以调整部署时间,增加我们的困难。而在政治上我们估计敌可能采取拖延政策,以便团结内部作最后抵抗,此种征候,似已日益明显。今天南京广播,在汤恩伯总部之下组织京沪杭政务委员会,汤兼主任,谷正纲、邓文

① 《总前委关于推迟渡江的不利因素致中央军委电》(1949年4月10日),《渡江战役》,第155页。

② 《中央军委关于推迟一星期渡江等问题致总前委等电》及又一电(1949年4月11日),《渡江战役》,第156—158页。

③ 《中央军委关于推迟一星期渡江等问题致总前委等电》及又一电(1949年4月11日),《渡江战役》,第156—158页。

④ 《中央军委关于准备二十日确实攻占安庆、两浦以外的一切北岸及江心敌据点致总前委等电》(1949年4月15日),《渡江战役》,第170页。

仪等为常委,即其具体步骤之一。故真正解决问题,只有在我们渡江成功之后才有可能。所以在政治无绝对必需的条件下,务请不再推迟至有(廿五)日,因为前方困难甚多,延长一天时间增加一分困难,不但影响士气,人民不安,特别是把我们各个有利渡江的地点都暴露了。"①同时,粟裕、张震向军委报告,为了按时发起渡江战役,要求提早于 16 日攻占永安洲,以便届时船只入江。军委当日复电:"同意你们迅即攻占永安洲。其他各北岸及江心据点,亦可早日攻占,不必等到 20 号,请总委通知谭震林。"②

解放军以第二、第三野战军全军组成了三个突击集团,由粟裕、张震指挥三野的第八、第十兵团,为东突击集团,由张黄港至口岸段(即江阴至扬中北岸)实施渡江;由谭震林指挥三野第七、第九兵团,为中突击集团,由裕溪口至枞阳镇段(芜湖、铜陵、贵池北岸)实施渡江;由刘伯承、张际春、李达指挥二野第三、第四、第五兵团,为西突击集团,分别在安庆以东至枞阳段、安庆以西至望江段、望江至马珰段渡江。国民党军在西段的江防兵力薄弱,而东段江防有重兵镇守。因此,解放军的渡江重点置于安庆至芜湖段,以第三野战军的第七、第九兵团和第二野战军的第三兵团作为渡江的第一梯队,期望首先突破政府军长江防线。总前委估计:"因敌江防西段较弱,故二野与七、九兵团突破较易。东段敌较集中,八、十兵团必须准备连续恶战数日,方能突破立足。"③总前委认为,渡江战役成功的关键,是中、东两集团对进会合,围歼南京、镇江方面敌军主力,因此决定中集团较东西两集团提前一天发起战斗,以吸

---

① 《总前委关于建议从速渡江及渡江后的部署致中央军委等电》(1949 年 4 月17 日),《渡江战役》,第 174 页。

② 《中央军委给粟裕、张震并告总前委、第二野战军电》(1949 年 4 月 15日),江苏省档案馆、安徽省档案馆编:《渡江战役》,档案出版社 1989 年版,第 92页。

③ 《总前委关于江北敌据点兵力分布情形及对敌作战意见呈中央军委电》(1949 年 4 月 15 日),《渡江战役》,第 89 页(档案出版社本)。

引和分散敌军的注意力。4月18日9时,中央军委致电总前委和渡江各集团指挥员:"完全同意总前委的整个部署,即二野、三野各兵团于廿号(卯哿)开始攻击,廿二日(卯养)实行总攻,一气打到底,完成渡江任务以后,再考虑略作停顿,采取第二步行动。请你们即按此总计划坚决地彻底地执行之。此种计划不但为军事上所必需,而且为政治上所必需,不得有任何的改变。"①

至4月19日,国民党军在长江北岸,仅余安庆、长生洲、黑沙洲、西梁山、北新洲、六圩、扬中沙洲、两浦(浦口、浦镇)及崇明岛等9处。国民党军海军在长江下游配备了海防第二舰队和江防舰队,拥有26艘军舰和三个艇队,但海军在北岸已经失去了掩护阵地,航线受到严重限制,并遭到解放军短兵炮火的袭击,已很难在长江上发挥战斗作用。

二　解放军发起渡江战役

以李宗仁为代总统的南京政府对于中共提出的《国内和平协定》,拖延到1949年4月20日深夜,才复电给在北平谈判的代表团,拒绝在协定上签字,要求成立临时停战协定,继续进行谈判。南京代表团于21日上午9时向中共代表团抄送了南京政府拒绝签字的复电,于是,中国人民革命军事委员会主席毛泽东、中国人民解放军总司令朱德于4月21日联名发布了《向全国进军的命令》,宣布"由中国共产党的代表团和南京国民党政府的代表团经过长时间的谈判所拟定的国内和平协定,已被南京国民党政府所拒绝",命令各野战军全体指挥员战斗员同志们,南方各游击区人民解放军同志们,"奋勇前进,坚决、彻底、干净、全部地歼灭中国境内一切敢于抵抗的国民党反动派,解放全国人

---

① 《中央军委同意渡江作战部署致总前委等电》(1949年4月18日),《渡江战役》,第181页(解放军出版社本)。

民,保卫中国领土主权的独立和完整"①。命令发布之时,解放军渡江的先头部队已经顺利地突破了国民党军的江防阵地,在长江南岸登陆。

根据总前委的决定,解放军各部于20日晚开始攻夺各江心洲的战斗,21日至22日正式发起渡江作战。20日晨,正在各部摩拳擦掌、积极准备渡江之际,英国军舰"紫石英"号经过南京政府同意,自上海上驶,准备与在南京的"伴侣"号换防。他们抱着老殖民主义的思想,不顾解放军即将渡江的军事形势,继续在长江上游弋。当"紫石英"号进入三江营江段时,正在临战状态的第三野战军特种兵纵队炮兵第三团,不明英舰企图,即发炮警告。但英舰傲慢地不予置理,继续上驶,超越炮三团三江营左翼炮位。炮三团随即发炮攻击,"紫石英"号遭到攻击后即行还击,发生激烈的水陆炮战。当时江面平静,别无船只。"紫石英"号在炮战中受到重创,被迫悬起白旗,驶靠南岸。下午,"伴侣"号增援"紫石英"号,与解放军炮兵展开激战,受伤后下驶。21日,英国远东舰队副总司令梅登海军中将率两艘军舰上驶,至下午4时,解放军即将发起渡江战斗,炮六团奉命发炮攻击,与英国海军激战。英舰受伤后被迫下驶②。

在东线偶发的中英军事冲突之际,中集团已经横渡长江。4月20日20时,在江岸强大炮火掩护下,中集团先头突击各军发起渡江战斗。第九兵团第二十七军和二十五军并肩渡江攻击黑沙洲和鲫鱼洲。原计划是日仅为攻占江心洲的前哨战斗,但战役发起前,第九兵团向总前委请示:"拟于20日夜与打黑沙洲同时全部渡江,如此较有把握。"得到总前委的批准③。于是,九兵团连续突击,当日即在南岸突破敌第八十八军防地,相继登陆,迅速扩张战果,于21日间攻占繁昌、荻港、旧县等

① 《毛泽东选集》第4卷,第1386—1388页。

② 参陈锐霆:《大江炮兵显神威》,康矛召:《英舰"紫石英"号事件》,《渡江战役》,第767—783页(解放军出版社本)。

③ 《陈毅传》,当代中国出版社1991年版,第447页。

地。第七兵团第二十四军同时渡江,在闻新洲和紫沙洲登陆,继而强渡夹江,突破敌八十八军防线,于 21 日占领铜陵,与九兵团二十七军会师,右翼二十一军突入长生洲等江心洲集结。国民党军第八十八军战斗力薄弱,防广兵单,面临解放军两个强大兵团的突击,未经坚强抵抗,即纷纷溃退。解放军顺利撕开了国民党军的长江防线。驻芜湖的第二十军只能在三山街一线抵抗已经渡江的解放军的攻击,无力增援第八十八军收复阵地。21 日,汤恩伯到芜湖指挥,命令驻汤山的九十九军两个师增援芜湖,但当该军到达时,解放军已大批南下,该军即向宣城撤退。

21 日黄昏,解放军东西两集团全面发起渡江战斗。西集团三个兵团相继渡江,国民党军第五十五军、九十六军、六十八军诸部纷纷撤退,安庆守军也于 22 日夜渡江撤退。解放军于 22 日晚占领安庆,渡江部队转入追击。东集团第十兵团 21 日晚在天生港一带广正面渡江,迅速建立了滩头阵地,与敌第二十一军、五十四军等部发生激烈战斗。21 日晚,解放军渡江时,中共地下组织已控制了江阴要塞,向北岸的国民党军第二十一军阵地发炮。22 日凌晨,中共地下组织逮捕了江阴要塞司令戴戎光,要塞总台长唐秉琳等集合队伍宣布起义,解放军第二十九军随即占领了要塞,要塞炮转向攻击国民党军第二十一军阵地,迫使其向无锡方向撤退。第八兵团先头军于 21 日晚渡江,22 日攻占扬中岛,守敌第五十一军渡江南逃。同时,第三十五军于 22 日间攻击浦口、浦镇。第三十四军起渡,进击瓜洲,国民党军第二十八军、第四军渡江南撤。右翼担任策应任务的第四野战军第十二兵团,也发起攻击,向长江北岸推进,钳制武汉、九江守敌,保障渡江部队的侧翼安全。

解放军东集团渡江后,汤恩伯调在常州北的第五十四军主力和九十九军一个师增援江阴,但 22 日解放军各部陆续强渡,并向纵深发展,对南京形成包围态势。是夜,汤恩伯仓促命令各军后撤,命令扬中以东四个军,即五十四军、五十一军、第二十一军、第一二三军向淞沪地区撤退,镇江以西十二个军(即第四、第九十九、第二十八、第四十五、第六十

六、第二十、第八十八、第五十五、第九十六、第六十八、第一○六、第七十三军），分别向浙赣线撤退。汤恩伯率司令部从南京直退上海，准备淞沪防卫，而对向浙赣线撤退各军，既无预定撤退计划，又放任各军自行行动。第二十一军及九十九师已先期向无锡撤退，第一二三军未经激烈战斗，顺利退守常熟一线，第五十四军在常州阻击之后，与第五十一军沿太湖西岸，经宜兴、吴兴、嘉兴，边战边撤。镇江以西4个军即第四、第二十八、第四十五、第六十六军撤退时，各军争先恐后沿着京杭国道撤退，秩序非常混乱。

　　解放军迅速抓住国民党军后撤的征兆，改变部署，转入追击。第七、九兵团渡江后，即归还三野建制。22日下午，粟裕根据谍报，敌有撤退迹象，即于17时命令第七、九兵团分别向郎溪、广德、宣城方向追击，24时又命令第八、十兵团转入追击，计划围歼逃敌于郎溪、广德地区。23日晚至24日晨，粟裕"连续几次电促各兵团加速向指定的合围地区前进。命令第十兵团除以第二十九军沿京沪路向苏州进逼，监视上海方向之敌外，以第二十八军、第三十一军沿太湖西侧以吴兴、长兴为目标兼程急进，首先占领宜兴，再继续向长兴挺进，以求与第九兵团在此地区会师。以第二十三军从长荡湖东西地区向南急进，切断溧阳、宜兴之间的通路。第八兵团之第二十军、第二十六军归第十兵团指挥，沿丹阳、金坛以西一线南下，配合各部歼灭逃敌。第九兵团之第二十五、第二十七军到达宣城后即向广德、长兴、吴兴急进，务于25日、26日赶到广德以东之天平桥、梅溪之线以东，与第二十八军取得联系。第八兵团部率第三十四、第三十五军在南京、镇江地区担任警备任务"[①]。西集团第四兵团原有接管南京的任务，这时敌江防崩溃，全面溃退，23日，总前委决定扩大战役规模，命令第四兵团改为沿五兵团右侧，出浙赣线上饶东西地区。三兵团进击徽州，五兵团进击衢州，追击逃敌。

---

　　①　粟裕：《第三野战军在渡江战役中》，《渡江战役》，第363页（解放军出版社本）。

22日至23日间，南京国民党政府机关纷纷撤逃，23日晚，解放军第八兵团第三十五军占领南京。南京宣告解放。

23日深夜，经过中共地下组织的长期工作，国民党军海防第二舰队在司令林遵率领下，于南京附近的笆斗山江面宣布起义，共有二十五艘舰艇(内军舰九艘)参加起义。拒绝起义的"永嘉"等军舰则向下游突围，连同在镇江、江阴一带的海军军舰共十三艘，驶出长江口，有四艘军舰为解放军炮火击沉。海军在江防战斗中没有发挥有效作用。

国民党军在撤退过程中，士气低落，组织混乱，在解放军强大兵团的追击下，纷纷溃散。第二十军及九十九军一部从芜湖向宣城撤退，24日，在湾沚镇被赶来的解放军第二十五军包围，大部被歼，军长杨干才被击毙。解放军第二十五军奉命继续南下追击敌第六十六军。第六十六军自当涂南撤，秩序混乱，经溧阳附近时，即被解放军击散，转入山地。国民党军第四军奉命经句容掩护南京退却部队，然后转京杭国道。25日下午到达溧阳北的南渡时，解放军已先期占领宜兴、溧阳，截断了京杭国道，第四军不得不改走宜兴以西的山区，第四十五军随第四军跟进，有时互相穿插，道路堵塞，同样被迫进入山地。27日，解放军中集团的第二十七军和东集团的第二十八军在吴兴附近打通了联系，封闭了合围口。国民党军第二十八军最后撤退，途经宜兴西的山地时，正值解放军围歼第四军、第四十五军，即被卷入包围。至29日，上述国民党军，连同第六十六军、第二十军残部及第五十一军一部共十万余众被歼。

国民党军第九十九军撤至宣城后组织抵抗，遭到解放军第二十七军的攻击，撤出宣城后部队溃散。刘汝明的第八兵团本系杂牌部队，战力不强，解放军渡江后，即望风逃跑。刘汝明率五十五军自贵池一线向徽州撤退，与第八十八军会合，一路上人员散失，到达福建后，五十五及八十八军仅各余二千人。第九十六军向祁门、第六十八军及跟进的第四十六军一七四师向浮梁撤退，遭到解放军追击部队的围堵、袭击。第一七四师在吴田铺、牌楼街地区于24日被解放军第十一军包围歼灭。

第九十六军第二一二师一路上被解放军截歼,26日退至祁门,被解放军第三兵团第十一军等部割歼一部。第一四一师撤退至婺源,于5月1日被解放军第五兵团第十六军歼灭大部。残部经玉山、广丰撤至福建。国民党军第六十八军遭到解放军第四兵团第十三军和十五军的追击,后尾部队多次被截歼。4月29日在乐平一线,第一一九师被解放军第十三军歼灭大部,5月3日,第八十一师在弋阳投降。5月4日,第一四三师在德兴被解放军第十五军包围歼灭。国民党军在第二线的第一〇六军和第七十三军,解放军渡江后,并未向前开进,即行撤退,后卫部队遭到解放军截歼。

国民党军江防各部,仅扬中以东四个军先后撤至上海,还保持着战斗力。

解放军渡江各军,以秋风扫落叶之势,实施追击,旬日之间,挺进千里之遥。第三兵团于4月28日进抵徽州,5月2日另一部进抵休宁、屯溪,5月6日进击浙赣线上重镇金华。至5月15日,兵团集结在金华、江山、兰溪一线。第五兵团于5月1日占领婺源,5月6日占领衢州、江山,前锋进击福建北部。至5月20日,兵团集结在上饶一线。第四兵团为战役右翼兵团,负有隔断白崇禧部和汤恩伯部联系的任务。4月29日进抵乐平,5月4日进抵横峰、上饶,5月5日进抵鹰潭、东乡,截断了浙赣路。前锋部队于5月14日直达福建南平。

解放军第三野战军各部在进行了郎广围歼战之后,第七兵团即向杭州挺进,5月2日进抵余杭,3日首先抢占、保护钱塘江大桥,然后攻击市区,黄昏时占领杭州。7日在诸暨与二野三兵团会师。第九兵团于5月初在太湖南岸集结,准备进击上海。第十兵团的第二十九军沿京沪路南进,于4月27日占领苏州。5月初,十兵团各军在苏州、无锡、常熟集结,准备进围上海。

在第二、第三野战军渡江之际,进行侧翼掩护的第四野战军第十二兵团,也向监利、孝感、黄冈、蕲春一线推进,兵逼长江中游重镇武汉。但当时第四野战军主力尚未南下,所以仅系牵制性质。中共中央军委于 4 月 28 日指示前线将领,对于白崇禧部,"应遵守前定界线不要超越,以免刺激汉口敌军惊慌,撤走得太早",导致解放军仓促接管武汉三镇,引起管理大城市的困难。但同时要求前线将领和中原局,"应当迅即准备接收汉口汉阳两城,以免敌人退走,仓猝接收,毫无准备"①。4 月 29 日,第四野战军以先遣的第十二兵团为中路军,向武汉进击,第十三兵团为右路军,沿平汉路及其西侧向武汉以西前进,第十五兵团为左路军,由平汉路以东,向九江前进,第十四兵团由中路南进。5 月初,林彪率第四野战军主力开始南下作战,军委所获情报,"白崇禧的意图,不是准备在衡州以北和我军作战,而是准备逐步撤退至衡州以南",要求四野在前线的部队先期渡江②。于是,林彪于 5 月 10 日命令第十二兵团:"你们先头两个军(共八个师的兵力)应争取提前到达江边,并极力争取先头部队即到立渡,后续部队陆续继渡。望注意采取多路前进、宽正面的袭抢船只和利用敌人窜逃的方法,求得袭渡成功。"并要求尽量提早过江③。

白崇禧鉴于解放军已在长江下游胜利渡江,解放军右翼兵团且自彭泽渡江,对自己防区的东侧和后路构成威胁,当面第四野战军已直接威胁武汉三镇,即于 4 月 28 日召开紧急军事会议,决定收缩兵力,将北岸主力撤至南岸,将襄樊地区的第十五军撤至宜昌,归入宋希濂的第十四兵团序列,撤销第十五绥区。然后,白崇禧又决定于 5 月 15 日从武汉地区撤退,在汨罗江、通城、平江、修水、奉新、高安、清江(今樟树)一线布防,主力在长沙、株洲地区集结,以宋希濂的鄂西绥靖司令部担任

---

① 《应迅即准备接收汉口汉阳两城》(1949 年 4 月 28 日),《毛泽东军事文集》第 5 卷,第 562—563 页。

② 《关于第四野战军应提早渡江及十三个军的使用问题》(1949 年 5 月 9 日),《毛泽东军事文集》,第 580 页。

③ 《林彪、萧克关于提早渡江致萧劲光、陈伯钧等电》(1949 年 5 月 10 日),《渡江战役》,第 278 页(解放军出版社本)。

巴东至沙市的江防①。长官公署移驻祁阳。解放军渡江后,临时成立的国民党军南昌指挥所(主要辖重建的胡琏第十二兵团)主任方天,以"本所督训各部队,战力均未长成,似难骤负重任",要求免去保卫南昌的任务,将指挥所移驻吉安②。得到统帅部同意后即于5月6日移驻,而把九江到南昌的防务全部交给了白崇禧所辖的第八绥区部队(以第四十六军为主,后改第十兵团),致使白崇禧右翼十分空虚,不能不全面收缩。正当白崇禧部署撤退之际,驻在贺胜桥、金口一线的华中军政长官公署副司令长官兼河南省主席、第十九兵团司令官张轸决心起义。14日,白崇禧从广州飞回武昌,召见张轸,迫令他命令所部后撤。白对张已经有所怀疑,张设法脱身后,直奔金口,白崇禧则包围了张轸在贺胜桥的兵团司令部,勒令缴械。15日晨,张轸在金口率一个军部、四个师,约2.5万人宣布起义,并派兵袭击白崇禧后撤部队。白崇禧部无心恋战,予张部反击后,即加速后撤。

解放军第十二兵团于14日发起战斗,顺利占领团风、黄冈、兰溪、蕲春等北岸沿江地区,15日晨,第四十三军在兰溪及其东西地段渡江,并先后占领大冶、九江诸地。第四十军一部进击汉口,敌先期撤逃,16日解放汉口,17日解放武昌、汉阳,一部随四十三军渡江,17日占领鄂南重镇贺胜桥。为配合第四野战军在江南的挺进,第二野战军命令第四兵团向南昌方向发展,于5月22日占领南昌。

三　国民党政府逃离南京

李宗仁既拒绝签署国内和平协定,即决心继续作战。4月18日,他派人请傅泾波劝美国大使司徒雷登迁往广州③。19日,从上海无线

---

① 《国民革命军战役史第五部——戡乱》第6册,第233页。
② 《国民革命军战役史第五部——戡乱》第6册,第269页。
③ 《司徒雷登日记》,第58页。

电广播中已传出政府南迁广州的消息。20日，蒋介石的亲信吴铁城、吴忠信、王世杰等拜访了李宗仁①，显然准备合作抵抗中共的进军。

4月21日晨，解放军已在荻港一线突破江防，南京行政、立法、监察三院院长及秘书长开会讨论紧急疏散事宜，李宗仁也下达了中央各机关南迁广州的命令。除国防部迁往上海外，总统府、行政院各部会及立法、监察两院都迁往广州。

是日上午，李宗仁、白崇禧、何应钦、徐永昌、汤恩伯等在国防部开会，会商今后战略。国防部次长萧毅肃、第三厅厅长蔡文治报告，解放军在第八十八军防区突破江防，第七兵团司令官张世希报告"如无大量援兵，无法恢复"②。何应钦、白崇禧等主张调六十六、九十九军前往增援，李宗仁表示赞同，汤恩伯"即请政府早迁，俾无顾虑的调京浦之六十六及九十九军等往援"。下午，他们又继续商量调动驻新疆的部队到内地参战，并商量甘青两马的军队出击方向，但没有结果③。

蒋介石在先几日已邀约李宗仁晤谈，面临和谈破裂、解放军渡江的严重形势，李宗仁即于22日偕同白崇禧、何应钦等飞往杭州，与蒋介石会晤，蒋则自溪口飞杭，商讨拒绝中共和平协定后的时局和应付方策。张群、吴忠信、王世杰等也与会。行前，白崇禧向李宗仁表示："今后局势，如蒋先生不愿放手，则断无挽回余地。你应乘此机会向蒋先生明白提出，蒋、李二人只能择一负责领导政府，以期统一事权，而免拖泥带水！蒋先生既已下野，应将人事权、指挥权和财产权全部交出。"④会商时，李宗仁表示："和平方针既告失败，请公复职。"⑤蒋则表示："你继续

①　《司徒雷登日记》，第59页。
②　《徐永昌日记》1949年4月21日。
③　《徐永昌日记》1949年4月21日。
④　《李宗仁回忆录》下册，第967页。
⑤　《总统蒋公大事长编初稿》1949年4月22日条。

领导下去,我支持你到底,不必灰心。"①并且主张必须表明反共到底的态度,仍让李宗仁处于前台,承担抵抗解放军推进的责任。蒋、李在政权崩溃之际,仍然同床异梦,互不相让,难以合作。蒋介石利用李宗仁和谈政策的失败,乘机在会上决定,在国民党中央常务委员会之下设立"非常委员会",凡政府重大政策,先在党中获致协议,再由政府依法定程序实施,由此来"协助李宗仁"②。这样,李宗仁不仅没有从蒋介石那里要到实权,反而更方便蒋介石利用党权来操纵国民党残部,按照蒋介石的意图,继续抵抗。

在此次杭州会议上通过决议:"(一)关于共党问题,政府今后惟有坚决作战,为人民自由与国家独立奋斗到底;(二)在政治方面,联合全国民主自由人士共同奋斗;(三)在军事方面,由何院长兼任国防部部长,统一陆海空军之指挥;(四)采取紧急有效步骤,以加强中国国民党之团结及党与政府之联系。"李宗仁同日发布命令,特任何应钦为国防部长,改变指挥体制,以参谋总长为国防部长的幕僚长③。

同时发表通电明示:"由于共党毫无诚意,和平谈判已告决裂,中华民国特昭告全世界,此后将继续抵抗共产主义侵略,从明日起,政府迁往广州办公。"④

当晚,李宗仁仍飞回南京,但这时军队已在部署撤退,李即召见汤恩伯。汤报告说:"敌军已迫近城郊,本晚或可无事,但务必请代总统至迟于明日清晨离京,以策安全。"⑤这时,中共方面仍在通过南京代表团向李宗仁做工作,希望李宗仁留在南京,签订和平协定。邵力子、章士

---

①　《李宗仁回忆录》下册,第967页。

②　《总统蒋公大事长编初稿》1949年4月22日条。

③　《大公报》(上海),1949年4月23日。

④　据《总统蒋公大事长编初稿》1949年4月22日条,但未说明以什么名义发布,我们未查到报纸刊布文电。——笔者

⑤　《李宗仁回忆录》下册,第969页。

钊致电李宗仁,请李"无论如何,莫离南京一步,万一别有危机,艰于株守,亦必求公飞莅燕京,与某等共图转圜突变之方"[1]。李已决心战斗,即"将电文掷去,未加理会"[2]。当时在南京的阎锡山怀疑李宗仁仍要谋和,徐永昌解释说:"将来不知,此时实无。"阎仍有所怀疑,徐表示:"此而看不出,是连自己也不信。"[3]

23日晨9时,李宗仁经汤恩伯催促,驱车前往明故宫机场,乘专机飞离南京,他愁肠满怀,在南京上空转了两圈,只见钟山屹立,长江如练,而硝烟弥漫,炮火连天。驾驶员前来请示飞航目标,李宗仁对蒋介石依然在幕后操纵深感疑虑,于是,他没有让驾驶员飞往政府南迁的广州,而是飞往自己起家的根据地桂林。

南京各机关于22日铁路被解放军切断后,沿京杭国道撤退。行政院长兼国防部长何应钦23日先飞上海,24日飞广州。

当时,国民党军曾企图破坏南京,一方面中共地下组织正发动群众予以保护,维持社会治安,另一方面,国民党军中也有一部分人反对进行破坏活动。南京卫戍总司令部副总司令覃异之和总司令张耀明商量,由张耀明和马青苑等联系,成立维持治安组织。同时,在北平的南京代表团于23日晚上也与南京金陵女大校长吴贻芳及参议会议长陈裕光联系,要他们联络各界,负责维持城内治安,防止破坏,静候解放军入城接收。是日下午6时,南京治安维持委员会主任委员马青苑、副主任委员吴贻芳及委员等致电毛泽东:"毛主席勋鉴:南京守军于二十三日撤退。南京人民为安全计,联合发起各界组织治安委员会,推青苑为主任委员,贻芳为副主任委员,及委员十三人。地方尚称安定。恳请电饬京陵(原文如此——引者)外围野战军,对南京予以和平接收,以慰民

---

①　程思远、张丰胄:《邵力子、章士钊先生力促国共和谈》,全国政协文史资料委员会编:《中华文史资料文库》第7卷,中国文史出版社1996年版,第290页。

②　《李宗仁回忆录》下册,第969页。

③　《徐永昌日记》1949年4月22日。

望。何日入城,并请电示,以便欢迎。"①翌日晨,毛泽东以中共中央军委名义电告总前委和粟裕、刘伯承等前线将领:"请你们迅即令知三十五军或其入宁接收部队,迅即入城维持秩序,并与马青苑、吴贻芳等接洽,确保南京治安,并注意保护各外国使馆。小平、陈毅二同志应即率华东局机关入城主持一切,刘伯承同志率领之机关亦望早日去南京。"②

解放军第三十五军在国民党军撤退后,占领浦口,但没有渡船,至23日黄昏,只是以两只小船首先渡过十八个侦察兵。中共地下党组织了以水上警察局二号巡艇为首的第一批巡艇到浦口迎接,并继续组织渡船。是日深夜至24日凌晨,第三十五军顺利进占南京。

24日,毛泽东为新华社写的新闻报道宣布:"在人民解放军百万大军攻击之下,千余里国民党长江防线全部崩溃,南京国民党反动卖国政府已于昨日宣告灭亡。"③以代总统李宗仁为首的由国民党执掌的中华民国政府放弃首都南京撤逃,是中华民国败亡的标志。国民党军政残部则继续在广州、重庆等南方地区组织抵抗。

对于在北平的南京和谈代表团,李宗仁、何应钦于21日电询张治中:"此间迎代表团之专机何日飞平,请洽妥电告。"这时候,中共和谈代表周恩来等一再对南京代表表示挽留,"以保留和谈线索","词意恳挚、温和而又坚决"④。毛泽东早在4月13日就函示周恩来说:"应争取南京代表团六人都同意签字。如果李、何、白不愿签字,只要他们自己愿签,亦可签字。签字后他们不能回去,叫他们全体留平。如果他们因南京不同意签字而不敢签,并有些人要回去,则必须争取张、邵、章三代表

---

①　转引自《南京国民党反动政府宣告灭亡》(1949年4月24日),《渡江战役》,第216页(解放军出版社本)。

②　《毛泽东年谱》下卷,第487页。

③　《南京国民党反动政府宣告灭亡》(1949年4月24日),《渡江战役》,第216页(解放军出版社本)。

④　《张治中回忆录》下册,第847页。

及四个顾问留在北平。"①张治中是首席代表,他认为,"我是南京政府的首席代表,和谈破裂,理应回去复命",但在中共的诚意和善意的劝说下,又深感犹豫。24 日南京方面派出的飞机来平,经过中共地下党的安排,张治中的眷属竟随机来平。于是,张治中"在无可奈何之中也只有暂时留下来了"。当时,民革李民欣带来了何应钦致张治中转各代表的信:"兹特派专机来平,敬祈与全团同人即日径飞上海为盼。"南京代表们经过中共代表的劝说,决定留下,复信说:"昨闻中央公司今日有机来平,复与共方洽商,申明必须南返理由,冀其同意,然周仍诚意挽留,未肯同意,似此只有暂留静待而已。"这架来接南京代表团的飞机,就只好带上这封信,独自飞回去了②。

代总统没有撤往广州,部分国民党人在广州集会,要求蒋介石前往广州领导全党。但这位国民党的总裁,注意力仍然放在军事上,25 日,决定离开故乡溪口,前往上海指挥残部。他深知此行一去,故土难归,两度展谒母亲的坟墓,迟迟而行。他到象山港登上了"太康"军舰,于 26 日驶抵上海复兴岛。27 日进驻上海金神父路励志社。他一方面与汤恩伯等研究军事部署,一方面发表告全国同胞书,鼓吹反共。他在文告中侈谈所谓第三次世界大战,诬蔑中共是第三国际(已经解散)的第五纵队,毫无根据地武断说:"(中共)妄想在第三次世界大战以前,控制全中国,为共产国际充实其应付世界大战之人力物力与资源,犯了日本军阀一样的错误,他这个大错的铸成,就是他自取灭亡的基因,亦就是我们中国剿共最后胜利的把握……不出三年,最后胜利必然是我们的。"③尽管他仍然大权在握,但他重登前台的时机还不成熟,所以,他伪善地表示:"当此国家民族存亡生死之交,中正愿以在野之身,追随我爱国军民同胞之后,拥

---

①　《毛泽东年谱》下卷,第 479 页。

②　《张治中回忆录》下册,第 848 页。

③　《总统蒋公大事长编初稿》1949 年 4 月 27 日条。

护李代总统暨何院长，领导作战，奋斗到底。"①直到 5 月 6 日，蒋介石才从市区撤往复兴岛，登上"江静"轮，并于第二天开往舟山。

国民党政权一派败亡景象，下野的国民党总裁在前线指挥战斗，而负有行政责任的代总统，躲到离前线十分遥远的后方。他们都想收拾残局，但又各存私心，依然无法通力合作。和谈的失败，使白崇禧对李宗仁也很失望。据程思远回忆，白崇禧对他说："过去三个月，德公不知误了多少事，事实证明他是一个扶不起来的人。"②桂系既缺乏力量，也缺乏施政的魄力，广州群龙无首。4 月 25 日，国民党中常委在广州举行会议，决定："（一）和谈问题特种委员会任务终了，立即撤销；（二）推派李文范、吴铁城两委员赴桂，促请李代总统宗仁同志早日来穗。"③李宗仁在桂林也电召白崇禧前往商议。白于 4 月 29 日从武汉起飞，因气候原因，未能飞往桂林，改飞广州。5 月 1 日，何应钦和政要们谈话，认为"蒋先生要干即来，不干则将钞权拿出来，不必管事"。会上"各夸功德而怨尤他人"，阎锡山把它称之为老鼠会。他解释说：群鼠会议制猫，以为如以铃拴猫项，则各得警觉。询谁去拴，则皆不愿④。

5 月 2 日，广州方面公派的李文范和作为私人身份的居正、阎锡山一起前往桂林，劝说李宗仁前往广州主持，白崇禧也随机同往。居正等三人向李宗仁表示："他们来桂之前已得到蒋先生的保证，说五年之内决不干预政治，希望李代总统领导下去。"⑤5 月 3 日，李宗仁复信给何应钦，并附有谈话记录一份，转达蒋介石，提出了六点要求⑥：

①　《大公报》（上海），1949 年 4 月 28 日。

②　《李宗仁先生晚年》，第 83 页。

③　《大公报》（上海），1949 年 4 月 26 日。

④　《徐永昌日记》1949 年 5 月 1 日。

⑤　《李宗仁回忆录》下卷，第 976 页。

⑥　《蒋中正档案》，《革命文献》拓影本，《戡乱时期（蒋总统引退与后方布置）》上二，台北"国史馆"藏，第 337 页。《总统蒋公大事长编初稿》所载有所不同，《徐永昌日记》5 月 3 日记则有："请蒋先生即出而指挥作战，渠即出国办理国民外交"，"不要成立所谓最高决策委员会"。

（一）宪法上规定关于军政人事及凡属于总统职权者，宗仁应有绝对自由调整之权。

（二）所有前移存台湾之国家银行金银外汇，请总裁同意由政府命令运回，以应政府急需。

（三）所有前移存台湾之美援军械，请总裁同意由政府命令运回，配拨各部使用。

（四）所有军队一律听从国防部之指挥调遣，违者由政府依法惩处。

（五）为确立宪政精神，避免党内人事纠纷，应停止训政时期以党御政之制度，例如最近成立非常委员会之拟议，应请打消。所有党内决定，只能作为对政府之建议。

（六）前据居觉生先生由溪口归来报告，总裁曾表示，为个人打算，以去国愈快、离国愈远为最好，现时危事急，需要外援迫切，拟请总裁招携怀远，俾收内外合作之效。

李宗仁曾召集桂系骨干商量这份记录，"白崇禧听后，表示完全同意，他说：'同老蒋摊牌，本来就是我一贯主张。但是现在政府迁到广州，如果德公长期留在桂林，则中央失去了领导重心，恐怕影响是很大的。'言外之意，就是同蒋争权，也要到广州去"①。当时，白崇禧尚雄心勃勃，企图一战，力主李宗仁赴广州主持。阎锡山认为李的这份记录刺激性太大，劝李宗仁予以修改，但李没有同意，阎即以自己是私人资格来桂，没有同意带转，即由李文范带回，由何应钦转送给蒋介石。②

6日，蒋介石向李宗仁回复了一封长函，由林蔚文带到广州交何应钦，转交李宗仁。蒋介石在信中一派冠冕堂皇的话，认为一切由代总统依法行使，自己引退后，对存台金钞"未尝再行与闻"。国防部事务，已

①　《李宗仁先生晚年》，第80页。

②　阎伯川先生纪念会编：《民国阎伯川先生锡山年谱长编初稿》（六），台湾商务印书馆1988年版，第2309页。

"无权过问"。对于非常委员会认为可以复议,但他强调:"民主政治为政党政治,党员对党负有遵守决议之责任,党对党员之政治主张有约束之权利,此为政党政治之常轨,与训政时期以党御政者,自不可混为一谈。"蒋在信中强烈表示拒绝出国,并声明:"中引退以来,政治责任已告解除,而对革命责任仍自觉其无可逃避……过去之协助政府者,已被认为牵制政府,故中惟有遁世远引,对于政治一切不复闻问。"①其实,他刚刚部署好上海军事后从上海撤走,进行着东山再起的图谋。他预定:"以定海、普陀、厦门和台湾为训练干部之地区;建设则以台湾为着手之起点。"②他把台湾作为他的最后根据地,全力经营,台湾事务以及转移到台湾的财政部库存,李宗仁根本无法插手。何应钦接信后,召集十数人研究,多数人请阎锡山带往桂林,"仍劝李来穗,勿因是而负气"③。国民党中央执行委员会也在广州举行会议,请蒋介石打消遁迹远行之意,并推阎锡山、于右任、吴忠信等研究促成蒋介石和李宗仁在短期内再度晤谈。

7日,阎锡山偕朱家骅、陈济棠及白崇禧再次前往桂林劝说李宗仁。阎说明蒋介石"六条已承认五条半,不过发点牢骚。并说发牢骚较应允而不发牢骚还好"④。所谓半条,就是未允出国。当时桂系骨干都主张李宗仁去广州,李得了面子,对未来存有一线希望,即于5月8日自桂林飞往广州。

李宗仁到广州后即于当日发布命令宣布:"政府以和谈无法继续进行,畿辅又突遭侵袭,遂不得不于四月二十一日令饬尚在南京之各中央机关迅即全部迁至广州,并责成军事主管妥慎规划集中力量缩短防线,续为保障民主自由与国家独立作自卫之抵抗。在此期间广州即为中华

---

①　《总统蒋公大事长编初稿》1949 年 5 月 6 日条;《风雨中的宁静》,第 190—192 页。

②　《风雨中的宁静》,第 198 页。

③　《徐永昌日记》1949 年 5 月 6 日。

④　《民国阎伯川先生锡山年谱长编初稿》(六),第 2311 页。

民国政府所在地。除前已由外交部照会各国驻京使节外,特此通令昭告全国。"①

同时,立法院也于5月6日在广州复会。逃离南京的国民党政府残部又正式运转起来。

第二节　国民党军的全线溃退

一　上海战役和太原战役

在江防计划上,如前所述,蒋介石指令汤恩伯把防守重点放在南京以东,以便退守上海。当时,蒋介石已在精心经营台湾,海空军已逐步南撤,他的注意重点在保持海上交通的便利,以便进退有据,一方面利用上海丰富的人力物力资源,尽量延缓失败的时间,一方面尽可能将上海地区的物资财富转移到台湾,把台湾作为最后的基地,以待国际形势的变化。但李宗仁、白崇禧与蒋介石不同。他们不能掌握海军和空军,而台湾完全在蒋介石系统的控制之下,因此,他们的注意重点是退守西南。李宗仁回忆说:"我们留在南京的将领,一致认为南京无法再守,但是白崇禧对防守武汉及西南半壁河山尚具信心。他主张放弃京、沪两地,把汤恩伯的主力移至浙赣线和南浔线,与华中部队约四十万人成为犄角,以固守湘、赣,防止敌军侵入西南。"②结果,两种战略设想都不能彻底贯彻,江防摆了个"死蛇阵"(刘伯承语)。除东面的四个军尚能转移兵力,其余江防部队大量被歼灭或溃散,未能主动转移和撤退。解放军迅速占领了杭州,切断了浙赣线。这样,上海的汤恩伯部既失去了腹地的掩护而陷于孤立,武汉白崇禧也面临被解放军切断退路的危险,不得不向浙赣线以南地区部署撤退。蒋桂之间的矛盾,加速了国民党政

---

① 《大公报》(上海),1949年5月9日。
② 《李宗仁回忆录》,第966页。

权的崩溃。

上海是当时中国最大的工商业城市,拥有最丰富的物资和最强的生产能力,国民党军根据蒋介石的部署,在淮海—徐蚌战役即将溃败之际,着手在上海构筑坚固的防御工事。从1948年12月到1949年4月下旬,上海、吴淞周围地区的永久性阵地工事已经完成,计钢筋水泥碉堡4200座,计划供十个军使用,主阵地全长约80公里,纵深8—15公里①。

在江防部署时,上海附近配置了第三十七军、五十二军、七十五军,及江苏保安队改编的暂一军(驻崇明岛)。4月中旬,成立淞沪防卫司令部,任命石觉为淞沪防卫司令官。石觉即原第九兵团司令官,北平和平解决后乘飞机离开北平,到上海负责指挥野战部队,即第三十七军、七十五军、五十二军、交警第二总队、第三五三师(属十二军),原淞沪警备司令部指挥的各特种兵部队②。同时成立上海市战地政务委员会,由汤恩伯兼任主任委员,以强化控制。解放军突破江防后,汤恩伯即将司令部从南京撤到上海,同时将在鹰潭接兵的第九十九军第九十九师和在浙江临海整补的第十二军(仅四个团兵力)调入上海,并令江防四个军向上海撤退。当时,汤恩伯确定,以“确保淞沪反攻基地,以待新生力量之成熟,及国际情势之有利变化”为作战方针,在淞沪地区,以永久工事为骨干,构成环形阵地,预期使用陆军十至十二个军兵力,除淞沪原有三个军外,其余大部由江防部队转移之③。但在撤退过程中,各军损失重大,第二十一军、五十一军各存四个团兵力,第五十四军损失一个团,第一二三军仅存2000兵力。而向杭州方向撤退的四个军已被解放军歼灭。退守上海的总兵力仅九个军,二十四个师,以及其他部队,

---

① 《国民革命军战役史第五部——戡乱》第6册,第104页。
② 《国民党淞沪警备司令部命令》(1949年4月15日),中国人民解放军上海警备区、中共上海市委党史资料征集委员会编:《上海战役》,学林出版社(上海)1989年版,第440页。
③ 《国民革命军战役史第五部——戡乱》第6册,第112页。

总计 22 万人①。

解放军百万雄师顺利渡江，以秋风扫落叶之势，实施追击，进展十分顺利。从军事上说，解放军向上海进兵，击败汤恩伯残部已经毫无问题。但是，解放军在进军占领工商业城市的过程中，虽然不断有所进步，但仍然发生了一系列问题，造成城市工作的混乱。第三十五军占领南京后，曾发生几个下级干部士兵违纪闯入美国驻华大使司徒雷登住所的严重事件。上海是中国最大的城市，接收工作十分复杂，必须作好充分准备。因此，为了主动地有秩序地占领上海，中共中央军委一再要求总前委作好充分准备。总前委也于 4 月 30 日建议："根据南京经验，在我党我军未作适当准备，仓猝进入大城市，必然陷于非常被动的地位……（部队）如不经过十天左右的整训，进城之后一定发生许多问题。卅五军因非主力兵团骄气较少，故该军在南京虽然出了不少乱子，但纪律还算比较好的。其他主力军如不训练，不会比卅五军的情况更好。我们考虑以尽可能推迟半月到一月入上海为好，杭州亦以迟一点进为好。"②中共中央军委根据总前委的建议，于 5 月 3 日指示总前委、华东局和粟裕、张震，一方面要求用十天时间作好准备，让军队学习政策和接管城市事项，以便在汤恩伯撤退时，不得不去占领；同时要求拖长时间至半个月或二十天或一个月再去占领。"何时占领上海，要等候我们的命令"③。同时，中共中央仍希望用和平方法解决上海问题。但为了迫使敌人接受和平，并阻止国民党当局从上海大量搬走物资，中央军委于 5 月 5 日指示前线将领，先行占领吴淞、嘉兴，切断敌从吴淞、乍浦两处逃路，然后从容布置。

---

①　《国民革命军战役史第五部——戡乱》第 6 册，第 97 页。按：第一二三军撤退比较主动，似应保有更多的部队。存疑待考。——笔者。

②　《总前委关于推迟进占沪杭致中央军委等电》(1949 年 4 月 30 日)，《渡江战役》，第 246 页(解放军出版社本)。

③　《中央军委关于占领杭州上海问题致总前委电》(1949 年 5 月 3 日)，《渡江战役》，第 260 页(解放军出版社本)。

　　5月7日，粟裕、张震作出部署，以第十兵团攻击吴淞，以第九兵团攻击嘉兴，先以钳形攻势切断上海敌军海上逃路。但在兵力配备上，仅以第二十九军两个师主攻吴淞，以三十军一个军主攻嘉兴，如敌向南汇、川沙撤退时，进入浦东断敌退路。这一部署得到中央军委的批准。5月10日，第三野战军下达了淞沪战役作战命令，要求二十九军于14日拂晓前攻占吴淞、宝山，三十军先头部队于16日晚占领川沙。

　　当时，汤恩伯以仍有战斗力的第五十二军、第二十一军（第九十九师和一四六师）、第五十四军、第七十五军在沪西沿吴淞外围至莘庄一线部署，第十二军、第三十七军部署在浦东沿江地区，以第一二三军残部部署在外围的昆山一线，以第五十一军残部部署在南汇、川沙。蒋介石于4月26日到达上海，27日进驻市区，亲自督促防卫上海的战斗。当时，浦东方面三个军战力不强，沿江阵地纵深仅五公里。他意识到浦东兵力薄弱，是部署上的弱点，但也无可奈何。同时，国民党当局在上海大肆搜捕残杀学生运动骨干、中共地下工作者和民主人士，制造了严厉的白色恐怖。4月25日晚至26日晨，一次就逮捕了学生352人①。据《上海战役》一书所列，1949年1月—5月，在上海被国民党当局杀害的烈士有100人。其中有：工人运动领袖钟泉周等公交三烈士，上海地下党秘密电台台长李白等地下工作者，学生运动领袖穆汉祥等（交通大学），参与策动国民党军起义的国民党将领张权、陈尔晋等，转入秘密斗争的民主党派成员黄竞武（民建，黄炎培之子）、谢超逸（民革）、虞键（农工民主党）、林绍禹（民盟），等等。

　　5月12日上午，解放军各部发起攻击，但当解放军攻击至月浦、杨行、刘行等敌既设阵地之前，即遭到国民党军的顽强阻击，战斗十分激烈，解放军伤亡很大而进展迟缓。当时，解放军自渡江以后，进展顺利，且不断有敌将逃跑和起义的不确实情报，所以前线将领存有轻敌情绪，对战斗的严重性估计不足。据叶飞回忆："常熟到吴淞口距离一百二十

————————

①　《大公报》（上海），1949年4月27日。

多公里,需要经过太仓、渡过浏河,经过嘉定、月浦、杨行、刘行等永久性要塞设防地域,才能到达吴淞口。就是不打仗,强行军一天也只能走六七十公里。为什么命令西路军由常熟出发,限两日内到达吴淞口呢?这是因为轻信了情报,说是敌军准备起义,因而认为从常熟到吴淞口,不会有什么仗打。"①第十兵团司令员叶飞因所部攻击受阻,于14日晚向野战军司令部报告,"吴淞、月浦、刘行均为敌主阵地","难于一下插入吴淞"②。粟裕、张震研究了前敌攻击受阻的情况,认为:"该线现为淞沪敌主阵地,必须有准备之攻击,方易奏效。"于是,改变部署,以敌人防守薄弱的浦东为主攻方向,命令第九兵团,无论哪一个军在前,即"应以最先头军,力求迅速攻占川沙、高桥,并确实控制东沟镇以北与全国轮船检查处(吴淞右岸)之间,以炮火封锁江面,但必须有负责干部掌握,不得轰击外国兵舰"。要求九兵团大胆迅速推进。十兵团则以两个军攻击前进,力求开辟通道,以炮兵封锁江口③。总前委得到前线报告后,即指示前敌将领攻沪战役不要性急,十兵团、九兵团两方面都要作充分准备④。于是,奔袭式的钳形攻势转入逐点逐堡的攻坚战斗。国民党军以海空军支援陆军,死死保障吴淞口两侧阵地,确保其出海口。

当解放军第十兵团在月浦、刘行一线陷入了艰苦的攻坚战斗之际,第九兵团在浦东乘虚迅速推进。第三十军于14日占领南汇,15日晨超越川沙城区,推进至顾家路,切断第十二军和五十一军的联系。第五十一军从川沙城撤退后在小营房一带布防,解放军第三十军主力占领

　　①　《叶飞回忆录》,第559页,解放军出版社1988年版。按:据王致冰等考证,叶飞回忆有误,第一线部队距吴淞口约50—70公里,但当时存有轻敌情绪,当系事实(参《上海党史资料通讯》1990年第2期)。——笔者。

　　②　《粟裕、张震关于攻占川沙、高桥、宝山、吴淞的部署致第九、第十兵团首长等电》,《渡江战役》,第293页(解放军出版社本)。

　　③　《粟裕、张震关于攻占川沙、高桥、宝山、吴淞的部署致第九、第十兵团首长等电》,《渡江战役》,第293页(解放军出版社本)。

　　④　《总前委关于攻沪作战应作充分准备不要性急致粟裕、张震、唐亮、钟期光等电》(1949年5月15日),《渡江战役》,第295页。

川沙城区后继续追击,在小营房、白龙港包围了第五十一军。吴淞口面临威胁,于是汤恩伯在浦东临时组建了浦东兵团司令部,由第五十四军军长阙汉骞任司令,驻高桥指挥驻守浦东的三个军。16日晚,第五十一军被歼灭,军长王秉钺被俘。形势趋紧,汤恩伯、陈大庆于是日晚从市区撤到了吴淞口外的军舰上,设立指挥部,同时即以刘昌义出任第五十一军军长,收容残部,驻守市区。同日,解放军第三十一军占领周浦。17日晚,第三十军向高桥推进,第三十一军在左翼展开,占领东沟镇段江面,18日占领高行,协同攻击高桥。汤恩伯为保护吴淞口阵地,以确保从海上撤退的通道,即调市区的第九十五师增援,续后又调第七十五军增援高桥,并以海军舰炮支援,拼命抵抗,战斗十分激烈。这一带处于江海之间的狭窄地带,攻击部队难以展开和运动,伤亡严重,进展缓慢。直至23日,第九兵团重炮兵到达前线,向敌海军发起攻击,控制了江面,攻击部队的态势才得以改善。

当时,解放军攻沪的大部队,因为接收上海需要时间准备,正等待中共中央的命令,没有配合钳形攻势出击。钳形攻势部队受地形限制,也无法多面展开攻击。国民党军得以集中有战斗力的部队,在海空军支援下,凭借既设阵地,顽强死守吴淞口两侧狭窄阵地,确保其出海口。粟裕鉴于攻击部队伤亡严重,进展缓慢,于5月18日向总前委和中共中央军委建议,"如对沪攻击不受时间地区限制",要求"四面八方向市区发起攻击"①。这时,接收准备工作已大体就绪,5月20日,中央军委即指示前线将领,可以总攻上海,并指示要作好充分准备,考虑到前线部队的困难,军委爱惜前线将士,特别指示对于吴淞要塞,"可以放弃一部分不攻,让其从海上逃去"②。

---

① 《粟裕、张震关于对沪全面攻击的部署致总前委等电》(1949年5月18日),《渡江战役》,第301页(解放军出版社本)。

② 《中央军委关于接收准备已就绪只要军事条件许可即可总攻上海致粟裕、张震等电》(1949年5月20日),《渡江战役》,第304页。

于是，粟裕、张震于 5 月 21 日制定了调集十个军的重兵总攻上海的部署，22 日得到中央军委的批准，23 日晚即发起总攻。国民党军在解放军强大军力压迫下，向苏州河以北退缩。24 日晚，解放军先头部队进入市区。翌日晨，占领了苏州河以南的市区。是日中午，汤恩伯下令撤退。当晚各军在混乱中登船，撤运行动计有海轮十四艘，登陆艇四艘。5 月 26 日拂晓，船队全部驶离吴淞口①。解放军第三十、第三十一军于 25 日晚占领高桥。26 日，第十兵团占领吴淞、宝山。当时，汤恩伯在撤退之际，任命刘昌义为淞沪警备副司令，指挥殿后部队。26日，处于绝境的刘昌义率部四万多人向解放军投诚。27 日，汤恩伯留下的掩护部队第三十七军、第二十一军等部纷纷瓦解，中午，最后一股国民党军第二十一军二三〇师在杨树浦投降。解放军将上海市区敌军全部肃清。

上海战役共歼灭国民党军第三十七军、五十一军全部及二十一军、一二三军之各三个师及暂八师全部，第七十五军一个师，五十二、十二军一部，五个交警总队，共 15 万人。汤恩伯仅得以从上海撤走第五十四军、十二军、五十二军等部主力，及第七十五军一部、第九十九师、第二十一军和一二三军军部，二个炮兵团，共五万多人。②

国民党军在长江防御崩溃之际，其孤悬华北的最后重要据点太原也失守了。太原是阎锡山长期经营的据点，拥有独立的军工体系和完整的城防工事。阎锡山有自己的一套政治控制系统，成为山西的"土皇帝"。这一军政集团在濒临覆灭之际，仍进行了顽强的抵抗。

1948 年 7 月，阎锡山部在晋中战役失败，拥有的十五个师被歼灭十个，太原已经陷于孤立，它同外界的联络主要依靠空运。蒋介石于 7 月 22 日亲自飞赴太原，为阎锡山鼓劲。太原守备兵力经整补后为两个

---

① 《国民革命军战役史第五部——戡乱》第 6 册，第 141 页。
② 汤恩伯部撤退人数据《中国人民解放军战史》，台北版《国民革命军战役史第五部——戡乱》则为 7.9 万多人。

兵团,五个军,约九万人,加上其他武装力量,总计 14.9 万人①。太原三面环山,城南平坦无险,汾河纵贯南北。以王靖国的第十兵团担任城东、城南地区的防御,以孙楚的第十五兵团担任城西、城北地区的防御。以蒋介石从胡宗南部调入的第三十军、第八十三师,由敌伪军改编而来的独立第八、第九及由留用日军作骨干的第十总队等部及特种兵为总预备队。以少数兵力固守要点,大部兵力保持机动。推行党政军一元化,实行总体战。但太原粮食缺乏,空运能力有限,士兵营养不良,多患夜盲症。

由于晋中战役中阎锡山部主力被歼,太原孤立,兵力空虚,毛泽东于 7 月 16 日曾期望徐向前、周士第兵团争取于十天内外夺取太原,并争取阎锡山归降。但当时战役尚未结束,部队伤亡很大,需要休整补充,而蒋介石从西安抽调整编第三十师四个团,从 7 月 17 日起空运太原,加强了太原的防卫力量。7 月 21 日,徐向前、周士第向中央军委报告,太原外围阵地坚固,阎锡山部至少有六万人以上,各师补充及时,兵员充实,而华北一兵团各纵兵员不充实,"在攻取太原作战以前,必须经过一个适当休整准备阶段",因此,确定作战原则如下:"切实完成对太原市之包围围困,控制南北机场及若干外围工矿,断绝其外援及粮弹、燃料补给,逐步攻取必要的外围据点,消灭其有生力量,瓦解动摇敌人,以造成攻城有利条件,开辟攻城道路,完成攻城准备,然后一举攻取之。"②军委同意这一方针,令徐兵团全军转入休整,准备攻取太原,并令组成前敌委员会,以徐向前为书记,统一指挥。

解放军攻击太原的部队计有:华北野战军第一兵团(辖三个纵队)、晋绥军区(后改属西北野战军)第七纵队和晋中军区部队,共十七个旅,

①　《国民革命军战役史第五部——戡乱》第 4 册,第 253 页。按:据《解放太原》一书,一说为 9.9 万(28 页),一说为 11 万(36 页),显系部队太杂,统计上自然有所不同(中共太原市委宣传部、中央太原市委党史研究室编,1989 年 4 月版)。

②　徐向前:《历史的回顾》(下),解放军出版社 1984 年版,第 762 页。

十万余人①。华北第一兵团在解放军中并非主力兵团,系刘邓大军挺进中原后,由地方武装升级而来,原来的基础薄弱,在一年多的战斗中发展壮大起来。以 10 万兵力攻击坚固设防的太原,兵力显然不足。但当时各地战斗激烈,不久辽沈战役开始,所以,华北第一兵团准备独力完成攻克太原的任务。前委于 9 月 28 日制定了攻取太原的作战方案:"战役指导方针,系以围困、瓦解、攻击逐步削弱敌人,然后一举攻下太原,全歼敌人。战役拟于十月十八日开始,争取三个月内结束。攻击步骤拟第一步突破敌第一线防御阵地,以火力控制南北机场,断敌外援,便于瓦解工作。第二步攻占东南东北攻城必需之据点。第三步攻城。"②这一方案,鉴于太原缺粮,机场受到解放军炮火控制,敌有战斗力的部队无多,因此对敌顽强抵抗的能力估计不足。正在石家庄养病的徐向前接到这一方案后认为:"首先争取一直连续的打下去,在最快时间内全歼敌人是上策,先打再围带打而下之即消耗较大是中策,下策即必须增加力量再攻下之,即影响别线作战,只是最后之一途。"③

　　正当华北第一兵团诸部积极准备攻城之际,阎锡山于 10 月 1 日派出了七个师,脱离既设阵地,出城破坏解放军攻城准备,抢夺粮食,于 10 月 4 日间南下至小店、南黑窑、秋村、西温庄一线。一兵团迅速抓住战机,隐蔽集结了四个纵队,于 10 月 5 日发起战斗,包围歼灭了敌第四十四师、四十五师全部,歼敌万余人,占领了华北最大的武宿机场和太原外围的重要据点石嘴子、凤阁梁。太原守军损失严重,解放军乘机提早发起了攻取太原的战斗,但因此更改了原定部署,并抱着一个不确定的目标,即打了以后有利再打,未有成算。

　　前委原作战方案,主攻方向在城东南,在初期战斗中发现,城南工

---

①　部队人数据《毛泽东军事文集》第 5 卷,第 226 页。

②　《华北一兵团攻取太原作战方案报告》(1948 年 9 月 28 日),《解放太原》,第 29 页。

③　徐向前:《历史的回顾》(下),第 773 页。

事坚固,配有重兵防守,因此把主攻方向转向东山。东山是太原的主要屏障,攻占东山就可以控制太原的命脉。阎锡山在东山构筑有四大要点:牛驼寨、小窑头、淖马、山头。10月16日,解放军开始行动,18日拂晓,西北第七纵队一部以奇袭手段夺取了牛驼寨,但因其他部队未能跟上,态势孤立,遭到太原守军的强力反击。10月21日,国民党军第三十军和第十总队三个团,在强大炮火的支援下,重占牛驼寨。解放军第十三纵队攻击马庄也未得手。但对东山进行了面的占领。

华北傅作义为了配合山西和东北战场,组织所谓援晋兵团,企图偷袭石家庄,但未能实现。国民党军统帅部也曾希望傅作义能向太原一线解放军实行攻击,各个击破①。但解放军不久就兵临北平城下。10月21日起,蒋介石令第八十三师从榆林空运太原增援,但遭到邓宝珊的反对,"据空军报告,榆林邓宝珊不许再运,并称如必再运,即将以武装阻止"②。

鉴于第一次攻击失利,解放军调整了部署,集中兵力火力,攻击四大要点。太原守军也将城防兵力集中到东山要点上,以第十总队及第六十八师一个团守牛驼寨;以第四十师一个团及保安六团一部守小窑头;以第八总队及保安六团大部守淖马;以第九总队及第七十三师、四十九师一部守山头。以第三十军全部、第四十师二个团组成机动兵团。11月初,蒋介石从榆林抽调第八十三师空运增援太原,并于11月9日加入机动兵团作战。解放军计划以西北第七纵队攻取牛驼寨向陈家峪发展;第八纵队四个团攻取小窑头向杨家峪发展;第十五纵队攻取淖马向伞儿村发展;第十三纵队攻取山头向双塔寺发展。10月23日,兵团颁布了总攻击令,26日晚展开了激烈的战斗。太原守军凭借坚固工事和强大火力,在执法队的严厉督战下,死打硬拼,各据点反复争夺,血战空前。

---

① 《郭汝瑰日记》1948年11月6日。
② 《郭汝瑰日记》1948年10月21日。

在东山前线血战之际，从西安调入的第三十军军长黄樵松，原系西北军杨虎城旧部，与解放军接洽起义，准备里应外合，攻取太原。但在起义前夕，该军第二十七师师长戴炳南向阎锡山告密，11 月 2 日，黄樵松和进城联络的解放军第八纵队参谋处长晋夫等被捕，后被押解到南京杀害。戴炳南则在太原解放后被人民政府捕获处以死刑。

战斗至 11 月 12 日，解放军攻占了东山全部四大要点，俯瞰全城。经此一战，太原守军仅剩约六万残兵，陷于孤立。但解放军十万之众，伤亡已达二万①，也难以继续承担攻城战斗，不能不进行休整，并要求中央军委增加兵力。中央军委即令华北第二兵团西进参加攻取太原的战斗。但这时，东北野战军将领林彪、程子华等都不赞成华北第二兵团西进，要求停止攻击太原的战斗，集中全力对付华北傅作义所部。中央军委综合了各方面的意见，即于 11 月 16 日征询太原前线将领的意见："估计到太原攻克过早，有使傅作义感到孤立，自动放弃平、津、张、唐南撤，或分别向西、向南撤退，增加尔后歼灭的困难，请你们考虑下列方针是否可行：(一)再打一二个星期，将外围要点攻占若干并确实控制机场，即停止攻击，进行政治攻势。部队固守已得阵地，就地休整。待明年一月上旬东北我军入关攻击平、津时，你们再攻太原。(二)如果采取此项方针，杨罗耿部即在阜平休整，暂不西进。"②于是，太原前线解放军停止战役攻击，围城待援，部队转入休整，同时，对太原守军下级官兵进行政治攻势，先后瓦解敌军万余人。

北平和平解决，平津战役结束，中央军委调序列改编后的第十九兵团(即原华北二兵团，杨得志为司令员)、第二十兵团(即原华北三兵团，杨成武为司令员)和第四野战军的第一炮兵师增援太原，华北一兵团改为十八兵团。1949 年 3 月中旬，解放军组成太原前线司令部，以徐向

---

① 《东北主力是否早日入关为好》(1948 年 11 月 16 日)，《毛泽东军事文集》第 5 卷，第 226 页。

② 《推迟攻取太原》(1948 年 11 月 16 日)，《毛泽东军事文集》第 5 卷，第 228 页。

前为司令员兼政治委员,并成立总前委,徐向前为书记。总兵力达十个军三十七个师,共32.8万余人,炮1300余门。太原守军经整补后为六个军十三个师,共7.2万余人,解放军以4.54∶1的兵力比,占据了绝对优势①。

这时,彭德怀于参加中共七届二中全会后,返回西北途中,于3月28日到达太原前线,准备于太原战役结束后,调第十八兵团、十九兵团到西北作战。徐向前正患病在身,无法到前线指挥,于是请彭德怀留下指挥攻城,得到中央军委的批准,但仍以徐向前名义下达命令。3月30日,总前委制定了作战方案,并经彭德怀同意,"第一步打外围据点,争取消灭敌人六至八个师,占领攻城有利阵地。第二步攻城"②。攻击时间定于4月15日开始。预计半个月解决战斗,但作一个月作战的准备。军委同意了总前委的作战方案,同时要求争取和平解决的可能性。北平和谈期间,也有同时解决太原问题的磋商。尽管阎锡山已于3月29日乘飞机离开太原,太原守军仍顽固地拒绝接受和平。4月14日,徐向前等向军委请示提前发起攻击,4月17日军委复电授权说:"你们觉得何时发起打太原为有利,即可动手打太原,不受任何约束。"③

4月19日夜,太原前线解放军发起了攻城战斗,以插入分割战法,先以第二十兵团、十九兵团为主,从南北两面攻击,以十八兵团及第七军(即原西北七纵)主力佯动,待南北两路顺利进展后,第十八兵团及第七军主力即于20日下午5时半投入战斗,向城东郊攻击。至22日上午9时,城郊敌军全部肃清。

阎锡山本是奉李宗仁之召,参与和平谈判问题的商议,一去不归,

---

① 兵力比参见《解放太原》第90页,又参《历史的回顾》。
② 《徐向前等给中共中央军委的电报》(1949年3月30日),见《毛泽东军事文集》第5卷,第526页注(2)。
③ 《一九四九年四月十七日军委给徐向前、周士第、罗瑞卿电》,《解放太原》,第12页。

在南京用电话指挥。他原发誓要与太原共存亡，而至此太原即将失守之际，仍滞留南京。蒋介石、李宗仁都劝阎锡山留在南京。直到解放军炮火完全封锁了太原机场，阎锡山才故作姿态，谋求用民航机空降太原，自然难以成行①。尽管阎对自己部下违背了诺言，但他在 4 月 20 日左右，仍电其五妹(山西省妇女会理事长、国民大会代表阎慧卿)、梁化之(代省长)与某特务长，嘱他们自杀。②

24 日晨 5 时半，太原前线解放军炮兵火力集中猛轰太原城垣，第十八兵团及第七军主力、第十九兵团、第二十兵团分别从东、南、北三面攻城，一小时后即突破城防，进入巷战，太原守军土崩瓦解，至上午 10 时，战斗结束，全歼守敌。孙楚、王靖国、太原绥靖公署总顾问岩田(日人)等被俘，梁化之、阎慧卿等自杀。部分顽固不化的军政人员集体自焚。第十总队司令、阎锡山留用的日本军官今村被俘后也服毒自杀。最后攻克太原一役，解放军歼敌七万余人。

阎锡山后来以"太原五百完人"鼓吹他们的忠烈，并屡屡喜作道德说教。但他自己却屡败屡逃，在台湾安度余生，无法自圆其说，只能厚颜强辩而已。

二　解放军的全面进军(上)

解放军于上海战役之后，各部均转入休整状态。毛泽东对美国干涉、协助国民党军队袭击解放区后方的可能性，心存顾虑，保持警惕。早在平津战役之后，毛泽东就指示华北军区："(一)在我主力南征取得伟大胜利的情况之下，帝国主义者及国民党有向我后方袭击扰乱之可能。(二)你们有保卫秦皇岛、塘沽两处海口，准备击退敌军可能进攻的

①　《民国阎伯川先生锡山年谱长编初稿》(六)，第 2301 页。
②　《徐永昌日记》1949 年 4 月 30 日。

任务。"①因此，一直在沿海地区布有重兵。渡江之后，毛泽东以第二野战军作为战略预备队停留在浙赣线上，5月23日，毛泽东规定二野的任务说："二野亦应准备于两个月后以主力或以全军向西进军，经营川、黔、康。二野目前任务是准备协助三野对付可能的美国军事干涉，此项准备是必需的，有此准备即可制止美国的干涉野心，使美国有所畏，而不敢出兵干涉。但在上海、宁波、福州等处被我占领，并最好由三野以一部兵力协助山东攻占青岛（假如上海占领后，青岛敌军尚未撤退）以后，美国出兵干涉的可能性就很少了，那时二野就可以西进了。"②

5月28日，毛泽东更作出具体部署如下："关于预防美帝协同国民党向我后方袭扰，除已令杨成武兵团及钟赤兵炮纵在秦皇岛、塘沽布防外，特作如下部署：甲、杨得志兵团和十八兵团一道继续向凤翔方向前进，准备在各兵团会合后，歼灭胡马在陕甘边境上的主力。如此战能达目的，而华北情况又有需要，则准备将杨得志兵团留在宝鸡、凤翔区域待机，同时尽可能赶快修复洛阳、宝鸡段铁路，以利运输。乙、林罗留一个军位于河南，平时担任剿匪，有事增援开华北。丙、陈饶粟以一个军附必要数目的炮兵开青岛附近，待命夺取青岛，尔后即任青岛守卫。南京、镇江、苏州区域已有两个军，浙江区域已有三个军，甚好。吴淞、上海区域应有七个军，特别注意加强吴淞、江阴两区的炮台设备。以上各军，除担任城市守备及乡村剿匪任务者外，均应迅即部署整训。攻取福建的兵力，不要超过两个军。丁、二野全军除一部待命渡赣江配合四野歼灭桂系于袁水流域外，其余在六七两月内，位于现地主要进行整训，附带帮助剿匪，待两个月后，看情况再定行动方针。"③

─────────

①　《防止敌袭扰我后方的部署》（1949年2月28日），《毛泽东军事文集》第5卷，第511页。

②　《对各野战军的进军部署》（1949年5月23日），《毛泽东军事文集》第5卷，第591页。

③　《预筹帝国主义武装干涉的对策和部署》（1949年5月28日），《毛泽东军事文选》第5卷，第600—601页。

当时,青岛驻军于是年2月间即有撤退的准备,但驻青岛的第十一绥区司令刘安祺与美军驻青岛的西太平洋舰队司令白吉尔会谈时,美方曾表示:"一、国军如不撤退,则美军决保留现状,不再作撤离之准备。二、如×来犯时,美军决不中途撤离青岛,必要时,且愿提供援助。"甚至有"如×大举来攻时,则由关岛、东京调集援军,亦甚便利"的表示①。但在解放军攻击上海之前,原在上海黄浦江的美国军舰已撤至公海,美国驻青岛舰队也于5月21日撤走。青岛国民党军两个军及其他人员12.2万余人也于6月2日登船撤退。解放军随即进占青岛。美军干涉的迹象很快就消退了,但应付美军可能进行干涉的部署,自然影响到解放军进军的速度。

国民党军于江防失守后,对于退却方向,行政院长兼国防部长何应钦曾打算:甲、左路鄂西方面,以一部由长江北岸向大巴山撤退,主力由长江南岸退守鄂西,以四川为后方,确保川、黔门户。乙、中路粤汉线方面在洞庭湖、汨罗江以北,长沙、衡阳以东地区筑工阻击,最后固守大庾岭及湘桂边界,确保两广安全。丙、右路江西方面,以最有力部队协同南昌指挥所作战,确保赣江东西两侧地区,屏障粤汉路之安全②。

针对何应钦的部署,毛泽东估计"似此在南浔路上,敌似不准备和我军打硬仗",为此,于5月17日指示第四野战军司令员林彪、参谋长萧克,除留守和侧翼部队外,在中路集中主力八个军,以五个军向郴州推进,西路以二个军向宝庆推进,"歼击白崇禧部于湘粤桂边境,并准备向两广前进"③。当时,白崇禧部是国民党军残余部队中最有战斗力的部队,总兵力除后来脱离指挥关系的宋希濂部外,有33万人。不过,这

---

① 引自《国民革命军战役史第五部——戡乱》第6册,第177页;系转述,并非原文。——笔者。

② 转引自《对何应钦四月三十日部署之对策》,《毛泽东军事文集》第5卷,第582—583页。

③ 转引自《对何应钦四月三十日部署之对策》,《毛泽东军事文集》第5卷,第582—583页。

时候,四野主力尚未渡江。上海攻克在即的时候,毛泽东于 5 月 23 日,对各野战军向全国的进军作出了总体的部署:以三野一部于上海战斗解决后向福建出动,以二野西进,经营川、黔、康,以四野向湖南推进,于年底占领两广,以一野进军甘肃、宁夏、青海,然后分兵两路,一路由彭德怀率领,进军新疆,一路由贺龙率领,进军川北,与二野协作解决贵州、四川、西康①。

当时,陕西胡宗南部在解放军第一野战军春季攻势的打击下,撤退至渭河以南,太原失守后,因全盘态势不利,进一步向泾河两岸撤退,西安绥靖公署也南撤至汉中。第一野战军未待第十八、十九兵团到达,即先行发起陕中战役。战役一开始,胡宗南部即于 5 月 17 日全线西撤,解放军于 18 日占领咸阳,19 日占领扶风,5 月 20 日占领西安,22 日占领凤翔,胡宗南部撤至秦岭以南。为了彻底歼灭胡宗南部,防止胡部向四川、云南撤退,毛泽东在上述部署中,计划从南面进军,断其退路,除二野进军贵州外,要求四野在消灭白崇禧部、占领广西之后,以一部经百色入云南②。此外,毛泽东已部署陕南军区部队(第十九军),沿汉水西进,截敌退路,在安康一线与胡宗南部反复争夺。各野战军即按毛泽东的总体部署,分别部署进兵。

在西北战场,青海马步芳、宁夏马鸿逵两部实力尚未受到损伤。解放军占领西安等地,胡宗南部后撤,二马防区受到解放军的威胁。当时,二马于 5 月 5 日在甘青交界的享堂举行会议,议定推马步芳为西北军政长官,马鸿逵为甘肃省主席,联合作战。张治中留在北平后,撤退到广州的国民党政府以副长官郭寄峤代理西北军政长官,但马步芳蓄谋取而代之,要郭率部入陕作战。广州当局为利用二马作战,即于 5 月

---

① 《对各野战军的进军部署》(1949 年 5 月 23 日),《毛泽东军事文集》第 5 卷,第 591 页。

② 《对各野战军的进军部署》(1949 年 5 月 23 日),《毛泽东军事文集》第 5 卷,第 591—592 页。

18日发表由马步芳代理西北军政长官。6月中旬,二马与胡宗南合作,
联合反攻西安。但三人同床异梦,难以真诚合作。青马在马步芳之子
马继援指挥下,直攻咸阳,但宁马与胡部李振兵团分别在乾县和鄠县
(今周至)逗留不进。解放军以新到的第十八兵团第六十一军增援,6
月13日一战,击溃了青马的进攻。这时,解放军增援部队源源抵达前
线,胡、马各部不得不停止进攻,纷纷后撤。

　　鉴于国民党军已不敢积极推进,解放军第一野战军已集结有四个
兵团,决心利用胡、马的矛盾,"钳马打胡",发起扶郿(今扶风、眉县)战
役。毛泽东指示对于胡宗南部"以重兵绕至敌后,切断其退路,然后歼
灭之"①。国民党军屡战屡败,士气低沉,醉生梦死。7月11日,解放
军第一野战军以三个兵团发起攻击,胡宗南部沿陇海路向宝鸡撤退。
解放军第二兵团先期秘密越漆水河绕道西进,从胡宗南部和青宁二马
的结合部,通过大沟悬崖,于12日拂晓出奇兵袭占罗局镇,从胡宗南部
第三十八军后方发起攻击。国民党军前敌将领竟不相信自己已经遭到
解放军的袭击,迟迟未采取应变措施。② 胡部第十八兵团被压缩在渭
河河滩绝地,不得不勉强渡河突围,除李振和第六十五军军部少数人突
出重围外,大部被歼。7月14日,解放军占领宝鸡。是役,歼灭胡宗南
部四个军,共4.4万人。

　　胡宗南失败后,二马向陇东、平凉撤退。李宗仁、阎锡山等认为,胡
宗南和马步芳不能合作,致遭失败,希望徐永昌前往指挥。但徐没有同
意,他在日记中说:"实则,胡、马除蒋先生(即蒋介石——引者)外,谁的
指挥也不受。"③面对着解放军强大军力的进击,二马之间仍希望化解
彼此之间的矛盾,协力抵抗。7月24日,由马步芳的参谋长刘任在静

　　①　《钳制两马歼灭胡宗南四五个军》(1949年6月26日),《毛泽东军事文集》
第5卷,第622页。

　　②　李振西:《国民党军扶郿战役的溃败》,《中华文史资料文库》第7卷,
第720页。

　　③　《徐永昌日记》1949年7月18日。

宁主持了二马两部之间的军事会议,制定了一个"保卫甘肃、保卫西北"的《关山会战指导复亲计划》,协同进行平凉决战。会议决定以卢忠良率陇东兵团(即宁马的宁夏兵团改称)固守陇东和平凉,以马继援指挥陇南兵团(即青马的青海兵团改称)和中央系三个军扼守天水、陇西、定西等兰州外围地区,青马主力由安口窑西移六盘山,待解放军进击平凉时,迂回至左侧进行反击。但这一部署,使宁马首当其冲,而马鸿逵所谋求的甘肃省主席一职又迟迟没有发表,对马步芳部西撤存有疑虑。解放军采取了"钳胡打马"的部署,集中兵力,求歼二马。当解放军于7月24日向平凉进击时,马鸿逵电令卢忠良"保存实力,退守宁夏"。青马兵力暴露,也不得不向静宁撤退。解放军即分兵三路,进军陇东追击,将二马分割,至8月11日攻克平凉、天水等重镇,占领县城22座。青马退保兰州,宁马退守宁夏。①

8月14日,李宗仁在广州召集西北联防军事会议,马步芳、马鸿逵、胡宗南、阎锡山、白崇禧、顾祝同、徐永昌等出席,计划在兰州决战,以青马在兰州牵制解放军主力,马鸿逵部转用于兰州,胡宗南部出陇南,围击解放军,并出动空军支援,且要徐永昌前往指挥。翌日,胡宗南见徐永昌,指责昨日会议"大家说官话",并断定"马步芳决不打,必后撤青海,保存实力"②。至21日,即成立国防部长西北边区指挥所,由徐永昌任指挥。

解放军于8月9日分三路向兰州进军,首先歼击青马。至20日,第十九兵团和第二兵团从东、南、西三面包围兰州,第一兵团兵逼临夏。胡宗南、马鸿逵对马步芳不信任,没有出兵支援。攻击兰州部队担心敌人撤逃,丧失战机,21日即发起攻击,遭到兰州守军的坚强抵抗,伤亡

---

① 参吴忠礼、刘钦斌主编:《西北五马》,河南人民出版社1993年7月第1版;第一野战军战史编审委员会编:《中国人民解放军第一野战军战史》,解放军出版社1995年版。

② 《徐永昌日记》1949年8月15日。

严重。于是,解放军调整部署,准备攻坚,并准备以第一兵团占领临夏后,加入攻击兰州的战斗,切断兰州守军西退新疆的道路。24日,马步芳要求马鸿逵速出靖远,胡宗南急攻天水。但宁马和胡部遭到解放军阻击后即分别停止于海原以北、宝鸡虢镇以南,屯兵不进。25日,解放军攻兰部队发起总攻,经过激烈战斗,攻占了兰州外围主要阵地。在兰州指挥的马继援丧失了坚守兰州的信心,是日晚,部署经黄河铁桥全线北撤。但解放军很快发现了敌军的撤退行动,马上组织追击,以火力封锁黄河铁桥。26日占领兰州。马继援率残部向永登、西宁逃跑。27日,马步芳因主力被歼,即飞离西宁,逃往重庆,31日马继援也飞逃香港。是役,解放军歼灭马步芳主力2.7万人。与此同时,解放军第十八兵团攻占秦岭,打开了通往汉中的门户。

兰州战役以后,国民党军残部已丧失战斗力,分别向西宁和河西走廊溃逃。解放军第一兵团向青海进军,于9月5日占领西宁,然后以第二军冒着风雪严寒,翻越荒无人烟的祁连山,出奇兵于9月19日占领张掖,第二兵团于9月4日分兵两路,向河西走廊挺进,至21日在张掖与第一兵团会师,然后继续西进。9月24日,国民党军三万多人在酒泉起义,27日,解放军进驻酒泉。

解放军第十九兵团于9月2日分左中右三路向宁夏进军。宁夏兵团在马敦静指挥下,设置了三道防线,进行抵抗。

早在发起兰州战役之前,毛泽东于8月6日就指示彭德怀,对于西北地区,"除用战斗方式解决外,尚须兼取政治方式去解决"。主要是利用张治中和平解决新疆问题,利用傅作义解决绥远和宁夏问题①。毛泽东原拟利用傅作义和马鸿逵的把兄弟关系,解决宁夏问题,但事实上马鸿逵正部署抵抗,和平解决比较困难,而且,马部在陕北杀人甚多。因此,毛泽东于9月4日又指示对宁马力争全部缴械,但"请考虑利用

---

① 《兼取政治方式解决西北地区》(1949年8月6日),《毛泽东军事文集》第5卷,第654—656页。

马鸿宾，派人向马鸿宾做些工作，争取大部和平缴械，一部改编的局面”①。马鸿宾在宁夏受到马鸿逵的排挤，他拥有一个军的实力，曾亲自到包头与傅作义联络，谋求和平改编。

解放军首先突破靖远、同心防线，进击中宁，守敌贺兰军逃跑。马鸿宾之子马惇靖所率第八十一军于9月19日起义。马鸿逵之子马敦静在金积、灵武一线继续部署抵抗，但20日，马敦静即搭乘前来督促抵抗的徐永昌的飞机前往重庆。所部军长马全良、卢忠良、马光宗联名通电向解放军求和。但所部仍在抵抗，解放军即进击吴忠堡，于21日攻克。金积、灵武守敌溃散。22日，马鸿宾以西北军政副长官的名义，召开军政会议，派出代表到中宁，于23日与解放军第十九兵团签订《和平解放宁夏问题之协议》。同日，银川守军溃散抢劫，马鸿宾从银川向解放军告急。解放军即星夜进驻银川，上述协议也已无法执行。

绥远问题在北平和平谈判时，本有同时解决的拟议，北平问题解决后，绥远省主席董其武即于1月22日飞到北平与傅作义面谈。此后，傅作义有以“易帜”方式解决绥远问题的要求，毛泽东原则上同意暂时保存绥远军队，原封不动，过相当时间之后，再去改编，这就是后来所说的绥远方式。傅作义在北平西郊总部附近，留有一条长仅500米的跑道，1月30日，在解放军进城的前夕，他派出一架飞机到绥远，临行约定，他何时有电，这架飞机即飞北平，在这条跑道上降落。3月初，这架飞机因需修理，飞到南京。23日，傅作义发电调这架飞机24日到绥远，25日到北平，接他到绥远。这时，正好毛泽东率中共中央到北平，原定着陆场附近解放军增多，已无法降落。傅作义出走的企图不久也被中共中央所发现，空中渠道被截断了②。4月1日，傅作义正式发表了接受北平和平的通电。

---

① 《毛泽东关于解决宁夏马鸿逵问题致彭德怀等电》(1949年9月4日)，《从延安到北京》，第599页；参《中国人民解放军第一野战军战史》，第284页。

② 《徐永昌日记》1949年3月6日、24日、26日。

　　绥远问题从 3 月 23 日开始,由傅作义派周北峰、阎又文和解放军方面的李井泉、潘纪文在北平开始第一次谈判,到 6 月 8 日签订了《绥远和平协议》,同日生效。根据"暂维现状,以便改造思想准备将来作进一步改革工作之基本精神",就"关于绥远划界、交通、金融、贸易及派遣驻归绥联络机构等具体问题"达成协议,界内"由董其武将军管辖"。毛泽东批准了这个协议,但表示:"不过,不要登报,因为你们没有写明有了北平和平解放,才有绥远和平解放。不然别处都要求'绥远方式',我们就不好办了。"①7 月 8 日,董其武分别向各部队长宣布了协议内容,并进行了必要的说服工作。

　　广州国民党政府方面,一直在对绥远进行威胁、拉拢和分化的工作,要求董其武率部西撤,并断绝了对绥远的经费接济。8 月 1日,徐永昌到达陕坝,董其武等前往周旋。徐劝董其武率部西撤,助二马作战。他估计傅作义指示董其武退河西,力言"万不可退至河西,河西死地也,不足有为"。"助马不利时,可青,可川,可滇,可印,比时吾将为诸君办外交。吾人必能复国,且必较戴高乐之有法国胜几倍"②。徐永昌回去后,广州方面补发了绥远的军饷。但董其武已决心走和平道路。当时,毛泽东于 8 月 6 日电告彭德怀说:"傅的部下董其武等愿意靠拢我方,但是尚无惩办反动分子、改造部队的决心,而傅作义则已开始建立此项决心,并建议早日解决绥远问题,而不要再拖下去。故我们决定组织绥远军政委员会,以傅为主席,我们的高克林为副主席,委员十余人,傅部占多数,我们的人占少数。"③

　　8 月 24 日晚,傅作义、邓宝珊等携带大批现金由北平乘火车前往归绥(今呼和浩特),推进绥远起义。人或疑这样将"放虎归山"。当时,

　　①　董其武:《戎马春秋》,中国文史出版社 1986 年版,第 260—261 页。
　　②　《徐永昌日记》1949 年 8 月 1 日。
　　③　《兼取政治方式解决西北问题》,《毛泽东军事文集》第 5 卷,第 654 页。

毛泽东对傅作义已极其信任①,据董其武回忆说:"毛主席批评了这种疑虑。相信傅去绥远只能对进一步统一绥远各界的认识,彻底粉碎南京政府的阴谋,加速起义的步伐起重大作用,不会发生其他问题。"②9月10日,傅作义和董其武一起进驻包头,以自己的威信,说服所部,筹备起义事宜。

傅作义到绥远后,李宗仁、阎锡山等力谋争取傅作义率部归来,派徐永昌前往包头会晤傅作义。徐到重庆后,蒋介石也写了亲笔信给傅作义,交徐永昌带往。但蒋"对宜生之率部归来不存奢望",徐也同感,且对前往并不积极③。因为天气的原因,徐永昌迟至9月16日从重庆飞宁夏,17日到包头,与傅作义长谈。但傅作义最终拒绝了徐永昌希望他率部西撤的要求。19日,徐即飞回宁夏,转飞重庆。是日下午,董其武领衔发表了起义通电,经过傅作义的说服,一直犹豫的第九兵团司令官孙兰峰也在通电上签了名。傅作义完成了组织绥远起义的任务,当天即同邓宝珊、孙兰峰乘车返回北平,参加即将召开的第一届中国人民政治协商会议。

解放军第一兵团、第二兵团到达酒泉后,开通了进军新疆的道路,新疆和平解放的形势也趋于成熟。当时,受周恩来的委托,迪化市(今乌鲁木齐)市长屈武,于北平和谈破裂后,从南京返回新疆,策动新疆起义。中共中央致力于与新疆维吾尔族的合作,来迫使国民党新疆当局就范④。中共中央派邓力群作联络员,率四人小组带上电台,于8月15

---

①　《傅作义致薄一波、聂荣臻电》(1949年9月12日),《戎马春秋》,第290—293页。

②　《戎马春秋》,第288页。

③　《徐永昌日记》1949年9月8日。

④　《毛泽东关于向新疆进军和成立西北军政委员会、新疆军政委员会及新陕甘青省政府人选问题致彭德怀等电》(1949年9月26日),《"立群电台"文电选》,中共中央党史研究室编:《中共党史资料》第36辑,中共党史资料出版社1990年版,第19—21页。按:"立群电台"疑为"力群电台"之误。——笔者。

日由苏联抵达伊犁，与新疆三区人民革命和民族军建立联系。8 月 18
日，毛泽东致电新疆伊犁特别区人民政府阿哈买提江，邀请他们派出五
位代表前来北平参加人民政协全体会议。后来阿哈买提江等五人在前
往北平途中，因飞机在苏联境内失事而牺牲①。

国民党军政当局对于新疆问题一直流于清谈，8 月 19 日行政院会
议上，仍在讨论新疆撤兵问题。但实际上撤兵十分困难，同时担心撤兵
后中国会失去对新疆的主权，所以未能采取行动。

在解放军攻克兰州顺利挺进河西走廊期间，陶峙岳等新疆军政人
士于 8 月底举行正式会议，讨论继续支持蒋介石还是接受中共的和平
条件问题。会上除青海马步芳系统的马呈样"对此问题没有表示正面
意见而要把他的力量退回青、宁外，其他的人都一致同意实现局部和
平"。他们通过苏联在迪化的代表，来和中共方面建立联系②。

当时，新疆和北平方面的通讯比较困难。张治中自 5 月以后，和新
疆未能建立联系。9 月 8 日，毛泽东约见张治中，要他给新疆方面发电
报，动员起义，由在伊犁的邓力群的电台转交迪化。9 月 10 日，张治中
给西北军政副长官、新疆警备总司令陶峙岳，新疆省主席包尔汉发了一
封电报，要求他们"及时表明态度，正式宣布与广州政府断绝关系，归向
人民民主阵营"③。9 月 11 日，又就新疆准备起义的具体问题，致电陶
峙岳，详细磋商。9 月 13 日，中共中央指示邓力群前往迪化："你见迪
化当局，除将张治中致陶、包两电原文面交他们外，并向陶、包表示他们
应立即派员至兰州与彭德怀副总司令洽商和平解决新疆问题。"④邓力
群即于 9 月 15 日到达迪化进行联络。陶峙岳、包尔汉当即于 9 月 17

---

①　据力群致中央电(1949 年 9 月 3 日)，《中共党史资料》第 36 辑，第 15 页。

②　《新疆国民党军政当局开会讨论和平起义的一些情况》(力群致中央电，1949
年 9 月 2 日)，《中共党史资料》第 36 辑，第 12 页。

③　《张治中回忆录》下册，第 582 页。

④　《中共中央关于同意邓力群去迪化商讨和平解放新疆等问题致邓力群等电》
(1949 年 9 月 13 日)，《中共党史资料》第 36 辑，第 16 页。

日复电张治中,说明新疆和平转变问题已经安排妥当,并已"将和平解决新疆问题意见,书面交邓力群先生转陈主席(毛泽东——引者)"①。

在此期间,陶峙岳一方面派驻酒泉联勤总部第八补给司令曾震五到兰州与彭德怀会晤,一方面耐心地做反对和平转变的将领的工作。最后,胡宗南系统的将领叶成、罗恕人,马步芳系统的将领马呈祥,均同意放弃部队离开新疆出走。

9月24日,曾震五等在酒泉,以陶峙岳领衔,率部通电起义。25日,罗恕人、马呈祥等离开迪化,不久,叶成也追上他们一起离开新疆。26日,新疆警备总司令陶峙岳领衔,各师旅长签名发布通电,宣布:"自即日起,与广州政府断绝关系,竭诚接受毛主席之八项和平声明与国内和平协定,全军驻守原防,维持地方秩序,听候人民革命军事委员会及人民解放军总部之命令。"②但此电以早一天,即25日的名义发表③。新疆省政府主席包尔汉也领衔通电起义。10月5日,彭德怀在酒泉与陶峙岳会晤,并进行了会谈。10月10日,解放军先遣支队从玉门起程,10月20日进抵迪化。

三　解放军的全面进军(下)

在解放军第一野战军进军西北期间,东南地区解放军处于休整状态,国民党军残部虽然获得了喘息的机会,但内部分崩离析,整理无方,对于战略方针,派系分歧仍然十分严重。据台湾方面战史叙述:"(解放军渡江后)李代总统,仍存有与×和谈之幻想,指令白部于不得已时,仍以确保广西为和谈最后之凭借,对于国防部建议'华中主力,于不得已

---

①　《张治中回忆录》下册,第586页。

②　《张治中回忆录》下册,第588页。

③　《彭德怀关于陶峙岳通电起义等致毛主席电》(1949年9月27日),《中共党史资料》第36辑,第21页。

时,转移入黔,与四川国军凝为一体,确保西南半壁,徐图再举'一案,延不批准。"①李宗仁在回忆录中认为:"至五月中旬(解放军)竟侵入闽北,致使白崇禧所指挥的华中防地形成劣势的突出状态。值此紧急时期,白崇禧仍图补救,曾急电蒋先生,请将株守上海的精锐部队速由海道撤往汕头,联合自青岛南撤的刘安琪第九兵团约五六万精锐部队,自闽南、粤东北上,坚守大庾。而蒋先生不听。当上海不堪再守时,蒋把部队先撤至舟山群岛,逐步撤往台湾,刘安琪兵团则撤往海南岛。坐视白崇禧的华中区战事日趋恶化而不闻不问……细研全局,我深觉他(蒋介石)是故意如此部署,以促使我早日垮台。"②

迁往广州的国防部,基于白崇禧的要求,对在宜昌一线的宋希濂指示作战方针说:"京沪转进后,国军作战方略,持久消安敌军为目的,着重以空间换时间,及小型歼灭敌军为手段,在有利条件下,务寸土必争,积小胜为大胜,更须于必要时派有力部队向匪后发动反击,诱敌深入。"国防部要求宋希濂除确保川东门户外,确保湘西,"主力务须坚守于公安、渔洋关、三斗坪以北亘朋山之线,并集结有力兵团适时侧击向公安南窜长阳西之敌,不得放弃有利地形,畏缩于恩施附近"③。但不久,蒋介石即命令宋希濂部入川,敞开白崇禧的左翼,并将宋部划归西南军政长官公署指挥,脱离了与白崇禧的指挥关系。

当时,李宗仁、白崇禧主张保卫华南,将台湾的军事、经济力量集中到大陆上,使用飞机作战略轰炸,海军进行偷袭战,陆军在大陆上以攻为守。白崇禧原则上主张守衡阳,不得已时炸毁粤汉、湘桂两铁路西撤向广西或贵州山地。有消息甚至说,白崇禧准备长征到西北,与马步芳、马鸿逵等合作。蒋介石、陈诚、顾祝同主张若华南不能守,则撤至台

---

①　《国民革命军战役史第五部——戡乱》第6册,第5页。

②　《李宗仁回忆录》,第980－981页。刘安琪,应为刘安棋,以下引文中的误写同此。——笔者。

③　1949年8月3日,《国防部对宋希濂作战指示》,中国人民解放军军事科学院图书馆藏。

湾、四川,使用海空封锁沿海,并保持沿海主要桥头堡,在大陆上布置游击,保持四川山地①。6月5日,蒋介石对即将出任行政院长兼国防部长的阎锡山提出:"一、东区沿海以舟山、台湾、琼岛、长山四群岛为基地,向粤、桂、湘、赣、闽、浙、苏、鲁、冀发展。二、西区以甘、青、川、康、黔、滇为基地,向宁、陕、晋、豫、绥发展。"②蒋、李的战略方针是从派系利益出发的,彼此不能合作,区区残存的力量继续互相抵消。

阎锡山出任行政院长兼国防部长后,起草了《保卫华南西北案》,强调"所谓争时待机,含义有二:一是培养新生力量,以待反攻之机;一是等待国际转变,以待援助合作之机"。这篇总体战方案,长篇大论,却是满纸空言,在国民党濒临崩溃之际,拿不出任何有效的具体方案。徐永昌评论说:"渠近日每每自拟方案,连篇累牍,有如太原时之开会,甚或因之旷废有时间性之公事,殊可忧虑。余于阎先生之开会、拟方案,以为亦如蒋先生之检讨会,其与学生们贴标语好不了多少。"③但其保卫台湾一案的指导思想值得重视。他认为台湾"在我们争时待机的政策上,实为最有价值的省份。但在广州,接见各方人士,见百人,百人言台湾不能独存;见千人,千人言台湾不能独存。假使不幸而大陆不能确保时,若台湾又不能独存,我们争时待机之政策,何以实现"。他十分担心解放军先攻台湾:"估计共匪今日的政略,可能看台湾比大陆重,可能先攻台湾,再攻大陆。因他占了台湾,我们即无远景。"因此,他的结论是:"我们今日应赶紧的巩固台湾。"④

上海战役后,解放军第十兵团承担向福建进军的任务,但部队需要战后休整,从整体形势上看,进军福建的战斗任务也不严重。因此,中共中央军委同意前敌将领的意见,延长休整的时间。同时,军委于6月

---

① 《蒋军事计划部署情况摘记》(1949年8—12月),军事科学院图书馆藏。

② 《总统蒋公大事长编初稿》1949年6月5日条。

③ 《徐永昌日记》1949年7月16日。

④ 《保卫华南西北案草案》、《台湾保卫案》,军事科学院图书馆藏。

14 日指示粟裕、张震、周骏鸣并告华东局："请开始注意研究夺取台湾的问题，台湾是否有可能在较快的时间内夺取，用什么方法去夺取，有何办法分化台湾敌军，争取其一部分站在我们方面实行里应外合，请着手研究，并以初步意见电告。"①进军台湾的问题，是解放军面临的一个严重的军事课题。此后，驻在上海、吴淞的第九兵团即承担起准备攻击台湾的任务，而以第七兵团主力进击舟山群岛，其余部队进行剿匪和发动群众，拱卫后方。

为了准备进击台湾，7 月 25 日，毛泽东在发给秘密访苏的刘少奇转达斯大林的电报中表示："对台湾的战斗，将在建立了航空部队之后进行，这大约只能在明年的下半年。"并且，他不无忧虑地要刘少奇询问斯大林："在欧洲和世界其他地区，反美运动可能发展起来，在美国和英国爆发经济危机也是可能的，在这种情况下，如果我们运用苏联的帮助（即：我们请求苏联帮助我们准备飞行员，并出售给我们飞机，还可能请求苏联向我们派遣苏联的航空、海军专家，以及参加军事行动的飞行员），以占领台湾，那样，是否会损害美国和苏联之间的相互关系？请您就此向斯大林同志报告，以便他斟酌我们的计划，他们是否可行？如果这些计划大体上是可行的，那么，我们打算立刻向苏联派出学员。培训飞行员的具体计划正在拟订，然后通知您。在这个问题解决之后，您可以回国。"②随后，刘亚楼奉命访问苏联，准备组建空军部队。

解放军第十兵团于 7 月 2 日从嘉兴地区出发，开始向福建前线运兵。7 月 9 日，蒋介石亲至福州部署军事。7 月 21 日又到厦门，与汤恩伯、朱绍良等将领会商防卫方略。李宗仁也于 7 月 26 日巡视福州，会晤朱绍良。当时，朱绍良为福州绥靖公署主任兼福建省主席，以李延年

①　《军委同意十兵团延期入闽致粟裕、张震等电》(1949 年 6 月 14 日)，《从延安到北京》，第 520 页。

②　毛泽东致刘少奇转达斯大林电(1949 年 7 月 25 日)，А. Ледовский:*Визит в Москву Делегации Коммунистической Партии Китая в июне – августе 1949г.* Проблемы Дальнего востока N05,1996,c. 88 - 90.

的第六兵团驻守福州地区,以刘汝明的第八兵团驻漳州地区,以李良荣的第二十二兵团驻厦门地区。国民党军各部,兵力残破,屡经编并而成,士气低落。朱绍良、李延年都无战斗决心,主张从福州撤退,但蒋介石认为无福建即无台湾,决心固守福建以巩固台湾外围①。为此,福建绥署曾令第九十六军北进,但部队战力薄弱,甚至对处于军事真空状态的古田,也始终不敢前出占领,而解放军一时也无意与敌接触。

8月初,解放军第十兵团三个军及第七兵团第二十一军一部到达福建前线,在建阳、建瓯一线集结。8月6日,第十兵团发起福州战役,兵分三路,以第三十一军为左路军,进击马尾,断敌海上退路;以第二十九军为右路军,由南平出发,翻越沙县、永泰大山,出奇兵袭占福清,断敌向南撤退的道路;以第二十八军为中路军,由古田向福州正面进击。另以第二十一军进攻三都澳等地。三路协同作战,进展顺利,8月16日,左路军进克连江、马尾,以炮火封锁闽江,并由马尾西向攻击福州,中路军进迫福州外围,右路军占领福清,构工固守。福州国民党军队就这样消极地等待着被解放军包围歼灭。8月17日,解放军发起总攻,敌向闽江以南撤退,为二十九军阻击,予以包围歼灭。是日,解放军占领福州,歼敌四万余人。朱绍良、李延年于16日午后乘飞机逃到厦门,连省府大小印信都来不及带走②。

当时,国民党军残部于8月15日新成立了东南军政长官公署,以陈诚为军政长官。蒋介石以朱绍良、李延年作战消极,由汤恩伯代理福建绥靖公署主任,旋改东南长官公署厦门分署主任,并任福建省主席,驻守厦门。同时调整了部署,以第二十二兵团守金门,以第八兵团守漳州、厦门,以第十二兵团驻守潮汕。

解放军第十兵团攻占福州后,一边分兵占领闽中各地,一边进行休

---

① 李以劻:《蒋介石下野后在福州召开军事会议前后》,《文史资料选辑》第32辑,第137页。

② 参《中央日报》(重庆),1949年9月27日。

整,准备渡海作战,进击漳州、厦门。9月中旬,第十兵团发起漳厦战役,首先扫清厦门外围,9月16日占领平潭岛和南日岛,19日占领漳州,22日占领集美等厦门外围要点,厦门孤立。9月26日,第十兵团决定同时攻取金门、厦门。但至战役发起前发现,各军渡船不够,于是改变部署,首先攻取厦门。10月10日,第二十八军先行攻取大小嶝岛。15日,第三十一军及二十九军发起攻厦战斗,先以一部佯攻鼓浪屿,吸引敌军增援。登岛先头部队在敌军全力围攻下全部牺牲。调开敌军重兵后,解放军主力强攻厦门北半岛,16日拂晓,突破敌前沿阵地,建立了稳固的登陆场。汤恩伯把已南调的部队北调反击,已经为时过晚。战斗至17日,解放军分别占领了厦门和鼓浪屿。汤恩伯乘军舰逃走。解放军漳厦战役歼敌五万余人。

国民党军于厦门失守后,全力增防金门。原驻金门第二十二兵团的兵力薄弱,即于10月上中旬调第十二兵团的第十八军增防。除第五军防守小金门外,主力防守大金门。10月20日,胡琏的第十二兵团全部撤离潮汕,胡向蒋介石请求调运台湾,但蒋严令其前往金门。10月25日,该兵团第十九军船运到达,但登陆困难,行动缓慢。

解放军第十兵团以第二十八军为主攻部队,并配属第二十九军八十五师,共七个团攻击金门,以第三十一军一个加强师攻击小金门岛。当时情报估计胡琏兵团尚未到达金门,决于24日夜发起攻击。由于船只不足,先以三个团为第一梯队,第二梯队要待第一梯队船只返回后继续输送。25日凌晨1时后,分属三个师的三个团分别抢滩登陆,突破敌第一线防御。但登陆部队没有师级干部直前指挥,未能统一行动,登陆后也不懂得海陆作战的特点,没有巩固滩头阵地,即向纵深发展。结果,遭到纵深配备、机动使用的敌第十二兵团的猛烈反击。登陆部队的渡船因缺乏指挥,落潮后搁浅,为国民党海空军全部击毁。登陆部队兵力不足,处境危险,但第二梯队四个团因缺乏渡船,竟眼看着前方苦战,无法增援。经紧急动员船只后,26日仅输送了四个连的兵力增援,无济于事。至27日,战斗结束,解放军登陆部队7430余人全部损失。

解放军自渡江以来，国民党军望风披靡，第十兵团一路上顺利进军，不免产生了轻敌的情绪，以为可以不必经过严重战斗，即能攻克金门。加以从北方南下的部队，缺乏渡海登陆作战的经验。而且，解放军尚无正式的海军舰艇投入战斗，也缺乏海上登陆作战的系统训练。高级将领忙于巩固新占城市，处理陌生而复杂的问题，忽略了战役的指挥。结果，导致了一场规模不大的渡海登陆作战因为指挥混乱而失败[1]。

在第十兵团进军福建的同时，解放军第七兵团于7月间攻占宁海、象山，控制了浙江全省大陆。8月间，山东部队攻占了长山列岛，全部控制了渤海。

在中南地区，5月初，北平地区原国民党军的改编任务基本完成后，林彪率第四野战军十三个军，百万之众，南下两湖、江西作战，目标是歼灭指挥灵活、作战顽强的桂系白崇禧所部。先头两个军于5月中旬渡江占领了武汉诸地。5月25日，中共中央军委又命令第二野战军在江西丰城一线的陈赓兵团，归林彪、罗荣桓指挥，协力歼灭白崇禧主力。但第四野战军主力到达长江以北后，粮食发生了极大的困难，不得不休整就粮，未能立即进兵[2]。

白崇禧撤退到长沙之后，仍积极部署抵抗。7月4日，他从长沙到常德，与宋希濂一起召开湘西善后会议，收编地方武装，组织地方抵抗解放军的进军。7月9日，又在长沙召开华中军政长官公署军政配合研讨会，至11日闭幕。他在会上提出三大公开，即意见公开、人事公开、经济公开，实行空室清野。会上制定了军政配合方案，划分绥靖区，实行总体战[3]。就在会议期间，解放军准备就绪，发起了进攻。

---

① 参《叶飞回忆录》，第606—607页。

② 《粮食困难行动时间可酌情推迟》(1949年6月17日)，《毛泽东军事文集》第5卷，第613页。

③ 《中央日报》(重庆)，1949年7月10日。

　　这时,中共中央军委为抑留白崇禧集团,曾命令第四兵团在赣江以东集结待命,不要过江,以便麻痹敌军,等待四野主力到达,协同作战。白崇禧部也一直滞留在湘赣边山地。6月下旬,驻守宜昌一线的国民党黄埔系的湘鄂边区绥靖司令官宋希濂,命令所部进占当阳、荆门、远安,侦察敌情,抢运粮食。7月4日,林彪、邓子恢(四野第二政治委员,罗荣桓因病未随军南下)向军委报告,决心在东西两线同时发起湘赣边战役和宜沙战役,歼灭白崇禧和宋希濂两部,计划以先头部队迂回敌之突出部分,断其退路,但围而不攻,以麻痹其后方的敌军主力,然后我军各部自两侧向敌深后方迂回,完成包围后再组织攻击①。这时,长沙绥靖公署主任、湖南省主席程潜,正同中共方面洽谈局部和平,毛泽东电令林彪、邓子恢等与程潜联络,争取实现和平。因此,此次军事行动,解放军不向长沙正面进攻。

　　7月9日,宋希濂部第二军自当阳北进,与解放军第十三兵团先头部队遭遇,战斗提前打响。十三兵团即下令各军迂回包围敌军,但宋希濂发现解放军主力南下后,即下令撤退,在宜昌外围依托既设阵地进行抵抗。同时,他立即从常德赶到枝江,改乘军舰于15日赶回宜昌。这时,解放军正包围攻击宜昌、沙市、江陵,第一一二师突破江防,由古老背渡江,准备截断宜昌敌军退路。宋希濂鉴于态势严重,即命令部队向巴东、野三关一线转移,指挥所暂撤到三斗坪。解放军未能围歼敌军主力,7月18日即停止追击,乘胜向常德、松滋等地推进。

　　在东线,解放军第十五兵团先头军进击高安,然后以第十二兵团由通城经长寿街直插浏阳、万载,第四兵团渡赣江向宜春、万载以西前进,在高安、万载、伊春之线,三个强大兵团合击白崇禧主力。但当向高安挺进的第四十三军于8日到达九仙汤以南地区时,白崇禧部即发现了解放军的企图,于9日拂晓,从高安、奉新、上富镇南撤。解放军三个兵团即转入追击。7月13日,白崇禧命令在萍乡一线的所属部队连夜后

<hr>

①　转引自陈赓:《决战的历程》,安徽人民出版社1991年版,第744页。

撤至攸县、茶陵地区,跳出了解放军的包围圈。解放军推进至浏阳、宜春即停止了追击。

鉴于林彪所部第四野战军主力南进,白崇禧于7月21日部署继续后撤,其指导原则为:"本公署以巩固湘西、湘南,屏障粤北、川东两大门户,并诱歼犯匪于衡东湘赣山地之目的,即向湘东转移,缩短防线。"①并决定于7月22日将指挥所自长沙移至衡阳。白崇禧对程潜不放心,也令长沙绥靖公署移至邵阳。7月21日,程潜在陈明仁的劝说下,从长沙前往邵阳,由陈明仁代理湖南省主席。程潜离开长沙后,白崇禧才感到放心,即于22日离开长沙,移驻衡阳。

当时,白崇禧以宋希濂部为其左翼屏障,曾电令宋部撤退方向为:"应以有力之一部,撤守澧水南岸,与在石门整训之第一二二军,重新建立抵抗,拒匪沿沙(市)常(德)公路南犯,巩固湘西,并掩护华中主力军左侧背安全。主力则分别凭借武陵山、大巴山天险,构成重重抵抗,逐次拒匪西犯,以屏障川东门户,并适时侧击沿沙、常公路南犯之匪,期以达成持久作战之目的。"②但宋希濂效忠蒋介石,拒绝接受白崇禧的指挥,逐步向四川边境转移,驻在恩施。至8月初,国防部命令宋部改归西南军政长官公署指挥,与白崇禧脱离了指挥关系③。

解放军第四野战军以强大军力,在东西两路发起进攻,均未达到歼灭敌军主力的预定目的。毛泽东重新考虑对白崇禧的作战方针,并于7月16日指示第四、第二野战军前线将领说:"和白部作战方法,无论在茶陵、在衡州以南什么地方,在全州、桂林等地或在他处,均不要采取近距离包围迂回方法,而应采远距离包围迂回方法,方能掌握主动,即完全不理白部的临时部署,而远远地超过他,占领他的后方,迫其最后

---

①　《国民革命军战役史第五部——戡乱》第6册,第241页。

②　《国民革命军战役史第五部——戡乱》第6册,第239页。

③　宋希濂:《我在西南的挣扎和被歼灭的经过》,《文史资料选辑》第50辑,第15—20页。

不得不和我作战。因为白匪本钱小，极机灵，非万不得已决不会和我作战。因此你们应准备把白匪的十万人引至广西桂林、南宁、柳州等处而歼灭之，甚至还要准备追至昆明歼灭之。"①

这时正值盛夏季节，第四野战军各部自东北转战至江南，水土不服，疾病盛行。7月23日，林彪、邓子恢等向军委报告，部队已改为旅次行军和三伏休整，除各兵团派出先遣师压迫敌人后撤外，主要是抢占地盘、调整部署。

就在这一天，根据中共中央的指示，解放军组成了以金明为首席代表，唐天际、袁任远、解沛然、李明灏为代表的和谈代表团，到达平江，与程潜代表刘纯正谈判。翌日，刘即赶回长沙，向从邵阳赶回长沙的长沙绥靖公署副主任唐星汇报。在先，毛泽东于接到程潜关于根据中共中央公布的和谈原则谋取局部和平的备忘录后，曾于7月4日复电程潜，表示："只要先生决心站在人民方面，反美反蒋反桂，先生权宜处置，敝方均能谅解。诸事待理，借重之处尚多。此间已嘱林彪将军与贵处妥为联络矣。"②起义酝酿成熟，7月29日，程潜秘密从邵阳回到长沙，受毛泽东委托南来的程潜旧部李明灏也到长沙与程潜、陈明仁会晤。

为阻止程潜在长沙起义，广州国民党政府方面于7月30日在行政院会议上决定，同意程潜辞去湖南省主席，专任长沙绥靖公署主任，以陈明仁任湖南省主席。翌日，即31日，又撤销了长沙绥靖公署，阎锡山并派黄杰、邓文仪持函于8月1日自广州到达长沙，劝阻程潜，并邀程潜赴广州，拟任其为考试院院长。但已无济于事。8月1日，程潜即向国共双方军政界发表个人声明，历数蒋介石和国民党政府的腐败无能，见弃于民，呼吁道："当道仁贤，共念凶危，立即化除成见，积极和谈，则全国治安，固可立时恢复。如今之秉政者，苟犹有丝毫之天良未泯，当

---

① 《应采远距离包围迂回方法追歼白崇禧部》(1949年7月16日)，《毛泽东军事文集》第5卷，第635页。

② 《毛泽东年谱》下卷，第526页。

能幡然悔悟,立致祥和。"8月4日,程潜、陈明仁发布《告湖南民众书》、《告湖南将士书》,宣布脱离广州政府起义,翌日又发布通电:"率领全湘军民,根据中共提示之八条二十四款为取得和平之基础,贯彻和平主张,正式脱离广州政府。今后当依人民立场,加入中共领导之人民民主政权,与人民军队为伍,俾能以新生之精神,彻底实行革命之三民主义,打倒封建主义、官僚资本主义与美帝国主义,共同为建立新民主之中国而奋斗。"①8月5日,毛泽东、朱德复电程潜、陈明仁,支持设立由程潜领导的中国国民党湖南人民临时军政委员会及陈明仁将军的中国国民党湖南人民解放军司令部两项机构,并表示:"此次先生及陈明仁将军毅然脱离伪府,参加人民革命,义旗昭著,薄海同庆。南望湘云,谨致祝贺。"②同一天,程潜、陈明仁等再次联名发布通电,阐明宗旨,毛泽东、朱德于8月16日再次复电表示祝贺。③

　　程潜和陈明仁所能控制的本部军队很少,国民党军第一兵团所属各部在第十四军军长成刚、第七十一军军长彭锷、第一〇〇军军长杜鼎等率领下,纷纷南逃。为控制局面,8月5日,解放军前锋部队迅即进入长沙,各部发起追击。第四十九军向宁乡、湘乡,第四十六军向衡阳,第四十八军向茶陵、攸县,第十八军向茶陵、安仁挺进。同一天,广州政府任命黄杰为湖南省主席,8月8日又重组第一兵团,由黄杰任兵团司令官。是日,黄到达芷江,设立湖南省政府。

　　在长沙起义、解放军重兵追击的严重形势下,白崇禧不得不重新调整部署,以第一兵团、湘鄂赣边区绥署部队在邵阳、祁阳地区整补,成立湘西绥靖司令部,后又组建第十七兵团,以第三、第十、第十一兵团分别部署在衡阳以北、以东山地,阻击解放军南下。

　　解放军第四十九军第一四六师在追击过程中于14日占领永丰(今

---

① 《人民日报》,1949年8月25日。

② 《毛泽东年谱》下卷,第542页。

③ 《人民日报》,1949年8月17日。

双峰),15 日轻敌深入青树坪地区,在界岭一线遭到白崇禧所部第四十六军一部的阻击,第一四六师仍图突进,结果受到白部第七军的反击,伤亡严重,入夜,突围而出。当时解放军主力正在休整,未再南进,仅在江西地区,以第四兵团第十八军先遣师向粤北大庚、南雄、始兴前进,以第十五兵团第四十八军向赣州前进。8 月 16 日,在敌后游击的解放军粤赣湘纵队的北进支队占领入粤的战略要地大庚,旋在新城和南进部队会师。至 8 月底,占领江西全境,为入粤作战开辟了道路。

当时,李宗仁、白崇禧希望宋希濂所部在湘西作战,作自己的西侧屏障,撤退至潮汕一带的胡琏兵团及从青岛撤至海南岛的刘安祺兵团至粤北作战,作自己的东侧屏障,以粤北、赣南、湘南、湘西组成一条防卫线。但蒋介石蓄意守卫海岛,要以刘安祺两个军的力量控制海南,使与台湾成犄角之势①。在西南则把重兵驻守川东、川北,以保守四川,听任桂系在湘南陷于孤立。大约 7 月间,蒋介石要到广州,因不能不应付粤桂方面的要求,他才密电调刘安祺部主力到广州,并告诉他:"你不去,我不方便。"②但部队移动十分迟缓③。8 月 13 日,白崇禧为组织反攻,曾主张调刘安祺兵团到耒阳作战。据《徐永昌日记》,当天在李宗仁主持的军事会议上,白崇禧认为:"敌人深入,兵力分散,我邵衡间军心士气可用。所以拟抽衡阳以东几个师至永丰一带谋反攻敌人,且谓千载一时,决可打个胜仗,歼灭敌人一部。不过右翼后方实嫌空虚,拟调广州一带之三十九军及新由海南抽穗之刘安琪部到耒阳一带以为援应。国防部则为保广州若干时间之安全,只允调至英德、韶关间。"④

广州地区是传统上粤系和桂系的势力范围,蒋介石在事实上不愿

---

①　张玉法、陈存恭:《刘安祺先生访问录》,台北中研院近代史研究所 1991 年版,第 353 页。

②　张玉法、陈存恭:《刘安祺先生访问录》,第 134 页。

③　《中央日报》(重庆),1949 年 7 月 31 日。

④　《徐永昌日记》1949 年 8 月 13 日。

以自己的力量替桂系作战。8月11日,蒋介石在台北对来谒的顾祝同表示:"不可将广州防卫撤空,以免政府根据地发生动摇;并以为此次广州改设卫戍总部与集中兵力乃为计之得者,切不可变更部署轻易放弃广州。"①8月23日,蒋介石到广州,会商保卫广州战略。24日,他接见顾祝同、余汉谋等,"指示改正部署,切嘱勿将刘安祺所部北调,而使广州防卫空虚,任令犯匪长驱直入。盖国防部前为保卫广州,曾令电刘安祺所部至广州担任守备,而李宗仁等竟欲令调该部至广东省境以外作战,置政府所在地之广州安危于不顾"②。事实上,白崇禧的部署本是为了积极防卫,但蒋介石不愿与桂系积极合作。8月24日,蒋介石又从广州飞到重庆。

鉴于解放军屯兵不进、处于休整状态,8月中旬,广州国民党政府根据白崇禧的主张部署反攻。据宋希濂回忆:"国防部决定命华中白崇禧所部向湘潭、长沙一带反攻,命退集到福建及沿海一带岛屿的汤恩伯部反攻福州等地,命胡宗南部自秦岭向陇海路西段进攻;川湘鄂边区绥靖公署所指挥的部队,应以主力渡过澧水,向常德、澧县等地攻击,以一部向宜昌附近攻击。"③8月20日,白崇禧部第三兵团由永丰(双峰)北进,第一兵团向新化、湘乡攻击。但宋希濂仅派小部队出击试探,白崇禧孤掌难鸣,不得不撤回原阵地。9月初,白崇禧鉴于解放军调动频繁,即将南进,即部署抵抗,于9月10日制定作战方针为:"本署以诱歼衡阳以东匪军,达成持久作战之目的,即集结有力兵团,于粤汉路南段,企图诱匪于衡(阳)郴地区包围歼灭之。"④但蒋介石并不支持白崇禧积极作战的方针,9月8日,他从重庆致电顾祝同叮嘱说:"(一)集中现有驻粤兵力,保卫广州革命根据地,为

---

①　《总统蒋公大事长编初稿》1949年8月11日条。

②　《总统蒋公大事长编初稿》1949年8月24日条。

③　宋希濂回忆,《文史资料选辑》第50辑,第7—8页;时间据《国民革命军战役史第五部——戡乱》,宋回忆有误。——笔者。

④　《国民革命军战役史第五部——戡乱》第6册,第314页。

目前剿共军事战略最高指导原则,如有余,则可扩充范围,以期保卫华南,此乃兵力使然,只可如此,万不可再蹈保卫长江全线,放弃京沪重地,以致守江部队几乎整个被歼之覆辙。(二)现驻粤中第五十军、第三十九军、第六十三军、第一〇九军之建制,切勿分割使用,处处陷于被动,为匪各个击破,今后一切部署,应照此最高指导原则实施,勿再举棋不定,俾得确保革命基地,希以此意转达余汉谋长官为要。"①广州政府方面,当时有以广州部队向广西撤退,与白崇禧部会合的考虑。这时,解放军已准备大举南进了。

为准备进军并接管广东,中共中央新组建了华南分局,以叶剑英为第一书记、广东军区司令员兼政治委员。叶剑英自北平到达赣州后,即于9月7日召集第四兵团、第十五兵团负责人,原华南分局书记方方,两广纵队负责人曾生等举行作战会议,决定各部必须于10月底在预定地域完成集结,准备分兵两路进攻广东。叶剑英部署既定,毛泽东即于9月上中旬之际,分别指示第四野战军、第二野战军将领歼灭白崇禧所部及进军西南的部署。毛泽东令陈赓指挥本部三个军、四野邓华部二个军,自赣南进击,占领广州后,由陈赓率本部三个军进入广西作战,续后向云南挺进。四野以主力五个军沿湘桂铁路南进,与陈赓部南北配合,迫使白崇禧最后不得不进行决战。其中,四野主力以第十三兵团率二个军取道沅陵、芷江,直下柳州,以四野十二兵团率三个军经湘潭、湘乡进攻宝庆(邵阳),与第十三兵团呼应,待白崇禧部南撤时跟进。在正面仅派队监视衡阳白崇禧部。然后上述三路八个军先在广西站稳脚跟,再寻白崇禧部主力决战,予以歼灭。第二野战军二个兵团于10月间在湘西集结,然后向川、黔进军,先进击宜宾、泸县、江津,孤立重庆及川东的孙震、宋希濂所部,然后东向进占重庆。第四兵团于完成广西作战任务后,继续西进云南,完成对贵阳之包围,并归还第二野战军建制。"总之,我对白崇禧及西南各敌均取大迂回动作,插至敌后,先完成包

---

①　《总统蒋公大事长编初稿》1949 年 9 月 8 日条。

围,然后再回打之方针"①。二野在华中通过时的作战事宜,统由四野首长指挥。

9月13日,程子华率第十三兵团第三十八、三十九军由常德、桃源地区出发,先期行动,向柳州方向挺进,国民党军第十七兵团战力薄弱,被击破后退入贵州。至10月2日,第十三兵团推进至芷江一线,5日占领会同,兵逼靖远,切断了白崇禧部和宋希濂部的联络和白部入黔的道路。当西路第十三兵团到达芷江之线时,萧劲光率领的中路第十二兵团第四十、第四十一、第四十五军等三个军向青树坪、永丰、白果市攻击前进。陈赓率领的东路两个兵团分三路向广东境内挺进,兵逼韶关。中路军突破皂角坳阵地,迫敌第一兵团退守界岭、巨口铺等地,解放军前锋第四十五军第一三五师向灵官殿地区突进。同时,解放军在衡阳正面以第四十六军及二野在湘的第十八军进行牵制。

正当解放军大举挺进之际,白崇禧在广州还在主张反攻。在10月2日有蒋介石、李宗仁出席的非常委员会军事小组会议上,白崇禧报告军事,大意为:"总之,我军兵力优于敌人,且颇集结。敌人则分散。惜湘西宋希濂部不听调遣,粤北刘安琪部北上迟缓。要求蒋先生暂不离穗,督促宋希濂部出击,刘安琪部速北上,并拟撤曲江一带华中军,北出夹击湘乡,可以在此打一胜仗。然后南下侧击南雄西南犯之匪,俾由被动转为主动,否则处处待敌优势兵力来攻,岂非坐以待毙。"②但蒋介石既不合作,时机也已丧失。白崇禧发现解放军南进后,即调位于后方乐昌、仁化的第四十六军、耒阳的第四十八军一部向衡阳附近集结。10月5日,又命令第三兵团司令官张淦指挥上述两部向江伯堰推进,准备协同第七军夹击渣江方面的解放军。是日,林彪发现白崇禧部并未撤退,反而向前推进,有与解放军决战模样,即命令中路军主力在现地停

①　《歼灭白崇禧部的部署》(1949年9月9日),《对西南各敌均取先包围再回打方针》(1949年9月12日),《毛泽东军事文集》第5卷,第667—670页。

②　《徐永昌日记》1949年10月2日。

止待命,如遇敌进攻,即诱敌深入。命令西路军停止前进,由芷江、会同折向宝庆、祁阳间前进,令第四十六、第十八军向耒阳、常宁西进,准备在衡宝地区寻敌决战。但第一三五师在突进中没有接到命令,继续挺进,遭到敌军优势兵力的围攻,陷入苦战。

10月6日,白崇禧研究敌情,发现解放军大迂回的形势已成,后路危险,即于黄昏时分命令撤退。7日,林彪发现白崇禧撤退,即命令第十二兵团发起追击,命令第一三五师坚决阻击敌军南逃。白崇禧以向渣江攻击的第七军指挥本部第一七一、一七二师及第四十八军第一三八、一七六师为后卫部队,该部分两路纵队,以军长李本一率一七二、一三八师为右纵队,以副军长凌云上率一七一、一七六师为左纵队,分别经黄土铺、祁阳向广西境内撤退。但沿途高山峻岭,道路狭窄,行军速度很慢,行军序列拉得很长,态势不利。解放军第一三五师在敌后的阻击,有效地迟滞了敌军行动。至10月9日,李本一所率四个师在祁阳北的白地市、黄土铺被解放军追击部队包围。10日,解放军集中第四十、四十一、四十五、四十九军,以4个军的强大兵力发起总攻。战斗至11日,除李本一及第一三八师一部逃脱外,白崇禧部战力坚强的主力四个师二万多人被歼灭。衡宝战役,解放军共歼敌4.7万人,白崇禧部的战斗力受到沉重打击①。

林彪指挥中路军包围了白崇禧部主力四个师后,态势十分有利,他于10月10日向中央军委建议,暂缓攻占广东,以免敌向广西撤退,造成敌之兵力集中和我之兵力分散,建议陈赓兵团由现地(英德、韶关)沿公路向桂林、柳州之线前进,集中兵力歼灭白崇禧部。他认为“歼灭广西之敌,已成为全战局的中心环节”②。当时,白崇禧部有回头北援其

---

①　参《国民革命军战役史第五部——戡乱》,《中国人民解放军战史》第3卷,《文史资料选辑》第55辑回忆录资料。

②　《林邓谭萧赵关于对白崇禧集团作战意见报军委电》(1949年10月10日),广西军区政治部、广西区党史办编:《广西战役》,广西人民出版社1992年版,第43页。

被围的四个师的模样,正好陷入解放军大包围之线。因此,林彪同时命令第四兵团停止待命。中央军委同意林彪的意见,以第四兵团西进,并指示第十五兵团等部相机夺取广州。

叶剑英和东路各将领,鉴于各部已与敌军激战中,前出很远,敌已增兵守备广州,且有调胡琏部参战模样,而第四兵团远赴桂柳,较之第十八军、四十六军及第十三兵团还远,时间上赶不及,有两头落空的危险。所以,建议以四兵团直下三水,攻取广州后由水路运输,经梧州直取南宁。12日,中央军委同意陈、邓兵团继续向广州前进,但指示以一部兵力直出广州、梧州间,断敌向广西的退路,如敌向广西逃跑,陈赓兵团即跟踪入桂。这时,白崇禧坐视被围部队被歼灭而不救,11日,战斗结束。林彪原来的设想已与战场形势不符,即根据前敌将领意见和敌情的变化,在接到军委指示之前,先期于11日下午和夜间连续两电命令第四兵团继续向广州前进①。

广东方面,国民党军于8月底成立华南军政长官公署,以余汉谋为长官,当解放军推进时,以第四、第二十一兵团共六个军,沿粤汉路韶关至广州间布防,企图"集中兵力,确保广州"②。以第十二兵团二个军位于潮安、汕头,以第三十二、第六十二、第六十四军位于湛江、海南岛。国民党军在粤北兵力薄弱,解放军第四兵团于10月7日占领韶关,第十五兵团进占翁源一线,向英德、佛冈挺进。10日,国民党军第三十九军、第六十三军残部不支后撤。11日,广州国民党政府决定放弃广州,逃往重庆。13日,各部队开始撤退。第二十一兵团逐次由新会、高明附近向雷州半岛撤退,第四兵团经高要、罗定向湛江撤退。第一○九军等部经珠江口由海上撤退。至14日下午炸毁海珠铁桥后,全部撤离市区。续后,第十二兵团

---

① 《林彪关于对白崇禧集团作战策略报毛泽东电》(1949年10月12日),《广西战役》,第47页。

② 《国民革命军战役史第五部——戡乱》第6册,第351页。

未经参与广州战役，即从海上撤至金门。

10月14日，解放军右路第四兵团和中路第十五兵团进占清远、花县、从化、增城，左路两广纵队并指挥粤赣湘边纵队及粤桂边纵队逼近博罗，从东北西三面包围广州。是日晚，第十五兵团前锋进入广州。第四兵团立即转入追击，15日占领三水，迫敌一个师投降，另部占领佛山，16日占领四会，17日占领高要，各歼敌一部。17日，中央军委指示第四兵团乘胜追击。第四兵团即分三路进行长距离追击作战。20日，发现敌第二十一兵团等部尚滞留在开平、恩平地区，解放军第四兵团即动员各部不顾一切进行追击，严令右路截断敌西逃之路。至23日晚，将敌第二十一兵团等部包围在阳江、阳春地区，25日发起总攻，至26日将被包围之敌歼灭。刘安祺率残部在海军支援下突围抵达海陵岛。至月底，广东省除雷州半岛及海南岛外，全部解放。解放军广东战役共歼敌6.2万余人[1]。

四　广州国民党政府内部的纷争

李宗仁到达广州之后，广州国民党党政军方面决心继续抵抗解放军的进军。立法院于5月13日院会上通过决议，支持政府对中共继续作战到底。是日，还通过了白大诚等四十九名委员的临时紧急动议，向宋子文、孔祥熙及张嘉璈三氏征借10亿美金，藉以挽救危机，半作军费，半作整理金融基金[2]。当然，事实上是做不到的。三氏似也无此巨大财力。张嘉璈于5月18日即致函行政院，声明他一生服务社会，"皆系担任以薪金为收入之职务，并以提倡奉公守法、确立会计出纳材料工

---

[1]　《中国人民解放军战史》作歼敌十三兵团、二十一兵团等部。按：《国民革命军战役史第五部——戡乱》未见有第十三兵团序列，第二十一兵团部似也未被歼灭。——笔者。

[2]　《大公报》（上海），1949年5月14日。

程等管理制度为任务,从未自营任何产业。除中国银行离职时,董事会给予退职金十六万元,作子女教养费外,并无任何私人财产"①。16日,国民党中央政治委员会会议议决,请政府通令全国,如再有倡议"和平"、中途妥协、或妄发求和言论者,应视同叛逆,予以党纪国法之处分②。当时,广州方面国民党中,对于李宗仁到广州后的政治态度,"多数人不同情其最近文告,以为仍将受共党欺骗而先摇了人心。尤其军事受害特大"③。于是,李宗仁于5月21日再次发表《告全国同胞书》,声明:"在此,我可以负责的告诉全国同胞,从今天以后,我所领导的政府,对于抵抗这个暴力的压迫(指解放军的进攻——引者),具有坚强的决心,虽至一兵一卒亦决不放弃我们的责任;同时并要排除任何阻力,来从事政治、经济、军事各方面的革新,务必使政府一切措施,能适应时代的需要与人民的要求,以期严整政府阵营,充实政府力量,来从事于维护国家与人民利益的反共战争。"④

　　然而,尽管蒋介石作了承诺,但实际上蒋介石依然在幕后指挥,李蒋之间的矛盾并没有解决,拥蒋的势力依然是李宗仁所无法对付的。5月6日,国民党中央执行委员会在广州举行会议,请蒋介石打消遁迹远行之意,并推阎锡山、于右任、吴忠信等研究促成蒋介石和李宗仁在短期内再度晤谈。5月13日,国民党中央政治会议推定阎锡山、吴铁城、李文范、吴忠信、白崇禧、王宠惠、陈济棠等七人成立小组委员会,研究加强团结计划,必要时赴台湾晋谒蒋介石⑤。当时,参谋总长顾祝同听命于蒋介石,引起白崇禧的不满。李宗仁要行政院长何应钦免去顾祝同的参谋总长职务,由白崇禧继任。何应钦两头为难,表示要辞去行政

　　① 《中央日报》(重庆),1949年5月19日。
　　② 《总统蒋公大事长编初稿》1949年5月16日条。
　　③ 《徐永昌日记》1949年5月21日。
　　④ 《大公报》(上海),1949年5月22日。
　　⑤ 《民国阎伯川先生锡山年谱长编初稿》(六),第2312页。按:时蒋介石尚未至台湾。——笔者。

院长。广州国民党政府内一片混乱。

5 月 17 日,阎锡山和朱家骅、陈济棠一起去会晤李宗仁,询问李宗仁致蒋介石函是否已经起草完毕,以便去和蒋介石商讨。据徐永昌记载:"(阎锡山转述)见面之场合,渠(指李宗仁——引者)发牢骚中有西南各军需现款一百五十万元,而财部发不出。要何敬之免顾职(易以健生,华中总司令由李鹤林接,顾转西北长官)而迟迟不见发表。此何意也。阎先生以为,先与蒋晤或能说的通。李谓不通即走。言下愤愤。陈朱提倡走时,阎先生仍要早写函而出。按:(系徐永昌按语——引者)李到穗第二次会时,即有提议首须团结白健生,建议李蒋晤面,吴礼卿加实其需要,阎先生促成之。遂推阎朱(骝先)陈(伯南)先晤蒋,规定见面地点,并携李函前往。因李自动述出不但中国反共,并且要提倡亚洲其他国家联合反共,云云。阎先生即乘之,以为用此意拟之函中致蒋,蒋无不赞同一致。李当时亦乐,允即办者。并闻李左右策士,劝李要蒋先办到前此所许各节,否则不要见面。又吴礼卿坚不参加该项运动,所谓二陈派亦不希望李蒋见面。李德邻亦云共党即要我们两分。云云。此日来政局暗潮也。"[1]

当时,蒋介石于 5 月 17 日自舟山飞临澎湖马公,据蒋经国说:"此时中枢无主,江南半壁,业已风声鹤唳,草木皆兵,父亲决计去台,重振革命大业。从此已无缘再享此人间清福也。"[2]其实,蒋介石一刻也不愿也没有放弃手中的权力。25 日抵台湾高雄,继续干预军政事宜,当日并派蒋经国飞往上海,对汤恩伯传达自己的意旨及处理物资疏运事宜。只是汤恩伯部已经抵抗不了,被迫撤退,蒋经国才未能在上海降落[3]。

───────────

[1]　《徐永昌日记》1949 年 5 月 17 日。

[2]　《风雨中的宁静》,第 201 页。

[3]　据《总统蒋公大事长编初稿》。蒋经国《风雨中的宁静》作 22 日飞上海,26日至马公,有所不同。

　　5月26日，于右任、阎锡山、吴铁城、朱家骅、陈立夫携李宗仁函飞赴台湾，会晤蒋介石，调解蒋李矛盾。27日，蒋介石自高雄到台南，与于右任等相见。晤谈之后，蒋介石对李宗仁来函并不满意，不愿和解，即以"不再闻问政治之决心"加以搪塞①。当时会见情况，据徐永昌记阎锡山所述："先出党的决议案（即前之第三案）并展转出李德邻书（一、简化政府，二、整顿金融，三、核实军额，四、何敬之辞或请问何人继之，五、政府迁何地）。蒋先生初置各函件不之阅，继经解释乃阅。阅竟谓都好。更询第四人事问题谓：我已引退，决不管。中间曾因吴铁城之解劝，乃答以申斥之语意，又因朱骝先之申述，乃竟责至其教育办到如斯之不堪。云云。末以将有亲笔信李代总统而作结束。渠等五人尚拟作再度晤谈，而下午蒋已他飞。渠等乃于今下午归。阎先生并述陈辞修单独转达蒋意，请阎早去台，又蒋先生曾说到渠实无面到外国去。"②

　　蒋李矛盾难以调和，何应钦内阁于5月31日总辞职，李宗仁提名没有政治实力的居正为行政院长。但立法院投票时，因CC派的反对，未获通过。当天，发票303张，同意票151张，不同意票143张，仅差一票，未超过出席委员之半数，遭到否决。桂系在政治上能力薄弱，投票之前，对立法院的状况掉以轻心，致以一票之差失败，李宗仁的威信也由此受到打击。当时，阎锡山在蒋、李之间，处于居间调解的地位，大部分立法委员瞩意阎锡山。6月2日，国民党中常会推举阎锡山为行政院长，李宗仁屈服于CC的压力，于3日向立法院提名，以254票同意对56票不同意，绝对多数通过。从此，蒋介石就通过阎锡山来贯彻自己的意图，以制约李宗仁。

　　这时，阎锡山因私事到了台北，6月4日前往高雄晤蒋，蒋尽力对

---

　　①　《总统蒋公大事长编初稿》1949年5月27日条。

　　②　《徐永昌日记》1949年5月28日，三案为：一、成立革命反共政府，以蒋先生为大元帅，二、恢复总统，三、甲．总裁领导革命戡乱，乙．李代总统领导政治、革新政治，丙．成立最高决策委员会。

阎施加影响。据徐永昌记述阎锡山所述:"在高雄晤蒋先生,对渠组阁颇乐观,财政拟以全部作两年准备。去时李提拟以邱昌渭长外交,蒋不可(恐其乱更换驻外大使,设驻在国不表欢迎,延宕三个月,则国家损失太大矣),要阎自兼。对国防部要余担任。询以何敬之,谓亦可。且云不可令白到国防部。"①蒋又向阎提交了他所拟的非常委员会名单。阎锡山回广州后,李宗仁提名要白崇禧任国防部长,而何应钦畏难,坚决不就国防部长之任,最后蒋介石电示阎锡山,不得已时由阎自兼。

李宗仁对阎锡山亲蒋的态度有所不满,曾约见徐永昌,认为阎被CC派所包围。他对徐出示甘介侯从美国来的电报,大意说:"已晤杜鲁门总统,谈及胡适、顾维钧皆拥蒋之人。蒋在主持中国军政,无望美援来华。"李又告诉徐,美国公使克拉克日前在桂林对自己说:"何不令蒋先生出国,与令CC脱离现政府,以新美国人民耳目。不然,李代总统无能为也。"②而CC派也因否决居正、通过阎阁,向阎邀功,谋取部长席位。11日,李宗仁仍反对阎锡山兼国防,要白崇禧专任,并拟就电稿给蒋介石,要蒋同意。然而阎锡山表示:"如不发表兼国防时,其府令送稿副署时,当将阁命一并送回。该电则决不发。明日将亲送回,劝其从新考虑。"12日,阎锡山会晤李宗仁时,李表示要将这一电文"公布天下而去",阎答应就此事进行疏通,兼职时间"当然愈短愈好"③。这样,阎锡山内阁才勉强组成,6月13日,阎锡山就任行政院院长兼国防部长,并兼外交部长,不久电请胡适担任,胡虽一度答应,但终未到任,由叶公超代理。阎在就职典礼上声称:"锡山此次承代总统提名,经立法院同意,于国家危难时期,组织战时内阁,国计民生,万端待理,惟当前

①　《徐永昌日记》1949年6月5日。按:《民国阎伯川先生锡山年谱长编初稿》为在台南见蒋,《徐永昌日记》为高雄,当时蒋介石住在高雄,阎谱为4日,《总统蒋公大事长编初稿》作5日,据《徐永昌日记》当系4日。——笔者。

②　《徐永昌日记》1949年6月10日。

③　《徐永昌日记》1949年6月11日、12日。

措施,以争取胜利为第一要着。"①

　　李宗仁实力不足,无法摆脱蒋介石的幕后操纵和控制,不能不谋求蒋介石的合作和支持。阎内阁组成后,李宗仁、阎锡山于6月16日联名致电蒋介石,要求其"命驾莅穗,使仁等得以就近联络一切"。《蒋公大事长编初稿》说:"李宗仁对内对外,皆束手无策,故不得不要求公莅穗,就近指导,以挽救当前危局也。"②这也许就是当年蒋介石对李宗仁处境的一种估计吧。区区桂系的实力和人望,难以在国民党的残局中摆脱蒋介石的影响,达到美国人所期望的效果。

　　但是,蒋介石还不愿意马上去广州,他还要看一看桂系到底有多大的能耐。6月18日,他对吴忠信表示:短期内可以赴穗,但必待台湾军事检讨会议与处理防务完毕,始再定行期③。同日,徐永昌到高雄见蒋,"(蒋)复询李白是否尚能回至合作,答以健生或能。渠似不谓然……询对渠赴穗有何意见。答以不如且缓。缘磨擦之局,既无法消弭,不如待李阎磨擦至无可开脱时再往,岂不多延宕破裂之时间"④。这个国民党政府的残部实际上是分裂的,台湾是蒋介石完全控制的地盘,号称引退、不管政务的蒋介石,对台湾事务巨细必问,代总统李宗仁是一根针也插不进去的。至于大陆的烂摊子,以李宗仁的实力,只在两广可以发挥作用,也折腾不出什么名堂,蒋介石控制着财权和黄埔系的兵权,仍然可以牵着桂系的鼻子走,尽可让李宗仁在名义上再顶一阵子。

　　当时,蒋介石着意经营台湾,黄金外币运台后,蒋介石控制着这笔财产,稳定台湾的经费就有了着落。尽管李宗仁曾"出一清单,谓政府尚有四亿资金"⑤,但广州国民党政府无权自由动用这笔钱来应付大陆的军政支出。6月15日,台湾省政府宣布改革币制,发行新台币,由中

---

①　《民国阎伯川先生锡山年谱长编初稿》(六),第2318页。

②　《总统蒋公大事长编初稿》1949年6月16日条。

③　《总统蒋公大事长编初稿》1949年6月18日条。

④　《徐永昌日记》1949年6月18日。

⑤　《徐永昌日记》1949年5月22日。

央划拨经费来源，抵付在台军公垫款，并将进出口贸易之外汇管理，交由台湾省统筹调度，同时拨付黄金 80 万两，以为改革币制基金，另拨借美金 1000 万元，作为进出口贸易运用资金。当时，国际上有由联合国托管台湾的谣传。蒋介石决心坚持下述主张和立场："英、美恐我不能固守台湾，为共匪夺取，而入于俄国势力范围，使其南太平洋海岛防线发生缺口，亟谋由我交与美国管理，而英则在幕后积极怂恿，以间接加强其香港声势。对此一问题，最足顾虑。故对美应有坚决表示，余必死守台湾，确保领土，尽我国民天职，决不能交与盟国，如彼愿助我力量，共同防卫，则不拒绝。"①

　　在大陆，蒋介石利用阎锡山来制约李宗仁，李宗仁难以贯彻自己的意图。吴忠信、袁守谦面见阎锡山时，转达了蒋介石的关照，吴说："总裁说：阎先生为我们保持生命线，我们要全力支持。"所谓生命线，即由阎锡山消弭与代总统之间的隔阂与冲突。袁守谦说，"总裁命令黄埔军官一致服从我（阎锡山——引者）的命令，以支持我主持的战时内阁的一切措施"②。于是，蒋介石开始扩大自己的活动范围，为重登前台作准备。6 月 22 日，他向吴忠信表示，将于下月初到广州成立非常委员会，并巡视重庆等地。24 日，他从高雄到达台北，定居阳明山，建立他的指挥中心。同日，他通知在广州的国民党的秘书长郑彦棻，定于 7 月 1 日起设置总裁办公室。他以强化党权的方式，来强化他对政局的操纵。在这个办公室下面设立设计委员会，下分党务、政治、军事、外交、财政、文化宣传等六个组。7 月 4 日，蒋介石在接受美国记者访问时，坦然以最高领袖自居："自孙总理逝世以后，余即继其为领导国民革命之领袖，早已献身于国民革命，以谋中国人民之自由与国家独立。今后仍以革命领导者之地位，自将继续完成此一付托之重任……故余个人

---

　　① 《总统蒋公大事长编初稿》1949 年 6 月 18 日条。
　　② 《阎锡山日记》1949 年 6 月 28 日，转引自《民国阎伯川先生锡山年谱长编初稿》（六），第 2325 页。

之地位,决不在于政治上职权与名义之有无,而对于领导国民革命之责任,则始终不容放弃。"①

　　7月14日,蒋介石于访问菲律宾回国后即赴广州,翌日与李宗仁会晤,然而两人隔阂很深,谈话不得要领而散。16日,中国国民党中央常务委员会与中央政治委员会举行联席会议,成立中央非常委员会,以蒋介石为主席,李宗仁为副主席,孙科、居正、于右任、何应钦、阎锡山、吴忠信、张群、吴铁城、朱家骅、陈立夫为委员,隶属于中央执行委员会,代行政治委员会职权。4月22日蒋、李杭州会议时的拟议得以落实,蒋介石也就名正言顺地以"革命领袖"的资格,重新公开出来指挥全局。李宗仁在政局中的分量也就越来越轻了。

　　当时,桂系刻意经营两广,白崇禧认为广西部队必须入粤保卫两广,因此,急切要求重掌国防部,以便调动兵力,进行部署。7月3日,白崇禧派李品仙到广州向李宗仁陈述。蒋介石到广州时,李宗仁又提出了白崇禧出长国防部长的问题以及保卫广东问题,与蒋商量。当时两广将领希望白崇禧出长国防部长后,把沿海主力兵团如胡琏、刘安祺兵团等部调到大庾岭以北地区,与白崇禧所指挥的兵力紧密联系,并肩作战。他们不赞成蒋介石把兵力部署在沿海某些据点,忽视广东的保卫。但蒋介石只是答应考虑。

　　这时候,解放军夏季休整,国民党方面也获得了喘息的机会。李宗仁到各防地出巡,决定到台北再与蒋介石商量悬而未决的问题。7月27日到达台北时,受到陈诚安排的热烈欢迎,蒋介石、蒋经国也到机场迎接。在台与蒋介石前后长谈五次。据程思远回忆,"李重新提出以白崇禧长国防和集中兵力保卫广东问题。蒋对白长国防部,借口胡宗南、宋希濂反对,谓目前不能有此任命。对保卫广东,说是目前兵力有限,不能防守大庾岭以北地区"②。李宗仁一无所获,于30日回到广州。

---

　　①　《总统蒋公大事长编初稿》1949年7月4日条。
　　②　《李宗仁先生晚年》,第113页。

8月5日,美国国务院发表了对华关系的白皮书。蒋介石获得有关消息后,曾企图阻止白皮书的发表,但一直支持蒋介石的美国参议员周以德(Walter Judd)打电报给蒋介石,认为这样的请求书,会给美国人对中国政府的印象带来不良的影响,它"会被解释为一种认罪书"[1]。蒋介石和广州国民党政府只能对白皮书低调处理,而不敢加以驳辩。李宗仁则似乎增加了获得美援的希望。据董显光著《蒋总统传》说:"白皮书即时产生的一种结果,便是使李代总统更公然反对蒋总统。李氏的一个亲信顾问甘介侯……现在他劝告李氏说,美国政府'不拟援助蒋介石所控制的政府'。李氏认为自己可以获得美援,于是对许多有关政策的问题,大胆与蒋总统争持。李氏与蒋总统对防卫的战略,不久便显然分歧。蒋总统认为在锐减中的政府军队,应集中防卫几个要点,如广州、海南岛及台湾。他很怕国军力量因散布于宽广的阵线而趋于稀薄。但李氏亟欲采取较大胆的途径,欲在湖南与江西坚守据点,促请把现在台湾的空军与孙立人所训练的新军移调至衡阳地区。后来,蒋总统的意见占优势,台湾的防务也就没有削弱。"[2]

到9月间,桂系对于国防部长一职等得不耐烦了,阎锡山并未兑现他的诺言。李宗仁托邹鲁向阎锡山传话:"请阎院长辞国防部长兼职,并以白健生接替。"但阎锡山表示强硬:"我不辞国防部长兼职。如代总统令免,我行政院长不副署。"[3]对此,徐永昌批评说:"余于国防部事,以为如不能核实军队,提高待遇,进有功,去不才,仅为蒋先生便利而兼之,必不为人所原谅。盖国事败坏至今,十之九因军事。若依然过去之军事,则势不至败坏完尽不止。所以若决心不辞职,必须立即做应做的事。渠对李之相迫,少自责而多尤人,余颇不能平。"[4]当时,蒋阎方面

<hr />

[1]　Telegram, Judd to Chiang Kai - shek, July30, 1949, Judd Papers, box 163, *American Images of China 1931 - 1949*, p. 176.

[2]　董显光:《蒋总统传》(三),第531—532页。

[3]　《民国阎伯川先生锡山年谱长编初稿》(六),1949年9月4日条,第2338页。

[4]　《徐永昌日记》1949年9月4日。

认为,白崇禧如就任国防部长,必至免胡宗南,免汤恩伯,甚至免陈诚,蒋介石"如抗不令交代,竟下令通缉蒋,以争取正统,皆能做到"①。尤其是胡琏兵团从江西败退广东后,被调到潮汕一带,引起粤、桂方面对参谋总长顾祝同的强烈不满,认为"胡氏一走,就是政府不保卫广州"。余汉谋也因指挥不动中央系的三个兵团,即刘安祺兵团、胡琏兵团、沈发藻兵团,而迟迟不肯就任华南军政长官的职务②。军事指挥权问题,实际上是国防部长一职纷争的关键。

广州国民党政府在政治军事上无所作为,百无聊赖,竟于9月2日发出通缉令,通缉毛泽东、朱德、周恩来等十九名中共军政领导人。阎锡山只是空话连篇,在广州残局中声望日益下降,桂系和立法院中正在酝酿倒阎风潮。阎正在设法应付,恋栈不去。徐永昌劝其趁机卸职,以免溃灭的责任,但阎不听,大言要"人定胜天"③。

8月23日,蒋介石从台北到达广州,事先并未通知,仅蒋经国前往迎接,开始了他对西南地区的巡视,部署抵抗解放军的进军。24日到达重庆,他在书面谈话中声言:"今日重庆,再度成为反侵略反共产主义之中心,重新负起支持作战艰苦无比之使命。"④侥幸地希图重庆发挥抗战时期的那种作用。他在重庆连日分批接见西南地区军政人员,安抚四川方面的地方领袖。29日,他主持了在大陆的最后一次重要军事会议,国民党的川、黔、康省政府主席,川、陕、甘、鄂、湘边区将领均到会,仅云南省主席卢汉未至。蒋介石部署死守四川,"决定主力放在川西北,编罗广文两个军及陈春霖军共三个军为十五兵团,开赴广元,并以杨汉烈部守大巴山,孙震部守三峡,宋希濂部守鄂西及酉阳、黔江,何

　　①　《徐永昌日记》1949年9月3日。

　　②　章味方:《"抗共名将"胡琏》;司徒昌:《广东政局的暗流》,《新闻天下》(成都)第6期,1949年9月25日。

　　③　《徐永昌日记》1949年10月1日。

　　④　《中央日报》(重庆),1949年8月25日。

绍周部守贵州东正面"①。"以保卫四川为核心"②，"决定拒×于川境之外，即以陇南与陕南为决战地区"③。当时，胡宗南主张在西南的国民党各将领联名请求蒋介石长期驻在重庆或成都，就近指导，但蒋介石没有同意。他心里明白，四川的战略价值已经很有限了。

当时，被蒋介石用阴谋赶出云南的前云南省主席龙云和中共方面，都在策动云南省主席卢汉反蒋起义。在龙云主政期间，民盟在云南十分活跃，中共对云南各界也有很大影响，中共的游击武装也有很可观的力量。卢汉一时难下决心。蒋介石到重庆后，于9月1日召见卢汉的代表朱丽东，要卢汉到重庆商谈。当时，李宗仁、白崇禧主张以鲁道源任云南省主席，免去卢汉职务。蒋介石认为："吾人本欲以滇省做剿共基地、政府后路，彼(指卢汉——引者)若据滇西以扰我，是仍不能作基地与后路也。"④他一面让徐永昌去广州，向李宗仁、阎锡山建议广州政府方面用怀柔方法安定滇局，一面命令李弥率部回滇，监视卢汉。卢汉犹豫再三，于9月6日冒险前往重庆。蒋介石尽量安抚卢汉，要他肃清内部，并要他立即行动。9月8日，卢汉从重庆返回昆明，保密局长毛人凤随后即率领大批特务到达昆明，于9日夜进行大搜捕，时称"九九整肃"。反蒋的军事学家、民革中央执行委员杨杰闻变先期出走香港，9月19日，在香港被国民党特务暗杀。但卢汉一方面镇压反蒋活动，一方面又保护一批反蒋的人，并继续和中共联络。蒋介石于9月12日从重庆前往成都，对四川地方势力进行安抚，活动五天后于17日回到重庆。21日，蒋介石派蒋经国拿了自己的亲笔信先行去昆明见卢汉，翌日，蒋亲自偕张群、萧毅肃等飞抵昆明，与卢汉面谈，力图笼络卢汉。但蒋介石不敢久留，当天即离昆明前往广州。

---

①　《郭汝瑰回忆录》，第366页。按：原文10月当系8月之误。——笔者。

②　宋希濂回忆，《文史资料选辑》第50辑，第9页。

③　《总统蒋公大事长编初稿》1949年8月29日条。

④　《徐永昌日记》1949年9月3日。

　　蒋介石这次在广州多住了几天,对白崇禧多方笼络。他建议于非常委员会中设立军事委员会,使行政院长兼国防部长、参谋总长及白崇禧都可以参加。他答应等华中战事结束,再提议以白崇禧为国防部长①。据说,蒋且答应白任行政院院长兼国防部长,并将胡宗南和宋希濂所部交白崇禧指挥②。但白崇禧没有答应蒋介石的方案,当时薛岳正在活动两广联合倒蒋。白崇禧因李宗仁魄力不足,连他出任国防部长一职都解决不了,渐渐生出离异之心。

　　国民党残部失守福州之后,蒋介石私自令国防部任命汤恩伯为福州绥靖公署主任,但李宗仁认为,汤恩伯失守京沪,应受处分,且蒋介石无权任命将领,因而拒绝签署任命令。10月2日,蒋介石接到汤恩伯来的电报:"李宗仁发表公开反对行政院任其为福州绥靖主任之声明,使彼丧失威信,无法指挥部属,故不能再驻厦门决战,决自今日离职远行。"③汤以一走相要挟。而蒋介石则替他吹嘘说:"厦防已布置妥当,如再能将胡琏部某军加上,相信防守三年无虞。"④当时,白崇禧还斗志旺盛,准备在湘乡打一胜仗,当面要求蒋介石留在广州,督促宋希濂部出击,刘安祺部尽速北上。但蒋没有同意,答复说:"汤恩伯这个东西那里,非得我去一趟不可。"李宗仁说:"他能不守纪律?"蒋以叹息的声调说:"现在只好多用情感……明早即去厦转台,很快的反【返】来。"⑤事实上,蒋介石先派了谷正纲去安慰汤恩伯,正当解放军大举南进之际,他于10月3日飞回了台北,迟至10月7日上午才乘军舰到达厦门巡

<hr />

　　①　《总统蒋公大事长编初稿》1949年9月29日条;另据《徐永昌日记》1949年10月1日:据阎锡山述:"前日,蒋坦白的语曰:过去君曾公开反对长官,今若遽长国防,恐将领群起效尤,不如成立军事委员会,由我主持,君任参谋长,如此过一时期,以使将领知君我已合作,然后再由君全权负责。"

　　②　参梁升俊:《解放前夕蒋李争权、李白内部矛盾片断忆述》,《广西文史资料选辑》第21辑。

　　③　《总统蒋公大事长编初稿》1949年10月2日条。

　　④　《徐永昌日记》1949年10月2日。

　　⑤　《徐永昌日记》1949年10月2日。

视,召集驻军官长训话,要他们"在汤将军领导之下,服从命令,严守纪律,组训民众,加强战力,确保金厦,来奠定反攻胜利的基础"①。当晚即离开厦门回台湾。10月11日,他又到定海巡视。显然,广州是蒋介石的反对派,即桂系和粤系可以发挥影响力的地方,广州的防卫问题并不是蒋介石关心的焦点。

解放军向两广挺进,李宗仁无法维持残局,又派吴忠信去台北询问蒋介石,或者直接出来以总统身份负责,或者交出款项来。蒋答应予以考虑。徐永昌估计:"余以为必无结果。盖出山恐美援因之不来。亦不放手财权。"②10月8日,洪兰友致电蒋介石:"广州危急,李宗仁有'知难而退'之意。"顾祝同也有电建议:"粤省西北与湘、黔军事,已趋劣势。请毅然复任总统,长驻西南。"③蒋介石系统趁桂系主力在衡宝被歼灭之机,希望蒋介石尽早复出。

广州对于国民党政府残部早已不是久留之地。5月16日,国防部已决定迁往重庆。19日,行政院也决定迁重庆④。但一时局势和缓,没有行动。8月1日起,广州国民党政府开始部分迁往重庆,国防部分渝、穗两地办公。8月13日,中央机关在渝办公布置委员会主任马国琳对记者声称:"中央分地办公的决策,表示有保卫重庆及四川乃至整个西南之决心,政府稳定,必能获得民主国家尤其是美国的援助。"⑤10月11日,解放军已兵临广州城下,李宗仁于12日零时发布总统令,宣布"中央政府定于本月15日起,在陪都重庆开始办公。所有保卫广州之军政事宜,着由华南军政长官余汉谋负责统一指挥"⑥。阎锡山则早早地于11日离开广州,飞到台北。据说是去向蒋介石要钱,因七八月

---

① 《中央日报》(重庆),1949年10月9日。
② 《徐永昌日记》1949年10月10日。
③ 《风雨中的宁静》,第246页。
④ 《徐永昌日记》1949年5月19日。
⑤ 《中央日报》(重庆),1949年8月14日。
⑥ 《中央日报》(重庆),1949年10月13日。

军费未发清,9月、10月军政费没有着落。但当时蒋介石到定海视察去了,不在台北。阎锡山直到14日才见到蒋介石,结果要到黄金40万两,但被东南军政长官部就地要去了12.5万两,其余从台北带到了重庆。这点钱只能开放军政费到本月13日[1]。13日,李宗仁撤离广州,飞往桂林,其他行政长官直接飞往重庆。14日,李宗仁从桂林飞抵重庆,阎锡山则在台北滞留至15日才直飞重庆。

---

① 《徐永昌日记》1949年10月15日。

第九章　国共对外政策

第一节　美国对国民党政府的援助

一　魏德迈使华

从马歇尔调处结束以来,国民党政府不断向美国提出援助要求。1947 年一二月间,国民党政府行政院长宋子文一再约见司徒雷登大使,并提交正式照会,申述中国经济形势恶化的情况,要求美国尽快提供粤汉铁路借款和 1 亿美元的棉花贷款。中国需要购买进口棉花使纺织厂有活干,而制成的纺织品的出口可以偿还外债。马歇尔认为提供大规模贷款的时机未到,但他仍然指示范宣德(John Carter Vincent)以他的名义去与进出口银行商量,希望能向中国提供用于粤汉铁路、塘沽新港和重建煤矿业的贷款①。但进出口银行行长不同意贷款,他对国民党政府偿还债务的前景表示悲观,而且进出口银行正要修改章程,向中国贷款时机不对②。

三四月间,国民党政府为了欺骗国内外舆论,也为了讨好美国,实行了所谓改组,由政学系领袖张群出任行政院长,并吸收了一些美国政府所欣赏的自由主义人士,如陈光甫等参加政府。司徒雷登对这次改

---

① *FRUS*,1947,Vol. 7,pp. 1045 - 1054,1085.

② William W. Stueck, Jr. , *The Road to Confrontation. American Policy toward China and Korea*, *1947 - 1950*,Chapel Hill:University of North Carolina Press,1981,p. 41.

组极其满意。他向国务院报告说："组成新国府委员会的分子，无论从国民党还是无党派人士两方面来看，在目前情况下都是不能再好了"，"我们有理由指望他们努力进行健全与实质性的改革。"①

马歇尔调处的失败，宣告了美国既支持蒋介石又企图避免国共两党之间的大规模内战、避免美国卷入中国内战的政策的落空。早在1946年7月，马歇尔就曾表示，如果国共谈判破裂，他要建议用二三个月的时间来重新审查美国对华政策。马歇尔于1947年1月21日就任国务卿后，立即吩咐其下属远东司司长范宣德对美国对华政策进行重新研究。2月上旬，范宣德拟就了备忘录。马歇尔将此备忘录转发政府各部门征求意见。陆军部长帕特森（Robert Patterson）和海军部长福雷斯特尔（James Forrestal）提出了许多针锋相对的看法，从而引发了美国对华政策的一场辩论。两者的意见分歧主要表现在以下三个方面：

一、是否应当继续鼓励国共两党实行联合？范宣德赞成这样做，因为这是解决中国问题的出路。军方本来不赞成马歇尔使华，如今调处已经失败，他们自然更认为国共谈判是行不通的了。他们认为鼓励国共两党实行联合，实际上是让中共控制政府或破坏政府，最终导致在中国出现一个共产党政权②。二、对国民党政府的援助是有条件的还是无条件的？范宣德等认为，这个政府如不实行剧烈的政治与军事改革，清除弊政，提高效能，美援是难以发挥作用的。自然对这种改革应抱同情的态度，而不苛求其效果。军方认为不能等待国民党政府取得肯定的政治进步才提供援助，他们建议派遣经济顾问团去中国帮助国民党政府③。三、是否应当对国民党政府提供大规模军事援助？远东司官员反对这样做，因

---

①　*China White Paper*, p. 746.

②　*FRUS*, 1947, Vol. 7, pp. 790, 800, 843.

③　*FRUS*, 1947, Vol. 7, pp. 788, 791-797, 802-804.

为过早提供军援只能使国民党中顽固派更不愿实行改革,使中国人民中现存的反美情绪变得更加强烈,并成为美苏关系中的刺激性因素。军方认为国民政府是美国的盟友,美国至今仍有义务支持它;既然派了军事顾问团,就要给予军援;对于苏联,首先要考虑的不是是否刺激它,而是"遏制其扩张"。①

要求援蒋的呼声不仅来自行政机构内部,而且来自国会。在1946年中期选举中,共和党取得了国会参众两院的多数,一些本来对蒋介石不抱好感的民主党议员落选,国会中亲蒋势力增强。在对华政策方面,在众院主张援蒋最起劲的是周以德(Walter Judd)和沃利斯(John Vorys),在参院起主要作用的是参院外交委员会主席范登堡(Arthur H. Vandenberg)和拨款委员会主席布里奇斯(Styles Bridges)。在马歇尔调处的1946年,周以德与沃利斯已经对政府对华政策迟迟举棋不定越来越不耐烦。到1947年初,他们迫不及待地要求政府在援华方面采取措施。范登堡和布里奇斯对中国都了解不多,没有什么直接的经验。范登堡认为,美国应当为其在海外承担的义务感到光荣,对中国承担的义务也不例外。范登堡还接受了陈纳德对中国时局的看法。陈纳德与国民党政府关系年深日久,并于1946年10月与行政院善后救济总署订立合同,成立"行总"空运大队,包运联合国救济物资。他的商业利益已与国民政府休戚相关。他在1947年1月17日致函范登堡兜售看法。信中写道,美国促成中国的联合政府的努力只是帮助了共产党人,美国必须放弃这一鼓励国共谈判的政策,全力以赴地支持国民党,不然中国就要落入共产党手中,那就将大大加强苏联的地位,苏联便有可能在欧洲对美国采取更加咄咄逼人的态度。范登堡感谢陈纳德使他对原先自己所抱的观点更加坚信了②。他认为,"对我们来说,坚决支持中国国民政府的时机已经到了……我们应当在各条战

① *ibid*,pp. 786‐789,792,804,834‐848,846‐847,851.

② *The Road to Confrontation*,p. 42.

线上同样开始迎接共产主义的挑战"①。在1947年、1948年,范登堡是杜鲁门两党一致战略的不可或缺的关键人物,是在援蒋问题上民主党政府与共和党国会之间的协调人。布里奇斯从1945年12月开始明显地表现出亲蒋倾向,他赞同赫尔利(Patricu Hurley)的看法,认为国务院官员对国民政府的批评有着某种阴险的目的,表明国务院自己是不健全的。他在1947年1月31日发表声明称,美国必须保证支持"刚刚通过了民主宪法的"国民政府②。由于他身居要位,他的意见是不能被忽视的。

3月,美国政府提出了杜鲁门主义,扬言要"帮助各国自由人民维持他们的自由制度和国家完整,以抵制企图将极权政体强加于他们的种种侵犯行为"③,反共的意识形态正式成为美国外交的指导原则。国民党政府从杜鲁门主义得到鼓舞,更加积极地提出经济和军援要求。3月底4月初,外交部长王世杰要求提供1亿发7.92毫米中正式子弹,这些子弹是战争期间美国陆军部准备运往中国作为租借物资的,但实际一直存在美国陆军部的仓库里。4月22日,他再次向国务院远东司中国科提出此事,并称美国"应以杜鲁门主义的精神来考虑此事"。4月27日,宋子文及蒋介石于同日约见司徒雷登,提出一系列要求。蒋介石解释说,中国的财政与经济状况在迅速恶化,因此急需棉麦贷款;下级军官也已知道弹药缺少的情况,这影响了他们的士气,特别是在东北,他要求美国迅即提供弹药;中国的飞机都是老式的,飞行员不敢飞,他希望美国完成$8\frac{1}{3}$空军大队的装备;他还要求派一高级军事顾问来

①　Authur H. Vandenberg, Jr., ed. *The Private Papers of Senator Vandenberg*, Boston, 1952, p. 523.

②　Tang Tsou, *America's Failure in China*, 1941-1950, University of Chicago Press, 1963, p. 448.

③　《战后世界历史长编·1947》,上海人民出版社1977年版,第46页;Arthur Schlesinger, Jr., *The Dynamics of World Power. A Documentary History of United States Foreign Policy*, 1945-1973, VOl. 2, pp. 309-313.

华,帮助他完全重组中国军队①。5月8日,中国驻美大使顾维钧正式向马歇尔提出财政援助要求。他说,国府委员会和行政院的改组都已完成,新政府将尽快开始经济复兴工作。美国的财政援助不会用于弥补预算赤字,它将全部用于经济复兴,如从美国购买器材和设备。中国政府认为单靠进出口银行最初指定用途的5亿美元贷款是不够的,他受命提出10亿美元贷款要求。这笔贷款一半用于购买美国机械设备,一半用于恢复和发展交通,建立发电厂和一些小型企业,及恢复农业,特别是兴修水利和生产化肥。马歇尔表示,他一直是迫切希望援助中国的,并在等待着这样的机会。中国政府的改组为提供援助创造了一个好时机,但他仍需与有关政府机构商量,并研究恰当的方式方法②。1946年8月,美国国会批准给予国民政府5亿美元贷款,由进出口银行办理。但进出口银行有权确定何时提供贷款。按照银行章程,提供贷款的条件是:受援国确有把握偿还贷款,贷款能促进国际贸易。这笔贷款的拨款期到1947年6月为止。顾维钧所提的5亿美元就是这笔贷款,他还希望马歇尔能设法延长贷款的拨款期。但马歇尔没有能这样做。这笔贷款从未拨付。

　　杜鲁门主义的提出也使国会中亲蒋派议员更加兴奋起来。就在3月12日国会辩论总统咨文时,周以德攻击马歇尔使华是"帮助了中国共产党少数派进行推翻政府的努力",美国政府应当为此感到遗憾。次日,参议员布鲁斯特(Owen Brewster)在纽约的一次讲话中说,美国一边援助希腊反共,一边"敦促蒋介石拥抱共产党人",岂非咄咄怪事。当援助希腊、土耳其的法案提交国会时,一大批共和党议员提出了类似的问题,质问政府,既然要在希腊和土耳其抵御共产主义,为什么在中国不这样做呢? 在众院外事委员会的一次听证会上,周以德与富尔登(James G. Fulton)咄咄逼人地要副国务卿艾奇逊解释这一"矛盾"。艾

---

①　*FRUS*,1947,Vol. 7,pp. 813,823 - 824.

②　《顾维钧回忆录》第6分册,第131—135页。

奇逊辩解说，中国已经从美国取得了大量援助，何况希腊、土耳其政府已接近崩溃，而中国远不是这种情况①。援助希腊、土耳其的法案在国会是通过了，但国会在中国问题上施加的压力是政府不能置若罔闻的。

　　与国民党政府有密切关系的院外援华集团在马歇尔使华失败之后也大大活跃起来。说晚一点，这个集团是国民政府在太平洋战争爆发前夕开始着力培养的，他们的切身利益与国民党政府的成败兴衰息息相关，两者之间有着千丝万缕的联系。这个集团中既有靠从事对华贸易和投资发财的实业家，如纺织品进出口商科尔伯格（Alfred Kolberg）和经营制铝业的雷诺兹（William Reynolds），也有在中国或亚洲任过职的将领，如陈纳德、麦克阿瑟和西太平洋舰队司令白吉尔（Oscar C. Badger），也有教会势力或传教士的后人，右翼政客。他们与国会内的亲蒋议员及军方保持着密切联系，经常互相交换情报。科尔伯格常常直接间接地向共和党参议员塔夫脱（Robert A. Taft）、布里奇斯等兜售他亲蒋反共的观点。右翼舆论界，如"卢斯（Henry Luce）帝国"、赫斯特（William R. Hearst）报系、斯克里普斯—霍华德（Scrips—Howard）报系在制造舆论方面起了不小的作用。卢斯在战时就着力塑造蒋介石的"英雄形象"，他把蒋政权的危机视作他一生"最宏大计划的危机"。马歇尔调处失败后，他的《生活》杂志就断言，"美国最终必将全力支持国民党"。5月，他见到马歇尔时声称，即将掀起一个联合的援华运动，他希望马歇尔采取主动，发表一个支持声明，并威胁说，如果政府不改变现在的做法，他的杂志就要对政府进行批评了②。

　　在国内一片援蒋的喧嚣声中，美国政府在四五月间采取了一些重要措施。4月上旬，当中共军队向大沽美国海军陆战队军火库发起进

────────────────

　　①　*America's Failure in China*, p. 449; *The Road to Confrontation*, p. 44.

　　②　John F. Melby, *The Mandate of Heaven. Record of Civil War in China*, *1945 - 1949*, Garden City, New York: Doubleday and Company, Inc., 1971, p. 275; W. S. Swanberg., *Luce and His Empire*, New York, 1972, pp. 252 - 254, 265 - 267.

攻时,马歇尔下令把军火堆栈移交给国民党政府军,美国海军陆战队撤离大沽。马歇尔自以为,这既可以表示美国不愿卷入中国内战,又可以表示,美国这样做是被迫的,不是为了支持国民党打内战,为向国民党军队移交军火提供了一个恰当的借口,还能向中共表明,对美国的敌对态度只能引起对国民党有利的结果,实在是一举多得。稍后,他又批准将北京机场的军火转交给政府军①。5月26日,马歇尔下令取消自1946年8月起实行的对中国禁运武器弹药的命令。他首先批准以原价十分之一(65万多美元)让售1.3亿发7.92毫米中正式子弹。这批子弹于7月14日、8月11日分两批从西雅图装船。还批准继续交付属于$8\frac{1}{3}$空军大队项下的运输机②。

从1947年1月回国到5月取消武器禁运,马歇尔逐渐使美国对华政策由鼓励国共实行联合(起码公开宣传的政策是这样),向支持国民党进行反共战争转了弯子。他以象征性的事实向国民党政府表明,美国将在中国内战中作它的后盾。但美国所给予的援助与国民党政府的需要来说相差太远。1947年,中国内战的形势发生了一个重要的转折,国民党军的战略攻势已经难以为继,战场上的溃势促使它发起新的求援攻势。6月18日,蒋介石约见司徒雷登,向他通报了东北战场的危急局势。6月23日,顾维钧在华盛顿会晤负责经济事务的助理国务卿索普(Williard L. Thorp),25日又会晤马歇尔,要求延长5亿美元贷款的拨款期,此外至少再提供2亿美元贷款。但这两者国务院都办不到③。马歇尔对开始一项新的大规模的援蒋计划仍然举棋不定。在这种情况下,宣布一个新的赴华使团,尤其是以一贯亲蒋的魏德迈为首的使团,对各方面都可以应付一番。由于魏德迈一直与蒋介石合作得很好,"深受委员长的尊重",他的使华还可能鼓舞国民党政府进行改革。

---

① 　*FRUS*,1947,Vol. 7,pp. 957 - 960.

② 　*FRUS*,1947,Vol. 7,pp. 833 - 834.

③ 　《顾维钧回忆录》第6分册,第154—160页。

退一步说,不管这个使团能取得什么实际结果,它至少可以为杜鲁门政府在对华政策方面作出新的重大决定之前赢得一个喘息之机,对国会内亲蒋集团和院外援华集团在对华政策上对政府的攻击提供一个挡箭牌。

7月11日,白宫未经事先与国民党政府商量宣布了派魏德迈使华的消息。国民党政府官员虽然对此感到恼怒,但仍然对魏德迈访华表示热烈欢迎。他们对魏德迈的政治倾向十分清楚,对他不同意马歇尔调处国共冲突的态度也很明白。因此魏德迈使华被国民党政府普遍看作美国政策向大规模援蒋反共转变的开始。有人甚至指望,魏德迈可能取代司徒雷登出任驻华大使,须知赫尔利就是这样取代高斯(Clarence Gauss)的。

在马歇尔起草的给魏德迈的总统训令中说,魏德迈应当向国民党政府表明,他的使命是"调查情况","只有中国政府能够提出令人满意的证据,证明其能采取导致中国恢复元气的有效措施",美国才能"考虑援助复兴的计划"。马歇尔仍然以国民党政府实行提高效率的改革,作为提供美援的前提。训令不让魏德迈向国民党政府就美国可以提供的援助作任何承诺,而要他对可能提供的援助的性质、程度向美国政府提出建议,并估计提供或不提供援助的后果①。可见,魏德迈使团充其量只是一个情况调查团。魏德迈自己则认为他负有双重的使命:说服中国人,他们必须提供证据,美国的援助不会被浪费掉;说服华盛顿,必须提供这样的援助②。

魏德迈使团中包括了军事、政治、经济、技术等各方面官员及专家,人员多由魏德迈亲自挑选,即他认为对中国事态"没有先入之见"的人。使团人员作了详细的分工,分别调查中国的货币情况,清偿债务的能

---

① *China White Paper*, p. 255.

② Albert C. Wedemeyer, *Wedemeyer Reports*, New York: Henry Holt and Company, 1958, p. 388.

力,使用美援的能力,与美国政治体制合作的可能性,各种建设工程(包括开矿、电力、水陆交通、农业、垦荒,等等)计划的可行性,以及失去东北对国民党政府可能产生的影响,等等。调查团于7月22日抵华,8月24日离去,一个月里访问了上海、南京、北平、天津、汉口、青岛、济南、沈阳、抚顺、台湾等地,分头进行了繁忙的活动。其实,关于中国的情况美国并非不够了解,使团也没有发现什么新的美国政府以前不知道的重要问题。连魏德迈自己也明白,情况到处都一样,只是为了"心理的原因"才多走几个地方。魏德迈在到中国一星期后便向马歇尔报告说:现在的情况与你1月离开中国时所描述的情况极为相似,自然比那时更恶化了,"中国的国民党人精神上已经瓦解了。他们不知道为什么要去死或作出牺牲。他们已经对他们政治和军事领袖失去了信心,他们已经预见到彻底的失败。于是那些在位者就贪污腐化,趁着尚未垮台能捞多少就捞多少。国民党的士兵也反映了这种总的态度,他们简直不想打仗"。还使魏德迈感到忧虑的是,国民党人把使团看作"治疗所有中国病症的万灵药"。尽管如此,魏德迈仍然希望他的使团能为美国政府提供一些可供考虑的建议[1]。

8月8日,魏德迈向国务院又发去一个报告。他断言东北是守不住的,如果国民党硬要从华北、山东调兵去守东北,那么长城以内,尤其是山东的局势就会迅速恶化。因此国民党面临着一个痛苦的抉择:要么为死守东北损害华北局势,要么放弃东北巩固华北。他还说,苏联确实想在内蒙、新疆、东北及朝鲜建立其卫星国。国民党……知道美国在西欧与巴尔干的努力,知道美国要在苏联集团之外建立健全的经济和政治实体,因此希望依赖美国来反苏反共,而自己规避责任,不作出努力。魏德迈还报告说,"许多在民政和军事负责岗位上的中国官员都认为,中国的贪污腐败状况是不可救药的,虽然他们以前在这一方面操守清白,但现在他们决定乘着尚未垮台尽量捞一把"。有的人不是想要发

---

① 　*FRUS*,1947,Vol.7,pp.682-684.

财,但通货膨胀使他们无法再保持清白①。

在魏德迈离华之前,他应邀在国府委员会和政府全体部长联席会议上发表讲话。魏德迈每次出访后回到南京,都要会见蒋介石,向他讲述自己的观感。因此蒋是知道魏德迈可能讲些什么的。他当面要魏德迈坦率直言,"有什么说什么",同时又托司徒雷登向魏德迈打招呼,不要过多指责政府,遭司徒雷登婉拒。魏德迈抱着恨铁不成钢的心情,在国民党政府大员云集的聚会上,历数国民党政府的种种弊端,诸如贪官污吏当道,苛捐杂税深重,军队骄横粗暴,百姓畏之若虎,政府部门重叠,工作效能低下,秘密警察横行,滥捕滥杀成风,国家精神破产,等等。一个外国人在另一国家的政府最高会议上作这样的讲话大概是史无前例的。考试院长戴季陶当时就痛哭流涕,在会外说,我们对不起中山先生,没有把中国治理好,让一个外国人跑来这样教训我们。魏德迈 24日离华前发表了同样性质的声明。这一篇讲话和声明着实使国民党政府感到不满。9 月 2 日,王世杰致电顾维钧说,蒋介石及政府其他负责人对魏德迈的讲话表示愤慨,并指示他停止催办已向进出口银行提出的各种项目②。

9 月 19 日,魏德迈向总统提出了一份长篇报告。他从地缘政治学的角度来估量中国的战略意义,认为中国在美国全球战略中的地位是太重要了,不能冒险让其落入共产党手中。他写道,一个友好的中国能向美国提供"重要的空军基地作为轰炸前站之用",并能提供"亚洲沿海的重要海军基地",以及巨大的人力物力资源;反之,如果中国被苏联或"一个亲苏的政权"所控制,中国就将向美国的敌人提供这些财富,从而危及美国在日本、冲绳和菲律宾的基地。他自然也认为国民党政府必须进行改革,但不同意以这种改革作为美国提供援助的前提而建议立即开始给国民党以长期的、全面的、大规模的经济和军事援助,并主张

---

① FRUS,1947,Vol. 7,pp. 713 - 715.

② 《顾维钧回忆录》第 6 分册,第 193 页。

派遣大量美国顾问指导其经济部门,强化美军驻华顾问团,将顾问团的活动范围扩大到后勤部队、训练营和战场的军事行动。他在报告中还提出了一个割裂东北的建议,即由国民党政府向联合国提出要求,促成停止东北战事,并请求将东北置于五国监护之下,不然,就按照联合国宪章予以托管①。

魏德迈希望他的报告能作为新闻发布,甚至在全国广播公司的节目中播出。当时马歇尔正在纽约参加联合国会议,他紧急致电国务院,这个报告不许扩散,然后又把魏德迈召到纽约,叮嘱他不要随便向人透露报告内容。随后,马歇尔又要求魏德迈删去报告中的若干段落,魏德迈不同意,马歇尔也没有坚持。于是,就像魏德迈自己叙述的那样,他们让"我呆在国务院优雅的办公室里,我无事可做,闲得发慌,直到最后,我才明白,我的全部工作都是毫无用处的,我抱着极大希望提出的建议被无声无息地忽视了"。他的报告一直到1949年8月国务院发表《白皮书》时才被公诸于众。魏德迈在后来写作回忆录时不无懊悔地说,早知道他的报告会被国务卿压制,他决不会在南京作那样的讲话得罪国民党政府,因为他的两个目的是相互联系的②。总之,魏德迈访华在美国对华决策中没有起到多少作用。

二　美国 1948 年的《援华法》

1947 年下半年,美国国会中的亲蒋议员与院外援华集团更加起劲地展开活动。在魏德迈访华同时,卢斯派蒲立德(William Bullitt)来华,为《生活》杂志撰写专稿。蒲立德在二战时曾任驻法大使等职,与国民党政府关系很深。他在中国活动了两个月,写成了《向美国人民报告中国》,在 10 月 13 日出版的《生活》上发表。他危言耸听地说,如果国

---

① *China White Paper*, pp. 772‐774, 808‐814.
② *FRUS*, 1947, Vol. 7, pp. 777‐781; *Wedemeyer Reports*, pp. 388‐397.

民政府垮台,苏联就将控制整个亚洲,并动员亚洲的人力物力资源反对美国,那样,过不了一代人,美国的独立也将不保。他鼓吹给国民党政府以 13.5 亿美元的援助,并建议派麦克阿瑟去中国帮助蒋介石指挥作战①。这篇文章在美国影响甚广,在为援蒋制造舆论方面所起的作用极大。亲蒋议员也纷纷跑来中国。10 月,众议院军事委员会的四名代表访问了中国。他们在访华期间就迫不及待地给杜鲁门打电报,要求政府"刻不容缓地援助中国"②。周以德在魏德迈回国后来中国,从北平到上海跑了不少地方,几次见到蒋介石,还到东京与麦克阿瑟进行商谈。回国后,他于 11 月 8 日约见巴特沃斯(W. Walton Butterworth)。他唯恐这位国务院远东司的新任司长对中国了解不够,便不嫌其烦地给他上了一个半小时的关于中国历史、现状和将来的课。他的长篇大论归结到一点:"中国形势需要美国采取紧急的行动。"他强调,日本与朝鲜的安全需要在中国维持一个非共产党政权;中国现政权虽然不好,但维持它总比让它垮台而由一个共产党政权取而代之好;没有美国的援助,中国的内战不能结束,共产主义不能被遏制;而美国的援助必须是全面的,包括道义、军火的援助以及大规模训练军队③。

在一片要求援蒋的压力之下,马歇尔又采取了一系列措施,第一、他在 9 月中旬解除了范宣德远东司司长的职务。从抗日战争末期以来,范宣德一直反对无条件地援助蒋介石,反对美国卷入中国内战,因此遭到政府内外及国会内外亲蒋分子的忌恨,成为他们攻击的主要对象,被称为国务院里的"红色细胞"。如今马歇尔把他打发到瑞士当公使,这既是对亲蒋势力的重大让步,也排除了实行援蒋政策的主要障碍。第二、马歇尔于 10 月 21 日批准让售 $8\frac{1}{3}$ 大队项下的军用飞机和

---

①　"A Report to the American People on China", *Life*, Vol. 23, No. 15.

②　*FRUS*, 1947, Vol. 7, p. 892.

③　*FRUS*, 1947, Vol. 7, pp. 917 - 918.

马里安纳岛上的剩余军火。为了避免在行将举行的四国外长会议上受到苏联的指责，他要求对这一转让及其他一切援蒋事宜都不加声张。11 月 25 日到 12 月 15 日的战后第五次四国外长会议毫无结果，不欢而散，这更使马歇尔下决心援蒋。会议一结束，12 月 16 日，他就电示国务院，夏威夷群岛及美洲大陆的战斗机亦可转让。两天后，副国务卿洛维特(Robert Lovett)通知司徒雷登大使，$8\frac{1}{3}$ 大队项下价值 2650 万美元的物资将以原价 17.5% 的价格售予国民党政府。稍后，12 月 22 日，国民党政府又以原价 2.1% 的价格从战时资产管理总署购得 C—46 运输机 150 架。根据 1948 年 1 月 7 日的合同，马里安纳岛上的一切剩余弹药以原价的 1% 让售，与赠送无异①。第三、10 月 27 日，美国与国民政府签订一项救济援助协定，美国提供 1947 年春国会划拨的 2770 万美元的物资援助。第四、马歇尔虽然拒绝了参谋长联席会议及魏德迈关于派军事顾问团到国民党作战部队去的建议，但批准顾问团到台湾训练中心去训练国民党部队，并对后勤部队实行改组及监管②。

除了上述各项，美国政府正在酝酿的一个更重要的援蒋措施是在实行援欧计划的同时提出援华计划。在 11 月 11 日的参院外委会上有人问到援华计划，马歇尔说，具体数字尚未确定，大约是在 1948 年 4 月至 1949 年 6 月的 15 个月中提供 3 亿美元。这个数字比蒲立德所建议的 13.5 亿少得多，自然不能使亲蒋议员满意。正式援助计划的确定需要时间，杜鲁门、马歇尔与国会领袖商量后决定召开国会特别会议，向法国、意大利和奥地利提供临时援助的法案。12 月中旬，行政当局提出，向法、意、奥及中国提供 5.97 亿美元，其中给国民党政府 1800 万

---

① 　FRUS, 1947, Vol. 7, p. 932；(China White Paper), p. 975.

② 　China White Paper, pp. 348 - 350；Ernest May, The Truman Administration and China, 1945 - 1949, New York, 1975, p. 26. 1948 年 3 月，马歇尔又批准顾问团去南京训练中心，7 月，批准其去广州、汉口、成都等地训练中心。

元。12月23日,1800万美元拨款获国会批准①。

得知美国即将大规模援华,国民党政府不失时机地采取了相应的措施。12月间,国民党政府不间断地提出各种援助要求,以12月22日向司徒雷登大使递交的关于美国援华的几个基本考虑的备忘录最为全面。该备忘录的主要内容是:美国实行一项为期四年、总额15亿美元的援华计划,条件应与援欧方案大致相同;中国将雇佣有经验的美国管理人员,协助中国政府设计关于财政、货币以及其他行政方面的改革,并雇佣美国技术专家参加建设;美国应允许中国向美国政府以贷款方式购买剩余军火及其他军用物资,1948年该项贷款总额拟为1亿美元②。1947年冬,美方在拟定援华方案时曾与国民党政府的两位代表——国民党政府财政顾问杨格(Arthur Young)及外交部特派代表李幹进行了多次会商。1948年1月国民党政府又向美国派出以中央银行总裁贝祖诒为首的技术代表团,为接受美援作准备。该团与国务院、财政部、商业部、联邦储备银行的中国问题专家及有关人士进行广泛接触。1月28日,行政院院长张群迎合美国意图发表十点"自助方案",宣示国民党政府进行行政、财政、经济、军事各方面"彻底改革"的决心。

美国行政部门与国会之间经过紧张磋商与反复的讨价还价,1948年2月18日,杜鲁门向国会提出了拨款5.7亿美元的经济援蒋方案,为期15个月,以其中的5.1亿美元购买民用物品,主要是粮食和工业物资,其余6000万元用于少数特定的工业及交通的复兴项目。③ 1948年初国民党政府还有2亿多美元的外汇储备④。马歇尔的用意是,国民党政府可以用自己的钱去买军火,美国对它不作军事上的承诺。2月20日,马歇尔向参众两院外交委员会阐述政府的援华政策。魏德迈

---

① John Campbell, *The United States in World Affairs*, 1947‐1948, New-York,1948,p. 471;《顾维钧回忆录》第6分册,第275、278页。

② *China White Paper*, pp. 376‐377.

③ *ibid*, pp. 379‐380.

④ *ibid*, p. 1006.

出使中国归来后无声无息,国会内外的亲蒋势力纷纷就此事诘问政府。马歇尔乘此机会辩解说,很多与援华有关的文件虽然其内容极为正确,但一旦公布,"中国政府和中国军队的士气,必将遭受重大的打击"。他列举了自大战结束以来美国给予国民党政府的种种援助,强调说,国民党政府要支持下去,不能依赖别人,主要只能靠他们自己,任何人也不能越俎代庖。在目前政府贪污腐败、软弱无力、纪律废弛的情况下,"美国援助中国政府抵抗共产党的任何大规模的努力,均将成为美国直接参与的工作及责任,美国就得承担遥遥无期地供给大量兵力和资源的义务",从而使美国不能将其资源用于更重要的地区,在那里美国更有可能遏制共产主义,这"不可避免地将对俄国人有利,或者引起一种反作用,极可能导致另一种西班牙式的革命或广泛的战争"①。美国决策者的矛盾心理在马歇尔的这篇讲话中表露无遗。美国是愿意并必须支持国民党政府的,但又不能大规模地、全力以赴地给予支持,主要是因为它自己不争气;美国的力量不是无限的,它应当把资源用于更有把握遏制共产主义的地方;美国不愿意因为中国内战问题与苏联发生冲突,他关于中国内战可能导致西班牙式的战争的担心与大战期间罗斯福的担心不谋而合。马歇尔的讲话阐述了美国有限支持国民党进行反共内战的方针,其调子与后来的《白皮书》是一脉相承的。

军界及一些亲蒋议员对政府的方案仍不满意。他们力图把若干经援改为军援,众院外委会要求把 5.7 亿中的 1.5 亿作为军援。但参院外委会(包括一些亲蒋的议员)一致认为国民政府是无望的,他们削减了援助的款额,并且避免使用军援的名义。结果达成的方案是:经援 3.38 亿元,特别赠款(即军援)1.25 亿元。《援华法》作为《1948 年援外法》的一部分,于 4 月 2 日由国会通过,4 月 3 日杜鲁门签署成为法律。但是年 6 月众院拨款委员会又把经援减为 2.75 亿美元,从而使援助总额减为 4 亿美元。这样的《援华法》表明,战后美国政府的扶蒋反共政

---

① *China White Paper*,pp. 380 - 384.

策具体化为这样一种政策：用美国一定的经济和军事援助（包括一定数量的军事顾问）尽可能延长注定灭亡的国民党政府的寿命，纵然不能阻止中国革命的胜利，也要在这条道路上设置尽可能多的障碍，给中国共产党制造尽可能多的困难。

《援华法》的实施在美国由经济合作总署负责。1948 年 5 月原旧金山市市长赖普汉（Roger D. Lapham）被任命为该署中国分署署长。6 月 7 日，赖普汉到中国，分署正式开始活动。国民党政府方面成立了美援物资委员会，行政院长张群亲自出任主席，委员包括外交、财政、交通等部部长，中央银行总裁、资源委员会主席、上海市长等。由委员会的组成已足见国民党对美援的重视了。中国分署在 1948 年底共有美籍人员 89 名，非美籍人员 355 名。为了实施《援华法》，中美双方又于 7 月 3 日订立《关于经济援助之协定》，8 月 5 日换文成立了农村复兴委员会（由美方二人、中方三人组成）。根据这两项协定和其他有关照会，中国政府的财政、经济、贸易及统治区的经济生活完全置于美国的监督之下，美国还取得了不少新的特权。

1948 年《援华法》的经援部分包括商品、工业复兴、农村复兴三个方面。其中购买物资的款项为 2.038 亿美元，用于工业交通复兴的为 6750 万美元，用于农村复兴的为 250 万美元，其余 120 万美元为经济合作署的行政费用。从美国购买的商品主要是粮食、棉花、肥料、石油、煤、医药、农药等。到 1949 年 4 月 3 日《援华法》满期时已拨出 2.15 亿元采购物资，其中 1.392 亿元物资已经运到中国①。

关于工业复兴方案，美国组成了一个复兴考察团，于 1948 年 6 月随赖普汉来中国。该团发现，中国面临着双重的问题：中国的重建极需购置机器设备，但中国又极端缺乏工程与技术管理人才。考察团对 6750 万美元的使用提出了初步建议，大部分用于基础工业与运输业，诸如发电、煤矿、铁路、化肥等。考察团准备让美国公司作"项目工程

---

① *China White Paper*，p. 436.

师"，协助中方设计项目，购置设备，培训人员。经合署及中国政府并准备聘用一家美国管理公司来主管整个项目。但国民党政权迅速崩溃，经合署署长不得不于1948年12月21日宣布，工业建设及重置机器的方案，除某些已经进行到很高程度的工程计划需要继续完成外，其余一律停止。事实上，东北及华北的某些工程的预备工作早已停止。工业复兴方案基本上还停留在计划阶段，并未动用任何款项购置物资①。

农村复兴计划的命运与工业复兴计划相仿。1948年8月5日，中美双方通过换文，成立农村复兴委员会，由行政院秘书长蒋梦麟任主任，另有中美双方委员各二人。该委员会总部设在南京，1948年12月迁往广州，在长沙、重庆、桂林设有地方办事处。委员会下设若干专家小组。其时，东北、华北已被解放，该委员会在西南和华南进行了调查，打算在四川、湖南、广西、福建、台湾等省进行一些项目。由于国民党政权的迅速垮台，农村复兴计划基本没有实行。1949年3月拨款期满后，1948年《援华法》中未动用的款项继续拨付，大多用于台湾。

《援华法》中1.25亿美元的军援是以中国政府委托美国陆军、海军、空军部采购军用物资的方式提供的。到1949年3月也没有用完，剩余部分继续拨付。1949年6月1日，国务卿艾奇逊致函国防部长约翰逊（Louis Johnson）说，这1.25亿美元是"确定地、绝无变更地"归"国民政府"（国民政府已于"行宪"后结束，这里是对国民党政权的习惯称呼——引者）使用的，"国务院不认为"要对"国民政府"使用余款购买军火"定出一个截止期限"，军火可以一直供应到1.25亿美元用完为止②。

据美国方面统计，从抗日战争胜利以后，美国政府批准的对华经济及军事援助共20.077亿美元，其中15.967亿为赠款，4.11亿为信贷。而在长达八年的抗日战争期间，美国给予中国的援助仅为15.157亿美

---

①　*ibid*，pp. 1011，1030.

②　*FRUS*，1950，Vol. 6. pp. 351 - 352.

元,只及战后援助的四分之三。此外,美国还将原购价为 10.781 亿美元的剩余物资作价 2.32 亿元卖给中国政府①。可见战后美国对国民党政府援助之巨了。

第二节　对日和约和战争赔偿诸问题的处理

一　对日和约问题的初步讨论

1945 年 7 月盟国的《波茨坦公告》从原则上规定了战后盟国的对日政策,包括永久剔除军国主义;占领日本领土,直至制造战争的力量彻底摧毁之日;限制日本领土于本州、北海道、九州、四国及其他盟国决定的小岛;解散军队;严惩战犯;战争赔偿等项②。早在日本投降前,美国国务院、陆、海军部联席会议就拟订了《美国在战败日本初期对日关系》的文件,其中指出,美国对日本的总目标是:1. 依据《开罗宣言》及其他盟国间的协议,剥夺日本的领土及托管地;2. 创造条件,保证使日本不再成为对世界和平的威胁;3. 根据日本人民自由表达的意志,建立一个和平的、负责任的政府,此政府应尊重其他国家的权利和日本的国际义务,并支持联合国章程所提出的理想与原则③。日本投降后,美国不容任何对日作战盟国插手,垄断了受降和占领日本的大权。8 月30 日,麦克阿瑟(Douglas MacArthur)飞抵日本,执行美国单独占领日本的任务。9 月 2 日,在东京湾密苏里号战舰上举行日本投降仪式。9月 6 日美国参谋长联席会议在给麦克阿瑟的指令中说:"日皇和日本政府是在你作为盟国最高统帅的隶属之下,被授以治理国家的权力的。

---

① *China White Paper*,pp. 1042 - 1044.

② 世界知识出版社编:《国际条约集(1945—1947)》,北京 1961 年版,第 77—78 页。

③ *FRUS*,1945,Vol. 6,p. 609.

你可以行使你的权力,只要你认为这是执行你的使命所适宜的。我们和日本的关系不是以契约、而是以〈日本〉无条件投降为基础的。你的权力是至高无上的,在权限方面无须接受日本的任何异议。"①9 月 7日,盟军最高统帅总司令部(简称盟总)成立。盟总除参谋部外,还设立了全面控制日本的民政、民间情报、经济科学、天然资源等九个局。这些机构以"盟总指令"或备忘录方式指挥日本政府,使盟总成为日本名副其实的太上皇。

占领初期美国的对日政策与其他盟国从总体上说并无原则分歧,但美军单独占领日本和在对日管制问题上独断独行,引起苏联和英联邦国家的反感。8 月 22 日,美国向中、苏、英三国提出成立十国远东咨询委员会的建议。由于各国意见不一,美国方案搁浅。各国经过数月磋商,直到 1945 年 12 月莫斯科三国外长会议上,美、英、苏三国外长才达成协议,在华盛顿设立远东委员会,由中、苏、美、英、法、荷、加、澳、印、菲及新西兰共十一国组成。该委员会的主要任务是:1. 制定日本履行投降条件规定的义务时应遵守的政策及标准;2. 对盟国最高统帅所颁布的命令及盟国统帅的措施进行考核;3. 考虑各参加国提交给该会处理的事务。但委员会不能对军事行动及领土调整提出建议,委员会的决议案须经全体大会多数通过,中、美、英、苏有否决权。另在东京设立盟国管制日本委员会,由麦克阿瑟或其代表任主席,中、苏各派委员一人,英、澳、新、印合派委员一人组成,最高统帅在颁发有关实施投降条款及占领与管制日本的重大命令与指示前,应与该委员会商讨;在实施远东委员会有关管制制度的变更、日本政体和政府的变更的决定时,如委员会成员与最高统帅发生意见分歧,在远东委员会关于此事未有协议之前,应暂缓颁发关于此问题的命令②。

国民党政府任命驻美大使顾维钧兼任中国驻远东委员会代表团团

①　FRUS,1945,Vol.6,p.256.

②　人民出版社编:《对日和约问题史料》,北京 1951 年版,第 17—19 页。

长,并派代表常驻东京,参与远东委员会及管制日本委员会的工作。但这两个委员会的职责范围纠缠不清,实际上一切工作仍然取决于麦克阿瑟的盟总。中国驻远东委员会的专门委员也认为,委员会的实际功能是为美国独揽对日管制大权起一种掩护与开脱作用,因此各国对此一直颇有非议①。

　　1947年6月19日,远东委员会通过《对投降后日本之基本政策的决议》,文件的宗旨是要实现日本的非军事化与民主化。非军事化的主要内容是:"全部解除军备;改组经济,以剥夺日本之作战力量;消灭军国主义之势力;严厉审判战犯";"严格取缔一切表现军国主义与侵略精神之制度",以便"保证日本不再成为世界和平与安全之威胁"。民主化的主要措施是:根据日本人民自由表达的意志,尽快建立一个和平民主之政府,在国际上,"履行其国际责任,尊重他国权利并支持联合国之目标","而与各国维持永久的和平关系";在国内,"鼓励日本人民发展个人自由与尊重基本人权之愿望,尤其信仰、集会、结社、言论与新闻之自由;并鼓励其组织民主与代表民意之机构",等等。文件还对军事占领、盟总与日本政策的关系、联合国权益的保护、解除武装与废弃军备、严惩战犯、解除经济武装、恢复和平的经济活动、赔偿与归还、金融财政政策等项作出规定②。随后,远东委员会又对摧毁日本军需工业(1947年8月14日)、禁止日本军事活动与处置日本军事装备(1948年2月12日)、对日贸易(1948年11月18日)等问题作出决议。

　　然而,由于美国对日政策的转变,这些文件基本没有得到贯彻。战后初期,美国在日本推行了一些民主化改革,包括逮捕战犯,进行整肃,解散财阀,农地改革以及制订和平宪法。新宪法保留了日本天皇制,但规定天皇只是作为国家及国民整合之象征而存在。新宪法第九条规定,日本"永久放弃以国权发动的战争、以武力威胁或武力行使作为解

---

① 《顾维钧回忆录》第6分册,第3页。
② 《对日和约问题史料》,第20—30页。

决国际争端的手段……不保持陆海空军及其他战争力量,不承认国家的交战权"①。但随着美苏关系的恶化及冷战的开始,随着国民党政权在中国内战中的颓势越来越明显,美国对日政策随之发生了转变。本来美国是指望中国成为它战后在亚洲实行美国主导下的和平的主要稳定因素,成为美国在亚太地区的主要盟友。国民党在内战中的不断失败使美国原来对它的指望落空,美国乃考虑由日本来替代国民党中国承担这一角色。在 1947 年下半年到 1948 年上半年美国对日本的政策发生转变,即由摧毁一个敌国变为建设一个盟国,由铲除日本军国主义基础的民主化政策改为重建日本的扶助日本的政策。用国家安全委员会的一个文件的话说,"美国外交政策的一个主要目标是使日本能重新自立"②。这一转变在亚洲各国引发了强烈的抗议浪潮。

1947 年 7 月 11 日,美国致函远东委员会,建议委员会各国代表于 8 月 19 日在美国举行缔结对日和约预备会议,并提出会议通过决议的方式应采取三分之二表决制。美国这一建议违反了波茨坦会议上确定的对日和约由中、美、英、苏四国外长会议进行准备的原则。显然,在这十一国中,美国自以为要控制三分之二是不成问题的。英联邦国家在十一国中有五个,谁也不能以三分之二票压倒英国。而苏联则可能陷于孤立境地。22 日,苏联复函美国,表示"不能同意召开对日草拟和约会议,在片面形式下由美国政府决定,而不经与中苏英各国政府作初步之商讨"。苏联坚持由四强外长会议草拟和约,并坚持四大国的否决权,以确保自己的利益不受损害③。

国民政府在接到美、苏等国的照会后,于 9 月 14 日、19 日、30 日三次邀集军政要员、社会名流、知名学者举行座谈会,征询对于对日和约问题的意见。国民参政会也就对日和约问题进行了讨论,并提出了建

①　转引自蒋立峰主编:《日本政治概论》,东方出版社 1995 年版,第 500 页。

②　*FRUS*,1948,Vol.6,p.1011.

③　《对日和约问题史料》,第 39—40、277—278 页。

议案。一些社会团体以及报界也纷纷提出各自的主张。综合起来主要有这样一些意见：

（一）关于对日和约起草形式与顺序。在这个问题上意见颇为一致，即应由中、美、英、苏四大国先作初步会商，再提交十一国会议讨论；在整个讨论签订过程中，必须坚持联合国宪章的原则，即四大国一致的原则，坚持中国的否决权，否则不能维护中国的利益及远东的和平稳定。于树德等认为，对日和约与中国之存亡及发展的关系较任何一国更大，和约中如有任何妨碍中国发展、危害中国生存的条款，中国即不能同意。如果没有否决权，在十一国会议中，中国势孤力单，极易为人操纵，极易被三分之二做成不利于中国的决议，却又不能维护自己利益。他们认为在否决权问题上应该不避与苏联一致的嫌疑。否决权不仅是大国自卫的武器，而且是世界安全的保障。如大国之间不能同意协议，而强迫其接受，则大国团结必然破裂，而且可能招致战争。褚辅成等还认为，和会必须有四强全体参加，尤其在远东，中、苏、日三国壤地错综，无苏联参加，势将使远东局势益陷于纠纷。王芸生等进而认为，中国对日利益与美国不同，也与苏联不同，在谈判对日和约时极需谨慎严正，着眼于今后百年国运，忠实于独立外交，在美苏之间走中间道路，而不可做美国尾巴，如一切点头诺诺，则仍难避免人为刀俎、我为鱼肉的命运，势必后患无穷①。

（二）关于领土问题。《开罗宣言》与《波茨坦公告》早已对日本领土作出规定，中国东北、台湾、澎湖归还中国，朝鲜独立，千岛群岛划归苏联，有争议的是琉球、小笠原群岛、伊豆七岛、济州岛、竹岛、对马岛、千岛群岛南部小岛。当时讨论得最多的是与中国有关的琉球的去向，大致有三种意见：一种意见强烈主张收回。张其昀、胡焕庸等认为，由历史、地理、经济、民族文化来看，琉球均有归属中国的理由及证据。琉球是中国东海的屏藩，海上的长城，其与台湾岛的关系，犹如海南岛之有

---

① 《对日和约问题》，第6—8、13—14、22—23、25等页。

西沙群岛。琉球与中国关系,始自隋代,自明洪武五年正式列于中国版图,两年一贡,历五百年而不辍。七十年前日本悍然以武力攫取,是为日本侵略中国之先声。琉球为中国失地之一,自当由中国收回。琉球对中日两国皆有重要战略意义。琉球掌握在日本手中,在消极方面掩护日本本土四岛的安全,在积极方面作进而侵略中国东南沿海的跳板。鉴于其重要军事价值,中国在收回主权后,可同意经由联合国的程序,供国际军队使用,藉以保障远东和平①。另一种意见认为,琉球应恢复为主权国家。琉球在被日本吞并之前是一个主权国家,无论其人种、其经济都是独特的。明清五百年间,中国是琉球的宗主国,但现在恢复宗藩关系与时代潮流不符;另一方面日本无论如何不能再继续兼并琉球,琉球应恢复历史上的古琉球国,以独立的姿态耸立于西太平洋,成为一个和平与安定的因素,而不能再作侵略的跳板。中国可同意美国在琉球建立基地的计划,如果要对琉球实行托管,中国应起主要作用。② 第三种意见认为应对琉球实行托管,具体办法有两种:一种是由中国托管,将来适当时候获得独立或成为自治领;一种是交联合国托管,中国保有一份权力③。讨论中还提到一些别的岛屿。济州岛“本来就是朝鲜的地域,应该与朝鲜各道一样属于朝鲜政府的行政权范围”。竹岛原属朝鲜江原道,日本吞并朝鲜后,改变该岛隶属,现在自应将主权返归朝鲜。即令朝鲜不能派代表出席和会,中国应以第三者的立场代为主张。对马岛不是日本固有领土,其形势极为险要,“既控制日本与朝鲜两陆地,又扼制旧日本海与西太平洋两水域”,为东亚及世界的安定起见,对马岛应设置守卫治安及国际社会秩序的警察④。

　　(三)关于铲除日本军国主义的基础问题。中国遭受日本军国主义

---

　　① 《对日和约问题》,第 68、73、76—80、84 页。

　　② 《对日和约问题》,第 81—90 页。

　　③ 《国民政府对日和约审议会谈话记录》,中国第二历史档案馆藏,转引自石源华:《中华民国外交史》,上海人民出版社 1994 年版,第 662 页。

　　④ 《对日和约问题》,第 73、76 页。

侵略创巨痛深,各界对于如何使日本军国主义不能东山再起的问题十分关心,并大致表达了这样几点意见。第一、废除天皇制。舆论一致认为,天皇是日本法西斯最后的独裁者,是领导侵略的权威,裕仁天皇对一切侵略战争所负的刑事罪责,应交付盟国远东法庭公正审判,并予惩治;天皇制是绝对主义的君主制,是军事的封建的帝国主义,要使日本成为民主国家,必须废除天皇制①。第二、惩办财阀。财阀是教唆军部从事战争、并竭力为军部撑腰的;而军阀侵略是为财阀打天下,财阀是真正的侵略势力,是日本侵略的动力,是左右日本政治的真正力量,是阻碍日本经济民主化的主要障碍,因此必须严惩。有论者认为,盟总对于解散财阀"只做了一些浮表的工作",与发动战争进行侵略直接有关的财阀没有一人被起诉的,这方面工作太不彻底。对日和约应该明确规定解散日本财阀②。第三、革除其他封建势力。日本的土地关系是封建的寄生的土地关系;日本排斥外来宗教,提倡国产的神道,作为法西斯主义的基础;日本的法西斯主义带着封建神秘主义,这些都要进行改革,法西斯或半法西斯的结社必须禁止③。第四、和约中应当规定一个相当长的时期为对日本进行再教育的时期,以便消灭日本的侵略思想。应该消除一切有关军国主义的心理、思想和制度,中小学教本和各种刊物、杂志、报纸中的此类思想必须消除,中小学教科书应该经过严格的检查④。

(四)日本战争赔偿也是当时讨论的主要问题之一,详见下一目。

1947年10月18日,行政院院长张群在参政会驻会委员会例会上报告政府政策方针,就对日政策报告说:"对日和约态度,美国认为起草对日和约只要远东委员会十一国中之多数赞成即可,我则主张所谓多

---

① 《对日和约问题》,第183、185、190、195等页。

② 《对日和约问题》,第180、186页。

③ 《对日和约问题》,第182—183、186页。

④ 《对日和约问题》,第187页;参见《中华民国外交史》,第664页。

数须包括有否决权之四主要国家在内。中国愿看到日本之和平实现，但反对日本成为和平之威胁；不采取报复手段，但要求应得之赔偿。日本领土问题，开罗及波茨坦宣言已有规定，现仅若干岛屿未有决定。琉球与中国关系最为密切，故我主张应归还我国。赔偿方面，中国损失最大，调查困难，损失数字约为美金五百余亿元。参政会对于对日和约之建议与政府之政策，甚多符合之处。总之，我国对日之基本原则仍为宽大。"①

国民政府参考综合了各界表达的意见，提出了种种折中的方案，力图促成对日和约的早日缔结。《外交部三十七年下半年度施政计划纲要》规定："七、促成对日和约之签订。对日和约之签订，自宜早日完成，以彻底铲除日本侵略主义，摧毁日本军事经济工商作战潜力，达成我国最大比额与优先受偿之赔偿原则，并监督日本政府完成真正民主化。惟为达到此种目的，中国必须于未来和会中获得其应有之特殊地位，中国不能放弃此种地位，以求和会之早开与和约之早订。"但由于美苏在此问题上意见尖锐对立，不能调和，和会迟迟未能举行②。

二　战争赔偿与索还劫物问题

战争赔偿是战争遗留下来的重要问题之一。还在战争进行期间，国民政府就着手进行战争损失调查，为日后索赔作准备。最早提出这

① 《大公报》(上海)，1947年10月19日。
② 档案号十八，3143，中国第二历史档案馆藏。按：关于对日和约问题，美国于1950年9月再次提起，1951年9月4日在旧金山召开了五十二国参加的对日和会。由于美国拒不承认中华人民共和国政府，中国被排除在和会之外。9月8日，会议举行和约签字仪式，苏联、波兰、捷克拒绝签字。中国政府发表声明，旧金山和会没有中华人民共和国参加，因而是非法的、无效的。1952年4月28日，日本和台湾当局签订所谓和平条约，中华人民共和国政府声明表示坚决反对。在中日关系正常化后，中日两国于1978年8月12日在北京签订了《和平友好条约》。——笔者。

一问题的是第一届国民参政会参政员黄炎培。他在 1938 年 10 月 28 日至 11 月 6 日举行的第一届国民参政会第二次会议上,提出议案,建议政府设立抗战公私损失调查委员会,着手进行调查,以作为战后向日本索赔的依据。行政院于 1939 年 7 月制颁了《抗战损失调查办法》及《抗战损失查报须知》,通令所属各机关及各地政府分别具报调查,并指定国民政府主计处审编所有调查资料。主计处从 1940 年起每隔半年将所有各种损失数字累计汇编一次。战争临近结束,国民政府对这项工作有所加强。1944 年 2 月行政院抗战损失调查委员会正式成立,翁文灏为召集人。该委员会修订以前颁布的调查办法,使调查工作得到改进。1945 年 4 月起调查委员会改隶内政部,内政部长张厉生出任主任委员。及至秋季,国民政府外交部得悉美国总统战争赔偿专使鲍莱(Edwin W. Pauley)即将来华商讨有关日本战争赔偿事宜,便于 11 月 13 日召集各部委代表会商,会议决定内政部抗战损失调查委员会改名为赔偿调查委员会,改隶行政院。该委员会的任务主要是三项:一、调查我国抗战损失;二、调查日本赔偿能力,并确定日方赔偿之种类与数量;三、调查中国已接受之日本公私财物。远东委员会成立后,国民政府为了与该委员会赔偿委员会名称一致起见,于 1946 年 10 月 1 日正式成立行政院赔偿委员会,继续调查抗战损失,并负责处理日本赔偿事务[①]。

作为美国对日政策的一部分,美国关于日本赔偿政策也有一个转变的过程。战争结束后不久,杜鲁门总统即任命鲍莱为战争赔偿问题的私人代表出访东亚各国,拟订关于日本赔偿的方案。经总统批准,鲍莱于 1945 年 10 月 31 日发表了《美国关于日本赔偿的政策》,其中指出,"日本赔偿的问题是一个旨在促进东亚作为一个整体的经济稳定及政治稳定的问题",整个东亚都需要走上政治稳定与和平进步的道路,

---

① 台北"国史馆"藏有关档案,转引自郭希华:《抗日战争时期中国损失调查及赔偿问题》,《历史研究》1995 年第 5 期。

需要复兴经济生活,赔偿不是为了使日本贫困化,但也不能允许日本经济复兴到使之能对其邻国实行控制或对邻国保有优势。因此赔偿政策应当是:1. 削弱日本的工业,使之不再成为对世界和平的威胁;2. 将日本的工厂设备运至各有权利得到赔偿的国家,以促进其经济的完善;3. 日本可以留有最低数量的工厂,以生产换取必要的进口产品(如粮食)的出口物资,等等①。1946 年 4 月,鲍莱向杜鲁门递交了一份详尽的报告,其中指出,绝大部分的日本工业设施都是为进行战争而建立的。尽管这些设施在战争期间也遭到了破坏,但日本仍然保留着较日本在和平年代为生产国民的消费物资多得多的工厂设备,这部分多余的设备必须拆迁。计划主张保留日本 1926 至 1930 年的工业水平,将日本的陆海军工厂、飞机、轻金属、轴承工厂的全部,以及钢铁、机床、造船厂、火力发电厂的大约一半,作为赔偿设备予以拆迁。同时鲍莱方案主张全部保留日本的轻工业和民生工业。这样整体来说,日本的工业能力将削减 30%。这既是为了使日本不能再发动另一次战争,也是为了使每一个日本人明白,日本是战败者,所以应该受到惩罚。被日本侵略摧残得最厉害的中、菲两国,可以得到日本的化学、钢铁、造船、电力以及机械制造工厂作为赔偿②。这是美国关于日本赔偿的几种方案中最严厉的一种。1946 年 5 月远东委员会一致通过这一计划。

在提出这个方案之前,鲍莱鉴于制订赔偿方案牵涉面多,手续繁复,而赔偿问题对剥夺日本的战争潜力、对东亚受日本侵略各国经济复兴又关系密切,急于处理,便先于 1945 年 12 月提出了一个临时赔偿拆迁方案。这个方案以整个日本赔偿额的大致 30%作为先期拆迁计划,以赔偿直接受到日本侵略的国家。他在 6 日给麦克阿瑟的信中说:"我倾向于认为,虽然我们有打破日本财阀的计划,但照着日本人现在追求

① *FRUS*,1945,Vol. 6,pp. 997 - 998.

② *ibid*,p. 1007;《对日和约问题》,第 146、174 页;参见刘士田:《战后日本对华赔偿问题》,《当代亚太》1996 年第 6 期。

的政策,大财团将会接管整个国家,从而使为消除日本战争潜力而应予拆除的那些机械工具很难被拆迁。果真如此,日本战争潜力的最重要部分将完整无损地保留在那些使日本陷入战争的人手中。"12月21日,杜鲁门批准了鲍莱的计划,并希望尽快予以实施①。

中国官方及民间一直十分关心日本赔偿的问题。在讨论对日和约问题中,赔偿问题是主要议题之一。中国各界所关心的主要是两个问题:日本应维持何种生活水平,中国应在总的赔偿额中得到多少份额。远东委员会1946年2月通过保持日本1930至1934年的生活水平,中国各界普遍认为太高。理由是,这比同期的中国的生活水准为高,更比战后中国的生活水平要高,而德国所保留的是1930至1938年生活水平的55.5%。在远东委员会会议上,中国提出将日本的重工业保持在1914年水平,但未获通过②。关于各国赔偿的份额,《波茨坦公告》规定应考虑各国受到日本侵略的人员与物资损失的程度,及各国对战争作出的贡献。中国各界认为,无论从哪一方面说,中国都有权利得到最大的份额。按照行政院赔偿委员会1946年五六月间向国民参政会提出的报告,从1937年7月7日到1945年9月3日中国在战争中的各项损失是:全国公私财产直接间接损失合计为559.43844亿美元,全国人口伤亡总计12,784,974人,其中平民伤亡9,134,569人,军人伤亡3,650,405人③。舆论普遍认为中国应当占日本赔偿总数的50%。在1947年远东委员会会议上中国所提赔偿额为日本总赔偿额的40%,并声明,如依损失及贡献而言,中国有权要求更大的百分比。当时各国要

① 　*FRUS*,1945,Vol.6,pp.1006,1012.

② 　《对日和约问题》,第138—139页。

③ 　参见《历史研究》1995年第5期。这一统计显然是很不完全的。首先,"九一八"事变至"七七"事变期间的损失没有统计在内;其次,东北地区、台湾、澎湖以及广大敌后根据地的损失没有统计在内。据1991年11月中华人民共和国国务院发布的《中国的人权状况》一书刊布,抗日战争时期,中国直接经济损失达620亿美元,间接经济损失为5000亿美元。——笔者

求的赔偿额相加为200％多,于是新西兰提出一个折中方案,将各国的要求大致减半。美国在远东委员会的成员巴尼特(Robert W. Barnett)也提出了大致相同的方案。在这两个方案中,苏联的比例都由原来要求的14％降到了3％。因此两个方案遭到苏联的强烈反对。中国也表示不能接受将中国的比例降到百分之二十几。关于赔偿分配比例各国意见出入甚大,讨论迁延不决①。

1946年底,远东委员会在华盛顿讨论赔偿问题,中国代表团团长顾维钧提出《责令日本政府赔偿说帖》。这是中国政府关于赔偿问题的一个比较完整的方案。方案要点如下:1. 日本赔偿的主要目的在于摧毁其军需工业,日本平时生产量应以1914年为标准;2. 日本赔偿由两部分构成:国内之存金、现款、工业设备以及现在及将来可供赔偿用之物资;日本在中立国、轴心国及未被日本占领各同盟国内之存金、现款及资产;3. 日本在中国境内包括东北、台湾及澎湖的现有产业、物资、存金及现款等,以及日本在上述各地所经营的事业存于日本国内的产业、物资、存金、现款均应作为日本对华赔偿之部分,但不计入赔偿总额之内;4. 日本境内指定为对华赔偿之工业设备,中国对其拆迁时期、利用方法及技术人员等,得设定必要条件;这些设备运往中国指定地方,所需费用由日本政府负担;5. 赔偿工厂,如属必要,可在日本境内利用日本人力开工生产,所有产品,由中国政府出资运往中国,但以不超过最后赔偿会议之日起五年为限;五年后该项设备仍由日本政府出资运往中国;6. 日本在东北之工业设备及其他非战利品之物资,经苏联搬移者,应有公平合理之措置,使中国对此应得之赔偿不致无着;7. 日本从中国掠夺去的古物、艺术品及其他物资,中国伪组织及台湾政府、台湾银行所存于日本之一切资产、物资、存金、现款应归还中国,而不视为赔偿;8. 日本在占领中国期间所搜集的有关中国自然资源、工业计划

---

① 　行政院新闻局:《日本赔偿》,1948年3月版,第8—9页;《对日和约问题》第141—142页;*FRUS*,1947,Vol. 6,pp. 395 - 396.

等技术及经济资料,应包括在赔偿计划之内①。中国的上述要求是完全正当合理的,而且也是最低限度的要求。但由于各国在日本赔偿问题上利益观点不同,由于苏联坚持把东北日本产业看作战利品,特别是由于美国对日政策的转变,中国的上述主张几乎无一顺利实现。中国实际得到的只是一小部分先期拆迁设备。

鲍莱早在1945年底就提出了先期拆迁的设想,但美国到1947年春才决定予以实施,1947年4月4日参谋长联席会议向麦克阿瑟发出了关于先期拆迁的指示。经过一段时间准备,盟总于9月开始采取行动,以十七所日本兵工厂的机械设备等作为第一批赔偿物资,以后又将兵工厂内的试验设备及电气设备列为第二、三批赔偿物资。接受赔偿的国家为中、英、荷、菲四国,分配比例为3∶1∶1∶1。中国接受的这三批赔偿物资总额仅为2207万美元。此外,1947年春,盟总决定将日本残存的自驱逐舰以下的军舰(航母等战舰已为美国沉毁),按抽签法平均分配给中美英苏,分给中国的第一批日舰八艘于1947年7月3日驶抵上海,第二批八艘于7月28日抵沪,第三批八艘于8月27日抵青岛②。

1947年初,美苏关系已近恶化,冷战初露端倪。3月,美国提出了杜鲁门主义,从此遏制共产主义正式成为美国外交的指导方针。美国以日本占领费用庞大及经济恶化为由,提出修改赔偿政策。一二月间,美国陆军部派遣以过去一直处理对德战争赔偿问题的斯特赖克(Cliford S. Strike)为首的调查团赴日本调查,并于1948年2月公布《日本工业赔偿报告书》(又称斯特赖克计划)。鲍莱方案与斯特赖克计划的主要区别在于:第一、前者主张进行拆迁赔偿,而反对以劳力、生产品、

---

① 《日本赔偿》,第4—6页。

② 《中央执行委员会第六届第四次全体会议军事报告》,1947年9月9日国防部编印,档案号七一一(5),129,中国第二历史档案馆藏;参见:FRUS,1947,Vol.6,pp. 376‑380.

现存货物支付赔偿，以避免日本保留过高的生产水平；后者恰恰相反，反对拆迁赔偿（主要的战争工业除外），赞成采用生产品和劳役的赔偿制度；第二、前者保持日本1926年至1934年工业水平，后者主张照日本1935年的生活水平保持其工业水准，不但水平提高了，而且工业水平是固定不变的，而生活水平却需要加上人口增长和国民经济的其他因素；第三、大幅度减少赔偿数额，斯特赖克确定的赔偿额是16.48亿日元（1939年价格），其中工业设施1.72亿元，基本战争设备14.76亿元；而1947年美国国务院、陆军部、海军部通过的一份文件规定的拆除额为24.66亿日元①。

对于斯特赖克大大削减了的赔偿方案，美国陆军部仍不满意。出于战略上的考虑，美国军方认为必须从根本上改变日本战争赔偿政策。1948年3月，美国陆军部副部长德莱勃（William H. Draper, Jr.）又亲自率团前往日本，5月公布了由该团团员约翰斯敦（Percy Johnston）起草的报告书。该报告书把从日本的拆除赔偿额减少到6.62亿日元，该报告书还主张："日本在国外的资产，如中国东北、台湾及其他地区的资产，已入苏联及中国手中者，均应正式认作赔偿而抵消之。"报告书不仅反对将发展日本经济及美军占领所需的工业列入日本赔偿品之中，不仅反对冻结日本工业水平，而且主张"应听其在不从事军事工业的条件下自由发展"，甚至主张美国在五年内向日本注入16亿美元资金，并要求亚洲各国与日本恢复贸易等经济合作关系，特别是将多种原料售予日本②。连国务卿马歇尔也觉得约翰斯敦方案过于宽宏大量，认为在向远东委员会提出时必须作若干修改，如：1. 将原报告的主张只有日本陆海军军火库用作赔偿改为一切"基本的军事设施"，除陆海军军火

---

① 参见于群：《美国对日政策研究》，东北师范大学出版社1996年版，第82—85页、114—115页。

② 《对日和约问题》，第145—146页；《美国对日政策研究》，第115页；《中华民国外交史》，第668—669页。

库外还包括私人军火工厂及飞机厂；2. 原报告主张日本保持年船舶制造能力65万吨，马歇尔认为40万吨足矣，其余设备能力用作赔偿；3. 原报告提出不将日本钢铁工厂及设备用作赔偿，马歇尔主张所有超过年产50万吨的钢铁工厂设备均应用作赔偿。但陆军部却认为"特别难于"接受马歇尔关于日本所有基本军事设施均用于赔偿的意见，因为拆迁基本军事设施将对日本经济产生破坏性影响①。显而易见，美国对日本的目标已经正式改变为积极加速日本工业的重建与扩展了②。

在进行赔偿同时，索还日本战争劫掠物资的工作也在进行。中国提出的归还被劫掠物资而不视为赔偿的原则得到各国赞同。1946年7月远东委员会通过了《劫物归还政策案》，但由于各国对具体执行计划意见分歧，归还工作长期不能实施。直至1948年3月，美国政府才向盟总颁布劫物归还的临时指令。盟总乃令日本政府将劫掠物资集中于若干大城市及港口，由盟国代表前往核查认领。截止1949年9月，归还中国的劫物有：1. 书籍158,873册，价值180,964美元；2. 古玩2000件，价值110,891美元；3. 货币11,083吨，价值5,246,356美元；4. 整厂机器设备两厂，价值442万美元；5. 机器2545件又一套，价值

---

① *FRUS*,1948,Vol.6,pp.1009,1015.

② 1949年5月美国停止实施先期拆迁计划，原定拆迁计划只实施了10%。在旧金山和会期间又重提赔偿问题。美国当时为应付朝鲜战争，急需扶植日本，力主盟国放弃对日赔偿。台湾当局的生存本身也有赖于美国支持，对于美国的这一主张难以反对。1951年1月22日，台湾当局代表顾维钧在向杜勒斯递交对美国关于对日媾和七原则的答复时表示，台湾准备放弃对日本的战争赔偿要求，但必须以其他国家也同样放弃为条件。和约谈判过程中，台湾当局提出放弃其他赔偿，只要求日本提供劳务补偿。日本坚持在华财产作为赔偿已经足够，拒绝台湾当局要求。1952年3月20日，美国国会批准对日和约。台湾当局被迫作出全面让步，放弃包括服务补偿在内的一切赔偿要求。中华人民共和国政府发表声明，谴责台湾当局放弃赔偿是"慷他人之慨"，中国政府和中国人民绝对不予承认。1972年，在中日关系正常化过程中，中国政府放弃了对日本的战争赔偿要求。——笔者。

2,238,202 美元；6. 汽车 18 辆，价值 18,830 美元；7. 船舶 20,676 吨，价值 2,162,657 美元；8. 工业原料 2,335,809 美元；9. 贵金属 17,594,709 克，价值 404,502 美元；10. 杂项 1,013,709 美元。此外，中国政府还委托盟总在日本经销部分物资。以上各项共计 18,132,357 美元①。毫无疑问，这些仅仅是被日军劫掠物资的极小部分。

第三节　国民党政府的末路外交

一　难以挽回美国从中国脱身

1948 年美国《援华法》的通过，是美国民主党与共和党在对华政策上互相妥协的结果。但国民党当局知道，民主党政府对于援华的态度是不积极的。早在马歇尔在华调处期间，蒋介石对他就很不满意。马歇尔于 1947 年 1 月回国就任国务卿，成为美国外交政策的主要制订者。杜鲁门在外交方面对马歇尔言听计从。蒋介石更把美国的消极援华态度归咎于马歇尔，他在 1948 年 6 月下旬与张治中的一次谈话中说，"马歇尔完全持一种反蒋倒蒋的态度"②。1948 年是美国的大选年，国会中的共和党议员，如密歇根州参议员范登堡（Arthur H. Vandenberg）、加州参议员诺兰（William F. Knowland）、新泽西州参议员史密斯（H. Alexander Smith）、俄亥俄州参议员塔夫脱（William H. Taft）、明尼苏达州众议员周以德（Walter Judd）和共和党总统候选人、纽约州州长杜威（John Dewey）都表现了十分强烈的反共亲蒋情绪，攻击杜鲁门政府在欧洲遏制共产主义的同时，却在亚洲放任共产主义。6 月下旬，杜威被提名为总统候选人之后，在第一次记者招待会上宣称，杜鲁门政府对华援助过于吝啬，美国必须帮助"国民政府"维护它

---

① 参见《中华民国外交史》，第 670—671 页。
② 《张治中回忆录》下册，第 775 页。

的自由,到了适当时候,他一定要改正现政府所犯的重大错误。他把对中国友谊与援助当作竞选演说的主题①。当时,杜威当选的呼声很高,国民党政府当局于是把赌注压在共和党身上,竭尽全力地调动在美势力为杜威竞选摇旗呐喊。孔令杰就是积极活动的人物之一。杜鲁门采取哀兵策略,出乎意料地以微弱多数当选。国民党政府一时处境相当尴尬。

及至1948年冬,中国军事、政治、经济形势的发展使美国决策者相信,国民党的失败是不可避免的了。马歇尔在11月26日的内阁会议上说:"中国的国民党政府正在退出历史舞台,无论我们做什么都救不了它了。"②在此之前,9月8日,以乔治·凯南(George Kennan)为首的国务院政策设计室已经提出了一份名为《重新审查和制订美国对华政策》的文件,其中指出:"继续仅仅对蒋介石承担义务……不是一种好的外交","在现时中国的形势下,我们需要有改变航向的自由,或者甚至抛锚停泊,直到我们找到正确的方向。"③1949年1月国家安全委员会在第四十一号文件中提出了对华政策的两个方面:一方面,通过与中国恢复一般的经济关系等手段,增强能导致中共与苏联之间产生严重分歧的力量,以促使在中国出现一个独立于苏联的共产党政权;另一方面,动员西方世界的政治和经济力量,公开与中共政权作斗争,"使中国彻底孤立于日本和西方世界,以便招致中共政权的被推翻和崩溃"④。这就是说美国对华政策有软硬两手:软的一手是从中国内战脱身,尽可能离间中苏关系;硬的一手是继续与中国革命为敌,尽可能给中国新政权制造困难。在1949年美国对华政策的这两手同时在起作用,但后一方面一直起着主导的作用。

---

① 《顾维钧回忆录》第6分册,第488页。
② Papers of Mathew Connally, Box 1, Harry S. Truman Library.
③ *FRUS*, 1948, Vol. 8, pp. 146 - 155.
④ *FRUS*, 1949, Vol. 9, pp. 826 - 834.

为了从中国内战中脱身,美国政府主要采取了三项措施:召回驻华军事顾问团,拒绝向国民党提供新的援助,编制《美中关系白皮书》。

美国驻华军事顾问团在战后三年多的时间里,帮助国民党政府改组军事指挥机关、建立军校、建立训练中心、训练军官及作战部队。尽管美国作了这些努力,国民党军的士气和战斗力却日趋下降,成建制地投降或起义已经司空见惯。到1948年11月上旬,驻华美军联合顾问团终于得出结论,在中国现时这种政治、军事和经济状况不断恶化的形势下,除非使用美军在中国作战,不管美国给多少军事援助,都不可能挽救国民党政权,而他们知道直接派遣美军作战不是美国的政策①。顾问团继续留在中国已无济于事。11月26日,参谋长联席会议指示联合军事顾问团团长巴大维(David Barr)从中国撤出顾问团。国民党政府反对这一措施是可想而知的。实际上,就在11月初,在巴黎出席联合国大会的中国代表团团长蒋廷黻以中国外交部长的名义向马歇尔提出要求,希望美国派军官实际指挥国民党政府军作战,并派一高级军官率一特别使团来华。马歇尔答称,要一个新到中国的外国军官对中国政府提供行动建议是太困难了。蒋廷黻碰了钉子之后,蒋介石亲自出马,他在11月9日给杜鲁门的信中提出了三项紧急要求:迅速增加并提供军援,发表支持国民党的声明,"尽速派遣一高级军官与本政府共商有关军事援助之具体计划,包括美国军事顾问参加作战"。显然,蒋介石是想死死地拽住美国,更深地把美国拖下水去。但这与美国的政策不合。杜鲁门在回函中实际上对蒋的要求一一予以拒绝②。顾问团撤退工作于12月开始,至1949年3月1日完成。

《援华法》通过后,国民党政府一方面通过实施该法得到美国的经济和军事援助,一方面与美国国会内外的亲蒋势力里应外合,一次又一

---

① White House Summary of Telegram, November 8, 1948, RG 59, Records of Office of Executive Secretary, State Department, NARS.

② *China White Paper*, pp. 286-287, 888-889. 按:巴大维只领少将衔。

次地提出新的援助要求。上述蒋廷黻向马歇尔的口头请求及蒋介石致杜鲁门的函中,都是把军事援助与军事顾问一起提出的,而马歇尔及杜鲁门也都是两者一起拒绝的。杜威落选,杜鲁门的总统新任期即将开始,国民党当局处境更为困难,于是,宋美龄于 1948 年 12 月 1 日亲自赴美求援,再作一次绝望中的努力。她要求美国政府在三年内向国民党政府提供 30 亿美元援助,美国政府不予理睬。就在她到华盛顿的翌日,杜鲁门拒绝在记者招待会上就对华提供新援助问题发表意见,并断然否决了将派麦克阿瑟去中国的谣传①。想当初,1942 至 1943 年间宋美龄访美时是何等风光,简直在美国卷起一阵旋风。如今时过境迁,国民党处于风雨飘摇之中,宋美龄的访问也显得凄凄惨惨、冷冷清清。杜鲁门政府没有把她当作官方客人接待,没有让她住在白宫,而 1943 年她曾在白宫住过。马歇尔也只是把她当作私人客人,安排她在利斯堡的家中下榻。而她的美国友人则早早地劝告宋美龄不要在利斯堡住到不受欢迎的时候。宋美龄在华盛顿的活动没有多少成果,1949 年 1 月上旬她就离开华盛顿到纽约去了。宋美龄以纽约里佛代尔孔祥熙家为总部,越过驻美大使馆召集国民党在美政要举行"每周战略会议",分析形势,制定在美宣传口径,统一活动步调,加强与院外援华集团的联系。宋美龄的活动对维系崩溃中的国民党政府与美国的关系起了一定作用,但她的求援活动却处处碰壁,受尽冷眼。她的活动对美国对华政策影响甚微。

　　1949 年 1 月下旬,杜鲁门第二任期开始,艾奇逊(Dean Acheson)接替马歇尔为国务卿。国会中的共和党议员又发起新的攻势。2 月 7日,51 名共和党议员联名致函杜鲁门,询问政府援华计划,并要求总统指派一个委员会调查中国问题并提出报告。24 日,艾奇逊会见了其中的 30 人。他就中国的局势发表评论说,当森林中有一棵大树倒下,在

---

　　① 《顾维钧回忆录》第 6 分册,第 593 页;*America's Failure in China*,pp. 491-492.

飞扬的尘土落定之前,人们无法看清破坏的程度。第二天,传媒就把艾奇逊的对华政策描述为"等待尘埃落定"①。共和党参议员麦卡伦(Patrick Mc Carran)随即提出议案,建议向"国民政府"提供15亿美元援助,其中5亿美元用于购买白银作为货币改革之用,3亿用于经援,7亿用于军援。这一议案在国会引起相当的附和。3月10日,50名参议员致函参院外交委员会主席康纳利(Tom Connally),要求国会就麦卡伦议案举行听证会。艾奇逊对该议案不加考虑。他在15日给参院外交委员会主席康纳利的信中毫不客气地说,在当前的形势下,"美国的巨额援助肯定会被浪费掉……而且美国将可能被直接导致介入中国的内战","这与美国的传统对华政策和美国利益是背道而驰的"②。22日,前美国驻华联合军事顾问团团长巴大维将军在参院外交委员会就对华军援和中国军事状况作证,据顾维钧得到的报告说,巴大维"作了一个悲观的、完全认输的报告,说无论何时共产党要夺取全中国,都已无法阻止,现在再给军事援助也无济于事"③。

2月15日,顾维钧求见艾奇逊,希望了解美国政府对中国形势的反应。艾奇逊说,从马歇尔使华以来,中国政府自作聪明地犯了那么多错误,以致其军队已拒绝与共产党打仗。现在中国形势之严重远非马歇尔出使之初可比,他不知道美国还能进一步做些什么来援助中国。他希望中国能不受外来的控制或统治,但他不知道美国该怎样帮助中国。顾维钧希望美国发表一项对华政策声明以鼓舞中国的士气,艾奇逊迟迟疑疑,不作明确答复。这次谈话给顾维钧总的印象是,艾奇逊已经对中国问题有了某种结论,他没有把中国局势放在重要地位,而是全

①　*America's Failure in China*, p. 499; Dean Acheson: *Present at the Creation. My Years in the State Department*, New York: W. W. Norton and Company, Inc., 1969, p. 402.

②　*China White Paper*, pp. 1053 - 1054.

③　《顾维钧回忆录》第7分册,第71页。

神贯注于欧洲局势和北大西洋公约组织①。

　　国民党政府在抗战胜利之后短短四年就迅速土崩瓦解,其原因何在,是否如美国国会及院外援华集团所说的那样是由于杜鲁门政府对共产党手软所致? 美国政府认为必须有一个说法。况且美国对华政策正处于转变之中,对这种转变也必须有一个说明。为此,艾奇逊上任后不久就开始组织班子,编制《美国对华关系——着重 1944 至 1949 年时期》(又称《美中关系白皮书》)。这个班子先由远东司司长巴特沃斯(Walter W. Butterworth)为首,后改由无任所大使杰塞普(Philip C. Jessup)负责。杜鲁门把此事作为“今后一段时间内所采取的最重要的行动之一”,一再指示编辑工作要加快进行,并要求已经退休的马歇尔通读全部文件②。

　　国民党鉴于军事上形成了大崩溃的形势,除继续想方设法争取美援外,还在设想中国内战国际化的方案,即请各大国出面调停,企图赢得喘息的时间。早在 1947 年 12 月,张治中就与苏联大使馆有过接触。据美国大使馆得到的消息,苏联甚至表示可以劝告中共停战。但蒋介石不同意张治中的活动。1948 年 12 月 25 日,以李宗仁、白崇禧为代表的桂系又向蒋介石发出和平谈判的建议,司徒雷登大使也有此意③。马歇尔曾经在战后调处过国共冲突,但没有成功。美国在国共两党斗争中所处的地位,此时已与战后初期大不相同,美国单独进行调停已经是不可能的事了。国民党政府于是设想请美、苏、英、法四大国调停。1949 年 1 月 1 日,蒋介石发表了一篇“求和”文告,声称只要能保障宪法、法统等,“个人更无复他求”。然后,蒋介石指示外交部长吴铁城于 1 月 8 日分别照会美、苏、英、法四国大使馆,声称“战争的摧毁,继以国家经济生活的急速恶化,使尽速恢复和平成为当前的急务”,政府愿向

①　《顾维钧回忆录》,第 44—48 页。
②　FRUS,1949,Vol. 9,pp. 1368 - 1369;Present at , the Creation ,p. 397.
③　China White Paper ,pp. 265 - 266,896.

各国"保证其与中共为和平解决的真诚意愿",欢迎各国政府提出"可使中国的和平早日恢复的任何建议",并准备通过各国政府的调解,开始与中共谈判①。司徒雷登本人对国民党政府的试探颇有兴趣,他"请求四国政府单个行动或采取共同的步骤从中斡旋,以求把敌对双方撮合到一块"。但这不是美国政府的政策。1月12日,美国政府训令司徒雷登直截了当地拒绝中国政府的请求:"美国政府不相信,在当前的形势下按中国政府的建议充当调解人能达到任何有益的目的。"同日,中国驻美大使顾维钧往访代理国务卿洛维特(Robert Lovett),提出如果美国不同意调停,可否发表一项声明,指出中国政府是真诚希望和平的。顾维钧的要求同样遭到拒绝。美国官员对中国大使采取了空前冷淡的态度②。

与此同时,其他国家也分别拒绝了国民党政府的调停建议。1月17日,经斯大林征求毛泽东的意见之后,大体按照毛泽东的要求,苏联外交部副部长维辛斯基接见中国大使傅秉常,答复说,苏联政府一贯遵循不干涉他国内政的原则,苏联进行居间调停是不合适的③。英国复照称:"对目前阶段的斗争进行干涉,除了违反莫斯科宣言外,只会使事情更加混乱,因此英国政府抱歉地决定拒绝干涉。"法国也作了类似的答复④。

四国干涉方案胎死腹中,顾维钧在上述和洛维特谈话中,关于中国政府方面把实现和平问题提交联合国安全理事会的意图,也遭到美国方面的冷遇。但到1949年2月9日,由澳大利亚外长提出联合国调停

---

①　*China White Paper*, pp. 920, 922.

②　*China White Paper*, pp. 291–292;《顾维钧回忆录》第 6 分册,第611—614 页。

③　参见本书第七章。

④　参见薛衔天编:《中苏国家关系史资料汇编,(1945—1949)》,社会科学文献出版社 1996 年版,第 490 页;并参见吴东之主编:《中国外交史——中华民国时期》,河南人民出版社 1990 年版,第 773 页。

中国内战的建议,并称"联合国为协助调解,促成问题之解决,挽救无数之生命,实完全符合联合国之原则"。联合国秘书长赖依(Trigve Lie)也表示,他将对此问题进行研究。美国一些观察家也认为,根据联合国宪章第九十九条,秘书长有权采取行动。2月11日,行政院长孙科向记者发表谈话,表示欢迎联合国调处,并称这或许是"获至我国国内和平之唯一实用途径"①。2月13日,中共中央发言人发表谈话,反对外国干涉中国内政。联合国干涉之议随即销声匿迹了。

　　1月21日,蒋介石在内外交困中"引退",由李宗仁代行总统职权。李宗仁认为美援是唯一能使国民党政府这个气息奄奄的病人活过来的药物,把寻求美援以制止通货膨胀作为他迫在眉睫的任务之一。他就任之初便接见司徒雷登,正式请求他敦促美国政府给予10亿美元贷款,或至少5亿美元,以帮助制止通货膨胀,并保证有效地使用美援。他还说,如果美国现在拒绝帮助中国阻止共产主义的扩张,今后要在远东做同样的事就要多化100亿美元,美国青年还必须为此流血,而且难以奏效。司徒雷登表示,由于蒋介石仍在幕后控制政府,中国的局面不会有什么起色;美国的远东政策已定,现在不能有什么改变,拒绝了李宗仁的请求②。

　　李宗仁拒绝在国内和平协定上签字之后,解放军迅速突破国民党政府军的长江防线,占领南京。李宗仁将国民党政府迁至广州,继续抵抗。但国民党内派系之争依然十分严重,他感到亲蒋的顾维钧对他完全采取敷衍态度,一味听命于蒋介石,便于5月派他的亲信甘介侯作为私人代表赴美活动,与美国政府直接交涉。甘介侯抵美后四出奔走,频频会见国务院远东司中国科官员、无任所大使杰塞普(Philip

　　①　复旦大学历史系中国近代史教研组编:《中国近代对外关系史资料选集》下卷第2分册,上海人民出版社1977年版,第487—488页;并参见《中国外交史——中华民国时期》,第773页。

　　②　《李宗仁回忆录》下册,第948—949页。

C. Jessup)、副国务卿韦勃(James E. Webb)、艾奇逊、国防部长约翰逊(Louis A. Johnson)，以及已经离开政府但仍然保持着影响力的马歇尔，并拜会杜鲁门本人进行游说。他竭力兜售李宗仁的防御计划，他解释说：虽然长江防线已被突破，但白崇禧还有 30 万大军，与其他部队结合起来，国民党军系统还有 50 万部队，可以守住长沙以南的中国大西南地区；西北则有马步芳、马鸿逵的部队可以依恃。他强调现政府财政拮据，蒋介石把美元、黄金都带到了台湾，中国的资源不能用来防守大陆，甚至士兵的饷银都发不出来；白崇禧的部队没有从《援华法》的 1.25 亿美元军援中得到任何军火弹药，部队极端困难的供给状况进一步影响了士气。他请求美国政府向李宗仁政府提供道义上的支持和经济上的援助，并称如果美国提供经济援助，李宗仁政府将用美援购买白银，制成银元，给士兵发饷，因为纸币已一文不值。他还提出，李宗仁政府可以保证美援物资不被浪费，美国可以为其提供的经济及军事援助提出任何条件，并成立机构，以监督援助的分配及使用，也可以向任何地方当局提供援助，"中央政府"不认为这是对中国内政的干涉。他还希望美国政府发表一项声明，表示支持国民党政府的反共斗争；希望司徒雷登大使离华返美时途经广州，造访南迁的国民党政府，以示道义支持。但甘介侯的活动像顾维钧一样没有收到什么成效。杜鲁门在 6 月 22 日接见他时，对于从东北到长江流域如此广阔的土地以及美国的军火弹药如此迅速地落入共产党手中表示极其失望。他说："我是密苏里人，我希望实实在在地看到，中国军队仍然准备和愿意打仗。"[1]美国没有向国民党政府提供新的援助。但到 9 月上旬，国会在讨论军事援助计划将近一个月后，终于通过一项用于"泛指的中国地区"的 7500 万美元的新拨款。这项紧急援助可以用于支持中国的反共势力，也可以用

---

　　[1]　*FRUS*,1949,Vol. 9,pp. 699 - 721;《顾维钧回忆录》第 7 分册，第 127－155 页。按："我是密苏里人"的意思是，我是讲求实际的；而杜鲁门恰恰是密苏里人，因此在这里是一句双关语。——笔者。

于中国的周边国家和地区。由于国民党军队残部在大陆被解放军迅速歼灭,这项拨款后来主要用于亚洲别的国家和地区,只有很少的钱用于在中国搜集情报。

二 美国发表对华关系白皮书

1949 年春夏,美国国务院正忙着编制《美中关系白皮书》。这一工作遭到行政机构内的军方、国会中的共和党人以及中国国民党方面的反对。参谋长联席会议于 7 月 21 日在给国防部长的长篇备忘录中系统陈述了他们的反对意见。他们认为《白皮书》上千页文件的总体效果是"极度贬损蒋委员长和中国的国民政府的",公布《白皮书》与美国遏制共产主义的总目标背道而驰,它对公众情绪产生的影响将损害美国决策的灵活性。此外,发表这些文件还涉及解密的问题。参院外交委员会成员、老资格的共和党参议员范登堡认为台湾以及中国大陆相当大的地方还未落入共产党手中,这时发表《白皮书》可能对台湾形势造成预想不到的后果。他还威胁说,公布《白皮书》可能大大损害两党一致的外交政策。国民党方面更是竭力想阻止《白皮书》的公布,迁至广州的国民党政府外交部常务次长董霖威胁说,如果美国公布《白皮书》,国民党政府将公布自雅尔塔会议以来的有关文件。杜鲁门、艾奇逊不为所动,杜鲁门认为,"公布《白皮书》是必要的和适宜的"①。8 月 5 日,就在司徒雷登回到美国的当天,美国政府正式公布了《白皮书》。艾奇逊在为《白皮书》的公布致杜鲁门的信中道出了《白皮书》的中心思想,即中国事态的发展超过了美国的控制能力,美国做了它力所能及的一切,国民党的垮台是它自身的腐败无能与领导错误所致。杜鲁门在发表白皮书的前一天发表声明说:"本政府在对华关系中的作用受到了相当多的误传、误解和歪曲,其部分原因是因为本政府不愿意揭示那些

---

① FRUS,1949,Vol. 9,pp. 1369,1373,1385 - 1390.

事实,揭示那些事实会加速目前中国事态的进展。但在当前局势下,美中两国的利益要求我们坦率地讨论这些事实。只有这样,我国人民及其在国会中的代表才能获得对我国在东亚的政策的健全发展所必须的理解。"①美国政府本来想以此为其战后对华政策进行辩护,但结果适得其反,国会内外的援蒋势力掀起了新一轮的攻击政府对华政策的高潮。《白皮书》发表后五天中,国会中已有二十三篇声明,其中只有四篇是倾向于同意《白皮书》观点的,十九篇都是表示反对的②。

　　国民党政府认为《白皮书》的发表对它不啻落井下石。蒋介石"痛惜"美国决策者"缺乏远虑,自断其臂"③。但毕竟美国是国民党在危难之中的唯一依靠,国民党不能没有美国的支持与援助,因此蒋介石决定吞下这个苦果。他决定,第一,国民党对美国暂不请援;第二,由政府发表一项声明,表明"国家立场",但"勿对美国作意气之辩论"④。8月7日,顾维钧发表声明,一方面表示,《白皮书》主要表示的是美国的观点,中国政府正对其内容进行研究,并将表达自己的看法,以便对《白皮书》作出补充;一方面对艾奇逊信中所说的"中国的悠久的文明和民主个人主义终将再度胜利"的说法感到鼓舞⑤。8月16日,广州国民党政府外交部发表简短声明,声称对《白皮书》"在意述方面或论据方面,实有不能不持严重异议之处",并且"不得不于适当时期,将所持观点及有关事实,对中美两国人民作详切之申明";但另一方面又强调:"吾人雅不愿使两国政府间关于过去问题之辩论,而影响两国传统之友谊,以及民

---

①　Statement by the President, August4, 1949. Papers of Willington Koo, Columbia University Library.

②　《顾维钧回忆录》第 6 分册,第 238 页。

③　《风雨中的宁静》,第 227 页。

④　参见梁敬錞:《美国对华白皮书之经纬与反应》,《传记文学》(台北)第 33 卷第 1 期。

⑤　Statement by Willington Koo on White Paper on China, August7, 1949. Papers of Willington Koo, Columbia University Library.

主国家所维护之共同目标。"①

　　这时,蒋介石以国民党总裁的身份,迁居台湾,仍然在幕后操纵着国民党政府和军队,他密切注视着国内国际事态的发展。他除了指挥操纵宋美龄等人在美活动外,还自己直接走到前台,从事反共的外交活动。他从北大西洋公约组织的成立中得到启示,认为在亚洲未始不可成立一个类似的反共联盟,于是便在一些亚洲国家中积极活动。但美国既然对中国形势抱着一种等待尘埃落定的态度,自然不会积极支持这种反共联盟。艾奇逊在5月18日的一次讲话中表示,美国不会加入太平洋防御联盟,因为亚洲国家内部的混乱使成立这种联盟为时过早②。尽管如此,蒋介石却不甘心坐待失败。7月10日,蒋介石携前外长王世杰等到菲律宾访问。蒋介石与菲律宾总统季里诺(Quirino)在会谈后于11日晚发表联合公报,其中说,鉴于远东各国"过去缺乏密切之合作,以及考虑及于今日各国独立自由所面临共党威胁之严重,余等认为,此等国家应立即组成联盟,藉以达到休戚相关、互相援助,以抵制并消除共党威胁之目的"③。8月上旬,蒋介石又出访韩国(南朝鲜),并于8日发表与李承晚会谈的联合公报。公报声称:"吾人深觉太平洋各国,尤其是远东各国,今日由于国际共产主义之威胁,所遭遇之危机,较世界任何其他部分均为严重。所以,上述各国之需要团结与需要行动一致,亦较世界任何其他部分均为迫切。吾人坚决相信,如果亚洲沉沦,则世界决不能自由,而且,整个人类决不能听其一半获得自由,而一半则为奴隶。基于以上所述,吾人对于季里诺总统暨蒋总裁于本年七月十二日在碧瑶所发联合声明中,关于联盟之主张,完全表示同意。"④这个公报表示坚决拥护蒋介石——季里诺7月12日的联合声

---

　　①　《大公报》(重庆),1949年8月17日。

　　②　Dorothy Borg and Waldo Heinrichs,eds.,*Uncertain Years.Chinese-American,Relations,1947-1950*.New York:Columbia University Press,1980,p.159.

　　③　《中央日报》(重庆),1949年7月12日。

　　④　《中央日报》(重庆),1949年8月9日。

明。在蒋介石看来，成立一个军事政治联盟性质的太平洋安全条约组织可以达到几重目的：第一，蒋介石残存的势力势必在这个联盟中处于中坚地位，这将在他危难之中增加他的政治资本，提升他追随者的士气；第二，他不但可以以中国的代表而且可以以这个联盟的代表的身份与美国打交道，从而增强他与美国讨价还价的地位；第三，如果美国能像介入北大西洋公约组织那样介入这个联盟，那就会重新全力以赴地支持他。

但以上考虑无非是蒋介石的一厢情愿。菲律宾内部对这一构想就有不同意见。7 月 28 日，菲律宾外交家、菲律宾驻美国大使洛慕罗（Romulo）在归国后就向季里诺进言说，这样的联盟应当是非共产主义的，而不是反共产主义的，往后有朝一日也许可以与共产主义作斗争；消除殖民主义应当是这个联盟的目标之一；应当首先征求印度和澳大利亚的意见，以免让人产生这是一个反白种人运动的错觉。洛慕罗并表示，除非季里诺同意他的意见，他不会为此进行外交活动。

季里诺坚持他原来的主张。为了游说美国政府，他于 8 月 9 日到美国活动。11 日，美菲两国总统联合公报发表，关于所谓的联盟，其中只有一句话："美国将继续以同情的态度注视着亚洲人民为加强经济合作的纽带，为加快自治政府的进展，为维护他们的自由而作出的努力。"显然，美国政府没有改变原先的立场，第一，它只是"注视"，而没有说要参与其事；第二，其中根本没有提到联盟之类，而只说要加强"纽带"；第三，没有明确提到反对共产主义，更没有说是什么性质的。蒋介石、季里诺、李承晚从中是得不到什么鼓舞的。

亚太地区各国也都不支持太平洋军事联盟计划。印度认为共产主义的问题要由各国通过社会进步的办法分别予以解决。泰国关心本国共产主义的问题，但对于一个国际公约却没有认真考虑，而且认为美国的态度是至关重要的。印度尼西亚明确表示不参加这样的联盟。澳大利亚仅仅表示要密切注视事态发展，而不愿作出任何承诺。新西兰认为没有美国与英国的参加，这样的联盟是没有意义的。缅甸表示要"十分谨慎地注意事态发展，不能让这种联合为某个国家的利益服务"。总之，不少亚太地区国家唯美国马首是瞻，对这一政治军事同盟疑虑重重，态度冷淡，蒋介石、季里诺、李承晚虽然忙碌了一阵，但最终却不了了之①。

第四节　走向"一边倒"的中共外交政策

一　中共争取苏联的援助

早在大战期间，美国领导人就在勾画战后世界的蓝图。罗斯福（Franklin Roosevelt）总统希望中美两国在战时结成的同盟关系在战后继续下去，希望一个统一的、稳定的、亲美的中国成为美国在亚洲的主要盟国，成为亚洲的主要稳定因素，而蒋介石则是中国的领袖。为了实行这种政策，美国需要在国际上孤立中共，需要苏联的合作。这种合作是在雅尔塔会议上达成的。美国同意苏联恢复在日俄战争中失去的东北的权益，并实际同意东北与新疆是苏联的势力范围。苏联同意支持以蒋介石为首的国民政府，并实际同意中国的长城以南部分是美国的势力范围。按照雅尔塔协定的框架，苏联与国民政府在抗日战争结束时签订了《中苏友好同盟条约》。苏联还保证，苏联政府的道义支持与物质援助（尤其是军需品），"完全供给中国中央政府，即国民政府"，也就是说，苏联只支持国民政府，不支持共产党②。

这样，美国、苏联与执掌国民政府权力的国民党协调各自的政策，

---

①　Fisher to Butterworth: *Chiang-Quirino Proposal for a Pacific U-nion. Chronology and Developments*, July 15, 1949; Ogburn to Butter worth: *Chiang-Quirino Proposal for a Pacific Union, and Quirino-Romu-o Proposal for a Southeast Asia Union*, August 24, 1949, Melbey Papers, Harry S. Trumen Library.

②　王铁崖编：《中外旧约章汇编》第 3 册，生活·读书·新知三联书店 1962 年版，第 1327—1328 页。

联手对战后中国的政治与外交作出了安排,其中没有共产党在国际外交上的地位。按照这个安排,共产党只能对国民党进行合法斗争。这种安排在战后头半年中的主要表现是:美国支持国民党垄断受降权,苏联迫使中共与国民党进行谈判。

但当时的中国共产党已经是解放了近百万平方公里的土地,拥有1亿以上人口,组织了100万正规军和220万民兵的实力雄厚的大党,尤其在抗战末期,中共已经明确地向国民党的一党统治提出了挑战,中共是不可能接受美国、苏联与国民党所达成的安排的。中共坚信:"我们自己的命运完全应当由我们自己来掌握。"①它决心不让它所领导的中国革命半途而废,而要把革命继续进行下去,并通过这场革命给中国一个新的光明的前途。

要这样做,首先就要突破雅尔塔协定的框架。而主要的是要使苏联相信,中共领导的革命战争不仅不会导致美苏在中国迎头相撞,不会导致第三次世界大战,而且恰恰有助于维护世界和平。毛泽东在对战后世界形势及中国局势进行全面的观察与严肃的思考后,于1946年4月到1947年2月发表了一系列指示、谈话和文章,包括8月6日与美国记者安娜·路易斯·斯特朗(Anna Louis Strong)的谈话,系统地、深刻地阐述了这样一些观点:一、美国和苏联之间隔着极其辽阔的中间地带,这里有欧亚非三洲的许多资本主义国家和殖民地半殖民地国家,美国在没有压服这些国家之前,是谈不到进攻苏联的,这也就是"中间地带理论";二、美苏之间必定妥协,新的世界大战打不起来;三、美苏之间的妥协并不要求资本主义世界各国人民随之实行国内的妥协,各国人民仍将按照不同情况进行不同的斗争;四、这些国家反对美国扩张及本国反动派的斗争是世界民主力量增长的表现,是有利于维护世界和平的因素;五、美帝国主义和中国反动派都是纸老虎,他们的样子是可

① 《目前形势和我们的任务》(1947年12月25日),《毛泽东选集》第4卷,第1204页。

怕的,但实际上并没有什么了不起的力量,他们的强大仅仅是暂时的,他们的进攻是可以粉碎的①。这就告诉苏联,中共是不会受雅尔塔格局的限制的,苏联不仅不应反对中国革命,而且应当责无旁贷地支持中国革命,因为只有像中国这样的中间地带国家和人民的反美斗争取得胜利,苏联的安全才有保障。所以从某种程度上来说,中共的斗争也是为着世界和平,为着苏联的安全的。这样,毛泽东精辟地阐明了中国革命与美苏之争的关系,表明中国共产党人在理论上打破了大国体系的束缚,使中国革命能根据其内在的规律,根据中国的实际情况,走上独立自主争取胜利的道路。"中间地带理论"的提出对于中国革命的最终胜利意义至关重大。

中共明白自己的处境,在战后初期谨慎地处理对外关系,在对蒋斗争中努力实行中立美国的方针,在马歇尔调处的初期尽力配合调处,中共代表与马歇尔的关系也处得很好,中共一度对马歇尔给予很高的评价。但美国一边进行调处,一边却继续给蒋介石以各种援助,以致使蒋介石有恃无恐,终于在1946年中发动大规模内战。中共对马歇尔调处十分失望,一种强烈的上当受骗的感觉油然而生。八九月间,毛泽东分别接见美国记者斯特朗与斯蒂尔(Steel),强烈谴责美国援蒋内战的政策,对马歇尔调处进行公开的严厉批评,指出:"美国政府的政策是在借所谓'调解'作掩护,以便从各方面加强蒋介石,并经过蒋介石的屠杀政策,压迫中国民主力量,使中国在实际上变为美国的殖民地。"②中共通过其机关报昭告国内外:中共抱着美国执行中间政策的希望,"一年之久,试验了两次,第一次是赫尔利、魏德迈时期,第二次是马歇尔时期。经过了这两次试验,现在对于美国政府政策的帝国主义性质,是没有怀

---

①　《毛泽东选集》第4卷,第1135—1161页;并见陆定一:《对于战后国际形势中几个基本问题的解释》(1947年1月2日),《中共中央文件选集》第16册,第713—726页。

②　《美国"调解"真相和中国内战前途》(1946年9月29日),《毛泽东选集》第4卷,第1146页。

疑了"①。这可以看作中共放弃中立美国的政策的公开宣言。从此以后，中共在反蒋斗争中必然连上美国，必然美蒋并提，把蒋介石作为美国在华利益的代理人，而且把蒋介石出卖中国利益给美国、以换取美国支持其进行反共内战，作为动员人民的一个重要根据。1947 年 2 月 1 日，中共中央发表声明："对于 1946 年 1 月 10 日以后，由国民党政府单独成立的一切对外借款，一切丧权辱国条约及一切其他上述的协定、谅解……本党在现在和将来均不承认，并决不担负任何义务。"②这里所说的丧权辱国的条约等等显然是针对着《中美商约》及国民党政府与美国之间在 1946 年、1947 年签订的其他条约和协定的。这不仅表示中共否定国民政府的合法性，否定这些条约的合法性，而且表示中共已经下定决心与美国决裂，与美国斗争到底。

　　与此同时，中共与苏联的关系不断地密切起来。中苏两党的传统关系和意识形态的一致是联结两党的纽带。苏联在东北给予中共的实际援助是中共把东北建成巩固的革命根据地所不可或缺的条件。苏军向中共提供了它在进驻中国东北后所控制的大量武器。据华西列夫斯基（A. M. Василевский）元帅的回忆，"仅我们两个方面军转交给中国人民解放军的武器就有 3700 门大炮、迫击炮和掷弹筒，600 辆坦克，861 架飞机，约 1.2 万挺机枪，将近 680 个各种军用仓库，以及松花江分舰队的一些舰艇……苏军司令部还关注使全部武器保持完好以适于作战使用"③。正是苏联留下的武器弹药装备了进入东北的中共军队，使其成为中国各解放区装备最好的部队。在国民党军大举进攻辽南中共军队时，驻旅顺口的苏军与国民党军达成协议，在旅大苏军辖区以北八至十公里处划出一条"安全线"，政府军不得越过。苏军则让中共部队自由出入，从而使该线至旅大辖区之间八至十公里的地带成为辽南中共

① 《解放日报》，1946 年 9 月 12 日。

② 《解放日报》，1947 年 2 月 4 日。

③ Ю. В. ЦуАбдеев, реяд. По лоротам Кцтая(1937－1945)，338. стр. 1989.

党政机关进退自如的后方。苏军还将旅大地区(包括旅顺、大连、金县)的行政管理权完全交给了中共,使旅大地区成为苏军控制、中共领导的解放区。这样,辽东半岛南端就被封死了,美军和国民党军不能插足这一战略要地,无法在这里登陆,抢运部队,也不能由此撤兵。而中共却得以充分利用旅大近代化工业基础和交通运输的便利条件,建立起一块稳定的可靠的后方战略基地,不但对东北战场,而且对华北、华东战场进行源源不断的后勤支援。中共旅大地委在大连建起一批兵工厂和其他工厂,生产了大量武器、弹药、药品和各种重要物资,使旅大成为各解放区重要的供给基地。中共还在这里培训各类干部和技术兵员,如通讯兵、装甲兵骨干等等,使旅大成为各解放区的后方培训基地①。中共与苏联关系的这种发展具有多方面的重要性。首先,苏联所给予的上述种种帮助,对中共在东北的几十万军政人员度过1946年春至1947年上半年的困难时期不啻雪中送炭;其次,不使苏联支持中共原是国民党政府与苏联结盟的根本目的,现在中共通过发展与苏联的关系动摇了这个同盟的根基;第三,苏联在中国的利益逐渐与中国的革命事业结合了起来。

　　1947年3月美国提出了杜鲁门主义,遏制共产主义正式成为美国外交的指导方针,只要美国认为哪里出现了"共产主义的威胁",它就可以进行干涉。接着,美国又提出了马歇尔计划。面对美国的外交攻势,苏联进行了坚决的反击,促使东欧国家拒绝参加马歇尔计划,并加强与东欧国家之间的经济联系。9月,苏联等九个欧洲国家的共产党代表举行会议,通过《关于国际形势的宣言》,提出第二次世界大战结束后世界分裂成两个阵营,号召各国共产党团结起来,共同奋斗,同帝国主义势力进行坚决的斗争。10月,欧洲共产党、工人党情报局成立。美苏之间的冷战在欧洲全面展开。

　　国际形势的上述发展对于中国共产党人把革命推向前进是一股难

----

① 　韩光:《旅大人民的支前工作》,《辽沈决战》上册,第585页。

得的东风。虽然还不能因此就说苏联已经完全放弃了与美国谋求妥协的政策，放弃了远东的雅尔塔格局，但这至少表明，苏联已经开始放弃仅仅通过谋求大国妥协来维护力量平衡的政策。从此以后，中国共产党人推进中国革命的行动不仅与苏联在中国的具体利益是吻合的，而且与苏联的全球革命战略也逐渐一致起来。但对这一点，中共党内并不是马上就完全一致地领悟了。在1947年12月下旬举行的中共中央会议上，关于国际形势就有不同看法，在中央委员会中意见也不一致。有的与会者认为，国际形势或者是和平，或者是战争，"全世界人民力量尚不足以制止战争"。毛泽东敏锐地觉察到国际形势发展给中国革命带来的机遇，在会上作了《目前形势和我们的任务》的报告，不仅明确表示接受关于两个阵营的提法，并且对情报局的宣言给予高度评价，认为"这篇檄文，振奋了全世界被压迫人民的精神，指示了他们的斗争方向，巩固了他们的胜利信心。全世界的反动派，在这篇檄文面前惊惶失措"。毛泽东进而对宣言中的观点加以发挥，指出："全世界反帝国主义阵营的力量超过了帝国主义阵营的力量。优势是在我们方面，不是在敌人方面。"因此，"我们应当在自己内部肃清一切软弱无能的思想。一切过高地估计敌人力量和过低地估计人民力量的观点，都是错误的"[1]。这样，毛泽东因势利导，使党内对革命战争的最终胜利更充满了信心，也使中共与苏联结盟有了新的基础。

　　苏联在欧洲与美国对抗的同时，也发起外交上的攻势，强烈要求美国从中国撤军，要求美国停止对中国内政的干涉。在1945年12月的莫斯科三国外长会议上曾经达成协议，美苏两国在最短期内从中国撤军，盟国促成中国停止内战，成立统一的民主的国民政府。但美国迟迟没有从中国撤军，而且公开干涉中国内政，支持蒋介石进行反共内战。在1946

---

　　① 　中华人民共和国外交部、中央文献研究室编：《毛泽东外交文选》，第68页，中央文献出版社、世界知识出版社1994年版；《毛泽东选集》第4卷，第1203—1204页。

年9月下旬的联合国安理会上,苏联代表葛罗米柯(А. А. Громыко)以美国干涉中国内部事务的大量材料说明,美国使中国问题复杂化,可能引起严重的后果。1947年4月初,参加莫斯科会议的苏联外长维辛斯基(А. Я. Вышинский)在给马歇尔的信中表示,苏联仍然坚持1945年12月莫斯科三国外长会议公报中确认的原则,并强调履行包括"在最短期内"从中国撤出外国军队等规定"具有重要的意义"。信中还说,苏军全部撤出中国已经将近一年,而美国何时履行从中国撤军的义务,现在尚无迹象①。11月,莫洛托夫(В. М. Молотов)在联大会上发言,指出美军继续留驻中国使中国内部问题复杂化了,也给中国造成了特殊的国际地位,美军驻华问题成了一个突出的国际问题。他质问,是什么理由使中国政府非有外国军队不可?苏联的上述表态使美国不能不有所顾忌,因为本来美国政府内就有一种意见,即"避免使中国问题成为美苏关系中的主要刺激性因素对美国是至关重要的",是美国对华政策的基本出发点之一②。所以苏联的这种态度也就对美国对华政策形成制约。

　　美苏在欧洲对抗的加剧以及两个阵营的形成,从客观上限制了美国对中国事态的干涉能力。美国的战略重点是在欧洲,美国决策者中的主流派,如杜鲁门、马歇尔、艾奇逊、乔治·凯南等都是重欧轻亚的,他们认为,西欧与美国休戚相关,如果失去西欧,美国自身的生存也就受到威胁。相反,即使失去整个亚洲大陆,美国仍能生存,或许能重整旗鼓把它夺回来。在1947年,美国国内对华政策大辩论中,美国决策者逐渐把美国对华政策从鼓励国共两党实行联合转变为对国民党的反共内战实行有限度的支持。这种支持离国民党及美国院外援华集团的要求相去甚远。

　　苏联与中共东北根据地的关系在继续发展。及至1948年春,东北

---

　　①　葛罗米柯等主编、大连外国语学院俄语系翻译组译:《外交史》第5卷上册,生活·读书·新知三联书店1983年版,第181—186页。

　　②　FRUS,1947,Vol. 7,p. 786.

的力量对比已发生有利于中共的变化。中共中央决定东北野战军于8月南下至锦州、山海关一线作战,但当时东北连降暴雨,铁路和桥梁破坏严重,恢复交通成为当务之急。应中共请求,苏联派出以茹拉夫廖夫为首的大批铁路专家和工程技术人员,携带必要的技术设备来到东北,帮助修复铁路。至同年12月共修复了1500公里的铁路线和9000多米大中型桥梁,保证了辽沈战役和平津战役的顺利进行。苏联还与东北民主政权互通有无,进行经贸合作,于1946年底、1948年2月和1949年7月签订了两个贸易合同及一个换货协定,总交易额为4.49亿卢布,东北向苏出口粮食和土特产,进口各种军用和民用物资。这对辽沈战役的顺利进行及东北经济的恢复起了重要的后勤保障作用①。

斯大林对中国共产党是否是"真正无产阶级性质"的,一直抱有疑虑。1948年夏的苏南冲突为中共消除这种疑虑提供了契机。6月,欧洲共产党情报局通过了《关于南斯拉夫共产党情况的决议》,严厉谴责南共的对内对外政策,认为南共已经背离了社会主义道路,将南共开除出情报局。中共主动站在苏联一边,随即作出反应。7月10日,中共中央通过决议,坚决拥护情报局的决定,并表示要从南共领导人的错误中吸取教训,在党内加强阶级教育和国际主义教育。中共随即在党内展开了反对资产阶级民族主义和加强无产阶级国际主义的教育工作,要求全党"认清苏联是世界反帝的和平民主阵线的主力军与领导者……中国人民必须与苏联结成巩固的兄弟联盟,中国革命才能彻底胜利"②。稍后,毛泽东利用纪念十月革命三十一周年的机会,撰文盛赞十月革命的伟大意义,高度评价斯大林关于殖民地半殖民地革命的理论,严厉批判关于"中间路线"或"第三条道路"的主张,指出:"三十一年的历

---

①　参见薛衔天:《战后东北问题与中苏关系》,《近代史研究》1996年第1期。

②　《中共中央关于批转东北局关于学习南共问题决议的指示》(1948年8月11日),参见牛军:《从延安走向世界——中国共产党对外关系的起源》,福建人民出版社1992年版,第272—273页。

史难道还没有证明：一切既不满意帝国主义、又不满意苏联的人们，一切企图站在帝国主义者的反革命战线和反对帝国主义及其在各国的走狗的人们的革命战线之间的所谓'中间路线'、所谓'第三条道路'的彻底虚伪和彻底破产吗？"毛泽东强调，中共"是依照苏联共产党的榜样建立起来和发展起来的"，决不会走南共的"第三条道路"①。11 月 8 日的《人民日报》发表了刘少奇的《论国际主义与民族主义》，其中指出，在两大阵营紧张斗争时期，"人们不是站在这一边，就是站在那一边"，中立是不可能的，"或者联合苏联，或者联合帝国主义，二者必居其一，这是爱国与卖国的界限，这是革命与反革命的界限，而反对苏联，必然只符合帝国主义的利益，背叛自己民族的利益"。中共的这些表示在一定程度上消除了斯大林对中共是否坚持无产阶级国际主义路线的怀疑。

斯大林接纳中共为其盟友的一个重要表示是米高扬（А. И. Микоян）1949 年 1 月 30 日至 2 月 8 日对西柏坡的秘密访问。在访问期间米高扬每天向斯大林汇报情况，苏共政治局也经常及时进行商讨，或给以指示。毛泽东首先给米高扬讲中共党史，讲王明的错误路线给中共造成的危害和他本人长期受王明打击的情况。米高扬没有对王明作任何议论，实际认可了中共对王明路线的清算。米高扬出发以前便已决定不与王明发生接触，他在西柏坡时确实与王明并无往来。毛泽东谦逊地说，他是斯大林的学生，他只是实践马克思列宁主义的学说，没有作什么理论上的丰富。米高扬表示不能同意这一意见，指出中国革命本身是一个伟大的事件，它对于亚洲国家具有高度的理论意义，实际上承认毛泽东的路线是正确的，从而消除了毛本人与斯大林感情上的隔阂。毛泽东说，对他来说，斯大林关于中国革命是世界革命一部分的指示以及对南斯拉夫外长希米奇的批判是特别珍贵的，从而又一次表示中共要与南斯拉夫划清界限。关于旅顺口，毛泽东表示，苏联在那里保留军事基地是为了防止日本侵略，苏联的军事基地可以继续保留下去。斯

---

① 《中苏友好文献》，人民出版社 1952 年版，第 54—57 页。

大林得知毛泽东的这一表态后,于2月5日致电毛泽东,其中说:"随着中国共产党掌握政权,形势发生根本变化。苏联政府决定,一旦对日和约签订,美军撤离日本,苏联就废除这一不平等条约,把苏军从旅顺口撤出。但如果中国共产党认为立即从旅顺口撤军是可取的,苏联准备满足中共的这一愿望。"苏联这一表示对于中共与苏联结盟是至关重要的,中共将可以在全民族面前表明,中共与国民党不同,它不是靠让与国家主权来与外国结盟,反之,中共与苏联结盟的直接结果是把国民党丧失的国家主权收了回来。关于新疆问题,米高扬担保说,苏联不赞成新疆独立,对新疆没有任何领土意图,新疆无疑应是中国版图的一部分。关于蒙古,毛泽东问道,苏联对内外蒙古合并的问题持何态度,米高扬答道,这会使中国失去大片土地。毛泽东说,如果合并后纳入中国版图? 米高扬称,这不可能,因为外蒙古已经独立很久了。毛泽东表示,中共把对苏联及东欧国家的关系置于对外政策的中心位置,希望在中共建立新政府后,苏联能立即带头承认。对于别的外国,中共表示不急于求得它们的承认,但若它们表示愿意承认,也不加以拒绝。米高扬向中共领导人建议,要尽快攻下上海、南京等大城市,然后立即成立政府,那样中共就不仅是以爱国者的身份行事,而且是以政府出面了,在国际关系中是需要这样的。在会谈中双方还确定了两党之间的联络方式,中共建议王稼祥任首任驻苏大使,应中共要求,与米高扬同来的科瓦廖夫(И. Ковалев)被斯大林派作私人代表留在毛泽东身边[①]。可以认为,即将诞生的新中国与苏联的同盟关系这时已经有了雏形。

二　中共的反美斗争

米高扬对西柏坡的访问表明,中国革命得到了斯大林的正式支持,

---

①　А. Ледовский:*Секретная миссия А. И. Микояна в Китай* (1 - 2, 1949г), Проблемы Далънего Востока, No. 2 - 3, 1995.

以毛泽东为首的中共领导得到了斯大林的正式承认。这无疑大大增强了中共的信心，使中共在反美斗争中采取更坚定的立场。此后，中共把与外国建交的方针具体化，提出了"另起炉灶"，"打扫干净屋子再请客"的原则，即不承认国民党政府与各国建立的旧的外交关系，要在新的基础上，在平等、互利和互相尊重主权和领土完整的基础上，同各国另行建立新的外交关系，而其前提是这些国家首先不能帮助国民党①。如果美国能断绝与国民党的关系，中共也考虑与其建交。但中共估计这样做的可能性极小，美国政府决不会很快改变敌视中共的政策，因此，与美国建交的问题"不但现在不应急于去解决，而且就是在全国胜利以后的一个相当时期内也不必急于去解决"②。

中共不但不急于与美国建交，而且为了贯彻"打扫干净屋子再请客"的方针，中共通过对美国驻沈阳总领事华德（Angus Ward）事件的处理实际确定了挤走美国外交人员的政策。

1948 年 11 月初沈阳解放，美国国务院指示驻沈阳总领事华德告知沈阳当局，他以领事身份留在该市仅为帮助保护美国公民的生命财产安全，而决非表示承认中共政权③。中共中央对此的反应是于 11 月 10 日指示东北局，美、英、法等国既然不承认我们的政府，我们当然也不承认他们的领事。为此我们有必要利用目前的军事管制，达到封锁和孤立美、英等国在沈阳外交机构的目的，不给他们自由活动的余地，只要坚持这样做，相持日久，他们自然会被迫撤走④。20 日，沈阳军管

---

①　《在新政治协商会议筹备会上的讲话》（1949 年 6 月 15 日），《毛泽东选集》第 4 卷，第 1400－1404 页；《我们的外交方针和任务》，《周恩来选集》下卷，第 85－87 页。

②　《中央军委关于对英美侨民和外交人员态度问题致总前委等电》（1949 年 4 月 28 日），《党的文献》1989 年第 4 期；《在中国共产党七届二中全会上的报告》（1949 年 3 月 5 日），《毛泽东选集》第 4 卷，第 1473 页。

③　FRUS，1948，Vol. 7，p. 826.

④　《周恩来年谱》，第 796 页。

会没收了美国总领事馆的电台,随后总领事馆各类人员及家属立即被分别软禁起来。11 月 25 日,东北局在给中共中央的电报中报告了在沈阳破获的重大美国间谍案的情况,该间谍组织的任务是刺探和传递有关苏联、外蒙古和中国解放区的各种情报,且与美驻沈阳总领事馆有关①。美国国务院曾经多方设法试图与沈阳总领事馆取得联系,均无结果。1949 年 5 月底,国务院宣布关闭驻沈阳总领事馆②。鉴于美国政府拒不放弃干涉中国内政的做法,并考虑到包括司徒雷登在内的美国驻南京、上海、北平的外交人员通过各种方式试图指责中共违反国际法,要求解除对沈阳总领事馆人员的软禁,中共的反应是于 1949 年 6 月 19 日公布了美国驻沈阳总领事馆人员从事间谍活动的情况。24 日,毛泽东亲自批准公开广播《英美外交——特务外交》一文。

中共虽然确定了"挤走"西方外交人员的方针,并在 1949 年 1 月关于外交工作的指示中再次明确规定:坚决否认被国民党政府所承认的一切资本主义国家在华外交人员和外交机构的地位和权利,留在被解放城市的外国记者概不承认其为新闻记者,只给予外国侨民待遇③。但中共对这个问题的处理还是留有余地的。上述指示发出后不到一个星期,1 月 25 日,中共中央在关于外交工作的补充指示中就作了两项变通规定:一是对平津两地的外国领事馆的所有电台,包括美国领事馆在内,"暂置不理";二是对平津两地的外国记者,连美国记者在内,亦暂取放任态度④。

自 1949 年 1 月上旬以来,中共中央不断收到来自美国方面的讯

①　参杨奎松:《华德事件与新中国对美政策的确定》,《历史研究》1994 年第 5 期。

②　*FRUS*,1949,Vol.8,p.960.

③　《中央关于外交工作的指示》(1949 年 1 月 19 日),《中共中央文件选集》第 18 卷,第 44—49 页。

④　《中央关于外交工作的补充指示》(1949 年 1 月 25 日),《中共中央文件选集》第 18 卷,第 78—79 页。

息,似乎表明美国尚有曲折承认未来新政权的可能性。3月下旬,中共中央得知美国大使正式出面与中共方面谋求疏通和解。陈铭枢派人从上海到北平报告说,司徒雷登曾专程从南京到上海,于3月25日、26日与陈密谈,希望陈向中共解释美国政策,"俾得与中共化仇为友,与苏联合作建设世界,制止第三次战争"。司徒雷登表示对中共有两点顾虑:"一、美国怕中共站在苏联一边与美国为敌,助长第三次世界大战之危险性;二、怕中共武力统一后放弃民主人士及民主联合政府,而实行赤化亚洲,独裁中国。"司徒雷登并表示,美国希望中共即日停止战争,实现和平,只要中共真正实现民主,成立一个真正和平独立民主的联合政府,改变对美之态度,制止反美运动,美国定愿与中共实现友好并援助新政府复兴与建设新中国①。紧接着,毛泽东又接到斯大林关于新中国有关政策的复电。斯大林建议,包括美国在内的资本主义国家,只要正式放弃对国民党政府的支持,中国民主政府就不要拒绝同这些国家建立外交关系和进行正常的贸易往来,这样做将有助于使美国放弃其分裂中国的计划②。

司徒雷登的试探与斯大林的建议使中共得以在适当时机运用其外交政策的灵活性。五六月间,担任南京军管会外事处长的黄华根据中共中央及南京市委的指示,数次会见司徒雷登及其秘书傅泾波。在这几次谈话中,黄华强调的是美国继续援助国民党是干涉中国内政,美国应立即停止这种援助,断绝与国民党的关系,撤退驻华军队,以实际行动表明与新政权建立外交关系的诚意;而司徒雷登按照艾奇逊的指示称,现在国共各占一部分地区,美国对很多地方情况很不了解,按照国际法,美国还不能断绝与旧政府的关系,等以后产生了为中国人民拥戴的政府,这个政府也证明了愿意并有力量担负其国际义务,问题自然解

---

① 前引《历史研究》1994年5期杨奎松文;FRUS,1949,Vol.8,p.174.

② И. Ковалев:*Диалог Сталина с МаоЦзэдуном*,Проблемы Дальнего Востока,No.1-3,1992г.

决。司徒雷登还一再强调，希望中国新政权尽量吸收一切民主开明人士参加。黄华答道，中国政府的人士组成纯系内政，不容外人干涉①。

黄华与司徒雷登的接触进一步表明，中共与美国之间在根本立场上相距甚远，几乎没有和解的可能。尽管如此，当傅泾波表示司徒想在回国之前访问燕京大学时，中共仍然认为可以考虑。但这一动议为美国最高当局所否定。而在 6 月 30 日后，中共也明确表示，对于司徒雷登访问北平已不再有任何兴趣。

由于美国步步为营，试图阻挠中共解放全中国，而且迟迟不撤出它在华北的主要海军基地青岛②，中共一直把美国直接出兵进行干涉这种可能性估计在内，并从具体的战略部署上采取相应的对策。中共制定了乘美国举棋不定，集中主力，先东南沿海，后西南西北内地，大纵深迂回，抢占沿海地区，封闭主要海口的战略。在渡江战役以后，中央军委指示二野屯兵江西，协助三野对付可能的美国干涉，在三野解放上海、福建、青岛等地，美国直接出兵中国的疑虑消除后，再向西南进军。5 月 28 日，毛泽东又指示各大野战军首长：近日各帝国主义国家有联合干涉革命的某些迹象，我们的"对策的主要方面是，我各路野战军，按照预定计划前进，歼灭国民党残余力量，使各国帝国主义在中国大陆上完全丧失他们的走狗。第二方面是力求经济上的自足自给，准备着海上被封锁时，我们仍然有办法……第三方面是在华北、华东部署充分兵力，以防美国海军协同国民党海陆军，向我后方的袭击和扰乱"③。

在具体行动上，中共采取了十分谨慎的做法。1948 年 9 月济南解放。由于美军驻扎在青岛，中国人民解放军一直未向青岛进军。渡江

① 《黄华与司徒雷登谈话内容》(1948 年 6 月 7 日)；黄华：《南京解放初期我同司徒雷登的几次接触》，外交部外交史编辑部编：《新中国外交风云》，世界知识出版社1990 年版，第 22—32 页。

② 参见陶文钊：《中美关系史(1911—1950)》，重庆出版社 1993 年版，第 476—477 页。

③ 《毛泽东年谱》下卷，第 506—507、510—511 页。

战役以后,4月28日,毛泽东以中央军委名义指示山东军区,可对青岛举行威胁性攻击,其目的是迫使敌人早日撤退,我们早日占领青岛,但又避免与美军作战①。上海战役时,一部分美军又撤向青岛。5月13日,黄华在会晤司徒雷登时,后者表示愿同新中国建立新关系,并说美国不愿参与中国内战。黄华乘机提出,既然这样,就应将美国在青岛等地的海军舰只和陆战队撤走,以免发生冲突。司徒雷登答应转告有关方面②。5月21日美国舰队撤离青岛,驶往日本和其他地方。中国人民解放军随即于6月初解放青岛。在解放上海前夕,毛泽东也于4月29日指示有关部队:"到吴淞后避免和外国军舰发生冲突。不得中央命令,不得向外国军舰发炮,至要至要。"5月6日又再次指示:"在占领吴淞时,极力注意避免和外国兵舰发生冲突。"③在解放战争中基本情况是,解放军打到那里,美军即从那里撤退。解放军没有与美军发生军事冲突。在整个解放战争中与外国军队的唯一正面军事冲突是在长江与英国军舰"紫石英"号的小规模炮战。

4月20日凌晨,正是在渡江战役开始前一天,从吴淞口溯长江西行的英国军舰"紫石英"号驶入江阴以西中国人民解放军防地。在"紫石英"号此次航行之前,英国《泰晤士报》记者已经发出报道,国共军队在长江地区已有战事。"紫石英"号也作了各种准备。8时许,"紫石英"号驶过江阴解放军阵地,不顾解放军鸣炮警告,强行闯入作战地区,受到解放军炮火打击。9时半,英舰驶到三江营附近解放军阵地,双方展开炮战,英舰中弹三十余处。英舰被迫停在新坝岛西150码的泥岸中。下午1时40分,英国驱逐舰"伴侣"号由南京方向驶来救援,与解放军发生激烈炮战。在解放军的猛烈炮火下,救援没有成功,"伴侣"号乃驶往江阴。入夜,"紫石英"号进行了抢修,并把所有可以丢弃的东西

---

① 《毛泽东年谱》下卷,第490页。
② 《新中国外交风云》,第26—27页。
③ 《新中国外交风云》下卷,第491、497页。

都扔下舰去,以减轻重量,终于在半夜得以从淤泥中冲出,继续溯江而上,停在镇江附近江面。

英国远东舰队获悉"紫石英"号的情况后,副总司令梅登(Alexander Madden)海军中将立即乘旗舰"伦敦"号并率驱逐舰"黑天鹅"号全速驰援,并与21日晨驶过江阴解放军阵地。英舰置解放军警告于不顾,双方发生炮战。"伦敦"号与"黑天鹅"号被迫放弃救援企图,掉头驶回上海①。4月30日,毛泽东亲自为解放军总部发言人起草声明,批驳英国保守党领袖丘吉尔(W. Churchill)和首相艾德礼(C. Attlee)为英舰所作的辩护,指出:"长江是中国的内河,你们英国人有什么权利将军舰开进来? ……人民解放军要求英国、美国、法国在长江黄浦江和在中国其他各处的军舰、军用飞机、陆战队等项武装力量,迅速撤离中国的领水、领海、领土、领空,不要帮助中国人民的敌人打内战。"②此后,中国人民解放军镇江前线司令部与"紫石英"号舰长克仁斯(John Simon Kerans)进行了长达两个多月的谈判,其中心问题是,中方要英方承认侵犯中国的内河及解放军的阵地,并向解放军道歉;英方竭力回避,并以种种借口推脱责任。7月30日,"紫石英"号乘一客轮经过该舰下驶之际,尾随逃脱。"紫石英"号事件虽然只是一个偶然发生的事件,但英舰明知长江正有战事,却又冒险驶入,足见其仍然抱着老殖民主义的态度,盛气凌人,无视中国革命战争的形势。解放军捍卫自己的领水和防区,给了英国军舰和所有外国人一个明明白白的信号:外国炮舰可以在中国水域任意游弋的时代已经一去不复返了。

尽管如此,在美国政府以及美国舆论界,还是有相当一部分人对中共可能走南斯拉夫道路,毛泽东可能成为中国的铁托(И. Тито)抱有希

---

① Malcolm H. Murfett, *Hostage on the Yangtze. Britain,China,and the Amethyst Crisis of 1949*. Annapolis,Maryland:Naval Institute Press,1991,pp. 50-76;康矛召:《英舰"紫石英"号事件》,《新中国外交风云》,第33—35页。

② 《中国人民解放军总部发言人为英国军舰暴行发表的声明》(1949年4月30日),《毛泽东外交文选》,第84—86页。

望。1949年上半年,《新共和国》、《堪萨斯城时报》、《基督教科学箴言报》、《波士顿捷报》和《美国新闻与世界报道》等大量报刊纷纷发表评论或专栏文章,认为中国不会成为苏联的卫星国,中共与苏联之间将在许多方面产生摩擦①。斯大林对中国革命胜利的疑虑也没有完全消除。中国国内也有一部分人幻想"向美苏两面靠"。为了在美苏两大阵营的对立中清楚地表明自己的立场,批驳和澄清国内一部分人的思想混乱和错误,并对广大人民群众进行教育,毛泽东于1949年6月30日发表了《论人民民主专政》,全面阐述了新中国对两个阵营的不同态度,提出了向苏联和社会主义阵营"一边倒"的方针。新政权的外交格局大致确定下来。

　　8月5日,美国国务院发表了《美中关系白皮书》。中共对此十分重视。艾奇逊在致杜鲁门的信中把中国共产党领导的中国人民反对帝国主义和封建主义的人民大革命的胜利诬蔑为是"中国人民的一大部分……残酷地处于为外国帝国主义利益而效力的一个政党的剥削之下",而且写道:"我们仍然相信……中国悠久的文明和民主个人主义终将最终胜利,中国终将推翻外来制度。我认为我们应当在中国鼓励现在和将来能促进上述目标的一切发展。"②这就表明,虽然美国支持的蒋介石的反共内战是失败了,但美国并不甘心,并不就此罢休,它还要继续干涉中国的内政,而且美国恰恰寄希望于中国的民主个人主义,也就是所谓"中间道路",或曰"第三条道路",这不能不使中共格外警惕。8月12日,毛泽东指示新华社社长胡乔木:"应利用白皮书做揭露帝国主义阴谋的宣传。"③毛泽东在规划解放战争的最后胜利、筹建新政权的百忙之中,亲自执笔,从8月12日到9月16日接连为新华社撰写了

---

　　①　Nancy Tucker, *Patterns in the Dust. Chinese-American Relations and the Recognition Controversy, 1949 - 1950*. New York: Columbia University Press, 1983, p. 149.

　　②　*China White Paper*, XVI.

　　③　《毛泽东年谱》下卷,第548页。

六篇社论，以长江大河一泻千里之势，酣畅淋漓地揭露和批判了一百多年来列强对中国的侵略、剥削和压迫，揭露和批判了美国出钱出枪支持蒋介石打内战的行径，似乎要把中国人民在一个世纪中积郁的愤懑统统地倾倒出来。毛泽东特别指出："先进的人们……有责任去团结人民中国内部的中间阶层、中间派、各阶层中的落后分子、一切还在动摇犹豫的人们"，"用善意去帮助他们，批评他们的动摇性，教育他们，争取他们站到人民大众方面来，不让帝国主义把他们拉过去，叫他们丢掉幻想，准备斗争。""争取了他们，帝国主义就完全孤立了，艾奇逊的一套就无所施其伎了。"①

中共对白皮书的批判成为一场中国国耻史、新民主主义革命史的教育运动，成为一场意识形态的教育运动，成为肃清以美国为首的外国帝国主义影响的"打扫干净屋子"的运动。整个八九月份，在已解放的各大城市的机关工作人员、工人、知识分子、各民主党派中掀起了批判白皮书的高潮，学生举行了抗议示威游行，《人民日报》隔两天就以大版大版的篇幅刊登有关的消息和文章。毛泽东十分关心这个学习运动的进展，尤其是为艾奇逊所瞩目的对美国民主尚有一些好感的人们的反应。8月24日，中国民主建国会发表了题为《加强内部团结和警惕，答告美帝好梦做不成》的声明，其中指出："中国民族资产阶级和帝国主义基本利益的矛盾决定了它对一切帝国主义（包括美帝在内）的态度"，"中国民族资产阶级凭哪一条也不会变成美帝发展'民主个人主义'的资本或条件。只有新民主主义，才是他唯一的光明幸福的道路"②。毛泽东看到这个声明十分兴奋，当即函告胡乔木："民建发言人对白皮书的声明写得极好，请予全文文播、口播，并播记录新闻，当对民族资产阶

---

① 《丢掉幻想，准备斗争》(1949年8月14日)，《毛泽东选集》第4卷，第1425页。

② 中国民主建国会中央委员会宣传部编：《中国民主建国会历史文献选编（一）》，书目文献出版社1992年版，第212—214页。

级的教育起很大作用。"同日,毛泽东致函民建领导人黄炎培,高度评价民建声明说:"民建的这一类文件(生动的、积极的、有原则的、有希望的),当使民建建立起自己的主动性,而这种主动性是一个政党必不可少的。"①如果说"一边倒"方针的提出是表明了即将建立的新政权的政治取向,那么对白皮书的批判则是表明了新政权的价值取向。中共利用白皮书的发表加强了中国广大阶层、尤其是知识分子的反美情绪,使他们从思想上与美国拉开了距离,接受和支持向苏联和社会主义阵营"一边倒"的外交方针,这大概是艾奇逊始料不及的。

---

① 《毛泽东年谱》下卷,第 554—555 页。

第十章　中华人民共和国的成立

第一节　中华人民共和国的成立

一　新政治协商会议的筹备

中共中央在 1948 年 4 月 30 日发布的"五一"劳动节口号中,第五项提出了"各民主党派、各人民团体及社会贤达,迅速召开政治协商会议,讨论并实现召集人民代表大会,成立民主联合政府"。各民主党派纷纷发表声明,响应中共中央的号召。是年秋,原在国民党统治区的一批民主人士开始进入解放区,酝酿成立新政协。

辽沈战役胜利之后,新政协成立的条件趋于成熟。1948 年 11 月 25 日,在哈尔滨,中共中央由高岗、李富春为代表,同民主党派人士沈钧儒、谭平山、章伯钧、蔡廷锴、王绍鏊、朱学范、高崇民、李德全等几次商谈,达成了《关于召开新的政治协商会议诸问题的协议》。协议商定由中共及赞成中共中央"五一"口号第五项的各主要民主党派、人民团体及无党派民主人士计二十三个单位的代表组成新政协筹备会,其任务为:"(1)负责邀请参加新政协的各方代表人物;(2)负责起草新政协的文件;(3)负责召开新政协的正式会议。"新政协召开的时间订在 1949 年,具体日期及地点,由筹备会决定。协议商定"新政协应讨论和实现的有两项重要问题:一为共同纲领问题,一为如何建立中华人民民主共和国临时中央政府问题"①。

---

① 《关于召开新的政治协商会议诸问题的协议》(1948 年 11 月 25 日),《五星红旗从这里升起》,文史资料出版社 1984 年版,第 211—214 页。

筹备会原定在哈尔滨召开,但革命形势发展很快,解放军迅速包围了平津地区,许多民主人士直接去了当时中共中央所在地的河北省平山县。北平和平解放后,进入东北的民主人士也转赴北平。

1949年3月5日到13日,中共七届二中全会在西柏坡召开,毛泽东在报告中指出:"召集政治协商会议和成立民主联合政府的一切条件,均已成熟。一切民主党派、人民团体和无党派民主人士都站在我们方面。"他预计说:"我们希望四月或五月占领南京,然后在北平召集政治协商会议,成立联合政府,并定都北平。"①全会批准了由中国共产党发起,并协同各民主党派、人民团体及民主人士,召开没有反动分子参加的新政治协商会议及成立民主联合政府的建议。3月25日,毛泽东率中共中央机关迁入北平,新政协的筹备工作也就在北平展开。

不久,南京、杭州、上海于四五月间先后解放,新政协的筹备工作也就迫切地提到日程上来。6月11日,在香山毛泽东住所举行新政协筹备问题的第一次预备会,毛泽东、周恩来及新政协筹备会各单位代表出席了会议(仅救国会代表缺),大体议定了新政协参加单位、人数和人选,筹备会组织条例草案,会议分组,新政协大会参加单位和人数,筹备会常务委员人选及日程,等等②。正式开始了新政协的筹备工作。

6月15日,在举行了新政协筹备会第二次预备会、通过了议事日程等案之后,在北平中南海勤政殿举行新政协筹备会开幕式,出席会议的有23个单位,134名代表,会议主席周恩来宣告新政治协商会议筹备会开幕,中共中央主席毛泽东在会上作了讲话,他指出:"我们的新的政治协商会议的筹备会,今天开幕了。这个筹备会的任务,就是:完成各项必要的准备工作,迅速召开新的政治协商会议,成立民主联合政府,以便领导全国人民,以最快的速度肃清国民党反动派的残余力量,统一全中国,有系统地和有步骤地在全国范围内进行政治的、经济的、

---

① 《毛泽东选集》第4卷,第1374页。
② 《黄炎培日记》(手稿)1949年6月11日。

文化的和国防的建设工作。"他满怀胜利豪情地说："中国人民将会看见，中国的命运一经操在人民自己的手里，中国就将如太阳升起在东方那样，以自己的辉煌的光焰普照大地，迅速地荡涤反动政府留下来的污泥浊水，治好战争的创伤，建设起一个崭新的强盛的名副其实的中华人民民主共和国。"①筹备会推选了常务委员，毛泽东为常委会主任，就有关新政协的筹备工作进行了分组，并就有关事项进行了讨论，至19日，新政协筹备会第一次全体会议闭幕。会后，筹备会常务委员会及其领导下的六个小组继续进行筹备工作，周恩来兼任负责起草共同纲领的第三小组组长，并亲自执笔起草。

毛泽东在面临着胜利的时刻，对新中国的政治路线问题非常重视，对中间路线保持着高度的警惕。在新政协筹备会第一次全体会议闭幕之后、正在起草共同纲领期间，他于6月30日发表《论人民民主专政》一文，进一步阐明了新中国的政治路线。他强调指出："总结我们的经验，集中到一点，就是工人阶级（经过共产党）领导的以工农联盟为基础的人民民主专政。这个专政必须和国际革命力量团结一致。这就是我们的公式，这就是我们的主要经验，这就是我们的主要纲领。"他阐述了近代中国走过的道路，指出："资产阶级的共和国，外国有过，中国不能有，因为中国是受帝国主义压迫的国家。唯一的路是经过工人阶级领导的人民共和国。"因此，毛泽东郑重表明了"一边倒"的路线："中国人不是倒向帝国主义一边，就是倒向社会主义一边，绝无例外。骑墙是不行的，第三条道路是没有的。我们反对倒向帝国主义一边的蒋介石反动派，我们也反对第三条道路的幻想。"②这篇文章和《在中国共产党第七届中央委员会第二次全体会议上的报告》一起，构成了《中国人民政治协商会议共同纲领》的理论基础和政策基础。

---

① 《毛泽东在新政治协商会议筹备会第一次全体会议上的讲话》(1949年6月15日)，《五星红旗从这里升起》，第244—248页。

② 《毛泽东选集》第4卷，第1410页。

当时,在司徒雷登和毛泽东、周恩来之间传话的陈铭枢,于7月10日,以备忘录的形式,向司徒解释说:"'一边倒'这个术语,指的就是政治路线,它决不能被误解为有依赖别人的意思。"①陈铭枢本人在上海解放以后,写作并印刷了《论国共再合作》一文,他认为:"现在革命的领导,虽然是工农阶级,革命的先锋虽然是共产党","但是任何一个参加革命的阶级,仍旧应该保持他们本身的利益和立场,这些自由权利及政治地位,在友党方面,必须真诚地尊重与承认。"②显然,他当时对人民民主专政还不理解。不过,这本小册子在朋友的劝告下,没有散发。他给司徒的备忘录,则是他到北平和毛泽东、周恩来长谈之后的体会。

确实,美国方面正在中国活动形成"第三种力量"。据俄罗斯联邦外交政策档案馆资料,1949年6月间,司徒雷登就授意他在文化界和工商界的中国朋友:"深入到新的国家机关里面,然后据有巩固的地位,并采取一切措施,以便影响中共的政策,使他对于美国不那么危险,而共产党人本身也变得温和起来。"1949年11月17日,新中国的外交部副部长、中共社会部部长李克农在同苏联大使罗申的谈话中通报说:"目前,美国的情报中心,已从驻华的美国大使馆转移到了香港,美国人在那里成立了专门的'远东问题研究委员会'。这个'研究委员会'在自己的骨干面前,以及在向中华人民共和国派遣的特务面前,提出的首要任务,破坏中苏之间的友谊……美国特务的主要干部,来源于在美国、日本、菲律宾和其他国家的华侨,以及在国外的中国留学生。作为潜在的基础,美国人在那里能够招募到自己的特务,同时,参加中华人民共和国政府的民主党派的右翼活动家,例如,罗隆基、张东荪和其他人,也在被关注。"③

---

① 雷晓霞译:《1949年司徒雷登同陈铭枢的会晤》,《党史研究资料》第3期,第27页,1991年5月20日。

② 非正式出版的铅印本。

③ Б. Кулик:*США и Тайвань КНР. 1949-1952*, Новая Новейшая история, No. 5, 1995, стр. 24-26.

8月5日，美国国务院发表了中美关系的白皮书。毛泽东针对白皮书的观点，发表了一系列文章，批判白皮书中宣扬的民主个人主义。他指出，有一部分知识分子是美国国务卿艾奇逊所说的"民主个人主义"的拥护者，"他们的头脑中还残留着许多反动的即反人民的思想，但他们不是国民党反动派，他们是人民中国的中间派，或右派"。他要求先进的人们，"用善意去帮助他们，批评他们的动摇性，教育他们，争取他们站到人民大众方面来，不让帝国主义把他们拉过去，叫他们丢掉幻想，准备斗争"①。在政治路线上，毛泽东作了一系列的阐述，已经不容任何的犹豫和动摇。

8月13日，黄绍竑等四十四人在香港发表题为《我们对于现阶段中国革命的认识与主张》的声明："我们应该彻底觉悟，我们应该立刻与反动的党权政权决绝，从【重】新团结起来凝成一个新的革命动力，坚决地明显地向人民靠拢，遵照中山先生的遗教，与中国共产党彻底合作，为革命的三民主义之发展而继续奋斗，为建设新民主主义的新中国而共同努力。"②对于这个声明，上海《大公报》上于8月17日发表短评：《拿出行动来》，认为他们虽有进步，但思想尚有问题："他们是准备与共产党'彻底合作'的，不是要接受共产党领导的。"直到9月2日，《人民日报》上才发表消息表示欢迎。

在新政协筹备期间，民主社会党革新派、孙文主义同盟等小党派组织，前来联系参加新政协的问题。当时，民社党革新派已同张君劢一派分裂，反对蒋介石和国民党。孙文主义同盟成员，曾在南京、镇江、荻港、江阴等地策动国民党军队起义，迎接解放军渡江，其成员朱大同、张达生、陶鸿钊、中委陈惕庐等，在上海被汤恩伯捕杀。6月初，孙盟骨干又被逃往广州的国民党永远开除党籍，并由法院依法办理③。对于他

①　《毛泽东选集》第4卷，第1422—1425页。

②　《人民日报》，1949年9月2日。

③　见《中央日报》（重庆），1949年6月2日。

们的要求，新政协筹备会方面，中共统战部部长李维汉曾报告说："关于民社党革新派的问题，根据第一次预备会议的意见，我曾和汪世铭谈过话，当面指出，以其过去历史来说，实在不能算为一个民主党派，直至'五一'口号时，还是动摇的，故作为一个党派来说，应当结束，假如民盟同意，可以个别加入民盟，至于其中若干民主分子可以由筹备会商量邀其一二人参加。谈过不久，忽然发现了民社党革新派的告全国同胞书，内容反动，我曾质问汪世铭，汪表示确实不知此事，并也认为措词偏激，足为解决问题的阻碍，他曾去信上海查究。我向他指出告同胞书不但是反动的内容，而且是反动的行动，如他愿意时，希望能公开驳斥，他又来信说有同感，且已反驳，但驳的地方甚少。他的来信现都存在，将来当印出来，分发各位。对于此事，汪世铭曾写信给沙彦楷，沙已有复信，说他当时卧病不知道，事后已处置并开除数人。北平市公安局举行反动党团登记时，曾要汪世铭登记，他请求免予登记，我曾告汪：告同胞书确是反动的，不过汪既称不知道，又愿公开驳斥，则可由汪向公安局声明其已解散，即不必登记。从这些事来看，作为一个党派，太不像样了。至于汪世铭个人尚老实，所以名单上已经列了名，是否应该请他参加，请各位考虑。其次，关于孙文主义同盟，许闻天已经统战部同意邀来北平，我曾和他谈过话，许说明他们的反蒋斗争和转变，而且是牺牲了不少人。孙盟中如陈惕庐今天是被反革命杀了，过去也确是有罪的叛徒；又如刘不同，直到1948年下半年，还在南京写文章，一方面骂蒋介石，一方面骂中共和毛主席。作为团体来说，我曾劝其结束，并个别加入民革。至于许闻天本人，还有侯雨民或邓昊明则可以考虑。"①这两个组织及另一些分子复杂的小组织先后解散。

在新政协筹备期间，中共新政协筹备会党组干事会书记、新政协筹备会常委会副主任周恩来对于新政协的组织问题多次作了阐述。6月

---

① 李维汉：《新政协代表名单协商经过情形》（1949年8月18日），《五星红旗从这里升起》，第292—293页。

22日,他在党组会上作了关于"新政协筹备会的工作与统战工作"的报告,指出,新的政治协商会议的召开,就是人民民主统一战线的具体组成。中央政府成立后,政协便成为中共领导的各党派的协议机关,国家的一切大事都可以事前在此协商。人民民主统一战线工作是长期的。我们要善于和党外人士相处,态度应该是谦虚的,诚恳坦白的,只有这样,才能做到长期合作,保证人民民主统一战线不断前进①。

为了筹备新中国的成立,刘少奇于6月21日从北平起程,率中共代表团秘密访问苏联,中共代表团就建国的方针政策向斯大林作了书面报告,斯大林在报告上作了批语,肯定了中共的方针政策,其中就国家性质阐明说:"人民民主专政,不是资产阶级专政,也不是无产阶级专政,这是不需要解释的。(对!)在中国的人民民主专政,与列宁在一九〇五——一九〇七年革命中所提出的'工农民主专政'有其共同点,但也有区别点。无产阶级为领导,工农联盟为基础,这是共同点。但中国人民民主专政包括愿意反对帝国主义、封建主义与官僚资本势力的自由资产阶级的代表和派别在内,这是区别点。(对!)这是由中国是一个半殖民地国家,我们在革命中及革命后一个相当长的时期内须要集中力量去对付帝国主义及其走狗,(对!)以及由中国民族资产阶级的特点所产生的。正如斯大林同志一九二六年在共产国际中国委员会会议上的演说中所说的,中国未来的革命政权'特别是反对帝国主义的政权'。中国人民民主专政的形式,是人民代表会议制。这不是资产阶级式的议会制,而近于苏维埃制,但与无产阶级专政的苏维埃制也有区别,因为民族资产阶级的代表是参加人民代表会议的。(对!)"②

7月5日,周恩来主持新政协筹备会常务委员会第三次会议,通过

---

① 《中国人民政治协商会议诞生纪事》,《五星红旗从这里升起》,第64—65页。

② 刘少奇:《关于中国新民主主义国家性质与政权性质》(1949年7月4日),《共和国走过的道路——建国以来重要文献专题选集(1949—1952)》,中央文献出版社1991年版,第58页。按:斯大林的批语,见俄文杂志《远东问题》1996年第4期所刊刘少奇报告的俄文本。——笔者。

了《新政治协商会议筹备会各党派各团体为纪念"七七"抗日战争十二周年宣言》,并于7月7日发表,宣言指出:"代表中国人民意志的新政治协商会议筹备会已经成立,不久就可以召集新政治协商会议,产生民主联合政府,着手新中国的建设工作。"宣言强调指出:"当我们纪念伟大的抗日战争十二周年的时候,我们中国各民主党派、各人民团体和各界民主力量认为必须引起全世界注意:为了最后实现抗日战争的目的,我们一致要求迅速签订对日和约;我们一致主张在准备对日和约的时候,必须严格地遵照波茨坦协定所规定的由四国外长会议准备的程序,并且必须由中国新政治协商会议所产生的民主联合政府派遣中国的全权代表。"①

8月26日、27日,新政协筹备会常委会召开第四次会议,在讨论政协组织法时,周恩来指出:在人民民主国家中需要统一战线,即使在社会主义时期,仍然要有与党外人士的统一战线。要合作就要有各党派统一合作的组织。如果形成固定的统一战线组织,名称也要固定,建议称为中国人民政治协商会议②。9月7日,周恩来在北京饭店向已到北平的政协代表及各方有关人士作了《关于中国人民政协的几个问题》的报告,其中指出,只有"愿实行新民主主义,反对帝国主义、封建主义、官僚资本主义,推翻国民党的反动统治,建立以工农联盟为基础、以工人阶级为领导的新民主主义的共和国"的,才能代表人民。所以,参加人民政协的四十五个单位产生的根据,是以工人阶级、农民阶级为重点,同时又照顾到了各方面。他强调指出,人民政协决不是发源于旧政协,它是一百多年来民族民主运动牺牲奋斗的果实,是三十年来新民主主义革命运动的集中表现。在未能实现普选以前,它执行人民代表大会的职权。全国人民代表大会召开后,它仍将以统一战线的组织形式

---

① 《五星红旗从这里升起》,第288—289页。
② 《周恩来年谱》,第838页。

而存在,国家大政方针,仍要经过人民政协进行协商①。

9 月 17 日,召开了新政协筹备会第二次全体会议,为政协会议作好了一系列准备,这次会上,正式决定将新的政治协商会议定名为中国人民政治协商会议。至 9 月 20 日,最后确定了参加中国人民政治协商会议第一届全体会议的单位及代表名额,分为党派代表、区域代表、军队代表、团体代表、特邀代表五大类,共 45 个单位,其中正式代表 510 人,候补代表 77 人,特别邀请代表 75 人,共计代表 662 人。至此,为新中国的建立进行政治、法律、体制建设和政府组织工作的中国人民政治协商会议已经筹备就绪。

二　中国人民政治协商会议的召开和开国大典

1949 年 9 月 21 日,中国人民政治协商会议第一届全体会议在北平中南海怀仁堂隆重开幕,出席的各党派团体的代表 634 人,应邀来宾 300 人,大会由毛泽东、朱德、李济深、沈钧儒、郭沫若担任执行主席,毛泽东致开幕词。他郑重宣布:"现在的中国人民政治协商会议是在完全新的基础之上召开的,它具有代表全国人民的性质,它获得全国人民的信任和拥护。因此,中国人民政治协商会议宣布自己执行全国人民代表大会的职权。"他庄严地宣告:"诸位代表先生们,我们有一个共同的感觉,这就是我们的工作将写在人类的历史上,它将表明:占人类总数四分之一的中国人从此站立起来了。"②在当天的大会上,刘少奇、宋庆龄、何香凝、张澜、高岗、陈毅、黄炎培、李立三、赛福鼎、张治中、程潜、司徒美堂先后发了言,对人民政协的召开十分兴奋,祝贺新中国的诞生。

9 月 22 日,周恩来代表第三小组作了《关于〈中国人民政治协商会

---

① 参《五星红旗从这里升起》,第 80 页;《周恩来年谱》,第 839 页。

② 《中国人从此站立起来了》(1949 年 9 月 21 日),《毛泽东文集》第 5 卷第 343 页。

议共同纲领〉草案的起草经过和特点》的报告,他指出:"新民主主义国家的各阶级在工人阶级领导之下,虽然各阶级的利益和意见仍有不同之处,但是在共同要求上、在主要政策上是能够求得一致的,筹备会通过的共同纲领草案就是一个最明显的证明。而人民民主统一战线内部的不同要求和矛盾,在反帝反封建残余的斗争前面,是可以而且应该得到调节的。"他解释了为什么在总纲中没有明确写入向更高级的社会主义和共产主义阶段发展的问题:"筹备会讨论中,大家认为这个前途是肯定的,毫无疑问的,但应该经过解释、宣传特别是实践来证明给全国人民看。只有全国人民在自己的实践中认识到这是唯一的最好的前途,才会真正承认它,并愿意全心全意为它而奋斗。所以现在暂时不写出来,不是否定它,而是更加郑重地看待它。而且这个纲领中经济的部分里面,已经规定要在实际上保证向这个前途走去。"周恩来解释了"人民"和"国民"的不同定义,官僚资产阶级和地主阶级在改造成为新人以前,"他们不属人民范围,但仍然是中国的一个国民,暂时不给他们享受人民的权利,却需要使他们遵守国民的义务。这就是人民民主专政"。对于新民主主义的政权制度问题,他解释说:"新民主主义的政权制度是民主集中制的人民代表大会的制度,它完全不同于旧民主的议会制度,而是属于以社会主义苏联为代表的代表大会制度的范畴之内的。但是也不完全同于苏联制度,苏联已经消灭了阶级,而我们则是各革命阶级的联盟。我们的这个特点,就表现在中国人民政协会议的形式上。政府各部门和现在各地的人民代表会议以及将来的人民代表大会都将同样表现这个特点。从人民选举代表、召开人民代表大会、选举人民政府直到由人民政府在人民代表大会闭会期间行使国家政权的这一整个过程,都是行使国家政权的民主集中的过程,而行使国家政权的机关就是各级人民代表大会和各级人民政府。"①

关于国家名称的问题,筹备会第四小组组长董必武在《关于草拟中

---

① 《周恩来选集》上卷,第368—369页。

华人民共和国中央人民政府组织法的经过及其基本内容的报告》中解释说："本来过去写文章或演讲,许多人都用中华人民民主共和国;黄炎培、张志让两先生曾经写过一个节略,主张用中华人民民主国。在第四小组第二次全体会议讨论中,张奚若先生以为用中华人民民主国,不如用中华人民共和国。我们现在采用了最后这个名称。因为共和国说明了我们的国体,'人民'二字在今天新民主主义的中国是指工、农、小资产阶级和民族资产阶级四个阶级的人,它有确定的解释,这已经把人民民主专政的意思表达出来,不必再把'民主'两字重复一次了。"①当时,在人民政协文件原稿中,中华人民共和国名词后,加括弧简称中华民国,后来经讨论决定取消这个加括弧的简称,与旧中国的国号彻底割断了联系。

9月27日,在人民政协第一届全体会议上讨论并通过了中国人民政治协商会议组织法、中华人民共和国中央人民政府组织法和中华人民共和国国都、纪年、国歌、国旗四个议案:(一)中华人民共和国国都定于北平,自即日起北平改名为北京;(二)中华人民共和国的纪年采用公元,本年为一九四九年;(三)在中华人民共和国的国歌未正式制定前,以《义勇军进行曲》为国歌;(四)中华人民共和国的国旗为红地五星旗,象征中国革命人民大团结。

9月29日,中国人民政治协商会议进入了第七天,在这一天,通过了《中国人民政治协商会议共同纲领》。这是一部新中国临时宪法性质的文件。毛泽东为这一文件的制订作了大量理论上、宣传上的准备。周恩来在政协筹备期间亲自起草了这一文件,并进行了多次充分的讨论。

《共同纲领》在序言部分阐明:"中国人民政治协商会议一致同意以新民主主义即人民民主主义为中华人民共和国建国的政治基础,并制定以下的共同纲领,凡参加人民政治协商会议的各单位、各级人民政府

---

① 《五星红旗从这里升起》,第520页。

和全国人民均应共同遵守。"这就以法定的形式，否决了旧民主主义，也就是资产阶级民主主义的多党议会民主制度。毛泽东《在中共七届二中全会上的总结》中说："人民代表会议制度和党的代表会议制度。我们不采取资产阶级共和国的国会制度，而采取无产阶级共和国的苏维埃制度。代表会议就是苏维埃。"①

《共同纲领》第一章为总纲，第一条规定："中华人民共和国为新民主主义即人民民主主义的国家，实行工人阶级领导的、以工农联盟为基础的、团结各民主阶级和国内各民族的人民民主专政，反对帝国主义、封建主义和官僚资本主义，为中国的独立、民主、和平、统一和富强而奋斗。"第三条从总体上规定了国家经济体制："中华人民共和国必须取消帝国主义国家在中国的一切特权，没收官僚资本归人民的国家所有，有步骤地将封建的土地所有制改变为农民的土地所有制，保护国家的公共财产和合作社的财产，保护工人、农民、小资产阶级和民族资产阶级的经济利益及其私有财产，发展新民主主义的人民经济，稳步地变农业国为工业国。"《共同纲领》第二章规定了人民代表会议制度。第十二条规定："中华人民共和国的国家政权属于人民。人民行使国家政权的机关为各级人民代表大会和各级人民政府。""国家最高政权机关为全国人民代表大会。全国人民代表大会闭会期间，中央人民政府为行使国家政权的最高机关。"第十三条规定了政协职能："中国人民政治协商会议为人民民主统一战线的组织形式。""在普选的全国人民代表大会召开以前，由中国人民政治协商会议的全体会议执行全国人民代表大会的职权。""在普选的全国人民代表大会召开以后，中国人民政治协商会议得就有关国家建设事业的根本大计及其他重要措施，向全国人民代表大会或中央人民政府提出建议案。"

《共同纲领》第七章规定了新中国的外交方针。第五十四条规定："中华人民共和国外交政策的原则，为保障本国独立、自由和领土主权

---

① 《毛泽东文集》第5卷，第265页。

的完整,拥护国际的持久和平和各国人民间的友好合作,反对帝国主义的侵略政策和战争政策。"第五十六条规定了新中国的建交原则:"凡与国民党反动派断绝关系、并对中华人民共和国采取友好态度的外国政府,中华人民共和国中央人民政府可在平等、互利及互相尊重领土主权的基础上与之谈判,建立外交关系。"①

在这一天的政协会议上一致通过决议,由即将成立的中央人民政府致电联合国大会,声明中华人民共和国业已成立,中国人民政治协商会议所选举之中央人民政府为唯一能代表中国人民的政府,并否认广州国民党政府所派出席联合国会议所有代表的代表资格。

9月30日,中国人民政治协商会议第一届全体会议举行了最后一天的会议,选举了政协第一届全国委员会委员180人,选举毛泽东为中华人民共和国中央人民政府主席,朱德、刘少奇、宋庆龄、李济深、张澜、高岗为副主席,陈毅等65人为中央人民政府委员。会议讨论通过了毛泽东起草的《中国人民政治协商会议第一届全体会议宣言》,宣布:"中国人民政治协商会议第一届全体会议业已胜利完成了自己的任务","中国的历史,从此开辟了一个新的时代。"宣言号召:"全国同胞们,我们应当进一步组织起来。我们应当将全中国绝大多数人组织在政治、军事、经济、文化及其他各种组织里,克服旧中国散漫无组织的状态,用伟大的人民群众的集体力量,拥护人民政府和人民解放军,建设独立、民主、和平、统一、富强的新中国。"②最后,会议由朱德致闭幕词:"中国人民政治协商会议第一届全体会议的工作,已经胜利地完成了。我们全体一致,宣告了中华人民共和国的成立。"③

1949年10月1日下午,中央人民政府委员会举行第一次会议,选举林伯渠为秘书长,任命周恩来为中央人民政府政务院总理兼外交部

---

① 《五星红旗从这里升起》,第479—491页。
② 《五星红旗从这里升起》,第562—563页。
③ 《五星红旗从这里升起》,第560页。

长,毛泽东为人民革命军事委员会主席,朱德为人民解放军总司令,沈钧儒为最高人民法院院长,罗荣桓为最高检察署检察长。中央人民政府成员各自就职,决定中央人民政府于本日成立。

　　下午三点整,毛泽东和新中国的领导人登上了天安门城楼,隆重举行中华人民共和国的开国大典。城楼上高挂着八盏传统的大红宫灯,城楼上下,红旗招展,鲜花盖地,天安门广场五彩缤纷,30万群众集会,情绪昂然,热血沸腾。林伯渠秘书长宣布大典开始,毛泽东庄严宣布:"中华人民共和国中央人民政府成立了!"随即按动电钮,在天安门广场升起了中华人民共和国第一面五星红旗。广场上五十四门礼炮齐鸣,二十八声炮响,象征着中国共产党走过了二十八个艰难岁月,终于取得了革命的胜利。接着,毛泽东以中华人民共和国中央人民政府主席的名义宣读了《中华人民共和国中央人民政府公告》,宣告中国人民政治协商会议完成的建国工作,并宣布:"中华人民共和国中央人民政府委员会于本日在首都就职,一致决议:宣告中华人民共和国中央人民政府的成立,接受中国人民政治协商会议共同纲领为本政府的施政方针,互选林伯渠为中央人民政府委员会秘书长,任命周恩来为中央人民政府政务院总理兼外交部部长,毛泽东为中央人民政府人民革命军事委员会主席,朱德为人民解放军总司令,沈钧儒为中央人民政府最高人民法院院长,罗荣桓为中央人民政府最高人民检察署检察长,并责成他们从速组成各项政府机关,推行各项政府工作。同时决议:向各国政府宣布,本政府为代表中华人民共和国全国人民的唯一合法政府。凡愿遵守平等、互利及互相尊重领土主权等项原则的任何外国政府,本政府均愿与之建立外交关系。特此公告。"①

　　随后,进行了盛大的阅兵式和群众游行。朱德在检阅了人民解放军各部队之后,发布《中国人民解放军总部命令》:"我命令中国人民解放军全体指战员、工作员,坚决执行中央人民政府和伟大的人民领袖毛

――――――――

　　① 《五星红旗从这里升起》,第565—566页。

主席的一切命令,迅速肃清国民党反动军队的残余,解放一切尚未解放的国土,同时肃清土匪和其他一切反革命匪徒,镇压他们的一切反抗和捣乱行为。"①

在开国大典进行的时候,原国民党军残部尚据有西南和华南地区,以及台湾、澎湖、舟山、海南等岛屿。解放军为解放全中国,第四野战军主力及第二野战军一部正向衡阳、韶关一线进击,第三野战军一部正向厦门一线发起攻击,第二野战军主力正向湘西集结,准备入川作战,第一野战军则正在准备和平进驻新疆。胜利之师,正以排山倒海之势,向尚未解放的各地进军。

第二节　国民党残余势力在大陆的溃灭

一　解放军向西南进军

衡宝战役和两阳战役之后,国民党军残部之华中白崇禧部和华南余汉谋部受到沉重打击,各部士气和战斗力都严重下降了。尤其是白崇禧主力被歼灭之后,国民党军最后一部有战斗精神的力量,也丧失了战斗意志,尽管还据有西南和广西的广大区域,拥有上百万的军队,但分崩离析,各自为谋,难以协同作战。

当时,解放军第四兵团第十三军一部进至廉江、信宜一线,余汉谋的华南军政长官公署于 11 月 3 日从湛江移设海南岛的海口,所属第四兵团等部占有廉水之线及以西地区。白崇禧部退入广西,进行整补,长官部移驻桂林。不久,广西绥靖公署移南宁,省府迁往百色。广西各部向东南沿海撤退的道路已被解放军截断。贵州绥靖公署谷正伦拥有第十九兵团二个军和保安部队九个团。国民党中央系残部数十万人集中在四川一带,归西南军政长官公署张群指挥,扼守四川。国民党政府也

---

① 　《朱德选集》,人民出版社 1983 年版,第 269 页。

已撤至重庆。

早在 8 月 29 日，蒋介石在重庆主持了在大陆的最后一次重要军事会议，国民党政府川、黔、康省政府主席，川、陕、甘、鄂、湘边区将领均到会，仅云南省主席卢汉未至。蒋介石部署死守四川，以罗广文部从川东北的大竹一线，经 50 天行军移防川西北，10 月中旬行至绵阳时，军情变化，又向南改开贵州桐梓，布防娄山关。并以原有的第一〇八、一一〇军及新拨第四十四军组成第十五兵团，任命罗广文兼任兵团司令官，一路上疲于奔命①。

入川道路除川东地形险要、交通不便外，主要为南北两路，北路由汉中经剑阁入川，南路由湘西入黔，经黔北直趋重庆。而国民党军在南路的防御十分空虚。9 月下旬，参谋本部曾建议华中及西南两战场，归由华中军政长官公署统一指挥，"华中军政长官公署至少有五个有力之军，配置于平越、都匀、独山之线。华中军政长官公署设于贵阳，以昆明为后方"②。但桂系方面没有接受这个在大陆作战、没有海口联络、为蒋介石系统扼守四川南方门户的方案。11 月初，阎锡山又建议以"国防部长"一职让白崇禧兼任，并拟将黔桂两省划入华中军政长官辖区，主要目的是要白崇禧堵住芷江这个口子，不让解放军由湘西入黔，威胁重庆。但白崇禧"坚不接受"③。白崇禧一直谋求国防部长一职而不得，这时候也就不愿为蒋介石扼守四川门户。何况，当时白崇禧已经直接接受美援④。11 月 5 日，白崇禧在桂林召集军事会议，会上参谋部门提出两个方案："第一案：向南转移，于广西地区策划持久，不得已时经由钦州转运海南岛。第二案：向西转移，进入黔、滇与西南地区兵力

---

① 参《中央日报》(重庆)1949 年 10 月 20 日第 3 版报道；赵秀昆等：《罗广文在四川编练新军和率领第十五兵团起义经过》，《文史资料选辑》第 50 辑。

② 《国民革命军战役史第五部——戡乱》第 6 册，第 388 页。

③ 《徐永昌日记》1949 年 11 月 4 日。

④ 据《徐永昌日记》1949 年 11 月 8 日记，白崇禧已得约 15 万美元。

会合，以策后图。"①会上，第一兵团司令官黄杰和李品仙赞成第二案，多数人赞成第一案，最后由白崇禧裁决："华中主力，准备向南转移，经由钦州转运海南岛。"②

不过，在相当时间内，解放军对四川蓄势待发，屯兵不进。国民党军也仅消极备战。在第四野战军进行衡宝战役期间，毛泽东和中共中央对向西南进军也开始进行部署。在北路，10月10日决定由西南军区司令员贺龙率第十八兵团入川，在安康一线作战的陕南军区部队（第十九军）及第七军等部配合对汉中胡宗南部作战。以第二野战军两个兵团在常德、湘潭一线集结，准备入川，于12月间进抵叙州、泸州、重庆一线，待二野达到上述一线后，贺龙部向胡宗南部发起攻击，并进击成都。二野第四兵团入桂作战后，明年一二月间进入云南。同时，确定了西南地区的领导成员，以邓小平为西南局第一书记，刘伯承、贺龙为第二、第三书记，贺龙为西南军区司令员，邓小平为政治委员，刘伯承为西南军政委员会主任③。

10月21日，刘伯承、邓小平从北京乘车出发，翌日到达徐州，率野战军司令部及第三兵团司令部乘火车经郑州前往武汉④。23日发出了进军川黔的作战命令，第五兵团应于11月15日前攻占贵阳，兵团主力于25日攻占毕节，12月10日攻占宜宾至纳溪地带。第三兵团应于11月15日前攻占思南、永绥（今花垣）、永顺之线，25日攻占遵义、黔江、彭水之线，兵团主力于12月10日左右攻占泸县、江津地带。但命令第三兵团右翼不要过于突出，在第五兵团未到毕节之前，不得先到黔

---

①　《国民革命军战役史第五部——戡乱》第6册，第389页。

②　《国民革命军战役史第五部——戡乱》第6册，第389页。

③　《第一野战军第二野战军在西北西南地区的作战部署》（1949年10月13日），《毛泽东军事文集》第6卷，第24—25页。

④　按：《中国人民解放军战史》说刘、邓率有第三兵团，但第三兵团应已在常德一带集结，不可能从徐州出发，当系率第三兵团司令部之误。——笔者。

江,以免宋希濂、孙震部过早撤退,对以后作战不利①。列车经过郑州时,刘伯承公开出席群众大会,宣布大军即将入川,摆出了一副沿陇海路从徐州经郑州、西安,将由北路入川的模样,而部队则早已在湘西秘密集结。

与此同时,当陈赓兵团向两阳地区追击的时候,林彪主要是担心两广残敌向云南撤退,所以仍以第十三兵团向柳州方向前进,以大迂回方式,绕过桂林、柳州,直插果德、南宁之线,截断敌向云南的退路,准备在二野到达贵阳时,以围剿与长追的办法,争取歼灭敌人于果德、南宁以东地区。这一计划得到毛泽东的批准。林彪建议二野以第五兵团先占昆明,断敌退路,但毛泽东鉴于粮食困难,敌情不会太严重,仍指示仅以第四兵团经营云南②。为了集中兵力歼灭运动灵活的白崇禧部,林彪决定增调第四十六军两个师和第四十九军全部参加广西战役。10月29日,林彪率指挥机关从武汉出发,于11月1日到达衡阳,就近指挥各军。10月31日,毛泽东指示林彪,以陈赓、程子华两个兵团同时向柳州、南宁动作,方能完成围歼白崇禧部的任务,同时,在白崇禧部向云南、越南撤退的道路被截断的情况下,有向东突入广东的可能,因此,指示华南分局,在广西问题彻底解决以前,邓华兵团必须全力镇守广州、韶州之线,不要进攻雷州半岛,更不要攻海南岛③。11月4日,第四野战军作出了分三路进军的部署,"第一步求得首先断敌退云南,退雷州、廉州、钦州的道路。尔后,再依当时情况调整部署,歼灭敌人"。其部署

---

① 《刘伯承、邓小平等关于向川黔进军的方针致杨勇、苏振华、陈锡联、谢富治等电》(1949年10月23日),《从延安到北京》,第566—567页。按:原文浙南系思南之误。——笔者。

② 参《林邓谭萧赵关于广西作战计划报毛泽东电》(1949年10月18日);《毛泽东关于川、滇、桂、黔作战给林叶陈的电报》(1949年10月19日),《广西战役》,第51—54页。

③ 《毛泽东对两广战役及国防部署的意见》(1949年10月31日),《广西战役》,第63页。

为第十三兵团二个军,攻击通道、靖县,向思恩、河池地区前进,并继续向百色、果德之线前进。陈赓部第一步先头军11月10日左右出发,进至郁林、博白之线,防敌退雷州半岛。尔后或向南宁,或向钦州、廉州前进截敌。中路第四十、第四十一、第四十五军待西南两路超出后分沿湘桂路及其两侧推进①。

11月6日,西路军自湘西武冈、洞口地区出动,10日,南路军向廉江、信宜北前进。13日,林彪根据谍报,白崇禧有向雷州半岛及越南撤退的计划,即命令第四兵团向信宜、茂名集结,廉江一线筑工固守,并调广州的第四十三军参战。16日,命令中路各军出发追击。

当时,解放军第二野战军已向贵州进军,白崇禧于11月9日命令桂林附近的第一兵团、三江附近的第十七兵团驰援贵州,但行动落后,贵州方面已经无法支持。白崇禧针对南路解放军二野第四兵团前锋部队兵力薄弱,计划集中兵力予以攻击,进而开辟海上通路。11月21日,白崇禧命令第十一兵团由容县向信宜攻击,第三兵团向化县、茂名攻击,余汉谋部第四兵团则配合作战,向廉江攻击。同时,因解放军推进迅速,即命令第十兵团放弃桂北撤退,命令第一兵团、第十七兵团放弃援黔,协助第十兵团撤退,掩护南路军的安全。24日白崇禧南路各军于拂晓同时发起攻势。林彪得悉白崇禧将于南路发起攻势后,即于22日动员各部进行"带最后性的最重要的一次大战"②,并部署以第十三军一部在廉江牵制余汉谋部,集中三个军首先围歼敌鲁道源的第十一兵团。但陈赓认为廉江方面过于危险,主张就现态势首先歼灭张淦兵团,然而林彪坚持原定部署,不容变更。陈赓将自己意见上报中央军委后,毛泽东为协调前线将领的作战指导思想,指示适当调整部署,置

①　《林谭萧关于广西作战部署报军委电》(1949年11月4日),《广西战役》,第71—72页。

②　《林谭萧关于阻歼敌鲁道源、张淦及余汉谋部的电报》(1949年11月22日),《广西战役》,第120页。

重点于左翼，并指示中路、西路各军迅速分数路南进。当时，林彪与陈赓之间作战指导思想不易沟通，他与第四兵团及各军电讯难通，各部位置不易查明，陈赓即独断指挥。

　　解放军西路军除一部向百色挺进外，主力东转寻敌，中西路各军推进迅速，迫敌仓促溃退，22日进占桂林，24日占领思恩，25日占领柳州、梧州。白崇禧面临腹背受敌，仍力求向海岸突进，26日发起全面攻击，与解放军第四兵团激战。而解放军第四十三军奉林彪命令正向敌左翼迂回，围歼第五十八军之二二六师。鲁道源的第十一兵团被迫北移，张淦的第三兵团陷于孤立，至27日，陈赓兵团第十四、十五两军乘隙包围了第七军的两个师。国民党军陷入一片混乱，各部失去了通讯联络，只好各自为战，力图突围逃生。战至30日，解放军第四十三军突入博白，歼敌第三兵团部，俘虏兵团司令官张淦，第四兵团歼敌第七、第四十八、第一二六军大部。余汉谋残部逃往海南岛，解放军旋即占领雷州半岛。12月2日，解放军各部继续发起追击，至11日占领凭祥和镇南关，14日占领爱店，控制中越边境，白崇禧部主力被歼灭殆尽，白本人逃往海南岛，仅第一兵团黄杰等部二万余人逃往越南，被驻越法军解除武装。广西战役解放军共歼敌17.3万人。

　　第四野战军在发起广西战役的同时，抽调了第四十二、第四十七、第五十军及湖北军区部队等九个师，加入第二野战军右翼围歼宋希濂集团的战斗。11月1日，第二野战军在第四野战军一部的配合下，北起湖北巴东、南至贵州天柱，在500公里的地段上，越过崇山峻岭，出敌意料之外，发起了进军川黔的战斗。以杨勇率第五兵团及第三兵团的第十军分由邵阳和桃源出动，进行大迂回作战，从锦屏、天柱西进，击破敌第十九兵团的抵抗，10日前即占领镇远、三穗地区，15日分别占领贵阳、思南。以陈锡联率第三兵团主力为左集团，主力由永顺出发，向秀山、永绥进击，以第十一、第四十七军向龙山、黔江前进；以第五十、第四十二军及湖北军区部队为右集团，由王宏坤指挥，分路渡江后向建始、恩施、宣恩进击，并以一部进击巴东，对宋希濂部实施钳形攻势。至7

日,右集团攻占恩施,左集团攻占秀山。宋希濂于11月7日在来凤召集各将领会议,发现形势极为严重,即将陷入解放军的大包围之中,当即命令各部向彭水撤退,沿乌江西岸布防。12日,解放军左右两集团所部在咸丰地区会合,切断川湘公路,将宋希濂部第十四兵团、第二十兵团的五个师包围于宣恩、咸丰、鹤峰地区,除一个师突围外,四个师被歼灭。解放军各部迅猛追击,于15至17日间,分别进至利川、鱼泉口,威胁川东孙震集团,并进占彭水、酉阳,进抵乌江东岸,第十二军前锋于龚滩强渡乌江,威胁敌之侧后。宋希濂率部于16日火焚彭水后逃至乌江西岸,在江口布防。17日,蒋经国到前线劳军,宋希濂在江口与他会见,公开表明:"大家多已丧失信心,战斗意志是不坚强的。"①这时,尚在东岸阻击的宋部第十五军受到解放军的攻击,于20日退到江口西的中官渡,宋希濂指挥部受到威胁,即命令第二军撤退至白马山,扼守川湘公路要隘,准备向南川方向撤退。21日,宋希濂即撤离江口。

解放军进展迅速,重庆震动。国民党军本于解放军攻势发动后,从川北调罗广文的第十五兵团南下阻击,这时即在宋希濂部掩护下向南川集结。同时,已于11月14日从台北飞抵重庆亲自指挥的蒋介石,急忙于11月19日调胡宗南部第一、第三军增援重庆,并命胡部撤入四川。但这时,解放军第十八兵团先头部队也对胡宗南部展开攻击,进行牵制,使胡部感到威胁,难以立即后撤。直至11月25日才开始撤退,解放军第十八兵团即尾敌跟进,但未予追击,以待大迂回的完成。

刘伯承估计宋、罗兵团可能向重庆或泸州方向撤退,尤其是向西经泸州、宜宾撤至昆明的可能最大,因此11月21日指示说:"从战役全局着眼,我军左翼迂回部队极为重要。"他估计敌如11月25日撤退,则12月1日可达叙永,因此要求第五兵团及第十军确实计算行程和时间,先敌占领土城、叙永、盐津之线,三兵团从正面多拉住敌几天,以第

---

① 宋希濂:《我在西南的挣扎和被歼灭经过》,《文史资料选辑》第50辑,第39页。

四十七军向涪陵前进,要求在长江南岸地区包围歼灭敌军①。

　　但事实上,国民党军残部已不堪一击。21日下午,解放军前锋渡江控制了白马山,阻击向西撤退的陈克非的第二军。22日,解放军第三兵团各军及第四十七军,分路向乌江渡口挺进,敌第十四兵团司令官钟彬至乌江东岸的渡口白涛镇指挥残部抵抗,被解放军俘虏,十四兵团溃灭。第二军除军部千余人外,大部被歼,残部找小路逃走。第二十兵团也瓦解了。宋希濂率残部万余人由南川向綦江逃跑,准备不理睬统帅部,经西昌向滇缅边境自谋生路。

　　正当宋集团溃散之际,罗广文兵团正奉命由南川一线北进。21日,罗兵团右翼在南川之北即遭到解放军第十二军的攻击,23日,解放军第四十七军主力自白涛镇渡江,攻击罗广文兵团。罗兵团被迫向长江边转移。25日,解放军除围歼罗兵团外,分兵占领南川②,27日占领綦江,29日前锋进抵重庆长江南岸的南温泉,与胡宗南部第一军激烈战斗。而罗广文兵团在南川之北,被歼大部,罗广文率残部5个团渡江北逃。解放军占领江津,北渡长江。30日,国民党军从重庆撤退,孙元良兵团也自万县西撤。当夜,解放军即提前完成计划,进占重庆。

　　解放军第五兵团及第十军奉命向川南挺进后,于21日占领遵义,28日进占毕节,30日占领叙永。12月2日,黄埔系第二十二兵团司令官郭汝瑰本已与解放军接洽起义,即命令在泸州南江门布防的部队,向宜宾撤退。12月9日在宜宾宣布起义。解放军即向威远、荣县前进,直趋成都外围。

　　当时,在川东的国民党军第十六兵团、第十五兵团残部、二十兵团残部及第一军等纷纷向成都平原撤退,第三军在向重庆前进途中也折

---

　　①　《进军西南总结》(1950年1月),杨国宇等编注:《刘伯承元帅大军指挥手记》,海军出版社1989年版,第419页。

　　②　占领南川日期,据刘伯承1949年11月26日电,《刘伯承元帅大军指挥手记》,第419页;《中国人民解放军战史》为24日。

向成都。胡宗南以第七兵团残部七个师及第三十八军为后卫,主力向成都撤退,军心瓦解,士无斗志。为了迅速瓦解敌军,刘伯承、邓小平向四川、贵州、云南、西康四省国民党军政人员提出忠告,要求国民党军停止抵抗,停止破坏,听候改编,给以改过自新、立功赎罪的机会。经过长期的酝酿,12月9日,云南省主席兼云南绥靖公署主任卢汉在昆明、西康省主席刘文辉在雅安、西南军政长官公署副长官邓锡侯、潘文华在彭县等地宣布起义。在续后的战斗中,包括中央系(黄埔系)将领也纷纷停止抵抗。

为了统一指挥进军四川的战斗,11月25日,军委同意林彪的意见,"以七个师交刘邓指挥入川作战",(即第四十七、第五十、第四十二军等部七个师)。11月27日军委又决定贺龙、李井泉所部十八兵团及其他部队,"应受刘(伯承)邓(小平)张(际春)李(达)指挥,我们不直接指挥贺李,以免分歧"①。12月3日,刘伯承、邓小平电告贺龙:二野和四野一部已经渡江,十军已到合江,十六军即到泸州南岸,十八兵团可加速前进,形成南北钳形攻势。5日,贺龙即下令第十八兵团和第七军分三路猛追逃敌。于是,北路各军于7日起,从慢慢跟进,变为以日行百里以上的速度挺进。12月6日,刘伯承、邓小平命令第五兵团及第十军,抢占乐山、井研、荣昌等地,强调指出:"这个战役的关键在于占领乐山,完全截断敌人退往西昌、会理、云南的公路线。"命令第三兵团第十一、十二两军向西延伸至铜梁、大足、内江,与第十军靠拢,互相策应。命令第五十军在垫江集结待命②。续后,又命令第三兵团主力迅即攻占简阳、邛崃、大邑等地,从成都东西两面向敌人推进,合围成都地区集结的数十万国民党军。各部队在崎岖的山路上,以日行60—90公里的

---

①　《军委关于四野以七个师入川作战问题的电报》(1949年11月25日),《军委关于贺龙、李井泉所部受刘伯承、邓小平指挥的电报》(1949年11月27日),《建国以来毛泽东文稿》第1册,中央文献出版社1987年版,第161、164页。

②　《刘伯承元帅大军指挥手记》,第420页。

速度连续行军,神速推进,超前追击,迫敌在溃退中无法集结整理组织抵抗。

解放军第五兵团第十六军于 12 月 16 日占领乐山,前锋于 19 日在金口河地区渡过大渡河,歼灭宋希濂残部,宋本人被俘,20 日占领浦江地区。是日第十军占领眉山。第三兵团第十一军于 12 月 15 日占领简阳,第十二军于 20 日占领大邑、邛崃,第五十军前出遂宁。自东、南、西三面包围成都。第十八兵团等部于 12 月 14 日占领广元,17 日占领四川门户剑阁,20 日进抵巴中、绵阳、江油一线,自北路威胁成都。解放军各部完成了追击任务,将敌军包围在成都周围地区,12 月 21 日,刘伯承命令各部准备围歼被包围的胡宗南部,他要求各军"千万不可进行无准备无把握的战斗"。为此,命令第十一军停止进攻新津,决定由杨勇、杜义德统一指挥第三、第五兵团,协同作战①。

在解放军的四面包围下,胡宗南已无力抵抗,12 月 22 日,他在新津举行军事会议,部署于 23 日 22 时开始突围,以李文的第五兵团向西昌突围,以李振的第十八兵团向昭通突围,以罗广文、陈克非两部向东突围,经泸州向毕节前进,实际上是作为主力突围的牺牲品。他本人于 23 日由成都飞往海南岛的海口,未奉统帅部命令,擅自逃离战场。军心全盘瓦解。第二十兵团司令官陈克非回忆说:"这时我思想上又起了一个急剧的变化。顶在我头上直接指挥我的上司都飞跑了,剩下的只有我和罗广文这两个替死鬼。"②他和罗广文商量的结果,都不愿做枉死鬼,决心停止战斗,举行起义。李振也回忆说:"当时我很难过,很愤慨,心想:你们高高在上,情况一急就远走高飞,老祖也不再做傻子了。"③23 日晚,裴昌会在德阳率第七兵团起义。25 日,罗广文、陈克非

---

① 《刘伯承元帅大军指挥手记》,第 421 页。

② 陈克非:《我从鄂西溃退入川到起义的经过》,《文史资料选辑》第 23 辑,第 77 页。

③ 李振:《起义前的几点回忆》,《文史资料选辑》第 23 辑,第 32 页。

率第十五、第二十兵团残部在郫县一带宣布起义。川鄂绥署副主任董宋珩、第十六兵团副司令曾甦元于 21 日率四个师脱离兵团司令孙元良,从广汉撤至什邡,并于 26 日正式宣布起义。27 日,李振率在成都以东的第十八兵团等部起义,鲁崇义的第三十军也同时起义。仅第五兵团司令李文率残部七个军分两路西逃,于25日攻击解放军邛崃一带阵地,遭到坚强阻击。26日,各路解放军发起总攻,李文率残部放下武器,仅一部逃往西昌。27日解放军占领成都,30日贺龙率部举行入城式。

在成都战役期间,贵州省主席兼贵州绥靖公署主任谷正伦逃到晴隆,第八十九军军长刘伯龙逼谷正伦把绥靖公署主任一职让给他。谷正伦设计杀了刘伯龙,自己经昆明逃往香港,躲避开了蒋介石对他的处分。12月下旬,第十九兵团代司令官王伯勋在普安、盘县地区宣布起义。贵州全境解放。

解放军进军川黔一役,共歼敌(包括起义部队)90 万人。

云南省主席卢汉在"九九整肃"时,设计放走了中共地下党员和反蒋骨干,对于军统特务、保密局局长毛人凤提出的杀人方案,一再借口拖延,不予执行。11 月 3 日,代总统李宗仁到云南与卢汉联络,尚希望与云南联合,把云南作为桂系撤退之地。卢汉一方面虚与委蛇,一方面乘机组织人民团体,请愿从宽处理"九九整肃"被捕人士。李宗仁给了一个顺水人情,在请愿书上批了"交卢主任从轻处理"。于是,卢汉即将被捕人士一一无保释放①。卢汉不稳的消息传到在成都的蒋介石那里,12月 7 日,蒋派张群到云南安抚卢汉,并要求把政府迁到昆明,对此,卢汉大发牢骚:"保卫云南所必需之各项请求,皆未获解决,云南即无法保卫,且有作向西撤退打算,政府迁昆实为徒劳。"②张群当时已辞

---

①　参杨肇骧:《解放前夕的滇局风云》,《文史资料选辑》第 50 辑,第 220 页;沈醉:《云南解放前夕军统在昆明的特务活动》,《文史资料选辑》第 23 辑,第 129 页。

②　《张群委员对云南局势演变情形之报告》,秦孝仪主编:《中华民国重要史料初编——对日抗战时期》第 7 编第 2 册,台北中国国民党中央委员会党史委员会1981 年版,第 960 页。

去西南军政长官职务,答应商请有关主管予以解决。8 日,张群奉蒋介石之召,偕同云南三军长李弥、余程万、龙泽汇(卢汉系统)返回成都,由蒋介石予以召见。9 日,张群与三军长同回昆明,卢汉即将张群软禁,并以张群的名义于当晚召集会议,将余程万、李弥及保密局云南站站长沈醉等七人扣留,联名宣布起义。12 月 11 日,毛泽东、朱德即复电表示欢迎。同日,刘伯承、邓小平建议军委,以汽车运输,令陈赓率先头军提早入滇,令在贵州的第十七军派一师护送宋任穷与第四兵团先头军会合,配合行动①。

卢汉起义后,于第二天即礼送张群去台湾。李弥部第八军即进攻昆明,营救李弥、余程万。16 日卢汉释放李弥,希望策反第八军,但李弥回部后,即策动所部继续进攻昆明。当时,撤往台湾的"国防部"已命令汤尧为陆军副总司令兼参谋长,指挥进攻昆明。19 日拂晓,第八军、第二十六军协同进攻昆明,卢汉在昆明人民支持下指挥所部抵抗,陷入苦战。解放军滇桂黔边纵队出击扰乱敌之后方,予以支援。中共中央军委于 12 月 13 日曾命令第十七军第四十九师暂时停止前进,而命令第四野战军第三十八军占领金平、河口,断敌向越南逃跑之路,命令第二野战军第四兵团向蒙自前进,迂回包围②。由于昆明形势严重,20日,解放军第五兵团司令员杨勇才令第四十九师兼程驰援昆明,至 22日进抵曲靖。卢汉因国民党中央系军队攻击猛烈,于 20 日下午释放余程万,并给了他 4 万银元③,余回部后,即将第二十六军撤退。第八军孤立,不得不也向后撤退。昆明形势缓和。28 日,解放军滇桂黔边纵进驻昆明。

第二十六军、第八军从昆明先后撤到蒙自一带。1950 年 1 月 8

---

　　① 《刘伯承、邓小平等关于我军应提早入滇致军委、林彪并陈赓等电》(1949 年12 月 11 日),《从延安到北京》,第 570 页。

　　② 赵晓澜、蔡惠霖:《昆明起义》,《百万国民党军起义投诚纪实》下册,第 1190 页。

　　③ 曹天戈:《蒋军残余流窜云南被歼经过》,《文史资料选辑》第 55 辑,第 183 页。

日,"国防部"命令第二十六军空运台湾,并以汤尧兼第八兵团司令官,指挥滇南残部①。这时,解放军第三十八军于1949年12月26日起,由百色一带向老街以北前进,于1950年1月11日进抵河口、屏边,断敌向越南的退路,继续向北挺进。第四兵团第十三军于1月1日从南宁出动,向开远、蒙自前进,兵团部和第十四、十五两军于5日出动,向昆明前进。正当空运第二十六军之际,解放军第十三军以强行军赶到蒙自,于15日夜发起攻击,16日占领蒙自。李弥率第八军向思茅方向撤退,中途遭到袭击后向元江方向逃跑。25日,解放军于元江歼灭汤尧所部主力,汤本人被俘。李弥率残部渡过红河后于2月间为解放军歼灭大部,仅一小部逃出国境。

胡宗南飞逃海南后,蒋介石派人在三亚找到了他,即令胡飞回西昌,胡不得已,只好于12月30日飞回西昌,收拾残部。西昌系抗战时期备用的迁都之地,原驻有西昌警备司令贺国光的一个多师,胡宗南到达后,即收容川西突围部队,并扩军备战。1950年3月12日,解放军西南军区集中了十三个团的兵力,进攻西昌。27日,胡宗南、贺国光乘飞机逃离西昌,残部向山区逃跑,不久即被歼灭。至此,国民党军在大陆的有组织武装,被全部消灭。

这时,国民党军残部仍据有台湾、澎湖、舟山、海南等海岛。海南于1948年8月升格为海南特别行政区,李宗仁出任代总统之后,为联络粤系将领,于3月初任命一直赋闲的粤系宿将陈济棠为海南特别行政区行政长官兼海南警备总司令。白崇禧向海南撤退的计划失败后,仅率华中军政长官公署残部撤往海南,华南军政长官公署于广州失守后已先期撤往海口。国民党军在海南的指挥系统和部队系统庞杂混乱,10月28日,蒋介石派陈诚到海南,策划撤销广州绥靖公署和海南警备总司令部,另设海南防卫总司令部,以薛岳任总司令,于12月1日成立。薛岳即将所部各军编成第一、第二、第三、第四路防卫军。桂系既

---

① 曹天戈:《蒋军残余流窜云南被歼经过》,《文史资料选辑》,第184页。

未能将主力撤往海南，也就无力控制海南岛，零零落落撤往海南的号称五个军八个师 11 万之众，战斗力已十分薄弱。

林彪于广西战役基本结束后，即于 12 月 10 日，命令第四十三军东移廉江、信宜、化县地区休整，准备攻取海南岛，命令第四十军向钦州、防城、合浦地区集结休整，准备协同第四十三军攻取海南岛的作战①。毛泽东在访问苏联期间，得到林彪报告后，即于 12 月 18 日特别指示林彪要吸取金门作战失败的经验教训，根据渡海作战的规律，进行准备和部署。尽管估计海南敌军战斗力比较差，但毛泽东仍强调"不可轻敌"②。不久，解放军即组成渡海作战兵团，由第十五兵团首长邓华、赖传珠统一指挥，在雷州半岛集结。是年底，邓华制定了旧历年前进攻海南岛的作战方针，毛泽东虽然表示同意，但特别指示："以充分准备确有把握而后动作为原则，避免仓卒莽撞造成过失。为此，邓(华)赖(传珠)洪(学智)应速到雷州半岛前线亲自指挥一切准备工作，并且不要希望空军帮助。"③此后，即推迟了出击的时间。林彪于 1949 年 12 月中旬从衡阳前线返回中南局驻地武汉，攻取海南岛的任务由广东军区司令员兼政治委员叶剑英统一领导。1950 年 2 月上旬，叶剑英于广东召开了作战会议，考虑到渡船十分困难，确定了"积极偷渡，分批小渡与最后登陆相结合"的战役指导方针④。

当时，解放军在海南有冯白驹领导的琼崖纵队，人数达 1.5 万余人，以五指山为革命根据地。薛岳为阻击解放军的进攻，策定作战指导如下："本部应把握当前外匪(系诬指雷州半岛一线的解放军正规

---

① 《林谭萧关于战后休整问题给各部队的电报》(1949 年 12 月 10 日)，《广西战役》，第 218－219 页。

② 《关于渡海作战等问题给林彪的电报》(1949 年 12 月 18 日)，《建国以来毛泽东文稿》第 1 册，第 191 页。

③ 《关于同意争取在旧历年前进攻海南岛的方针的电报》(1949 年 12 月 31 日)，《建国以来毛泽东文稿》第 1 册，第 203 页。

④ 参见《叶剑英传》，当代中国出版社 1995 年版，第 442 页。

军——引者)与内匪(系诬指冯白驹部——引者),尚呈分离之不利态势,依各个击破要领,一面以海、空军协力巩固海防;一面以陆军有力之一部,尽速歼灭本岛土共,彻底消灭内在之威胁,安定内部,再举全力,歼灭来攻之外匪。"[1]1950 年 1 月 25 日起,薛岳开始围剿冯白驹部琼崖纵队,一个月内进行了八十六次搜剿和扫荡,均遭失败。3 月 1 日,动员了第一、第二、第三路军,进行了历时十天的最大规模的扫荡,也未成功。这时,从 3 月 5 日起的一个月内,解放军组织了四次偷渡,在琼崖纵队的接应下,成功地向海南岛输入了约一个师的兵力,与琼崖纵队会合,加强了解放军在海岛内的力量。4 月 16 日下午,琼崖纵队主动向大云、板桥等地发起进攻,接应大军渡海。

　　4 月 16 日夜,解放军渡海兵团主力两个军,以木帆船为主,配以部分机帆船,分东西两路发起强渡,以两翼船队担任掩护,与敌海军舰艇作战。17 日凌晨,突击部队在海口市以西至临高角一线突破敌军防御阵地,在岛内部队接应下顺利登陆,占领滩头阵地,掩护后续部队登陆,并向纵深发展,于 18 日在福山与琼崖纵队会合。20 日,薛岳调第六十二、第三十二军各一部,在美亭地区向解放军登陆部队实施反击,被解放军击溃。薛岳受岛内解放军的牵制,缺乏纵深间接配备部队,解放军登陆成功,士气立即瓦解。当薛岳向台湾要求增援,但蒋介石的答复是让他撤往台湾。22 日,薛岳下达了"放弃琼北,退守琼南,再策后图"的撤退命令,准备撤离海南[2]。23 日解放军占领海口,24 日解放军第二梯队在天尾港登陆,同日占领文昌,控制了海南北部海岸线。海南残余各部不顾薛岳退守琼南的命令,纷纷转向港口撤退,不经组织抵抗,希望尽早逃离海南,沿途遭到解放军的袭击,损失严重,撤至港口的部队仓皇登船向台湾撤退。薛岳也飞逃台湾。至 5 月 1 日,解放军全部控制了海南,战役结束,共歼敌 3.3 万余人。

---

①　《国民革命军战役史第五部——戡乱》第 6 册,第 448 页。

②　《国民革命军战役史第五部——戡乱》第 6 册,第 455 页。

在海南作战的前后,解放军先后解放了担杆岛、万山群岛、南澳岛和南澎岛等岛屿。1950年5月,解放军第三野战军准备进攻舟山定海本岛,蒋介石为集中力量据有台湾,调集载重15万多吨的舰艇44艘,于5月13日起,秘密将舟山国民党守军全部撤退。19日,解放军进占舟山群岛。6月朝鲜战争爆发,美国向台湾海峡派遣了第七舰队,国际形势发生了巨大变化,解放军第三野战军第九兵团原承担的攻取台湾的任务,旋被解除。于是,蒋介石和国民党军残部即据有台澎金马诸岛屿。

在国民党政府逃离南京、中华人民共和国尚未成立期间,西藏地方政府在外国势力策动下,出现了分裂倾向。1949年7月8日,西藏摄政大札(又译达扎)在印度驻拉萨总领事里查逊(Hugh Edward Richardson)(英国人)策动下,突然切断了与外界的电讯联系,以西藏噶厦政府名义,通知中央政府驻藏办事处主任陈锡章,以西藏境内的汉人中有共产党为由,限期驻拉萨的中央政府办事处人员撤离西藏,完全封闭汉族学校,驱逐汉民,其中包括中共地下工作人员平措旺阶(汉名闵志成)。这就是著名的"驱汉事件"。7月17日,中央政府驻藏办事处以及学校、电台、医院均被关闭后,130余名驻藏人员开始撤离拉萨,并于8月底到达印度。广州国民党政府接到了西藏噶厦公所于7月9日自科伦坡转发的要求中央驻藏人员撤退的电报,8月6日,行政院院长阎锡山电复噶厦公所,强调其要求"于法于理,殊多未合,即希体察目前形势,撤销前议,迅再通知各驻藏人员仍回拉萨,执行职务"。同时,阎锡山就此事发表声明:"切盼西藏地方当局体察目前情势,一本过去团结精神,勿为他人利用,迅予纠正此项措施。"①9月2日,新华社发表社论:《决不容许外国侵略者吞并中国的领土——西藏》,揭露英国、美国、印度策动西藏7月8日事变。

这时,第十世班禅于8月10日在青海塔尔寺大金瓦寺诵经堂举行坐床大典,广州国民党政府派出了蒙藏委员会委员长关吉玉为专使、马

---

① 《中央日报》(重庆),1949年8月7日。

步芳为副使(由马继融代)主持大典,宣读总统命令后即行颁赐礼。解放军第一野战军在进军西北的时候,毛泽东就指示彭德怀,要与班禅取得联系。不久,青海解放,10 月 1 日,班禅致电毛泽东、朱德,表示拥护中华人民共和国中央人民政府成立,期望西藏早日解放。11 月 23 日,毛泽东、朱德复电班禅:"西藏人民是爱祖国而反对外国侵略的,他们不满意国民党反动政府的政策,而愿意成为统一的富强的各民族平等合作的新中国大家庭的一分子。中央人民政府和中国人民解放军必能满足西藏人民的这个愿望。希望先生和全西藏爱国人士一致努力,为西藏的解放和汉藏人民的团结而奋斗。"①同日,毛泽东即指示彭德怀作出经营西藏的计划。

彭德怀经研究后复电毛泽东,认为由青海、新疆入藏有很大困难。1950 年 1 月 2 日,毛泽东自苏联致电中共中央和彭德怀,并转发邓小平、刘伯承、贺龙,就进军和经营西藏问题作出建议和指示,他强调:"西藏人口虽不多,但国际地位极重要,我们必须占领,并改造为人民民主的西藏。"同时,确定由西南局承担进军和经营西藏的任务②。1950 年 1 月间,组成以第十八军军长张国华为书记、政治委员谭冠三为副书记的中国共产党西藏工作委员会,西南局和西北局决定以第十八军、云南军区第一二六团、青海骑兵支队、新疆独立骑兵师分别承担由西康、云南、青海、新疆向西藏进军的任务。5 月 17 日,中共中央又确定了在军事进攻的同时,进行政治争取的工作,力争和平解决西藏问题。西南局草拟了与西藏谈判的十项条件,得到中共中央的批准,其中包括西藏驱逐帝国主义势力,回到中华人民共和国祖国的大家庭来,实行西藏民族区域自治,西藏现行各种政治军事制度及达赖喇嘛的地位职权不变,西藏改革事宜采取协商方式解决,中国人民解放军进驻西藏,巩固国防,等等③。

---

①　《人民日报》,1949 年 11 月 24 日。

②　《关于由西南局筹划进军及经营西藏问题的电报》(1950 年 1 月 2 日),《建国以来毛泽东文稿》第 1 册,第 208 页。

③　参《中国人民解放军第二野战军战史》第 2 卷,第 342—343 页。

但西藏地方当局仍企图抵抗解放军的进军,拖延派遣西藏代表团前往北京谈判,扣留和驱逐中央人民政府派往西藏联系的人员,甘孜白利寺格达活佛前往觐见达赖喇嘛,刚到昌都即被软禁,旋即被英国特务福特毒死。

担任进藏任务的解放军各部及有关方面,进行了充分的军事、政治、后勤保障等方面的准备,至1950年10月初,各部向第一线推进。西藏地方当局将藏军十四个代本(每代本约500人)扩充为十七个代本,以十个代本布防于昌都地区,凭金沙江以扼进藏咽喉。10月6日,解放军以六个团的兵力,分南北两集团,分多路迂回包围昌都,至19日截断了昌都藏军的退路。20日,在解放军的争取下,昌都总管阿沛·阿旺晋美率部停止抵抗。是役,包括起义部队,解放军共歼敌十个代本5700余人。

藏军主力被歼灭后,西藏地方当局一片混乱,决定由达赖喇嘛亲政,藏历10月8日,举行亲政典礼。经过多方联系和大量的工作,西藏地方当局终于派出了一个五人代表团,于1951年4月间先后到达北京。4月29日,以阿沛·阿旺晋美为首的西藏地方政府代表团,同以李维汉为首的中央人民政府代表团开始谈判,至5月23日,双方签订了《中央人民政府和西藏地方政府关于和平解放西藏办法的协议》,西藏宣告和平解放。5月25日,毛泽东发出了关于进军西藏的训令,命令各军以"战备进军"入藏①。1951年八九月间,进藏部队分批出发。10月26日,第十八军进驻拉萨,其余各部也先后到达指定地域,胜利完成了进军西藏的任务。

二 蒋介石退据台湾

李宗仁自衡宝战役中桂系主力遭到损失,广州失守,进退失据。广州失守之前,程思远曾向李宗仁转述了顾孟馀的建议:"德公不要到重

① 《军委关于进军西藏的训令》(1951年5月25日),《毛泽东军事文集》第6卷,第279页。

庆去,应改往柳州或南宁'组府',务必同蒋划分界线,另搞一套。"但是,财权仍在蒋介石手中,李宗仁没有办法,他回答说:"如果我不去重庆,白崇禧的三十万兵就没有饭吃。"①同时,据李宗仁对程思远说:"吴礼卿行前来见我,问我'有无知难而退之意'? 我对他说:'我不准备引退,如果蒋先生要复职,那就由他自己决定。'吴不得要领走了。看来吴是受蒋之命前来试探的。"②但据蒋经国说:"(10月9日)下午吴礼卿先生来见父亲,报告与李宗仁谈话经过,李希望父亲'复位'。吴先生亦以为一旦广州失守,政府迁渝,情势更为混乱,父亲倘不复出,将使国家前途陷于不可收拾之境。"③

重庆是蒋介石系统控制的地区,台湾更是蒋介石控制的地区,蒋介石又正在谋求复职。李宗仁在广州尚且无法有所作为,在重庆更难以有所作为,如在大陆失败,又无法退往台湾,因而心情十分苦闷。他曾对一些立委表示,"蒋先生以国事困难,令其出而负责,但又不令管事。彼自己既不来,亦不交出钞与权。如行政院何敬之时尚于不能做的明言不能做,阎先生则一切不回复。汤恩伯事至今无下文,广州市长原说以薛岳兼,渠迟回多日,至于濒失广州时方解决。国防部问题亦然。参谋总长事究竟如何,亦在搁置。广州失守之责,行政院长应负责。时局至此,令人愤闷不已"④。而且,他已到了不顾身份,唠唠叨叨,逢人便说的程度。

阎锡山从广州到台北时,台北方面,张厉生等一些人举行了一次座谈会,主张蒋介石复职,继续担任"总统"⑤。10月18日,据蒋经国记载:"上午十一时,父亲与张晓峰先生谈及出处问题,旋即召集中央设计委员会议,研讨'复行视事'问题之利弊……大多数皆主张父亲'复行视

---

① 《李宗仁先生晚年》,第127页。
② 《李宗仁先生晚年》,第128页。
③ 《风雨中的宁静》,第247页。
④ 《徐永昌日记》1949年10月23日。
⑤ 《徐永昌日记》1949年10月20日。

事'。晚间，父亲又约党国元老丁惟汾、于右任、吴礼卿诸先生，商讨此
项问题，佥认必须李宗仁出于至诚，自动退职，再行'复位'。"①显然有
所顾忌，不敢太无法无天了。据《徐永昌日记》所记，大概是同一天的
事，蒋介石亲自出面召集的座谈会，把上次座谈会上不赞成蒋介石复出
的张道藩排除在外②。阎锡山出任行政院长之后，完全倒向蒋介石一
边，与李宗仁的矛盾越来越尖锐，他也是主张蒋介石复职，只是不能出
两个总统。白崇禧对李宗仁没有魄力解决和蒋介石的矛盾，也已感到
不耐烦，从部队实利出发，桂系既无法同蒋介石决裂，他在蒋介石的拉
拢下，也愿意缓解同蒋介石的矛盾，因而也开始主张蒋介石复职。他认
为："总之出而复职，可，不露面的牵线亦可，唱双簧即然，不能两人皆露
面，不成体统，腾笑国际。"③白曾请"总统府"秘书长邱昌渭，要李宗仁
就此时机让蒋复职④。但蒋介石对于复职的时机，还是有顾虑的。一
是重庆、成都眼看保不住，二是担心得不到美援。美国公使克拉克曾对
人说，"失败了的马，再跑无人买票"，暗示美援看人而施⑤。当时，陈纳
德正在活动援助国民党，准备以大部援助白崇禧和海南岛的陈济棠⑥。
不久即向白崇禧提交了 98 万港币，约合 15 万美元⑦。

　　四川与广州不同，粤桂在历史上曾多次联盟，而桂系对四川是无法
插手的，蒋介石的军队部署在整个四川境内。李宗仁有职无权，百无聊
赖，10 月 23 日，曾致电蒋介石，促蒋来重庆商讨军事、财政、外交等问
题，但蒋介石一时还不愿意去重庆。李宗仁担心蒋介石复职，先于 11
月 2 日让夫人郭德洁飞往香港，11 月 3 日，他自己也就躲离重庆，与张

---

① 《风雨中的宁静》，第 250 页。
② 《徐永昌日记》1949 年 10 月 29 日。
③ 《徐永昌日记》1949 年 10 月 29 日。
④ 《徐永昌日记》1949 年 11 月 8 日。
⑤ 《徐永昌日记》1949 年 10 月 28 日。
⑥ 《徐永昌日记》1949 年 10 月 20 日。
⑦ 《徐永昌日记》1949 年 11 月 8 日。

群一起去了昆明。本来,李宗仁与桂系想把云南划为桂系的控制区域,去卢汉而代之以鲁道源,作为桂系撤退的根据地,但蒋介石对卢汉采取了安抚政策,把云南作为自己的后方。李宗仁在万般无奈之中,又想和卢汉联络,为桂系找一个退身之地,但卢汉正和中共接洽起义,只是让李宗仁在昆明游山玩水。

　　白崇禧仍想调和蒋、李矛盾,于11月3日晚提出了一个方案:"一、蒋介石宣布复职;二、李宗仁回任副总统。但因李患胃溃疡,亟需赴美就医,并借以在美国进行外交活动;三、白崇禧以行政院长兼任国防部长。"但蒋介石不赞成李宗仁出国,同时也不同意白崇禧以出任"行政院长"作为蒋、李合作的条件①。这样,白崇禧的方案就被蒋介石否决了。

　　11月11日,军事吃紧,阎锡山连电要求蒋介石来重庆处理。同日,李宗仁离开昆明,前往桂林。阎锡山电请他回重庆处理总统公务,但李宗仁以巡视各地鼓励士气为由,拒绝回去。12日,李宗仁在桂林召集桂系骨干商讨时局对策。据程思远回忆:"会上提出了两个做法:积极的作法是桂、黔、滇和海南岛自成一个局面,自力更生,同蒋介石划清界线;消极作法是李宗仁出洋,西南残局由白崇禧妥筹善后。"②李决定赴美就医,13日,曾复电重庆方面说:"拟赴各地巡视,以激励士气民心,请速电总裁促驾,不必候仁返渝。"③

　　这时,解放军向川黔发起了猛烈的进攻,形势吃紧,11月14日,蒋介石从台湾飞往重庆,亲自出马指挥四川的作战,并电约李宗仁返回重庆。但李却于是日前往南宁,并一度往海南岛巡视。蒋介石系对李宗仁和桂系的失败,不免幸灾乐祸。蒋经国在回忆录中连桂林失守的时间都搞不清楚,11月14日记道:"本日桂林失守,李宗仁自桂林飞至

---

①　《李宗仁先生晚年》,第134页。

②　《李宗仁先生晚年》,第135页。

③　《风雨中的宁静》,第258页,系据张群电转告。

南宁。"①其实,这一天攻广西的解放军中路部队,尚在全县、东安一线的湘桂边境地区集结,至22日才攻入桂林。真不知道蒋经国是怎么记录的,这也表明国民党内派系利益倾轧之激烈,两派均不肯顾及大局。

11月20日,李宗仁以十二指肠溃疡出血,飞往香港就医,并准备出国治疗,托白崇禧到重庆向蒋介石报告。他在发表的书面谈话中表示:"在治疗期间内之中枢军政事宜,已电阎锡山院长负责照常进行,总统府日常公务则由邱昌渭秘书长及刘士毅参军长分别代行处理。"②李不放弃"代总统"职务,而以治病为正当的理由,拒绝回到他不能有所作为的重庆。蒋介石得报后,对此大感意外,十分被动,21日约白崇禧谈话,表示"决不于此时'复行视事'"③。但桂系方面谁也不敢再相信蒋介石的承诺了。是日,蒋派居正、朱家骅等五人带了他的亲笔信到香港,劝李回到重庆。李对来人很淡漠,甚至连信也不想回。但他想出国,据外交人员回复,须对方同意,美国国务院亚洲司方面则表示要请示。于是,他不能不留有余地。11月24日,李宗仁约见朱家骅、洪兰友,表示:"其胃疾施行手术,绝非一二周内可以痊愈,或须两三月后始可健复。惟中枢不可久陷于此一状态,益增总裁负责之困难,拟请总裁即日复位,主持大计。如就个人健康计,虽副总统一职冀能容辞脱,第恐国人疑涉意气,拟取消代字,仍为副总统,今后愿以副总统名义赴美,一面疗疾,一面接洽美援,希为代达此行同来诸同志,会同转陈总裁许诺,再商进行步骤。"④

于是,蒋介石拟定了三个对策:"一、仍请李归,二、行政院长代行总统事,三、复职。"⑤11月27日,国民党举行中央常务委员会议,委员们

---

①　《风雨中的宁静》,第259页。

②　《中央日报》(重庆),1949年11月21日。

③　《风雨中的宁静》,第261页。

④　《居正委员等代表中央赴港敦促李宗仁早返陪都情形报告》,《中华民国重要史料初编——对日抗战时期》第7编第2册,第957页。

⑤　《徐永昌日记》1949年11月27日。

主张蒋介石早日复位,蒋介石原则上同意复位,但认为时机问题尚要研究①。而阎锡山则坚决拒绝代行"总统"职务。会议只好决定先仍促请李宗仁回渝视事。这时,重庆已无法坚守,国民党残部的政局只好僵持在那里。反正,蒋介石以国民党非常委员会主席的身份,早已在前台指挥残部抵抗解放军的进攻。与此同时,中常委议决"中央政府"迁至西昌,但可暂先移至成都办公。

与此同时,在重庆的国民党当局濒临最后失败的命运,对中共党员和革命志士进行了疯狂的屠杀。9月6日,军统特务在中美合作所杀害了参与1936年12月12日西安事变的杨虎城及其一子一女、杨虎城的秘书宋绮云夫妇以及他们的儿子。10月28日,重庆警备司令部于大坪杀害了中共党员陈然、陈善谋、王璞等十人。11月24日至27日间,军统特务对囚禁在白公馆、渣滓洞的中共党员和革命志士江竹筠等三百多人,进行集体屠杀。

还在11月23日,阎锡山在"行政院"会议上提议政府实行战斗体制,缩编人员,随军行动②。把政府部门的人员,一部分编入军队,一部分遣散。11月28日,一直要自杀殉职的阎锡山又早早地逃离重庆,飞到成都。当时,国民党兵败如山倒,已经无法从容撤退,各部门丢弃部下不管,甚至遣散费都没有着落,引起职员们的强烈愤怒,纷纷包围待逃的主管人员,造成一片混乱。11月29日,解放军兵临重庆城下,蒋介石怆然离开住地,前往机场,一路上残兵败将拥塞道路,一度不得不步行前进,旋改乘吉普车,才到达白市驿机场,距解放军先头部队仅十公里。11月30日飞抵成都。蒋介石已经丧尽人心,四面楚歌,他自记道:"国内则李德邻勾结共匪与滇卢,国外则艾其逊利用桂系,史达林笼络毛匪,其共同目标,不惟欲消灭余之革命历史,且欲彻底毁灭我党而

①　《总统蒋公大事长编初稿》1949年11月27日条。
②　《民国阎伯川先生锡山年谱长编初稿》(六),第2359页。

后已。"①

　　朱家骅、洪兰友再次到香港要求李宗仁先回重庆,安排好政务后再行赴美,但这时李宗仁已安排好赴美事宜,不愿自投罗网,再回重庆,也拒绝先辞去"代总统"职务,坚持以"代总统"身份赴美治病,并争取美援。12月3日,国民党中央临时常会作出决议,"决定依照本会十一月廿七日临时会议之决议,接受李宗仁同志十一月廿四日对朱家骅、洪兰友两同志之表示,恳请总裁复行总统职权,李同志以副总统地位出国就医,并致力于外援之争取等语",并通知了李宗仁②。于是,国民党党政系统纷纷再次要求蒋介石复任"总统"职务。但蒋介石还要再看一看美国方面的态度,他于12月4日在对美联社记者发表谈话时仍表示:"此次入川,系应李代总统之邀。正值共匪渗入川东,陪都危急;余为国民一份子,并负领导国民革命之责任,惟有竭尽一切力量,不避任何艰险,协助政府与军民共同奋斗。"③12月5日,李宗仁赴美就医,并致电阎锡山:"成都阎院长百川兄勋鉴:亥江电诵悉,仁以胃病剧重,亟待割治,不得已赴美就医,以一个月为期,即当遄返。在仁出国之短暂时期,请兄对中枢军政仍照常进行,至于重大决策,仍可随时与仁电商,来电所云,似未明了仁之本意,特再电达,仍希就兄职权范围处理一切,中枢军政情形,并随时电告。李宗仁亥微。"④李宗仁不放弃"代总统"头衔,尽管这个头衔已经没有什么用处了,但它仍可以牵制蒋介石,不让蒋为所欲为。

　　这时,解放军正迅速向成都地区挺进,成都地区的地方部队正酝酿起义,国民党残部在成都地区也已很难立足。12月7日,阎锡山主持"行政院"会议,通过"政府"迁设台北,在西昌设大本营指挥作战。同

---

　　①　《总统蒋公大事长编初稿》1949年11月30日条。

　　②　《中华民国重要史料初编——对日抗战时期》第7编第2册,第965页。

　　③　《总统蒋公大事长编初稿》1949年12月4日条。

　　④　《民国阎伯川先生锡山年谱长编初稿》(六),第2362页。

日,以顾祝同兼任西南军政长官,以胡宗南为副长官,贺国光为西昌警备总司令。12月8日,这位要组织战斗内阁、随军行动的"行政院院长"阎锡山,又早早地逃到了台湾。他在寓所招待记者,宣告"政府"今起移台办公,并表示:"战时内阁,系重庆弃守后,考虑战略问题,咸认应实行面的战略,决定组织战斗内阁,以一〇七人组成,随军行动。战斗内阁由各部会人员组成,配合作战之需要,政府组织仍为总统府、五院及各部会。七日晚,为各方与政府联系便利计,决定政府迁设台北,由军事人员组织大本营,指挥作战。今后,政治中心移至台湾,军事方面将加强游击战,实行面的战略。"①这个战斗内阁在哪里?西昌大本营又在哪里?真是天晓得。这位言行不一、苛责部下和同僚、爱恋权位和生命的老军阀,已经脸面扫地,在国民党系统中也遭到了多方面强烈的谴责。

蒋介石在成都势单力薄,难以颐指气使,命令不能生效。他仍尽力企图笼络川中将校,但以往与川中将校积怨甚深,何况今日一败涂地之时,因而并无成效。12月9日,卢汉、刘文辉、邓锡侯等分别宣布起义。解放军尚未兵临城下,蒋介石在成都就已无法立足,12月10日,即黯然飞离成都,到达台北。1950年3月1日,蒋介石终于排斥李宗仁而自行复职,再任"总统",割据台湾地区。中国人民解放军从国民党统治下解放了除台湾省之外的祖国全部领土,国民党在大陆的军政势力被彻底消灭。

孙中山在辛亥革命过程中,于1912年1月1日创建了中华民国,中经北洋政府统治时期和国民党政府统治时期,1949年中国共产党领导人民革命,推翻了国民党的统治,建立了中华人民共和国,宣告中华民国时期结束。中华民国三十八年的历史,统治集团一再更替,但孙中山建立民主共和国的理想始终未能实现,中国仍然是一个半殖民地半封建社会。中国革命的胜利,中华人民共和国的成立,使国家走上了独立、民主、繁荣、富强的道路,开辟了中国历史伟大的新时代。

---

① 《民国阎伯川先生锡山年谱长编初稿》(六),第2363页。

参考文献 *

中文档案文献

中央档案馆藏档,北京

中国第二历史档案馆藏档,南京

中国人民解放军军事科学院图书馆藏档,北京

上海档案馆藏档,上海

《郭汝瑰日记》(稿本),军事博物馆藏,北京

《黄炎培日记》,中国社会科学院近代史研究所藏,北京

中文著作

《百万国民党军起义投诚纪实》,长舜等编,北京,中国文史出版社,1991

《半生风雨录》,贾亦斌自述,北京,中国文史出版社,1996

《北京大学学生运动史》,北京大学历史系编,北京出版社,1979

《北平地下党斗争史料》,中国人民政治协商会议北京市委员会文史资料研究委员会编,北京出版社,1988

《北平和平解放前后》,北京市档案馆编,北京出版社,1988

《财政学与中国财政》,马寅初著,北京,商务印书馆,1948

---

* 本书目所收为本卷所引的主要参考文献。中文和日文书目以书名汉字的音序排列,西文书目以作者姓氏字母顺序排列。

《陈果夫传》，徐咏平著，台北，正中书局，1980

《陈毅传》，胡石言等编写，北京，当代中国出版社，1991

《陈仪生平及被害内幕》，中国人民政治协商会议全国委员会文史资料研究委员会等编，北京，中国文史出版社，1987

《成败之鉴》，陈立夫著，台北，正中书局，1994

《从延安到北京》，刘武生主编，北京，中央文献出版社，1993

《从延安走向世界——中国共产党对外关系的起源》，牛军著，福州，福建人民出版社，1992

《大别山区剿匪检讨会议纪实》，国防部九江指挥部编印，出版地不详，1948

《党史研究资料》(5)，中国革命博物馆党史研究室，成都，四川人民出版社，1985

《党团统一组织重要文献》，党团统一组织委员会编，出版地不详，1947

《邓小平文选(1938—1965)》，中共中央文献编辑委员会编，北京，人民出版社，1989

《第三次国内革命战争时期敌军资料选编》，南京军区司令部战史编辑室编，南京，出版时间不详

《渡江战役》，中国人民解放军历史资料丛书编审委员会，北京，解放军出版社，1995

《渡江战役》，江苏省档案馆、安徽省档案馆编，北京，档案出版社，1989

《对日和约问题史料》，人民出版社编，北京，1951

《对日和约问题》，亚洲世纪社编，出版地不详，1947

《法币、金圆券与黄金风潮》，中国人民政治协商会议全国委员会文史资料研究委员会编，北京，文史资料出版社，1985

《风雨中的宁静》，蒋经国著，台北，黎明文化事业公司，1977

《傅斯年全集》，陈槃等校订，台北，联经出版公司，1980

《傅斯年文物资料选辑》，王汎森、杜正胜编，傅斯年先生百龄纪念筹备会印行，台北，1995

《共和国走过的道路——建国以来重要文献专题选集(1949—1952)》，中共中央文献研究室、中央档案馆、《党的文献》编辑部编，北京，中央文献出版社，1991

《顾维钧回忆录》第6分册，中国社会科学院近代史研究所译，北京，中华书局，1988

《广西战役》,广西军区政治部、广西自治区党史办编,南宁,广西人民出版社,1992

《国际条约集(1945—1947)》,世界知识出版社编,北京,1961

《国家总动员》,(国民政府)行政院新闻局印行,出版地不详,1947

《国民大会》,中华年鉴社,南京,1948

《国民大会实录第一编》,"国民大会"秘书处,台北,1961

《国民革命军战役史第五部——戡乱》,"国防部"史政编译局,台北,1989

《胡适来往书信选》,北京,中华书局,1979

《胡适日记》,台北,远流出版事业股份有限公司,1989

《胡适之先生年谱长编初稿》,胡颂平编著,台北,联经出版事业公司,1984

《淮海战役》,中共中央党史资料征集委员会主编,北京,中共党史资料出版社, 1988

《淮海战役亲历记》,中国人民政治协商会议全国委员会文史资料研究委员会《淮 海战役亲历记》编审组编,北京,文史资料出版社,1983

《淮海战役史》,何晓环等著,上海人民出版社,1988

《回忆与研究》,李维汉著,北京,中共党史资料出版社,1986

《济南战役》,中共山东省委党史资料征集研究委员会等编,济南,山东人民出版 社,1988

《建国以来毛泽东文稿》第1册,中共中央文献研究室编,北京,中央文献出版社, 1987

《蒋经国传》,江南著,北京,中国友谊出版公司,1984

《蒋总统传》,董显光著,台北,中华文化出版事业社,1962

《蒋总统经国先生言论著述汇编》第1集,台北,黎明文化事业有限公司,1981

《解放太原》,中共太原市委宣传部、中央太原市委党史研究室编,出版地不详, 1989

《解放战争时期的土地改革》,董志凯著,北京大学出版社,1987

《近代中国外债史稿》,刘秉麟著,北京,三联书店,1962

《救国会》,周天度编,北京,中国社会科学出版社,1981

《旧中国公债史资料》,千家驹编,北京,中华书局,1984

《旧中国通货膨胀史料》,吴冈著,上海人民出版社,1958

《决战的历程》,陈廉著,合肥,安徽人民出版社,1991

《孔祥熙其人其事》,寿充一编,北京,中国文史出版社,1987

《历史的回顾》,徐向前著,北京,解放军出版社,1984

《李宗仁回忆录》,政协广西壮族自治区委员会文史资料研究委员会发行,南宁,
1980

《李宗仁先生晚年》,程思远著,北京,文史资料出版社,1980

《辽沈决战》,陈沂主编,北京,人民出版社,1988

《辽沈战役》,中国人民解放军历史资料丛书编审委员会,北京,解放军出版社,
1993

《辽沈战役亲历记》,中国人民政治协商会议全国委员会文史资料研究委员会《辽
沈战役亲历记》编审组编,北京,文史资料出版社,1985

《刘安祺先生访问录》,台北中研院近代史研究所,1991

《刘伯承军事文选》,中国人民解放军军事科学院编,北京,中国人民解放军战士出
版社,1982

《刘伯承用兵要旨》,杨国宇编,昆明,云南人民出版社,1985

《刘伯承元帅大军指挥手记》,杨国宇等编注,北京,海军出版社,1989

《刘伯承中原逐鹿》,柯岗等著,北京,解放军出版社,1983

《刘邓大军风云录》,杨国宇等编,北京,人民日报出版社,1983

《论国共再合作》,陈铭枢著,出版地不详,1949

《毛泽东军事文集》,中共中央文献研究室、中国人民解放军军事科学院编,北京,
军事科学出版社、中央文献出版社,1993

《毛泽东军事文选》,中国人民解放军军事科学院编,北京,中国人民解放军战士出
版社,1981

《毛泽东年谱》,中共中央文献研究室编,北京,人民出版社、中央文献出版社,1993

《毛泽东外交文选》,中华人民共和国外交部、中央文献研究室编,北京,中央文献
出版社、世界知识出版社,1994

《毛泽东文集》,中共中央文献研究室编,北京,人民出版社,1996

《毛泽东选集》,中共中央毛泽东选集出版委员会编,北京,人民出版社,1966

《梅龚彬回忆录》,梅昌明整理,长春,团结出版社,1994

《美国对日政策研究》,于群著,长春,东北师范大学出版社,1996

《民国财政史》,杨荫溥著,北京,中国财政经济出版社,1985

《民国阎伯川先生锡山年谱长编初稿》,阎伯川先生纪念会编,台北,商务印书馆,
　　1988

《民国外债档案史料》,财政科学研究所、中国第二历史档案馆编,北京,档案出版
　　社,1991

《民国中央银行关金券、流通券、金圆券、银圆券图鉴》,张志超编,长沙,湖南出版
　　社,1993

《民主革命时期的民主党派》第2辑,邱钱牧等编,长沙,湖南人民出版社,1986

《平津战役》,中国人民解放军历史资料丛书编审委员会,北京,解放军出版社,
　　1991

《平津战役亲历记》,中国人民政治协商会议全国委员会文史资料研究委员会《平
　　津战役亲历记》编审组编,北京,中国文史出版社,1989

《邱清泉传记资料》(一),台北,天一出版社,1979

《日本赔偿》,行政院新闻局,出版地不详,1948

《日本政治概论》,蒋立峰主编,北京,东方出版社,1995

《荣家企业史料》,上海社会科学院经济研究所编,上海人民出版社,1980

《绥靖区总体战之实施》,国防部政工局编印,出版地不详,1948

《绥靖区总体战之研究》,国防部政工局编印,出版地不详,1948

《上海学生运动史》,共青团上海市委编著,上海人民出版社,1982

《司徒雷登日记》,陈礼颂译,傅泾波校订,香港文史出版社,1982

《司徒雷登驻华报告》,[美]肯尼斯·雷、约翰·布鲁尔编,尤存、牛军译,南京,江
　　苏人民出版社,1990。

《粟裕军事文集》,孙克骥主编,北京,解放军出版社,1989

《粟裕战争回忆录》,粟裕著,楚青整理,北京,解放军出版社,1988

《孙连仲先生年谱长编》,刘凤翰编著,台北"国史馆",1993

《土地改革五十年》(萧铮回忆录),"中国地政研究所"印行,台北,1980

《王葆真文集》,民革中央宣传部编,北京,团结出版社,1989

《外交史》第5卷,[苏]葛罗米柯等主编、大连外国语学院俄语系翻译组译,北京,
　　三联书店,1983

《文史资料选辑》(合订本),中国人民政治协商会议全国委员会文史资料研究委员
　　会编,北京,中国文史出版社,1986

《我的回忆》,刘峙著,台北,文海出版社,出版时间不详

《我的戎马生涯——郑洞国回忆录》,北京,团结出版社,1992

《我与民革四十年》,朱学范著,北京,团结出版社,1990

《五二〇运动资料》,中国第二历史档案馆、中共南京市委党史办公室编,北京,人民出版社,1987

《五星红旗从这里升起》,中国人民政治协商会议全国委员会文史资料研究委员会编,北京,文史资料出版社,1984

《西北五马》,吴忠礼、刘钦斌主编,郑州,河南人民出版社,1993

《先总统蒋公思想言论总集》,秦孝仪主编,台北,中国国民党中央委员会党史委员会,1984

《新中国外交风云》第1辑,外交部外交史编辑部编,北京,世界知识出版社,1990

《岫庐八十自述》,王云五著,台北,商务印书馆,1967

《徐永昌日记》,徐永昌著,台北中研院近代史研究所,1991

《叶飞回忆录》,叶飞著,北京,解放军出版社,1988

《叶剑英传》,范硕等编写,北京,当代中国出版社,1995

《在华五十年》,司徒雷登著,程宗家译,北京出版社,1982

《曾琦先生文集》,陈正茂等编,台北中研院近代史研究所,1993

《战后世界历史长编·1947》,战后世界历史长编委会,上海人民出版社1977

《张公权先生年谱初稿》,姚崧龄编著,台北,传记文学出版社,1982

《张治中回忆录》,张治中著,北京,文史资料出版社,1985

《张治中和中国共产党》,余湛邦著,北京,中共中央党校出版社,1991

《震撼世界的大决战》,王道平等著,北京,解放军出版社,1990

《阵中日记》,中共中央党史资料征集委员会、中国人民解放军档案馆编,北京,中共党史资料出版社,1987

《征尘回忆》,王仲廉著,台北,1978

《中共上海党史大事记》,中共上海市委党史资料征集委员会主编,北京,知识出版社,1988

《中共中央文件选集》,中央档案馆编,北京,中共中央党校出版社,1989

《中国财政历史资料选编》第12辑,陈昭桐主编,北京,中国财政经济出版社,1990

《中国国民党革命委员会的历史道路》,中国国民党革命委员会中央宣传部编,长

沙,湖南人民出版社,1987

《中国近代对外关系史资料选集》,复旦大学历史系中国近代史教研组编,上海人民出版社,1977

《中国民主建国会历史文献选编》(一),中国民主建国会中央委员会宣传部编,北京书目文献出版社,1992

《中国民主社会党》,中国第二历史档案馆编,北京,档案出版社,1988

《中国民主同盟简史(1941—1949)》,民盟中央文史委员会编,北京,群言出版社,1991

《中国民主同盟历史文献(1941—1949)》,中国民主同盟中央文史资料委员会编,北京,文史资料出版社,1983

《中国人民解放军第二野战军战史》,刘伯承等主持编辑,秦基伟等主持修订,北京,解放军出版社,1990

《中国人民解放军第三野战军战史》,南京军区《第三野战军战史》编辑室,北京,解放军出版社,1996

《中国人民解放军第一野战军战史》,第一野战军战史编审委员会,北京,解放军出版社,1995

《中国人民解放军战史》,军事科学院军事历史研究部编著,北京,军事科学出版社,1987

《中国人民解放战争军事文集》,中国人民解放军总部编印,出版地不详,1949

《中国土地改革史料选编》,《中国的土地改革》编辑部、中国社会科学院经济研究所现代经济史组编,北京,国防大学出版社,1988

《中国土地制度与土地改革》,成汉昌著,北京,中国档案出版社,1994

《中国通货膨胀史》,张公权著,杨志信译,北京,文史资料出版社,1986

《中国外交史——中华民国时期》,吴东之主编,郑州,河南人民出版社 1990

《中国现代历次重要战役之研究——戡乱战役述评》(三),张秉均编著,台北"国防部"史政编译局,1988

《中国现代政治史资料汇编》(油印本),中国科学院历史研究所第三所南京史料整理处,出版地、时间不详

《中国资本主义发展史》第 3 卷,许涤新、吴承明主编,北京,人民出版社,1993

《中华民国工商税收史大事记》,金鑫主编,程悠等编纂,北京,中国财政经济出版

社,1994

《中华民国工商税收史料选编》第1—4辑,江苏省中华民国工商税收史编写组、中
　　国第二历史档案馆编,南京大学出版社,1996

《中华民国工商税收史——直接税卷》,金鑫主编,刘燕明等编纂,北京,中国财政
　　经济出版社,1996

《中华民国货币史资料》第2辑,中国人民银行总行参事室编,上海人民出版社,
　　1991

《中华民国史史料长编》,万仁元、方庆秋主编,南京大学出版社,1993

《中华民国外交史》,石源华著,上海人民出版社,1994

《中华民国重要史料初编——对日抗战时期》第7编,秦孝仪主编,台北,中国国民
　　党中央委员会党史委员会,1981

《中华文史资料文库》,全国政协文史资料委员会编,北京,中国文史出版社,1996

《中美关系史》,陶文钊著,重庆出版社,1993

《中苏国家关系史资料汇编(1945—1949)》,薛衔天编,北京,社会科学文献出版
　　社,1996

《中苏友好文献》,人民出版社编印,北京,1953

《中外旧约章汇编》第3册,王铁崖编,北京,三联书店,1962

《周恩来选集》,中共中央文献编辑委员会,北京,人民出版社,1980

《周恩来传》,金冲及主编,北京,人民出版社、中央文献出版社,1989

《周恩来年谱》,中共中央文献研究室编,北京,中央文献出版社、人民出版社,1989

《朱德选集》,中共中央文献编辑委员会,北京,人民出版社,1983

《总统蒋公大事长编初稿》,秦孝仪主编,台北,中国国民党中央委员会党史委员
　　会,1978

中文报纸

《大公报》,上海、天津

《华商报》,香港

《解放日报》,上海

《申报》,上海

《世界日报》,北平

《人民日报》,北平

《新闻报》,上海

《正言报》,上海

《中央日报》,南京、上海、重庆

中文期刊

《传记文学》,台北

《大学评论》,南京

《当代亚太》,北京

《党的文献》,北京

《党史研究资料》,北京

《党史资料与研究》,天津

《观察》,上海

《国民政府公报》,重庆、南京

《国讯》,上海

《近代史研究》,北京

《历史研究》,北京

《上海党史资料通讯》,上海

《世纪评论》,南京

《时与文》,上海

《土地改革》,南京

《新闻天地》,上海

《新闻天下》,成都

《新闻杂志》,南京

《学术月刊》,上海

《再生》,上海

《中共党史资料》,北京

《中国新闻》,南京

《总统府公报》,南京

英文档案文献

Melbey Papers, Harry S. Truman Library.

Papers of Mathew Connally, Harry S. Truman Library.

RG 59, Records of Office of Executive Secretariat, State Department, National Archive and Record Service.

英文著作

Papers of Willington Koo,Columbia University Library.

英文报刊

"A Report to the American People on China", *Life*, Vol. 23,No. 15.

The U. S. Department of State, ed. , *Foreign Relations of the United States. Diplomatic Papers*. Washington: D. C. ,Government Printing Office.

    1945,Vol. 6. 1969;

    1947,Vol. 6. 1972; Vol. 7. 1972;

    1948,Vol. 6. 1974; Vol,7. 1973; Vol. 8. 1973;

    1949,Vol. 8. 1978; Vol. 9. 1974;

    1950,Vol. 6. 1976.

The U. S. Department of State, ed. , *United States Relations with China. With Special Reference to the Period 1944 - 1949. (China White Paper)* Government Printing Office. , 1949.

Acheson ,Dean ,*Present at the Creation. My Years in the State Department*. New York:W. W. Norton and Company, Inc,1969.

Borg,Dorothy and Waldo Heinrichs, eds. , *Uncertain Years. Chinese - American Relations, 1947 -1950*. New York; Columbia University Press, 1980.

Campbell, John, *The United States in World Affairs*, *1947 - 1948*. New York, 1948.

May, Ernest, *The Truman Administration and China*, *1945 - 1949*. New York, 1975.

Murfett, Malcolm h. , *Hostage on the Yangtze. Britain, China, and the Amethyst Crisis* of 1949. Annapolis, Maryland: Naval Institute Press, 1991.

Jespersen, T. C. , *American Images of China*, *1931 - 1949*, Stanford University Press, 1996.

Melby, John F. , *The Mandate of Heaven. Record of Civil War in China*, *1945 -1949*. Garden City, New York: Doubleday and Company, Inc. , 1971.

Schlesinger ,Jr. , Arthur, *The Dynamics of World Power. A Documentary History of United States Foreign Policy*, 1945—1973, Vol. 2.

Stueck, Jr. , William W. , *The Road to Confrontation. American Policy toward China and Korea*, *1947 - 1950*. Chapel Hill: The University of North Carolina Press, 1981.

Swanberg, W. S. , *Luce and His Empire*. New York, 1972.

Tsou, Tang, *America's Failure in China*, *1914 - 1950*. Chicago: The University of Chicago Press, 1963.

Tucker , Nancy, *Patterns in the Dust. Chinese - American Relations and the Recognition Controversy*, *1949 - 1950*. New York: Columbia University Press, 1983.

Vandenberg, Jr. , Authur H. , ed. , *The Private Papers of Senator Vandenberg* Boston Houghten Miff Lin Company, 1952.

Wedemeyer, Aldert C, *Wedemeyer Reports*, New York: Henry Holt and Company, 1958.

俄文文献

Советско-китайские отношения. *1917 - 1957* . Сб. документов. Изд. Наука, Москва, 1959г.

Чудоеев, Ю. В. ред. *По Дорогам Китая*, *1937 - 1945*. Изд. Наука, Москва, 1989г.

Ковалев,И. ,*Диалог Сталина с Мао Цзэдуном* ,Проблемы Дальнего Востока,No. 1 -3,1992г.

Ледовский, А. ,*Секретная миссия А. И. Микояна в Китай* (1 - 2,1949г),Проблемы дальнего Востока,No. 2 - 3,1995г.

Кулик,б:*США ц Тай вань КНР.* 1949—1952,Новая ц Новейшая цсторня,No. 5, 1995г.

Ледовский, А. ,*Виэит в Москву делегации Коммунистической партии Китая в июне-августе* 1949г. Проблемы Дальнего Востока No. 5,1996г.

Тихвинский,С. ,*Китай в моей жизни*, Проблемы Дальнего Востока,No. 4,1989г.

Тихвинский,С. ,*Переписка И. В. Сталина с Мао Цзэдуном в январе* 1949г. Новая новейшая ицстория,No. 4—5,1994г.

人名索引*

---

　　* 本索引收入本卷中出现的人名，中国、日本、朝鲜、越南人名以其汉字的音序排列，其他国家的人名以其译音汉字的音序排列，并附其原文，少数不知原文者暂付阙如。

图书在版编目（CIP）数据

中华民国史/李新总主编;中国社会科学院近代史研究所中华
民国史研究室编. —北京:中华书局,2011.7(2024.12重印)
　ISBN 978-7-101-08001-8

　Ⅰ.中…　Ⅱ.①李…②中…　Ⅲ.中国历史-民国史
Ⅳ.K258

中国版本图书馆 CIP 数据核字(2011)第 094575 号

书　　名	中华民国史（全十六册）
总 主 编	李　新
编　　者	中国社会科学院近代史研究所中华民国史研究室
责任编辑	欧阳红
封面题签	赵朴初
责任印制	管　斌
出版发行	中华书局
	（北京市丰台区太平桥西里 38 号　100073）
	http://www.zhbc.com.cn
	E-mail:zhbc@zhbc.com.cn
印　　刷	北京盛通印刷股份有限公司
版　　次	2011 年 7 月第 1 版
	2024 年 12 月第 12 次印刷
规　　格	开本/880×1230 毫米　1/32
	印张 276¾　插页 116　字数 7600 千字
印　　数	14801—15800 册
国际书号	ISBN 978-7-101-08001-8
定　　价	1280.00 元